KB143552

현대지성 클래식 3

십팔사략
十八史略

증선지 | 소준섭 편역

현대
지성

머리말

  인간은 역사에서 교훈을 배우고 그것을 바탕으로 내일로 전진한다.

  중국의 역사, 그것은 우리의 역사와 멀리 떨어져 있지 않다. 아니 언제나 우리 곁에 친숙하게 자리잡고 있는 존재이다.

  사실 중국과 우리 나라의 역사는 결코 따로 떼어 분리시킬 수 없을 정도로 밀접한 관련을 지니고 있다. 그만큼 상호간에 긴밀하게 교류하고 서로의 힘과 힘이 부딪치고 어우러지면서 파란만장한 역사의 두 궤적을 그려 왔던 것이다.

  더구나 오늘날 같은 세계화 시대에서 유수한 세계적 석학들은 21세기가 동북아시아의 시대가 될 것이라고 예측하고 있다. 우리는 먼저 동북아시아부터 분명히 알아야 한다고 확신하며, 특히 지나온 역사를 잘 알고 있어야 함은 필수적 요소라 믿어 의심치 않는다.

  『십팔사략(十八史略)』은 중국 고대시대부터 송나라가 멸망할 때까지의 역사를 기록한 역사서이다.

  지은이는 송나라 말기 때의 사람 증선지이다. 그는 사마천의 『사기』, 반고의 『한서』, 범엽의 『후한서』, 진수의 『삼국지』, 방현령의 『진서』, 심약의 『송서』, 소자현의 『남제서』, 요사렴의 『양서』 및 『진서』, 위수의 『후위서』, 이백약의 『북제서』, 영호덕분의 『후주서』, 위징의 『수서』, 이연수의 『남사』, 이연수의 『북사』, 구양수의 『당서』, 구양수의 『오대사』, 그리고 탁극탁이 지은 『송사』까지 당시 중국에 존재했던 정사(正史) 18가지 책을 요약해서 알기 쉽게 편찬하였다. 그래서 『십팔사략』이라는 책 제목은 18가지 역사책을 요약하였다는 뜻에서 비롯된 것이다.

증선지는 송나라 말기에서 원나라 초기에 살았던 학자로서 송나라 15대 도종 때 과거에 급제하여 지방 관리를 비롯하여 법관을 역임하였다. 그는 정무를 지극히 공평하게 집행하여 명성이 높았다. 특히 그는 송나라 충신 문천상의 후배로서 충절로 가득 찬 학자였는데, 불행하게도 그의 시대에 조국 송나라가 몽골에 의해 멸망당했다.

송나라가 멸망한 후 그는 벼슬에 나가지 않고 은둔하여 이 『십팔사략』을 집필하였으며, 92세를 일기로 세상을 떠났다.

오늘 『십팔사략』을 이렇게 소개하는 것은 인간들의 치열했던 역사를 되짚어 본다는 의미에서, 우리 역사와 숨결을 가까이 한 이야기라는 점에서, 또한 위로는 황제로부터 아래로는 시정 잡배에 이르기까지 모든 다양한 인간들의 지혜와 삶의 보고라는 점에서 그 의미가 매우 높다고 생각한다.

지대물박(地大物博)한 중국 대륙을 무대로 각양각색의 인간군(人間群)들이 종횡무진하게 펼치는 파란만장한 역사는 실로 한 편의 대하드라마를 보는 듯한 소설적 재미를 제공할 것이다.

아울러 독자들은 이 책을 통하여 '역사란 결국 인간들이 만들어가는 것이다'라는 명제를 다시 한 번 확인할 수 있을 것이다. 실로 인간들의 지모와 힘을 다한 궤적들의 총화가 바로 역사이기 때문이다.

그리고 무엇보다도 인간이란 무엇이며, 과연 인생이란 어떻게 살아가야 하는가라는 근본적인 문제에 끊임없이 부닥치게 될 것이다. 동시에 그에 대한 해답도 곳곳의 인물과 사건들에 의해서 암시적이면서도 명쾌하게 제시되고 있음을 발견할 것이다.

그리하여 당신은 페이지를 넘길 때마다 삶에 대한 적확한 파토스, 가슴을 에이는 감동, 섬광처럼 스치는 재치와 유머에 접하게 될 것이다.

그간 『십팔사략』은 우리나라에 그다지 많이 소개되지 않았다. 또 그나마 기존에 나와 있는 책들을 대부분 원본을 그대로 직역하는 차원이었기 때문에, 한문투성이의 고문체로서 시의에 맞지 않고 딱딱하기만 하여 일반 독자들이 쉽게 읽기 어려운 결정적인 단점이 있었다. 이에 본서는 누구든지 쉽게 읽을 수 있도록 현대적 감각에 맞게 그 내용을 적절히 가감하여 엮었다. 차후 좀 더 충실한 내용으로 독자를 만날 수 있게 되기를 약속한다. 끝으로, 두꺼운 이 책의 출판에 여러 모로 고생하신 현대지성 편집부와 특히 꼼꼼하게 교정을 봐주신 박명곤 대표님께 이 자리를 빌려 감사의 뜻을 전하고 싶다.

아무쪼록 이 책이 험한 이 세상을 살아가는 당신께 조그마한 힘이라도 될 수 있다면 더없는 보람일 것이다.

소준섭

목 차

제12장 후한(後漢)시대

제13장 서진(西晉) 시대

제16장 수(隋)나라 시대

제17장 당(唐)나라 시대

제1장 3황 5제의 전설시대

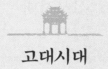

고대시대

중국의 시조로 일컬어지는 인물은 바로 황제이다. 그는 황하 유역을 평정하여 한족 문화를 일으켜 마치 우리나라의 단군처럼 중국 문명의 개조(開祖)로 추앙받고 있다.

황제 이후에는 성군 중의 성군으로 칭송받는 요임금과 순임금의 시대가 되어 전무후무한 태평세대를 구가하게 된다. 그 후 순임금은 우임금에게 왕위를 물려주고, 우임금은 자기 아들에게 자리를 물려줌으로써 하나라 왕조가 열리게 되는데, 이후 중국의 왕조는 세습왕조 체제로 바뀌게 된다.

하나라는 17대 걸왕이 매희라는 경국지색에게 빠져 폭정을 펼쳐 민심이 이반되었고, 결국 은나라 탕왕에게 멸망당하고 만다.

은나라 탕왕은 명재상 이윤의 보좌로 덕이 있는 정치를 펼쳐서 천하는 다시금 태평성대를 이룬다. 하지만 30대 임금인 주왕의 시대가 되면서 주왕이 절세 미녀 달기에게 마음을 빼앗기고, 주지육림(酒池肉林)의 사치와 포락지형(炮烙之刑)의 폭압 정치를 일삼으면서 나라는 멸망하였다.

이때 은나라 주왕을 멸망시킨 인물은 바로 주나라 무왕이다. 무왕은 강태공의 보좌를 받으면서 봉건제를 실시하였고, 무왕의 동생 주공은 법도와 예악을 만들어 주나라의 토대를 튼튼히 하였다.

이 주나라는 포사라는 미희에게 넋을 잃은 12대 유왕이 견융족의 침략을 받고 죽자, 이후 평왕이 수도를 낙양으로 옮김으로써 동주시대가 열리게 된다.

선사시대

중국 최초의 임금인 천황씨(天皇氏)는 목덕(木德)의 왕이다. 이 당시 정치 제도는 없었지만 백성들이 임금의 덕에 저절로 감화하며 태평성대를 이루었다. 천황씨 형제는 열두 명이었고 모두 1만 8천 년이나 살았다.

지황씨(地皇氏)는 화덕(火德)으로 왕이 되었다. 지황씨 형제는 열두 명이었는데, 이들 역시 1만 8천 년이나 살았다.

인황씨(人皇氏)는 형제가 아홉이었는데, 각각 아홉 주(州)의 군주가 되었다. 인황씨와 형제들의 자손은 대대로 영토를 이어받으며 나라를 다스려 대를 잇기를 150대, 해로 따져서 45,600년에 이르렀다.

인황씨 다음에는 유소씨(有蘇氏)가 왕이 되어 나무를 얽어 집을 짓고 살았으며 나무 열매를 따서 먹었다. 그 후 수인씨(燧人氏)가 처음으로 나무를 비벼서 불을 일으키는 방법을 발명하여 이제까지 날로 먹던 음식을 익혀 먹는 법을 가르쳤다.

하지만 이 당시의 일은 글자와 기록이 생기기 전의 일이므로 그 연대나 구체적인 장소에 대해서는 자세히 알 수 없다.

복희씨

　수인씨를 이어서 왕이 된 복희씨(伏羲氏)는 성이 풍(風)이었는데, 몸은 범이요 머리는 사람이었다고 한다. 그는 처음으로 팔괘(八卦)와 글자를 만들었으며, 새끼매듭을 이용하여 약속을 정하게 하였다. 또 혼인에 대한 규칙을 만들어 짐승 가죽을 예물로 주고받도록 하였으며, 그물을 만들어 새나 짐승, 물고기 잡는 법을 가르쳤다. 또한 복희씨는 얼룩무늬가 있는 소나 양, 돼지를 길러서 하늘과 땅의 신, 조상들에게 제사지내도록 하였다.

　복희씨가 세상을 다스리던 어느 날, 용마(龍馬)가 그림을 짊어지고 강에서 나오는 상서로운 징조가 있었다. 복희씨는 그 그림을 팔괘(八卦)의 기본으로 삼았다. 또한 이를 기념하여 관직 이름에 용(龍)자를 붙여 용사(龍師·장관에 해당되는 벼슬)라는 벼슬이 생겼다. 이렇게 하여 용은 상서로운 동물의 상징이 되었다.

　복희씨는 높은 덕과 슬기로운 지혜를 가진 천자였으므로 오행(五行·우주 만물이 金, 木, 水, 火, 土라는 다섯 가지 원기(元氣)의 상생(相生)과 상극(相克))으로 이뤄진다는 동양 철학의 첫째인 목덕(木德)왕이라 불렸다. 이때 수도는 진(陳)이었다.

　복희씨가 죽은 후 여와씨(女媧氏)가 왕이 되었다. 그 역시 성이 풍씨였고 목덕의 왕이었는데, 악기의 시초인 생황이라는 피리를 만들어 아름다운 음악으로 백성들을 감화시켰다. 이때 제후 중에 공공씨(共工氏)라는 사람이 있었다. 그는 축융씨와 싸워 패하자 화가 나 머리로 불주산(不周山)을 들이받는 바람에 산이 무너지고 하늘을 받치고 있던 기둥이 부러져 자연 법칙이 파괴되고 말았다. 그러자 여와씨는 다섯 가지 색깔의 돌을 갈아 하늘의 파손된 부분을 고치고, 큰 거북의 발을 잘라서 동서남북의 네 기둥을 세웠으며, 갈대를 모아서 제방을 쌓고 홍수를 막아 자연의 법칙이 다시 이어지도록 하였다.

염제 신농씨

염제(炎帝) 신농씨(神農氏)는 성이 강씨로서, 몸은 사람이요 머리는 소였다. 그는 풍씨의 뒤를 이어 화덕(火德)으로 왕이 되었다.

염제는 나무를 깎아 쟁기를 만들고, 나무를 구부려서 자루를 만들었으며, 백성들에게 농사 짓는 법을 가르쳤다. 그리고 매년 12월에는 여러 가지 동식물을 모아 하늘에 제사를 지냈다. 또 붉은 채찍으로 풀과 나무를 쳐서 백 가지 풀을 맛보아 의약을 만들었다. 그리고 시장을 열어 제각기 필요한 물건을 바꿔 쓰는 법을 가르쳤다.

염제는 처음에는 진에 도읍하고 있었는데, 나중에 곡부로 옮겼다. 이후 제승, 제림, 제측, 제백, 제래, 제양, 제유가 차례로 왕위를 이어받아, 강씨의 천하가 8대 520년간 계속되었다.

대륙의 별, 황제

황제(黃帝)는 토덕(土德)으로 왕이 되었는데, 토(土)란 황색(黃色)으로 황하의 빛깔이다. 그래서 천자의 옷 색깔이 황색이었으며 위대한 천자를 황제라고 표현했다.

황제의 성씨는 희(姬)로서 이름은 헌원이며, 유웅국의 제후인 소전의 아들이었다. 그의 어머니가 북두칠성 둘레에 커다란 번갯불이 치는 것을 보고 이에 감응하여 임신해 낳은 아들이 바로 황제였다고 한다. 그는 나면서부터 생김새가 당당하고 이마가 불끈 솟았으며, 얼굴은 해가 하늘에 떠있는 듯 훤하였고 눈썹도 가지런하였다. 황제는 자랄수록 영리해서 두 달이 지나자 말을 할 수 있게 되었다. 해가 지날수록 그의 재주와 지혜는 더욱 출중했으며, 특히 말솜씨가 유창하였다. 20세가 되자 모든 일을 인자하게 감싸고 너그럽게 사람을 대했으며, 그러면서도 옳고 그름을 분명하게 분별하였다. 얼마 지나지 않아 황제의 뛰어난 인품을 이웃 사람들이 널리 칭송하게 되어 마침내 중화 민족 부락의 으뜸가는 지도자가 되었다.

한편 이 무렵에 염제 신농씨의 자손이 차츰 쇠퇴하여 제후들이 서로 침략하는 상황이 되었다. 이에 황제는 창과 방패를 만들고 군사 작전과 각종 진법의 구사 방법을 익혀 천하를 어지럽히는 제후들을 정벌해 나갔다. 그러자 제후들이 복종해 왔고, 천하도 안정을 되찾아갔다. 또 염제와 판천이라는 들에서 결전을 벌여 승리하였다. 그러자 염제는 자신의 패배를 깨끗이 인정하고 스스로 황제의 신하가 되었다.

이렇게 하여 황제는 중원의 주인으로 등장하였다.

탁록의 전투

그런데 치우라는 자는 여전히 황제를 깔보면서 백성들을 괴롭혔다. 치우는 검은 얼굴에 구리쇠로 된 이마를 가졌으며, 안개를 일으키는 재주도 지니고 있었다.

드디어 황제는 직접 군사를 이끌고 치우 정벌에 나섰다. 그리하여 양쪽 군대는 탁록 지방에서 부딪치게 되었다. 치우 군대는 이미 구리를 제련하는 기술을 익혀 모두 구리로 만든 날카로운 무기로 무장한 강군이었다.

게다가 치우에게는 81명의 형제가 있었는데, 그들은 제각기 몸에 얼룩무늬 호랑이 가죽을 걸치고 머리에는 뿔이 돋은 구리 투구를 썼으며, 손에는 구리칼을 들고서 무적을 자랑하였다.

마침내 천하의 자웅을 결정하는 일대 격전이 벌어졌다. 서로 뒤엉킨 고함소리와 함성소리가 천지를 진동하였다. 하지만 치우의 저돌적인 공격에 황제의 부대는 수세에 몰려 여덟 번 싸워 모두 패했다. 그러자 치우는 전 부대를 휘몰아 황제를 맹렬하게 추격하였다. 그때 갑자기 사방에서 뿔피리 소리가 울리더니 황제가 미리 매복시켜 놓은 맹수 부대가 뛰쳐나와 순식간에 치우의 군대를 포위하였다. 뜻밖의 습격을 받은 치우군은 혼비백산하며 자기들끼리 짓밟으면서 도망가기 바빴다.

이때 갑자기 일진광풍이 불더니 소나기구름이 자욱하게 끼어 앞이 도무지 보이지 않았다. 거기에다 소나기가 억수같이 쏟아졌다. 황제의 군사들은 휘몰아치는 비바람 속에서 얼굴도 들지 못하고 어떻게 해야 할지 모르고 있었다.

그러자 황제는 전에 발명해 놓았던 지남차(指南車)를 앞세워 방향을 정확히 잡고 계속 치우를 추격하였다. 얼마 후 바람이 멎고 비도 그치자, 황제의 군대는 치우를 겹겹이 포위하였다. 마침내 황제의 선봉장 응룡은 흉려라는 골짜기에서 치우의 목을 쳤다.

황제는 명실상부하게 천하의 일인자로서 천자로 즉위하게 되었으며, 천자가 될 때 오색 구름의 상서로운 조짐이 나타났기 때문에 이후부터 벼슬 이름에 운(雲)자를 붙이도록 하였다. 황제는 배와 수레를 만들어 사람들이 다니지 못했던 강이나 흙탕물 길을 다닐 수 있게 하였으며. 풍후라는 사람을 재상에 임명하고 역목이라는 사람을 장군으로 삼았다.

어느 날 황제는 꿈에 황하의 큰 물고기가 그림을 등에 지고 있는 것을 보고 일월성신(日月星辰)의 형상을 알아냈다. 그리하여 황제는 일월성신을 자세히 관찰하여 10간 12지의 천문서적을 만들었다.

대요라는 신하는 두건이라는 별을 보고 점을 쳐서 갑자(甲子)를 만들었다. 용성은 역서(曆書)를 만들었고, 예수는 산수(算數)를 고안해 냈다.

또한 영륜은 대나무로 12율(律)의 대나무 피리를 만들어 봉황의 울음소리를 흉내 내었다. 이 피리는 수컷 봉황의 여섯 가지 울음소리와 암컷 봉황의 여섯 가지 울음소리로 되어 있었다. 또 열두 개의 종을 만들었는데, 각각 다섯 가지의 화음이 되도록 만들었다.

황제는 사계절에 맞춰 봄에 씨를 뿌리고 가을에 열매를 거두는 법과 초목을 기르는 일을 가르쳤다. 그리고 왕비 누조를 시켜 백성들에게 누에를 치며 풀솜 뜨는 법을 가르치도록 하였다. 뿐만 아니라 집을 짓고 일용기구를 만드는 법도 가르쳤다. 아울러 기백이라는 명의와 함께 의술을 연구하여 질병을 물리쳤다.

어느 날 황제가 낮잠을 자다가 화서라는 이상향에서 즐겁게 노는 꿈을 꾸었다. 이에 황제는 크게 깨달아 모든 백성들이 꿈에서 본 그런 세상에서 즐겁게 살 수 있게 만들고자 하였다.

언젠가 황제는 구리를 모아서 큰 솥을 만들었는데, 솥을 다 만들자 하늘에서 용 한 마리가 긴 수염을 늘어뜨리고 내려왔다. 황제는 그 용을 타고 하늘로 올라갔으며, 70여 명의 신하와 후궁이 뒤를 따랐다. 신분이 낮은 사람들은 용을 탈 수 없어 용의 수염에 매달렸다. 그러나 수염은 빠져 땅에 떨어져 풀이 되었다. 이때 황제는 가지고 있던 활을 땅에 떨어뜨렸는데, 올라가지 못한 사람들은 모두 그 활을 끌어안고 울었다. 후세에 사람들은 그곳을 정호(鼎湖)라 하고, 활을 오호(烏號, 한탄하며 울부짖는 소리)라 하였다.

황제에게는 25명의 아들이 있었는데, 그 중 희씨 성을 이어받아 제후가 된 사람은 14명이었다.

금천씨는 황제의 아들로서 이름이 현효인데, 황제의 뒤를 이어 왕위에 오를 때 봉황이 춤을 추며 날아왔다. 그래서 관직 이름에 새 이름을 붙이게 되었다.

전욱은 황제의 손자로서 금천씨의 뒤를 이어 즉위하였는데, 이때는 천하가 어지러웠다. 그는 중이라는 사람을 시켜서 하늘에 관한 일을 관리하게 하여 모든 종교행사를 주관하도록 하였다. 또한 여라는 사람에게 지상의 일을 관장하도록 하여 백성의 일은 그에게 소속시켰다. 그렇게 하니 비로소 천하의 질서가 바로 잡히기 시작하였다. 한편 그는 달력을 만들고 초봄을 정월로 삼게 하였다.

제곡씨는 황제의 증손으로서 태어날 때부터 자기 이름을 스스로 말할 정
도로 신통력이 있었다. 그는 전욱의 뒤를 이었으며, 박이라는 지방에 도읍
하였다.

요순시대

제요 도당씨는 제곡의 아들로서 제곡의 뒤를 이어 왕이 되니 바로 요임금
이다. 그는 하늘같이 어질고 신과 같이 지혜로워서 사람들은 그를 하늘처럼
우러러보았다.

그는 참으로 근검하여 궁전의 지붕은 겨우 띠로 덮었고 그 끝을 가지런히
자르지도 않았으며, 궁전의 층계도 그저 흙으로 검소하게 만들었을 뿐이었
다. 요임금이 천하를 다스리기 시작한 지 50여 년 되던 해, 그는 정말 천하가
태평스러운지 궁금하여 평복으로 변장하고 거리로 나가 보았다.

　　우리 백성이 사는 것은 모두 임금님 덕이라네.
　　우리 모두 요임금을 따르세.

다른 골목을 가보니 어떤 노인이 무언가를 마음껏 먹고서 불룩해진 배를 두
드리면서(含哺鼓腹, 함포고복) 노래하고 있었다.

　　해뜨면 일하고 해지면 잠자네.
　　우물 파 물 마시고 밭을 갈아 밥을 먹는다.

여기에 황제의 힘이 무슨 필요 있으랴.

　황제는 이 노래를 듣고서 빙긋이 웃으며 궁궐로 돌아왔다.
　어느 날 요임금이 화산이라는 지방에 가게 되었다. 그때 그 지방 관리가 이렇게 말하였다.
　"폐하께 축복을 드립니다. 바라옵건대 우리 성군 만수무강하시고 부귀영화 누리시고 아드님도 많이 두옵소서."
　그러자 요임금이 말했다.
　"그것은 내가 원하는 바가 아니다. 아들이 많으면 걱정이 많고, 부귀하면 귀찮은 일이 많으며, 오래 살면 욕됨이 많은 법이니라."
　요임금이 천자가 된 지 70년이 되었을 때 9년간 계속하여 큰 홍수가 났다. 요임금은 곤이라는 사람을 시켜 물을 다스리게 했는데, 곤은 9년 동안 계속 실패만 거듭하였다.
　당시 요임금은 너무 늙어서 정치에 어려움을 느끼고 있었다.
　어느 날 요임금은 모든 신하를 불러 명령을 내렸다.
　"내 나이도 어느덧 황혼이니, 그대들은 천하를 맡아 다스릴 훌륭한 사람을 추천하시오."
　"뒤를 이으실 분이라면 당연히 맏아드님이신 단주 왕자님이 계시지 않습니까?" 신하들이 대답했다.
　하지만 요임금은 "단주 왕자는 왕의 재목이 아니오."라며 끝내 단주에게 왕위를 물려주지 않았다.
　그 후에도 여러 명이 추천되었지만 요임금은 그때마다 추천된 사람들의 능력이 부족하다면서 받아들이지 않았다. 그러던 어느 날 요임금은 허유라는 선비가 매우 뛰어난 사람임을 알고 그에게 왕위를 넘기고자 하였다. 이 소문을 들은 허유는 당치도 않은 일이라며 산 속으로 숨어 버렸다. 그리고는 매일같이 강가에 나가 귀를 씻었다. 이때 허유의 친구인 소부라는 사람이 소에게 물을 먹이러 왔다가 귀를 씻는 허유를 보고 그 이유를 물었다. 이에 허유는 요임금이 당치도 않게 자기에게 왕위를 넘기려 한다는 이야기를 해주었다. 그러자 소부는 소를 끌고 상류 쪽으로 올라가는 것이었다.

허유가 물었다.

"왜 갑자기 올라가는가?"

그러자 소부는 이렇게 대답했다.

"자네 귀는 못 들을 말을 들었네. 그런 귀를 씻은 물을 소에게 먹일 수는 없네. 그래서 깨끗한 상류 쪽으로 올라가 물을 먹이려 하는 것이네."

순임금의 덕치

요임금은 그 후 우순이라는 훌륭한 인물을 찾아내 그에게 왕위를 물려주었다. 우순은 전욱의 6대손으로서 역산이라는 곳에서 농사를 짓고 있었다. 그 지방 사람들은 처음엔 싸움을 많이 했으나 모두 우순의 높은 인품을 본받아 서로 논두렁을 양보할 만큼 겸손해졌다. 또 우순이 고기잡이를 하고 있을 때에는 서로 좋은 자리를 양보하여 사이좋게 고기를 잡았으며, 그릇을 구울 때에도 나쁜 물건은 결코 만들지 않았다.

이렇게 하여 순이 살던 마을은 처음엔 몇 가구 살지 않는 조그만 곳이었으나, 1년 후에는 마을을 이루고, 2년 후에는 읍으로 승격되었으며, 3년이 지나자 도시가 될 정도였다.

요임금은 순의 훌륭한 사람됨을 알아보고 아황과 여영 두 공주를 순에게 시집보냈으며, 마침내 재상에 임명하여 나라의 중요한 업무를 맡아 관리하도록 하였다.

요임금이 죽고 순이 그 뒤를 이으니 바로 그가 순임금이다. 그는 나라를 어지럽히던 무리들을 내쫓고 질서를 바로잡았다. 간신 환도를 추방하고 공공을 귀양 보냈으며, 곤을 가두고 삼묘를 멀리 유배 보냈다. 그러면서 우, 고요,

직, 설, 기 등 재주와 지혜가 뛰어난 여덟 명의 신하를 등용하고, 유능한 관리 아홉 명을 구관(九官)으로 삼아 이들에게 나라의 중요 업무를 분담시켰다. 그리고 고을마다 장관을 두어 각기 다스리도록 하였다.

이렇게 하여 천하는 태평성대를 구가하게 되었고, 모든 백성들이 순임금의 높은 덕을 칭송하였다.

어느 날 순임금은 거문고를 타면서 '남풍(南風)의 시'라는 노래를 읊었다.

남풍의 훈훈함이여,
백성의 성냄을 풀어 주도다!
남풍의 때맞춤이여,
우리 백성 재물을 넉넉히 해 주도다!

순임금의 아들인 상균은 뛰어난 사람이 못 되었기 때문에, 순임금은 가장 뛰어난 신하였던 우(禹)에게 왕위를 넘기겠노라고 하늘에 고하였다.

그 후 순임금은 남쪽 지방을 시찰하다가 병이 들어 죽었다. 제위에 오른 지 39년 되던 해였다. 그때 순임금의 시찰을 따라 상수 부근까지 왔던 두 왕비는 너무도 갑작스러운 죽음에 넋을 잃고 눈물을 흘렸는데, 그 눈물이 옆에 있던 대나무에 떨어져 얼룩진 반점의 흔적을 남겼다. 그 뒤로 상수 부근에서는 반점이 있는 '반죽(斑竹)'이 자랐다. 한동안 넋을 놓고 눈물만 흘리던 두 왕비는 남편에 대한 그리움을 견디지 못하고 그대로 강물에 몸을 던지고 말았다.

순임금의 뒤를 이어 우가 왕위에 올랐다.

제2장 하나라

치산치수

우는 곤의 아들이요, 전욱의 손자이다. 우의 아버지 곤은 요임금 때 9년간 계속되던 홍수를 막으려 했지만 끝내 성공하지 못했다. 곤은 재주와 힘에 있어서 따를 사람이 없을 만큼 뛰어났지만 성격이 너무 강직하였다. 그는 물을 다스림에 있어서 막는 것과 차단하는 것을 위주로 하였다. 만약 물살이 약했더라면 그는 성공할 수 있었겠지만, 실제로는 물살이 너무 강했기 때문에 실패하고 말았다. 그래서 순임금은 우에게 그 일을 대신하도록 하였다.

우는 그 일을 맡자 자나깨나 노심초사 몰두하여 13년 동안이나 집을 떠나 천하를 돌아다니며 연구하였고, 설사 자기 집 앞을 지나가게 되어도 들어가지 않았다. 그는 아버지의 실패를 거울삼아 '통하게 하는 것과 이끄는 것'을 위주로 하여 물의 흐름을 이용해 물을 다스렸다. 그리하여 중국의 구주(九州)에 아홉 개의 수로를 만들고, 아홉 개의 늪에는 제방을 쌓아 홍수를 막았으며, 구주의 산 또한 자세하게 측량하였다.

우가 그것을 순임금에게 보고하니 순임금은 매우 기뻐하며, 우에게 만조백관을 통솔하게 하는 최고의 벼슬을 내렸다.

그 후 순임금이 죽고 우가 뒤를 이었다. 우의 말소리는 음률에 정확히 맞았고, 그의 모든 행동은 법칙에 어긋남이 없었다. 또 식사할 때에도 열 번이나 일어서서 일을 처리하였다. 그리고 길을 걷다가 죄를 지은 사람을 보면 수레에서 내려 죄를 짓게 된 이유를 물어보고 눈물을 흘리면서 이렇게 말하기도 했다. "요순시대에는 백성들이 모두 요순임금의 아름다운 마음을 본받아 마음이 요순임금처럼 되어 있어서 범죄가 일어나지 않았소. 그런데 과인이 천자가 되고 나서는 모두들 자기 마음대로 살려 하기 때문에 범죄가 생겨나는 것이오. 진실로 과인이 덕이 없음을 슬퍼하오!"

그 당시 중국에 술이 처음으로 만들어졌다. 우임금 시대에 의적이라는 사람이 처음으로 제조했던 것이다. 우임금은 그 술을 입에 대보더니, "참으로 맛있도다. 하지만 이 술로 해서 후세에 반드시 나라를 망치는 자가 생길 것이니라." 하면서 그 후로 결코 술을 입에 대지도 않았을 뿐 아니라 의적도 가까이 하지 않았다.

우임금은 각 지방 관리에게 금을 바치게 하여 그것으로 아홉 개의 솥을 만들었다. 솥의 발을 세 개로 한 것은 세 가지 덕을 상징하고 있었다. 이 아홉 개의 솥, 즉 구정(九鼎)은 신에게 제사를 지낼 때 사용했으며, 이후 중국 왕실의 보물이 되어 천자의 상징물로 되었다. 또한 해중이라는 사람이 수레를, 익이라는 신하는 우물을 발명하였다.

언젠가 우임금이 양자강을 건너고 있을 때였다. 커다란 황룡(黃龍)이 배 밑으로 들어가 흔들어대는 바람에 금세 배가 뒤집힐 것만 같았다. 같이 타고 있던 사람들이 모두 겁을 먹고 비명을 질렀지만, 우임금만은 태연히 하늘을 우러러보며 이렇게 말하였다. "나는 하늘의 뜻을 받아 천자가 된 후 모든 힘을 다해 왔다. 그러므로 나를 해칠 자는 아무도 없다고 생각한다. 원래 이 세상의 삶이란 잠시 머물다 가는 것이며, 죽음이란 원래 태어났던 하늘로 돌아가는 것이니 두려울 것이 뭐 있겠는가!"

그러면서 우임금은 용을 보고도 마치 도마뱀을 보듯 조금도 얼굴빛이 변하지 않았다. 그러자 용도 그 위엄에 눌려 머리를 숙이고 꼬리를 늘어뜨리며 물러갔다.

우임금은 남쪽 여러 나라를 순행하다가 회계산에 이르러 병을 얻어 죽었다.

용의 고기

우임금의 아들 계는 매우 현명하였기 때문에 왕위를 이어받았다.

우임금은 원래 자기의 후계자로 익을 추천하여 하늘에 고했다. 그러나 모든 신하들이 익에게 가지 않고 계 주변에 모여들어 그의 덕을 칭송하면서, "임금이 되실 분은 아드님이신 계 왕자님밖에 없습니다."라고 계속 호소하는 것이었다. 결국 계가 왕이 되었다. 이렇게 하여 중국 역사상 처음으로 부자 세습 왕조의 전통이 세워지게 되었다.

일찍이 우임금은 도산씨의 딸을 아내로 맞이하였다. 그는 치수 공사가 한창 바쁠 때 결혼하였기 때문에 결혼한 지 4일 만에 다시 치수 공사에 나가야 했다. 그래서 신혼 생활을 치수 공사장 주변에서 보내지 않을 수 없었다.

어느 날 우는 빨리 가기 위하여 험한 길을 마구 달렸는데, 그때 머리카락은 헝클어지고 얼굴은 온통 시커멓게 되어 마치 곰과 같은 흉칙한 모습으로 변하였다. 마침 아내가 이 모습을 보고 너무 놀라 자기도 모르게 도망치다가 그만 돌덩이로 변했는데, 그녀는 임신 중이었다. 이에 우가 그 돌덩이를 향해 "제발 내 자식이라도 돌려주시오."라고 외치자, 돌덩이가 깨지면서 아기가 나왔는데 이 아기가 바로 계였다. 계(啓)는 '열리다'의 뜻으로 돌을 열고 나왔다고 해서 붙여진 이름이다.

당시 유호씨라는 제후가 나라를 어지럽히고 있었는데, 계는 감 지방에서 유호씨와 싸워 그를 멸망시켰다.

계는 제위에 오른 지 39년 되던 해, 78세를 일기로 죽고 그 아들인 태강이 왕위에 올랐다. 그런데 태강은 유람만 즐기면서 정치는 소홀히 하였다. 어느 날, 태강이 소수의 호위병만 데리고 국경 밖으로 사냥을 나간 틈을 타서 유궁씨의 후예라는 사람이 반란을 일으켜 태강을 내쫓고 태강의 동생인 중강을 왕위에 오르게 하고는 스스로 섭정을 시작하였다.

얼마 지나지 않아 중강이 죽고 그 아들인 상이 즉위하자, 후예는 아예 상을 몰아내고 스스로 천자의 자리에 올랐다. 그 후에 후예는 하나라의 충성스러운 신하인 백봉을 쳐서 멸망시키고, 그의 어머니 현처(玄妻)라는 절세미인을 차지하였다. 현(玄)이란 이름은 그녀가 시들 줄 모르는 미모와 함께 땅에 끌릴 듯 칠흑으로 빛나는 머리카락을 가지고 있었기 때문에 붙여진 이름이었다.

후예는 현처를 얻은 뒤부터 술과 사냥에 탐닉하며 국정을 게을리하였다. 그러면서 한착이라는 간사한 자를 재상에 등용하였다. 한착은 후예에게 아부하고 주위에 뇌물을 뿌리면서 후예가 사냥에만 몰두하도록 권하였다. 그리고는 현처와 짜고 일을 꾸며 결국 후예를 죽이고 스스로 왕위에 올랐다. 물론 현처는 그의 왕비가 되었다. 이때 한착은 후예를 죽여 불에 구워 그의 아들에게 먹이려 하였으나, 그 아들은 차마 먹지 못하고 그대로 굶어 죽었다.

한편 후예에게 쫓겨난 상의 왕비는 임신 중이었는데, 상이 자결하여 죽자 친정인 유잉국으로 피신하여 그곳에서 아들 소강을 낳았다. 소강은 비록 10리의 땅과 500명의 병사밖에 가지지 못했지만, 20년이 지난 후 하나라의 옛 신하였던 미를 장군으로 삼아 군사를 일으켰다. 드디어 소강은 한착을 멸망시키고 제위(帝位)를 도로 찾아 하나라 역사를 이어갔다.

소강 뒤에 왕저, 왕괴, 왕망, 왕설, 왕불강, 왕경, 왕근을 거쳐 왕공갑 시대에 이르러 나라는 급격하게 쇠퇴하기 시작하였다. 왕공갑은 미신과 여색에 빠져 정치를 어지럽혀 우임금 이래 하나라의 높은 덕도 마침내 허물어지기 시작하였다.

이때 하늘에서 암수 두 마리 용을 내려 보냈다. 그러자 유루라는 사람이 그 용을 길들였다. 유루는 왕공갑에게 아부하여 용을 지키는 벼슬을 얻고 총애를 받았다. 얼마 후 암컷 용이 죽자, 유루는 몰래 그것을 소금에 절여 왕공갑에게 바쳤다.

그러자 왕공갑은 다 먹고 나더니 이렇게 말했다.

"정말 맛있는 고기구나. 더 먹고 싶도다."

이미 소금에 절인 용고기는 모두 없어진 뒤라 일이 탄로날 것을 걱정한 유루는 그대로 달아나 버렸다.

주지육림

그 후 공갑의 3대 손인 걸이 왕위에 올랐다. 걸왕은 성질이 탐욕스럽고 잔학했으며, 힘이 매우 세 굵은 쇠사슬을 손으로 휠 수 있을 정도였다. 걸왕이 유시국을 공격했을 때 유시국은 항복 조건으로 매희라는 절세 미인을 바쳤다. 걸왕은 그 매희에게 완전히 넋을 빼앗겨 그녀의 말이라면 무엇이든 들어주었다.

게다가 궁중에는 산더미 같은 날고기와 숲처럼 많은 마른 고기를 쌓아 두고서, 커다란 연못을 파서 그 안에 술을 가득히 부어 배를 띄우는 주지육림을 날마다 벌였다. 이 당시 사용한 술지게미만 해도 10리에 이르는 제방을 쌓을 정도였다. 북소리가 울리면 3천 여 신하들이 일제히 소처럼 엎드려 연못의 술을 마셨다. 매희는 그런 광경을 보고 즐거워했다.

이때 충신 관용봉이 걸왕에게 눈물을 흘리며 간하였다.

"폐하, 너무 심하십니다. 폐하의 몸에 해가 미칠까 두렵습니다."

그러자 걸왕은 관용봉을 당장 끌어내 죽이고 말았다. 갈수록 하나라의 국운은 기울어만 갔고, 백성들의 민심은 걸왕으로부터 멀어졌다. 이 무렵 인심을 크게 얻고 있던 은나라 탕왕이 군사를 일으켜 걸왕을 쳤다. 결국 걸왕은 명조라는 곳까지 달아나 그곳에서 죽었다.

그리하여 하나라는 우임금이 나라를 세운 기원전 21세기부터 17대 432년 만에 멸망당했다.

하나라 왕조의 계보

제3장 은나라

덕이 짐승에까지 미치다

은나라 왕 상탕의 조상은 제곡의 아들인 설이다. 설의 어머니는 유융씨의
딸인 간적이었다. 어느 날 한 마리 검은 새가 날아와서 알을 떨어뜨리고 갔다.
그녀가 그 알을 주워 먹고 설을 잉태하였다. 이렇게 태어난 설은 요순시대에
교육장관으로 임명되어 성실하게 맡은 바 임무를 다하였다.

상탕은 설의 12대 자손이었다. 상탕은 자애롭고 인자한 정치를 펼쳐 은나
라는 날이 갈수록 융성해졌다. 당시 중앙의 하(夏)나라는 폭군 걸왕의 시대였
다. 상탕은 여전히 신하 나라로서 하나라를 섬겼다. 그는 현명하기로 이름이
높던 이윤(伊尹)이라는 사람을 초청하여 하나라 걸왕에게 추천해 올려보냈다.
이윤이 신하로 일한다면 나라가 조금이라도 바로잡힐 것이라는 생각에서였
다. 하지만 주색에 빠져 있던 걸왕은 쳐다보지도 않았다. 할 수 없이 이윤은
돌아와 상탕을 섬기게 되었다.

원래 이윤은 산동 지방에 살면서 농사를 짓고 있었다. 그런데 상탕이 그의
뛰어남을 알고 사람을 보내 나라의 일을 도와 달라고 청하였다. 그 당시 이윤
은 걸왕의 정치에 염증을 느끼고 있었으므로 정치에 나설 생각이 없다며 숨어

살 뜻을 비쳤다. 그 뒤 상탕은 더욱 극진한 예를 갖춰 사람을 보내 청했지만 이 윤은 거듭 사양하였다. 이렇게 오가기를 다섯 번, 이윤도 상탕이 성실하고 겸 손한 인물임을 확인하고 부름에 응했다.

이때 걸왕에게 직언을 한 충신 관용봉이 걸왕의 노여움을 사 처형되었는 데, 상탕은 신하를 보내 그의 죽음을 슬퍼하였다. 이 소식을 들은 걸왕은 크게 노하여 상탕을 초대하는 척하여 탕이 도착하자마자 당장 하대(夏臺)의 감옥에 가둬 버렸다. 이렇게 상탕의 목숨이 위태로워졌을 때 이윤은 걸왕이 좋아하는 미녀와 많은 보물을 바쳐 간신히 상탕을 구할 수 있었다.

걸왕을 토벌하다

어느 날 탕왕이 시찰을 나갔을 때였다. 어떤 사람이 그물을 사방에 쳐놓고 새가 걸려들기를 기다리고 있었다. 그리고는 이렇게 중얼거리는 것이었다.

"하늘에서 내려오는 것이든, 땅에서 솟아나는 것이든 사방에서 날아오는 모든 새는 내 그물에 걸려라."

탕왕이 이를 보고는 한쪽 그물만 남기고 나머지 세 방향의 그물은 거둬 버 리면서 이렇게 말하였다.

"왼쪽으로 가려는 새는 왼쪽으로 가라. 그리고 오른쪽으로 가려거든 그쪽 으로 가라. 다만 하늘의 뜻을 따르지 않는 새만이 그물에 걸려라."

이 소문이 나라에 널리 퍼지자 백성들은 "탕왕의 덕이 저렇듯 짐승에게까 지 미치니, 하물며 사람에게는 어떻겠느냐." 하며 상탕의 인자한 덕을 너나 할 것 없이 칭송하였다.

그 후 상탕이 하나라 걸왕을 토벌하자 천하의 제후들이 모두 그를 천자로 추대하게 되었다. 상탕이 천자가 되어 백성을 위한 정치를 펼치자 천하는 다 시 태평성대를 맞았다. 그런데 7년 동안이나 가뭄이 계속되었다. 탕왕이 태 사(太史·천문을 맡는 관리)에게 그 까닭을 점치게 하니 태사가 이렇게 말하였다.

"아무래도 사람을 바쳐 제사를 지내지 않으면 비가 오지 않을 것입니다."

탕왕은 고개를 가로저었다.

"내가 비가 오기를 비는 것은 모두 백성을 위함이다. 한 사람의 백성이라도 희생시킬 수는 없다. 만약 사람을 희생물로 바쳐야 한다면 내가 그 희생자가 될 것이다."

그러면서 탕왕은 목욕을 하고 난 후 손톱을 깎고 머리털을 잘랐다. 그리고 흰 말이 이끄는 장식 없는 흰 수레를 타고서 흰 머리띠를 두르고 스스로 희생양이 되었다. 그런 다음 들판에 나가 단을 쌓고 엄숙하게 꿇어 앉아 자기 자신을 꾸짖는 여섯 조항의 말을 하늘에 아뢰었다.

"지금 이렇듯 백성들이 고통 받고 있는 것은 능력 없고 덕이 부족한 제가 정치를 하며 절제를 하지 못하고 문란해졌기 때문입니까? 또한 제가 백성을 다 살피지 못하여 백성들이 직업을 잃고 곤궁해졌기 때문입니까? 아니면 저의 궁전이 너무 화려하기 때문입니까? 또는 궁궐에서 여자 때문에 정치가 어지럽혀졌기 때문입니까? 뇌물이 성하여 도덕이 무너졌기 때문입니까? 그것도 아니면 아부하는 말로 인하여 어진 사람이 배척당하기 때문입니까?"

탕왕의 이 말이 끝나기가 무섭게 하늘에서 갑자기 억수 같은 소나기가 쏟아지기 시작하였다. 이 비는 가뭄으로 허덕였던 수천 리의 천하를 흠뻑 적셨다.

한 마리 꿩이 종묘에 날아드는 뜻은?

그 후 탕왕이 죽었다. 그런데 태자였던 태정은 일찍 죽었으므로 그의 아들인 태갑(太甲)이 왕의 자리에 올랐다. 태갑은 어리석은 인물인 데다가 정치를 등한시한 채 사치만을 일삼았다. 이에 나라의 앞날을 근심한 재상 이윤은 태갑을 탕왕의 무덤 가까이에 있는 별궁에 유폐시켰다.

유폐된 태갑은 비로소 자기 잘못을 뉘우치고 3년 동안 매일같이 탕왕의 업적을 기리면서 자신의 부덕함을 반성하였다. 태갑이 진정 자기 잘못을 뉘우치고 스스로 덕을 닦는 모습을 확인한 이윤은 태갑을 궁궐로 다시 모셔와 왕의 자리에 복귀시켰다. 태갑은 그 후 어진 정치를 펴고 덕을 잘 닦았으므로 제후들이 모두 복종하게 되었다.

태갑의 뒤로 5대째에 태무가 즉위하였다.

그즈음 나라에 나쁜 징조가 있었다. 대궐 뜰 안에 나무 한 그루가 자라더니 같은 줄기에서 뽕나무와 닥나무가 함께 자라고 불과 하루 만에 다 커버려 저녁 무렵에는 한아름이나 되었다. 당시 사람들은 뽕나무와 닥나무가 원래 들판에서 자라는 나무이기 때문에 그 나무들이 궁궐에서 자라는 것은 궁궐이 망하고 들판으로 변한다는 나쁜 징조라고 여기고 있었다.

이때 이윤의 손자인 재상 이척이 태무에게 말했다.

"어떤 요괴라도 덕을 이기지 못합니다. 그러니 아무쪼록 전하께서는 덕을 닦으셔야 합니다."

이에 태무는 그의 말을 따라 품행을 돌보고 덕을 닦기를 게을리하지 않았다. 그랬더니 궁궐에서 자라던 뽕나무와 닥나무는 이틀 만에 말라 죽었다.

그 뒤 세월이 흘러 무정이 제위에 올랐다. 무정은 현명한 신하를 얻기 위해 인재들을 널리 구했으며 이렇게 하여 뽑힌 뛰어난 신하들을 적재적소에 배치하였다.

어느 날 무정이 나라의 시조인 상탕의 제사를 지내고 있는데 한 마리 꿩이 날아와서 솥에 앉아 울었다. 들새가 종묘에 와서 운다는 것은 멀지 않아 종묘가 들판이 된다는 뜻으로, 곧 은나라가 망할 징조라고 받아들였다. 무정은 크게 두려워하여 자기 수양과 성찰에 더욱 힘썼다. 그 후 은나라는 국운이 뻗어나가 번영을 구가하였다. 무정이 죽은 후 사람들은 무정을 고종(高宗)이라 부르며 칭송하였다.

기울어가는 나라

무정 이후 5대째에 무을이 제위에 올랐는데, 그는 무도한 천자였다.

그는 흙으로 만든 인형을 천신(天神)이라 부르면서 사람을 시켜 그 인형을 대신해 도박놀이를 하게 하였다. 놀이에서 그가 패하면 하늘을 모욕하며 기뻐하였다. 또 가죽부대를 만들고 그 속에 피를 가득 넣은 다음 높은 곳에 매달아 놓고 그것을 활로 쏘아 맞추고는 큰 소리로 "내가 하늘을 쏘아 맞추었도다!"라며 으스댔다.

그러던 어느 날 사냥을 나갔다가 갑자기 세찬 비가 쏟아지고 천둥 번개가 치더니 그 번개에 맞아 즉사하였다.

충신이 죽으니

그 후 태정, 제을을 지나 제신의 시대에 이르렀는데, 바로 그가 주왕이다. 주왕은 말솜씨가 뛰어났고 행동이 민첩했으며 맨손으로 맹수를 때려잡을 만큼 힘도 셌다. 또 두뇌 회전이 빨라 자신의 잘못을 지적하는 어떠한 말도 즉시 반박하여 제압하였다. 게다가 말을 교묘하게 꾸며내 자기 잘못을 잘 둘러댔다. 그가 값비싼 상아(象牙)로 젓가락을 만들자 이름난 충신인 기자가 크게 탄식했다.

"상아로 젓가락을 만들었으니 이제는 토기에 음식을 담지 않고 구슬로 그릇을 만들 것이다. 구슬 그릇과 상아 젓가락을 쓰게 되면 그릇에 어울리는 음식을 담아야 하므로 결코 채소나 콩잎으로 만든 국을 먹지 않을 것이다. 그렇게 되면 베옷을 입고 검소한 집에서 살 수 없게 된다. 분명히 비단 옷을 아홉 겹으로 겹겹이 입을 것이요, 높은 누대에 넓고 큰 궁전을 짓고 살 것이다. 그때가 되면 천하의 보배를 모두 거둬들여도 모자라게 된다."

그 후 주왕이 유소씨를 공격하여 크게 이겼을 때 유소씨는 항복하면서 달기라는 절세미인을 주왕에게 바쳤다. 주왕은 달기를 보자마자 첫눈에 흠뻑 빠져 그녀의 말이라면 무엇이든 들어주었다.

주왕은 조세를 과중하게 매겨서 녹대라는 보물창고를 보물로 가득 채웠고, 창고마다 곡식을 가득가득 채웠다. 또 사구라 불리는 별궁에서는 술을 부어 커다란 연못을 만들고 고기를 매달아 수풀을 이룬 채 밤을 새워가며 주연을 즐겼다. 악사들에게는 '북리(北里)의 춤'이나 '미미지락(靡靡之樂)'과 같은 매우 음탕한 음악을 연주하도록 하였다.

생활이 어려워진 백성들은 점차 왕을 원망하게 되고 제후 중에서는 반란을 꾀하는 자들도 생겼다. 이에 주왕은 형벌을 무겁게 할 뿐이었다. 그 당시 새롭게 만들어진 형벌은 구리로 둥근 기둥을 만들어 기름을 칠하고 그것을 시뻘겋게 타오르는 숯불 위에 걸쳐 놓고 죄인들을 그 위로 건너가게 하는 잔인한 것이었다. 죄인들은 모두 미끄러져 불 속에 떨어져 타죽었으며, 달기는 그런 모습을 보며 즐거워하였다.

주왕의 그러한 모습을 서형(庶兄)인 미자가 말렸지만, 그는 들은 척도 하지 않았다. 결국 절망한 미자는 세상을 등지고 어디론가 숨어 버렸다.

왕자 비간도 주왕에게 3일 동안이나 직언을 계속하였다.

"본시 즐거움이 극에 달하여 도리에 벗어나게 되면 반드시 하늘의 심판이 있는 법입니다. 부디 대왕께서는 굽어 살피소서."

그러자 주왕은 크게 화를 내며, "듣건대 성인의 가슴에는 구멍이 일곱 개가 있다고 하였으니, 내 직접 확인해 보리라." 하고는 비간의 가슴을 도려내 버렸다.

이 소식을 들은 기자는 미친 사람 흉내를 내며 노비들 틈 속에 끼어 숨어 살다가 붙들려 옥에 갇히게 되었다. 후세의 사람들이 그 충성된 마음을 기리기 위해 이들 미자, 비간, 기자 세 사람을 가리켜 은나라 3인이라 불렀다.

맥수지탄

당시 서백창, 구후, 악후라는 삼공(三公)이 있었는데, 이들은 매우 현명하여 백성들로부터 신망이 높았다. 그런데 어느 날 주왕이 구후를 별다른 이유도 없이 죽이고 말았다. 이에 악후가 항의하니 악후마저 죽였다.

주왕은 이 두 사람의 시체를 소금에 절여 서백창에게 보냈다. 이 모습을 본 서백창은 크게 탄식하였다. 그러자 주왕은 서백창이 탄식했다는 이유로 그를 잡아들여 유리라는 곳에 감금시켰다. 이때 서백창의 신하인 산의생이 미녀와 진기한 보배를 구해서 주왕에게 바치니, 주왕은 크게 즐거워하며 서백창을 풀어 주었다.

서백창은 풀려난 후 자기의 주나라 영토로 돌아와 덕을 쌓아가니 많은 제후들이 주왕에게 등을 돌리고 서백창에게 합류하였다.

그 후 창이 죽고 그의 아들 발이 뒤를 이으니 그가 바로 무왕이다. 왕위에 오른 무왕은 계속 국력을 키워 나갔다.

몇 년이 지난 후 무왕은 제후들을 이끌고 은나라 폭군 주왕을 쳤다. 주왕은 목야에서 맞섰지만 이미 기울어진 나라를 일으킬 수는 없었다. 결국 주왕은 보석으로 수놓은 옷을 입은 채 녹대 위에 올라가 스스로 불을 질러 자살하였다.

이렇게 하여 은나라는 31대 629년의 운명을 다하고 멸망하였다.

은나라가 망한 뒤 기자는 은나라의 폐허를 지나가면서 '맥수지탄(麥秀之歎)'이라는 노래로 나라를 잃은 서글픈 감회를 표현하였다.

보리는 파랗게 자라 빛나고 수수는 기름져 탐스럽구나.
아아! 그는 교활하여 나를 멀리 물리쳤으니.

이 노래를 들은 은나라 백성들은 모두 눈물을 흘렸다.

은나라 왕조의 계보

제4장 후세의 모범, 주나라
(?~256 B.C.)

강태공

주나라 무왕은 성이 희씨요, 이름은 발(發)로서 후직의 16대 손이었다. 후직의 어머니는 강원으로 제곡의 부인이었다.

어느 날 강원이 들판에 나갔다가 거인의 발자국을 보고 이상하게 마음이 끌려 그 발자국을 밟았다. 그 후 기(棄)를 낳게 되었는데, 불길한 아이라 하여 길거리에 내다버렸다(이렇게 아이를 버렸기 때문에 버릴 기(棄)자를 이름으로 쓴 것이다).

그런데 신기하게도 지나가는 소와 말이 밟지 않고 피해 갔다. 이번에 산 속으로 데려가 버리려 하였는데, 마침 사람이 많아서 버리지 못했다. 걸음을 옮겨 이번에는 얼어붙은 강 위에 놓아 두었다. 그러자 새들이 날아와 날개로 덮어 따뜻하게 해주는 것이 아닌가. 이에 강원은 하늘이 보살펴 주는 아들이라 생각하고는 아기를 안고 돌아왔다.

기는 어려서부터 생각하는 것이 어른스러웠다. 또 풀이나 나무 심기를 매우 좋아하였다. 어른이 되자 곧잘 땅을 살펴보고서 무엇이 그 땅에 적합한지를 연구하곤 하였다. 그러면서 백성들에게 농사짓는 법을 가르쳤다. 그리하며 요임금과 순임금한테서 봉토를 받고 희씨 성을 받았다.

그 후 8대 후손인 고공단보에 이르렀을 때 북쪽의 흉노족이 대규모로 쳐들어왔기 때문에 남쪽 기산 지방으로 피난을 가게 되었다. 그때 백성들이 "고공단보는 참으로 어진 인물이다. 그분을 놓쳐서는 안 된다."라면서 늙은이를 부축하고 어린이를 업고서 모두 고공단보 일행을 뒤따랐다.

고공단보의 장남은 태백이고 둘째는 우중이라 했으며, 막내가 계력이었다. 계력에겐 창이라는 아들이 있었는데 창이 태어날 때 붉은 새가 붉은 책을 물고 와서 산모의 방 위에 앉는 상서로운 징조가 났다.

이에 태백과 우중은 아버지 고공단보가 막내인 계력에게 왕위를 넘길 생각을 갖고 있음을 알고 남쪽 오나라 지방으로 가서 그곳 풍습에 따라 머리를 깎고 몸에 문신을 하며 계력에게 왕위를 양보하였다. 계력이 세상을 떠나자 아들이 뒤를 이었는데, 그가 바로 서백창으로 후에 주나라 문왕이 된 인물이다. 그의 높은 덕을 잘 알고 있던 제후들은 그가 즉위하자 앞을 다투어 그에게 복속해 왔다.

한편 동해 바닷가에 여상이라는 사람이 살고 있었다. 그는 70세가 되도록 가난하게 살고 있었는데 강에서 고기를 낚으며 주나라까지 유랑해 왔다. 너무 가난해 아내까지 도망쳐 버린 상태였다. 그가 바로 강태공이다.

어느 날 서백이 사냥을 나가려고 그날의 운세를 점쳐보니 이상한 점괘가 나왔다.

'용도 아니요 이무기도 아니며 곰도 아니다. 또한 호랑이도 아니요 표범도 아니다. 잡은 것은 패왕을 보필할 신하이다.'

그날 서백은 위수 강가에서 여상을 만났다. 그와 몇 마디 얘기를 나눈 서백은 그의 인물됨을 알아보고 이렇게 말했다.

"선왕이신 태공(太公)께서는 항상 '후세에 반드시 주나라에 성인이 찾아온다. 그리고 그의 힘으로 주나라는 번성하리라고 하셨는데, 당신이 바로 그 성인임에 틀림없습니다."

서백은 여상을 수레에 태워 궁궐에 모신 후, 그를 '태공이 바라던 성인'이라는 뜻으로 '태공망(太公望)'이라 불렀다. 그리고 스승으로 모시면서 언제나 그의 말을 경청하며 따랐다.

은나라를 멸망시키다

서백이 죽은 후 그의 아들 발이 뒤를 이으니, 그가 바로 무왕이다. 당시 은나라 주왕의 횡포는 날이 갈수록 심해졌는데, 마침내 무왕은 은나라를 치기로 하고 친히 선두에 나서 출전하였다.

이때 은나라의 충신 백이와 숙제가 무왕을 찾아와서는 무왕의 말고삐를 잡고서 "당신은 부친께서 돌아가시고 아직 3년상도 치르지 못했는데 이렇게 전쟁을 벌이다니 어찌 효도라 할 수 있겠소? 또 신하된 몸으로 왕을 죽이려 하다니 어찌 인(仁)이라 하겠소?" 하고 말렸다.

그러자 곁에 있던 신하들이 그들을 베려 하자, 태공망이 제지하고 나섰다.

"이분들은 의로운 분들이다. 공손히 모시도록 하라."

그 뒤 백이와 숙제는 수양산에 들어가 주나라 음식은 입에도 대지 않고 오직 고사리만 먹다가 끝내 굶어 죽었다.

그들이 남긴 '채미가'는 지금도 전해지고 있다.

> 저 서산에 올라
> 고사리를 뜯도다!
> 포악함으로 포악함을 바꾸면서도
> 그것이 그릇된 줄 모르네.
> 신농씨와 순임금, 우임금이
> 홀연히 사라지니,
> 내 어디로 돌아갈거나!
> 아! 사라지리라.

운명이 이제 다했나 보다.

　드디어 목야 지방에서 은나라와 주나라의 운명적인 결전이 벌어졌다. 하지만 이 전투는 의외로 싱겁게 끝났다. 주왕의 잔인한 폭압정치에 신물이 나 있던 은나라 군사들이 오히려 창을 거꾸로 잡고 주나라 군대를 환영하며 맞아들였던 것이다. 그리하여 천하의 백성들이 모두 주나라를 천자의 나라로 추대하였다.

어떻게 나라를 다스려야 하는가?

　그 뒤 무왕이 죽고 태자 송이 들어섰으니, 바로 성왕이다.
　성왕은 아직 어렸기 때문에 무왕의 아우였던 주공(周公)이 섭정을 하면서 실질적으로 모든 권한을 행사하였다. 이때 무왕의 아우였던 관숙과 채숙이 유언비어를 퍼뜨려 "주공은 성왕을 위하여 일하는 것이 아니다. 오히려 나라를 빼앗으려 하고 있다."면서 죽은 은나라 주왕의 아들인 녹보를 앞세워 반란을 일으켰다.
　주공이 단호하게 그들을 토벌하려 하자 왕실 내부에서 반대 의견이 많았다. 그러나 주공은 "만약 이러한 일들을 방치한다면 애써 이룩한 선왕의 위업이 순식간에 무너지고 말 것이다."라고 선언하였다.
　주공은 스스로 군대를 이끌고 진압에 나섰는데 3년 만에 관숙과 녹보를 죽이고 채숙을 멀리 추방하였다. 7년이 지나 성왕이 장성하자 주공은 섭정을 그만두고 모든 정사의 권한을 되돌려 주었다.
　주공은 섭정하는 동안 관제를 새로 정하고 새로운 주나라 예악을 제정하는 등 주나라의 기틀을 확고하게 세워놓았다. 이렇게 새로운 나라의 기반이 확립되고 모든 국가적 제도가 이루어진 이 기간을 '성강지치(成康之治)'라 한다. 이때의 모든 제도는 이후 후세에 이르기까지 가장 모범적인 본보기이다.

주공과 그의 동생인 소공은 이후에도 성왕을 도와 좌우의 보좌역이 되어 천하를 둘로 나누어 서쪽은 소공이, 동쪽은 주공이 각각 관할하였다. 그 뒤 주공은 자신의 영지인 노나라에 아들 백금을 보내면서 이렇게 당부하였다.

"나는 문왕의 아들이며 무왕의 아우이고 또 성왕의 숙부이다. 제후들 중에서도 신분이 매우 높은 몸이다. 하지만 남이 나를 방문하면 머리를 감다가도 중단하였으며, 식사를 하다가도 뛰어나가 만났다. 그래서 한 번 머리를 감으려면 세 번씩이나 머리를 손으로 누르고 있어야 했고, 식사할 때마다 세 번씩입에 넣었던 음식을 뱉어야 했다. 그러면서도 항상 내가 미흡한 점이 없는가, 혹시 천하의 어진 사람들을 놓치고 있지 않나 염려하면서 지내왔다. 너도 노나라에 가서 결코 교만해져서는 안 된다."

백금은 노나라에 간 지 3년 만에야 주공에게 정사를 보고하였다. 주공이 한숨을 쉬며 물었다. "왜 이리 보고가 늦었는가?"

그러자 백금이 이렇게 대답했다.

"저는 그 고장 풍속과 예절규범을 근본적으로 뜯어 고쳤습니다. 그리고 3년상을 지키도록 가르쳤기 때문에 이렇게 늦었습니다."

한편 강태공은 제나라의 제후로 임명받아 부임한 뒤 불과 5개월 만에 주공에게 보고하였다. 주공이 물었다. "어떻게 이렇게 빨리 보고할 수 있었소?"

이에 태공망이 대답하였다. "군신의 예를 간소하게 하고 그 고장 풍속에 따라 모든 백성이 알기 쉬운 정치를 하였습니다. 그래서 이렇게 빨리 보고를 드릴 수 있게 된 것입니다."

그러자 주공은 큰 한숨을 내쉬며 이렇게 탄식했다.

"나라의 명령이 지나치게 번잡하면 백성들이 달갑게 생각하지 않는 법이다. 백성들이 속박을 느끼지 않고 스스로 따라오도록 하는 것이 정치의 기본이다. 슬프도다. 우리 노나라는 얼마 지나지 않아 제나라의 속국이 되고 말 것이다.”

어느 날 주공이 강태공에게 물었다. “제나라에서는 어떻게 정치를 하고 있소?”

“현자를 존중하고 공을 세운 사람을 중용하고 있습니다.”

“그렇게 되면 신하의 힘이 강해져서 임금을 죽이려는 사람이 생기지 않겠소?”

이번에는 강태공이 주공에게 물었다.

“공로자보다 혈연을 중시하게 되면 결국 국력의 쇠퇴를 가져오지 않을까요?”

피리소리 구슬피 땅을 울리니

성왕이 죽고 아들 강왕이 대를 이었는데, 성왕과 강왕의 두 시대에 걸쳐서는 천하가 태평하여 형법이 존재하긴 했지만 40년 동안이나 그것을 쓸 필요조차 없을 정도였다.

강왕이 죽은 후 아들 소왕이 그 뒤를 잇게 되었다. 그런데 소왕은 남쪽 지방으로 시찰을 나가 초나라에 이르렀을 때 아교를 칠한 배를 탔다가 물에 빠져 죽고 말았다.

목왕이 그 뒤를 이었다. 이때 말을 다루는 기술이 뛰어났던 조보라는 사나이가 있어 왕의 총애를 받았다. 언젠가 왕은 여덟 필의 준마를 얻어 조보에게 말을 몰게 하면서 천하를 두루 돌아다니며 가는 곳마다 자기의 수레바퀴와 말발자국을 남겨 놓으려 했다.

목왕이 황하의 상류를 거슬러 올라가 곤륜산에 오른 뒤 다시 서쪽으로 수천 리를 갔을 때 미모가 뛰어난 선녀 서왕모(西王母)가 산다는 신선의 나라에 도착하게 되었다. 서왕모는 아름다운 연못으로 유명한 요지에서 주연을 베풀어 목왕 일행을 극진히 대접하였다. 목왕은 서왕모와 흥겹게 놀면서 돌아가는 것조차 잊고 있었다.

마침내 작별의 순간이 오자 두 사람은 서로 이별을 아쉬워하였다.

서왕모는 목왕에게 술을 권하더니, "폐하, 오래오래 사시옵고 꼭 다시 한번 오시옵소서." 하며 눈물을 닦아내면서 작별의 노래를 불렀다.

후세의 시인들은 이들의 만남을 이렇게 시로 노래하였다.

> 요지의 서왕모가 비단 창문을 활짝 여니
> 여덟 마리 준마는 하루에도 삼만 리를 달릴 수 있건만
> 목왕은 무슨 일로 다시 올 줄 모르는가.

이 틈을 타서 서나라의 연왕이 반란을 일으켰다. 그 소식을 전해 들은 조보는 날듯이 말을 달려 돌아와 반란을 진압하였다.

목왕이 죽은 후에 그의 아들 공왕이 즉위하였다. 공왕은 여행을 매우 즐겼는데, 어느 날 위수 부근에 사냥을 나가게 되었다. 당시 위수 부근에는 밀국이라는 소국이 있었는데, 밀국의 영주 강공은 공왕을 정중히 맞아들여 잔치를 베풀었다. 강공의 곁에는 아리따운 미녀가 시중을 들고 있었다.

공왕은 이 미녀가 마음에 들었다. 강공의 어머니는 공왕의 마음을 알아채고 강공에게 미녀를 공왕에게 바치라고 눈짓하였지만, 강공은 듣지 않았다. 아니나 다를까 공왕은 강공에게 그 미녀를 달라고 하였다.

그러나 강공은 "안 될 말이오. 주기에는 너무 아깝습니다."라며 거부하였다. 일개 소국에서 여자 하나 때문에 창피를 당한 공왕은 돌아오자마자 군사를 일으켜 밀국을 토벌해 버렸다.

이러한 소문이 널리 퍼지자 그때부터 먼 나라에서는 조공이 오지 않았고 제후들의 불만도 높아갔다. 이후 주나라의 권위는 차츰 떨어져 왕이 옥좌에서 내려와 제후들을 만나는 형편이 되었다. 그리하여 목왕 이래 5대만에 초나라가 처음으로 스스로 왕이라 참칭하는 등 주나라 왕의 권위는 여지없이 실추되었다.

백성의 입을 막음은 물을 막는 것보다 나쁘다

세월이 흘러 여왕의 시대가 되었다. 여왕은 성격이 포악하고 교만하고 탐욕스러웠으며, 백성들을 괴롭혔고, 사치를 일삼았다. 자연히 백성들의 불만이 높아갔는데, 왕은 위나라 출신의 무녀를 시켜 왕을 욕하는 자를 몰래 살펴보도록 하고, 무녀가 고발하는 자들은 모조리 죽였다.

그러자 백성들은 두려움에 떨며 말을 하지 않았고 그저 눈으로 원망을 주고받았다. 백성들이 아무런 불만도 이야기하지 않고 조용히 지낸다는 소식을 들은 여왕은 기뻐하였다.

"내 위엄으로 드디어 백성들의 비방이 없어졌도다."

이때 소공이 왕에게 말했다.

"그것은 다만 억지로 백성의 입을 틀어막은 것뿐입니다. 백성의 입을 막는 것은 강물을 막는 것보다도 더 나쁜 결과를 가져옵니다. 강물을 막으면 반드시 둑이 터져서 많은 사람의 목숨을 해칩니다. 하지만 백성들의 마음을 내리누르는 해독은 더없이 깊고 큰 것입니다."

그러나 여왕은 이 말을 듣지 않았다. 결국 백성들은 3년 만에 무리를 지어 반란을 일으켰고, 왕은 산서성으로 달아나게 되었다.

이렇게 하여 나라에 왕이 없는 상황이 벌어지자 주공과 소공 두 재상이 협력하여 나라를 다스렸는데, 이 기간을 '공화(共和)'라 부른다. 현재 '왕정(王政)'에 대비되어 사용되는 '공화국'이라는 말은 이때 비롯된 것이다. 사마천은 『사기』에서 공화가 시작되는 해, 즉 기원전 841년부터 연표를 정확히 만들고 있다.

그 후 14년이 지나 여왕은 죽고 아들 선왕이 대를 이었는데, 그는 어진 사람을 등용하고 유능한 사람을 우대하였다. 그 중에서도 소목공, 방숙, 윤길보, 중산보 등 현명한 신하들이 왕을 잘 보좌하였다. 선왕은 이들과 함께 정치와 외교에 힘썼으므로 주나라 왕조는 다시 중흥을 맞이하게 되었다.

하지만 선왕 39년에 강족에게 대패하는 등 선왕 말년에 이르러 나라가 급속히 쇠퇴하였다. 이에 선왕은 패배를 설욕하기 위하여 '요민(要民, 백성을 센다)'이라는 호구조사를 실시하였다. 이는 병사와 인부 징용, 세금 징수를 위한 것이었는데, 백성들의 원성이 높았다. 이렇게 되자 신하들도 전쟁의 불리함을 거듭 상소하였다. 선왕 43년에는 충신 두백이 왕명을 거역했다는 이유로 참수되었다. 그러자 두백의 친구 좌유는 "임금의 잘못을 밝히고 두백의 무죄를 증명하겠다."라며 자결하고 말았다.

그 3년 뒤 선왕이 포전 지방으로 사냥을 나갔는데, 멀리서 조그만 수레가 달려오고 있었다. 말과 수레가 모두 흰색이었는데, 그 안에는 빨간 옷에 빨간 관을 쓰고 빨간 활과 화살을 가진 두 사람이 타고 있었다. 그들은 나란히 앉아 가까이 오더니 "대왕은 그 후 별일 없으시오?"라며 인사를 하는 것이었다. 선왕이 깜짝 놀라 쳐다보니 그들은 바로 두백과 좌유였다. 선왕이 노하여 보검을 빼들고 그들을 치려고 하자 그들은 "이 무도한 혼군(昏君)아! 어찌하여 임금이 덕은 닦지 않고 함부로 충신을 죽이는가. 혼군의 운수는 하늘이 결정할 것이다. 이제 우리는 잃었던 목숨을 찾으리라."라며 화살을 선왕의 가슴에 쏘았다. 선왕은 비명을 지르며 기절해 버렸다. 3일 후 선왕은 죽었다.

경국지색 포사

선왕이 재위 46년 만에 죽은 후, 아들 유왕이 왕위에 올랐다. 당시 거리에서는 아이들이 이런 동요를 불렀다.

산뽕나무로 만든 활과 가느다란 풀로 만든 화살통,
주나라를 망치네 주나라를 망치네

마침 그 무렵 산뽕나무로 만든 활과 화살을 팔고 다니는 부부가 있어 왕이 곧장 그들을 잡아들이도록 명령했다. 그 부부는 놀라 달아나다가 밤에 길에서 울고 있는 어린 계집아이를 보았다. 그들은 불쌍한 생각이 들어 그 아이를 데리고 포나라로 도망갔다.

그 뒤 포나라 사람이 유왕에게 죄를 지은 일이 있어 용서를 빌기 위해 여자를 바쳤다. 그 여자는 옛날 뽕나무 활장수 부부가 주워 기른 포사였다. 유왕은 포사를 보자마자 흠뻑 빠져들었다.

포사는 웃는 법이 없었다. 아무리 유왕이 웃게 만들려고 애를 써도 절대 웃지 않았다.

그러던 어느 날 한 병사가 실수를 하는 바람에 봉화가 올려졌다. 봉화가 올려지면 외적이 침입했다는 표지였기 때문에 각지에서 제후들이 군사를 이끌고 허겁지겁 달려왔다. 그러나 와보니 아무 일도 없었다. 이에 제후들과 군사들은 어이없어하며 제각기 자기 고장으로 돌아갔다.

그런데 이게 웬일인가! 그렇게 웃지 않던 포사가 제후들과 군사들이 허겁지겁 달려오고 달려가는 모습을 보고는 크게 웃어대는 것이 아닌가!

그날부터 봉화가 시시때때로 올려졌다. 포사의 웃음을 보기 위하여 유왕이

시킨 것이었다. 봉화가 오를 때마다 포사는 크게 웃어댔다.

　그러던 어느 날 정말로 북쪽에서 견융족이 밀물처럼 쳐들어왔다. 유왕은 황급히 봉화를 올렸지만 아무도 달려오지 않았다.

　마침내 유왕은 어느 누구의 도움도 받지 못한 채 여산의 산기슭에서 견융족에게 피살되었다. 포사는 사로잡혀 견융족 추장에게 넘겨졌다.

주왕조의 계보

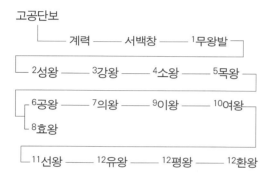

춘추 · 전국시대

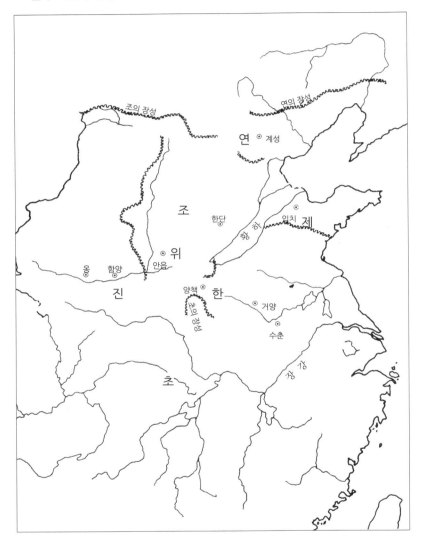

연의 장성

조의 장성

연 ⊙ 계성

조

한당

황하

임치 제

위 ⊙ 안읍

옹 함양

진

양책 ⊙

회하

한

⊙ 거양

⊙ 수춘

초

장강

제5장 춘추시대
(770~403 B.C.)

천하 일색 포사와의 연락(宴樂)에 빠져 마침내 나라를 망하게 만든 주나라의 폭군 유왕이 죽자 평왕이 즉위했다. 평왕은 주나라의 수도 호경이 견융족과 너무 가까이 있는 것을 두려워하여 수도를 낙양으로 옮겼다. 그래서 호경을 수도로 한 시대를 서주(西周), 낙양을 수도로 한 시대를 동주(東周)라고 부르게 되었다. 동주시대는 514년간 지속되었는데, 이 시대는 다시 춘추시대와 전국시대로 구분된다.

춘추시대는 평왕이 도읍을 옮긴 기원전 770년부터 진(晉)나라 땅이 한나라, 위나라, 조나라로 나뉘는 기원전 403년까지 368년간을 말하고, 전국시대란 이후 진나라가 천하를 통일하는 기원전 221년까지 178년간을 말한다.

춘추시대라는 이름은 공자가 노나라의 역사를 기본으로 하여 편찬한 『춘추』라는 역사서에서 유래되었으며, 전국시대는 한나라 말기 사람인 유향이 편찬한 역사서인 『전국책』에서 유래한 말이다.

춘추시대에는 주나라 왕실의 힘이 급격하게 쇠퇴하여 제후 가운데 힘 있는 자가 약한 나라를 제멋대로 병합하였다.

춘추시대에는 이른바 '춘추오패'가 유명하였다. 춘추오패란 춘추시대에 천하의 패권을 잡은 다섯 명의 패자(覇者)를 가리키는 말로 제나라 환공, 진나라 문공, 초나라 장왕, 오나라 부차, 그리고 월나라의 구천이 그들이다.

제나라 환공은 천하제일의 명신 관중의 보좌를 받들어 주나라를 대신하여 천하를 호령하였는데, 그는 제후들에 의해 최초의 패자로 추대된다. 그 후에는 19년이나 망명 생활을 했던 방랑 공자인 진(晉)나라 문공 중이가 패자였다.

한편 남쪽의 강대국 초나라는 장왕 시대를 맞이하여 그 세력이 강성해졌고, 주나라에 쳐들어온 견융족을 토벌한 뒤 패자로 추대되었다.

이후 남쪽의 새로운 강자로 떠오른 오나라와 월나라 사이에 사투가 벌어졌다. 그리고 결국 월나라 구천이 최후의 승자가 되면서 춘추시대는 막이 내린다.

의식이 족해야 예절을 안다

관포지교

관중은 제나라의 영수 기슭에 살던 사람이었다. 관중에게는 포숙아라는 젊을 때 사귄 친구가 있었는데, 포숙아는 그의 현명함을 잘 알고 있었다. 관중은 매우 가난했으므로 포숙아를 몇 번이나 속였지만 포숙아는 언제나 그를 후대하였다.

그 무렵 제나라의 양공은 무도한 군주였다. 그는 노나라의 환공을 술에 취하게 만든 후 살해하고 환공의 부인과 정을 통했으며 걸핏하면 신하들을 마구 살상하였다. 양공의 동생들은 그 화가 자신들에게 미칠까봐 두려워하였다. 그들은 할 수 없이 이웃나라로 망명해야 했다.

이때 포숙아는 공자 소백을 따라 망명하고, 관중은 공자 규와 함께 망명하였다. 그 후 무도한 군주는 마침내 암살되었다. 소백과 규는 그 소식을 듣고 새 군주가 되기 위해 귀국길에 올랐다. 규와 함께한 관중은 별동대를 거느리고 매복하고 있다가 소백을 화살로 맞춰 쓰러뜨렸다. 그리고 나서 공자 규와 함께 6일 만에 제나라에 도착했다.

그런데 이게 웬일인가! 죽은 줄로만 알았던 소백이 이미 귀국하여 군주로 즉위했으니 그가 바로 제나라 환공이다. 관중의 화살은 허리띠의 쇠장식이 있는 곳을 맞췄던 것이다. 소백은 화살을 맞자 죽은 척하고 급히 영구차를 타고 제나라로 돌아왔던 것이다.

즉위한 소백은 공자 규가 망명해 있던 노나라를 공격하여 대승을 거둔 후 노나라에 사신을 보내 명령하였다

"공자 규는 피를 나눈 형제이므로 차마 내 손으로 죽일 수 없으니 노나라에서 그를 죽여 주었으면 한다. 관중은 나를 죽이려 했던 원수이므로 송환시켜 마음껏 욕보인 후 죽여 젓을 담글 것이다. 만약 이에 응하지 않으면 노나라를 멸망시킬 것이다."

궁지에 몰린 노나라는 할 수 없이 규를 죽이고 관중을 붙잡아 제나라로 보냈다. 이때 포숙아는 거듭 환공을 설득하며 말했다.

"폐하께서 제나라만 다스릴 생각이시면 모르겠지만, 만약 천하를 다스릴 패자가 되려 하신다면 반드시 관중이 있어야 합니다. 관중을 중용하는 나라가 천하를 다스릴 것입니다."

관중을 붙잡아 즉시 처형시키려던 환공은 마음을 바꿨다. 관중은 대부의 자리에 기용되었고 환공을 보좌하게 되었다.

뒷날 관중은 이렇게 말했다.

"일찍이 가난할 때 포숙아와 함께 장사를 한 적이 있었다. 이익을 나눌 때마다 내가 몫을 더 많이 가졌지만 그는 나를 욕심 많다고 비난하지 않았다. 내가 가난하다는 것을 알고 있었기 때문이다. 일을 하다가 실패한 적도 있었지

만, 그는 나를 어리석다고 비난하지 않았다. 일의 성패란 처지에 따라 바뀔 수 있다는 것을 알고 있었기 때문이다. 그리고 세 번 벼슬에 나갔다가 모두 쫓겨나는 신세가 되었지만 그는 나를 무능하다고 하지 않았다. 때를 만나지 못했던 점을 알았기 때문이다. 세 번의 전쟁에서 모두 패하여 달아났지만, 그는 나를 겁쟁이로 몰아세우지 않았다. 내게 노모가 계신 것을 알았기 때문이다. 실로 나를 낳아 준 사람은 부모지만, 알아 준 이는 포숙아였다."

포숙아는 관중을 천거한 뒤 그의 휘하에 들어갔다. 세상 사람들은 관중의 현명함을 칭찬하기보다 오히려 포숙아의 사람 보는 눈을 더 칭찬하였다.

주는 것이 받는 길이다

제나라의 재상이 되어 정치를 맡은 관중은 해산물을 팔아 얻은 재물로 나라 살림과 군비를 튼튼히 하였다. 또한 백성들과 더불어 즐거움과 괴로움을 함께 하였다.

관중은 이렇게 말했다. "창고가 가득해야 예절을 알고, 의식(衣食)이 충분해야 영욕(榮辱·영예와 치욕)을 안다. 예의를 알지 못하면 나라가 망한다. 명령을 내리면 마치 물이 낮은 곳으로 흐르듯 민심을 순응하게 해야 한다."

관중은 화가 될 일은 복으로, 실패를 돌이켜서 성공으로 만드는 정치를 하였다. 그는 일의 경중을 살펴서 언제나 균형을 잡았고 명분을 중시하였다.

언젠가 환공이 뱃놀이를 했는데 비(妃)인 소희가 환공을 놀라게 하였기 때문에 화가 난 환공은 소희를 친정인 채나라로 쫓아냈다. 관계가 정리되기도 전에 채나라에서는 소희를 다른 곳으로 시집보냈다. 크게 화가 난 환공은 채나라를 공격했다. 그 여세를 몰아 초나라가 주나라 왕실에게 공물인 띠풀 묶음을 바치지 않았다는 이유로 초나라까지 공격했다.

　노나라 민공의 모친은 애강이었는데 환공의 누이동생이었다. 애강은 노나라 공자인 경보와 음락(淫樂)을 즐겼는데 둘은 음모를 꾸며 민공을 시살했다. 그 후 애강은 경보를 즉위시키려 했으나 많은 신하들이 반대하면서 이공을 즉위시켰다. 환공은 노나라를 어지럽힌 애강을 소환시켜 죽였다.

　환공은 이웃의 노나라와 다섯 번 싸워 다섯 번 모두 이겼다. 노나라의 땅은 거의 다 빼앗겼다.

　노나라에 조말이라는 장수가 있었다. 어느 날 노나라와의 회담이 벌어지고 있을 때 조말은 갑자기 단상에 뛰어올라 환공에게 비수를 들이대면서 그간 빼앗은 노나라 땅을 모두 되돌려 달라고 협박했다. 환공은 위기를 모면하고자 그 요구를 허락하였다. 조말이 내려간 뒤 환공은 그 일을 없었던 것으로 하려 했으나 관중은 이렇게 말했다.

　"폐하께서는 협박당해 어쩔 수 없었다고 하시겠지만, 어디까지나 약속은 약속입니다. 그것을 없었던 것으로 하고 상대를 죽인다면 신의를 저버리는 처사입니다. 그렇게 되면 제후들의 신의를 배반하게 되어 천하로부터 따돌림을 당하게 됩니다. 주는 것이 곧 받는 길입니다. 작은 이익에 만족하신다면 제후들의 신망을 잃게 되며 천하의 명성을 스스로 버리게 될 뿐입니다."

　환공은 결국 노나라로부터 빼앗은 땅을 고스란히 돌려 주었다.

　환공의 이러한 행동은 제후들에게 높이 평가되었다. 그래서 제나라와 손을 잡으려는 나라가 줄을 이었다.

　드디어 환공 7년에 제후들은 환공을 맹주로 추대하여 규구 지방에서 회맹(會盟) 의식을 가진 뒤 환공을 패자로 추대하였다. 회맹이란 패자가 맹주로서 열국 회의를 주재하는 의식이다. 먼저 제단을 만들고 제물로 가져온 소를 죽인 다음 귀를 잘라 그 귀를 옥반에 담고, 피는 그릇에 담는다. 사회자는 피가 담긴 그릇을 손에 들고 맹약서를 읽으며 신에게 고하고, 피를 서열에 따라 차례로 받아 마시는 의식을 가졌다.

관중의 재산은 제나라 왕실과 비슷했으나 백성들은 이를 비난하지 않았다. 관중이 죽은 후 환공은 절제심을 잃고 주색에 빠져 제나라의 국세는 급속히 기울었다. 관중이 병석에 눕자, 문병을 간 환공이 물었다.

"군신 중 누가 재상이 될 만하오?"

이에 관중이 대답하였다.

"신하를 아는 데 주군만한 분이 없습니다."

그러자 환공이 물었다.

"역아는 어떻소?"

"그는 주군의 마음에 들고자 자식을 죽이기까지 했습니다. 이는 인륜을 어긴 것으로 재상이 될 만한 인물이 못 됩니다."

"개방은 어떻소?"

"그는 위나라의 공자인데도 육친과 나라를 저버리고 주군의 마음에 들려고 했습니다. 이것도 인륜이 아니니 가까이 해서는 안 될 인물입니다."

"그럼 수조는 어떻소?"

"그는 스스로 거세하여 환관이 되어 주군의 마음에 들려고 했습니다. 이것도 인륜이 아니니 불가합니다."

그러나 관중이 죽은 후 환공은 이 세 사람을 측근으로 기용하여 나라는 크게 어지러워졌다.

환공은 본래 호색하여 세 명의 부인 외에도 여섯 명의 후궁을 총애하였다. 환공은 다섯 명의 아들이 있었는데, 관중이 죽자 다섯 공자 모두 자신을 태자로 세워 주기를 환공에게 요구했다. 관중이 세상을 뜬 지 2년 뒤 환공도 죽었다. 환공이 병으로 눕자 5공자는 각각 무리를 만들어 태자가 되려고 경쟁하였다. 환공이 사망하자 태자 자리를 놓고 서로 싸우기에 여념이 없어 궁중이 텅 빌 정도였다. 그래서 환공의 시체를 입관하는 일이 늦어지기까지 했다. 그래서 사체는 무려 67일간이나 침상에 방치되어 사체에서 벌레가 생겨 방문 밖으로까지 기어나올 정도였다.

이후 제나라는 다시 패자의 자리에 오를 수 없었다.

최후의 승자는 누구인가

작은 의를 버리고 큰 부끄러움을 씻다

오자서(伍子胥)는 원래 초나라 사람이었다. 그의 집안은 초나라에서 유명한 가문이었으며, 아버지 오사는 초나라의 평왕 밑에서 태자의 시종으로 일하고 있었다.

어느 날 평왕은 태자의 아내를 맞아들이기 위해 부시종장이었던 비무기를 진나라로 보내 공주에게 청혼하려 했다. 진나라에 간 비무기는 공주가 대단한 미인인 것을 보고 귀국하여 평왕에게 말했다.

"진나라 공주는 절세미인입니다. 그러니 폐하께서 공주를 맞으시고 태자에게는 다른 여자를 얻게 하시는 것이 어떻겠습니까?"

평왕은 빙긋이 웃었다.

그 후 진나라 공주가 오자 비무기는 즉시 평왕에게 공주를 데려갔다. 평왕은 즉시 공주를 맞아들여 자기 숙소로 데려갔다. 그 후 그녀는 평왕의 아들을 낳았다.

비무기는 평왕의 측근이 되어 권세를 휘둘렀다. 비무기는 평왕이 죽고 난 이후가 매우 염려스러웠다. 만일 태자가 왕이 된다면 자기 목숨을 부지할 수조차 없게 될 것이다. 그래서 비무기는 날마다 평왕에게 태자를 헐뜯는 말을 하기 시작했다.

그렇지 않아도 아들의 여자를 빼앗아 꺼림칙했던 평왕은 그 죄책감이 차츰 미움으로 변해 태자를 멀리 변경으로 추방하여 국경 수비를 맡게 했다.

비무기는 여기에 그치지 않고 계속하여 태자를 비방했다.

"태자는 진나라 공주의 일 때문에 반드시 원한을 품고 있을 것입니다. 이제 태자는 국경에 군대를 갖고 있으므로 반드시 반란을 일으킬 것입니다."

의심이 생긴 평왕은 태자의 시종장 오사를 불러 캐물었다. 그러자 오사가 큰 절을 드리며 말했다.

"대왕께서는 어찌 거짓말만 일삼는 소인배의 말을 믿으시고 친아드님을 멀리하십니까?"

그러자 곁에 있던 비무기가 다시 나서며 말하였다.

"폐하께서 지금 손을 쓰시지 않으면 도리어 포로가 되는 비극을 초래할 것입니다."

이 말에 평왕은 당장 오사를 감곡에 가두고 사자를 보내 태자를 죽이도록 명령하였다. 그러나 사자는 급히 사람을 시켜 태자에게 전했다.

"빨리 피하십시오. 목숨이 위험합니다."

태자는 송나라로 달아났다. 비무기는 이번엔 오사의 가족을 죽이라고 왕에게 말했다.

"오사에겐 아들이 둘 있는데, 매우 영리한 인물들입니다. 지금 그들을 죽이지 않으면 장차 큰 화근이 될 것입니다. 다행히도 아비를 지금 잡아두고 있으니 아비를 인질로 삼아 그들을 불러들일 수 있을 것입니다."

왕은 즉시 사람을 보내 두 아들을 불러오도록 했다.

"너희들이 출두하면 아비를 살려 줄 것이나, 그렇지 않으면 아비를 죽일 것이다."

형 오상은 이에 응하려 했다. 그러나 아우 자서가 말렸다.

"출두하면 아버지를 살려 준다는 것은 새빨간 거짓말입니다. 우리가 가게 되면 아버지와 함께 모두 몰살당할 게 틀림없습니다. 그러니 다른 나라로 달아나서 훗날 기회를 보아 원수를 갚읍시다. 우리가 모두 죽는다면 개죽음에 불과합니다."

하지만 오상은 이렇게 말하는 것이었다.

"우리가 가더라도 아버님을 구할 수 없다는 것은 나도 안다. 그러나 아버님께서 우리를 불러 도움을 받고자 하시는데도 가지 않고, 또한 뒷날 원수도 갚지 못한다면 그것이야말로 천하의 조롱거리가 될 뿐이다."

그리고는 오자서에게 뒷일을 부탁했다. 오상이 출두한 다음, 오자서를 체포하려는 사자가 찾아왔다. 오자서가 활을 꺼내 위협하니 사자는 오히려 도망치고 말았다. 그 틈을 타 오자서는 도망을 쳤다. 감옥에 갇혀 있던 오사는 아들이 도망쳤다는 소식을 듣자 크게 웃으며, "초나라는 머지않아 큰 코 다칠 것이다."라고 말했다.

오상이 수도로 호송되자 평왕은 즉시 오사와 오상 두 부자를 처형시켜 버렸다. 도망을 친 오자서는 가까스로 오나라와 초나라의 국경에 이르렀는데 초나라 관리에게 정신없이 쫓겼다. 한참을 달린 오자서는 강가에 도착하였다. 추격병은 쫓아오는데 그곳에는 배 한 척도 없었다. 그는 하늘을 우러러 크게 탄식하였다.

"하늘이시여! 여기서 저를 버리시나이까. 이 몸은 죽어도 억울하지 않지만 아버님과 형님의 원수를 갚아야 합니다. 지금은 저를 죽이실 때가 아닙니다."

이때 초가(楚歌) 소리와 함께 조그만 배가 저쪽에서 나타났다. 배에는 한 노인이 타고 있었다. 그 노인은 자서를 보더니 손짓을 하였다. 오자서는 재빨리 배에 올라탔다. 배는 양자강의 드넓은 물살을 헤치고 쏜살같이 달렸다. 강을 건넌 후 오자서는 허리에 찼던 칼을 풀어 어부에게 주며 말했다.

"이 칼은 매우 값이 나가는 물건입니다. 제가 감사의 표시로 드리는 것이니 받으십시오."

어부는 거듭 사양하였다.

"초나라에 이런 방이 나붙었소. 오자서를 잡는 자에게 조 5만 섬과 재상 자리를 준다고 말이오. 내게 욕심이 있었다면 그 칼 따위와 비교가 되겠소?"

오자서는 간신히 오나라에 들어갔다. 하지만 병에 걸린 몸으로 먹을 것을 구걸하며 겨우 목숨을 이어가는 고생을 감수해야 했다.

그 무렵 오나라 왕은 요였고 공자 광이 장군으로 있었다. 수도에 도착한 오자서는 공자 광을 통하여 왕을 만날 수 있었다.

날은 저물고 갈 길은 멀다

한편 초나라 평왕이 죽자, 그 틈에 오나라 왕 요는 초나라를 공격하였다. 그러나 초나라는 곧바로 반격에 나서 퇴로를 차단하고 오나라 군대를 포위하였다.

이때 오나라에 남아 있던 공자 광이 전에 오자서가 추천했던 전저라는 사람을 불러 말했다.

"이때를 놓치면 안 된다. 구하지 않고 무엇을 얻을 수 있단 말인가?"

이 말에 전저가 대답하였다.

"요 왕을 죽여야 합니다. 지금 오나라는 밖으로 초나라에 포위되어 있고 안으로는 병력이 텅 비어 있는 상태입니다. 그 누구도 우리에게 대항할 수 없을 것입니다."

공자 광이 고개를 끄덕였다.

"좋소. 그대의 몸이 나의 몸이오. 그대의 아들은 내가 책임지겠소."

공자 광은 자기 집에서 잔치를 벌이고 요 왕을 초청했다. 지하실에는 무장한 병력을 미리 숨겨 놓았다. 한편 요 왕도 경계를 늦추지 않고 연회석 곳곳에 장검을 든 경비병을 배치하였다. 드디어 잔치가 벌어졌다. 공자 광은 발이 아픈 시늉을 하면서 지하실로 내려가 전저에게 구운 생선을 가져오도록 했다. 구운 생선의 뱃속에는 예리한 단검이 숨겨져 있었다.

전저는 구운 생선을 요왕의 상으로 가져가 앞에 놓으면서 즉시 생선 뱃속에 있는 단검을 꺼내 왕을 찔러 죽였다. 그리고 전저도 좌우의 경비병에게 곧

바로 붙들려 죽임을 당했다.

한동안 큰 소동이 일어났으나, 공자 광은 미리 숨겨 두었던 병사들을 풀어 요 왕의 경비병을 모두 제압하였다.

공자 광이 왕좌에 오르니 그가 바로 합려왕이다. 합려는 약속대로 전저의 아들을 경(卿)으로 임명하고 오자서를 외교 고문으로 임명하였다.

그때 초나라에서는 대신 백주리가 살해되고 그의 손자인 백비가 오나라에 망명하여 대부로 등용되었다. 백비의 기용에 오자서가 크게 거들었다.

어느 날 오나라 대부인 피리가 오자서에게 살짝 물어왔다.

"당신은 백비와 매우 친한 듯한데 무슨 특별한 이유라도 있는지요?"

오자서가 한숨을 내쉬며 대답하였다.

"나는 초나라에서 아버님과 형님을 잃었고 백비 역시 가족들이 초나라에 서 억울하게 죽었소."

이에 피리가 조심스럽게 얘기하였다.

"제 생각으로 백비는 좀 경계해야 할 인물인 듯합니다. 그의 눈은 독수리와 같고 걸음걸이는 호랑이와 같습니다. 그런 사람은 반드시 명예욕이 강하고 잔 인하며 공로를 독차지하려 할 관상입니다."

하지만 오자서는 그냥 가볍게 받아넘겼다. 아무튼 합려는 자나깨나 초나라 에 대한 복수만을 꿈꾸고 있던 오자서와 백비를 장군으로 삼아 왕이 된 지 3년 만에 초나라를 공격하여 커다란 승리를 거두었다. 합려는 승세를 타고 초나라 의 수도까지 쳐들어가려 했으나 장군 손무가 제지하였다.

"백성들의 고통이 너무 크기 때문에 조금 더 시간이 필요합니다."

다음 해 오나라는 초나라를 공격하며 두 개의 성을 빼앗았고, 다시 다음 해 에는 월나라를 공격하여 승리를 거뒀다. 그 다음 해에는 거꾸로 초나라가 침 입해 왔는데, 합려는 오자서에게 대적하라고 명령을 내렸다. 이에 오자서는 초나라 군사를 맞아 대승을 거뒀으며, 계속 추격하여 초나라의 거소 지방을 점령하였다.

그 후 3년이 지나 합려는 모든 군사를 동원하여 초나라를 공격하였고, 한수(漢水)에서 초나라 군사와 대치하였다. 이때 왕의 동생인 부개가 속전속결을 주장했으나 합려는 이를 허락하지 않았다. 그러자 부개는 "왕께서는 이미 나에게 군대를 맡기셨다. 병사란 무조건 이겨 놓고 봐야 한다. 무엇을 주저하랴!" 하고는 부하 5천 명을 이끌고 초나라 군대를 기습하였다. 갑자기 기습을 당한 초나라 군대는 도망치기 바빴다. 이때를 놓치지 않고 합려는 추격에 나서 마침내 초나라 수도인 영에 입성했다.

오자서가 초나라에 살았을 때 신포서라는 사람과 친하게 지냈다. 오자서가 망명하게 되었을 때 신포서에게 자기 결심을 말했다.

"훗날 내가 반드시 초나라를 쓰러뜨리고 말겠소."

그러자 신포서는 대답하였다.

"그럼 나는 반드시 초나라를 지키겠소."

오나라가 초나라를 격파하고 수도까지 함락시키자 오자서는 초나라 소왕을 체포하려 했으나 이미 피신한 뒤였다. 그러자 오자서는 죽은 평왕의 무덤을 파헤쳐 시체에 3백 번 매질을 했다.

이때 산속으로 피신해 있던 신포서가 오자서에게 사람을 보내 비난했다.

"그대의 복수는 너무 지나치지 않은가? 예로부터, 많은 사람으로 밀어붙여 하늘을 이길 수도 있지만 끝내 하늘은 사람을 이긴다고 했소. 그대는 원래 평왕의 신하로 그를 섬기고 있었는데 지금 그의 시체를 욕보였으니 이보다 하늘을 거역하는 것이 또 있겠소?"

이에 오자서가 단호하게 말했다.

"지금 당장 가서 신포서에게 전하라. '날은 저물고 길은 멀어 다른 방법을 생각할 겨를이 없다'고(日暮途遠, 일모도원)."

합려는 초나라를 공격한 다음 오랫동안 초나라 수도에 머물렀다. 그 사이에 그의 동생 부개가 은밀히 오나라에 귀국하여 스스로 왕이 되려 하고 있었다.

이 소식을 들은 합려는 급히 오나라로 돌아와 부개를 내쫓았다. 이 틈을 타서 초나라는 진(秦)나라의 도움을 받아 오나라 군대를 격파하고 소왕은 다시 초나라의 수도로 되돌아왔다. 2년 후, 합려는 태자 부차를 시켜 다시 초나라를 공격하니 초나라는 겁에 질려 아예 수도를 북쪽으로 옮겨 버렸다.

이 무렵 오나라는 오자서와 손무 등의 계책을 따라 서쪽으로는 강국이던 초나라를 격파하고, 북쪽으로는 제나라와 진나라를 제압했으며, 남쪽으로는 월나라를 정복하여 천하를 호령하였다. 이제 오왕 합려는 천하의 패자로 군림하게 되었다.

와신상담

이 무렵 새로운 강국이 갑자기 나타났다. 바로 월나라였다. 월나라 왕 구천(句踐)의 조상은 우나라의 후예였다. 20여 대를 거쳐 윤상에 이르러 흩어져 있던 부족들을 규합하여 새로운 강대국의 면모를 갖추게 되었다. 윤상이 죽자 그 뒤를 이은 왕이 바로 구천이었다.

오나라는 윤상이 죽은 틈을 노려 월나라를 공격해 들어갔다. 그러자 구천은 군사를 이끌고 추리라는 곳에서 오나라와 맞섰다. 구천은 결사대를 조직하여 세 부대로 나누었다. 그런 후 선발대를 오나라 군대에 접근시켜 큰소리로 함성을 지르게 하다가 갑자기 자기 목을 치게 했다. 제2부대, 제3부대로 역시 똑같이 했다.

오나라 군대가 너무 어이가 없어 멍청히 넋을 놓고 있을 때, 갑자기 월나라 대군이 습격하였다. 오나라 군대는 속수무책으로 패주해야만 했다.

합려도 손가락에 화살을 맞아 부상을 입었다. 그 뒤 합려는 월나라와의 싸움에서 입은 상처가 악화되어 끝내 회복되지 못한 채 죽고 말았다. 임종 때 그는 태자 부차를 불러 "너는 구천이 네 아버지를 죽였음을 결코 잊어서는 안 된다. 꼭 원수를 갚아다오."라고 유언하였다.

"어찌 잊을 수 있겠습니까? 불초자, 3년 안에 반드시 복수해 드리겠습니다."

이후 부차는 복수를 다짐하면서 장작개비 위에서 잠을 자면서 몸이 쑤실 때마다 아버지 합려의 죽음을 생각하였다. 또한 사람을 문 앞에 세워두고 자기가 드나들 때마다 "부차야, 넌 네 아비의 복수를 잊지 않고 있느냐?"라고 말하도록 시켰다.

그는 군사력 강화에 모든 힘을 기울였다. 왕이 된 지 2년 되던 해 부차가 복수를 위해 군사훈련에 힘을 쏟고 있다는 소식을 듣자 구천은 선제공격을 하려했다. 그러자 대신으로 있던 범려가 말렸다.

"싸움이란 자연의 이치에 어긋나는 것이며 무기는 상서롭지 못한 도구입니다. 그런데도 싸움을 즐겨 항상 싸우는 일에 몰두한다면 결코 이롭지 못할 것입니다."

그러나 구천은 "이미 결심한 일이다"라면서 출동 명령을 내렸다. 오나라왕 부차는 구천의 생각을 미리 알고 정예 군대를 요소요소에 배치시켜 월나라군대가 들어오자 단숨에 습격하여 크게 격파하였다. 단번에 대패한 구천은 남은 군사 5천 명을 이끌고 회계산으로 도망쳤으나 부차는 군대를 풀어 회계산을 완전히 포위하였다. 구천이 범려에게 말했다.

"그대의 말을 듣지 않아 이 지경이 되었소. 이제 무슨 방법이 없겠소?"

그러자 범려는 이렇게 대답했다.

"하늘에 따르면 충실한 상태를 유지하며, 사람에 따르면 위기를 넘길 수 있으며, 땅에 따르면 절제할 수 있다고 합니다. 지금으로서는 오나라 왕에게 예물을 바치고 대왕께서는 스스로 항복하는 수밖에 없을 듯하옵니다."

구천은 이 의견에 따라 대부 종(種)을 사절로 보냈다. 대부 종은 부차 앞에 머리를 조아리며 말했다.

"불충한 신하 구천을 대신하여 불초 소신이 여쭈옵니다. 원하옵건대 하인으로 삼아 주십시오."

부차는 이를 받아들이려 했다. 그러나 곁에 있던 오자서가 반대하고 나섰다. "지금이야말로 하늘이 월나라를 오나라에 주셨습니다. 구천을 죽여 없애고 월나라를 완전히 멸망시켜야 합니다. 이 기회를 놓치면 나중에 큰 화를 당하게 될 것입니다."

결국 대부 종은 그냥 돌아가 구천에게 그대로 보고했다. 그러자 구천이 탄식하였다.

"그렇다면 처자를 죽이고 종묘의 모든 제사용품을 태워 버린 다음, 모두 죽을 각오를 하고 끝까지 싸우자."

그러나 대부 종이 말렸다.

"오나라의 백비는 욕심이 많은 자이므로 뇌물로 구워삶으면 아마 힘을 써 줄 것입니다. 한 번만 저를 다시 보내 주십시오."

구천은 다시 대부 종을 몰래 오나라로 보내 미녀와 재물을 백비에게 바쳤다. 그러자 백비가 부차를 만나게 해주었다.

"구천의 죄를 용서해 주신다면 월나라의 보물들을 모두 바치겠습니다. 하지만 용서해 주시지 않는다면 구천은 자기 처자를 죽이고 보물을 모두 불살라 버린 다음, 끝까지 싸울 것입니다. 그렇게 되면 대왕의 군사들도 상당히 피해를 입지 않을 수 없습니다."

백비도 옆에서 거들었다.

"전에 월왕은 신하가 되겠다고 맹세했습니다. 용서해 주신다면 우리나라에 이익이 될 것입니다."

부차가 그 말에 따르려 할 때 또다시 오자서가 나서서 강력히 반대하였다.

"지금 구천을 없애지 않으면 반드시 후회할 날이 올 것입니다. 구천은 현명하며 그 밑에는 대부 종이나 범려와 같은 뛰어난 신하가 있습니다. 살려 준다면 반드시 복수를 노릴 것입니다."

그러나 부차는 오자서의 의견을 묵살한 채 포위망을 풀고 군사를 철수시켰다. 구천은 이렇게 하여 살아났지만 크게 낙담하였다.

"아! 나도 이제 끝장이구나!"

그러자 대부 종이 말했다.

"그렇지 않습니다. 은나라 탕왕과 주나라 문왕도 한때 유폐된 적이 있었고 진나라의 문공과 제나라의 환공도 고통스러운 망명 시절을 보내야만 했습니다. 그분들은 그 어려움을 이겨내고 마침내 패자가 되었던 것입니다. 지금 대왕께서 겪으시는 고통도 장차 크게 성공하기 위한 시련입니다."

구천은 조용히 고개를 끄덕였다. 이후 구천은 복수를 다짐했다. 언제나 곁에 쓸개를 걸어 두고 음식을 먹을 때마다 쓸개의 쓴맛을 맛보면서 "회계산의 치욕을 잊지 말자!"고 다짐하고 또 다짐하였다 구천은 이에 그치지 않고 스스로 밭에 나가 일했고 그의 처도 스스로 물레를 돌리며 옷감을 짰다. 그는 백성이나 다름없는 생활을 받아들였다. 그리고 유능한 신하에게는 고개를 숙여 가르침을 받았고 외국에서 온 손님들을 정중히 대우하였다. 한편 구천은 모든 국정을 범려에게 맡기고자 하였다. 그러나 범려가 사양하였다.

"군사에 관한 것이라면 제가 혹시 나을지 모르나 국가를 운영하고 많은 신하를 거느리는 일은 대부 종이 적임자입니다."

그리하여 국정은 대부 종이 맡게 되었고 범려는 인질로 오나라에 가 있다가 3년 만에 귀국하였다.

이렇듯 구천은 와신상담하며 복수의 기회를 노리면서 신하의 신뢰를 얻는데 힘썼고 또한 민생을 안정시키는 데 전념하였다.

내 무덤 위에 반드시 나무를 심어다오!

한편 오왕 부차는 월나라의 항복을 받은 지 5년 후에 군대를 일으켜 제나라를 공격하려 했다. 그러자 오자서가 이를 반대하였다.

"지금 구천은 밥을 먹을 때마다 쓸개를 맛보면서 오직 보복할 기회만을 노리고 있으며 소박한 생활을 하여 백성과 고락을 함께하고 있습니다. 구천이 살아 있는 한 오나라는 마음을 놓을 수 없습니다. 월나라는 오나라에게 있어 내장에 병이 있는 것과 똑같습니다. 이에 비하면 제나라는 기껏해야 팔에 생긴 부스럼에 지나지 않습니다. 그러니 월나라를 쳐부수는 것이 가장 중요한 문제입니다. 깊이 살피옵소서."

그러나 부차는 오자서의 말을 듣지 않고 제나라를 쳐서 크게 이겼으며 게다가 초나라와 노나라를 멸망시키고 귀국하였다. 그러고는 곧 오자서를 불러 책임을 추궁했다.

이에 오자서는 "그렇게 기뻐하실 일이 못 됩니다."라고 대답했다. 이 대답을 듣고 부차는 크게 화를 내고 오자서를 멀리하게 되었다.

그 뒤 4년이 지나 부차는 다시 제나라를 공격하려 하였다. 이때 구천은 자진하여 부하를 이끌고 오나라를 돕는 한편 갖은 보물을 뇌물로 바쳤다. 또한 월나라의 미녀 서시를 부차에게 바쳐 기쁘게 했다.

오나라 왕 부차는 정사를 돌보지 않으면서 오직 자기의 명예욕과 정복욕을 이루기 위해 천하의 패자로 군림하며 중원의 여러 나라를 공격하는 데 바빴다.

부차의 제나라 공격 계획은 또다시 오자서의 반대에 부딪쳤다.

"제나라를 점령해 본들 자갈밭과 같기 때문에 쓸모가 없습니다. 제나라보다 월나라를 토벌하는 일이 더 급합니다."

그러나 부차는 그 말을 듣지 않고 오히려 오자서를 사신으로 삼아 제나라에 다녀오도록 명령했다. 오자서는 제나라에 갈 때 아들을 데리고 갔다. 그리고 되돌아올 때 아들에게 "이제 오나라가 망하는 것은 시간문제다. 그러니 너는 여기 남거라." 하고는 제나라 대신에게 아들을 맡기고 왔다.

이를 계기로 오자서와 사사건건 다투었던 백비가 오자서를 비방하였다.

"오자서만큼 잔인한 자가 없습니다. 어릴 적 그는 아버지와 형을 죽음에 몰아넣고 혼자만 도망쳤습니다. 지난번 제나라를 칠 때에도 오자서는 반대했지만 우리는 큰 승리를 거뒀습니다. 어떻게 그런 자를 믿을 수 있겠습니까? 그런 자는 반드시 배반을 할 것입니다. 그리고 제나라에 자기 자식을 맡기고 온 것을 보십시오. 그는 이미 오나라를 섬길 마음이 없습니다. 바라옵건대 그를 없애 후환을 막아야 합니다."

부차는 고개를 끄덕이며 "그렇지 않아도 과인 역시 의심하고 있었소."라고 하는 것이었다. 부차는 즉시 사자를 시켜 '촉루지검'이라는 칼을 주며 자살을 명령하였다.

오자서는 하늘을 우러러 탄식하며 주위 사람에게 유언하였다.

"반드시 내 무덤 위에 나무를 심어서 왕의 관을 만들 수 있도록 하라. 그리고 나의 눈을 빼내 오나라의 동문에 걸어놓아 월나라 군사들이 들어오는 것을 보게 하라." 하고는 자결하였다.

부차는 이 소식을 듣고 크게 화를 내어 오자서의 시체를 강물에 던져 버렸다. 그 후 오나라 사람들은 오자서를 가엾이 여겨 강기슭에 사당을 세우고 서산(胥山)이라 불렀다.

최후의 승자

오자서가 죽은 해에 제나라에서는 대신이 왕을 죽인 사건이 일어났다. 그때 부차는 이를 핑계삼아 제나라를 공격했으나 패하고 철수해야만 했다.

2년 후 부차는 노나라 왕과 위나라 왕을 탁고 지방에 불러 모아 회맹했으며, 이듬해에는 북쪽의 황지 지방에서 제후들과 회맹을 하는 등 스스로 패자로 군림하였다.

그러나 패자의 기쁨도 한순간이었다. 황지에서 회맹하며 위엄을 과시하고 있던 그때, 월나라 구천은 텅 비어 있는 오나라 수도를 기습하였다. 구천이 십수 년을 준비해 벼르고 벼르던 복수전이었다.

월나라는 부차가 주력 부대를 이끌고 북쪽의 황지로 회맹하러 간 틈을 노려 공정부대 2천 명, 정예병 4만 명, 장교 6천 명 그리고 군속 1천 명 등 5만 명의 잘 훈련된 군대를 이끌고 오나라를 기습했다. 이때 오나라의 장정은 모두 왕을 따라가 거의 노약자밖에 없었다. 구천의 군사는 손쉽게 오나라를 격파하고 태자를 잡아서 죽였다.

그러나 제후와 회맹하는 자리에서 월나라가 침입했다는 급보를 받은 부차는 그 사실을 극비에 부치고 만일 누설하는 자는 처형시킨다는 엄명을 내렸다.

오나라 수도가 유린당하고 태자가 잡혀 죽었다는 일을 제후들이 알게 되면 패자로서의 체통이 서지 않기 때문이었다. 부차는 회맹이 끝나자 즉시 월나라에 사신을 보내 휴전을 제의했다. 구천은 범려에게 의논했다.

"아무래도 받아들이는 것이 좋겠습니다. 저들의 정예부대와 맞붙게 되면 승패를 예측키 어렵습니다. 다음 기회를 노리는 것이 좋을 듯합니다."

결국 구천은 휴전 제의를 받아들였다. 그로부터 4년 후 월나라는 군대를 다시 일으켜 공격에 나섰다. 월나라는 도처에서 승리를 거두고 3년에 걸쳐 오나라 수도를 포위하였다. 더 이상 견딜 수가 없게 된 부차는 항복하였다. 구천은 부차의 항복을 받아들이려 했으나 범려가 반대하고 나섰다.

"회계의 일은 하늘이 오나라에게 월나라를 주었는데도 불구하고 오나라가 받지 않은 것입니다. 지금은 하늘이 오나라를 월나라에게 주는 것이니 하늘의 뜻을 거역해서는 안 됩니다. 부차를 살려두면 또다시 복수에 나설 것입니다."

그러자 구천은 부차를 불쌍히 여겨 외딴 섬에 가 살라고 하고 목숨을 살려주었다.

그러나 부차는 부끄럽게 사느니 차라리 죽음을 택하겠다며 스스로 목숨을 끊었다. 그는 죽을 때 얼굴을 가리면서 "지하에 있는 오자서를 볼 면목이 없구나!"라면서 탄식하였다.

손오병법

군대란 무엇보다 군율이 엄격해야 한다

손무(孫武)는 제나라 사람이다. 그는 병법에 매우 뛰어나 어느 날 오왕 합려의 초빙을 받았다. 손무를 만난 자리에서 합려가 말했다.

"그대가 지은 열세 편의 병서를 모두 읽어 보았소. 여기에서 실제로 군대를 훈련시켜 보일 수 있겠소?"

"좋습니다." 손무가 흔쾌히 대답하였다.

"여자들이라도 괜찮겠소?"

"괜찮습니다."

합려는 궁중의 미희 180명을 불러냈다.

손무는 그들 180명을 두 편으로 나누고 왕이 총애하는 총희 두 사람을 각각 그 대장으로 뽑았으며 모두에게 창을 나눠 주고 정렬시켰다. 그러고는 "여러분은 자기 가슴 쪽과 등 쪽 그리고 좌우의 손을 알고 있는가?"

그러자 여인들이 "예" 하고 대답하였다.

"'앞으로!'라고 명령하면 가슴을, '좌로!'라고 하면 왼손을, 그리고 '우로!'라고 하면 오른손을, '뒤로!' 하면 등을 보아야 한다."

"예!"

이렇게 약속한 바를 선포하고 군령에 복종하지 않으면 부월(지휘관이 지니고 있는 무기)로 처형시킬 것을 강조하며 몇 번에 걸쳐 군령을 설명하였다.

그러고 나서 "우로!" 하고 호령했지만, 여자들은 웃어대기만 할 뿐 전혀 움직이려 하지 않았다.

손무는 "군령이 분명하지 못하고 명령이 제대로 전달되지 못함은 장수된 자의 죄이다."라며 다시 세 번 군령을 들려주고 다섯 번 설명을 한 뒤 큰 북을 울리면서 "우로!" 하고 호령하였다.

그러나 여자들은 여전히 웃어댈 뿐이었다. 이에 손무가 엄숙한 태도로 말했다.

"군령이 분명하지 못하고 명령이 제대로 전달되지 못함은 장수의 죄이지만 이미 군령이 분명히 전달되었는데도 병졸들이 규정대로 움직이지 않음은 곧 대장된 자의 죄이다."

그러더니 두 대장을 침수하려 했다. 왕이 누대 위에 앉아서 지켜보다가 자기가 총애하는 두 후궁이 참수되려는 광경에 깜짝 놀라 즉시 사자를 보내 명령을 내렸다.

"과인은 이제 장군의 용병이 뛰어남을 잘 알게 되었소. 그 두 여자가 없다면 과인은 밥을 먹어도 그 맛을 알 수 없을 정도라오. 부디 용서해 주오."

그러나 손무는 "신은 이미 임금의 명을 받아 장수가 되었습니다. 장수가 군에 있을 때는 임금의 명령이라도 받지 않을 수가 있습니다." 하고는 마침내 두 총희(寵姬)의 목을 베었다.

그리고 왕이 그 다음으로 총애하는 여자를 뽑아 새로 대장으로 삼았다. 다시 북을 울리고 호령을 내렸다. 그러자 여자들은 왼쪽으로, 오른쪽으로, 앞으로, 뒤로, 꿇어 앉고, 일어서고 하는 모든 동작을 구령대로 따랐다. 자로 재고 먹줄로 친 것처럼 정확했고 잡담 하나 없었다.

그때서야 비로소 손무는 왕에게 전령을 보내 아뢰었다.

"부대가 이제 갖춰졌습니다. 내려오셔서 시험해 보십시오. 명령만 내리면 물불을 가리지 않고 뛰어들 것입니다."

그러나 왕은 말했다. "장군은 훈련을 끝내고 숙소로 돌아가 쉬시오. 과인은 내려가 보고 싶지 않소."

손무가 탄식하여 말했다. "왕께서는 병법에 씌어 있는 글만 좋아할 뿐 병법을 실제로 운용하시지 못하는구나!"

이날 왕 합려는 손무가 용병에 뛰어남을 인정하여 마침내 그를 장군으로 등용하였다.

훗날, 오나라가 서쪽으로 초나라를 무찔러 도읍인 영을 점령하고 북쪽으로 제나라와 진나라를 위협하여 그 이름을 천하에 떨치게 된 데에는 손무의 활약이 컸다.

병법이란 이런 것이다

손무가 죽고 백 년이 지난 후 손빈이라는 병법가가 출현하였다. 손빈은 손무의 후손으로 제나라 출신이었다. 어릴 적부터 방연과 함께 병법을 배웠다. 그런데 방연이 먼저 출세하여 위나라 장군으로 발탁되었다. 방연은 의기양양해했지만 그를 괴롭히는 문제가 있었다. 어떠한 일에서건 자기보다 한 수 위였던 손빈의 존재가 불안했던 것이다. 손빈이 있는 한 언젠가는 치욕의 패배를 당할 수밖에 없다고 생각하였다.

그리하여 방연은 미리 그 싹을 자르기로 결심하고는 손빈을 위나라에 초청하였다. 그리고 손빈에게 간첩이라는 죄목을 뒤집어 씌워 다리를 자르는 형벌을 내렸다. 손빈의 '빈'은 정강이 뼈를 잘라내는 형벌의 종류이다. 손빈은 이 형벌을 받고 붙여진 이름이다. 뿐만 아니라 스스로 부끄럽게 생각하여 일상생활을 할 수 없도록 얼굴에도 먹물글씨를 써넣었다.

손빈은 친구를 보기 위해 왔다가 참혹한 치욕을 당하게 되었다. 온갖 수모를 무릅쓴 손빈은 자나 깨나 복수의 날만을 기다렸다. 어느 날 제나라 사신이 위나라를 방문했을 때 손빈은 남몰래 손을 써 그를 만났다. 사신은 그와 단 몇 마디를 나누고는 손빈의 재능에 감탄하며 자기의 수레에 손빈을 숨겨 제나라로 데려갔다.

제나라로 간 손빈은 전기라는 장군의 집에 머물게 되었다. 그런데 그 집 주인인 전기는 도박을 좋아해 제나라의 귀족들과 돈을 걸고 마차경주를 즐기고 있었다.

손빈이 관찰해 보니 출전하는 쌍방의 세 마차는 상, 중, 하의 3 등급으로 나눌 수 있고 같은 등급의 말은 다리 힘에 차이가 없었다.

손빈은 전기에게 말했다.

"이번 승부를 꼭 이기게 해드리겠습니다."

그리하여 전기는 중신들뿐 아니라 왕까지 끌어들여 천금의 승부를 걸었다. 드디어 경주가 열리는 날, 손빈은 전기에게 이렇게 말했다.

"마차의 출전 순서를 이편의 제일 느린 말과 저편의 제일 빠른 말이 한 조가 되도록 짜십시오. 그리고 이편의 가장 빠른 말을 저 편의 중간치 말과 한 조가 되게 하고 중간치 말을 저편의 가장 느린 말과 한 조가 되도록 짜십시오."

결과는 당연히 2승 1패였다. 전기는 이날의 승리로 천금을 얻게 되었다. 전기는 손빈의 뛰어난 재능을 인정하고 제나라 위왕에게 추천하였다. 위왕은 손빈을 불러 병법에 관해 몇 마디 물어본 후 즉시 군사 고문으로 임명하였다.

상대의 허점을 찔러라

얼마 후 위나라가 조나라를 공격하였다. 조나라는 위나라의 공격을 견딜 수 없어 제나라에 구원을 요청하였다.

제나라 왕은 손빈을 구원군의 장군으로 임명하려 했으나 손빈은 형을 받은 사람이라는 이유를 들어 사양했다. 그러자 왕은 전기를 장군으로 삼고 손빈은 남의 눈에 띄지 않도록 포장을 친 수레를 타고 작전을 지휘하도록 했다.

전기가 즉시 군사를 조나라로 진격시키려 하자 손빈이 말했다.

"실타래가 얽혀 있는 것을 푸는 데도 함부로 잡아당기지 말아야 합니다. 싸움하는 사람을 돕는 것도 무작정 뛰어들어서는 안 됩니다. 상대방의 허를 찔러야 형세가 유리해지는 법입니다. 지금 위나라는 조나라와의 싸움에 총력을 기울여 국내에는 늙고 약한 군사만 남아 있을 뿐입니다. 이때 허약해진 위나라의 수도를 기습해야 합니다. 그렇게 되면 위나라는 조나라 공격을 중단하고 자기나라로 군사를 돌릴 것입니다. 그때 지치고 쇠약해진 군대를 공격하는 것입니다. 이야말로 상대방에게 포위를 풀게 함과 동시에 상대방을 격파하는 일석이조의 책략입니다."

그리하여 제나라 군사가 위나라로 진격하자, 과연 위나라는 크게 당황해 조나라의 포위를 서둘러 풀고 귀국길에 올랐다. 손빈은 이들을 기습하여 대승을 거두었다.

솥자리 수의 묘미

13년 후, 위나라는 조나라와 손을 잡고 한나라를 공격하였다. 제나라는 한나라의 구원 요청을 받고 전기를 장군으로 삼아 또다시 한나라로 가지 않고 위나라로 진격하였다.

이때 위나라의 장군은 바로 손빈의 다리를 잘랐던 방연이었다. 방연은 좋은 기회가 왔다는 듯 군대를 돌이켜 전기의 군대를 후방부터 습격하려고 추격하였다. 제나라 군대는 이미 국경을 넘어 위나라에 침공해 들어가고 있었다. 손빈이 말했다.

"위나라 군사는 항상 제나라 군대를 겁쟁이라고 깔보고 있습니다. 진실로 잘 싸우는 사람이란 적의 세력을 반대로 이용하는 법입니다."

그리고 나서 손빈은 군대의 숙영지에 만드는 솥자리를 첫날에 10만 개, 다음날에 5만 개, 사흘째는 3만 개로 줄여가도록 했다.

방연이 제나라 군대를 추적하기 사흘, 솥자리 수가 줄어가는 것을 보고 기쁨을 감추지 못했다.

"제나라 군대가 겁쟁이라는 말은 진작부터 듣고 있었지만 우리나라에 들어온 지 사흘 만에 벌써 반수 이상이 도망치다니!"

방연은 가볍게 무장한 기병대만을 이끌고 단숨에 제나라 군대를 공격하고자 추격 속도를 빨리 했다.

마룽이라는 곳은 양쪽이 산으로 둘러있어 매우 좁은 낭떠러지 길이었다. 손빈은 화살을 든 군사들을 부근에 매복시켜 놓고 길가의 큰 나무를 깎아, '방연, 이 나무 아래에서 죽다'라고 크게 써놓았다. 그리고 부하들에게 이렇게 명령했다.

"날이 저물면, 이 나무 밑에서 불이 켜질 것이다. 그때 그 불을 향해 일제히 활을 쏘아라."

그날 밤 천지가 깜깜한 가운데, 방연은 과연 이 나무 밑에까지 와서 무엇인가 씌어 있음을 발견하고 그것을 읽고자 불을 밝히게 하였다.

그 순간 제나라 군사들은 일제히 화살을 발사하였다. 순식간에 기습을 당한 위나라 군대는 어둠 속에서 큰 혼란에 빠져 버렸다. 방연은 그때서야 손빈의 작전에 보기 좋게 말려든 것을 깨달았다. 그리고 "기어코 놈을 출세시켜 주는구나!" 하며 통탄하고는 스스로 목을 찔러 자결하였다.

제나라 군대는 승세를 몰아 위나라를 초토화시켰으며 위나라 태자까지 사로잡는 대승을 거두었다.

나라의 보배는 위정자의 덕에 있다

오기(吳起)는 위나라 사람으로 용병술에 뛰어났다. 공자의 제자인 증자에게 학문을 배운 적도 있으며 그 후 노나라에서 벼슬을 하였다.

그 무렵 제나라가 노나라를 침략하였다. 노나라는 오기를 장군으로 임명하려고 했다. 하지만 오기의 아내가 제나라 사람이었으므로 노나라는 오기와 제나라의 관계를 의심하였다.

그러자 오기는 이번 기회를 놓쳐서는 안 된다고 생각하고 자기의 결백함을 증명해 보이기 위해 아내를 살해했다. 결국 오기는 장군으로 임명되었으며 이후 제나라와 싸워 크게 이겼다. 그러나 노나라는 유학자들이 많은 나라였기 때문에 오기의 평판은 매우 나빴다.

"오기는 시기심 많고 잔인한 인간이다. 그의 집안은 원래 부자였지만 오기가 젊었을 때 낭비했기 때문에 가산이 탕진되고 말았다. 고향 사람들이 비웃자 오기는 30여 명을 죽이고 나라 밖으로 도망쳤다. 오기는 어머니와 헤어질 때, '재상이 되기 전에는 돌아오지 않겠습니다' 하며 자기 팔을 물어뜯고 맹세하였다. 위나라로부터 도망친 오기는 증자의 제자가 되었다. 그 후 얼마 지나지 않아 어머니가 돌아가셨지만 그는 끝내 고향에 돌아오지 않았다. 이에 증자는 불효자라는 이유로 그를 내쫓았다. 그 뒤 그는 노나라로 와서 병법을 익히고 왕에게 봉사하였다. 왕이 그와 제나라의 관계를 의심하자, 이번에는 장군이 되기 위해 아내를 죽였다. 노나라는 작은 나라이다. 오기가 조그만 싸움에서 이겼다고는 하지만 그로 인해 다른 나라의 공격목표가 될 뿐이 아니겠는가. 그러므로 계속 오기를 등용하는 것은 위나라와의 우호관계를 해칠 것이 분명하다."

이와 같은 평판이 나라 안에 돌자, 노나라 왕은 오기를 해임시켰다.

노나라를 떠난 오기는 위나라 왕 문후가 인재를 중시하고 있다는 것을 알고 왕에게 위나라에서 일해 보고 싶다고 청원했다. 문후는 오기가 어떤 인물이냐고 재상 이극에게 물었다.

"오기는 탐욕스럽고 호색가이지만 용병의 교묘함은 사마양저(제나라의 명장)도 따를 수 없습니다."

문호는 오기를 장군으로 임명하였다. 과연 오기는 진나라를 공격하여 다섯 개의 성을 함락시켰다.

오기는 언제나 가장 낮은 병사와 똑같은 옷을 입고 똑같은 음식을 먹었다. 잘 때도 자리를 깔지 않았으며 행군할 때도 마차에 타지 않았다. 자기의 식량은 자기가 직접 가지고 다녔다. 그는 항상 병사들과 함께 있었으며 고락을 같이했다.

어느 날 병사 한 명이 종기가 나서 괴로워하자, 오기는 종기의 고름을 손수 입으로 빨아내었다. 이 사실을 안 병사의 어머니는 슬프게 통곡하였다. 어떤 사람이 이상하게 생각하여 물었다.

"당신의 아들은 일개 병사에 지나지 않는데 장군이 직접 고름을 빨아 주셨습니다. 그런데 왜 우는 것입니까?"

그러자 어머니가 한숨을 쉬며 대답했다.

"바로 작년에 오기 장군께서 그 애 아버지의 종기 고름을 빨아 주셨습니다. 그 후 그이는 전쟁에 나갔습니다. 그이는 오기 장군의 은혜에 보답하기 위하여 적에게 등을 보이지 않고 끝까지 싸우다 돌아가셨습니다. 그런데 이번에 제 아들의 종기를 빨아 주셨습니다. 이제 그 애의 운명은 뻔한 것입니다. 그래서 이렇게 우는 것입니다."

문후는 이렇게 용병술이 뛰어나고 공평무사하며 병사들에게 인망이 두터운 오기를 서하 지방의 태수로 임명하고 진나라 및 한나라와의 국경지대를 수비하게 하였다.

위나라의 문후가 죽고 아들 무후가 왕위를 이어받았을 때도 오기는 계속 위나라에서 벼슬을 하고 있었다.

어느 날 무후는 오기와 함께 서하에서 배를 탔다. 배를 타고 오면서 강가의 경치를 바라보던 무후는 오기에게 말했다.

"정말 훌륭하지 않소. 이 요새야말로 우리나라의 보배요."

이에 오기가 대답했다.

"그렇지 않습니다. 나라의 보배는 험난한 지형에 있는 것이 아니고 위정자의 덕에 있습니다. 만일 군주께서 덕으로 다스리려 노력하지 않는다면 지금 배에 같이 타고 있는 이 사람까지도 이 나라를 떠날 것입니다."

무후는 과연 옳은 말이라면서 고개를 끄덕였다.

오기는 서하의 태수로 있으면서 더욱 명성이 높아졌다. 그 후 몇 년이 지나 진나라가 쳐들어왔다. 병사들은 앞을 다투어 전쟁터에 나가기를 원했다.

오기가 왕에게 아뢰었다.

"지금까지 공을 세우지 못했던 병사 5만 명을 주시면 적을 충분히 물리칠 것입니다."

그러자 왕이 말했다.

"아니, 싸움을 잘하는 병사들을 시키지 않고……."

"아닙니다. 이제까지 공을 세우지 못한 병사들은 공이 없음을 스스로 부끄럽게 생각하여 목숨을 걸고 싸울 것입니다. 한 사람이 목숨을 아끼지 않고 싸운다면 1천 명의 적군을 떨게 할 수 있습니다. 폐하, 저에게 맡겨 주십시오."

그러자 왕이 5만 명의 '공 없는 병사'를 오기에게 주었다.

과연 그 병사들은 목숨을 걸고 싸워 대승을 거뒀다.

얼마 후 전문이 죽고 공숙이 재상이 되었다. 공숙은 위나라 공주를 아내로 삼고 권세를 휘둘렀다.

그러한 공숙에게 오기는 눈엣가시 같은 존재였다. 그러던 중 오기를 실각시킬 좋은 방법을 가지고 있다는 사람이 있었다. 공숙이 불러 방법을 물었다.

"오기는 우직하면서 명예를 중요시합니다. 재상 어르신께서 무후를 만나시면 '오기는 현인입니다. 우리 위나라는 작은 나라이며 이웃에는 강국인 진나라가 있습니다. 오기가 언제까지 우리나라에 있어 줄지 걱정이 되어 잠이 오지 않습니다'라고 말씀드려 보십시오. 그러면 무후께서 어떻게 해야 좋으냐고 물으실 것입니다. 그때 이렇게 답하십시오. '공주를 오기에게 시집보내겠다고 말씀하시면 그의 마음을 아실 수 있습니다. 오기가 위나라에 계속 있을 것이라면 응할 터이지만 그럴 뜻이 없다면 사양할 것입니다.' 무후께서 그리하겠다고 하시면 오기를 초대해 공주를 주겠다는 무후의 뜻을 전하십시오. 그런 후에 사모님과는 오기가 집에 올 때 그가 보는 앞에서 화를 내며 재상 어르신께 욕을 퍼부으시도록 미리 짜놓으십시오. 그리고 나서 오기를 집으로 데려오십시오. 그렇게 되면 오기는 공주를 아내로 맞으면 자기도 이런 대우를 받을지 모른다고 생각하여 공주를 아내로 맞지 않으려 할 것입니다."

계략대로 일은 진행되었다. 과연 오기는 공주가 일국의 재상인 남편 공숙에게 욕설을 퍼붓는 것을 보고 무후에게 공주를 아내로 맞지 않겠다고 사양하였다.

이 사건 이후 오기에 대한 무후의 신임은 크게 식었다. 오기는 이대로 가다가는 어떤 변을 당할지 모른다고 두려워하여 위나라를 떠났다.

오기가 옮겨간 것은 초나라였다. 초나라 도왕은 이미 오기의 명성을 익히 듣고 있었기 때문에 즉시 그를 재상으로 중용했다.

오기는 재상으로서 초나라의 법을 튼튼히 확립시켰다. 필요 없는 관직을 폐지하고 왕의 인척들로부터 관직을 박탈하였다. 그리고 그로부터 생긴 여유 자금은 군대 양성 비용으로 돌렸다.

드디어 병력이 강해지자 남으로 백월을 평정하고 북으로 진(陳)나라와 채나라를 병합시켰으며 3진을 물리쳤다. 그리고 서쪽으로는 진(秦)나라를 쳤다. 그리하여 초나라는 강대국으로서의 이름을 크게 떨치게 되었다.

그러나 오기에게 관직을 빼앗긴 왕의 친척들은 보복만을 노리고 있었다. 마침내 도왕의 죽음을 계기로 하여 그들은 반란을 일으켰다. 반란군에 쫓긴 오기는 마지막으로 도왕의 시체가 있는 곳으로 도망하여 그 위에 엎드렸다. 반란군은 오기를 발견하고 화살을 무수히 쏘았다. 화살은 오기를 죽게 만들고 왕의 시체에까지 박혔다.

도왕의 장례가 끝나고 즉위식을 거행한 태자는 오기를 죽이려고 도왕의 시체에 활을 쏜 자들을 한 명도 빠짐없이 붙잡아 사형에 처했다.

제6장 전국시대
(403~221 B.C.)

주나라가 견융족에게 밀려 수도를 낙양으로 옮기고 동천(東遷)하여 20대를 내려오면서 그 힘은 계속 약해졌다.

그런 가운데 제후들은 마음대로 군사를 일으켜서 세력을 확장하려고 항쟁하였으니, 이 시대를 일컬어 바로 '전국시대'라 하였다.

춘추시대에는 비록 형식적이긴 했지만 그래도 중앙의 주나라 왕을 받들었다. 그러나 전국시대에는 모든 제후들이 스스로를 왕이라 칭했고, 주나라는 이름만 천자였지 실제로는 조그만 약소국에 지나지 않았다.

전국시대에는 '전국 칠웅'이라 하여 일곱 나라가 중원의 주인 자리를 놓고 자웅을 겨뤘다. 칠웅이란 바로 진(秦)나라, 조나라, 연나라, 위나라, 한나라, 초나라, 제나라이다. 그 중에서 최강대국인 진나라를 막기 위해 나머지 여섯 나라는 안간힘을 다했다. 하지만 진나라는 합종책을 깨뜨리고 조나라 군대를 장평의 전투에서 대파함으로써 천하통일로 가는 가장 결정적인 관문을 넘었다.

드디어 강력한 추진력을 가졌던 진시황은 한나라를 시작으로 위나라, 조나라, 그리고 마지막으로 연나라를 멸망시켜 천하통일을 이뤘다.

진나라의 반석을 쌓다

네 번째 만남

상앙은 원래 위나라 왕의 첩의 아들이었다. 젊은 시절부터 형명학(刑名學, 법률학)을 배웠고, 나라 재상인 공숙좌의 식객으로 있었다.

상앙의 원래 성은 공손씨이며, 이름은 앙이다. 상앙이라는 이름은 후에 그가 진나라에서 세운 공적으로 상(商)이라는 땅을 하사받아 상앙 또는 상군(商君)이라 칭해졌기 때문이다.

공숙좌는 상앙의 능력을 일찍부터 알고 있었기 때문에 언젠가는 왕에게 추천할 생각이었다.

어느 날 공숙좌가 병에 걸리자, 위나라 혜왕이 문병을 왔다.

"그대에게 일이 생기면 장차 누구에게 나라를 맡겨야 좋겠는가?"

공숙좌는 주저하지 않고 상앙을 추천하였다.

"저의 식객 중에 공손앙이라는 사람이 있사옵니다. 아직 젊지만 매우 뛰어난 재능이 있습니다. 이 사람에게 모든 걸 맡겨도 좋다고 생각합니다."

그러나 혜왕은 아무 말도 하지 않았다.

잠시 후 혜왕이 돌아가려 하자, 공숙좌가 정색하며 말했다. "만일 그를 채용하지 않으신다면 그를 죽여 없애야 합니다. 그래서 다른 나라로 가지 못하게 해야 합니다."

혜왕이 고개를 끄덕이고 돌아갔다.

공숙좌는 상앙을 불렀다.

"지금 왕께서 다음 재상으로 누가 좋겠느냐고 물으셔서 자네를 추천했네. 그러나 왕께서는 아무래도 찬성하지 않는 눈치였네. 주군을 가장 우선적으로 생각할 수밖에 없는 나의 처지를 이해해 주게. 나는 만일 자네를 등용하지 않으려면 죽여야 한다고 말했네. 왕은 고개를 끄덕거렸네. 자네는 잡히기 전에 빨리 피하는 것이 좋을 듯하네."

하지만 상앙은 이렇게 말하는 것이었다.

"그런 걱정은 안하셔도 됩니다. 왜냐하면 왕은 저를 채용하라는 어르신의 의견을 거절했으며, 따라서 저를 죽이라는 의견도 받아들일 리 없기 때문입니다."

과연 혜왕은 공숙좌의 집에서 나오면서 옆에 있던 신하들에게 이렇게 말하였다.

"공숙좌의 병이 매우 심각하더구나. 슬픈 일이다. 그 사람은 국정을 공손앙이라는 애송이에게 맡기라고 하더군. 제정신이 아니지, 아니고말고."

그 후 공숙좌가 죽었다.

이때 진나라 효공은 빼앗긴 영토를 수복하고자 나라 안팎에 있는 인재를 구하고 있었다. 상앙은 그 소문을 듣고 진나라로 가서 효공에게 두터운 신임을 받고 있는 환관 경감의 소개로 효공을 만났다.

효공을 만난 상앙은 여러 가지 이야기를 하였다. 그러나 효공은 별로 관심을 갖지 않았다. 상앙이 물러가자 그를 소개했던 경감을 불러 꾸중했다.

"그대가 소개한 사람은 미친 사람이 아닌가. 어찌 그런 사람을 소개시킬 수 있단 말인가."

경감은 집으로 돌아와 상앙을 몹시 책망하였다.

그러자 상앙은 "저는 제왕으로서의 길(帝道)을 말씀드렸는데 그 뜻을 잘 알지 못하신 것 같습니다." 하고는 5일 후 다시 효공을 만나고 싶다고 했다. 다시 왕을 만난 상앙은 더욱 열을 올려 얘기했다. 그러나 효공의 반응은 여전히 무덤덤하였다. 효공은 다시 경감을 꾸짖었고, 경감은 상앙을 또다시 책망하였다.

상앙은 말했다.

"이번에는 왕으로서의 길(王道)을 말씀드렸는데 납득하시지 못하였습니다. 다시 한 번 뵙게 해주십시오. 폐하의 생각이 무엇인지 알았습니다."

그리하여 또다시 효공을 만나게 되었다. 이번에는 상앙의 말에 상당히 공감하는 듯했다. 그렇지만 상앙을 채용하겠다고 말하지는 않았다. 상앙이 물러가자, 효공이 경감을 불러 말했다.

"그 사람 제법 얘기가 통하더군."

상앙이 경감에게 말했다.

"이번에는 패자로서의 길(覇道)을 말씀드렸는데 무척 마음에 들어 하셨습니다. 다시 한 번 뵙게 해주십시오. 폐하의 생각이 무엇인지 알았습니다."

그리하여 네 번째 만남이 이뤄졌다. 이때는 효공이 상앙의 얘기에 깊이 빠져 이야기가 수일에 걸쳐 계속되었으나 싫어하는 기색이 전혀 없었다. 경감이 이상하게 생각하여 상앙에게 물었다.

"폐하께서 무척 기뻐하시는 모습인데 도대체 어떻게 된 까닭인가?"

상앙이 웃으며 대답했다.

"저는 처음에는 제왕의 도리를 설명하고 하, 은, 주 3대의 치세와 어깨를 겨룰 만한 이상 정치의 실현을 말씀드렸습니다. 그랬더니 폐하께서는 '그것은 너무 시간이 걸리는 일이다. 나는 도저히 그때까지 기다릴 수 없노라. 현명한 임금이란 자기가 살아 있는 동안에 그 명성을 천하에 드날린다. 어떻게 백년 후에 제왕으로 인정받기 위해 이상적인 정치만 하고 있겠는가!'라고 하셨습니다. 제가 폐하께 부국강병책을 설명드렸더니, 비로소 크게 기뻐하셨습니다. 물론 그것은 은나라와 주나라의 성왕들과 비교할 수는 없습니다만……."

지혜로운 자는 법을 만들지만 어리석은 자는 그것을 지킬 뿐이다

효공은 상앙을 중용했다. 상앙은 법을 개혁하여 부국강병책을 추진하려고 했다. 그러나 신하들의 거센 반발을 두려워한 효공은 상앙의 개혁책을 시행하는데 주저했다. 이에 상앙이 효공을 설득하였다.

"행동을 주저하면 명성을 얻지 못하고 일을 추진하면서 머뭇거리면 공을 이룰 수 없습니다. 식견이 높은 사람은 세상의 비난을 받게 마련이며 독창적인 생각을 하는 사람도 대부분 백성들의 조롱을 받습니다. 어리석은 자는 일을 분별하는 데 어둡지만 현명한 사람은 보이지 않는 것을 보기 때문입니다. 백성들과는 처음부터 같이 일을 도모할 수 없으며 오직 일이 이뤄진 연후에 비로소 함께 즐길 수 있습니다. 높은 덕을 논하는 사람은 세상과 타협하지 않고, 큰 공을 이루는 사람도 남과 상의하는 법이 아닙니다. 그렇기 때문에 성인은 진실로 나라를 부강하게 하는 일이라면 옛 전통을 따르지 않고, 진실로 백성을 이롭게 하는 일이라면 옛날의 예법에 집착하지 않는 것입니다."

그러나 감룡이 반론을 폈다.

"그렇지 않습니다. 관습을 바꾸지 않고 백성을 이끄는 사람이야말로 성인이며, 법을 바꾸지 않고 훌륭한 정치를 행하는 사람이야말로 지혜로운 사람입니다. 백성의 관습에 맞추어 가르치면 수고로움이 없이 공을 이룰 수 있고, 법에 따라 다스리면 관리들도 익숙하여 백성들도 안심하게 되는 것입니다."

상앙이 반박하였다.

"감룡의 말은 속된 의견일 뿐입니다. 범인들은 관습에만 의지하며, 학자들이란 배운 것에만 집착합니다. 이 두 부류의 사람들은 관직에 앉아 법을 지킬 수는 있어도 그 이상의 일을 해낼 수 없습니다. 예(禮)나 법은 절대 바꿀 수 없는 것이 아닙니다. 하, 은, 주의 3대는 예를 달리 했으면서도 천하를 지배했으며 춘추 5패도 각기 그 법이 달랐으나 모두 패자가 되었습니다. 지혜로운 사람은 법을 만들고 어리석은 사람은 그것을 지킬 뿐이며, 현명한 사람은 예를 바꾸지만 못난 사람은 그것에 얽매이는 법입니다."

이번에는 두지가 반론을 제기하였다.

"백배의 이로움이 없으면 법을 바꾸는 것이 아니며, 열 배의 편리함이 없이는 도구를 바꾸지 않습니다. 옛 법을 따르면 과오가 없으며, 예에 따르면 잘못이 없습니다."

그러자 상앙은 차분하게 설명을 했다.

"나라를 이롭게 할 수 있다면 굳이 옛것을 따라야만 하는 것이 아닙니다. 탕왕과 무왕은 옛것을 따르지 않아도 왕자가 되었으며 반면에 하나라와 은나라는 예를 바꾸지 않았지만 결국 망했습니다. 옛것을 따르지 않는다고 모두 잘못이 아닙니다."

효공은 상앙의 주장에 찬성했다. 그래서 상앙을 재상으로 중용하니 마침내 진나라에 법의 개혁이 이뤄지게 되었다.

상앙은 개혁 조치를 발표하기에 앞서 백성들의 지지를 얻어야 한다고 생각했다. 궁리 끝에 아름드리나무를 수도의 남문 앞에 세워두고 '이 나무를 북쪽으로 옮기는 사람에게 상금 열 냥을 주겠다'라고 발표하였다.

하지만 백성들은 이상하게 여겨 아무도 옮기려 하지 않았다. 그래서 다시 '옮기는 사람에게 50냥을 주겠다' 하고 상금 다섯 배를 올리자 그제야 옮기는 사나이가 나타났다. 상앙은 즉시 그에게 50냥의 상금을 주었다. 나라가 백성을 속이지 않는다는 사실을 밝히려 했던 것이다.

드디어 개혁 조치를 발표하였다. 막상 법이 공포되어 시행되자 여기저기서 불평불만의 소리가 쏟아져 나왔다. 법이 공포된 지 1년이 채 안 되어 수도에 올라와 새로운 법령이 불편하다고 호소하는 사람이 자그마치 수천 명이나 될 정도였다. 더구나 태자도 법을 어기는 일이 일어났다.

상앙은, "법이 지켜지지 않는 것은 윗사람부터 그것을 어기기 때문이다."라며 태자를 처벌하려 했다.

그러나 많은 대신들이, "태자께서는 장차 왕위를 이을 분이옵니다. 다른 방안을 강구하십시오."라고 간청하였기 때문에 태자 대신 시종장인 공자 건을 처벌하고, 태자의 교육을 맡은 공손가를 자자형(刺字刑, 먹글씨를 몸에 해넣는 형)에 처했다.

이렇게 되자 모든 사람이 법을 준수해 나갔다. 10년이 지나자 길에 물건이 떨어져 있어도 아무도 주워가지 않았고 산에도 도적이 없어졌으며 생활이 안정되어 모두 풍족하게 살게 되었다. 백성들은 전쟁에 나가서는 용감하였고 사사로운 다툼도 거의 하지 않아 마을마다 평화로웠다. 처음에는 새 법령이 불편하다고 불만을 늘어놓았던 사람들도 시간이 지나자 법을 찬양했다.

하지만 상앙은 "그들 역시 법을 어지럽히는 자들이다."라며 모조리 변방으로 추방시켜 버렸다. 이후 진나라 백성들은 감히 법에 대해 언급조차 하지 못했다.

당시 진나라의 법은 너무 엄격하여 길거리에 쓰레기만 버려도 처벌될 정도였다. 또한 처벌은 위수 강변에서 허리를 잘라 죽이는 요참형을 시행했기 때문에 위수는 항상 핏빛으로 물들어 있었다.

제왕의 길을 닦다

이때 공자 건이 또다시 법을 어기자 코를 베는 형벌에 처해졌다. 그는 집 밖으로 한 발자국도 외출할 수 없는 신세가 되었다.

진나라는 점점 부강해졌다. 이에 따라 제후들도 모두 복종하게 되었다. 그즈음 제나라는 손빈의 활약에 의해 마릉 전투에서 위나라를 격파하여 장군 방연을 죽이고 위나라의 태자를 포로로 잡았다.

이때 상앙이 효공에게 말했다.

"진나라와 위나라는 서로 매우 불편한 존재입니다. 결코 공존할 수 없습니다. 오직 먹느냐 먹히느냐만이 있을 뿐입니다. 왜냐하면 위나라는 서쪽으로 험준한 산을 두고 있고 진나라와는 황하를 사이에 두고 있으면서 동쪽의 이익을 독차지할 뿐 아니라 유리하면 서쪽으로 진나라를 치고, 불리하면 동쪽의 땅을 지키기 때문입니다. 지금 진나라는 폐하의 현명한 정치로 매우 강해졌습니다. 반대로 위나라는 제나라와의 싸움에서 대패한 후 제후들로부터 따돌림받고 있습니다. 지금이야말로 위나라를 공격할 절호의 기회입니다. 위나라는 반드시 우리의 공격을 견디지 못하고 동쪽으로 후퇴할 것입니다. 그렇게 되면 진나라는 황하와 천혜의 요새를 장악하게 되어 이후 천하를 제압할 수 있을 것입니다. 이것이 바로 제왕의 길을 닦는 것입니다.”

효공은 이 말에 찬성하고 즉시 상앙을 장군으로 삼아 위나라를 공격하였다. 위나라에서는 공자 앙이 장군이 되어 맞섰다. 양군이 대치하자 상앙은 사람을 시켜 공자 앙에게 한 통의 편지를 보냈다.

“내가 옛날 위나라에 있을 때 당신과 친하게 지내던 사이인데 이제 모두 양국의 장군이 되어 싸우게 되었구려. 그러니 차마 서로 공격하지 못할 처지가 되어 버렸소. 당신과 서로 만나 평화화친 조약을 맺고 기분 좋게 술을 마신 후 각각 군사를 거둠으로써 양국이 편안하게 지내기를 바랄 뿐이오.”

공자 앙은 그럴듯하게 여겨 찬성하고 서로 만나 주연을 열기로 하였다. 그러나 상앙은 그 자리에 군사를 매복시키고 있다가 공자 앙을 사로잡았다. 그러고 나서 위나라 군대를 공격하여 대승을 거뒀다.

위나라는 제나라에 패한데 이어 진나라에게 다시 크게 패해 국력이 급속하게 몰락해 갔다. 위나라 혜왕은 두려움에 떨었으며 진나라에 사신을 보내 하서의 땅을 진나라에 주기로 하였다. 그러고는 수도를 동쪽 대량으로 옮겼다.

혜왕은 탄식해마지 않았다.

“내 그때 공숙좌의 의견을 듣지 않은 것이 한스럽구나!”

상앙은 위나라를 격파한 후 상(商)과 어(於) 등 15개 읍을 받게 되었으며 이후 그는 상군(商君)으로 불리게 되었다.

천 마리의 양가죽은 한 마리 여우 가죽만 못하다

상앙이 진나라의 재상이 된 지 10년이 지나자 도처에서 그를 원망하는 소리가 높았다.

어느 날 상앙이 조량이라는 사람을 만났다. 상앙이 물었다.

"그대는 내가 진나라를 다스리는 방식에 대해 어떻게 생각하는가?"

조량이 대답하였다.

"들은 것을 돌이켜 잘 새기는 사람을 귀가 밝다고 하며, 자기 자신을 잘 들여다보는 사람을 눈이 밝다고 하고, 자신을 이기는 사람을 마음이 강한 사람이라고 합니다. 일찍이 순임금은 '스스로 낮추는 것이 스스로 높이는 것'이라고 말씀하셨습니다. 당신은 나에게 묻지 말고 순임금의 말씀에 따르는 것이 좋겠습니다."

그러자 상앙이 말했다.

"내가 진나라에 왔을 때만 해도 오랑캐의 풍속에 젖어 있어 부자간에 구별도 없이 한 방에서 살고 있었다. 이제 내가 그 풍속을 바꾸어 남녀의 구별을 가르쳤으며 위엄 있는 궁궐도 만들었다. 그대가 보기에 내가 진나라를 다스리는 방식이 백리해(진나라 목공 때의 명 재상)와 견주어 어느 편이 나은가?"

"천 마리 양의 가죽은 한 마리 여우 가죽만 못하고, 천 명의 아첨꾼은 바른 말 하는 한 사람만도 못합니다. 주나라 무왕은 바른 말 잘하는 강태공 한 사람 때문에 성공했으나 은나라 주왕은 무조건 복종하는 사람들 때문에 망했습니다. 만약 당신이 무왕을 비난하지 않는다면 제가 종일 바른 말을 하겠습니다만……."

"옛말에 '꾸미는 말은 꽃, 진실된 말은 열매, 듣기 싫은 말은 약, 듣기 좋은 말은 병'이라는 말이 있지 않은가? 그대가 종일 바른 말을 해준다면 그것은 내게 약이 될 것이니, 내 그대의 말을 따르겠다."

그러자 조량은 말을 이어나갔다.

"백리해는 초나라의 시골뜨기에 불과했는데 진나라 목공이 현명하다는 소문을 듣고 그를 만나고 싶었으나 찾아갈 노잣돈도 없었습니다. 그래서 자신을 진나라 상연에게 팔아 싸구려 옷을 입고 소를 먹이며 돈을 모았습니다.

일 년 후, 목공이 그 사실을 알고 그를 채용하여 윗자리에 앉혔으나 백성들이 아무도 그것을 비난하지 않았습니다. 그는 7년간 재상으로 있으면서 동쪽으로는 정나라를 정벌하였고, 세 번이나 진(晉)나라의 군주를 세웠으며, 초나라를 위기에서 구한 적도 있습니다. 그가 어진 정치를 베푸니 이웃의 여러 부족이 앞을 다투어 스스로 복속하고자 했습니다.

백리해는 재상을 지내면서도 피곤하다고 수레에 앉지 않았고 덥다고 포장을 치지도 않았습니다. 또 여행할 때도 수레나 병사를 거느리지 않았습니다. 백리해가 죽었을 때는 모든 백성이 눈물을 흘렸으며, 어린아이들조차 노래를 부르지 않았고, 방아를 찧는 사람들도 흥얼대지 않았습니다.

그런데 당신은 처음에 환관 경감을 통하여 왕을 만난 것부터 명예롭지 못했습니다. 재상을 지내면서도 백성들을 위한 일은 하지 않고 대궐이나 크게 지었으니 그것을 공적이라 할 수 없습니다. 또 태자의 시종장과 스승에게 형벌을 가하고, 서슬이 퍼런 법으로 백성을 죽이고 다치게 하였으니 이는 결국 원망과 화를 쌓은 것입니다.

『서경』에 '덕에 의지하는 자는 흥하고 힘에 의존하는 자는 망한다'는 말이 있습니다. 당신은 지금 마치 아침 이슬처럼 위태한 처지에 놓여 있습니다. 지금이라도 오래 살고 싶다면, 하사받은 땅을 왕에게 내놓는 것이 제일 좋습니다. 앞으로도 부를 탐하고 국정을 독점하면서 백성들의 원성을 더욱 쌓게 한다면 화를 재촉하는 길입니다. 왕이 하루아침에 세상을 떠났을 때 당신이 체포될 만한 이유는 한두 가지가 아닐 것입니다. 멸망의 순간이 곧 닥칠 것입니다."

그러나 상앙은 조량의 충고에 따르지 않았다. 그로부터 5개월 후, 효공이 죽고 태자가 즉위하였다. 그러자 상앙으로부터 형벌을 받고 자나 깨나 복수의 날만을 기다리던 공자 건 등 눌려 지냈던 많은 무리들이 일제히 나섰다.

"상앙이 반란을 꾀하고 있다 하옵니다."

즉시 상앙 체포령이 떨어졌다. 상앙은 달아나 함곡관 근처에 이르러 한 여관에 머물고자 하였다. 그러자 주인은 고개를 가로저었다.

"상앙의 법에 '여행증이 없는 자를 재우면 함께 처벌된다'고 했습니다."

상앙은 탄식하였다.

"내가 만든 법의 폐단이 내게까지 이르렀구나."

상앙은 달아나 위나라로 갔다. 그러나 위나라 사람들은 그가 공자 앙을 속여 위나라 군대를 패배시킨 것을 미워해 받아들이지 않았다. 상앙이 다른 나라로 가려 하자 위나라 사람들은 이렇게 말했다.

"상앙은 진나라의 역적이다. 진나라는 강대국이니 그 역적을 돌려보내야 후환이 없다."

마침내 상앙은 붙들려 진나라로 보내졌다. 그리고 거열형(양손과 양발을 네 대의 수레에 각각 묶어 네 방향으로 달리게 한 후 지체를 찢어 죽임)에 처해졌다.

여섯 나라가 동맹하여 진나라에 대항하다

전국시대의 일곱 나라 중에서도 진나라는 초강대국이었다.

당시 전국 칠웅 사이에서는 합종연횡이 이뤄졌다. 즉 진나라를 제외한 여섯 나라가 힘을 합쳐 진나라에 대항하자는 '합종책'과, 아예 진나라에 복종하면서 침략을 받지 않고 평화를 구하자는 '연횡책'이 맞섰다. 전자는 소진이라는 유세가가, 후자는 장의라는 유세가가 주장하였는데, 이들의 유세술은 오늘날까지도 유명하다.

처음에는 소진의 합종책이 채택되어 여섯 나라가 뭉쳐 진나라에게 대항하는 바람에 진나라가 위축되었으나, 이윽고 장의의 활약으로 연횡책이 성립되어 진나라가 천하통일로 가는 큰 길을 열었다.

아무도 알아주는 이 없다

소진(蘇秦)은 낙양 사람으로 일찍이 제나라에 가서 귀곡 선생에게 유세술을 배웠다. 그 후 소진은 몇 년 동안이나 천하를 돌아다니면서 뜻을 펴고자 했지만, 그를 기용하려는 사람은 아무도 없었다.

소진은 할 수 없이 책 보따리를 싸서 걸머지고 짚신을 옆구리에 매단 채 무거운 발걸음으로 이리저리 떠돌아다녀야 했다.

아무 소득 없이 집에 돌아오니 아내는 본체만체 계속 길쌈만 하고 있었다. 형수는 밥상 차려 줄 생각도 하지 않았고 부모도 입을 열려 하지 않았다. 소진은 크게 탄식하였다.

"아내는 남편으로 알지 않고 형수는 시동생으로 보지 않으며 부모 역시 가난한 나를 모르는 체하는구나. 이 세상에 태어난 이상 지위와 재산을 우습게 생각할 일이 아니구나! 학문을 해도 입신양명을 하지 못한다면, 어찌 대장부라고 말할 수 있으리오."

그 후 소진은 현실에 적용할 수 있는 학문을 하기 위해 자기가 갖고 있는 책을 모두 꺼내 읽어 보다가 강태공이 쓴 병법서인 음부경이라는 책을 찾아내고 그 책을 완전히 독파하기로 마음먹었다. 그 책은 일종의 독심술을 많이 다루고 있었는데, 그는 1년 만에 그 독심술을 통달했다.

'이 비법으로 반드시 군주들을 설득할 수 있으리라.'

소진은 먼저 자기가 사는 주나라의 현왕을 찾아가 만나려고 했다. 하지만 측근들은 소진을 아예 경멸하고 상대해 주지도 않았다. 할 수 없이 그는 진나라로 가서 가까스로 왕을 만났다.

왕을 만나자 소진은 준비해 두었던 이야기로 왕을 설득하기 시작하였다. 그러나 왕은 그 말에 귀를 기울이지 않았다. 더구나 진나라는 상앙을 처형한 직후였기 때문에 유세객들에 대한 평판이 매우 좋지 않을 때였다. 소진은 조용히 자리에서 일어나 조나라를 향해 떠났다. 하지만 조나라에서도 소진은 환영받지 못했다.

마침내 기회를 잡다

소진은 다시 연나라로 가서 1년을 기다려 간신히 왕을 만날 수 있었다.

그때부터 소진은 유세를 펼치기 시작했다. 그 유세의 내용은 바로 합종의 책략이었다. 즉, 중원의 모든 나라들이 힘을 합하며 초강대국 진나라에 대항하자는 내용이었다.

"연나라는 동쪽으로 조선과 요동, 북쪽으로 임호(林胡)와 누번, 서쪽으로 운종과 구원, 남쪽은 호타와 역수로 둘러싸여 있습니다. 땅은 사방 2천여 리에 이르고 병력은 수십만입니다. 또한 전차가 6백 대, 군마가 6천 필이며 곡식은 몇 년간 버틸 수 있을 정도로 비축되어 있습니다. 남쪽에는 비옥한 평야지대가 있으며 북쪽에는 힘들이지 않고도 많은 수확을 거둘 수 있는 대추와 밤이 있습니다. 가히 하늘이 내린 땅이라 할 것입니다.

지금 세상이 온통 전쟁으로 시끄럽지만 태평성대를 누리고 있는 나라는 오직 연나라뿐입니다. 그런데 폐하께서는 왜 연나라가 무사할 수 있었는가를 아십니까? 바로 조나라가 연나라의 장벽이 되어 주고 있기 때문입니다. 진나라와 조나라는 다섯 번 싸워 두 번은 진나라가 이겼고 세 번은 조나라가 이겼습니다. 그래서 두 나라 모두 지치게 되었으며 이것이 연나라가 무사할 수 있었던 이유입니다. 진나라가 연나라를 치려면 수천 리를 달려와야 하며 또 설사 연나라의 성을 점령한다고 해도 도저히 지켜낼 수가 없는 것입니다. 그러나 조나라가 연나라를 공격하려면 4, 5일이 채 안 되어 수도에 닿을 수 있습니다. 그러므로 진나라가 연나라를 치려면 천리 밖의 싸움이 되지만 조나라가 연나라를 치려면 백리 안의 싸움이 되는 것입니다.

지금 백리 안의 가까운 상대를 가볍게 생각하고 천리 밖의 멀리 떨어진 적을 중시한다면 매우 잘못된 일이 아닐 수 없습니다. 그러므로 연나라와 조나라의 합종이 맺어지고 천하의 제후들이 한 몸처럼 되어야 비로소 연나라가 무사할 수 있습니다.”

이에 연나라 왕이 고개를 끄덕였다.

“과연 그 말이 맞소. 그런데 우리 연나라는 작은 나라에 지나지 않고 밖으로는 조나라와 제나라라는 강대국과 국경을 맞대고 있소. 그대가 천하의 합종을 이루어 연나라를 평안하게 해준다면 나는 나라를 걸어 그대의 말에 따르리다.”

그리고는 소진에게 마차와 황금, 비단 등을 주어 조나라로 떠나게 했다. 조나라에 도착한 소진은 직접 왕을 만나 천하의 합종에 대한 계책을 제안하였다.

“나라의 정책은 백성을 편안하게 해주는 것 이상이 없습니다. 백성을 안정케 해주는 근본은 외교입니다. 그 방향이 잘못되면 결코 백성의 안정이 이루어질 수 없습니다. 제나라와 진나라를 모두 적으로 삼는다면 백성은 안정될 수 없으며, 또한 진나라에 의지해서 제나라를 공격해도 안정될 수 없습니다. 나라의 크기는 사방 이천여 리에 이르며 군대는 수십만 명이나 됩니다. 그리고 전차가 1천 대, 군마는 1만 필이나 되며 식량은 몇 년을 끄덕없이 버틸 정도로 쌓아두고 있습니다.

북쪽에 연나라가 있으나 연나라는 원래 약소국입니다. 따라서 진나라가 가장 두려워하는 나라는 조나라뿐입니다. 그런데도 진나라가 군사를 일으켜 조나라를 공격하지 않는 이유는 무엇이겠습니까? 바로 한나라와 위나라가 그 배후를 칠까 두렵기 때문입니다. 따라서 한나라와 위나라는 조나라의 보호막입니다. 그러나 진나라가 한나라와 위나라를 친다면 얼마 지나지 않아 두 나라는 항복할 수밖에 없고 그렇게 되면 진나라는 그 세를 몰아 조나라를 놀리게 됩니다. 지금 천하의 형세를 살펴 보면 6국의 영토는 진나라의 다섯 배나 되며 병사는 진나라의 열 배나 됩니다. 여섯 나라가 힘을 합쳐 서쪽의 진나라를 공격한다면 반드시 격파할 수 있을 것입니다. 반대로 힘을 합치지 않고 서쪽의 진나라를 섬기기만 한다면 모두 진나라의 신하로 전락할 것입니다.

연횡론자들은 다른 나라의 땅을 쪼개서 진나라에게 바치려는 생각뿐입니다. 그렇기 때문에 그들은 밤낮으로 진나라의 힘을 빌려 공갈과 협박을 해 토지의 양도를 요구하는 것입니다. 한, 위, 조, 제, 연, 초의 여섯 나라가 합종하고 진나라에 맞서는 방법보다 더 좋은 방법이 없습니다. 이렇게 6국이 합종한다면 진나라는 결코 함곡관을 나오지 못할 것입니다."

조나라 왕은 이 말을 듣고 크게 기뻐하였다.

"내가 왕위를 물려받은 지 얼마 안 되어 지금까지 국가의 장래를 확실하게 대비할 수 없었소. 그대의 말을 들으니 천하를 온전히 보존하는 비책이 있었구려. 기꺼이 그대의 의견에 따르겠소."

조나라 왕은 소진에게 수레 백 대, 황금 천 일(鎰), 백옥 백 쌍, 비단 천 필을 주어 제후들에게 선물로 줄 것을 부탁했으며 합종책에 서명하였다.

닭의 머리가 될지언정 소의 꼬리는 되지 말라

소진은 이번에는 한나라로 가서 왕을 설득하였다.

"천하의 강궁과 모든 석궁은 한나라에서 만들어지며 한나라 병사들이 활을 쏘면 먼 거리에서도 가슴을 꿰뚫고 심장을 멈추게 합니다. 또 천하의 명검들이 모두 한나라의 명산(冥山)에서 만들어져 물에서는 소와 말을, 물 속에서는 고니와 기러기를 베며, 적군을 만나서는 견고한 갑옷도 베어 버립니다. 용맹스럽기로 소문난 한나라 병사들이 굳센 활을 메고 예리한 칼을 차고 싸운다면 반드시 일당백의 전과를 거두게 될 것입니다. 이와 같은 용감한 군사력과 폐하의 현명함을 갖추고 계시면서도 진나라를 섬기며 복종하는 것은 천하의 웃음거리가 될 뿐입니다. 속담에 '닭의 머리가 될지언정 소의 꼬리는 되지 말라(寧爲鷄口, 無爲牛後)'는 말이 있습니다만, 지금 두 손을 모아 진나라를 섬긴다면 그것이야말로 소꼬리가 아니고 무엇이겠습니까? 폐하의 현명함을 가지고서도 소꼬리라는 오명을 쓰신다면 정말 안타까운 일이 아닐 수 없습니다.”

소진의 말에 설득된 한나라 왕은 얼굴이 붉게 상기되어 팔을 걷어붙이고 칼을 쓰다듬더니 하늘을 우러러 탄식했다.

“내가 비록 불초한 몸이지만 결코 진나라에 고개는 숙이지 않겠소. 이제 그대에게서 조나라 왕의 이야기를 들었으니 나 또한 그렇게 하리다.”

그리고는 합종책에 서명하였다. 그 뒤로도 소진은 제나라, 위나라, 초나라를 차례로 방문하여 마침내 6국의 합종을 성립시켰다.

조금이라도 재산이 있었던들 어찌 오늘의 자리에 오를 수 있었으랴

그리하여 소진은 합종 동맹의 책임자가 되었으며 여섯 나라의 재상을 겸임하게 되었다.

어느 날 그가 북쪽의 조나라 왕을 만나러 가던 도중 자기의 고향 낙양을 지나게 되었다. 그런데 각국에서 받은 선물을 실은 수레가 줄을 이어 모두 왕의 행차로 생각할 정도였다. 주나라 현왕은 전에 그를 냉대하였던 적이 있으므로 마음이 편치 않아 사신을 보내 환영하고 그 노고를 치하했다.

소진의 형제와 형수들은 소진을 감히 쳐다보지도 못했으며 엎드려 가면서 식사 시중을 들었다. 소진이 웃으며 형수에게 말했다.

“전에 그렇게 나무라시더니 지금은 이토록 공손하시오?”

형수는 얼굴을 땅에 대고 사과하였다.

“시동생님의 지위가 높아졌고 부자가 되었기 때문입니다.”

소진은 탄식하였다.

“똑같은 사람을 두고서 친척마저도 부귀해지면 우러러보고 가난해지면 업신여기니 하물며 남들이야 오죽하겠는가! 만약 그때 조금이라도 재산이 있었던들 어찌 여섯 나라의 재상이 될 수 있었으리오!”

그는 1천 금을 친척들과 친구들에게 나누어 주었다. 또 옛날 연나라에 갈

때 백 전을 꾸어 여비로 쓴 적이 있었는데 그것을 1백 금으로 갚았으며 은혜를 입었던 모든 사람들에게 보답했다.

소진은 여섯 나라의 합종을 완성한 다음 조나라로 돌아왔다. 조나라 왕은 소진에게 영지를 주어 무안군이라 칭했으며, 6국 합종의 사실을 진나라에 통보하였다.

그 뒤 진나라는 무려 15년 동안이나 함곡관 밖으로 나오지 못했다.

화를 복으로 바꾸라

그 후 진나라는 제나라와 위나라를 꾀어 조나라를 쳐서 합종을 깰 계획을 마련하였다. 드디어 제나라와 위나라가 조나라를 공격하자 조나라 왕은 크게 꾸짖었다. 그리하여 소진은 연나라에 가서 협정을 위반한 제나라를 응징하자고 청했으나 거절당했다. 이렇게 하여 결국 천하의 합종책은 와해되고 말았다.

한편 진나라는 연나라를 자기편으로 끌어들이기 위해 연나라 태자에게 공주를 시집보냈다. 바로 그해에 연나라 왕이 죽고 태자가 새로운 왕이 되었다. 그런데 제나라는 연나라가 상중(喪中)인 틈을 타서 연나라를 공격, 열 개의 성을 점령하는 사건이 벌어졌다. 그러자 연나라 왕은 소진을 불러 비난하였다.

"선생이 처음 연나라에 왔을 때 선왕께서 여비를 주어 조나라 왕을 만나게 하였고 그 결과 6개국 합종이 이뤄졌소. 그런데 지금 제나라는 조나라를 치고 마침내 연나라까지 치게 되었으니 선생 때문에 우리는 앉아서 땅을 빼앗겼소. 선생은 우리의 빼앗긴 땅을 찾아올 수 있겠소?"

소진이 얼굴을 붉히며, "제가 반드시 되찾아오겠습니다."라고 다짐하고는 제나라로 가서 제나라 왕을 만났다.

"굶어죽어도 독초를 먹지 말라는 말이 있습니다. 먹으면 먹을수록 죽음을 재촉하기 때문입니다. 지금 연나라가 약소국이긴 하지만 진나라와 혼인관계를 맺고 있습니다. 폐하께서는 연나라의 열 개 성을 빼앗으셨지만, 장차 연나라가 진나라의 힘을 빌려 쳐들어오게 되면 그것은 곧 굶주렸다고 독초를 먹는 것이나 마찬가지입니다."

제나라 왕이 기가 죽어 물었다.

"그럼 어떻게 해야겠소?"

"성공하는 자는 화를 복으로 바꿀 줄도 알고(轉禍爲福), 실패를 성공의 어머니로 삼는다는 말이 있습니다. 그러므로 지금 즉시 빼앗은 열 개의 성을 돌려주시는 것이 상책입니다. 그렇게 되면 연나라는 틀림없이 기뻐할 것이며 진나라 왕도 기뻐할 것입니다. 옛날 환공께서 노나라의 빼앗은 땅을 아무런 대가 없이 되돌려줌으로써 천하의 패자가 되었듯이 폐하께서도 반드시 대업을 이루게 되실 것입니다.

"좋소, 내 그렇게 하리라."

제나라 왕은 즉시 빼앗은 성을 연나라에 반환하였다.

그 후 소진은 제나라에 머물고자 했으나 소진을 비방하는 소리가 여기저기에서 나왔다.

"그는 이곳저곳에 나라를 팔고 두 마음을 품고 있는 자이다. 머지않아 반란을 일으킬 게 분명하다."

이에 소진은 피신하여 연나라로 돌아왔지만 연나라 왕은 그를 냉대하였으며 복직시켜 주지도 않았다.

소진은 연나라 왕을 만나 말했다.

"임금께서는 지금 여기에 증삼과 같이 효도 잘하는 사람과 백이와 같이 청렴결백한 사람, 그리고 미생과 같이 성실한 사람이 있어 그 세 사람이 임금을 섬긴다면 어떻게 생각하십니까?"

"그야말로 가장 좋은 것이 아니오?"

그러자 소진이 단호하게 말했다.

"그렇지 않습니다. 증삼과 같이 효도가 지극한 아들은 단 하루도 부모 곁을 떠나 밖에서 자지 않습니다. 그렇다면 어떻게 그를 천 리나 떨어진 먼 이곳에 데리고 와서 당장 내일 일이 어떻게 벌어질지 모를 국정을 돌보게 할 수 있겠습니까? 또 백이는 의리를 지켜 무왕의 신하가 되기를 거부하고 수양산에 들어가 굶어 죽었습니다. 이와 같이 대쪽같이 깨끗한 사람에게 어떻게 음흉한 제나라와의 교섭을 맡길 수 있겠습니까?

그리고 미생은 애인과 다리 아래서 만나기로 약속하여 약속날짜에 나가 기다렸습니다. 때마침 엄청난 홍수가 나서 물이 계속 불어났지만 그는 꼼짝도 하지 않고 계속 기다리다가 마침내 다리를 부둥켜안고 죽었습니다. 임금께서는 어떻게 성실하기만한 사람을 천 리 밖에 내보내 제나라의 사나운 병사들을 물리치게 하실 수 있습니까? 저는 제 나름대로의 충의와 신의를 지켰기 때문에 오히려 죄를 짓게 된 것입니다."

연나라 왕이 반문하였다.

"충의와 신의를 지켰다면 어찌 죄를 받을 수 있겠소? 그대가 지키지 못했기 때문에 죄를 받은 것 아니오?"

"아닙니다. 어떤 사람이 먼 곳에 발령을 받게 되어 집을 떠나 있을 때 그의 처가 다른 남자와 통정을 했습니다. 이윽고 그가 돌아오게 되자 정부(情夫)가 매우 불안해했습니다. 그러자 그 여자는, '아무 걱정 말아요. 이미 술에 독을 타놓았어요' 하고 말했답니다. 그런데 그 하녀는 독을 탄 사실을 알고 있었기 때문에 매우 괴로웠습니다. 주인에게 사실을 말하자니 당장 부인이 쫓겨날 것이고 그렇다고 알리지 않으면 주인이 죽기 때문이었지요. 생각다 못한 하녀는 일부러 넘어져 술잔에 든 약주를 쏟아 버렸습니다. 그러자 주인은 크게 화를 내며 채찍을 들어 50차례나 때렸습니다."

연나라 왕은 고개를 끄덕였다.

"잘 알겠소. 다시 한 번 나를 위해 일해 주오"

그리고는 소진을 전보다도 더욱 극진하게 대접했다.

소진을 죽인 범인은 누구인가?

소진은 연나라 왕의 어머니와 정을 통하고 있었다. 왕은 그 사실을 알고 있으면서도 그를 극진하게 대우하고 있었다. 하지만 소진은 항상 불안하였다. 그래서 결국 그는 연나라를 떠나서 제나라로 건너갔다.

제나라에서 소진은 다른 사람들에게 질투를 받아야 했다. 그리고 결국 자객의 칼에 찔려 목숨이 경각에 달리게 되었다. 범인이 누구인지는 밝혀지지 않았다. 죽기 직전 문병 온 제나라 왕에게 소진은 말했다.

"폐하께서 제 시체를 거열형에 처하시면서 '소진은 연나라와 짜고 제나라에 반역을 일으키려한 역적이었다'라고 발표하십시오. 그렇게 하면 범인은 제 발로 의기양양하게 걸어나올 것입니다."

왕은 그대로 시행했다. 아니나 다를까 범인은 떳떳하게 자수하여 자기가 소진을 죽였노라고 하였다. 왕은 즉시 그를 처형시켰다.

세상에 버릴 사람은 없다

춘추전국시대의 난세에 스스로 재능이 있다고 생각하는 선비들은 각자 현실 문제의 '비책'을 마련해 각국의 군주를 찾아다녔다. 그들은 추천될 기회를 얻기 위해 재산가나 유력 인사의 집에 묵으면서 밥을 얻어먹고 지냈는데 이들을 식객이라고 불렀다. 상앙, 장의, 범저, 이사 등 당시 거물 정치인의 대부분이 이러한 식객 출신이었다.

한편 이러한 식객을 많이 거느린 유력 인사들은 실로 황제에 버금가는 지위와 권세를 누렸다.

그 중에서도 제나라의 맹상군, 조나라의 평원군, 위나라의 신릉군, 그리고 초나라의 춘신군 등 이른바 전국시대의 4공자는 유명하다. 이들은 3천 명도 넘는 식객을 거느렸으며 그들로부터 갖가지 지모와 술수, 사건들이 비롯되었다.

장군 집안에서 장군 나고 재상 가문에서 재상 난다

맹상군(孟嘗君)의 이름은 문이며, 성은 전씨로 아버지는 전영이다. 전영은 제나라 위왕의 작은 아들로 제나라에서 재상을 지내면서 설(薛) 땅을 영지로 받았다

전영은 아들이 40여 명이나 있었는데, 한 소첩에게서 문이라는 아들이 태어났다. 그 아이의 출생일은 5월 5일이었다. 그때 전영은 산모에게 "아기를 내다 버려라."라고 명령하였다.

그러나 어머니는 아버지 몰래 아이를 키웠다. 아이가 성장한 뒤에야 비로소 어머니는 아버지에게 아들을 소개했는데 전영은 버럭 화를 내었다.

"저 애를 버리라고 했더니 너는 왜 명령을 어겼느냐?"

그러자 어머니는 아무 말도 못하고 대신 아들 전문이 머리를 조아리며 이렇게 물었다. "왜 저를 버리라고 하신 것입니까?"

"5월 5일에 태어난 아이는 키가 문의 높이만큼 자라면 부모를 죽인다고 하기 때문이다."

"그렇다면 사람의 운명은 하늘에서 받은 것입니까? 아니면 문 높이에서 받은 것입니까?"

전영은 아무 대답도 할 수 없었다. 전문은 계속 말을 이었다.

"운명이 하늘로부터 받은 것이라면, 아버님께서는 전혀 걱정하실 필요가 없습니다. 그리고 문 높이로부터 나온 것이라면, 문 높이를 올리면 될 것입니다."

전영은 아무 말도 못한 채 모자를 용서해 줄 수밖에 없었다. 그 뒤에 전문이 아버지를 만날 기회가 있어 다시 물었다.

"아들의 아들은 무엇이라 합니까?"

"손자라 한다."

"손자의 손자는 무엇이라 합니까?"

"현손이라 한다."

"현손의 손자는 무엇이라 합니까?"

"모르겠다."

"아버님께서는 제나라 재상이 되신 후 지금까지 세 왕을 섬기셨습니다. 그동안 제나라는 영토를 한 치도 넓히지 못했지만 아버님께서는 억만 금의 재산을 모으셨습니다. 하지만 아버님 곁에는 단 한 명의 현명한 사람도 보이지 않습니다. '장군의 가문에는 반드시 장군이 나오고 재상의 가문에는 반드시 재상이 나온다'고 합니다. 지금 아버님의 첩들은 휘황찬란한 비단옷을 입고 긴 치맛자락을 밟고 다니지만 이 나라의 선비들은 짧은 잠방이옷도 얻어 입지 못하고 있으며, 첩들은 좋은 쌀밥과 살찐 고기를 실컷 먹다 남기지만 선비들은 술지게미와 쌀겨조차 얻어먹지 못하는 실정입니다. 아버님께서는 더욱더 많은 재물을 모아 창고에 쌓아두고 그것을 누군지도 모를 어느 자손에게 물려주려 하시면서도 이 나라가 점점 약해지는 것은 잊고 계시지 않으신지요? 저는 이 점이 매우 염려스럽습니다."

이 말에 크게 깨달은 전영은 드디어 전문을 기특하게 생각하고 그에게 집안일을 맡기게 되었으며, 주위에 현명하다고 소문난 식객들을 불러 모으도록 하였다. 식객들이 날로 늘어나 그 명성이 온 세상에 알려지게 되었다.

많은 사람들이 전영에게 전문을 후계로 삼으라고 권했다. 전영이 죽은 후 전문이 그를 이어 설(薛)의 영주가 되니 바로 이 사람이 맹상군이다.

사람 보는 눈

맹상군은 자기 집의 재산을 모두 털어 천하의 식객을 불러 모았는데 그 수는 수천 명을 넘었으며 그 식객들로 맹상군의 집은 항상 붐볐다. 심지어 죄를 짓고 도망친 자들까지 모여들었으나 맹상군은 차별없이 대우하였다.

맹상군이 손님들을 맞아 이야기할 때면 병풍 뒤에서 기록하는 사람이 있어 대화 내용을 적는 것은 물론 손님의 친척 사는 곳까지 기록하였다. 그래서 손님이 가고 나면 곧 심부름꾼을 보내어 그의 친척을 방문하게 하고 선물까지 주게 했다.

어느 날 맹상군이 손님을 맞아 저녁을 먹고 있는데 어느 손님이 어두운 쪽에서 밥을 먹다가 자기의 밥이 맹상군의 밥과 같지 않다고 화를 내면서 자리를 박차고 나가려 했다. 맹상군이 자기의 밥그릇과 손님의 밥그릇을 비교해 보니 차이가 없었다. 그러자 그 손님은 부끄러워하며 스스로 목을 찔러 자결했다.

이 일이 있은 후 더욱 많은 식객들이 맹상군에게 모여들었다. 맹상군은 누구에게나 잘 대우했으므로 식객들은 모두 '맹상군은 나와 친하다'고 생각하였다.

한편 제나라 민왕 25년에 맹상군의 소문을 들은 진나라는 맹상군에게 진나라를 방문해 줄 것을 강요했다. 힘이 약한 제나라는 어쩔 수 없이 그를 진나라로 보냈다.

맹상군이 진나라에 가서 진나라의 소왕을 만났는데 소왕은 즉시 그를 재상으로 삼으려 했다. 그러자 한 신하가 아뢰었다.

"맹상군은 현명하지만 제나라 사람일 뿐입니다. 설사 진나라의 재상이 된다 하더라도 반드시 제나라를 위해 일할 것입니다. 그렇게 되면 진나라는 매우 위태롭습니다."

소왕이 듣고 보니 그럴듯했다. 그래서 재상으로 삼는 대신 이번에는 아예 죽여 후환을 없애기로 작정했다. 맹상군은 감옥에 갇히게 되었다. 궁지에 몰린 맹상군은 생각 끝에 소왕의 총애받는 후궁에게 사람을 보내 풀어 달라고 간청하였다.

후궁이 말했다.

"맹상군이 가지고 왔던 흰여우 가죽옷을 가지고 싶은데……."

맹상군은 값이 천금이나 나가는 흰여우 가죽을 한 벌 가지고 있었는데 천하에 비길 데 없는 진귀한 물건이었다. 그러나 그 옷은 이미 진나라에 들어올 때 소왕에게 바치고 없었다.

맹상군은 걱정이 되어 데리고 간 식객들에게 방법이 없겠느냐고 물었다. 그러나 모두 아무 대답도 하지 못했다. 그때 제일 뒷자리에 있던 개도둑(拘盜) 출신 식객 하나가 말문을 열었다. "제가 그것을 구해 오겠습니다."

그날 밤 그 개도둑은 진나라 왕궁의 창고에 들어가 전에 맹상군이 소왕에게 바쳤던 흰여우 가죽옷을 훔쳐 가지고 나왔다. 그것을 후궁에게 바치자 마침내 맹상군은 석방될 수 있었다.

맹상군은 풀려나자마자 급히 서둘러 달아났다. 통행증명서도 고치고 이름도 바꾸어 한밤중에 함곡관의 국경 근처에 도착하였다.

한편 진나라 소왕은 뒤늦게야 속은 것을 깨닫고 그를 찾았으나 이미 달아난 후였다. 즉시 군대를 풀어 그를 뒤쫓게 하였다. 맹상군은 함곡관에 도착했지만 닭이 울기 전에는 관문이 열리지 않아 나갈 수 없었다. 맹상군은 매우 초조했다.

그런데 식객 중에 닭 울음소리를 흉내 내는 자가 있었다. 그가 닭 울음소리를 내자 인근의 다른 닭들이 함께 울었다. 드디어 함곡관의 관문이 활짝 열렸고 일행은 무사히 빠져나올 수 있었다.

한참 후에 진나라의 추격병들이 바삐 함곡관에 도착했지만 이미 맹상군은 떠난 뒤였다.

맹상군이 닭 울음소리를 흉내 내는 사람과 개도둑을 식객으로 맞아들였을 때 다른 식객들은 그들과 함께 밥을 먹고 같은 자리에 앉는 것을 커다란 수

치로 생각했었다. 그러나 맹상군이 정작 어려움을 당했을 때 결국 그 두 사람이 살려냈던 것이다. 이에 모든 식객들은 맹상군의 사람 보는 눈에 감탄했다.

맹상군이 제나라 재상이 되자 그의 부하인 위자가 조세를 거두는 일을 담당하였다. 그러나 조세를 거두기 위해 세 차례나 출장을 다녀왔지만 한 번도 가져오지 않았다. 그래서 맹상군이 까닭을 물으니 그가 대답하였다.

"어떤 현명한 분이 계시기에 그에게 빌려 주었습니다. 그래서 조세를 가져오지 못했습니다."

맹상군은 크게 화를 내어 그를 내쫓았다. 때마침 전갑이라는 자가 반란을 일으키자 민왕은 맹상군이 배후 조종 세력인지를 의심했다. 맹상군은 피신할 수밖에 없었다.

이때 전에 맹상군이 조세를 빌려 주었던 사람이 소문을 듣고 민왕에게 글을 올려, "맹상군께서는 결코 반란을 일으킬 분이 아닙니다. 제 목숨을 걸고 맹세하겠습니다." 하고는 궁궐 문 앞에서 자기 목을 찔러 죽었다.

민왕이 크게 놀라 사실을 조사해 보니 맹상군에게는 혐의가 없었다. 그래서 맹상군을 다시 불렀다. 하지만 맹상군은 병을 핑계로 벼슬을 내놓고 고향으로 돌아가 버렸다.

그 뒤 제나라 민왕은 송나라를 멸망시키고 더욱 교만해져서 맹상군을 제거하려고 하였다. 맹상군이 이에 위나라로 망명하자 위나라 소왕은 그를 재상으로 삼았다. 위나라의 재상이 된 맹상군은 서쪽으로 진나라, 조나라와 힘을 합하고, 또한 연나라까지 연합하여 제나라를 공격하니 제나라 민왕은 패하여 달아나 거라는 곳에서 초라하게 살다가 그곳에서 죽었다.

그 뒤를 이어 제나라에 양왕이 즉위하자 맹상군은 중립을 지켜 어느 나라의 벼슬도 하지 않았다. 제나라 양왕은 즉위한 후 맹상군을 두려워하여 극진하게 대접하였다.

마지막 식객

어느 날 풍환이라는 매우 가난한 사나이가 맹상군이 많은 식객을 모으고 있다는 소문을 듣고 찾아갔다.

맹상군은 짚신을 신고 형색이 꾀죄죄한 그의 모습에 개의치 않고 물었다.

"먼 길을 와 주셔서 매우 고맙습니다. 저에게 무엇을 가르쳐 주시겠는지요?"

"당신께서 인재를 좋아하신다는 소문을 듣고 가난한 몸을 맡기러 왔습니다."

맹상군은 그를 3등 숙소에 열흘 동안 머물게 한 후 관리인을 불러 물었다.

"그 손님은 어떻게 지내고 있는가?"

"예 , 그 손님은 매우 가난해 겨우 칼 한 자루를 가지고 있을 뿐입니다. 그것도 새끼줄로 자루를 감은 보잘것없는 칼입니다. 그런데 그 칼을 손으로 두드리면서 '장검이여 돌아갈거나, 내 밥상에 고기가 없구나' 하는 노래를 부르고 있습니다."

맹상군은 그를 1등 숙소로 옮겨 주고 드나들 때 수레를 태워 주었다. 5일후 관리인에게 물었다.

"그분은 여전히 칼을 두드리고 있습니다. 이번에는 '장검이여 돌아갈거나, 살 집이 없구나' 하는 노래를 부르고 있습니다."

맹상군은 기분이 그다지 유쾌하지 않았다.

그 무렵 진나라와 초나라는 강적인 제나라를 약화시키기 위해 제나라 왕과 맹상군을 이간시키는 말을 지어내었다.

"지금 맹상군의 이름은 왕보다도 높고 권력도 맹상군이 다 쥐고 있다. 왕은 단지 허수아비에 불과하다."

제나라 왕은 그 이간질에 넘어가 맹상군을 재상의 자리에서 파면시켰다. 그러자 맹상군 집에 머물던 많은 식객들이 순식간에 모두 떠나 버렸다. 그런

데 혼자 남게 된 풍환이 이렇게 제안하는 것이었다

"저에게 진나라로 타고 갈 수 있는 수레 한 대만 주십시오. 반드시 귀공을 제나라에서 다시 중용하게 만들고 영지도 더욱 넓혀 드리겠습니다."

맹상군은 곧 수레와 예물을 마련하여 그를 진나라로 보냈다. 풍환이 진나라로 가서 왕을 만나 설득했다.

"지금까지 천하의 유세객들은 진나라 편에 서는 자와 제나라 편에 서는 자로 갈려 있었습니다. 진나라를 찾아가는 사람은 제나라를 격파할 비책을 가지고 갔으며 제나라를 찾는 사람은 진나라를 약화시킬 계획을 품고 갔습니다. 진나라와 제나라는 천하의 양대 강국으로 그 자웅을 겨루고 있는 숙적입니다."

진나라 왕이 물었다.

"그러면 진나라가 이기기 위해서는 어떻게 해야겠소?"

"제나라에서 맹상군이 파면된 사실을 알고 계십니까?"

"알고 있소."

"사실 제나라가 천하에 강국으로 나서게 된 데는 바로 맹상군이 있었기 때문입니다. 그런데 지금 중상모략을 당하여 재상의 자리에서 물러나게 되었습니다. 제나라 왕에 대한 원한이 맹상군의 뼈에 사무쳐 있을 것입니다. 이때야말로 진나라가 그를 맞아들여야 할 때입니다. 그렇게 되면 제나라의 사정을 완전히 파악하게 되며 이는 제나라 격파에 성공한 것과 마찬가지입니다. 나아가 천하를 제압하는 중요한 요소가 아닐 수 없습니다. 지체 말고 사자를 보내 맹상군을 모셔 오십시오. 만약 제나라 왕이 다시 맹상군을 중용하게 된다면 천하 패권의 향방은 예측할 수 없게 됩니다."

진나라 왕은 즉시 수레 10대와 많은 황금을 준비하고 맹상군을 불러오기로 했다. 풍환은 왕에게 하직하고 진나라 사자보다 먼저 제나라에 도착하여 제나라 왕을 설득했다.

"지금 제나라와 진나라는 서로 우열을 가리기 힘들어 한쪽이 강해지면 다른 한쪽이 약해지게 되어 있습니다. 신이 듣기에 지금 진나라의 사자가 수레 10대에 많은 황금을 싣고 맹상군을 초빙하러 온다고 합니다. 맹상군의 사퇴는 문제가 없지만 만약 진나라의 재상이 된다면 천하의 인심은 진나라로 모아지고, 따라서 우리나라가 그 아래 굴복해야 할 것입니다. 진나라 사자가 오기전에 당장 맹상군을 복직시켜야 합니다. 영지도 더욱 많이 넓히고 성의를 보이면 맹상군도 납득할 것입니다."

이에 제나라 왕이 "알았소." 하고는 곧 사람을 국경으로 보내 살펴보도록 했다. 과연 진나라 사자가 국경을 넘어오고 있었다.

왕은 즉시 맹상군을 불러 재상의 자리에 복직시키고 예전의 영지 외에 1천호의 땅을 더 보태 주었다. 진나라 사자는 맹상군이 다시 제나라 재상이 되었다는 소식을 듣자 수레를 돌려 돌아갔다.

세상인심이란 이익에 따라 움직이는 법

맹상군이 파면되었을 때 식객들은 모조리 그의 곁을 떠났다. 그런데 이번에 맹상군이 다시 복직되자 풍환은 다시 그들을 불러 모으려 했다. 맹상군이 탄식하며 풍환에게 말했다.

"나는 손님을 소중히 여기고 그 대접에도 별로 실수가 없었소. 그리하여 식객 수가 3천여 명이나 되었던 것이오. 그러나 내가 파면되자 모두 하루아침에 떠나 버렸지요. 다행히도 이제 선생의 덕택에 다시 지위를 얻게 되었는데 그들이 무슨 면목으로 나를 만나러 오겠소. 만일 뻔뻔스럽게도 찾아오는 자가 있다면 결코 그들을 받아들이지 않을 것이오."

그러자 풍환은 말에서 내려 머리를 숙여 정중하게 절을 했다. 맹상군도 수레에서 내려 답례하면서 물었다.

"선생께서 식객들을 대신하여 사과하시는 것입니까?"

"아닙니다. 지금 하신 말씀이 잘못되었다고 생각되기 때문입니다. 원래 세상인심이란 그런 것입니다."

풍환은 계속 말을 이었다.

"부귀한 몸이 되면 따르는 자가 많으며 가난하고 천한 몸이 되면 벗이 적어지는 법입니다. 시장에 가보십시오. 아침에는 서로 앞을 다투어 먼저 문으로 들어가려 하지만, 해가 진 뒤에는 시장을 쳐다보지도 않습니다. 아침에는 시장을 좋아하다가 저녁에는 미워하기 때문이 아닙니다. 다만 저녁 시장에는 원하는 물건이 없기 때문인 것입니다. 식객들이 귀공의 파면을 보고 떠난 것도 같은 이유에서입니다."

화우계 火牛計

연나라의 전성시대

연나라는 악의라는 장수를 얻은 후부터 국세가 크게 강해졌다. 그리하여 악의는 제나라를 쳐서 제나라의 거의 모든 땅을 빼앗았다. 그는 매우 짧은 기간 동안 무려 70여 개 성을 점령하여 이제 제나라에는 거와 즉묵 두 성만이 남게 되었다.

악의는 제나라 왕이 거 지방에 있다는 것을 알고 군대를 총출동시켜 포위하면서 항복을 요구했다. 그때 초나라 사람이 제나라 왕을 죽였지만 제나라 군대는 항복하지 않은 채 성 안에서 수비만 하고 있었다. 이때 즉묵의 백성들은 전단이라는 인물을 추천하여 장군으로 추대하였다.

이 무렵 연나라 소왕이 죽고 혜왕이 즉위하였다. 그런데 혜왕은 태자 시절부터 악의를 좋아하지 않았다. 전단이 이를 알고 연나라에 첩자를 보내 다음과 같은 말을 퍼뜨리도록 하였다.

"제나라 왕은 이미 죽고 아직 함락되지 않은 성은 두 성뿐인데, 악의는 혜왕과 사이가 좋지 않아 귀국하지 않고 장차 제나라 왕이 되려 하고 있다. 그는 일부러 천천히 즉묵을 공격하면서 때만 기다리고 있다. 지금 즉묵에 있는 사람들은 다른 장군이 와서 즉묵을 함락시켜 버릴까 두려워할 뿐이다."

연나라 혜왕은 이 소문을 듣고 즉시 악의를 해임시키고 대신 기겁이라는 사람을 장군으로 임명하였다.

이어 전단은 첩자를 연나라 진중에 보내, "지금 전단이 두려워하는 것은 연나라가 항복한 제나라 군사의 코를 베어 맨 앞에 세우고 즉묵을 공격하는 것이다."라고 말하게 했다. 연나라 군대는 그 말을 듣고 그대로 시행하였다. 그러자 제나라 사람들은 적개심이 치솟아 한결같이 복수를 다짐하였다.

전단은 또 첩자를 보내, "즉묵의 백성들은 조상의 무덤을 소중히 여기고 있다. 그래서 연나라 병사들이 혹시 무덤을 파내 조상을 욕되게 하지 않을까 두려워하고 있다. 그렇게 되면 즉묵 사람들은 너무 기가 막혀 싸울 기력조차 사라져 항복하게 될 것이다."라고 하였다.

연나라는 또 그 말을 그대로 믿고 모든 무덤을 파내 죽은 사람을 불에 태워 버렸다. 이 광경을 본 즉묵 사람들은 눈물을 흘리며 죽음을 각오하고 싸우기를 원하였다.

전단은 이번엔 날쌔고 용감한 젊은이들은 성 안에 숨어 있게 하고 노약자와 부녀자만 성 위로 오르게 한 후 첩자를 성 밖으로 보내 연나라에게 항복할 기미가 있다고 소문을 퍼뜨리게 하였다. 또 백성들에게 돈을 거둬 즉묵의 부자들로 하여금 연나라 장수들에게 바치게 하면서, "즉묵이 항복하거든 부디 우리 가족들만은 포로로 삼지 마시고 편안하게 살 수 있도록 해주십시오."라고 말하게 하였다.

연나라 장수들은 매우 기뻐하며 마치 이미 항복을 받은 양 의기양양해져서 경계심을 완전히 풀고 있었다.

비단 옷을 입은 소

전단은 이제 싸워도 될 때라고 판단했다. 그는 즉시 기상천외한 작전에 들어갔다.

그는 소 천여 마리를 모아 비단으로 옷을 만들어 입힌 후 다섯 가지 색깔로 용의 무늬를 그려 넣었다. 그리고 뿔에는 칼과 창을 묶어 매고 꼬리에는 기름을 부은 갈대를 다발로 묶었다. 그러면서 성의 수천 곳에 구멍을 뚫고 동시에 5천 명의 용사들을 선발하였다.

그날 밤 전단은 공격 명령을 내렸다. 그는 소꼬리에 불을 붙여 뚫어놓은 구멍으로 내보냈다. 소는 꼬리가 뜨거워지자 미친 듯이 연나라 군대 쪽으로 달려나갔다. 소꼬리의 횃불은 눈부시게 타오르고 있었다. 그리고 용의 무늬가 비단에 번뜩이면서 좌충우돌 마구 덤볐다. 이 희한한 광경에 연나라 병사들은 어쩔 줄 모르고 크게 당황하였다. 여기저기서 소에 받혀 죽거나 부상을 당하는 자들이 부지기수였다.

이때 5천의 제나라 용사들이 진격해 나갔다. 성 안에서는 노약자들과 부녀자들이 북을 치고 고함을 지르고 구리쇠 그릇을 치며 소리를 냈다. 순식간에 연나라 진영은 생지옥이 되었다. 이제 너나 할 것 없이 도망치기에 바빴다. 그 통에 장군 기겁도 찔려 죽었다.

승기를 잡은 제나라 군사들은 계속하여 연나라 군대를 추격하였다. 지나는 곳마다 연나라를 배반하고 전단에게 돌아오는 군대가 늘어났다. 얼마 지나지 않아 제나라는 빼앗겼던 70여 개 성을 모조리 되찾았다.

충신은 두 임금을 성기지 않고 열녀는 두 지아비를 섬기지 않는다

처음에 악의가 제나라를 공격했을 때 획읍 사람 왕촉이 현명하다는 말을 들었다. 악의는 전군에 명령을 내렸다.

"획읍의 30십 리 둘레는 절대 들어가지 말라."

그리고는 사람을 왕촉에게 보내, "당신을 1만 호의 벼슬에 봉하고자 합니다."라고 제안하였다. 왕촉은 거듭 사양하였다. 그러자 악의는 이렇게 말했다.

"당신이 듣지 않는다면 군대를 이끌고 와서 획읍을 짓밟으리다."

하지만 왕촉은 태연한 자세로 말했다.

"충신은 두 임금을 섬기지 않고 열녀는 두 지아비를 섬기지 않는다고 하오. 제나라 왕이 나의 말을 듣지 않아 초야에 묻혀 농사를 지으려 했는데, 나라는 이미 깨지고 임금은 죽었지만 나는 그것을 보전하지 못했소. 이제 당신들이 군대로써 나를 위협하는데 의가 아닌 것에 사느니 차라리 죽는 것이 낫겠소."

그리고는 나뭇가지에 목을 매고 스스로 목숨을 끊었다.

제나라로부터 도망쳤던 대신들이 이 소식을 듣고 그의 충절에 감동하지 않는 사람이 없었다. 그들은 거 지역으로 모여들어 제나라 왕의 아들을 찾아 임금으로 세우고 죽기를 각오하여 싸우기로 다짐하였다.

모수자천 毛遂自薦

주머니 속의 송곳

진나라 소왕 50년, 진나라는 조나라의 수도 한단을 포위하였다. 그러자 조나라는 평원군에게 초나라에 가서 합종을 맺으라는 명령을 내렸다. 평원군은 전국시대 4공자의 한 사람으로 그의 집에는 수천 명의 식객들이 있었다.

평원군은 식객 중에서 문무를 겸비한 20명과 함께 가기로 하였는데, 19

명은 뽑았으나 나머지 한 사람을 아직 뽑지 못했다. 이때 모수라는 사람이 나섰다.

"지금 한 사람이 부족하다고 들었는데 부디 저를 끼워 주시기 바랍니다."

이에 평원군이 말했다.

"현명한 선비란 마치 송곳이 주머니 속에 있는 것과 같아서 당장 그 끝이 드러나게 되어 있는 법이오. 지금 선생은 여기 계신 지 3년이나 되었지만 사람들이 칭찬하는 것을 들은 적이 없소. 이는 선생에겐 재능이 없다는 증거요. 그러니 선생은 함께 갈 수 없소."

그러자 모수는 이렇게 말했다.

"저는 오늘에야 비로소 주머니 속에 있기를 청했을 뿐입니다. 만약 저를 일찍부터 주머니 속에 있게 하였다면 아마 끝만이 아니라 자루까지 드러났을 것입니다."

평원군은 고개를 끄덕이더니 마침내 모수를 함께 데리고 가기로 하였다. 그러자 19명이 서로 마주 보면서 눈짓으로 모수를 비웃었다.

평원군은 초나라 왕을 만났다. 그런데 아침부터 시작한 이야기가 정오가 되도록 아무런 진전이 없었다. 이에 모수가 섬돌에 뛰어올라 칼을 어루만지며 평원군에게 말했다.

"합종이란 단 두 마디면 될 일인데, 왜 지금까지 결정하지 못하는 것입니까?"

그러자 초나라 왕이 크게 꾸짖었다.

"너는 무엇하는 자길래 이렇게 무례하게 구느냐. 당장 내려가지 못할까!"

하지만 모수는 다시 칼을 어루만지며 앞으로 나아갔다.

"대왕께서 저를 꾸짖는 것은 초나라 사람이 많다고 생각하시기 때문입니다. 그러나 대왕의 열 걸음 안에서는 지금 초나라 사람을 믿을 수 없습니다. 대왕의 목숨은 오직 저의 손에 달려 있습니다. 지금 초나라의 힘을 이용한다면 천하에 당해 낼 나라가 없습니다. 그런데도 초나라는 진나라와 세 번 싸워서 모두 지는 치욕을 겪어야 했습니다. 이는 모든 사람들이 부끄러워해야 할 일이거늘 대왕께서는 원망할 줄도 모르십니다. 합종하는 것은 초나라를 위한 길이지 조나라를 위한 것이 아닙니다."

이 말을 들은 초나라 왕은 고개를 끄덕였다.

"그렇소. 선생의 말이 맞소. 내 삼가 사직을 받들어 합종하겠소."

이렇게 하여 합종이 이뤄졌다. 모수는 초나라 신하들에게 말했다.

"닭, 개, 말의 피를 가져오시오."

한참 후에 그 피가 도착하자 모수가 그 피를 구리 쟁반에 받쳐 들고 초나라 왕에게 올리면서 말했다.

"대왕께서 피를 마셔서 합종 의식을 갖추십시오. 그 다음에 우리 주군 어른, 다음에 제가 마시겠습니다."

드디어 합종 의식이 거행되었다. 그리고는 모수가 쟁반의 피를 들고 19명의 식객을 불러 당하에서 피를 마시게 하였다. 모수가 말했다.

"당신들은 보잘것없는 사람들입니다. 남에게 의지하여 일을 이루는 사람일 뿐입니다."

합종을 마치고 평원군이 조나라에 돌아와 이렇게 말했다.

"나는 다시는 선비의 사람됨을 안다고 하지 않겠습니다."

그리고는 모수를 상객으로 모셨다.

평원군이 조나라에 돌아오자, 초나라에서는 춘신군을 장수로 하여 구원병을 파견하였고, 위나라의 신릉군도 군대를 이끌고 구원하였다. 그러자 진나라는 한단의 포위를 풀고 철수하였다.

화씨의 구슬

조나라 혜문왕은 초나라의 이름난 구슬인 '화씨의 구슬'을 손에 넣게 되었다.

그 옛날 초나라 사람인 변화(卞和)가 초산(楚山)에서 묘한 구슬을 발견하고는 이를 초나라 여왕에게 바쳤다. 그러나 여왕이 감정사를 시켜 감정한 결과 돌임이 판명되자 변화의 왼쪽 발을 잘랐다. 그 후 무왕이 죽고 문왕이 즉위하자 변화는 초산에 나아가 사흘 밤낮을 통곡하였다. 문왕이 그 소문을 듣고 그 구슬을 다듬게 하니 마침내 천하제일의 구슬이 되었고, 이를 '화씨벽(和氏璧)'이라 부르게 되었다.

완벽

조나라 왕이 화씨의 구슬을 가지게 되었다는 소식은 진나라까지 퍼졌다. 진나라 왕은 사신을 보내 그 구슬을 15개의 성과 바꾸자고 제안했다.

조나라 왕은 대장군 염파를 비롯하여 중신들을 모아놓고 의논했지만 쉽사리 결론이 나지 않았다. 화씨의 구슬을 줘도 진나라가 성을 주지 않을 것이 분명했으며, 그렇다고 구슬을 안 주자니 진나라가 쳐들어올까 두려웠다. 과연 누구를 진나라에 사신으로 보낼 것인가 하는 것도 문제였다. 환관의 우두머리인 목현이 나서며 말했다.

"저의 식객 중에 인상여라는 자가 있는데 그 사람이라면 이번 일을 맡겨 볼 만합니다."

왕은 즉시 인상여를 불러들였다.

"진나라가 15개의 성과 '화씨의 구슬'을 바꾸자고 제안해 왔소. 그대의 생각은 어떻소?"

이에 인상여는 자세를 가다듬고 말했다.

"상대는 막강한 진나라입니다. 들어줄 수밖에 없을 듯합니다."

그 말을 듣자 왕이 침울한 목소리로 대답하였다.

"구슬만 빼앗기고 땅을 얻지 못한다면 천하에 웃음거리가 되지 않겠소?"

인상여가 다시 대답하였다.

"진나라는 제안을 해 왔습니다. 그러므로 구슬을 주지 않고 제안을 거부하면 잘못이 우리에게 돌아옵니다. 하지만 구슬만 받고 땅을 주지 않는다면 잘못은 진나라에게 넘어갑니다. 차라리 제안을 받아들여 잘못을 진나라가 뒤집어쓰도록 하는 편이 나을 것입니다. 그런 연후에 다시 계책을 생각해 보아도 늦지 않을 것입니다."

"그러면 누구를 사신으로 보내는 것이 좋겠소?"

이에 인상여가 대답했다.

"달리 가실 분이 없다면 제가 구슬을 가지고 가겠습니다. 땅을 받으면 구슬을 놓고 오겠습니다만, 그렇지 않을 때는 어떻게든 구슬을 온전하게 지니고 돌아오겠습니다."

인상여는 구슬을 가지고 진나라 왕을 만났다. 인상여가 조심스럽게 구슬을 바치자 진나라 왕은 만면에 미소를 띤 채 옆에 있는 후궁들과 신하들에게 차례로 보여 주었다. 모두 만세를 불렀다.

하지만 진나라 왕은 열다섯 개의 성에 대해서는 한 마디의 언급도 하지 않았다. 인상여는 땅을 줄 생각이 없음을 눈치 채고 앞으로 나아가 왕에게 말했다.

"사실 그 구슬에는 흠이 있습니다. 제가 그것을 가르쳐 드리지요."

그리하며 왕이 구슬을 다시 인상여에게 주는 순간, 그는 뒤로 물러서더니 기둥에 기대어 섰다. 그리고는 매우 화난 표정으로 외쳤다.

"대왕은 구슬을 얻을 욕심으로 조나라에 사신을 보냈습니다. 조나라 왕이 신하들과 상의했는데 '진나라는 매우 탐욕스러운 나라이고 힘을 앞세워 억지를 부린다. 땅을 준다는 것도 거짓말이다'라는 의견이 대부분이었습니다. 그래서 진나라에 구슬을 주지 않기로 했습니다. 그렇지만 저는 반대했습니다. '서민들 사이에서도 서로 속이는 것을 가장 수치로 아는데 하물며 중원의 대국이 속이겠습니까? 구슬 하나로 진나라와의 우호관계에 금이 가서는 안 됩니다.' 그래서 조나라 왕은 저의 의견을 받아들여 닷새 동안이나 목욕재계한 뒤

저에게 구슬과 친서를 주어 이곳에 보내셨던 것입니다. 그런데 지금 대왕의 태도는 마치 거만하기 짝이 없습니다. 구슬을 받자마자 여자들에게 구경시키고 저를 우롱했습니다. 저는 대왕이 땅을 줄 생각이 없다고 보았기 때문에 구슬을 다시 제 손으로 가져온 것입니다. 만약 저를 죽이려 한다면 지금 당장 기둥에 구슬과 함께 머리를 부딪쳐 죽어 버릴 것입니다."

인상여는 구슬을 치켜들고 당장 기둥에 내던져 깨버리려고 했다. 진나라 왕은 구슬이 깨질까 두려워 급히 인상여에게 사과하였다. 그리고 즉시 지도를 가져오게 하여 15개 성을 손으로 가리키면서 교환하겠다고 맹세했다. 그리고는 구슬을 돌려 달라고 말하였다. 그러나 인상여는 그것도 거짓말임을 알고 있었다. 인상여가 말했다.

"화씨의 구슬은 천하의 보물입니다. 저희 왕께서도 이 구슬을 보내실 때 닷새 동안 목욕재계를 하셨으니 최고의 예우를 갖추시고 받아야 합니다. 그렇게 하신다면 저도 기꺼이 구슬을 바치겠습니다."

인상여의 태도로 보아서 도저히 강제로 빼앗을 수 없다고 판단한 진나라 왕은 곧 닷새 동안 목욕재계하기로 하고 인상여를 영빈관에 머물게 했다. 인상여는 그 틈에 자기 하인에게 허름한 옷을 입히고는 구슬을 품속에 숨겨서 달아나게 했다. 그리하여 구슬은 온전하게 조나라로 돌아갔다.

진나라 왕은 닷새 동안 목욕재계한 다음 최고의 예우를 갖춰 인상여를 사신으로 대접하였다. 마침내 구슬을 인도하기로 한 날이 되었다. 만조백관이 모여 예식을 거행하면서 구슬의 인도를 요구하자 인상여가 나서서 비장한 목소리로 말했다.

"진나라는 목공 이래 임금이 20여 대에 이르고 있지만 지금까지 약속을 분명히 지켰던 임금은 없었습니다. 저 또한 왕에게 속임을 당해 조나라를 배반할까 두려워 이미 사람을 시켜 구슬을 가지고 몰래 저희 나라로 돌아가게 했습니다. 그러나 진나라는 강하고 조나라는 약합니다. 지금 진나라의 열다섯 개 성을 조나라에 주신다면 조나라가 감히 구슬을 쥐고 있을 수 있겠습니까? 제가 대왕을 속인 죄 죽어 마땅한 줄 압니다. 저는 기꺼이 끓는 솥에 뛰어들겠습니다만 대왕께서는 다시 한 번 신하들과 의논해 주십시오."

진나라 왕과 신하들은 서로 쳐다보며 놀라움과 분노를 감추지 못했다. 인상여를 끌어내리려는 신하도 있었다. 그러나 왕은 제지하였다.

"지금 그를 죽인다고 해서 구슬을 얻을 수는 없다. 오히려 조나라와의 관계만 악화될 뿐이니 차라리 그를 후대하여 조나라로 돌려보내는 것이 낫다."

그리하여 인상여는 최고의 대우를 받고 귀국하였다. 인상여가 돌아오자 조나라 왕은 그를 상대부에 임명하였다. 그 뒤 진나라는 조나라를 공격하여 크게 승리를 거뒀으며 이듬해에 다시 공격해 2만 군사의 목을 베었다. 그리고는 조나라에 사신을 보냈다.

"상호 친목을 도모하고 싶으니 면지 지방에서 만납시다."

이에 조나라 왕은 두려워 가고 싶은 마음이 없었으나 염파와 인상여는 가는 것이 좋겠다고 권했다.

"가시지 않으면 조나라가 약하고 비겁하다는 것을 만천하에 보여 주는 것밖에 안 됩니다."

결국 인상여가 수행하기로 하고 떠나게 되었는데 염파가 국경까지 전송하였다. 마침내 양국의 왕이 만났다. 술자리가 한참 무르익자 진나라 왕이 말했다.

"과인은 대왕이 음악을 좋아하신다고 알고 있습니다. 한 번 거문고를 들려주실 수 있겠습니까?"

조나라 왕은 기꺼이 거문고를 연주했다. 그러자 진나라의 서기가 앞으로 나와 '모년 모월 모일, 진나라 왕은 조나라 왕을 만나 술을 마시며 조나라 왕에게 거문고를 연주하도록 했다'고 기록하였다. 이때 인상여가 앞으로 나와 진나라 왕에게 말했다.

"진나라 왕께서는 진나라 음악에 능하다고 듣고 있습니다. 바라옵건대, 질장구를 올려 서로 즐겼으면 합니다."

진나라 왕은 화를 내며 거부하였다. 그러자 인상여가 질장구를 받쳐들고 앞으로 나가 무릎을 꿇으며 진나라 왕에게 청했다. 그래도 진나라 왕은 여전히 거부했다. 인상여는 노골적으로 협박하였다.

"대왕과 저와의 거리는 불과 다섯 자밖에 안 됩니다. 제 목을 찔러 대왕을 피로 물들일 수도 있습니다."

이때 진나라 왕의 좌우에 있던 신하들이 인상여를 칼로 치려 했다. 그러나 인상여가 눈을 부릅뜨고 호통을 치자 모두 흠칫하며 뒤로 물러났다. 진나라 왕은 마지못해 질장구를 한 번 건드렸다. 인상여는 뒤에 있던 조나라 서기를 불러 '모년 모월 모일, 진나라 왕은 조나라 왕을 위해 질장구를 쳤다'고 기록하게 했다.

얼마 후 진나라 신하들이, "조나라가 열다섯 개의 성을 바쳐 진나라를 축복해 주었으면 하오"라고 하자 인상여는, "귀국이야말로 함양을 바쳐 조나라 왕의 장수를 빌어 주오"라고 응수했다. 그리하여 진나라 왕은 술자리가 끝날 때까지 끝끝내 조나라 왕을 굴복시키지 못했다.

화합이 끝나고 귀국한 후 조나라 왕은 인상여의 공로가 매우 크다고 인정하여 상경이라는 벼슬을 내렸다. 염파는 자신보다 인상여의 지위가 높게 되자 몹시 불쾌하였다.

"나는 수도 없이 많은 전쟁터에서 목숨을 걸고 공로를 세웠다. 이에 비해 인상여는 겨우 세 치 혀만을 놀렸는데도 나보다 높은 벼슬자리에 앉게 되었다. 더구나 그는 원래 비천한 출신이다. 내가 도저히 그의 밑에 있을 수는 없다."

그리고는 주먹을 불끈 쥐면서 맹세하였다.

"인상여를 만나기만 하면 반드시 크게 모욕을 줄 테다."

인상여가 이 말을 듣고 염파와 마주치기를 피했다. 조정에 나가야 할 때도 염파가 나오는 날에는 병을 핑계로 나가지 않았다. 어느 날인가는 인상여가 밖에 나갔다가 멀리 염파가 오는 것을 보고는 재빨리 마차를 몰아 자리를 피했다. 그러자 집안 하인들이 불평을 늘어놓았다.

"저희들이 고향을 떠나 대감께 와 있는 까닭은 오직 대감의 높으신 뜻을 존경하기 때문입니다. 그런데 대감께서는 염파 장군의 위에 계시면서도 왜 무조건 피하시고 숨는 것인지요? 그런 행동은 일반 서민들도 부끄럽게 여기는데 하물며 장군이나 재상으로서 어떻게 그럴 수 있습니까? 저희들은 이만 하직하고 고향으로 물러갈까 합니다."

그러자 인상여가 그들에게 질문하였다.

"그대들은 염 장군과 진나라 왕 중 누가 더 두려운 존재라고 생각하는가?"

"그거야 진나라 왕이 더 무섭지요."

"그렇게 무서운 진나라 왕을 나는 면전에서 꾸짖고 그의 신하들에게 크게 모욕을 주었다. 내가 아무리 모자란 사람이라 해도 염 장군을 무서워하겠는가? 다만 내 생각으로는 지금 진나라가 감히 조나라를 공격해 오지 못하는 것은 우리 두 사람이 있기 때문이다. 만일 우리 두 호랑이가 싸우게 되면 둘 모두 망하고 나라도 위태롭게 된다. 내가 염 장군을 피하는 까닭은 나라의 위기를 먼저 생각하고 사사로운 감정을 뒤로 돌리기 때문이다."

그 후 두 사람은 목이 떨어져도 변치 않을 사이(문경지교, 刎頸之交)가 되었다.

그 해에 염파는 제나라를 공격하여 격파했으며 2년 뒤에 또다시 제나라를 쳐서 많은 땅을 빼앗았다. 또 3년 후에는 위나라의 안양 지방을 공략하여 점령하였고, 그 이듬해에는 인상여가 장군이 되어 제나라의 평읍까지 진격하였다. 그리고 다음해에는 조사 장군이 진나라 군대를 알여에서 크게 격파하게 되었다.

그 뒤 7년 후 진나라가 대군을 일으켜 조나라에 쳐들어왔다. 양국의 군대는 장평에서 맞서게 되었다. 이때 진나라 장군은 유명한 백기였고, 조나라는 이미 조사 장군이 죽고 인상여는 병이 위독한 처지였다.

이에 조나라는 염파를 장군으로 삼아 진나라를 막게 했는데 염파는 처음에 잇달아 패하게 되자 성문을 굳게 닫고 나가 싸우려 하지 않았다. 진나라 군대가 매일 싸움을 걸어왔지만 염파는 굳게 수비만 할 뿐이었다. 그러자 초조해진 진나라는 조나라에 첩자를 보내 헛소문을 퍼뜨렸다.

"조나라의 염파는 크게 신경 쓰지 않는다. 우리가 두려워하는 것은 오직 조사 장군의 아들 조괄이 장군으로 되는 것뿐이다."

조나라 왕이 이 소문을 듣고 염파를 해임하고 조괄을 장군으로 임명하려고 했다. 그러자 인상여가 말렸다.

"지금 조괄을 장군으로 삼으려 하시는 것은 마치 거문고 줄을 풀로 붙여 연주하는 것과 똑같습니다. 조괄은 겨우 자기 아버지가 남긴 병법책을 읽을 수 있을 뿐이지 임기응변을 모릅니다."

그러나 왕은 끝내 조괄을 장군으로 임명하였다. 결국 이 장평 싸움에서 조괄은 무리하게 공격을 시도하다가 오히려 포위당해 크게 패했다. 그리하여 무려 45만 명이 전사하였으며 조괄 자신도 화살에 맞아 죽고 말았다.

사나이는 자기를 알아주는 이를 위해 죽는다

유랑자

위나라에 형가라는 사나이가 있었다. 형가는 독서와 검술을 좋아했는데, 알아주는 사람이 없어 등용되지 못한 채 세상을 유랑하고 있었다.

어느 날 형가는 갑섭이라는 사람과 검술에 대하여 얘기하던 중 갑섭이 크게 화를 내며 노려보자 그냥 아무 말 없이 일어나 사라져 버렸다. 며칠 후 다른 사람이 갑섭에게 형가를 다시 볼 수 없겠느냐고 물었다. 그러자 갑섭이 말했다.

"그 친구, 내가 눈을 흘기니 겁이 나는지 도망가 버리더군. 이미 어딘가로 도망쳤겠지만 그래도 묵고 있던 여관으로 가보게."

여관으로 급히 가보았으나 형가는 이미 떠난 후였다.

"그것 보라고, 내가 겁나서 벌써 도망쳤다니까."

갑섭이 으쓱댔다.

그 후 형가가 조나라의 수도인 한단에 갔을 때 노구천이라는 사람과 투전놀이를 하게 되었다. 그러나 크게 말싸움이 일어나 노구천이 버럭 화를 내었다. 그러자 형가는 아무 말 없이 그 자리를 피하였다.

얼마 뒤 형가는 연나라에 머물게 되었고 그곳에서 개백정이면서 축(거문고와 비슷한 악기)을 매우 잘 다루는 고점리라는 사람과 친하게 지냈다. 형가는 술을 좋아하여 날마다 고점리와 술집에 드나들며 놀았다. 술에 취하면 길거리에서 고점리의 축소리에 맞춰 노래를 부르며 함께 즐겼다. 그러다가 감정이 격해지면 남의 눈을 아랑곳하지 않고 서로 부둥켜안고 울었다.

형가는 술에 탐닉하고 있었지만 근본은 사려 깊고 독서를 좋아하는 사람이었다. 그는 여러 나라의 유명한 인물들과 폭넓은 교제를 했으며, 연나라에서도 재야의 현자로 널리 알려져 있던 전광 선생에게 비범한 사람으로 인정받아 절친하게 지냈다.

화의 씨앗을 뿌리면서 행복을 구하다

형가가 연나라로 간 뒤 진나라에 인질로 가 있던 태자 단이 연나라로 도망쳐 돌아왔다. 태자 단은 이전에 조나라에서 태어난 진왕 정과 어릴 때부터 절친한 사이였다.

그 후 진왕 정이 진나라의 왕위에 오른 뒤에(이 진왕 정이 후에 진시황이 되었다) 태자 단은 진나라에 인질로 남게 되었는데, 진왕 정은 태자 단을 매우 차갑게 박대했다. 그러자 단은 원한을 품고 몰래 도망하며 귀국했다. 귀국한 태자는 보복해 줄 사람을 찾았다. 그러나 연나라는 작은 탓으로 그만한 인물을 찾기 어려웠다.

진나라는 그 위세가 날로 강성해져서 산동 지방에 군사를 보내 차츰 제후들의 영토를 점령하면서 연나라의 국경까지 육박해 왔다. 연나라의 왕과 신하들은 모두 전쟁의 재난이 닥칠 것을 두려워하였다. 태자 단도 매우 근심하여 시종인 국무와 상의했다. 국무는 말했다.

"진나라는 실로 막강한 힘을 가지고 있는 나라입니다. 그들이 공격할 의사만 있다면 우리 연나라의 운명도 결코 순탄치 못합니다. 어찌 박대했다는 것에만 원한을 품어 진나라의 화를 자초하시렵니까?"

그 무렵 진나라 장군 번어기가 진나라 왕에게 죄를 짓고 연나라로 망명해 왔다. 태자 단은 그를 받아들이고 집을 주었다. 국무는 다시 태자에게 간언하였다.

"안 될 말씀입니다. 포악한 진나라 왕은 그렇지 않아도 지금 연나라에 감정이 좋지 않은데 번 장군을 보호해 주고 있다는 소식을 들으면 어떻게 되겠습니까? 부탁이오니 번 장군을 즉시 흉노로 보내십시오. 진나라에 구실을 주면 안 됩니다. 그런 연후에 다른 나라와 동맹을 맺어야 합니다. 그렇게만 된다면 좋은 방법이 생길 수도 있습니다."

태자가 고개를 가로저었다.

"당신의 계략대로 하려면 너무 시일이 걸리오. 나는 지금 마음이 급하오. 지금 번 장군은 천하에 몸둘 곳이 없어 나를 찾아왔소. 진나라의 위협 때문에 그를 흉노땅으로 쫓아 버릴 수는 없는 일이오. 내 목숨을 걸고라도 감싸 주고 싶소."

그러자 국무가 대답했다.

"무릇 사람들은 위협을 초래하면서 안전을 구하고, 화의 씨앗을 뿌리면서 행복을 원합니다. 또한 눈앞의 자그마한 일에 사로잡혀 원한을 사고, 한 개인과의 관계를 중시하여 국가에 커다란 해를 돌보지 않습니다. 지금 태자께서 하시려는 일이 이와 같습니다. 그렇게 하시면 진나라의 반감을 사고 화를 초래할 것은 필연적입니다. 강한 진나라가 연나라를 공격하는 일은 기러기 털을 불로 태우듯 매우 손쉬운 일입니다. 야수와 같은 진나라에 원한을 가지고 무모한 행위를 한다는 것은 납득이 가지 않습니다. 제게 별다른 방책이 서지 않습니다만, 다행히도 연나라에 전광 선생이라는 분이 계십니다. 사려 깊고 용기 있는 인물입니다. 이분과 상의해 보시면 어떻겠습니까?"

"꼭 그분을 만나고 싶소."

"그렇게 하겠습니다."

국무는 전광을 태자 단에게 소개하기로 하였다. 그 뒤 전광은 태자를 방문했다. 태자는 전광을 맞아 공손하게 안으로 안내하고 무릎을 꿇고 자리의 먼지를 손수 털었다. 전광이 자리에 앉자 태자는 사람을 물리치고 자기 자리에서 내려와 말하였다.

"연나라와 진나라는 같은 하늘 아래에서 함께 존재할 수 없습니다. 선생의 높은 의견을 듣고 싶습니다."

전광이 대답했다.

"기린은 한창 때는 하루 천 리를 달립니다. 그러나 늙고 나면 쇠약한 말보다 오히려 못합니다. 태자께서 알고 계시는 저도 옛날의 저입니다. 지금은 이렇게 늙었습니다. 하지만 국사에 관한 일이라면 그냥 있을 수 없습니다. 제가 가까이 하고 있는 형가라는 인물이라면 도움이 될 줄로 압니다."

"그러면 그 사람을 소개해 주십시오."

"그렇게 해드리겠습니다."

전광은 일어나 그 자리를 물러나왔다. 태자는 문간에서 전광에게 말했다.

"제가 말씀드린 일과 선생이 말씀하신 것은 모두 나라의 큰 일이니 누구에게도 말하지 마시오."

그러자 전광은 고개를 숙이고 웃으며, "명심하겠습니다." 하고 대답했다.

전광은 곧 형가를 찾아갔다.

"부탁이 있어서 왔소. 나는 지금 태자를 만나고 오는 길인데 태자께서는 연나라와 진나라, 두 나라가 함께 존립할 수 없음을 알고 어떻게 하면 좋으냐고 물어왔소. 그래서 나는 당신을 추천했는데 만나 주시면 고맙겠소.”

“그렇게 하겠습니다.”

형가는 즉시 승낙했다. 그러자 전광이 말했다.

“뛰어난 인물은 남에게 의심받는 일은 하지 않는 법이오. 그런데 태자는 나라의 큰 일에 관한 것이니 남에게 말하지 말라고 나에게 말했소. 이 말을 들은 나는 일단 태자에게 의심을 받은 것이오. 남에게 내 행동을 의심받는다면 이미 의사(義士)라 할 수 없소. 태자를 만나거든 이렇게 전해 주시오. 전광은 이미 이 세상에 없으며, 비밀은 영원히 지켜졌다고.”

전광은 스스로 목을 찔러 자결하였다.

용사, 한번 가면 오지 못하리

형가는 곧 태자를 만났다. 우선 전광의 자결과 그가 남긴 말을 전했다. 그러자 태자는 머리를 깊이 숙이며 무릎을 꿇더니 형가를 잡고 눈물을 흘렸다.

“전광 선생에게 비밀을 지켜 달라고 부탁한 것은 나라의 큰 일을 성취시키기 위해서였습니다. 그런데 죽음으로써 비밀을 지키려고 하실 줄이야…….”

형가가 자리에 앉자 태자는 자리에 내려오더니 엎드렸다.

“전광 선생은 나 같은 사람을 위해 당신을 만날 기회를 주셨습니다. 이는 하늘이 연나라를 가련하게 생각하고 나를 버리지 않은 표시라 할 것입니다. 아시는 대로 진나라의 욕심은 끝이 없습니다. 천하의 영토를 다 빼앗고 모든 나라의 왕을 신하로 굴복시킨다 해도 모자랄 것입니다. 우리 연나라는 약소국인 데다 거듭되는 전란에 시달려 국력을 총동원하더라도 진나라의 상대가 될 수 없습니다. 제후들도 모두 진나라를 두려워해 합종을 제의해 오는 사람 하나 없습니다. 그래서 내 생각으로는 비록 보잘것없고 어리석은 방법이지만 천하의 용사들을 모은 후 이들을 사신으로 삼아 진나라에 보내고 싶습니다. 많은 선물을 가지고 가면 탐욕스러운 진나라 왕은 반드시 사신을 만나 줄 것입니다. 그러면 노나라의 조말이 제나라의 환공에게 했듯이 진나라 왕을 협박하여 제후들로부터 빼앗은 영토를 모두 반환하라고 요구하는 것입니다. 다행히 이에 응하면 좋지만 만일 듣지 않는다면 찔러 죽여 버리는 거요. 진나라는 국내에서 혼란이 일어난다면 군주나 신하 모두 사분오열될 것이 분명합니다. 그 틈을 타서 제후들이 합종을 이루면 반드시 진나라를 격파할 수 있을 것입니다. 이것이 나의 염원입니다. 그러나 도무지 인물을 찾을 수 없었습니다. 믿을 수 있는 사람은 당신 한 사람뿐입니다. 이 일을 맡아 주시겠습니까?"

한동안 침묵이 흘렀다. 얼마 후 형가가 말했다.

"이는 나라의 막중한 일입니다. 저 같은 사람에게는 너무 벅찬 일입니다."

그러나 태자는 재삼재사 형가에게 간곡히 부탁하였다. 형가는 결국 청을 받아들였다. 태자는 형가에게 상경의 벼슬을 주고 호화로운 저택을 주었다. 그리고 날마다 찾아가 산해진미의 식사를 할 수 있도록 했으며 거마(車馬)와 미녀들을 보내 즐거운 시간을 보내도록 했다.

태자는 형가에게 극진한 대우를 했다. 형가는 하고 싶은 모든 것을 할 수 있었다. 시간이 많이 흘렀지만 형가는 전혀 출발할 생각을 하지 않았다. 그동안 진나라 장군 왕전은 조나라를 격파하고 왕을 포로로 사로잡았다. 그리고 조나라의 전 국토를 빼앗고 계속 북진하여 연나라의 남쪽 국경까지 육박해 왔다. 태자는 매우 초조해 형가를 찾아갔다.

"진나라 군대가 당장 역수(易水)를 건널 기세입니다. 언제까지 이렇게 계실 건지요?"

형가가 대답했다.

"실은 제가 말씀드리고 싶은 것이 있습니다. 지금 진나라로 간다 하더라도 진나라 왕에게 접근할 수 없습니다. 진나라 왕은 우리나라에 망명해 온 번 장군의 목을 치면 황금 천 근과 1만 호의 땅을 주겠다고 현상을 걸었습니다. 번 장군의 목에 우리나라 옥토인 독향을 더해 바치겠다고 하면 진나라 왕은 기뻐하여 사신을 만나 볼 것입니다. 그렇게 할 수 있도록 해주신다면 태자의 은혜에 보답해 드릴 수 있을 것 같습니다."

그러자 태자는 대답했다.

"번 장군은 갈 곳이 없어 나에게 찾아온 사람입니다. 그분을 죽게 할 수는 없습니다. 제발 다른 방법을 생각해 주시기 바랍니다."

형가는 더 이상 태자와 상의해도 소용없다고 결론을 내렸다. 그는 사람 눈을 피해 몰래 번어기 장군을 찾아갔다.

"정말 진나라의 잔혹함은 이루 말할 수 없을 정도입니다. 장군의 부모님과 자손들은 모두 주살당했고 또 장군의 목에 황금 천 근과 1만 호의 현상이 걸려 있습니다. 이제 장군께서는 도대체 어떻게 할 생각이십니까?"

번어기는 하늘을 쳐다보며 탄식했다. 그리고 눈물을 흘리며 말 했다.

"그것을 생각할 때마다 뼈에 사무칩니다. 그러나 뾰족한 방법이 달리 있지도 않아 안타깝습니다."

그 틈을 놓치지 않고 형가가 조용히 말을 이었다.

"한 가지 방법이 있기는 있습니다만⋯⋯. 연나라의 화근을 없애고 또 장군의 원수도 갚을 수 있는 방법이⋯⋯."

"어떤 방법입니까?"

번어기는 바싹 다가앉았다.

"장군의 목을 가져다 진나라 왕에게 바치는 것입니다. 그러면 진나라 왕은 쾌히 우리를 만나 줄 것입니다. 그때 진나라 왕의 소매를 왼손으로 잡고 오른손으로 가슴에 칼을 꽂는 것입니다. 그렇게 되면 장군의 원수도 갚고 연나라의 피해도 막을 수 있습니다. 어떻게 하겠습니까?"

그러자 번어기가 상반신을 벗고 다가가 앉으며, "그것이야말로 내가 밤낮으로 절치부심하여 찾던 방안이오. 이제야 그 가르침을 얻게 되었소. 그대에게 뒷일을 부탁하오."

번어기는 스스로 자기 목을 찔렀다. 태자는 이 소식을 듣고 달려와 번어기의 시체를 안고 울었다. 그러나 어쩔 수 없는 일이었다. 번어기의 목은 함께 곱게 넣어졌다.

한편 태자는 계획을 완수하기 위하여 예전부터 천하제일의 예리한 비수를 구하고 있었다. 그러다가 조나라의 명인 서부인의 비수를 발견하고 금 백 근을 주고 사들였다. 이 비수에 독약을 칠해 말린 후 사람에게 시험해 보니, 살짝 피가 났는데도 그 자리에서 즉사했다. 모든 준비가 끝나고 떠날 일만이 남았다.

연나라에 진무양이라는 용사가 있었다. 열세 살 때 이미 사람을 죽인 자로 누구나 그를 무서워했다. 태자는 이 사나이를 형가에게 붙여 따라가게 했다. 그러나 형가에게는 따로 도움을 받을 사람이 있었다. 그 사람은 먼 곳에서 오기로 되어 있었는데 아무리 기다려도 소식이 없었다. 그러는 동안 자꾸 시일이 늦춰졌다. 태자는 초조해졌다. 태자가 말했다.

"계획을 변경하지 않을 줄은 알지만 이제 일각이 급해졌습니다. 진무양이라도 먼저 출발시키고 싶습니다만 어떻겠습니까?"

그러자 형가는 화를 냈다.

"그런 젊은애를 먼저 보내 무엇을 할 수 있단 말입니까? 비수 한 자루에 몸을 맡기고 다시는 돌아오지 못할 진나라에 찾아가 맞선다고 생각하니 의지할 친구가 필요했던 것입니다. 하지만 너무 늦어진다고 재촉하시니 즉시 떠나겠습니다."

형가는 길을 떠났다. 태자를 비롯하며 사정을 아는 사람들이 모두 흰 옷을 입고 역수까지 전송하였다. 형가는 친구인 고점리가 연주하는 축의 음조에 맞춰 비장한 목소리로 노래를 불렀다. 모든 사람들이 쉴새없이 눈물을 흘렸다.

> 바람은 스산하고 역수는 차구나.
> 장사(壯士), 한 번 가면 다시 돌아오지 못하리.

형가는 비감하게 노래를 불렀다. 형가의 노래는 비장감이 드는 변치조로 시작하여 마지막에는 북받쳐 올라 분노와 한탄으로 가득 찬 우성조로 바뀌었다. 형가의 사무친 노래를 듣던 사람들도 드디어는 눈을 부릅뜨게 되고 머리털이 뻣뻣하게 곤두서게 되어 머리에 쓰고 있던 관을 밀어올렸다.

드디어 형가는 마차에 올랐다. 마차에 오르자마자 그는 한 번도 뒤를 돌아보지 않은 채 길을 떠났다.

진나라에 도착한 형가는 우선 몽가라는 총신에게 천 금의 뇌물을 주고 진나라 왕을 만나게 해 달라고 부탁했다. 몽가는 진나라 왕에게 아뢰었다.

"연나라 왕은 대왕의 위세가 두려워 고개를 숙이고 신하가 되어 다른 제후들처럼 공물을 보내왔습니다. 연나라 왕은 오직 선조의 종묘를 지키는 것이 소원이라고 합니다. 그래서 스스로 사죄하는 뜻으로 번어기의 목을 자르고 연나라 독항의 지도를 가지고 사자를 보냈습니다. 대왕께서는 그들을 만나 분부를 내려 주시기 바랍니다."

진나라 왕은 크게 기뻐하여 최고의 예를 갖추고 사자를 궁전으로 불러들였다. 형가는 번어기의 목이 든 함을 들었고 진무양은 독항의 지도 상자를 들고 형가를 뒤따랐다. 층계 아래까지 갔을 때 진무양이 너무 긴장하여 안색이 창백해지고 몸을 떨었다. 여러 신하들이 이를 수상하게 여기자 형가는 진무양을 돌아보며 웃음을 띠고 말했다.

"북쪽 나라의 촌놈이 천자를 배알하기 때문에 이렇게 무서워 떨고 있습니다. 대왕께서는 불쌍히 여기시고 저희들로 하여금 사자로서의 일을 마칠 수 있도록 해주십시오."

그러자 진나라 왕은, "우선 가지고 온 지도를 봅시다." 하고 말했다.

형가는 지도를 꺼내 바쳤다. 진나라 왕은 지도를 펼쳤다. 지도가 다 펴지자 비수가 나왔다. 왕은 놀라 순간적으로 몸을 뒤로 젖히며 일어났다. 그 순간 왕의 소매가 잘렸다. 왕은 칼을 뽑아 대항하려 하였다. 그러나 그의 칼은 너무 길었다. 다시 뽑으려 했지만 마음이 급해 칼이 뽑히지 않았다.

형가는 다시 덤벼들었다. 왕은 기둥을 돌아 급히 도망쳤다. 신하들은 모두 놀라 벌떡 일어섰다. 모두 당황하여 어찌할 바를 모르고 있었다.

그 당시 진나라 법률은 어전 앞에서 신하들의 무기 소지를 금하고 있었다. 또한 무기를 가진 시종관들은 왕이 부르지 않으면 누구도 전상에 오르는 것이 금지되어 있었다.

왕은 졸지에 일을 당하여 무사를 부를 생각도 못하고 있었다. 형가는 왕의 뒤를 계속 추격하였다. 신하들은 어쩔 줄 모른 채 맨 손으로 형가를 잡으려 우왕좌왕할 뿐이었다. 그때 왕의 시의인 사무저가 가지고 있던 약주머니를 형가에게 집어던졌다. 왕은 기둥을 돌아 피했지만 어찌할 바를 몰랐다. 이때 옆에 있던 신하가 소리쳤다.

"대왕, 칼을 등에 지고 뽑으십시오!"

이 말을 듣고 왕은 긴 칼을 등에 지고 비로소 칼을 빼내어 형가의 왼쪽 다리를 베었다. 형가는 넘어졌다. 넘어지면서 비수를 왕에게 던졌다.

그러나 칼은 왕의 옆에 서 있던 기둥에 꽂혔다. 왕은 계속 형가를 베었다. 여덟 곳을 베인 형가가 단념한 듯이 기둥에 기대 웃으며 말했다.

"실패했다. 살려둔 채 반드시 약속을 받아내 우리 태자에게 보고하려 한 것이 잘못이었다."

그때서야 옆에 있던 신하들이 서로 형가를 찔렀다. 형가의 몸에는 수십 개의 칼이 박혔다.

진나라 왕은 이 사건으로 연나라에 대한 분노를 폭발시켜 조나라를 치고 있던 왕전 장군에게 즉시 연나라를 공격하도록 했다. 왕전이 열 달 만에 연나라 수도를 함락시켰다.

연나라 왕과 태자 단은 할 수 없이 요동으로 피했다. 그러나 이신의 군대가 이들을 끝까지 추격하며 드디어 태자 단을 죽였다. 5년 후에는 연나라 왕도 포로로 잡히게 되어 연나라는 멸망하고 말았다.

한편 형가의 친구 고점리는 연나라가 망할 때, 송자라는 현에 숨어 이름을 바꾸고 날품팔이를 하면서 남몰래 형가의 원수를 갚을 기회만 노리고 있었다.

그는 축의 명수였다. '송자현에 축의 명인이 있다'는 소문은 시황제의 귀에까지 들어가게 되었다.

시황제는 그를 궁전으로 불러들였다. 그러나 궁중에는 고점리의 얼굴을 아는 사람이 있었다. 그리하여 고점리를 죽이라는 신하의 제안이 많았다. 하지만 시황제는 축의 소리에 빠져 그를 죽이지 않았다. 다만 앞을 보지 못하도록 불로 두 눈을 지졌다. 그리고 그의 곁에 두면서 축을 연주하게 하였다.

고점리는 어느 날 시황제 앞에서 축을 연주하는 척하다가 납을 넣은 축으로 시황제를 내리쳤다. 그러나 앞을 보지 못해 빗나가고 말았다. 그는 곧 처형되었다.

사나이는 자기를 알아주는 이를 위해 죽는다

예양(豫讓)은 진(晉)나라 사람으로 일찍이 범씨 및 중행(中行)씨의 밑에 있었다. 그러나 이름을 떨치지 못하자 지백이라는 사람의 휘하로 들어갔다. 지백은 그를 극진하게 대접하였으며 사람됨을 높이 평가하여 매우 아껴 주었다. 그러나 예양이 지백의 후대를 받으며 살아가던 중 지백이 살해당하고 말았다.

원래 진의 6경(六卿)은 범씨, 중행씨, 지씨, 그리고 한씨, 위씨, 조씨 여섯 사람이었다. 범씨와 중행씨는 먼저 멸망하고, 나머지 네 사람이 세력 다툼을 벌이게 되었는데 그 중에서도 지백의 세력이 가장 강했다.

지백은 세 사람에게 땅을 바치라고 강요하였다. 한씨는 굴복하여 만 호를 내주었고 위씨도 만호를 주었다. 그러나 조양자는 지백의 요구를 거절했다.

지백은 크게 노하여 조양자를 공격하였으며 한씨와 위씨에게도 군사를 동원토록 하여 조양자를 공격하였다. 조양자는 진양성에서 대치하였다. 진양성은 조양자의 아버지 조간자가 다스릴 때 선정을 베풀어 백성들이 조씨와 죽음으로써 싸우기를 맹세하던 곳이었다.

지백은 진양성을 포위하고 하천을 막아 그 물을 모두 진양성 안으로 몰아

넣었다. 성을 물에 잠기게 하자는 작전이었다. 진양성은 물에 자꾸 잠기어 갔다. 이때 조양지는 몰래 신하를 한씨와 위씨 진영에 파견하여 설득했다.

"만일 조씨가 망하면 그 다음은 누구 차례입니까? 입술이 없어지면 이가 시리게 되는 것입니다. 결국 지백으로부터 모두 도망가게 되는 것입니다. 우리 셋이 힘을 합해 지백을 치는 것만이 함께 살 수 있는 길입니다."

"과연 지백을 이길 계책이 있습니까?"

"지금 진양성으로 흘러 들어오는 물길을 지백의 진영으로 돌린다면 반드시 이길 수 있습니다."

이렇게 하며 세 진영은 날짜와 시간을 맞추어 정했다. 조양자는 약속된 날짜에 군사를 보내어 제방을 지키던 지백의 군사를 죽이고 물길을 지백 진영으로 돌렸다. 갑자기 물난리를 만나 우왕좌왕하는 지백의 군사를 한씨, 위씨의 군대가 일제히 협공하고 조양자가 정면에서 치니 지백의 군사는 대패하였다.

조양자는 지백을 죽이고 천하를 삼분하여 조나라, 한나라, 위나라로 나눴다. 그런데 조양자는 지백을 지독히 증오하여 죽인 것에 만족하지 않고 지백의 두개골에 옻칠을 하여 요강으로 사용했다.

예양은 산 속으로 도망쳐 혼자 다짐하였다.

"아아, '사나이는 자기를 알아주는 이를 위해 죽고, 여인은 자기를 사랑해 주는 남자를 위해 얼굴을 가꾼다'고 하였다. 지백이야말로 진실하게 나를 알아준 분이었다. 내 반드시 그의 원수를 갚고야 말겠다. 그래야 내 혼백이 지하에 가서라도 부끄럽지 않을 것이다."

그 후 예양은 이름을 바꾸고 죄인들의 무리에 끼어 조양자의 궁중에 들어가 변소의 벽을 바르는 일을 하였다. 그러면서 양자를 찔러 죽일 기회만을 노렸다.

어느 날 조양자가 뒷간에 갔는데 가슴이 몹시 두근거려 이상하게 여긴 양자는 벽을 바르는 죄수들을 심문했다. 품속의 비수를 들킨 예양은 떳떳한 자세로, "지백의 원수를 갚으려 하였소." 하고 대답하였다.

이에 곁에 있던 신하들이 달려들어 예양을 죽이려고 했다. 그러나 양자는 그들을 말렸다.

"저 사람은 의리 있는 선비이다. 나만 조심하면 되는 일이다. 지백이 죽고 자손도 없는데 옛날의 의리로써 복수를 하려 함은 현인의 행위가 아닐 수 없다."

그리하여 예양은 풀려났다. 얼마 후 예양은 또다시 복수를 위해 몸에 옻칠을 하여 나병을 가장하고 숯가루를 먹어 목소리를 바꿨다. 그렇게 남이 알아볼 수 없도록 변장하고 시중에 나가 걸식을 했다. 마누라조차 그를 알아보지 못했다.

얼마 뒤 예양은 양자가 지나는 길의 다리 아래 숨어 기다리고 있었다. 양자가 다리에 이르자 말이 놀라 껑충 뛰었다.

이에 양자는 놀라, "이는 틀림없이 예양 때문이다." 하고 주위를 수색하니 과연 예양이 있었다.

양자는 예양을 꾸짖었다.

"그대는 일찍이 범씨, 중행씨의 밑에 있지 않았는가? 지백은 그 두 사람을 모두 죽였다. 그런데 그대는 그 복수도 하지 않고 예물을 바쳐 지백을 섬겼다. 그 지백도 이제 죽었다. 그대는 어찌 지백만을 위해 이토록 끈질기게 복수하려 하는가?"

"내가 범씨와 중행씨 밑에 있었던 것은 사실이지만 그 두 사람은 모두 나를 그저그런 사람으로만 대하였소. 그러므로 나도 그들을 그저그런 사람으로 대한 것이오. 그러나 지백은 나를 국사(國士)로 대우하였소. 따라서 나는 국사로서 그에게 보답하려는 것이오."

양자는 눈물을 흘리며 탄식하였다.

"아아, 그대가 지백을 위해 애쓴 목적은 이미 이루었도다. 내가 그대를 용서해 주는 것도 이제 할 만큼 다했다."

그리고는 군사에게 명령하여 그를 체포하도록 하니 예양이 말했다.

"명군은 사람의 아름다운 점을 덮어 숨기지 않고, 충신은 이름을 위해 죽는 의로움이 있다고 들었소. 지난번 그대가 나를 관대히 용서한 일로 천하에서 그대의 어짊을 칭찬하지 않는 자가 없소. 나도 두말없이 머리를 바치겠소. 다만 한 가지 바라는 것은 그대의 의복을 얻어 그것만이라도 베어 복수의 마음을 청산하고 싶소. 그렇게 될 수 있다면 죽어도 여한이 없겠소."

양자는 크게 감동하여 하인을 시켜 자기 의복을 가져오게 하였다. 옷이 도착하니 예양은 칼을 뽑아 세 번 뛰어 올라 옷을 베었다. 그리고는 "이 사실을 지하에 계시는 지백에게 보고하리라" 하고 칼에 엎어져 자살하였다.

진시황

먼저 당신의 대문을 넓힌 후

여불위라는 사람은 한나라 양책 지방의 상인이었다. 여러 나라를 왕래하며 값이 쌀 때 물건을 사놓았다가 비쌀 때 비싼 값으로 파는 방법으로 엄청난 재산을 모았다.

진나라는 소왕 40년에 태자가 죽고 2년 후에 차남인 안국군이 태자가 되었다. 안국군에게는 20여 명의 아들이 있었지만 총애를 받고 있었던 화양 부인에게는 아들이 없었다.

그 20여 명의 아들 가운데 자초라는 왕자가 있었다. 자초의 생모인 하희는 안국군의 사랑을 받지 못했으며 그래서 자초는 조나라에 인질로 보내졌다. 조나라에 간 자초는 매우 곤궁한 생활을 해야만 했다. 더구나 진나라가 조나라를 자주 공격하였으므로 그는 갈수록 조나라의 냉대를 받아야 했다.

그 무렵 여불위는 장사 때문에 조나라의 수도 한단에 머물고 있었다. 그런데 거기에서 인질로 보내어진 자초를 만나게 되었다. 여불위는 자초를 보는 순간, '이것은 기화(奇貨)이다. 구해 놓고 보자! 기화가거(奇貨可居)라고 했지 않는가.' 기화란 진귀한 상품, 즉 뜻하지 않게 찾아낸 물건을 의미한다.

그 뒤 여불위는 자초를 다시 찾아갔다. 자초는 특별히 하는 일 없이 무료하게 시간만 보내고 있었다. 여불위가 큰 절을 하면서 자초에게 말했다.

"제가 이제부터 공자님의 대문을 크게 해드리겠습니다."

그러자 자초는 힘없이 웃음을 짓고 말했다.

"먼저 당신의 대문을 크게 만들고 나서 나의 대문을 크게 할 수 있는 것이겠지요."

그러자 여불위는, "저의 대문은 공자의 대문이 커지는 것을 기다려야 합니다." 하고 대꾸했다.

자초는 여불위의 뜻을 알아채고 안방으로 불러들여 깊은 얘기를 나눴다. 여불위가 차근차근 말하기 시작했다.

"지금 진나라 왕은 연세가 많고 공자의 아버님 안국군은 태자로 있습니다. 안국군은 화양 부인을 총애하고 있는데 그 부인에게는 후사가 없습니다. 그렇다면 후계를 정하는 데는 화양 부인의 힘이 크게 작용할 것에 틀림없습니다. 공자는 20여 명의 형제 중 중간쯤 태어나신 분으로 아버님의 관심도 별로 없고 오랫동안 외국에서 인질 생활을 하고 계십니다. 안국군이 왕위에 오르게 되면 당연히 후계를 정해야 합니다. 그렇다면 항상 옆에 있는 큰형님이나 다른 형제분에 비해 공자께서 훨씬 불리한 입장입니다."

"사실 그렇습니다. 어떻게 좋은 방도가 있겠습니까?"

"공자께서는 경제적 여유도 없으며 따라서 아버님에 대한 선물은 고사하고 찾아오는 손님들과 교제하는 일도 어렵습니다. 저도 별로 여유는 없습니다만, 이제부터 제가 가지고 있는 천금의 전 재산을 던져서라도 안국군과 화양 부인께서 당신을 후계자로 삼게 만들겠습니다."

자초는 깊이 머리를 숙였다.

"잘 부탁드립니다. 성공하면 진나라의 반을 당신께 드리겠습니다."

색이 시들면 사랑도 시든다

여불위는 5백 금을 자초에게 교제비로 주고, 나머지 5백 금으로 조나라의 진귀한 물건들을 사서 진나라로 들어갔다.

그는 즉시 화양 부인을 가장 잘 움직일 수 있는 화양 부인의 언니를 만났다. 실상 그 언니는 여불위가 이전부터 몇 번 장사 관계로 만나 선물도 많이 바쳤던 사람이었다. 여불위가 처음에 자초를 기화로 판단한 것도 그러한 관계를 잘 활용하면 승산이 있다고 여겼기 때문이었다.

여불위는 선물로 사왔던 물건을 그녀에게 모두 바치면서 넌지시 떠보았다.

"지금 진나라에 계신 자초 왕자님은 각국의 유명 인사들과 널리 접촉하여 그 명성이 날로 높아지고 있는 총명한 분입니다. 그분은 항상 '화양 부인을 하늘처럼 존경한다. 아버님과 부인을 사모하여 밤낮으로 눈물을 흘린다'고 말씀하십니다."

화양 부인의 언니는 매우 기분이 좋았다. 그 틈을 타서 여불위는 다음과 같이 화양 부인께 말씀드리라고 일러두었다.

"내가 듣기에 '색으로 남을 섬기는 자는 색이 쇠하면 사랑도 잃는다'고 합니다. 지금 당신은 태자의 사랑을 한 몸에 받고 있지만 애석하게도 후사가 없습니다. 그러니 이제부터라도 총명하고 효심이 두터운 분을 골라 태자의 후계를 정하고 그를 양자로 삼아야 합니다. 그렇게 해야 태자가 살아 계실 때는 물론이고 또한 태자에게 만일의 일이 생겨도 양자가 왕위에 오르기 때문에 당신은 권세를 잃지 않고 살아갈 수 있는 것입니다. 젊을 때 발판을 튼튼히 해둬야 합니다. 색향(色香)이 쇠하고 총애를 잃은 뒤에는 이미 늦습니다. 자초는 총명한 분입니다. 그는 형제들의 순서로 보아도 그렇고 생모의 순위로 보더라도 자신이 후계자가 되리라고는 전혀 생각지 않을 것이므로 당신을 끝까지 섬길 것입니다. 자초를 후계자로 정해 놓으면 당신은 평생 편안하게 살 수 있을 것입니다."

화양 부인이 이 말을 들으니 그럴듯했다. 얼마 후 화양 부인은 안국군에게 자초가 총명하며, 또 그와 교제하고 있는 많은 제후들이 얼마나 그를 칭찬하고 있는가를 자세히 설명했다. 그리고 눈물을 흘리며 말했다.

"저는 다행히도 태자님의 사랑을 한 몸에 받고 있지만 아들이 없습니다. 바라옵건대, 자초를 후계자로 정하여 저의 장래를 맡길 수 있도록 해주십시오."

안국군은 그 청을 받아들였다. 이후 안국군과 화양 부인은 자초에게 많은 액수의 자금을 보내게 되었고 여불위에게도 자초를 잘 돌봐 주도록 부탁하였다. 그러자 자초는 급속도로 여러 나라의 관심을 끌기 시작했다. 돈 많은 여불위는 미모의 무희들을 집에 들여놓고 있었다.

어느 날 자초가 여불위의 집에 초대되었는데 가장 아름다운 무희를 보는 순간 반해 버렸다. 자초가 축배를 들자마자 그 여자를 자기에게 달라고 했다. 여불위는 당황했다. 그 무희는 이미 여불위의 애첩이 되어 아이까지 임신하고 있었다. 그러나 청을 거절하면 이제까지 전 재산을 던져 투자한 것이 물거품이 되어 버리고 말 것이었다. '자초는 귀한 보물이다. 큰 일을 앞두고 있으니 작은 일은 양보하자.'

여불위는 그녀를 자초에게 주면서 "이 여인이 금란(金卵)을 낳아 줄 것입니다."라고 말했다. 그녀는 임신한 사실을 숨긴 채 자초에게 재가했다. 후에 그녀는 자초와의 사이에서 사내아이를 낳았는데, 그 아이의 이름은 정이며, 이정이 바로 천하를 통일한 진시황이다.

그 즈음 진나라의 백기 장군은 장평에서 조나라의 40만 대군을 격파하고 뒤이어 조나라의 수도 한단을 포위했다. 이때 자초는 목숨을 빼앗길 위기에 몰렸지만 여불위가 황금 6백 근으로 관리를 매수하여 무사히 조나라를 탈출할 수 있었다.

뒤늦게 이 사실을 안 조나라는 자초의 처자를 죽이려고 했는데 자초의 부인은 원래 조나라에서도 갑부로 꼽히는 집안의 딸이었기 때문에 안전하게 피신할 수 있었다.

그 뒤 진나라 왕이 죽고 안국군이 즉위하자 자초는 태자가 되었고, 조나라에서도 자초의 부인과 아들을 극진하게 대접하여 진나라로 보내게 되었다.

안국군은 즉위한 지 불과 1년 만에 죽고 말았으며 이에 자초는 진나라 왕위를 계승하여 장양왕이 되었다. 여불위는 승상으로 임명되어 낙양지역의 10만 호의 땅을 맡았다. 그리고 화양부인은 화양태후로서 존경을 받으며 살았다.

장양왕 역시 재위 3년 만에 죽고 드디어 태자 정이 왕위를 이어 받았다. 새 왕은 이제 겨우 열세 살이었다. 여불위는 이제 완전히 권력을 장악하여 승상보다 높은 상국으로 올랐으며 또한 중보(仲父, 아버지와 다름없는 사람이라는 뜻)로 칭해지게 되었다.

당시 위나라의 신릉군, 초나라의 춘신군, 조나라의 평원군, 그리고 제나라의 맹상군 등은 모두 선비를 우대하고 식객을 모셔오는 데 경쟁하고 있었다. 여불위는 강대국인 진나라에 그러한 존재가 없는 것을 부끄럽게 생각하여 자신도 수많은 식객들을 불러 모으니 그 수가 순식간에 3천 명이나 되었다.

여불위는 식객들 모두에게 배운 지식을 저술하게 하고 그것을 모아 '천지만물과 고금의 일을 모두 모은 책'을 만들게 했다. 그 책의 글자 수만 해도 자그마치 20여 만 자가 되었으며 사람들은 이를 『여씨춘추』라고 불렀다. 여불위는 이 책 위에 천 금을 얹은 뒤 이렇게 호언장담하였다.

"이 책에서 한 글자라도 고칠 수 있는 자에게 천 금을 주겠다."

장양왕 자초가 중병에 걸려 자리에서 일어나지 못하자, 여불위는 문병을 가는 길에 자기의 옛날 애첩이었던 자초의 아내 즉 왕비에게 아직 사모하고 있노라는 편지를 건넸다. 이 일을 계기로 두 사람의 사이는 다시 이어졌다. 드디어 자초가 죽자 여불위는 이제 태후가 된 옛 애인의 거처를 빈번하게 드나들었다.

진시황이 성장한 이후에도 두 사람의 관계는 계속되었다. 그러나 시황제가 성장해감에 따라 여불위의 불안도 커졌다. 태후와의 관계가 들통나면 파멸은 명백했다. 여불위는 손을 떼고 싶었지만 태후가 놓아 주지 않았다.

여불위는 고심 끝에 거대한 '물건'을 가진 노애라는 자를 식객으로 들였다. 그리고 잔치가 벌어지면 여흥 시간에 일부러 노애의 '물건'에 오동나무 바퀴를 달아서 굴리도록 시켰다. 이 소문을 퍼뜨려 태후의 관심을 끌려는 계획이었다. 아니나다를까 얼마 후 태후로부터 그 남자를 손에 넣고 싶다는 내밀한 부탁이 왔다. 여불위는 노애가 궁형(宮刑)에 상당하는 죄를 범했다고 고소해 놓고 태후에게 비밀리에 전했다.

"궁형에 처해 거세되었다고 해두면 마음 놓고 옆에 데리고 있을 수 있습니다."

태후는 관리를 시켜 형을 집행하지 말고 집행한 것처럼 꾸미라고 지시하였다. 그렇게 하여 노애는 턱수염과 눈썹을 뽑고 환관이 되어 태후의 시중을 들게 되었다. 태후는 아이까지 임신하게 되었다. 그러자 점쟁이를 매수하여 '옹 지방에서 살아야 한다'라는 점괘가 나오도록 꾸미고 옹 지방으로 떠났다.

노애는 장신후로 봉해졌으며 하인이 수천 명에 이르고 식객이 천 명이 넘었다. 태후는 옹에서 아들을 둘이나 낳았다.

시황 9년, 고발장이 들어왔다.

"노애가 환관이라는 것은 거짓말입니다. 태후와 몰래 관계를 가져 아이를 둘이나 낳았고, 더구나 왕이 죽으면 그 아이를 후계자로 삼겠다고 공언하고 있습니다."

시황은 즉시 조사를 착수시켰다. 여불위의 관련 사실도 속속 드러났다. 시황은 여불위를 당장 죽이려다가 워낙 큰 공신인 데다가 대신들과 유세객들이 변호하는 바람에 파면하는 것으로 그쳤다.

하지만 그 후에도 여불위의 명성은 떨어질 줄 몰랐으며, 그리하여 그를 보려는 사람들이 날마다 줄을 이었다. 불안해진 시황은 여불위에게 친서를 보냈다.

> 귀공께서는 무슨 공적으로 하남 땅을 가지고 있으며, 또한 진나라와 어떤 혈연이 있어 중보로 행세하고 있는 것인가? 즉시 가족을 이끌고 촉 지방으로 옮겨 살기를 바라노라.

여불위는 이대로 가다가는 틀림없이 주살되고 말 것이라고 생각했다. 그는 치욕스럽게 죽기보다는 차라리 스스로 죽는 길을 택했다. 결국 그는 독배를 마시고 자살하였다.

비천한 것보다 더한 부끄러움은 없다

이사라는 사람은 초나라에서 태어났으며 젊은 시절에는 작은 마을의 말단 관리로 일하고 있었다.

어느 날 이사가 관청의 변소에 갔는데 불결한 찌꺼기를 먹던 쥐가 깜짝 놀라 달아나는 것이었다. 커다란 창고에 가보니 그 곳에도 역시 쥐가 있었다. 하지만 사람이 갔는데도 별로 놀라지 않고 좋은 쌀을 먹고 있었다. 또한 넓은 지붕 밑에 넓다란 집까지 짓고 사는 것을 보고 이사는 한탄했다.

"사람의 어질고 어리석음도 쥐의 경우와 같아 그가 어느 환경에 속해 있느냐가 문제이구나."

그는 즉시 순자에게 찾아가 제왕의 도에 대해 공부하였다. 학업을 마치자 이사는 초나라 왕은 섬기기에 부족하고 6국은 모두 힘이 약해 큰 일을 도모할 수 없다고 생각해 진나라로 가기를 결심하고 순자에게 작별 인사를 하였다.

이사는 진나라로 가 여불위의 식객이 되었다. 여불위는 그의 현명함을 간파하고 벼슬을 주었다. 그 후 이사는 드디어 진나라 왕을 만날 기회를 얻었다.

"큰 성과를 얻기 위해서는 상대방의 약점을 최대한 활용하여 확실하게 밀어붙여야 합니다. 옛날 진나라 목공이 패자가 되고서도 끝내 6국을 병합할 수 없었던 것은 제후들이 여전히 강했고, 주나라 왕실의 덕이 아직 남아 있었기 때문이었습니다. 그래서 춘추오패가 차례로 일어나서 주나라 왕실을 받들었습니다. 그러나 진나라 효공 이후로는 주나라 왕실이 쇠퇴하였기 때문에 함곡관 동쪽에 6국만 남아 있게 되었습니다. 그래서 진나라가 확실한 주도권을 잡고 제후들 위에 군림해 온 지 벌써 여섯 임금째입니다. 이제 제후들이 진나라에 복종하는 모습을 보니 마치 진나라의 한 행정 구역과도 같습니다. 지금 진나라의 강대한 힘과 대왕의 현명함으로 모든 나라를 멸망시켜 천하를 통일하는 것은 아낙네가 부엌의 먼지를 터는 일처럼 손쉬운 일입니다. 이는 천 년에 한 번 있을까 말까한 절호의 기회라 할 것입니다. 그러나 머뭇거리다가 제후들이 다시 강성해져서 모두 합종이라도 맺게 되면 설사 3황 5제가 한꺼번에 오더라도 6국을 병합할 수 없을 것입니다."

왕은 매우 흡족하게 생각하여 이사를 중용하였다.

그 무렵 한나라 사람 정국이 진나라를 교란시킬 목적으로 대규모 운하 공사를 꾸미다가 그 음모가 발각되었다. 정국이 만들던 운하는 3백 리에 이르는 대규모 공사로 진나라의 인력과 비용을 탕진시켜 국력을 약화시키려는 한나라의 계략이었다. 이를 계기로 진나라에서는 타국 출신을 추방하려는 분위기가 강해졌다.

"타국에서 온 자들은 진나라를 섬기는 척하지만 실은 군주와 신하 사이를 이간하려는 첩자들이 대부분입니다. 모두 추방시켜야 합니다."

타국인에 대한 추방령이 내려졌고, 추방 대상자 중에는 물론 이사도 포함되어 파면되었다. 이사는 탄원서를 냈다.

"지금 관리들이 타국인의 추방을 주장하고 있습니다만 이는 분명히 잘못된 일입니다. 옛날 목공은 인재를 구하면서 백리해를 비롯하여 융족의 유여,

송나라의 건숙, 그리고 진(晉)나라의 비표와 공손지를 등용했습니다. 이 다섯 사람은 진나라에서 태어나지 않았지만 목공은 그들을 중용하여 서융을 제압할 수 있었습니다. 또 효공은 상앙의 법을 채용하여 나라의 질서를 잡았기 때문에 백성들은 부유해지고 국가는 부강해졌습니다. 그로 인해 제후들이 속속 복속하였고 초나라와 위나라를 격파하여 천 리의 영토를 넓혔기 때문에 오늘날까지 우리 나라가 융성함을 자랑할 수 있게 되었던 것입니다. 그리고 혜왕은 장의의 계책에 따라 삼천의 땅을 빼앗고 파촉을 병합했으며, 북으로 상군을 취하고 남으로는 한중을 취하였습니다. 한편 소왕은 범저를 얻어 양후를 내쫓고 왕실의 권위를 높여 결국 주나라를 멸망시키고 제업(帝業)을 이루도록 하였습니다.

이 네 분의 군주는 모두 타국인을 중용하여 성공을 거뒀습니다. 만일 네 분의 군주가 타국인을 배척하여 등용하지 않고 인재를 멀리했다면 진나라의 강대함은 이뤄지지 못했을 것입니다. 반드시 진나라에서 나는 것이어야 한다면 정나라와 위나라의 여자를 후궁으로 둘 수 없고 아름답고 그윽한 여자도 폐하 곁에 두실 수 없습니다. 태산은 한줌의 흙도 버리지 않기 때문에 그렇게 클 수 있었던 것이고, 황하는 아무리 작은 시냇물이라도 마다하지 않았기 때문에 그렇게 깊을 수 있는 것입니다. 마찬가지로 천하의 패자는 어떠한 사람이라도 물리치지 않았기 때문에 그 위엄을 온 세상에 떨치게 되는 것입니다.

'적에게 무기를 빌려 주고, 도둑에게 식량을 대준다'는 말은 바로 이런 경우를 두고 하는 말입니다. 진실로 진나라에서 나지 않는 물건도 소중한 것이 많으며, 진나라에서 태어나지 않았으나 진나라에 충성하려는 사람도 많습니다. 지금 타국인을 추방하려는 것은 적국을 이롭게 하고 원수를 돕는 격이며 이는 안으로는 스스로 인재를 버리고 밖으로는 제후들의 원한을 사는 행위가 아닐 수 없습니다. 이렇게 되면 아무리 나라의 부강과 발전을 원해도 결코 실현될 수 없는 것입니다."

탄원서에 감명 받은 왕은 추방령을 취소하고 이사도 복직시켰다. 그리고 그의 계책은 다시 중용되었으며 이사의 벼슬도 높아져 정위에 임명되었다.

시황제

겨우 열세 살의 어린 나이에 왕이 된 진시황은 39세의 젊은 나이에 드디어 천하를 평정하여 중국 역사상 가장 거대한 통일 국가를 건설하였다.

어느 날 진시황은 신하들을 모아놓고 말했다.

"천하는 이미 통일되었는데 이 크나큰 업적을 영원히 후세에 전하기 위해서는 이 제왕이라는 호칭을 새로운 것으로 바꿔야겠소. 그대들의 의견을 말해 보시오."

그러자 신하들은 입을 모아 아뢰었다.

"폐하의 덕은 삼황보다 크고, 그 공적은 오제보다 높사옵니다. 옛날 태곳적에 천황, 지황, 태황이 있었는데 그 중에서도 태황이 가장 존엄했습니다. 그래서 앞으로 왕을 태황이라 부르는 것이 어떠하온지요."

이에 진시황이 말했다.

"그러면 태황의 황과 오제의 제를 따서 황제(皇帝)로 칭하기로 한다. 그리고 나는 짐(朕)이라 칭할 것이다."

그 후 진시황은 다시, "짐은 최초로 황제가 되었기 때문에 시황제(始皇帝)라 부르기로 한다. 짐의 뒤는 차례대로 2세, 3세 등으로 하여 이를 천만세까지 이어나가도록 하자."고 하여 진나라가 영원히 존재할 것으로 확신하였다. 그러나 진나라는 겨우 2세에 이르러 멸망했고 15년이라는 짧은 왕조시대를 마쳤다.

분서갱유

천하통일이 이룩된 후 이사는 승상의 벼슬에 올라 막강한 권세를 누렸다.

시황제 34년 어느 날, 함양궁에서 연회가 베풀어졌는데 주청신 등이 시황제의 위엄과 덕망을 칭송하였다. 이에 순우월이 나서서 황제에게 말했다.

"은나라와 주나라가 천 년 동안 사직을 보존한 까닭은 왕의 아들이나 아우 그리고 공신들을 제후로 삼아 왕실을 돕는 지주로 삼았기 때문이라 합니다. 지금 폐하께서는 천하를 가지셨지만 폐하의 아들이나 아우들은 일반 백성에 지나지 않습니다. 그러다가 무슨 불행한 일이라도 생기면 보필할 만한 신하가 없으니 어떻게 나라를 구할 수 있겠습니까? 옛것을 모범으로 삼지 않고 오랫동안 융성했다는 사례를 들어본 적이 없습니다. 그런데도 지금 주청신 등의 아첨배들이 폐하의 과오를 더욱 무겁게 하니 어찌 충신이라 할 수 있겠습니까?"

이때 이사가 글을 올려 순우월의 주장을 반박했다.

"이제 황제께서 가까스로 천하를 통일하셨는데 그 땅들을 공신과 왕자들에게 나눠 주는 것은 절대로 안 될 일입니다. 춘추전국시대 때 천하가 전쟁의 소용돌이에 휘말린 것은 주나라가 그 가족과 공신들에게 나라를 나눠 주었기 때문이었습니다. 왜냐하면 세월이 지나가면서 그 자손들 사이가 차츰 멀어지고 이윽고 원수처럼 싸우게 되었으나 주나라 왕실에서도 그것을 제지할 수 없었으므로 전쟁이 그칠 수 없었던 것입니다. 뿐만 아니라 그러한 갈등과 전쟁으로 인하여 주나라조차 멸망당했던 것입니다. 나라를 나눠 주는 것은 나라를 망치는 근본 원인이 되고 천하통일도 빈 껍데기가 될 뿐입니다. 또한 옛날에는 각 나라들이 어지럽게 흩어져 있었으나 아무도 감히 통일을 이룩할 수 없어 제후들이 서로 다투어 자기 주장만을 내세웠으며 학자들은 말끝마다 옛것을 들먹이며 현실을 비방하고 진실을 어지럽혔습니다.

그러나 지금은 황제께서 천하를 통일하시고 흑백을 가려 하나의 기준을 확립하셨습니다. 그런데도 그들은 사사로이 학문을 전수하며 법을 비난하고 자기가 배운 것만을 숭상하면서 시비를 따지고 있습니다. 그들은 조정에서는 마음속으로 황제의 일을 비난하고, 나가서는 거리에서 떠들어대며 군주와 의견을 달리함으로써 자기 자신만의 명성을 얻으려 하면서 백성들을 자극하고 황제를 비방하는 말들을 퍼뜨리고 있습니다. 이런 것들을 금지시키지 않으면, 위로는 군주의 권위가 떨어지고 아래로는 당파가 만들어집니다.

사관이 갖고 있는 자료 중 진나라의 기록이 아닌 것은 모두 불태우고 개인이 『서경』 및 제자백가의 책을 갖고 있으면 모두 관청에 바치게 한 후 불태워야 합니다. 또 『시경』과 『서경』을 들먹이며 주장하는 자는 길거리에서 처형시키고 옛것을 들먹이며 현실을 비방하는 자는 삼족을 멸하되 만약 관리가 그것을 알고도 처벌하지 않으면 똑같은 죄로 처벌하시기 바랍니다. 그리고 이 명령이 내린지 30일이 지나도 불태우지 않는 자는 얼굴에 문신을 넣은 후 성곽을 쌓는 노비로 삼아야 합니다. 다만 폐기하지 않아도 좋을 책은 의약과 역서(易書), 그리고 농사 관계 서적뿐이라고 생각하옵니다. 그리고 만약 법령을 배우고자 하는 사람은 관리를 스승으로 삼아 배우게 하면 될 것입니다."

시황제는 이사의 의견을 받아들여 즉시 시행토록 하였다. 그리하여 『시경』과 『서경』, 그리고 제자백가의 책은 모조리 몰수되어 불태워졌고, 옛것을 언급해 현실 정치를 비판하는 모든 사람은 처형당했다.

천하통일의 대업을 이룩한 진시황도 자신의 죽음에 대해서는 두려워하지 않을 수 없었다. 그는 어떻게든 죽음을 피하고 싶었다. 그래서 진시황은 서불이라는 사람에게 소년소녀 3천 명과 많은 보물을 실은 배들을 거느리게 하여 동해에 있다는 신선이 사는 섬에 가서 불로장생의 약초와 약을 구해 오도록 하였다. 서불은 몇 년이 지나도록 약을 구하지 못하자 돌아와 거짓말로 둘러댔다.

"동해 바다의 봉래 섬에 가면 영약을 구할 수 있으나 항상 어마어마하게 큰 물고기가 가로막아 갈 수가 없습니다. 그러니 활을 잘 쏘는 사람과 함께 가야 합니다."

그러자 진시황은 활을 잘 쏘는 사람을 수행해 보냈을 뿐만 아니라 서불 자신도 손수 활을 갖고 다니며 큰 물고기를 쏠 준비를 하였다. 그러나 서불 일행은 끝내 영약을 구하지 못하고 도망쳐 버렸다.

그 후 진시황은 스스로 신선이라고 자칭하는 노생과 후생이라는 사람들을 불러들였다. 노생이 진시황에게 말했다.

"제가 동해로 나가 영약을 구했지만 성공하지 못한 것은 어떤 좋지 못한 기운이 방해하기 때문인 것 같습니다. 그래서 제 생각으로는 황제께서 몸을 숨겨 악귀를 피하심이 가장 좋은 방법인 것 같습니다. 이렇게 악귀를 피하신다면 진인(眞人)이 될 수 있습니다. '진인이란 물에 들어가도 젖지 않고, 불에 들어가도 타지 않으며, 구름을 타고 공중을 날며, 천지가 있는 한 영원히 살아 있는 존재입니다. 임금의 거처를 신하들이 알면 입신의 경지에 도달하기 어렵습니다. 바라옵건대, 폐하께서 거처하시는 곳을 사람들이 모르게 하십시오. 그러면 불로장생의 약을 얻을 수 있을 것입니다."

그 말을 들은 진시황은, "나는 오늘부터 진인이 되고 싶다. 아무도 내가 거처하는 곳을 알아서는 안 된다." 하고 선포했다.

그 후 진시황의 소재를 아는 사람은 아무도 없었다. 그러나 진시황의 노력에도 불구하고 노생과 후생은 불로장생의 약을 찾지 못했다. 그대로 있다가는 틀림없이 죽임을 당할 것이라고 생각한 그들은 도망쳐 버렸다.

진시황은 크게 화가 나서 그들을 찾도록 했는데, 그들이 도망가면서 황제의 교만과 권세욕 때문에 약을 구할 수 없다고 비방했다는 사실을 알게 되었다. 그러자 진시황은 자신을 비방했을 것으로 짐작되는 사람들을 체포하여 철저히 조사하도록 했다. 조사 결과 자신을 비방한 사람들은 주로 유생들이었다.

결국 460여 명이나 되는 유생들을 붙잡아 구덩이를 파고 생매장해 버렸다.

결단을 내려 실행하면 귀신도 길을 비킨다

시황제 37년 10월, 황제는 다섯 번째 지방 시찰에 나서 회계산을 다녀오는 길에 해안을 끼고 북상하고 있었다. 황제의 시찰에는 승상 이사와 환관 조고가 수행하였으며 조고가 옥새를 관리하는 일을 겸임하고 있었다.

시황제에게는 20여 명의 아들이 있었으나 맏아들 부소는 황제가 하는 일에 여러 번 반대한 적이 있어 멀리 북쪽의 상군 지방으로 쫓겨나 변경 지방의 군대를 감독하고 있었다. 당시 상군 지방의 군사를 지휘했던 사람은 맹장 몽염이었다. 시황제는 작은 아들 호해를 귀여워하여 이번 시찰에도 아들 중 유일하게 동행시켰다. 그런데 시황제가 사구 지방에 이르렀을 때 중병에 걸리고 말았다. 황제는 조고를 시켜 장남 부소에게 편지를 써 보내게 하였다.

"군대는 몽염에게 맡기고 함양으로 돌아와 짐의 유해를 맞이하고 장례를 거행하라."

편지는 봉해졌으나 사자를 보내기 전에 황제는 죽고 말았다. 황제의 편지는 옥새와 함께 조고가 쥐게 되었다.

시황제의 죽음은 일체 비밀에 부쳐졌으며 오직 호해와 이사, 조고만이 그 사실을 알고 있었다. 이사는 여행 중에 황제가 죽었고 또 태자도 정식으로 정해지지 않았기 때문에 아직 죽음을 발표할 수 없다고 생각하여 비밀에 부치게 했던 것이다.

유해는 수레에 안치된 채 시찰이 계속되었다. 평상시와 마찬가지로 신하가 정사를 아뢰고 황제의 수라상도 올려졌다. 결재는 수레 안에 있는 환관이 수행하였다.

조고는 조나라 왕족의 먼 친척으로 조나라가 멸망하면서 그의 형제들은 모두 환관이 되었고 어머니는 처형당했다. 그러나 시황제는 조고가 열심히 공부하여 법에 밝다는 말을 듣고 등용하게 되었는데, 조고는 몰래 공자 호해에게 접근하여 법을 가르쳤다.

조고는 시황제가 죽자 호해를 황제로 만들 음모를 꾸미기 시작했다. 조고는 시황제가 부탁한 부소에게 보내는 편지를 보내지 않은 채 호해를 떠보았다.

"폐하께서 승하하셨습니다만 부소에게 서한을 내리셨을 뿐 누구를 왕으로 지명하지는 않으셨습니다. 부소가 돌아오면 곧 황제가 될 터인데 공자께는 한 치의 땅도 주어지지 않을 것이 분명합니다. 그래도 괜찮겠습니까?"

"당연한 일이 아니오? 어진 임금은 신하를 알고 지혜로운 아버지는 자식을 안다고 했소. 아버님께서 세상을 떠나시며 아무런 후계도 정하지 않으셨는데 상식에 따라 결정되는 것 아니겠소?"

"그렇지 않습니다. 지금 천하의 권력을 얻고 잃음은 공자님과 저, 그리고 승상의 손에 달려 있습니다. 남을 신하로 부리는 것과 남의 신하가 되는 것, 그리고 남을 지배하는 것과 남의 지배를 받는 것은 하늘과 땅 차이입니다. 잘 생각해 보십시오."

"형을 제치고 동생을 세우는 것은 불의이며, 아버님의 유언을 받들지 않는 것은 불효요. 또 능력이 적으면서 남의 손을 빌려 성공하는 것은 무능이오. 이 세 가지는 도리에 어긋나는 것이며, 그렇게 해봤자 천하도 복종하지 않을 뿐 아니라 자신도 위험에 빠지고 나라도 위태로워지는 것이오."

그러나 조고는 포기하지 않고 호해를 설득하였다.

"그럼 은나라 탕왕과 주나라 무왕이 어떻게 했는지 생각해 봅시다. 그분들도 군주를 시해했습니다만 천하는 그분들을 비난하기는커녕 잘한 일이라고 칭송하고 있습니다. 큰 일을 도모하려면 작은 예절에 구애됨이 없어야 하며 큰 덕을 갖춘 사람은 조그만 관습에 속박되지 말아야 합니다. 또한 고을마다 그 관습이 다르며 관리의 임무도 각기 다릅니다. 그러므로 작은 일을 돌아보다 큰 일을 잊으면 반드시 해를 입기 마련이고, 의심하여 머뭇거리면 반드시 후회하게 마련입니다. 결단을 내려 실행하면 귀신도 길을 비키며 반드시 성공한다고 합니다. 결단을 내리십시오."

호해는 땅이 꺼지게 한숨을 쉬었다.

"아직 천자의 승하도 공표되지 않았고 장례도 하지 않았는데, 어찌 이런 일을 승상에게 의논하겠소?"

"그렇기 때문에 일각을 다투는 일입니다. 빨리 처리해야 합니다."

마침내 호해가 머리를 끄덕이자 조고가 말했다.

"승상의 찬성을 이끌어 내야 합니다. 제가 승상을 만나 보지요."

조고는 즉시 이사를 만났다.

"주상께서 세상을 떠나실 때 장자에게 유서를 내려 함양에 와 유해를 맡으라고 한 것은 그를 후자로 세운 것입니다. 그러나 유서를 보내기 전에 주상께서 세상을 떠나셨으니 그것을 아는 사람은 없습니다. 지금 유서와 옥새는 모두 호해가 가지고 있는데 이제 태자를 정하는 일은 승상과 나의 손에 달려 있는 것입니다. 어떻게 해야 좋겠습니까?"

그러자 이사가 버럭 화를 냈다.

"어찌 그런 말을 하는가. 이것은 신하들이 논의할 일이 아니다."

"그렇다면 승상께서는 몽염과 비교한다면 누가 더 능력이 있다고 생각합니까? 또 업적의 크기와 계책이 원대하고 실수하지 않는 점에서, 그리고 부소와의 신뢰 관계에서 누가 우위에 있다고 생각하십니까?"

"모든 면에서 내가 부족하다. 왜 그런 것을 묻는가?"

"그간에 진나라에서는 승상이나 공신이 면직되고 나서 그 직위가 자손대까지 유지된 것을 보지 못하였고 결국 모두 처형되고 말았습니다. 부소는 강직하고 과단성이 있으며 사람을 신뢰합니다. 그가 즉위하면 반드시 몽염을 승상으로 기용할 터인데 그때 승상께서 무사히 고향에서 사실 수 있으리라고는 도저히 생각되지 않습니다. 내가 호해에게 법을 가르친 지 수 년이 되었는데 그는 인자하고 돈독한 성품으로 재물을 아끼지 않으며 인재를 중히 생각하는 사람입니다. 마땅히 후사로 삼을 만한 인물이라고 생각합니다. 잘 생각해 보시기 바랍니다."

"그대는 당장 물러가라! 나는 주상의 명령을 받들고 천명에 따를 뿐이다. 무엇을 결정한단 말인가!"

그러나 조고도 물러서지 않았다.

"평안함을 위태롭게 할 수도 있고 또 위태로움을 평안함으로 바꿀 수도 있습니다. 평안함과 위태로움을 구분하지 못한다면 어찌 승상을 지혜롭다고 할 수 있겠습니까?"

"나는 한낱 시골뜨기에 불과했지만 주상의 은덕으로 자손까지 모두 높은 지위와 많은 녹을 누리고 있다. 어찌 그 은혜를 배반할 수 있는가? 그대는 두 말하지 말라! 내가 죄를 지을까 두렵다."

그러나 조고는 집요하게 물고 늘어졌다.

"성인은 때와 변화에 잘 대처하며 끝을 보면 처음을 알고 처음을 보면 끝을 안다고 했습니다. 지금 천하의 운명과 권력은 호해 공자에게 있습니다. 서리가 내리면 초목이 시들고 얼음이 풀리면 만물이 소생하는 것입니다. 아직도 깨닫지 못한다는 말이십니까?"

"진(晉)나라는 태자를 바꾸어 3대에 걸쳐 안정을 얻지 못했고, 제나라 완공의 형제들은 왕위 다툼으로 모두 죽임을 당했으며, 은나라 주왕은 친척들을 죽였기 때문에 마침내 망했다. 이 모두 하늘을 거역했기 때문이다. 내 어찌 그런 음모에 가담할 수 있겠는가?"

"상하가 협력하면 영원히 번영을 누리고 안팎이 하나가 되면 의혹이 생길 리 없습니다. 승상께서 찬성만 하면 자손만대까지 부귀를 누리고 공자나 묵자와 같은 현인으로 추앙받을 것입니다. 그러나 만일 거절하시면 자손에까지 그 화가 미칠 것입니다. 유능한 사람은 기회를 복으로 바꿀 줄 아는 법입니다."

이사는 하늘을 우러러보며 한탄하고 눈물을 흘렸다.

"아! 난세에 태어나 이미 죽을 수도 없으니 도대체 어떻게 해야 한다는 말인가!"

이사는 끝내 동의하고 말았다. 그리하여 호해, 조고, 이사는 시황의 유언을 승상이 받았다고 꾸며, 호해를 태자로 세운 후 다시 부소에게 내리는 조서를 만들었다.

"짐은 천하를 시찰하여 명산의 신들에게 제사지냄으로써 장수를 빌고 있다. 그런데 부소는 장군 몽염과 함께 수십 만의 군대를 거느리고 변경에 주둔한 지 10여 년이 지났건만 한 치도 진격하지 못한 채 병사들만 잃었을 뿐이다. 그러면서도 수차 글을 보내 짐이 하는 일에 불손한 비방을 일삼고 태자가 되지 못함을 밤낮으로 원망하고 있다. 부소는 자식으로 불효한 자다. 이에 하사하는 칼로써 자결하라. 또한 장군 몽염은 부소와 함께 지내면서 그의 잘못을 고쳐 주지 못했으니 그 음흉한 음모를 짐작할 수 있다. 참으로 불충한 신하이다. 따라서 자결을 명한다. 군의 지휘는 부장에게 위임하라."

그들은 이 조서를 황제의 옥새로 봉인한 후 호해의 식객을 시켜 부소에게 전달하였다. 서한을 받아 읽은 부소는 눈물을 뚝뚝 떨어뜨리며 내실로 들어가 자살하려고 했다. 그러자 몽염이 제지하였다.

"폐하께서는 궁전을 떠나 밖에 계시며 아직 태자도 세우지 않은 상태입니다. 폐하께서는 저에게 30만의 군사를 주어 변경을 지키게 하셨고 공자님께 감독을 맡기셨습니다. 지금 사자가 왔다고 자살하시려 하는데 그것이 진짜라고 어떻게 믿을 수 있습니까? 한 번 폐하께 확인해 보시기 바라옵니다. 확인한 후에 죽어도 늦지 않습니다."

그러자 사자가 수차 자결할 것을 재촉하였다. 천성이 착했던 부소가 몽염에게 말했다.

"아버님께서 죽음을 명하셨는데 어떻게 확인을 요청할 수 있겠소."

그리고는 곧 자살하였다. 그러나 몽염은 자결을 결단코 거부했기 때문에 사자가 옥리에게 넘겨 감옥에 가두었다.

사자가 돌아와 보고하니 호해, 조고, 이사가 크게 기뻐하였다. 그들은 즉시 함양에 도착하여 시황의 죽음을 발표하였고, 호해는 2세 황제로 즉위하였다.

천하를 갖고도 마음대로 하지 못하면 천하가 질곡일 뿐이다

어느 날 호해, 즉 2세 황제가 조고를 불렀다.

"사람이 태어나 세상에 사는 것은 마치 여섯 마리의 말이 수레를 끌고 겨우 문틈 사이를 순식간에 지나치는 것과 같도다. 이제 황제로 군림하고 있으니 좋아하는 것과 즐거운 것 모두를 만끽하고 싶다. 어떻게 해야 그렇게 될 수 있겠는가?"

그러자 조고가 말했다.

"그것은 현명한 군주만 할 수 있으며 어리석고 분별없는 군주는 할 수 없는 일입니다. 무엇보다도 법을 엄격히 하고 처벌을 가혹하게 해야 합니다. 그래서 죄를 지은 자는 모든 일가친척을 죽여 없애고 궁중에서는 대신들을 없애며 폐하의 가족까지 멀리 하셔야 합니다. 그리고 시황제께서 임명한 옛 신하들은 모두 파면하고 폐하께서 신임하는 사람만을 가까이 하십시오. 그렇게 되면 폐하는 베개를 높이 베고 마음껏 즐기실 수 있습니다."

2세는 조고의 말에 따라 엄격한 법을 만들어 죄를 지은 사람을 모두 조고에게 넘겨 처벌토록 했다. 그리하여 몽염을 비롯하여 왕자 12명이 시장에서 공개 처형되었으며, 공주 열 명이 기둥에 묶인 채 창으로 찔려 죽었다. 그리고 여기에 연루되어 처형된 사람들만도 부지기수로 많았다.

법과 형벌이 날로 가혹해지자 사람들의 불만은 커져 갔고 반란을 일으키려는 사람까지 생기게 되었다.

드디어 진승, 오광 등이 난을 일으켜 산동 지방에서 봉기하고 여기저기서 호걸들이 일어나 왕을 자칭하며 반란을 일으켰다. 어느 때는 수도 근교까지 밀고 들어왔다가 격퇴되기도 했다.

이사는 2세 황제가 한가할 때 여러 차례 사실을 말하려 했으나 2세는 듣지 않고 오히려 책망할 뿐이었다.

이사의 아들 이유는 삼천의 태수였으나 진승, 오광의 반란군이 그 지역을 침략했을 때 진압하지 못했다. 겨우 장한이라는 장군이 반란군을 몰아냈으나 이유의 죄상을 조사하는 사자가 삼천을 수차 왕래하였다. 그들은 이사가 승상의 지위에 있으면서 어떻게 도적들이 이토록 창궐하도록 방치했는가를 비판하였다. 그러자 이사는 크게 당황하여 2세에게 아부하는 글을 올렸다.

현명한 군주는 반드시 도덕을 보존하고 감독권을 엄격하게 행해야 합니다. 그래야 군주는 홀로 천하를 지배하고 남의 간섭을 받지 않으면서 쾌락을 끝까지 즐기실 수 있습니다. 옛부터 현자를 존중하는 것은 그 지위가 존귀하기 때문이며 못난 자를 미워하는 것은 그 지위가 비천하기 때문입니다.

근검하고 어질고 의로운 자가 조정에 있으면 군주는 마음껏 쾌락을 추구할 수 없으며, 직언을 잘하고 의리를 따지는 신하가 있으면 마음대로 행동할 수 없고, 절개를 위해 죽음도 불사하는 열사의 행동이 칭송되면 음란한 즐거움을 맛볼 수 없습니다.

그러므로 군주는 이 세 부류의 사람들을 멀리하고 홀로 법을 시행하며 감독하고 권력을 독점할 때 비로소 그 지위도 존귀해지고 권세도 높아지며 죽은 후에도 지혜로움을 칭송받게 되는 것입니다. 이래야만 신불해와 한비자의 통치술을 터득하고 상앙의 법을 제대로 실천한 것이라 할 것입니다.

이 글을 읽은 2세 황제는 매우 흡족해했다. 이때부터 처벌이 더욱 엄격해지고 백성들에게 가혹하게 세금을 거두는 관리를 훌륭한 관리로 추켜세웠다. 또 거리를 지나는 사람 중 신체의 일부가 잘리는 처벌을 받은 자가 반이나 되고 처형 받아 죽은 시체가 매일 길바닥에 쌓였으나 2세는, "정말 감독이 잘되고 있구나." 하고 칭찬만 하였다.

한편 조고는 대신들이 황제를 만나 자신을 비방할 것이 두려워 2세에게 말했다.

"천자를 귀하게 여기는 것은 신하들이 단지 그 음성만 들을 수 있고 그 얼굴을 보지 못하는 점에 있습니다. 그러므로 원래 천자를 짐이라고 칭하는 것입니다. 또한 폐하께서는 아직 나이가 젊으시기 때문에 모든 일을 다 아실 수 없을 것이오니 혹시 대신들에게 실수라도 하시면 좋을 일이 없습니다. 그러나 폐하께서는 궁중에서 팔짱을 낀 채 법에 숙달한 저나 시종과 함께 기다리고 계시다 상소가 올라오면 저희들의 자문을 받아 처리하십시오. 그렇게 되면 대신들은 감히 의심스러운 상소를 올리지 못할 것이며 천하는 폐하를 성군으로 칭송할 것입니다. 그리고 폐하께서는 이 세상의 번잡함을 피해 온갖 즐거움만을 만끽하며 영원한 삶을 누리실 수 있을 것입니다."

2세는 그 후 조정에 앉아 대신들을 직접 만나지 않았으며 모든 일은 조고의 손에서 결정되었다.

나라가 망한 폐허에 사슴이 뛰놀게 되리라

조고는 이사가 황제에게 아첨의 글을 올렸다는 소식을 듣자 그를 만나 부추겼다.

"지금 각지에서 도적들이 벌 떼처럼 일어나는데도 황제께서는 세금을 가혹하게 거두고 아방궁을 짓고 계십니다. 내가 말리려고 해도 지위가 천하여 하지 못하고 있는데 승상께서 하시는 것이 좋을 듯합니다."

이사가 그 말에 찬성하여 말했다.

"그대가 충신인 줄 이제 알 수 있겠소. 실은 나도 오래 전부터 아뢰고자 했지만 주상께서 조정에 나오시지 않고 깊은 궁궐 안에만 계시니 말씀을 전할 기회가 없었소."

"그렇다면 제가 폐하께서 한가하실 때를 찾아 연락드리겠습니다."

조고는 2세가 미희들과 함께 술잔치를 벌여 놓고 분위기가 무르익을 때 이사에게 연락하였다.

"폐하께서 마침 한가하시니 말씀 아뢰오."

이사가 급히 달려와 접견을 청했다. 이런 일이 여러 번 되풀이되자 2세가 크게 화를 냈다

"내가 한가할 때가 많고도 많은데 그 승상이란 작자는 꼭 기분이 좋을 만하면 나를 귀찮게 만드는가? 도대체 그 자는 나를 어리다고 깔보는 건가, 아니면 괴롭히려고 작정을 한 건가?"

조고가 이 틈을 놓치지 않고 이사를 비방하였다.

"참으로 위험한 징조입니다. 지난날 폐하와 신, 그리고 이사가 함께 일을 꾸몄습니다. 그런데 폐하께서는 황제가 되었으나 승상은 신분이 더 이상 높아지지 못했습니다. 그래서 그는 지금 땅을 차지해서 왕이 되고자 하는 듯합니다. 폐하께서 신에게 묻지 않으셔서 가만히 있었습니다만, 승상의 장남 이유는 진승의 반란군이 공공연히 그가 맡은 지방을 지나갈 때도 그냥 방치했습니다. 신이 듣기로는 진승의 고향이 바로 승상의 고향 근처인지라 눈감아 주었다는 것이며, 더욱이 이유가 반란군과 비밀문서를 주고받은 일까지 있다는 소문을 듣고 있습니다."

2세 황제가 이 말을 듣고 이사를 처벌하기로 생각하여 우선 그의 아들 이유가 반란군과 내통한 사실 여부를 조사하기 시작하였다. 이사는 이 사실을 알고 즉시 2세를 만나고자 했다. 하지만 황제가 씨름 경기와 연극을 즐기고 있어 만나지 못하고 대신 글을 올렸다.

"'신하가 군주를 속이는 나라는 위태롭지 않은 예가 없고, 첩이 주인을 속이는 집은 위태롭지 않은 적이 없다'고 합니다. 지금 폐하 곁에는 폐하를 속이고 자기 멋대로 권세를 휘두르는 신하가 있습니다. 옛날 자한은 송나라 재상이 되자 직접 형벌권을 쥐고 권세를 부리더니 결국 1년 후 그 군주를 내쫓았습니다. 또 제나라의 전상은 간공을

살해하고 나라를 탈취했습니다.

　지금 조고는 못된 뜻을 품고 반역의 행동을 일삼고 있어 마치 자한이 송나라 재상을 지낼 때와 같고 또한 재산도 전상을 능가할 정도입니다. 폐하께서 즉시 조치하시지 않는다면 변란을 일으킬 우려가 큽니다."

2세 황제가 글을 읽고 이사를 불렀다.

"지금 무슨 말을 하는 것이오? 조고는 본래 환관 출신인데 행실이 깨끗하고 착한 일에 힘쓰며 스스로 열심히 노력하여 현재의 지위를 얻었소. 짐은 어린 시절에 부친을 잃고 아는 것이 적어 백성을 다스리는 데 익숙하지 못하오. 그대마저 노경에 접어들었기 때문에 짐이 조고를 믿지 않는다면 누구를 의지하여 살 수 있다는 말이오? 그는 깨끗하고 부지런하여 아래로는 백성들의 실정을 알고 위로는 짐의 뜻을 잘 알고 있는 충신이오. 더 이상 그를 의심하지 마시오."

"그렇지 않습니다. 조고는 본래 비천한 사람입니다. 도리를 분별하지 못하고 탐욕스러워 이익 챙기기에 혈안이 되어 있고 위세 부리는 것은 임금과 다름없이 하고 있습니다. 그는 실로 위험한 사람입니다."

2세 황제는 이사가 조고를 죽이지 않을까 걱정하여 조고에게 사정을 알렸다. 그랬더니 조고가 말했다.

"지금 승상의 걱정거리는 이 조고 한 사람뿐입니다. 조고가 죽으면 승상은 곧 자한이나 전상 같은 행동을 할 것입니다."

드디어 2세는 명령을 내렸다.

"이사를 조고에게 넘겨 조사하도록 하라!"

이사는 체포되어 감옥에 갇히는 신세가 되었다. 그는 하늘을 우러러 탄식해마지 않았다.

"2세의 무도함은 걸왕, 주왕, 부차보다 오히려 더하나 이제 나는 지혜가 미치지 못하니 내가 죽는 것은 오히려 당연한 일이다. 그러나 2세의 다스림은 세상을 크게 어지럽히게 될 것이니 그것이 걱정이다. 그는 형 부소를 죽이고 스스로 즉위해 충신을 죽이고 조고를 귀하게 기용하였으며 아방궁을 짓기 위해 무거운 세금을 거두고 있다. 2세는 형제를 죽이고도 죄를 반성하지 않고, 충신을 살해하고도 뉘우치지 않으며, 대규모의 궁궐을 지으면서 백성들의 피땀을 쥐어짜고 있다. 이 세 가지 일만으로도 천하의 인심은 떠났으니 벌써 반역의 무리가 천하의 반을 차지하게 된 것이다. 그런데도 지금 2세는 사실을 제대로 보려 하지 않고 오직 조고만을 옆에 끼고 아첨과 아부 속에 묻혀 살고 있다. 내 반드시 반란군이 함양을 함락시키고 진나라를 멸망시켜 그 폐허에 사슴 떼가 뛰노는 것을 보게 하리라."

드디어 2세 황제는 이사가 아들 이유와 함께 모반했다는 죄목을 뒤집어 씌워 그의 가족들을 모두 체포하였다. 조고는 자기 집의 식객 십여 명을 시켜 거짓으로 어사, 시중인 것처럼 꾸미게 하고 차례로 가서 이사를 계속 심문하게 했다. 이사가 사실을 밝히고 호소하면 가차없이 매를 때렸다. 그러기를 수십 번, 드디어 2세 황제가 사람을 보내 이사를 심문할 때 이사는 호소할 생각도 하지 못하고 반란을 계획했노라고 말해 버렸다. 마침내 이사의 죄상이 올라오자 2세는 크게 기뻐하였다.

"정말 조고가 아니었으면 큰일 날 뻔했소."

한편 황제는 이사의 아들 이유에 대해서도 반란죄에 대한 심문을 위해 사자를 보냈는데, 사자가 도착했을 때 이미 이유는 반란군의 대장 항량에게 살해된 뒤였다.

2세 황제는 7월에 이사에게 5형(五刑, 매를 치고, 코를 베고, 다리를 자르고, 귀를 베고, 혀를 자르는 형벌)에다 허리를 자르는 형벌을 내렸다.

이사는 둘째 아들과 함께 묶인 채 감옥에서 끌려나오면서 아들에게 말했다.

"너와 함께 삽살개를 데리고 고향 동문 밖에서 토끼 사냥을 하고 싶었는데 이젠 할 수 없게 되었구나.”

　아버지와 아들은 마주 본 채 큰 소리로 통곡하였다.

붕괴

　이사가 죽은 후 2세는 조고를 승상에 임명하며 모든 일을 조고에게 맡겼다.

　어느 날 조고는 2세 황제에게 사슴을 바치면서, “폐하, 제가 좋은 말 한 마리를 구했습니다.”라고 말했다.

　그러자 2세 황제가 고개를 갸웃거렸다.

　“이것은 사슴인데 …… .”

　이에 모든 신하들이 “그것은 말입니다.”라고 하는 것이었다.

　2세 황제는 크게 당황하여 자기가 정신이상이 아닌가 의심하기에 이르렀다. 그리하여 점쟁이를 불러 점을 치게 하였다.

　“폐하께서 봄과 가을에 모시는 제사 때와 종묘에 드리는 제사 때 목욕재계를 잘 하지 않으셨기 때문에 이런 일들이 일어났습니다. 따라서 깨끗이 목욕재계하시고 일을 하신다면 문제가 없을 듯합니다.”

　이후 2세는 별궁에 틀어박혀 재계를 하는 척하면서 매일 사냥이나 하였다.

　어느 날 2세 황제가 지나가던 사람을 활로 쏘아 죽이는 사건이 발생하였다. 조고는 사람을 시켜 이 사건을 규탄하게 했다.

　“누구의 짓인지는 모르지만 사람을 죽여 그 시체를 궁 안에 옮겨 놓은 자가 있습니다.”

　이에 2세 황제는 자기가 실수로 죽였다고 말하였다.

　그러자 조고가 2세 황제에게 말했다.

　“천자가 아무 까닭도 없이 사람을 죽였으니 귀신도 폐하의 제사를 받지 않을 것이며 하늘도 재앙을 내릴 것입니다. 궁전을 멀리하고 하늘에 기도를 하셔서 재앙을 피하도록 하시는 것이 좋겠습니다.”

그리하여 2세에게 망이궁으로 옮겨가 사흘간 머물도록 하였다. 그렇게 조치를 취한 연후에 조고는 황제의 명령이라 속여서 경비병들에게 흰 옷을 입혀 궁 안으로 행진하도록 했다. 그리고 자기는 먼저 궁에 들어가 황제에게 큰 소리로 고했다.

"폐하, 산동의 반란군들이 쳐들어오고 있습니다."

2세 황제는 어쩔 줄 몰라 했다. 하지만 2세 황제 곁에는 오직 한 명의 환관만이 있을 뿐이었다. 그는 환관을 원망하며 울부짖었다.

"그대는 왜 일이 이 지경이 되도록 짐에게 한 마디도 하지 않았는가?"

그러자 환관이 대답했다.

"제가 감히 말씀드리지 않았기 때문에 지금까지 살 수 있었습니다. 일찍 말씀드렸다면 벌써 처형되었을 것이옵니다."

조고의 위협에 두려움에 떨던 2세 황제는 마침내 자살해 버렸다. 그 뒤를 이어 진시황의 손자인 자영이 황제의 자리에 올랐다. 항상 조고가 자기를 죽이지 않을까 불안에 떨던 자영은 환관과 짜고 선수를 쳐서 조고를 암살해 버렸다. 그리고 얼마 지나지 않아 자영은 함양으로 진격한 유방에게 항복하여 진나라는 결국 멸망하고 말았다. 천하통일 15년 만이었다.

진(秦)왕조의 계보

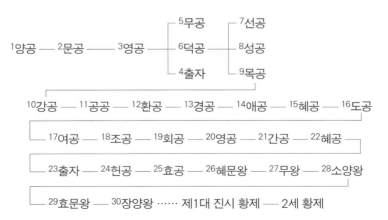

제7장 초한지

　진나라는 진시황이 죽은 후 급속히 무너지기 시작하였다. 진시황의 가혹한 독재 정치는 많은 적대 세력을 양산해 냈고, 만리장성, 아방궁 등의 대규모 공사에 수백 만의 백성들을 강제로 노역시킴으로써 민심을 흉악하게 만들었다. 진시황의 강력한 권위 때문에 숨을 죽이고 있던 반대 세력은 진시황이 죽자마자 각지에서 벌 떼처럼 일어나기 시작하였다. 특히 "왕후 장상에 씨가 따로 있는가?"면서 반란의 불꽃을 올린 진승, 오광의 난은 진나라를 무너뜨리는 신호탄이었다.

　그 뒤 전국은 난마처럼 반란의 물결이 회오리쳤고, 드디어 불세출의 영웅 항우와 유방이 등장한다. 그리고 이 두 영웅 간의 천하 쟁패가 벌어지기 시작했다.

역발산 기개세

모름지기 만인을 상대로 싸우는 것을 배워야 한다

항우의 막내 숙부는 항량이라는 사람인데 항우는 이 숙부의 영향을 받으며 자랐다. 항량의 아버지는 초나라 장군 항연으로서 진나라와의 싸움에 출전하였다가 진나라의 명장 왕전에게 패하여 죽었다.

항우는 소년 시절 글공부가 영 신통치 못했다. 그래서 무술을 해보면 어떨까 하며 숙부 항량이 시켜 보았으나 역시 마찬가지였다.

어느 날 보다 못한 숙부가 항우를 불러 꾸중을 했다. 그러자 항우는 태연히 이렇게 대답하는 것이었다.

"글공부 따위는 제 이름이나 적을 줄 알면 충분합니다. 검술도 결국은 한 사람의 적을 상대하는 것일 뿐 그까짓 것 배워 봤자 뭘 하겠습니까. 이왕 배울 바에야 만인을 상대로 싸우는 것을 배워야죠."

이 말을 듣고 항량은 병법을 가르쳐 보기로 했다. 그랬더니 항우도 꽤나 열심히 공부를 했다. 항량은 내심 기뻤다. 그러나 이것도 결국 오래 가지 못하고 대충대충 하더니 결국 때려치우고 말았다.

그 후 항량이 사람을 죽이고 쫓기는 몸이 되자 조카 항우를 데리고 오중 지방으로 피신하게 되었다. 몇 년이 지나자 그 지방 유지들은 항량의 사람됨과 능력에 감복하여 그를 지도자로 받들었다. 고을 안에 대규모의 공사나 관혼상제가 있을 때마다 사람들은 항량에게 찾아와 부탁하곤 했다.

어느 날 진시황이 회계산을 시찰하면서 절강이라는 강을 건너게 되었다. 항량은 조카 항우와 함께 그 행렬을 구경하러 갔다. 그런데 항우는 "머지않아 내가 저놈의 자리를 빼앗으리라……"라고 중얼거리는 것이었다. 항량은 몹시 당황하여 조카의 입을 틀어막고 꾸짖었다. "함부로 지껄이지 마라. 온 가족이 몰살당하려고 그러느냐."

그러나 그때부터 항량은 내심 조카가 보통 녀석이 아니라고 생각했다. 항우는 신장이 8척이 넘고, 힘은 무쇠솥을 가볍게 쳐들어 올릴 만큼 강했으며, 사람들을 통솔하는 능력도 탁월하여 어느새 고을 안의 젊은이들 사이에서 지도자가 되었다.

진나라 2세 황제 원년 7월, 항량은 회계군의 수령인 은통의 요청으로 그와 만나게 되었다. 항량을 만난 은통은 다음과 같이 말했다.

"반란군은 현재 장강의 서북 지방에 퍼져 있소. 이제 진나라는 천운을 잃은 것이니 이 기회를 놓치면 안 될 것이오. 선수를 치면 사람을 제압할 수 있고 (先則制人, 선즉제인) 뒤처지면 제압당한다고 들었소. 그래서 이제 나도 군사를 일으킬 생각이오. 귀공과 환초가 나와 함께 일해 주었으면 하는데….

이때 환초는 도망치고 있는 중이었다. 항량은 잠시 생각하더니 말문을 열었다.

"환초는 도망을 다니고 있는 중인데 찾을 길이 막연합니다. 다행히도 그가 있는 곳을 제 조카가 알고 있습니다."

그렇게 말하고는 잠깐 시간을 얻어 밖으로 나온 항량은 조카 항우를 불러 귓속말을 하고 다시 자리로 돌아왔다.

"제 조카 녀석을 불러서 환초를 찾아오게 하시죠."

"불러오시오."

그러자 항량이 항우를 불러들였다. 잠시 후 항량이 항우에게 눈짓을 하자 항우는 순식간에 칼을 뽑고 달려들어 은통의 목을 베어 버렸다. 항량은 즉시 그 목을 들고 관리들 앞에 나아갔다.

군청 안은 삽시간에 수라장이 되었다. 그런 소란 속에 항우가 뛰어들어 순식간에 수십 명을 처치하였다. 관리들은 넋을 잃고 모두 두 사람 앞에 무릎을 꿇고 엎드렸다.

항량과 항우는 군청을 접수한 다음 항량은 고을의 유지들을 소집하며 협력을 요청했다. 그렇게 하여 항량과 항우는 즉시 반란을 일으켰다. 이때 항우의 나이 스물네 살이었다.

그들은 우선 각지에 사람을 파견하여 군 내의 각 현을 지배하게 하였고 정병 8천을 정비했다. 이어서 항량은 전부터 보아두었던 호걸들을 요직에 고루 배치했다.

항량의 군대가 회하(淮河)를 건너자 그 무렵 이미 진나라에 반기를 들고 있었던 경포의 군대가 항량의 휘하에 들어왔다. 이제 항량의 군대는 총 6, 7만의 대군으로 불어나 강력한 힘을 갖게 되었다.

이때 진나라의 장군 장한이 항량의 군대를 막아섰다. 이에 항량은 주계석과 여번군을 내세워 맞서게 했으나 여번군은 전사하고 주계석의 부대도 패하여 도주해 왔다. 그렇게 되자 항량은 퇴각할 수밖에 없었다.

이에 앞서 항량은 항우에게 양성현의 공략을 명령한 일이 있었는데 양성현의 수비가 의외로 견고하여 천하 맹장 항우도 매우 고전하였다. 간신히 성을 함락시킨 항우는 그 보복으로 적병을 한 사람도 남김없이 모조리 생매장해 버렸다.

범증은 거소 지방 출신이었다. 이미 나이 70세였으나 단 한 번도 벼슬을 하지 않았던 재야의 인사로 남의 허점을 찌르는 책략에 능한 사람이었다. 그는 항량을 찾아와서 이렇게 설득했다.

"반란을 일으켰던 진승의 패배는 극히 당연하였습니다. 애당초 진나라에게 패망한 여섯 나라 중에서 초나라가 가장 억울한 경우였습니다. 특히 회왕은 스스로 진나라를 방문하였는데도 진나라가 사로잡아 평생 돌아오지 못한 채 결국 그곳에서 객사했습니다. 초나라 사람들은 지금도 그 일을 애석하게 생각하고 있습니다. 진승은 모처럼 반란의 승기를 잡았으면서도 초나라 왕의 자손을 세우지 않고 자기 스스로가 왕이 되었기 때문에 실패한 것입니다. 그런데 당신이 강동에서 군사를 일으키자 초나라의 각지에서 일어선 사람들이 앞을 다투어 몰려왔습니다. 그것은 당신이 초나라 장군의 집안에서 태어난 사람인 데다가 초나라를 재건시켜 주리라고 기대하기 때문입니다. 장군께서는 이 점을 잊지 않으셔야 합니다."

항량은 고개를 끄덕였다. 그리고 시골에서 양치기로 있던 회왕의 손자를 찾아내 그에게 회왕(懷王)이라는 칭호를 이어받게 했다.

천하의 1인자, 항우

한편 항량이 거느리는 군대는 서쪽으로 진격하여 진나라 군대를 무찔렀다. 항우의 군대 또한 진나라 승상 이사의 아들인 삼천 태수 이유를 처치하는 전과를 올렸다. 그래서 항량은 더욱 진나라를 얕잡아보게 되었고 날이 갈수록 자만심이 높아졌다. 이것을 보다 못한 부하 송의가 항량에게 충고했다.

"싸움에서 몇 번 이겼다고 해서 모두가 우쭐해하기만 하고 해이한 상태로 나가다가는 반드시 화가 닥칩니다. 지금 진나라는 병력을 증강하여 대공세로 나오리라는 소문입니다. 매우 걱정스럽습니다."

그러나 항량은 이를 묵살하고 오히려 송의를 제나라에 사신으로 보내 버렸다. 송의는 제나라로 가는 도중 그쪽에서 오던 사신을 만나게 되었다.

"지금 항량을 찾아가는 길이십니까?"

"그렇습니다."

"제가 보기로는 항량의 군사는 오래 가지 못할 것 같습니다. 여행을 늦추시는 편이 좋을 듯하군요. 저쪽에 닿는 시기를 좀 늦추시면 생명을 보신할 수 있지만 이 길로 곧장 가시면 필시 애꿎은 개죽음을 당하게 될지도 모릅니다."

송의의 예언은 적중하고 말았다. 진나라는 장군 장한의 지휘하에 전 병력을 동원하여 정도 지방에서 항량의 군대를 격파하였다. 이 싸움에서 항량도 전사하고 말았다.

장한은 항량의 군사를 격파하자 이제 후환이 없다고 판단하고 이번에는 황하를 건너 조나라를 치기로 했다.

당시의 조나라는 조헐이 왕, 진여가 대장군, 장이가 재상의 자리에 있었는데 진나라의 공격에 견디지 못하고 거록 지방으로 피했다. 그러자 장한은 부하인 왕리와 섭간에게 거록을 포위하게 하고 자기는 남쪽에 포진하였다.

한편 초나라 회왕은 항량이 이끄는 초나라 군대가 정도에서 참패했다는 보고에 충격을 크게 받았다. 그는 즉시 전선과 가까운 팽성으로 달려가 자기가 손수 군대를 지휘하였다. 이때 송의를 만났던 제나라 사신이 회왕에게 진언하였다.

"제가 이곳으로 오던 도중 송의를 만났습니다. 그때 그 사람이 항량의 패전을 예언했습니다. 과연 며칠 후에 항량은 참패하였습니다. 싸움이 붙기도 전에 패배를 예상한 그의 안목은 대단합니다. 훌륭한 전략가임에 틀림없습니다."

그러자 즉시 송의가 불려왔으며 그의 의견을 듣자마자 회왕은 크게 감복하여 그 자리에서 송의를 상장군에 임명했다. 이어 항우를 부장에 임명하였다.

그 후 초나라 군대는 팽성을 떠나 안양으로 진격하게 되었다. 그런데 안양에 당도한 지 46일이 넘도록 전진하지 않고 머물러만 있었다. 마음이 급해진 항우가 송의에게 따졌다.

"지금 진나라 군대가 조나라 군사를 거록 지방에서 완전히 포위하고 있습니다. 우리는 지체없이 행동을 취하여 황하를 건너야 합니다. 우리가 밖에서 공격하고 조나라 군사들이 안에서 호응하면 진나라 군대는 틀림없이 무너집니다."

그러나 송의는 항우의 말을 한 마디로 묵살했다.

"그렇지 않소. 쇠 몸뚱이에 달라붙은 진드기를 털어낸다고 해서 벼룩이나 이까지 다 떨어지는 법은 아니오. 지금 진나라는 조나라를 공격하고 있지만 설사 이긴다고 하더라도 병사들은 많이 지칠 것이오. 우리가 그들이 지쳐 떨어지는 그때를 노려서 무찌르기란 매우 쉬운 일이 아니겠소? 진나라와 조나라를 맞싸우게 하는 것이 최상의 전법이오. 무기를 들고 싸우는 것에는 내가 귀공에게 미치지 못하겠지만 전략에 관해서는 귀공이 나의 적수가 되지 못하오."

송의는 전군에 다음과 같은 포고문을 내렸다.

호랑이처럼 거칠고 사나우며, 염소처럼 순하고 사리에 어두우며, 늑대처럼 탐욕스럽기만 한 패거리는 모조리 참형에 처하리라.

그날 송의는 자기가 제나라의 대신으로 임명한 아들의 배웅을 나가 성대한 송별연을 베풀었다. 그날따라 마침 큰비가 내리고 한파가 겹쳤기 때문에 병사들은 추위와 굶주림에 허덕이고 있었다.

항우는 부하들을 모아놓고 큰소리로 이렇게 선언하였다.

"총력을 기울여 진나라를 토벌해야 할 이 마당에 상장군 송의는 딴전만 부리고 있다. 백성은 굶주림에 시달리고 군량미는 바닥나서 병사들이 감자나 콩으로 연명하고 있는 이 판국에 상장군이라는 사람은 지금 자식의 송별 잔치나 벌이고 있다. 마땅히 황하를 건너 조나라와 협력하여 함께 공격해야 할 텐데도 지칠 때를 기다린다느니 뭐니 하면서 시간만 끌고 있다. 강대한 진나라가 건국한 지 며칠 안 된 조나라를 공격하면 조나라의 멸망은 시간문제다. 조나라를 멸망케 하고 동시에 그만큼 진나라 군대를 강대하게 만든 연후에 우리가 도대체 무슨 일을 할 수 있단 말인가. 나라의 존망이 걸려 있는 판국에 그 사람은 장병의 고통에는 아랑곳하지 않고 다만 자기 자식의 일에만 몰두하고 있다. 이래서야 되겠는가!"

다음날 새벽 항우는 송의가 자고 있는 침소로 뛰어들어가 거침없이 목을 베어 버렸다. 그리고 이렇게 포고했다.

"송의는 제나라와 공모하여 반기를 들려고 역적모의를 하였다. 나는 왕의 밀명에 의하여 그를 처형했다."

겁에 질린 장수들은 아무도 반항할 뜻을 보이지 않았다. 그리하여 항우는 상장군에 추대되었으며, 송의의 아들 송양은 제나라에서 항우가 보낸 자객의 손에 목숨을 잃었다.

그렇게 되자 회왕도 할 수 없이 항우를 상장군에 임명하였다. 항우의 위세는 급속히 높아지고 그의 이름은 천하를 떨게 만들었다. 항우는 상장군이 되자 즉시 조나라의 구원에 나섰다. 그는 경포에게 2만의 군사를 주어 거록을 구원하도록 하였다. 하지만 전세가 쉽사리 호전되지 않자 조나라는 항우에게 재차 증원 요청을 하였다. 그러자 항우가 직접 나서서 황하를 건너 거록에 도착했다. 도착하자마자 타고 온 배에 구멍을 내어 물속에 가라앉히고 가마솥을 때려 부수었으며 천막을 불태워 없앴다. 군량미도 3일치만 남기고 모두 없애버렸다. 승리 아니면 죽음뿐이라는 각오였다.

그리고 왕리의 군대를 포위하는 한편 장한의 군대와도 격렬한 공방전을 거듭하여 진나라 군대의 보급로를 끊는 데 성공하고 끝내 진나라 군대를 완전히 초토화시켜 버렸다. 왕리가 포로로 잡혔으며, 섭간은 항복을 거부하고 불 속에 몸을 던져 자결했다.

이 전투의 승리로 항우는 제후들 가운데 절대적인 지위를 차지하게 되었다. 당시 거록을 구원하기 위해 달려왔던 제후들은 진나라 군대의 위세에 겁을 잔뜩 집어먹고는 근처에 성을 쌓고 그 속에 틀어박힌 채 한 발짝도 나오지 않았다.

전투가 개시된 후에도 그들은 성채의 망루에서 구경이나 할 뿐 감히 나와서 함께 싸우려 하지 않았다. 하지만 초나라 병사들은 일당백의 용맹스러운 싸움을 감행했다. 천지를 진동하는 초나라 병사들의 우렁찬 함성이 메아리쳤고 결사항쟁의 장렬한 모습 앞에서는 제후들도 숨을 죽여야 했다.

진나라를 격파한 뒤 항우는 제후의 대장들을 초청했다. 초나라 군대의 정문을 통과할 때 그들은 모두 무릎으로 기어야 했으며 아무도 똑바로 고개를 쳐들지 못했다. 이제 항우는 상장군으로서 제후 위에 군림하여 황제에 버금가는 지위를 차지하게 되었다.

개천에서 용이 나오다

용의 얼굴

유방은 패현 지방에서 태어났으며 그의 부친은 태공(太公)이었고, 모친은 유오였다.

어느 날 유오가 큰 호숫가에 앉아 쉬고 있다가 깜빡 잠이 들었는데 용꿈을 꾸었다. 호수 주변은 천둥번개가 치고 짙은 어둠에 싸여 있었다. 깜짝 놀란 남편 태공이 달려가 보니 자기 부인이 있는 근처의 하늘에서 교룡이 꿈틀거리고 있었다. 그 사건 후에 잉태된 아기가 바로 유방이었다.

유방은 태어날 때부터 코가 우뚝 솟았고 용을 닮은 얼굴이었으며 왼쪽 넓적다리에는 점이 72개나 있었다.

그는 친구를 좋아하고 마음이 넓었다. 그는 서른 살 때 관리로 채용되어 정장으로 임명되기도 했는데, 관청의 일 따위는 안중에도 두지 않고 항상 동료나 상사들을 우습게 여기는 행동을 일삼았다.

그는 무엇보다 술과 여자 앞에서는 정신을 못차렸다. 왕 노파네 술집이나 혹은 무 노파네 술집에 처박혀 외상술만 마시면서 세월을 보내고 있었다.

그는 술을 마시면 그 자리에 곯아떨어졌는데 그때마다 그곳에 용의 모습이 나타났다. 또한 고조가 죽치고 앉아 술을 퍼마시는 날은 매상이 몇 배로 뛰었다. 그래서 술집에서는 고조에게 외상값 독촉을 하지 않고 오히려 외상 장부를 없애버리곤 하였다.

훗날 유방이 노무 감독으로 함양에 갔을 때 마침 시황제의 행렬을 구경할 기회가 생겼다. 그는 탄식을 하였다.

"참 부럽구나. 사내로 태어났으면 마땅히 저렇게 되어야 하는데……."

한편 진나라가 여산릉을 만들기 위해 대규모 공사에 착수하자 유방은 죄수들을 여산까지 인솔하는 책임을 맡았다. 죄수들은 가는 도중에 기회만 있으면 도망쳤다. 이대로 가다가는 여산에 도착하기 전에 한 사람도 남지 않을 것 같았다.

유방은 풍서 지방의 늪지대에 이르렀을 때 자리에 주저앉아 술을 마시기 시작했다. 그러다가 주위가 어두워졌을 때 죄수 전원을 풀어 주면서 이렇게 말했다.

"모두 가고 싶은 대로 가시오. 나도 여기서 도망치겠소."

그러자 혈기왕성한 청년 10여 명이 그 자리에 남아 유방과 행동을 같이하겠노라고 나섰다.

유방은 그날 밤 술에 취한 채 늪지대의 작은 길을 걸어갔다. 부하 한 사람을 선두에 내보내어 길을 살피게 했는데 그가 되돌아와서 당황한 기색으로 말하였다.

"저 앞에 큰 뱀이 똬리를 틀고 있습니다. 되돌아가시죠."

그러나 유방은 술에 만취되어 그 말을 무시하고 떠들어댔다. "사내대장부가 가는 길이야. 그까짓 것 때문에 물러설 수야 없지……" 하고는 서슴지 않고 앞으로 나가더니 뱀을 보자마자 단칼에 베어 버렸다. 그리고는 계속 그 길을 갔으나 술기운 때문에 결국 길가에 쓰러져 곯아떨어지고 말았다. 뒤처져 따라오던 부하 하나가 유방이 뱀을 베어 버린 곳에 도착했을 때 한 노파가 어둠 속에서 울고 있었다.

"할머니, 왜 그리 우시는지요?"

"아들놈이 죽었소."

"죽다니, 어떻게요?"

"아들 놈은 백제(白帝)의 자식이오. 그 녀석이 뱀으로 변신하며 길을 막고 있노라니까 적제(赤帝)의 아들이 나타나 칼로 두 동강이를 냈다오. 이 노릇을 어찌해야 좋겠소?"

사나이는 노파가 자기를 놀리고 있는 것이라 생각하고 채찍을 들어 치려고 했다. 그 순간 노파는 연기처럼 홀연히 사라져 버렸다. 부하는 깜짝 놀라 이 소식을 유방에게 알렸다. 부하의 이야기를 들은 유방은 이 일은 어쩌면 진나라를 토벌할 자가 바로 자기라고 하는 신의 계시일지도 모른다고 생각하여 기뻐했다. 그 사건이 있은 후 유방을 존경하는 부하들의 마음은 더욱 깊어졌다.

당시 동남쪽에서 천자가 나온다는 소문이 시중에 나돌고 있었다. 진시황은 늘 이 말에 신경을 쓰고 있다가 마침내 동쪽 지방으로 시찰을 나가 그 지방을 진압하기로 작정했다.

유방은 혹시 자기와 관계된 일이 아닐까 하여 망탕산의 험준한 산악 지대로 도망쳐 몸을 숨겼다. 그런데 숨은 장소를 아무에게도 알려주지 않았는데 그의 아내는 아주 쉽게 찾아왔다.

"어떻게 알고 찾아왔소?"

유방이 놀라 묻자 그의 아내는 이렇게 말하였다.

"당신이 계신 곳에는 언제나 구름이 감돌고 있어요. 그래서 쉽게 찾을 수 있답니다."

이 이야기가 전해지자 유방의 부하가 되려는 자들이 더욱 늘어났다.

반란의 깃발을 올리다

진나라 2세 황제 원년 가을, 진승을 우두머리로 한 무리가 반란을 일으켰다. 진승은 진나라 군대를 격파한 다음 왕을 자칭하고 국호를 '장초(張楚)'라

했다.

이렇게 되자 주변의 여러 현에서도 현령과 관리들을 처치하고 앞을 다투어 진승에게 호응하기 시작했다. 패현의 현령도 그런 생각을 하고 있었다.

"나도 할 수 있다. 그리고 이왕 할 바에야 처음부터 진승에게 갈 것이 아니라 바로 이 패현에서 봉기한 후에 그쪽과 연락을 취하자."

현령은 측근에 있는 사람에게 의사를 타진하였다. 그러자 부하였던 소하와 조참이 난색을 표했다.

"현령께서는 진나라의 관리이십니다. 그런데도 진나라에 반기를 든다면 패현의 젊은이들이 동조할지 의문입니다. 오히려 이럴 때에는 여산으로 가던 중 도망쳐 버린 유방의 패거리를 다시 불러들이는 것이 어떨까 생각합니다. 수백 명은 손쉽게 모아지겠지요. 그자들을 앞세워 분위기를 잡으면 패현의 젊은이들도 쉽게 현령을 따르게 될 것입니다."

현령은 이 의견을 받아들여 부하인 번쾌를 시켜 유방을 불러들이게 했다. 이 무렵 유방은 백 명에 가까운 부하들을 거느리고 있었는데, 그를 만나러 간 번쾌는 오히려 그의 인품에 빠져 그와 운명을 같이하기로 약속하고 자기도 그 패에 끼어들어 패현으로 돌아왔다.

현령은 큰일났구나 하고 생각했다. 섣불리 받아들여 이 놈들이 자기들 중심으로 반란을 일으키기라도 하면 덕을 보기는커녕 오히려 자기 목숨이 위태로워질 게 뻔했다.

그는 부랴부랴 성문을 닫아 버리고 그 방법을 건의했던 소하와 조참을 잡아 죽이려고 생각했다. 그러나 이를 눈치 챈 두 사람은 재빨리 성을 빠져나와 유방의 진영으로 가 버렸다. 유방은 현내의 유지들에게 호소하는 글을 써서 화살에 묶어 성 안으로 쏘았다.

우리는 오랫동안 진나라의 학정에 시달려 왔습니다. 여러분께서 만일 현령에게 의리를 지켜 성문의 수비를 튼튼하게 하시더라도 제후들이 일제히 봉기한 마당에 패현의 운명은 결정된 것이나 다름없습니다. 이제 패현을 구하는 유일한 방법은 여러분들이 일치단결하여 현령을 죽이고 유능한 사람을 지도자로 뽑아 제후에게 호응하는 길뿐입니다.

이 글을 읽은 유지들은 유방의 뜻에 따르기로 하고는 젊은이들과 합세하여 우선 현령을 죽이고 성문을 열어 유방의 일행을 맞아들였다. 당연히 새로운 현령으로 유방이 추천되었으나 그는 거듭 사양했다.

"지금 천하는 뒤죽박죽 각지에서 제후가 봉기하고 있습니다. 우리도 봉기는 하였으나 지도자가 똑똑하지 못하면 여지없이 패할 수 있습니다. 내 목숨이 아까워서 사양하는 것이 아니라 다만 나로서는 여러분의 장래를 책임질 능력이 없기 때문입니다. 다시 한 번 의논들을 하셔서 좀 더 훌륭한 인물을 지도자로 세워 주십시오."

유지들도 입을 모아 말했다.

"평소 당신에겐 이상한 일들이 일어나고 있었습니다. 그건 당신이 귀인이 될 운명이기 때문입니다. 점을 쳐봐도 역시 당신이 최적임자입니다."

그래도 유방은 몇 번이나 사양했다. 끝내 대신 맡을 자가 나서지 않자 유방이 자리를 떠맡는 수밖에 없었다.

그날 유방은 우선 황제(黃帝)를 위해 제사를 드렸다. 그리고 부대 깃발의 색은 적색으로 했다. 유방이 이미 죽인 뱀이 백제의 아들이라면 자신은 적제의 아들이 된다는 뜻에서 적색을 쓴 것이다.

치열한 경쟁

관중에 먼저 들어간 유방

진나라 2세 황제 3년, 초나라 회왕은 항량이 패한 뒤 송의를 장군으로 삼아 조나라를 구원하기 위해 출정시키는 한편, 유방에게는 서쪽으로 진격하여 함곡관에서 관중 지방으로 돌격하라는 명령을 내렸다. 그 자리에서 회왕은 여러 장수에게 이렇게 약속했다.

"관중을 먼저 평정한 자를 관중의 왕으로 임명하리라."

그 무렵만 해도 진나라 군대가 압도적으로 우세하였고, 또 그들이 집요하게 반란군을 추격해 왔기 때문에 모두들 관중 돌격에 선두로 나서기를 주저하고 있었다. 오직 항우 한 사람만 예외였다.

그는 숙부 항량이 진나라에 패한 것을 몹시 분통해하고 있었으므로 관중을 공략하라는 명령이 떨어지자 그 임무를 자기에게 맡겨 달라고 거듭 회왕에게 간청했다. 그러나 회왕 휘하의 신하들은 이에 반대하였다.

"항우는 잔인한 인물입니다. 양성현을 공략했을 때에도 적군을 땅 속에 생매장하여 아예 씨를 말려 버렸습니다. 그가 거쳐온 땅은 모조리 폐허로 변했습니다. 게다가 초나라의 군사들은 성급하게만 굴었기 때문에 진승과 항량도 그로 인하여 실패했던 것입니다. 이번만은 격식이 높고 성품이 원만한 인물을 파견하여 이 싸움이 정의의 싸움임을 관중에 사는 백성들에게 인식시켜야 합니다. 그곳 백성들은 진나라의 폭정에 오랫동안 시달려 왔으므로 우리가 훌륭한 인물을 파견하여 평정하게 되면 무조건 따르게 될 것입니다. 결코 항우 같은 장수를 보내서는 안 됩니다. 그보다는 유방과 같은 도량 있는 인물이 적임자라고 생각합니다."

항우의 관중 공략은 끝내 허락되지 않았고 대신 유방에게 명령이 떨어졌다.

한편 고양 사람으로 글은 많이 익혔으나 뜻을 이루지 못하고 생계조차 잇기 어려운 형편으로 시골 어느 마을의 문지기 노릇을 하던 역이기라는 사람이 있었다. 그 지방 유지들은 그를 '미치광이 학자'로 취급하여 채용하지 않았다.

진승과 항량 등이 군사를 일으킨 이후 많은 장수들이 이곳 고양 땅을 지나갔다. 그때마다 역이기는 그 장수들을 찾아가 면담하곤 했으나 역이기의 큰 뜻에 귀를 기울이는 자가 없었다. 몇 번 실패한 뒤로 역이기는 아예 체념하고 초야에 파묻혀 살기로 작정했다.

그런데 어느 날 유방이 진류 지방의 외곽지대를 공략하고 있다는 소식이 전해졌다. 마침 유방 휘하의 장수 중에 고양 출신의 장수가 있었는데 그는 유방으로부터 지혜가 뛰어난 인재가 혹시 없을까 하는 질문을 받은 적이 있었다. 그 장수가 고양에 돌아왔다는 이야기를 듣고 역이기는 그를 만나러 갔다.

"들리는 소문으로는 유방이라는 장수가 오만불손하고 상대를 업신여기는 사람이라는데 내가 보기에는 웅대한 꿈을 가지고 있는 것 같소. 전부터 나는 은근히 그 사람에게 뜻을 두고 있었는데 면담할 기회가 없었소. 유방을 만나시거든 우리 고향에 역이기라고 하는 인물이 있는데 나이는 60여 세에 신장은 8척을 넘는 늠름한 기상이며, 사람들에게는 미치광이 학자라는 비방을 듣지만 그 자신은 절대로 미치광이가 아니라고 큰 소리를 친다고 전해 주시오."

그 장수는 진중으로 돌아와 유방을 만난 자리에서 역이기의 말을 그대로 전하였다. 그 후 고양 지방에 들른 유방은 사람을 보내 역이기를 불렀다. 역이기가 찾아갔을 때 그는 마침 발을 씻는 중이었다. 의자에 걸터앉아 두 다리를 내뻗고 계집종들이 시중드는 채로 역이기를 만나려 했다.

역이기는 그 앞으로 나아가 가볍게 고개만 끄덕해 보이고는 대뜸 입을 열었다.

"귀공은 진나라 편에 서서 반란을 진압하려는 것이오, 아니면 제후를 거느리고 진나라를 공격하려는 것이오. 도대체 어느 쪽이오?”

유방은 고함을 질렀다.

“이 얼빠진 늙은이야! 천하가 모두 진나라의 학정에 시달리고 있기 때문에 제후와 연합해서 진나라를 공격하고 있는데 진나라 편에 서서 반란을 진압하다니 도대체 그게 무슨 말버릇인가?”

이에 역이기도 굴하지 않고 큰 소리로 대답하였다.

“백성을 위해 의병을 규합하여 진나라의 무도함을 응징하려 한다면서 어찌 다리를 내뻗은 채로 노인을 맞는 그 따위의 무례를 범한단 말이오!”

그러자 유방은 즉시 여자들을 물러가게 하고 의관을 바로한 후에 역이기를 상좌에 앉히고는 무례함을 사과하였다. 역이기는 전국시대 6개국의 합종연횡에 관하여 얘기했다. 흥미를 느낀 유방은 그와 함께 식사를 하며 물었다.

“그렇다면 현 시국에서는 어떤 계책을 쓰는 것이 좋겠소?”

“귀공이 오합지중을 규합하여 그것을 모두 합쳐도 병력 1만이 되기는 어려울 것입니다. 지금 1만 명 정도의 병력을 가지고 강대한 진나라를 공격함은 스스로 호랑이 입 속으로 뛰어드는 것이나 다름없습니다. 그런데 이곳 진류는 천하의 요충이며 모든 길은 이 곳을 통과하고 있습니다. 게다가 성 안에는 저장된 식량도 풍부할 뿐 아니라 백성들은 현령의 명령에 잘 따릅니다. 진나라를 공략하기 위해서는 우선 이곳부터 장악하지 않으면 안 될 것입니다. 저는 전부터 이곳 현령과 가까이 지내고 있는 터입니다. 허락하신다면 제가 현령을 찾아가 항복을 권해 보겠습니다. 만일 불응하는 경우에는 장군께서 공격을 개시하십시오. 저는 성 안에서 호응하겠습니다.”

유방은 쾌히 승낙했다. 역이기가 성으로 들어간 얼마 후 유방은 군사를 이끌고 성문에 육박했는데 그에게 설득된 진류현의 현령은 마침내 투항하고 말았다. 역이기는 이 공을 인정받아 높은 벼슬을 받게 되었다.

진류현을 점령한 유방은 다시 한(韓)나라의 명문 출신인 장량의 협조를 얻어 한나라의 요충지인 환원을 공략하게 되었다. 그런데 이 무렵 조나라의 사마앙이 이끄는 군사 역시 관중에 침공하기 위해서 황하를 건너려 하고 있었다. 이 소식을 들은 유방은 그들을 저지하기 위해 급히 군사를 북상시켜 평음 지방을 공략하고 황하의 나루터를 파괴해 버렸다.

그 후 다시 남하하여 낙양 동쪽에서 진나라 군대와 전투를 벌였지만 이기지 못한 채 시간만 끌게 되어 하는 수 없이 군사를 남쪽 지방으로 일단 옮겼다. 그런 후에 남양의 군수 기가 이끄는 군대와 싸워 이를 격파하고 남양군을 공략하니 군수 기는 도주하여 완 지방까지 물러나게 되었다.

이때 유방이 완의 공략을 보류하고 서쪽으로 방향을 돌려 관중을 공격하려 하자 장량이 이를 말렸다.

"관중 돌입을 서두르시는 의도는 잘 알겠습니다만 진나라는 아직도 대군을 보유하고 있습니다. 완을 그대로 내버려 둔 채 서쪽으로 가면 배후가 불안해지며 오히려 우리가 앞뒤에서 협공을 당하게 될 것입니다."

그래서 그날 밤 유방은 진로를 바꿔 군사를 빼돌리고 기치를 새로 정비한 지원 부대가 당도한 것처럼 가장하여 새벽녘에는 본격적으로 완 지방을 완전히 포위했다.

이를 본 남양군수는 도저히 감당할 수 없으리라 판단하여 자결하려고 했다. 이때 식객으로 있던 진회라는 자가, "죽기는 아직 이릅니다. 저에게 맡겨 주십시오." 하고는 유방의 진영을 찾아갔다. 유방을 만난 진회가 설득했다.

"진나라의 수도 함양에 가장 먼저 들어가는 자가 관중의 왕으로 임명된다는 약속이 있었다고 들었습니다. 장군께서는 지금 완을 함락시키려고 이곳에 머물러 계십니다만 완은 인구도 많고 양식도 넉넉히 준비되어 있습니다. 만일 장군께서 지금 속전속결로 밀어부치려 하신다면 그 희생이 적지 않으리라는 점을 명심하셔야 할 것입니다. 그렇다고 만일 철수하신다면 이번에는 완의 군사가 추격을 개시할 것입니다. 지금 투항을 조건으로 완의 군수에게 벼슬을 내리는 것이 최선의 방법입니다. 그리하여 군수에게 이대로 완을 수비하게 하고, 장군께서는 완의 군대를 휘하에 편입시켜 서쪽으로 진격하시는 것입니다. 또한 완 지방이 무사히 수습되었다는 소문이 퍼지게 되면 다른 성들도 제각기 성문을 열고 투항하리라 믿습니다. 그렇게 되면 장군께서는 병력의 소모 없이 서쪽에 대한 진격을 계속하실 수 있지 않겠습니까?"

이 말을 들은 유방은 쾌히 승낙했다. "좋소. 그렇게 합시다."

그리고는 즉시 완 지방의 군사를 은후(殷候)에 봉하고 진회에게도 벼슬을 내렸다. 그 후 완군 신하의 여러 성은 진회가 말한 대로 모조리 투항해 왔다.

그런데 그 무렵 조나라에서 초나라와 싸우고 있던 장한이 휘하의 모든 장병을 이끌고 항우에게 투항하는 사건이 발생하였다.

한편 진나라에서는 재상 조고가 2세 황제를 살해하고 유방에게 사자를 보냈다. 관중을 갈라 먹자는 제의였다. 그러나 유방은 이 제의에 모략이 숨어 있음을 판단하고는 장량의 계략에 따라 우선 역이기와 육가를 진나라에 파견하여 진나라의 장군을 매수했다. 그런 다음 무관 지방을 급습하여 일거에 관중으로 진격, 남전의 남쪽에서 진나라 군대와 마주치게 되었다.

유방은 깃발을 많이 만들게 하여 대군처럼 보이게 하는 한편 물자의 약탈이나 인부의 징발 등 일체의 민폐를 금지시켰다. 그 때문에 진나라 백성들은 유방에게 크게 호응했고 진나라 군사들의 사기는 급속하게 저하되어 맥없이 패퇴하고 말았다. 그 후 진나라는 남전의 북쪽에서도 대패하여 결국 붕괴되었다. 드디어 한나라 원년(기원전 206년) 10월에 유방은 제후들을 앞질러 함양 근처까지 이르게 되었다.

그러자 진나라 황제 자영이 지도정 근처까지 나와 유방을 맞이했다. 백마가 끄는 흰 수레를 타고 나와 목에 밧줄을 걸고 손에는 황제의 옥새를 넣은 봉인된 상자를 든 모습으로 항복한 것이었다. 그러자 부장들 가운데는 자영을 죽이자는 주장도 적지 않았지만 유방은 이를 저지했다.

"처음에 회왕이 나에게 관중 공격을 명령한 것은 적일지라도 관대히 대우하리라는 생각 때문이었다. 더욱이 적은 이미 우리에게 항복하고 있지 않은

가. 항복한 자를 죽여서는 좋은 결과를 기대할 수 없다."

결국 자영을 그대로 연금 상태에 두기로 하고 그 길로 함양에 입성했다.

유방이 궁전을 점령했을 때 그곳은 빼어난 미녀들과 보물들로 가득 차 있었다. 그는 만면에 미소가 흘렀다. 그냥 눌러앉아 마음껏 즐기고 싶었다. 그래서 거기에 본부를 설치하려고 생각하였다. 하지만 장량과 번쾌가 이를 말렸기 때문에 하는 수 없이 진나라의 보물들을 모아 둔 창고를 봉인한 후 일단 물러나왔다.

유방은 사람들을 모아놓고 이렇게 포고령을 내렸다.

"여러분은 오랫동안 가혹한 억압에 시달려 왔습니다. 국정을 비판했다가는 일족이 몰살당해야 했고, 길에서 쑥덕거리기만 해도 잡혀가 사람들이 모인 거리에서 참수를 당했을 정도였습니다. 우리는 제후들과 약속하여 관중에 먼저 들어간 자가 왕이 되기로 하였습니다. 그러므로 관중의 왕은 바로 나입니다. 왕의 자격으로 나는 여러분과 약속합니다. 우선 법은 세 가지만 정합니다(法三章). 즉, 사람을 죽인 자, 사람을 상해한 자, 도둑질을 한 자는 처벌한다는 것입니다. 그 밖에도 진나라가 정한 모든 잔인하고 복잡한 법령들은 모두 이 자리에서 폐지합니다. 앞으로는 모두 편안하게 지내시기를 바랍니다. 우리가 관중에 들어온 목적은 오직 여러분을 위하여 학정을 없애자는 데에 있으며 결코 난폭한 짓은 하지 않을 것이니 안심하십시오. 또한 우리 군사가 다시 철수한 것은 여기서 제후들의 도착을 기다려 그들과 정식으로 협의를 하기 위한 것일 뿐 다른 뜻은 전혀 없습니다."

유방은 부하에게 진나라의 관리를 동행시켜 각지를 순회하면서 백성들에게 이 뜻을 널리 알리게 했다. 진나라 사람들은 이 뜻에 크게 호응하여 유방의 군사를 대접하기 위해 앞을 다투어 고기와 술과 음식 등을 가지고 왔으나 유방은 정중히 거절했다.

"우리는 군량미도 충분하고 부족한 것이 없습니다. 고맙지만 사양하겠습니다."

이렇게 되자 유방에 대한 평판은 더욱 높아졌고 백성들은 어떠한 일이 있어도 그를 꼭 왕으로 추대해야 한다고 말했다. 이때 어떤 사나이가 나서서 유방에게 이렇게 제안하였다.

"관중은 중원의 10배나 되는 부를 지니고 있습니다. 지형도 험준하여 요충지를 이루고 있습니다. 그런데 들리는 소문에 의하면 장한이 투항했을 때 항우가 그를 옹왕에 임명하여 관중의 왕으로 삼으려 한다고 합니다. 그 사람들이 만일 이곳에 들어온다면 귀공께서 관중을 장악하시기는 곤란할 것입니다. 그러니 지금 함곡관으로 군사를 급파해 그곳을 수비함으로써 제후들이 관중에 들어오지 못하도록 하는 것이 좋을 듯합니다. 그리고 관중에서 군사를 징집하여 병력 증강에 힘쓰시면 제후의 입성도 막아낼 수 있으리라고 생각합니다."

어떻게든 관중의 왕이 되고 싶었던 유방은 그 사나이의 말을 받아들였다.

20만 포로를 생매장하다

제후들의 연합군은 마침내 함곡관에서 가까운 신안에 이르렀다. 그러나 제후의 병사들은 옛날 진나라 때 노역이나 변두리 국경 수비에 동원되어 이 관중 땅을 지나면서 진나라의 병사들로부터 갖은 천대를 받았던 자들이다. 그 때문에 진나라 병사들이 투항해 들어오자 이번에는 그들을 노예처럼 취급하며 학대했다. 견디다 못한 진나라 병사들은 자기들끼리 모인 장소에서 불만을 털어놓곤 했다.

"장한이 우리들의 처지는 생각지도 않고 항복을 해 버려서 이 꼴이 된 거야. 관중 땅을 공략해서 진나라를 멸망시킬 수만 있다면 문제는 간단하겠지. 그런데 오히려 패배를 당해 쫓겨가는 날엔 어떻게 될까? 제후들은 우리를 포로로 삼을 것이고 관중 땅에 남아 있는 우리 가족들은 진나라에 의하여 몰살당할 것이 틀림없다구."

이들이 쑥덕거리는 소리를 들은 부장들은 당장 항우에게 보고했다. 항우는 즉시 경포 장군을 불러 그들을 처치할 것을 명령했다.

"그들은 숫자도 많으려니와 마음속으로는 우리들에게 복종하고 있지 않다. 관중 땅에 들어간 다음에 그들이 배반하기라도 하면 중대한 사태가 발생할 것이니 아예 일찌감치 죽여 없애 버리는 것이 상책이다. 관중에는 장한과 사마흔, 그리고 동예 이렇게 세 사람만 끌고 가면 충분하다."

그날 밤 경포가 이끄는 군대는 투항했던 진나라 병사들을 기습해서 20여만 명을 신안 남쪽 땅에 그대로 생매장해 버렸다. 그 후 항우의 군사는 진나라를 계속 공략하면서 이윽고 함곡관에 이르렀다. 그런데 유방의 군사가 함곡관을 방비하고 있었기 때문에 항우의 군사는 진로가 막혀 버리고 말았다. 더구나 유방이 이미 함양을 함락시켰다는 보고가 전해지자 항우는 노발대발하였다. 즉시 경포 등에게 함곡관의 공격을 명령하고 자신은 단숨에 희수의 서쪽까지 말을 몰았다.

그러나 유방은 군사를 패상으로 철수시킨 뒤였기 때문에 항우와는 직접 연락을 취하지 못하고 있었다. 이 무렵 유방의 부하로 있는 조무상이란 자가 항우에게 밀사를 보내어 유방을 중상하였다.

"그는 관중의 왕위를 차지하기 위해 우선 진왕 자영을 재상의 자리에 앉혔으며 진나라의 보물들을 모조리 손에 넣었습니다."

이 말을 전해 들은 항우는 크게 노했다.

"내일은 병사들에게 진탕 먹고 마시도록 하라. 유방의 군사를 모조리 짓밟아 버리겠다."

이때 항우의 군사 30만은 홍문(鴻門)에 포진한 반면 유방은 10만의 병력으로 패상에 주둔하고 있었다.

이날 범증이 항우에게 경고했다.

"유방은 산동에 살 때만 해도 주색으로 소일하는 형편없는 위인이었습니다. 그랬던 자가 지금 관중을 점령한 후로는 재물은 물론 여자도 가까이 하지 않는다는 소문입니다. 아무래도 심상치 않습니다. 제가 데리고 있는 점쟁이에게 점치게 하였는데 그는 오색으로 채색된 용호의 상을 하고 있다 합니다. 이건 천자가 될 조짐이니 한시라도 빨리 그를 잡아 죽여야 합니다."

초나라의 항백은 항우의 숙부가 되는 사람인데 일찍부터 장량과 친근하게 지냈다. 다음날 항우가 유방을 칠 것을 알게 된 항백은 그의 친구 장량이 걱정되어 밤중에 유방의 진영으로 달려와서 은밀히 장량과 만났다. 그는 사정을 자세히 장량에게 설명해 주며 위험을 피하라고 충고하였다.

"이대로 나가다간 귀공의 목숨도 위태롭게 될 것이오."

그러나 장량은 거절했다. "나는 한나라 왕을 위해서 지금까지 유방을 보좌해 온 사람이오. 이제 와서 그의 위기를 본체만체하고 도망간다는 것은 대단히 의롭지 못한 노릇이 아니겠소? 우선 이 문제를 유방에게 보고해야겠소."

그리고 장량은 즉시 유방의 침소를 방문하며 소상히 보고했다. 그러자 유방은 얼굴이 하얗게 질린 채 물었다. "어찌하면 좋겠소?"

"항백에게 직접 항우를 배신할 의사는 추호도 없었노라고 말해 주십시오."

"그런데 항백과 어떻게 아는 사이요?"

"옛날부터 친구 사이입니다. 그 전에 항백이 사람을 죽이고 잡혔을 때 제가 나서서 살려낸 일이 있는데 이번에 사정이 급하게 되자 저를 구해 주기 위해 찾아온 것입니다."

"어느 쪽이 나이가 많소?"

"항백입니다."

"그러면 나도 그 사람을 형이라고 불러야 되겠군. 이리로 불러 오시오."

잠시 후 장량이 항백을 불러왔다. 유방은 우선 항백과 건배하고 입을 열었다. "저는 관주에 먼저 들어오기는 하였으나 무엇 하나 손댄 것이 없소이다. 관민(官民)의 명부를 정리했고, 창고에도 봉인만 해 놓고는 항 장군께서 오시기만을 고대하고 있었습니다. 함곡관에 경비군을 보낸 것도 도둑의 침입을 막고 만일의 비상 사태에 대비하기 위함일 뿐이었습니다. 장군께서 하루 빨리 도착하시기만을 마음속으로 빌고 있었던 제가 어찌 그분을 배신할 수 있겠습니까? 제발 저의 뜻을 장군께 잘 말씀해 주시오."

항백은 그렇게 전하겠다고 쾌히 승낙했으나 한 가지 조건을 내걸었다.

"내일 아침에 당신이 직접 항왕의 진영으로 와서 사죄를 하셔야만 됩니다."

"알겠습니다."

항백은 즉시 초나라 진지로 돌아가 유방의 말을 그대로 항우에게 전하고는 이렇게 덧붙였다.

"그가 먼저 관중을 격파하지 않았더라면 귀공의 관중 돌입은 용이치 않았을 것이오. 대공을 세운 셈인데도 불구하고 그를 친다는 것은 옳지 못한 일이니 온당하게 후대를 하는 것이 도리인 줄로 생각하오."

항우는 그 의견을 받아들였다.

이튿날 아침 유방은 백여 명의 호위병과 함께 홍문으로 항우를 찾아갔다. 그 자리에서 그는 사죄부터 한 다음 말하였다.

"항왕과 저는 이제껏 진나라를 토벌하는 일에 협력하여 항왕께서는 황하의 북쪽을, 저는 남쪽을 공략하면서 싸워 왔습니다. 뜻하지 않게도 제가 먼저 관중에 당도하며 진을 격파하게 되었고, 또한 이렇게 항왕을 뵙게 되니 이 기쁨 비길 데가 없습니다. 그런데 일부 사람들의 비방 때문에 항왕과 저와의 사이에 틈이 생기려 하여 참으로 안타깝습니다."

항우도 기분이 좋아져서 이렇게 말하였다.

"그것은 귀공의 부하로 있는 조무상이라는 자의 소행이었소. 그런 소리만 들려오지 않았더라면 내가 어찌 귀공을 의심했겠소?"

항우는 유방을 위해 잔치를 벌였다. 항우와 항백은 동쪽을 바라보고 범증이 남쪽을 바라보고 앉았다. 유방은 말석에 앉았고 장량이 그 옆에 배석하고 있었다. 잔치가 벌어지는 동안 범증은 항우에게 눈짓하며 허리에 찬 옥륜

(玉輪)을 쳐들어 '죽이라'고 신호했다. 이 신호는 세 번이나 되풀이되었으나 항우는 잠자코 바라보기만 했다. 초조해진 범증은 자리에서 빠져나가 항우의 동생 항장을 불렀다.

"우리 대왕은 인정이 많으신 분이라 손수 처치하실 수 없을 것 같네. 그러니 자네가 대신 해주게. 먼저 유방의 장수를 비는 건배를 하고, 그 다음에는 주연의 흥을 돋구는 체하면서 검무를 추게. 춤을 추며 유방의 자리로 접근하다가 죽여 버리게. 만일 실패라도 하는 날에는 우리가 도리어 유방의 포로가 되고 말 것일세. 반드시 단칼에 성공을 거두도록 하게."

항장은 연회석에 들어와 유방에게 술을 한 잔 바치더니 이어 항우에게 "이처럼 왕께서 즐거움을 나누시는 자리인데 군중(軍中)이고 보니 흥을 돋구어 드릴 만한 아무런 준비도 없습니다. 그래서 제가 칼춤이라도 추어 볼까 합니다."

"좋아. 어서 추어 보게." 항우가 허락했다.

항장은 칼을 뽑아 들고 춤을 추기 시작했다. 그러자 위기를 직감한 항백이 칼을 뽑아 들고 같이 춤추기 시작했다. 항백은 칼춤을 추며 몸으로 유방을 감싸고 끝내 틈을 주지 않았고 그래서 항장은 기회를 얻지 못하였다.

장량은 자리에서 빠져나와 밖에 있는 번쾌를 찾았다. 밖에서 기다리던 번쾌도 몹시 궁금하던 참이라 대뜸 물었다. "어찌 되어가오?"

"큰일 났소. 지금 항장이 칼춤을 추고 있는데 그 칼끝은 우리 대왕의 목숨을 노리고 있소."

"그럼, 나도 함께 들어갑시다. 죽어도 같이 죽겠소!"

대사를 앞에 두고 작은 일에 구애받을 수 없다

번쾌는 즉시 칼과 방패를 준비하고 안으로 돌아왔다. 경비원 두 명이 창을 들고 그를 저지하려고 하였으나 번쾌의 방패에 밀려 나가 떨어졌고 번쾌는 곧장 안으로 들어갔다.

연회석의 휘장을 젖히고 들어선 번쾌는 항우를 정면으로 노려보았다. 머리칼은 있는 대로 곤두서고 부릅뜬 눈은 당장 찢어질 듯했다. 항우는 얼떨결에 칼을 움켜쥐고 상체를 일으켰다. "웬놈이냐?"

이에 장량이 대신 대답했다. "패공의 수행원인 번쾌입니다."

항우가 그제야 낄낄 웃으며 말했다. "대단한 사나이다. 술잔을 주라!"

큰 잔에 넘치도록 가득 찬 술잔이 번쾌 앞에 놓여졌다. 번쾌는 무릎을 꿇고 그 잔을 받고는 단숨에 마셔 버렸다.

"하하하! 이제 돼지고기 안주를 주라."

항우가 다시 명령하자 큼직한 돼지 다리 한 짝이 그의 앞에 놓였다. 날고기였다. 번쾌는 방패 위에 그것을 놓고 칼을 뽑아 고기를 베고는 단번에 먹어 버렸다.

"훌륭하구나. 과연 장사로다. 한 잔 더하겠는가?"

"죽음도 두려워하지 않는 저입니다. 술 한두 잔 따위를 어찌 사양하겠습니까? 그러나 마시기 전에 대왕께 드릴 말씀이 있습니다. 진나라는 그 잔인함이 호랑이와 이리를 방불케 하였으며 사람도 수없이 죽여 왔고 가혹한 형벌에 우는 자도 부지기수였습니다. 천하가 다투어 반란을 일으킨 것도 그 때문이었습니다. 일찍이 회왕께서는 여러 장수들 앞에서 진나라를 격파하여 함양에 첫 번째로 들어온 사람을 관중의 왕으로 삼겠다고 약속하신 바 있습니다. 그런데 제일 먼저 함양에 입성한 사람은 패공입니다. 하지만 패공은 진나라의 재물에는 손도 대지 않았고 궁전을 수비만 하였을 뿐만 아니라 군사를 후퇴시켜 대왕께서 오시기를 기다리고 있었습니다. 함곡관의 수비를 굳게 한 것 또한 도둑의 침입과 비상사태에 대비하기 위함이었습니다. 패공의 이런 공로에 대해 포상하시기는커녕 소인배의 중상모략을 믿으시고 도리어 패공을 살해하려 하신다고 들었습니다. 이래가지고야 진나라와 다를 것이 뭐가 있습니까? 설마 대왕의 진심은 아니겠지요?"

항우도 이 말에는 대꾸할 수가 없었다. 다만 "자리에 앉도록……" 하고 한 마디 했을 뿐이었다.

번쾌는 장량 옆에 앉았다. 잠시 후 유방은 변소에 다녀오겠다는 의사를 밝혔다. 장량과 번쾌도 그를 따라 자리를 떴는데 나가더니 좀체 돌아오질 않았다. 낌새를 눈치 챈 항우가 진평에게 유방을 불러오도록 했다.

한편 밖으로 나온 유방은 번쾌에게 말했다.

"항우에게 작별 인사도 하지 않고 나와 버렸소. 어찌하면 좋겠소?"

"대사를 앞에 두고 작은 일에 구애받을 수는 없습니다. 지금 우리는 도마 위에 오른 생선이나 다름없습니다. 목숨이 위태로운데 작별 인사를 어찌 갖추겠습니까?"

번쾌의 대답에 유방은 그 길로 도망칠 것을 결심하고 항우에게는 장량이 대신 사과하게 했다. 그러자 장량이 유방에게 빨리 길을 떠나라고 재촉하면서 물었다. "항왕에게 드릴 선물로 무엇을 가지고 오셨습니까?"

"항왕에게 선물로 백벽(白璧) 한 쌍과 범증에게 선물할 물건으로 옥두(玉斗) 한 쌍을 가지고 왔소. 가지고 오기는 했으나 저 사람들이 워낙 서슬이 시퍼렇게 서 있기 때문에 내놓질 못하고 있었던 것인데 나 대신 귀공이 주는 게 좋겠소."

이때 항우가 포진한 홍문과 유방이 포진한 패상과의 거리는 불과 40리였다. 유방은 자기가 타고 온 수레와 호위병들을 그곳에 놓아 둔 채 혼자 말을 탔다. 번쾌, 하우영, 근강, 기신 등 네 사람이 칼과 방패만을 들고 뒤따랐다. 그곳을 떠나면서 유방은 장량에게 다음과 같이 부탁했다.

"지름길로 가면 우리 군영까지 불과 20리, 잠깐이면 갈 수 있소. 내가 군영에 도착했을 때쯤 해서 항우의 연회석으로 되돌아 가도록 하오."

홍문을 탈출한 유방이 무사히 패상에 당도했을 즈음 장량이 연회석으로 돌아가 항우에게 사죄했다.

"패공은 원래 술에 약한 체질이어서 작별 인사조차 못 드릴 형편입니다. 그래서 제가 대신 백벽 한 雙을 대왕께, 그리고 옥두 한 雙을 대장군 범증께 바치니 기꺼이 받아 주시기 바랍니다."

"그래, 패공은 지금 어디 있소?"

"대왕께서 패공을 책망하시리라 생각하고 혼자 빠져나갔습니다. 어쩌면 이미 패상으로 돌아가 있을지도 모릅니다."

항우는 백벽을 받아들고 자기의 방석 위에 놓았다. 그리고는 다시 주연을 시작하였다. 그러나 범증은 옥두를 받아들자마자 땅에 놓고 칼을 뽑아 박살을 내고 밖으로 뛰쳐나와 하늘을 우러러보며 장탄식했다.

"이렇게 세상을 모르는 작자와 무슨 일을 한단 말인가. 장차 천하를 반드시 패공에게 빼앗기게 되리라. 그리고 우리는 머지않아 그의 포로가 되고 말 것이다."

한편 유방은 본부에 도착하자마자 조무상을 잡아 죽여 버렸다.

수도를 장악해야 천하를 장악한다

그로부터 며칠 후 항우는 군사를 이끌고 함양에 입성하여 대학살을 자행했으며, 이미 항복한 자영을 처형하고 궁전에는 불을 질렀다. 이 불은 석 달 동안이나 계속 되었다.

항우는 궁전의 보물과 여자들을 남김없이 약탈해 가지고 동쪽으로 돌아가기로 결정했다. 이를 본 한생이라는 사람이 항우에게 말했다.

"관중은 사방이 물과 산으로 둘러싸인 요충지대이므로 토지도 비옥합니다. 도읍으로 정하고 천하를 호령하기에는 다시 없는 좋은 곳인데 왜 돌아가려고 하십니까?"

그러나 항우는 계속 불타고 있는 궁전을 쳐다보면서 어서 빨리 고향에 돌아가고 싶은 생각뿐이었다.

"인간은 아무리 위대해질지라도 고향에 돌아가지 않으면 헛수고야. 누가 알아준단 말인가. 금의를 걸쳤으면 환향을 해야지(錦衣還鄕), 금의를 걸치고 깜깜한 어둠 속을 거닌들 무슨 소용인가.”

이 말을 들은 한생은 중얼거렸다.

“세상에서 초나라 사람들은 원숭이에게 관을 씌워 놓은 것처럼 허물만 좋고 머리는 쓸 줄 모른다고 하더니 그 말이 과연 맞군.”

이 말을 들은 항우는 크게 노하여 한생을 끓는 가마솥에 집어넣고 죽여 버렸다. 이윽고 항우는 회왕에게 사자를 보내어 관중을 평정했다는 보고를 전하며 명령을 내렸다.

“약속한 대로 하라.”

항우는 우선 회왕을 받들어 의제(義帝)라 불렀다. 다음에는 항우 자신도 왕이 되어야 할 차례였으나 그러기 위해서는 다른 장군이나 대신들을 왕으로 임명할 필요가 있었다. 항우는 그들을 소집한 자리에서 이렇게 제안했다.

“우리가 봉기를 시작할 당시에는 반진(反秦)이라는 대의명분도 있고 해서 임시로 제후의 후예를 왕으로 삼았었소. 그러나 실제로 전쟁터에 뛰어들어 무기를 잡고 싸운 것은 여러 장군과 대신들, 그리고 여기 있는 이 사람이었소. 우리는 다같이 전쟁터에서 목숨을 걸고 3년 동안 싸운 끝에 기어이 포악스러운 진나라를 무찌르고 천하를 평정하였소. 비록 의제께서 세운 전공은 없지만 대의명분으로 봐서 황제로 추대하는 것이 좋으리라 생각하오. 그리고 우리들 자신도 왕의 임명을 받아야 하리라고 생각하는데 여러분의 의견은 어떻소!”

“옳은 말이오. 그건 당연하오.”

장군들은 이구동성으로 찬성했다. 이에 항우는 즉각 천하를 고루 분할하여 장군이나 대신들을 왕과 제후의 자리에 앉혔다.

그렇게 일을 마무리짓고 나자 항우와 범증에게 또 다른 큰 두통거리가 생겼다. 그것은 장차 유방이 천하를 장악하게 되지나 않을까 하는 걱정이었다. 그러나 관중에 먼저 들어간 사람을 관중의 왕으로 삼는다는 약정을 위반하면 제후들로부터 신용을 잃을 우려가 컸다 이에 두 사람은 계략을 세웠다.

"파와 촉 지방은 길이 험하여 교통이 불편하고 게다가 촉나라에는 진나라의 유배자들이 들끓고 있지 않습니까? 유방에게 그 변두리 땅을 주기로 하시죠."

"좋소. 파나 촉도 관중 땅임에는 틀림이 없으니 회왕의 약정을 위반하는 것은 아니야. 그리고 그곳은 너무 외진 곳이라 자칫 유배시킨다는 인상도 줄 수 있으니 거기에 한중 땅을 덧붙여 주지." 그리하여 항우는 유방에게 파, 촉, 한중(漢中) 땅을 제공하여 한왕(漢王)으로 임명하고 남정에 도읍을 정하도록 했다.

달라지는 천하의 형세

한나라 원년(기원전 206년) 4월, 제후들은 각지의 영지로 떠났다. 항우는 관중에서 귀국한 뒤 의제를 다른 영지로 보내려고 사자를 파견하여 이렇게 전했다.

"예로부터 황제의 영지는 강의 상류에 있어야 되고 넓이는 사방 천리가 되어야 한다고 합니다."

그러면서 의제를 장사 지방으로 내몰다시피 하여 떠나도록 했던 것이다. 이렇게 되자 그때까지 황제를 섬기고 있던 신하들도 하나씩 둘씩 자취를 감추어 의제는 더욱 처량한 신세로 전락하고 말았다. 결국 의제는 항우의 밀사들에 의해 장강을 건너는 도중에 살해당하고 말았다.

한편 유방도 파촉 지방을 향해 출발했다. 항우가 유방에게 병력 3만의 수행을 허락하며 지원병을 모집하자 초나라의 지원병들을 비롯한 제후의 병사들 수만 명이 삽시간에 모여들었다.

유방은 계곡 지대를 통과한 뒤에 다리를 모조리 불태워 없앴다. 이는 제후의 소속이었다가 한왕에게 모여든 병사들의 탈주를 방지하자는 목적도 있었지만 또 한 가지는 다리를 없애 버림으로써 동쪽의 관중 지방으로 진격하여 관중의 왕이 될 생각이 없다는 사실을 항우에게 알려 주려는 것이었다.

유방은 수도인 남정에 도착하였으나, 오는 도중에 도망병이 많이 생겼으며 탈락하지 않고 끝까지 따라온 자들도 제각기 향수에 사로잡혀 고향의 민요를 흥얼거리는 형편이었다. 이 광경을 본 한신이 유방에게 진언했다.

"항우는 공을 세운 여러 장수를 각지의 왕으로 임명하였습니다. 그런데 대왕만은 이런 벽지에 몰아넣고 유배와 다름없는 대접을 하고 있습니다. 지금 우리 병사들은 모두 동쪽 지방 출신들이기 때문에 항상 고향 생각뿐입니다. 이들의 절박한 향수를 요령껏 이용하면 어떤 큰 일이라도 성취할 수 있을 것입니다. 그러나 천하의 대세가 결정되고 인심이 안정된 연후에는 때가 이미 늦습니다. 이 기회를 놓치지 말고 군사를 동쪽으로 진격시켜 천하의 패권을 놓고 다투어야 할 것입니다."

이에 유방은 한신의 계략에 따라 끊어진 다리 대신 미리 봐두었던 지름길로 군사를 돌려서 우선 옹왕 장한을 급습했다. 장한은 진창에서 유방의 군사들과 맞섰으나 패퇴하자 도망치고 말았다.

유방은 옹나라를 계속 공격하면서 군사를 동쪽의 힘양으로 진격시켰다. 이에 그치지 않고 농서, 북지, 상군의 3개 지역을 공략했으며 항우에게는 다음과 같은 서한을 보냈다.

나 한왕은 너무나 소홀한 대접을 받았습니다. 그 때문에 이제 관중 지방을 차지하려는 것입니다. 애당초의 약정대로만 이행해 주신다면 지금이라도 군사 행동을 중지할 수 있습니다. 양해하시기 바랍니다.

그 후에 다시 제나라와 양나라가 주고받은 기밀문서를 입수하여 항우에게 보내며 이렇게 덧붙였다.

제나라는 조나라와 손을 잡고 초나라를 공격하려는 음모를 꾸미고 있습니다.

이에 당황한 항우는 관중에 진격할 의사를 포기하고 북방의 제나라부터 공격하기로 했다. 이때 항우는 경포에게 군사 동원령을 내렸는데 경포는 병을 핑계삼아 자기 자신은 출전하지 않고 부하 장병 겨우 수천 명을 대신 출동시켜 항우를 도우라고 했다. 이것이 발단이 되어 항우는 경포를 눈엣가시처럼 여기기 시작했다.

이즈음 유방은 영토 확장에 여념이 없었다. 유방은 동쪽으로 진격을 계속하여 각지를 공략했다. 이 과정에서 사마흔과 동예, 그리고 신양이 차례로 항복했다.

유방이 한나라 왕이 된 이듬해 정월 한나라는 장한의 아우 장평을 체포했으며 죄수들을 모두 풀어 주었다. 한왕은 함곡관을 출발하여 섬 지방을 방문하고 그곳 유지들의 지지를 얻어 가지고 돌아오자 장이가 한나라로 망명해 왔다. 또한 2월에 한왕은 진나라의 사직을 철거하고 한나라 사직을 세웠고, 3월에 한왕이 황하를 건너자 위왕 표가 군대를 이끌고 투항해 왔다. 이어서 하내까지 공략하여 은왕을 사로잡고 그곳을 직할 하내군으로 정했다.

또 그곳에서 다시 남하하여 황하를 건넌 한왕의 군사는 낙양에 입성했다. 이때 신성에 사는 동공이라는 현인이 의제의 죽음에 관한 진상을 호소해 왔다. 이에 한왕은 옷을 벗고 통곡하며 의제를 추도하기 위해 그 자리에서 상(喪)을 발표했다. 3일상을 거행한 뒤 한왕은 제후들에게 다음과 같은 격문을 돌렸다.

의제를 옹립하고 그를 섬기는 것은 천하가 일치된 의견으로 약속한 바였다. 그럼에도 불구하고 항우는 의제를 강남으로 추방하고 목숨을 빼앗았다. 이 얼마나 극악무도한 소행인가! 이에 나 한왕은 스스로 상을 발표하는 바이다. 제후에게 부탁하는 바이니 여러분도 모두 흰 상복을 입도록 하라. 나 한왕은 관내의 전 병력을 동원해서 장강과 한수를 따라 대군을 남하할 것이다. 이는 민심의 여망에 부응하여 의제를 살해한 초나라의 극악무도한 자를 벌하기 위함이다.

이듬해 봄 한왕은 56만의 대병력으로 초나라를 공략하기 위한 장도에 올랐다. 항우도 스스로 정병 3만을 이끌고 남하하여 노나라에서 호릉으로 진군했다.

4월, 유방은 텅텅 비어 있는 초나라의 수도 팽성을 기습하여 곧바로 성을 점령하고 보물과 미녀를 약탈한 뒤에 연일 성대한 잔치를 베풀며 승리감에 취해 있었다.

그러나 항우는 군대를 서쪽으로 옮겨 유방의 군대를 새벽에 습격했다. 성 안에서의 싸움은 점심 때가 지나자 이미 대세가 결정되어 한나라 군대는 일시에 붕괴하고 말았다. 뒤죽박죽이 되어 패주하는 바람에 강물에 빠져 죽은 자가 10여만 명을 헤아리게 되었다. 겨우 목숨을 건진 나머지 한군은 남쪽의 산속으로 도망쳐 들어갔으나 이들도 초나라 군대의 추격을 받아 수수라는 강 부근에서 갇힌 꼴이 되고 말았다. 더구나 강가로 퇴각한 병사들도 공격을 당해 그 곳에서도 엄청난 희생자를 냈다. 10여만 명의 병사가 일시에 물 속으로 뛰어들었기 때문에 강물이 잠시 멎었을 정도였다.

초나라는 한왕에 대하여 3중의 포위망을 쳤다. 그런데 이때 서북방에서 갑자기 일진광풍이 불어와 나무와 가옥이 쓰러지고 흙모래가 하늘을 가리는 변괴가 일어났다. 초군의 병사들은 일시에 혼란상태에 빠졌다. 이 틈을 타서 한왕은 부하 수십 명과 함께 가까스로 포위망을 뚫고 탈출할 수 있었다.

한왕은 고향인 패에 들러 가족들을 데리고 관중으로 철수하려고 했다. 그러나 이때 항우 쪽에서도 역시 한왕의 가족을 잡으려고 추격대를 보냈다. 가족들은 이미 피신한 뒤여서 한왕과는 길이 엇갈리고 말았으나 요행히도 도중에서 효혜와 노원 두 자녀를 만나 수레에 태울 수가 있었다.

유방보다 늦게 도착한 항우의 기병대는 유방의 수레를 계속 추격했다. 유방은 초조한 나머지 자기의 자식들을 수레 밖으로 집어던졌다. 그러기를 세 번이나 되풀이했다. 마침내 하후영은 화를 내며 소리쳤다.

"아무리 위급하기로 자기 자식을 버리고 달아나려 하다니 하늘이 무섭지 않습니까?"

그제야 유방은 집어던지기를 포기하고 자식들과 함께 도망쳤다. 그 후 한왕은 부친과 아내의 행방을 수소문하였으나 도저히 찾을 수 없었다.

한편 태공과 아내는 샛길로 빠져서 한왕을 찾다가 초군에게 발각되고 말았다. 초군은 즉시 이들을 연행하여 인질로 삼았다.

황야의 올빼미, 경포

어느 날 수하라는 참모가 말했다.

"폐하, 명령하실 일이라도 계시온지요?"

"나를 대신하여 회남 지방에 갔다 올 자는 없는가? 경포를 설득해서 초나라에 반기를 들도록 해야 하는데 만일 경포가 반란을 일으켜서 항우가 앞으로 몇 달 동안만 더 제나라의 반란 수습에 몰두한다면 나는 다시 한 번 천하를 장악할 기회를 얻을 수 있을 것이다."

"저에게 그 일을 맡겨 주십시오."

수하는 수행원 20명을 데리고 회남으로 출발했다. 도착한 뒤 궁중의 실력자에게 손을 써 경포와 만나게 해 달라고 부탁했지만 사흘이 지나도록 연락이 없었다.

수하는 그에게 다시 찾아가 이렇게 설득했다.

"왕께서 응하지 않는 것은 초나라가 강대해지고 한나라는 승산이 없다고 판단하시는 까닭인 줄로 압니다. 하지만 제 말에 타당성이 있을 경우에는 왕께서 그것을 받아들이시고 반대로 황당무계한 소리라고 판단될 경우에는 우리들 20명을 강바닥에 참수하십시오. 우리를 참수하시면 한나라를 적으로 삼고 초나라를 우방으로 삼는다는 왕의 입장이 세상에 더욱 분명히 알려질 겁니다. 이렇게 된다면 왕께서 어느 쪽을 택하시든 조금도 손해될 것이 없습니다."

이 말을 전해 들은 경포는 비로소 알현에 응해 주었다. 경포 앞에 나아간 수하는 이렇게 말했다.

"한왕은 저로 하여금 대왕께 삼가 친서를 바치도록 하명하셨습 니다. 친서를 올리기 전에 대왕께 몇 말씀 여쭙고 싶습니다. 대왕께서 초나라와 친선을 유지하지 않으면 안 되는 이유가 무엇입니까?'

"나는 초왕의 신하니까 그렇소."

이 말에 수하는 정색을 하고 경포를 설득했다.

"애당초 대왕과 항왕은 대등한 제후의 입장이셨습니다만 지금은 항왕의 신하로 계십니다. 그것은 현재 초나라가 강대하므로 그 아래 있으면 안전하리라는 생각 때문일 것입니다. 그런데 초왕은 지난번 제나라를 공략할 때 스스로 나무를 어깨에 메고 병사들과 똑같이 일했던 분입니다. 항왕이 그토록 분전을 하는데 대왕께서도 마땅히 회남의 병력을 총동원하여 몸소 지휘를 맡으시고 초군의 선봉을 맡았어야 했습니다.

그런데도 대왕께서는 불과 4천 명 정도의 병력을 파견하셨을 뿐입니다. 신하로서 과연 그런 행동이 용납되겠습니까? 그뿐 아니라 한왕이 지난번 팽성을 공격했을 때만 해도 항왕이 제나라에서 달려오기 전에 회남에 계신 대왕께서 먼저 군사를 이끌고 달려오셨어야 했습니다. 그럼에도 대왕께서는 휘하 장병 한 사람도 회수를 건너게 하시지 않았습니다. 단지 그 싸움의 승패를 앉아서 관망만 하고 계셨던 것입니다. 지금 항왕은 대왕을 몹시 불쾌하게 생각하고 있습니다.

물론 지금 대왕께서 회남의 병력을 동원하신다 해도 그 힘이 초나라를 누르는 데에 충분하다는 것은 아닙니다. 다만 대왕께서 초나라에 반기를 드시면 항왕은 이 때문에 신경을 써야 합니다. 앞으로 몇 달 동안만 항왕을 괴롭혀 주신다면 그동안에 우리 한나라는 천하를 취할 수가 있다는 것입니다. 대왕의 병력은 한나라가 천하를 취하는데 중요한 역할을 할 수 있습니다. 그렇게 하신다면 우리 한왕께서는 대왕의 은혜를 중히 여겨 천하를 취한 다음에는 대왕께 큰 나라 하나를 할애하실 것입니다. 잘 생각하시기 바랍니다."

마침내 경포는 고개를 끄덕였다. "알겠소. 그대 말에 따르리다."

경포는 마침내 초나라에 반기를 들 것을 승낙했다. 그러나 이것은 어디까지나 밀약이었다. 그곳 영빈관에는 초왕의 사신이 머물며 원군을 어서 보내라고 매일같이 왕에게 독촉하고 있었다. 그런데 수하는 왕의 승낙을 얻어내자 그 자리에서 곧장 영빈관으로 달려가 초나라의 사신이 앉는 상좌를 차지하고는 이렇게 선언했다.

"구강왕 경포께서는 우리 한나라 쪽에 서시기로 하셨다. 이미 초나라의 명령은 통하지 않는다."

경포는 아차 했으나 이미 때는 늦었고 초나라의 사신은 바로 자리를 떠났다. 수하는 지체없이 경포에게 알렸다.

"일은 결정되었습니다. 이대로 사신을 돌려보내시면 안 됩니다. 즉각 한나라에 협력하셔야 합니다.

"귀공의 말이 옳소. 이렇게 된 바엔 군사를 거느리고 초나라를 공격할 수밖에 도리가 없겠소."

초나라의 사신을 추격하여 처치한 경포는 드디어 군사를 일으켜 초나라 공격에 나섰다. 이에 초나라는 항성과 용저 두 장군에게 회남을 치도록 하였고, 항왕 자신은 한군을 계속 공격하였다.

수개월 후 회남에 출격한 용저는 경포의 군대를 격파했다. 경포는 군사를 거두어 한군이 있는 곳으로 퇴각할까 하다가 군사는 그대로 둔 채 수하와 단둘이서 샛길로 빠져나와 한나라로 갔다.

경포가 인사하러 왔을 때, 의자에 걸터앉은 유방의 발을 여자들이 씻기고 있었는데 유방은 그대로 경포를 맞이하였다. 그 모습을 본 경포는 귀순한 것을 크게 뉘우치며 이제 자살하는 길밖에 없겠다고 생각했다. 그런데 숙소에 돌아가 보니 그곳의 시설이나 장식, 타고 다닐 수레, 식사와 심부름하는 종 등등 모두가 유방의 것과 똑같았다. 이 융숭한 대접에 경포는 당장 마음이 가라앉았다.

며칠 후 경포는 두 부하를 고향에 보냈다. 그러나 초나라는 이미 경포의 군사들을 직속 부대로 편입시켰을 뿐만 아니라 경포의 처자까지도 살해한 후였다. 경포의 부하는 그곳에 남은 병사들을 모아 수천 명의 부대를 형성해 가지고 돌아왔다.

혈전

한왕은 형양으로 이동했고 여러 장군의 패잔 부대도 그곳에 집결시켰다. 또한 이때 관중 지방에 남아 보급을 책임진 소하가 병적에 올라 있지 않은 노약자 중에서 증원군을 뽑아 보냈기 때문에 한군은 겨우 세력을 만회할 수 있었다.

한편 초군은 팽성의 일전에서 크게 이긴 뒤 패주하는 한군을 쫓아 승승장구하며 형양까지 쳐들어오다가 한군의 반격에 부딪혀 형양에 머무르고 있었다. 형양에 포진한 한군은 용도(흙담을 양쪽으로 쌓아 올려 만든 길)를 구축하여 황하까지 연결시키고 식량을 보급했다.

그런데 초군이 자주 이 용도를 습격하여 식량을 탈취했기 때문에 한나라 군대는 식량 부족으로 허덕여야 했다. 그대로 나가다간 모두 굶어 죽고 말지도 모를 일이었다.

한왕은 아무래도 불안하여 한의 영토를 형양 서쪽에 국한한다는 조건을 내세워 마침내 강화를 청했다. 항왕이 조건을 수락하려 하자 범증은 그에 반대하며 말했다.

"이제 한나라를 겁낼 것은 없습니다. 이 기회에 멸망시키지 않으면 뒷날 크게 후회하게 될 것입니다."

범증의 말을 듣고 항우는 더욱 철통같이 형양을 포위했다. 형양성에 갇혀 꼼짝달싹할 수 없게 되자 초조해진 유방은 진평을 불러 상의했다.

"이 난국을 어떻게 헤쳐 나갈 수 있겠소?"

그러자 진평이 한참 생각하다가 말했다.

"초나라에도 단점이 있습니다. 항왕에게 충성스러운 신하가 단 몇 명에 지나지 않는 것이 대표적인 단점입니다. 그렇다면 이 기회에 황금 수만 근의 비용이 들 것을 각오하시고 첩자를 파견하셔서 초나라의 군신 관계를 이간시키고 서로가 의심을 품도록 공작을 꾸며야 합니다. 감정적이며 중상모략에 잘 넘어가는 항왕의 성격으로 볼 때 반드시 그쪽에 내분이 일어날 것입니다."

한왕은 그 의견에 동의하고 즉시 황금 4만 근을 준비하여 진평에게 주며 말했다.

"이 돈은 마음대로 써도 좋소. 용도도 일일이 보고할 필요는 없소."

진평은 당장 공작에 착수했다. 황금을 뿌리면서 첩자를 초나라 진중에 침투시키고 다음과 같은 유언비어를 퍼뜨리게 했다.

"종리매를 비롯한 여러 장군은 항왕을 받들어 엄청난 공을 세웠다. 그럼에도 항왕이 영토를 나눠 주지 않았기 때문에 그들은 한나라와 내통하여 항씨를 전복하고 그 영지를 분배받아 왕이 되려는 음모를 꾸미고 있는 중이다."

종리매 등 여러 장수에 대하여 의심을 품기 시작한 항우는 유언비어를 확인하기 위해 유방에게 사자를 파견했다. 유방은 그 사자를 맞아 호화로운 연회석을 마련하였다. 미리 준비를 다 해놓고 사자를 맞아들였는데 그 얼굴을 한 번 보더니 몹시 놀란 듯이, "아니, 이럴 수가! 범증의 사자인 줄 알았더니 항왕의 사자잖아." 하고는 준비했던 요리를 가져가게 하고 대신 보잘것없는 음식을 내오게 했다.

초나라의 사자는 돌아가서 그 사실을 자세히 보고했다. 이 일로 범증에 대한 항왕의 신뢰는 여지없이 무너졌다. 범증이 형양성을 급습하는 작전을 제시해도 도무지 상대하려 하지 않았다. 항왕이 자기를 의심한다는 것을 깨달은 범증은 화를 냈다.

"이제 천하의 대세는 결정된 것이나 다름없습니다. 앞으로의 일은 대왕께서 알아서 실행하십시오. 저는 쓸데없는 몸이 되었으니 고향으로 가겠습니다."

이렇게 해서 항왕과 작별한 범증은 고향인 팽성으로 돌아가는 도중에 등에 생긴 종기가 악화되어 그만 숨을 거두고 말았다. 그러나 범증이 떠난 후에도 항우는 더욱 포위망을 압축해 오고 있었다. 유방의 군대는 식량이 바닥나서 더 이상 버틸 수 없었다. 이 때 장군 기신이 유방을 찾아와서 말했다.

"사정이 매우 급박합니다. 신이 거짓 항복하는 체하며 초나라를 속일 테니 대왕께서는 그 틈에 빠져나가십시오."

그날 밤 기신은 여자를 포함해 2천 명의 군사를 성 밖으로 내보냈다. 이를 본 항우의 군사들이 사방에서 몰려들었다. 이때 기신은 금빛 나는 수레를 타고 나가면서 군사들에게 다음과 같이 소리치라고 명령했다.

"성 안에 식량이 떨어져 한왕이 항복하러 나온다."

이 말을 들은 초나라 군사들은 일제히 만세를 부르고 우르르 몰려들어 항복하는 모습을 구경하려 했다. 이때 유방은 반대쪽 성문으로 빠져나갔다.

항우는 유방이 항복한다는 소식을 듣고 황급히 달려왔다. 그는 곧장 금빛 수레를 가리키며, "유방을 끌어내라!"고 명령했다.

그런데 이게 웬일인가! 끌려나온 자는 유방이 아니라 다른 사람이 아닌가! 항우는 얼굴색이 확 변하며 눈을 부릅떴다.

"유방은 어디 있느냐?"

그러자 기신이 태연히 웃으며 말했다.

"이미 성 밖으로 나갔소."

화가 하늘까지 치민 항우는 당장 기신을 불태워 죽이라고 명령했다.

대치

유방은 그 후 다시 황하를 건너 성고를 탈환하고 광무 지방에 진주하였다. 그러자 항왕도 군사를 되돌려 광무로 진격해 왔다. 양 군의 대치는 수 개월 동안 계속되었다.

그런데 이 무렵 팽월의 군대가 양나라 지역에서 맹렬한 유격작전을 전개하며 초군의 병참선을 차단하고 있었기 때문에 항왕은 커다란 위협을 느끼고 있었다. 초조해진 그는 높다란 누대를 만들어 그 위에 유방의 아버지 태공을 올려놓고 한왕에게 외쳤다.

"당장 항복하라! 그렇지 않으면 너의 애비를 가마솥에 삶아 버릴 것이다."

속으로는 애가 탔지만 겉으로는 낄낄 웃으며 유방은 큰소리로 대꾸했다.

"좋도록 하게. 자네와 나는 회왕을 섬길 당시 의형제의 약속을 했었네. 그렇다면 내 아버지는 자네에게도 아버지가 될 텐데 자신의 아버지를 가마솥에 삶는다는데야 난들 할 말이 있겠나. 삶은 국물이나 한 그릇 보내주면 좋겠네."

항왕은 화가 머리끝까지 치밀어서 당장 태공을 처형하려고 했으나 항백이 말렸다.

"장차 천하가 어떻게 전개될지 예측할 수 없는 지금, 태공 한 사람을 죽여 봐야 별 소득은 없을 것이오. 유방이란 자는 천하 제패의 꿈을 갖고 있는 사나이이므로 자기 가족의 일 따위는 안중에도 없을 거요."

이에 항왕은 단념할 수밖에 없었다.

양군의 대치 상태는 여전히 계속되었고 승패는 쉽사리 결정되지 않았다. 이때 견디다 못한 항왕은 한왕에게 이런 제의를 했다.

"몇 해 동안 천하가 시끄러웠던 것은 순전히 우리 두 사람 때문이오. 아예 우리 둘이서 1대 1로 붙어 승부를 깨끗이 결정지어 버리는 것이 어떻겠소. 우리 때문에 죄 없는 백성들을 더 이상 괴롭힐 수는 없지 않겠소.”

이에 한왕은 웃으며 대답했다.

“나는 머리로 싸울지언정 힘으로는 싸우지 않는다네.”

하는 수 없이 항우는 힘센 장사를 내세워 싸움을 걸었다. 한왕 편에서는 누번족 출신으로 활을 잘 쏘는 병사를 내세웠다. 이 병사는 항왕 측의 도전자가 나서는 족족 모조리 활로 쏘아 죽여 버렸다. 그러자 불덩이처럼 화가 치밀어 오른 항우는 갑옷을 걸치고 창을 잡더니 곧바로 뛰쳐나갔다. 한군의 사수(射手)는 이번에도 그를 쏘려고 했다.

이때 항우는 두 눈을 부릅뜨고 사수에게 천지가 진동할 만큼 큰 소리로 호통을 쳤다. 사수는 그만 눈이 어른거리고 손이 떨려서 도저히 겨냥할 수가 없어 끝내는 요새로 도망쳐 들어가 두 번 다시 밖에 나오지 못하였다.

마지막 승부

싸움은 끈질기게 계속되었다. 싸울 때마다 한군은 항우의 정예 부대에 의하여 여지없이 패했으나 관중이라고 하는 풍부한 보급원과 소하라는 든든한 후방 보급 책임자가 버티고 있었기 때문에 한군은 항우가 잠시 물러서기만 하면 곧 세력을 회복할 수 있었다. 또한 팽월, 한신 등의 군대로 말미암은 전선의 확대는 항우의 동분서주를 강요했고, 그 결과 한군의 전략적 우세가 차츰 굳어지기 시작했다. 그 당시 한군은 병력도 충실했고 식량도 풍부했지만 항우의 군사는 병력도 많이 소모되었고 식량도 바닥이 나 있었다.

상황이 우세해지자 한나라는 사자를 보내서 인질로 잡혀 있는 태공을 넘겨 달라고 요구하고 나섰다. 궁지에 몰려 있던 항왕은 바로 한나라와의 협상에 응하였다. 그 결과 천하를 양분하여 홍구로부터 서쪽을 한나라 땅, 동쪽을 초나라 땅으로 정했다. 항왕은 이 협정을 인정하는 뜻으로 인질로 잡았던 한왕의 부모와 처자를 돌려보냈다. 항우는 협정이 성립된 후 즉시 철수하여 귀국길에 올랐다. 한왕 역시 귀국하려 하자 장량과 진평 두 사람이 이렇게 진언하고 나섰다.

"우리나라는 천하의 절반을 차지하였을 뿐만 아니라 제후의 협력도 얻고 있습니다. 그런데 초군은 병력도 많이 소모되었고 식량도 바닥이 나 있습니다. 이는 하늘이 초나라를 버렸다는 증거입니다. 지금이야말로 초나라를 무찌를 절호의 기회입니다. 이 기회를 놓친다면 그야말로 호랑이를 길러 후환을 남기는 격이 될 것입니다."

한나라 5년(기원전 202년), 드디어 한왕은 항우를 추격하였다. 작전 계획은 양하 지방의 남쪽에서 한신 및 팽월의 군사와 합류한 뒤 총공격에 돌입한다는 것이었다. 그러나 며칠이 지나도록 한신과 팽월의 부대는 나타나지 않았고 오히려 초군의 역습을 받아 한군은 대패했다. 이에 당황한 한왕은 장량을 불러 의견을 물었다.

"한신과 팽월이 약속을 지키지 않는데 이게 어떻게 된 일이오?"

"초군의 패배가 확실시되는 이 마당에 대왕께서는 승리한 후 한신과 팽월에 대한 논공행상의 암시가 없으셨습니다. 그들이 군사를 이끌고 이곳에 오지 않는 이유는 한 마디로 사후 보장이 없기 때문입니다. 천하를 분배한다는 한마디만 해주시면 그들은 지체없이 달려올 것입니다. 만약 그들이 합류하지 않을 경우 승리를 장담할 수가 없습니다. 진나라의 동쪽 땅을 한신에게 주고 수양 이북의 곡성까지의 지역을 팽월에게 주어 그들로 하여금 이 싸움이 바로 자기들 자신을 위한 싸움임을 깨닫도록 조처해 주십시오."

"알겠소. 그렇게 합시다."

곧 사자가 한신과 팽월에게 파견되었다. 사자가 논공행상에 대한 한왕의 뜻을 전하자 두 사람은 즉석에서 출동에 동의했다.

한신은 제나라에서 군대를 일으켰고 팽월의 군사도 합류하게 되었다. 이 때 대사마 주은은 초나라에 반기를 들어 병력을 이끌고 팽월의 군사와 합세하 여 해하에 집결했다.

한나라의 상장군인 한신은 30만 대군을 거느리고 항우의 10만 군대와 맞 섰다. 첫 싸움에서 한신은 패해 후퇴했지만 좌우에 있던 한나라 군사들이 갑 자기 협공하는 바람에 항우는 크게 패해 방어만 할 뿐이었다.

패왕별희

항우의 군사는 해하에 주둔하고 있었으나 이미 사기는 땅에 떨어져 있었 다. 더구나 성 주위는 한군에 의하여 물샐틈없이 포위당했다.

그날 밤 항왕은 적의 야영지에서 흘러나오는 노랫소리를 듣고 가슴이 뜨끔 했다. 사방에서 초나라 노래가 슬프게 들리고 있는 것이었다(四面楚歌).

'투항한 초나라 병사들이 이렇게 많단 말인가. 저 구슬픈 노랫소리가 또 우 리 병사들을 괴롭히고 있구나.'

침소에서 뛰쳐나온 그는 술을 마시기 시작했다.

항왕에게는 한시도 옆에서 떨어지지 않는 우희라는 애첩이 있었으며 또한 추라는 이름의 애마도 있었다. 마음이 울적해진 항왕은 즉흥시 한 수를 읊으 며 마음을 달랬다.

산을 뽑아버릴 힘도
천하를 제압하는 기백도
이제 소용이 없어졌구나
추여, 너마저 걷지 않으니
아 , 우희여 , 우희여
너를 위해 해줄 것이 없구나.

항왕은 이 노래를 몇 번이나 불렀다. 옆에 있던 우희도 노래 한 곡을 불렀다.

> 한나라가 모든 땅을 차지했네.
> 사방에 온통 초나라 노래뿐이고
> 대왕께서 힘이 다 하셨으니
> 이 몸이 살아서 무엇하리오!

항왕의 뺨 위에는 굵은 눈물이 떨어졌다. 가까이 모시는 신하들도 그 앞에 엎드리어 소리없이 흐느껴 울었다.

우희는 칼을 들어 스스로 목숨을 끊었다. 항우는 애마에 올라 앉았다. 정예 8백 명이 그를 따라나섰고 그들은 야음을 틈타 포위망을 돌파하여 남쪽을 향해 질풍같이 내달았다.

새벽녘이 되어서야 한군은 항우가 탈주하였음을 알고는 대장인 관영이 기병 5천을 이끌고 추격하기 시작했다.

항우는 회수를 건넜는데 여기까지 따라온 기병도 이제 백여 명에 지나지 않았다. 계속 질주하여 음릉 부근까지 왔는데 그들은 그곳의 길을 알지 못하여 마침 길을 지나가는 농부에게 물었다.

"왼쪽으로 가십시오."라고 농부는 가르쳐 주었다. 그러나 이 농부는 거짓말을 했다. 농부의 말대로 왼쪽 길을 간 항우의 일행은 늪지대에 빠지고 말았다. 그래서 한군의 추격대는 항우를 놓치지 않을 수 있었다.

항우는 오던 길을 되돌아 나와 진로를 동쪽으로 정하고 동성까지 달아났다. 이제 수행하는 병사는 겨우 28명에 불과했고 이를 뒤쫓는 한군은 수천 명이었다. 항왕은 부하 기병을 모아놓고 이렇게 선언했다.

"내가 군사를 일으킨 지 8년, 70여 회의 전투에 참가하였으나 한 번도 져본 일이 없다. 싸울 때마다 이겼고 내가 한 번 지키면 적은 패주했고 공격하면

적은 투항했다. 그러기에 천하의 패권을 장악했었다. 그러던 내가 마지막에는 이 꼴이라니 믿을 수 없는 일이다. 이는 하늘이 나를 버린 탓이지 내 싸움이 서툴렀기 때문은 아니다. 이제 마지막 결전을 감행하겠다. 적의 포위를 뚫고 적장을 죽이고 군기를 찢어 버림으로써 내가 망한 것은 싸움에 약했기 때문이 아니라는 것을 똑똑히 보여줄 테다."

그리고 병력을 넷으로 나누어 사방으로 동시에 쳐들어간다는 작전을 짰다. 이때 한군은 더욱더 포위망을 좁혀 오고 있었다.

"다들 지켜보라, 내가 저 적장을 단칼에 죽이고 말 테니." 하며 항우는 소리쳐 말했다.

4개 분대는 돌격을 감행한 후에 산 동쪽에 집결하기로 했다. 마침내 항왕은 애마에 채찍을 가하더니 벼락같이 고함을 치며 적진으로 내달았다. 돌풍에 쓰러지는 풀잎처럼 한나라의 병사들은 차례차례 거꾸러지고 눈 깜짝할 사이에 대장 한 사람이 나가 떨어졌다.

이때 한의 기병 대장인 양희가 항우의 뒤로 육박했다. 이를 본 항우는 두 눈을 부릅뜨고 호령하자 양희는 그만 기겁을 하여 그대로 도망치고 말았다. 항우의 부하 기병들은 예정대로 집결했고 이들의 소재를 알아내기 위해 한군은 3개 부대로 나뉘어 다시 포위망을 압축했다.

이에 항우는 재차 돌격전을 감행했다. 그리하여 상대편 지휘관의 목을 치고 이어서 백 명 가까운 적병을 죽였다. 전투가 끝난 후 부하를 소집해 보니 보이지 않는 자는 겨우 두 사람뿐이었다.

"어떤가?"

항우가 큰소리를 치자 부하들은 오직 탄복할 따름이었다.

"과연 대왕께서 말씀하신 그대로입니다."

영웅의 최후

　항우는 장강 연안의 오강으로 향했다. 그곳에서 장강을 건너 동쪽으로 달아날 생각이었다. 도선장에는 오강의 정장이 배를 준비하고 있다가 항우의 얼굴을 알아보고는 이렇게 말했다.

　"강동 땅은 넓지 않습니다만 그래도 사방이 천 리, 인구는 수십 만이나 됩니다. 그곳에 가시면 다시 한 번 기회를 엿볼 수도 있을 것입니다. 자, 어서 배에 오르십시오. 배는 이 한 척뿐이니 뒤쫓아오더라도 강을 건너지 못합니다."

　항우는 그저 웃을 뿐이었다.

　"나는 이미 하늘의 버림을 받은 몸이오. 강을 건넌다고 해서 무슨 수가 있겠소. 더구나 강동은 내가 그곳 젊은이 8천 명을 이끌고 처음으로 거사한 곳이오. 그런데 이제 그 8천 명이 모두 죽고 나 혼자 살아 남았소. 죽은 젊은이들의 가족이 설령 나를 반겨 준다고 하더라도 무슨 면목이 있어 그들을 대할 수 있단 말이오. 설사 그들이 나를 용서한다고 하더라도 내 자신이 나를 용서할 수 없는 처지라오."

　잠시 말을 끊었던 항우가 고개를 들어 말을 가리키며 정장에게 부탁했다.

　"이 말은 내가 5년 동안 애지중지하며 타고 다닌 말이오. 이놈이 내닫는 곳엔 덤비는 적이 없었고 하루에도 능히 천 리를 달렸소. 내 손으로는 죽일 수가 없으니까 당신이 맡아 주오."

　항우는 스스로 말에서 내려서더니 부하들에게서 각자 말을 버리라고 명령했다. 그리고는 전원 칼을 잡고 한 덩어리가 되어 추격해 온 한군을 향해 쳐들어갔다. 항우 혼자서 죽인 한군만 해도 수백 명에 이르렀다. 싸움의 와중에서 그 자신도 10여 군데에 부상을 입었다. 항우가 한참 싸움에 열중하다 문득 한 곳을 보니 한군의 기병대장 여마동이 서 있었다.

　"여보게, 자네는 내 옛 친구 여마동이 아닌가?"

　여마동은 항우와 얼굴을 마주하기 거북했으나 항우가 이렇게 소리치는 것을 보고 하는 수 없이, "저자가 바로 항우라오." 하고 옆에 있던 왕예에게 말했다. 항우는 "한왕이 내 목에 막대한 성금을 걸어 나를 잡으면 만호후(萬戶候)에 봉한다고 약속했다더군. 이왕 죽을 바에야 옛 친구인 자네에게 공을 세워 주겠네!"라고 외치더니 그의 앞에서 스스로 자기 목을 쳤다.

그러자 왕예가 재빨리 그 목을 움켜쥐었다. 이를 본 다른 기병들도 한꺼번에 밀어닥쳐 항우의 시체를 놓고 쟁탈전을 벌였다. 북새통에 수십 명이 깔려 죽었다.

결국 양희, 여마동, 여승, 양무, 네 사람이 항우의 사지를 하나씩 손에 넣었다. 왕예가 차지한 목과 맞춰 보니 틀림없는 항우였는데, 이로 인해 뒷날 초나라의 영토는 다섯 조각으로 나뉘게 되었다.

한나라

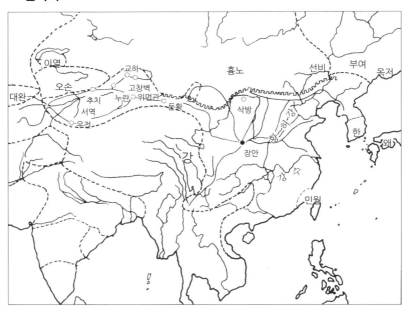

제8장 한나라
(202 B.C.~8 B.C.)

토끼 사냥이 끝나면 사냥개를 잡아 먹는다

항우와 유방의 천하 제패는 결국 유방의 승리로 끝났다. 그리고 한나라 시대가 열렸다. 한나라는 진나라의 군현 제도를 그대로 이어받는 등 진나라가 천하를 통일시킨 바로 그 바탕 위에서 시작하였다. 그러면서 한나라는 중국 문명의 초석을 구축했다. 오늘날 중국 민족을 한족이라고 부르는 데에서도 이는 잘 드러난다.

한고조 유방은 항우와 싸울 때 용맹을 떨쳤던 한신, 팽월, 경포 등의 무장들을 '토사구팽'으로 모조리 숙청하면서 왕권을 강화하여 나라를 안정시켰다. 한나라는 한무제의 시대에 접어들어 그 전성기를 이루게 된다.

가랑이 밑을 기어가다

한신(韓信)은 회음 사람이다. 가난하고 특별한 재주도 없어 일자리조차 갖지 못하고 살았으며, 겨우 이집 저집 돌아다니며 한 끼씩 얻어먹고 지냈다. 그래서 그를 좋아하는 사람은 아무도 없었다.

한때 그는 남창 지방의 한 유지의 집에 머무른 적이 있었다. 그러나 그 유지의 부인은 몇 달째 일도 안하고 빈둥거리며 밥만 축내는 그를 매우 못마땅하게 생각하였다.

그러던 어느 날 아침식사를 재빨리 끝내더니 한신에게는 밥도 주지 않고 모른 척하는 것이었다. 한신은 크게 화가 나서 그 후 그 집에 다시는 가지 않았다.

그 뒤 한신은 아무 할 일이 없었기 때문에 매일 회음성 밖에 나가 낚시질을 하며 지냈다. 한신이 낚시질하던 냇가에는 노파 몇 사람이 나와 무명 빨래를 하고 있었는데, 그 중 한 노파가 한신이 먹을 것도 없이 매일 죽치고 있는 꼴을 안쓰럽게 여겨 밥을 가져다주었다. 그 노파는 무명의 표백이 끝날 때까지 수십 일 동안 하루도 거르지 않고 한신에게 밥을 거둬 먹였다.

한신이 정말 고마워하면서 "이 은혜 꼭 갚겠습니다." 하니 노파가 호통을 쳤다.

"덩치는 멀쩡해 가지고 제 한입 풀칠도 못하는 주제에. 내 하도 불쌍해서 몇 끼 줘본 거야. 뭐 은혜를 보답한다고? 그 따위 소리 하지도 마!"

한신은 항상 장검을 차고 다녔다. 그런데 어느 날 동네 건달 하나가 한신에게 시비를 걸었다.

"어이, 덩치 큰 친구! 큰 칼까지 차고 제법인데 그래."

건달이 시비를 걸고 슬슬 놀려대니 사람들이 꽤 모여들었다. 그러자 그 건달은 더욱 신나하면서 큰소리를 쳤다.

"죽을 각오가 되어 있다면 어디 그 칼로 나를 찔러 봐! 거봐, 못하지. 당장 내 가랑이 밑으로나 기어가, 이 겁쟁이야!"

한신은 한참 동안 그자를 뚫어지게 쳐다보더니 마침내 땅에 엎드려 건달의 바짓가랑이 밑을 기어 나갔다. 이를 본 사람들이 모두 한신을 겁쟁이라고 놀려댔다.

이 무렵 천하를 통일했던 진나라는 진시황이 죽고 난 후 걷잡을 수 없이 무너져 진승, 오광의 난 이래 곳곳에서 반란이 끊이지 않았다. 그러면서 진나라는 무너지고 있었다. 특히 유방과 항우 두 사람은 커다란 세력을 형성하여 이제 그 두 사람이 중원의 주인 자리를 놓고 싸우기 시작하였다.

한신은 회수를 진격해 온 항량의 군대에 가담했는데 이렇다 할 공을 세우지 못했다. 항량이 전사한 이후에는 항우의 부하로 일하면서 여러 가지 비책을 제안했으나 하나도 채택되지 못했다. 크게 실망한 한신은 출세를 결심하고 초나라를 도망쳐 유방에게 갔다. 그러나 여기에서도 인정을 받지 못하고 겨우 말단자리만 얻었을 뿐이었다. 게다가 재수 없는 사건에 말려들어 처형될 처지에 놓이게 되었다. 죄를 지은 열세 사람의 목이 차례차례 날아가고 드디어 한신의 차례가 왔다.

그는 머리를 들고 주위를 두리번거렸다. 그때 하후영이라는 대신이 지나가고 있었다. 한신이 크게 외쳤다.

"우리 군주께서는 천하 제패의 대망을 갖고 계신 분이 아닌가요! 유능한 인재를 죽여 버리면 도대체 어떻게 천하를 얻는단 말이오!"

하후영이 고개를 들어 쳐다보니 그의 말투나 생김새가 보통사람 같지 않았다. 그리하며 하후영은 즉시 한신의 처형을 중지시켰다. 한신을 불러 이야기를 들어 보니 과연 범상한 인물이 아니었다.

하후영은 즉시 한신을 유방에게 추천하였다. 유방은 마지못해 벼슬을 내리긴 했지만 그를 별로 믿지 않았다. 그러나 소하는 한신과 몇 번 이야기를 나누어 본 후 그의 능력을 높이 평가하고 있었다.

천하를 얻으려면 한신을 기용하라

그 무렵 유방의 진영에서는 자꾸 이탈자와 탈주병이 늘어나 이미 수십 명의 장수가 도망을 쳐 버렸다. 한신도 유방이 별로 자기를 인정하지 않자 어느 날

슬그머니 도망치고 말았다. 한신이 도망쳤다는 소식을 들은 소하는 유방에게 말하지도 않고 급히 한신을 찾아나섰다.

"승상, 소하가 도망쳤습니다."라는 보고가 들어왔다.

유방은 정말 어이가 없었다. 소하까지 도망쳤다면 이제 유방의 양팔이 모두 잘린 것과 다름없었기 때문이었다.

이틀 후에 소하가 돌아왔다. 유방은 매우 화가 났으나 한편으로는 다행스럽게 여겼다. 그러나 우선 큰소리부터 쳤다.

"귀공까지 도망치다니 도대체 어찌 된 일이오?"

"아닙니다. 도망친 것이 아니옵니다. 도망친 자를 뒤쫓아갔을 뿐입니다."

"아니 누가 도망을 쳤는데 승상이 직접 뒤쫓았다는 말이오?"

"바로 한신입니다."

유방은 기가 막혔다.

"이제까지 도망친 장수가 수십 명이나 되었지만 승상이 뒤쫓아간 적은 한 번도 없었소. 그런데 겨우 한신 따위를 잡으러 가다니 승상이 이상하게 된 것 아니오?"

"다른 사람이라면 얼마든지 다시 구할 수 있습니다. 그러나 한신은 두 번 다시 찾을 수 없는 인물입니다. 대왕께서 만약 조그만 땅만 갖고 만족하시겠다면 한신 같은 사람은 필요 없을 것입니다. 그렇지만 천하를 제패하려는 큰 뜻을 갖고 계신다면 한신 외에는 함께 일해 나갈 인물이 없습니다."

유방이 한참 생각하더니 말문을 열었다.

"과인도 동쪽으로 진출하여 천하를 얻고자 하는 생각뿐이오. 어찌 답답하게 여기에만 있을 수 있소."

"대왕의 뜻이 그러하시다면 곧바로 한신을 기용하십시오. 그에게 일할 수 있는 자리를 준다면 그는 대왕의 곁에 머무를 것입니 다. 그렇지 않으면 그는 결국 대왕의 곁을 떠나고 말 것입니다."

"그럼 그렇게 하겠소. 내 귀공의 성의를 봐서 그를 장군으로 등용하리다."

"장군 정도로 부족합니다."

"그렇다면 대장군이면 되겠소?"

"그렇게 하시면 될 것입니다."

유방은 즉시 한신을 불러들여 대장군에 임명하려 했다. 그러자 소하는 이렇게 말하는 것이었다.

"대왕께서는 부하를 너무 만만히 보시고 예의를 갖추지 않으실 때가 많습니다. 대장군을 임명하는 큰 일을 마치 어린애들 병정놀이 하듯 말 한 마디로 처리하려 드시기 때문에 한신 같은 인물들이 도망치는 것입니다. 대왕께서 그를 정말 대장군에 임명하시려면 길일을 택하시어 목욕재계하시고 단을 준비한 다음 정식으로 의식을 갖추셔야 될 줄 압니다."

유방은 고개를 끄덕였다. 새로 대장군이 정해진다고 하자 모든 장군들이 저마다 '혹시 내가 되지 않을까' 하고 기대에 부풀어 있었다. 그러나 막상 한신이 대장군으로 임명되자 모두 어이없어하는 표정들이었다.

"아니, 한신이라는 자가 누구야. 그런 자가 대장군이 되었다고?"

"그럼 우린 도대체 뭐야?"

"정말 기가 막히는 일이야."

대장군 임명 의식이 끝나자 유방이 한신을 불러 물었다.

"승상이 자주 그대의 얘기를 했소. 그대는 과인에게 무슨 가르침을 주시겠소?"

"대왕께서는 용감하고 사나우며 어질고 강한 점에서 항우와 비교하여 누가 낫다고 생각하십니까?"

유방이 한참 생각하더니, "내가 부족하오."라고 대답했다.

이에 한신이 두 번 절하고 말했다.

"그렇습니다. 신 역시 대왕께서 부족하다고 생각합니다. 그러나 신은 전에 그의 아래 있었기 때문에 그를 좀 알고 있습니다. 그가 화를 내며 큰 소리로 말하면 천 사람이라도 모두 엎드릴 정도지만 부하를 믿고 군대를 맡기지 못하니다. 그는 다만 필부의 용기(匹夫之勇)만을 가지고 있을 뿐입니다. 그는 사람을 대하는 태도가 겸손하고 자애로우며 부드럽습니다. 누가 아파하면 눈물을 흘리며 음식을 나눠 줄 정도입니다. 그러나 부하가 공을 세워 논공행상을 할 때가 되면 항상 머뭇거립니다. 이는 아낙네의 인정(婦人之仁)에 불과한 것입니다. 지금 항우는 비록 천하의 중원에 있지 못하고 변두리인 팽성에 자리잡고 있습니다. 그러면서 자기와 친한 제후만 왕으로 삼고 있습니다. 그의 군대가 지나가는 곳은 한결같이 학살과 파괴만이 남아 있을 뿐입니다. 그래서 백성들이 그를 원망하고 감히 따르는 자가 없습니다. 지금은 그가 비록 패자라 불리지만 이미 천하의 인심을 잃고 있는 것입니다. 전에 항우는 항복해 온 20만 명의 진나라 군사를 흙구덩이 속에 매장시켜 버렸습니다. 그래서 진나라 사람들의 원한이 사무쳐 있습니다.

　이에 비해 대왕께서는 진나라 땅에 들어가시고도 손끝 하나 백성을 해치는 일이 없었으며 진나라의 가혹한 법을 폐지시켜 주겠다고 약속하셨습니다. 그래서 진나라 백성들 중에는 대왕께서 진나라의 황제가 되시기를 바라지 않는 자가 없습니다. 본래부터 제후들끼리 '먼저 관중에 들어간 자가 왕이 된다'고 약속한 만큼 당연히 관중에 먼저 입성하신 대왕께서 천하의 왕이 되셔야 했습니다. 이제 대왕께서 모든 힘을 쏟아 동쪽으로 진출하시면 격문 한 장만 붙여도 대왕의 땅이 될 것입니다."

　유방이 이 말을 듣고 '내 한신을 너무 늦게 얻었구나'라는 생각을 할 정도였다.

　유방은 한신의 제안대로 즉시 동쪽으로 공격할 것을 명령하였다. 그해에 마침내 동쪽 지역을 평정하였고, 다음 해에는 함곡관을 나가 황하의 남쪽 땅을 점령하니 부근의 작은 나라들이 모두 항복했다. 그 후 제나라와 조나라 군사를 합쳐 함께 초나라를 공격했는 데 오히려 크게 패하여 한나라 군사들은 뿔뿔이 흩어지게 되었다. 이에 한신이 전열을 재정비한 후 초나라를 공격하여 초나라 군대를 격파하였다.

그해 6월에 위나라 왕이 어머니의 병을 돌본다는 핑계를 대고 고향으로 돌아가더니 한나라를 배반하고 초나라 쪽에 붙었다.

유방은 한신을 좌승상으로 삼고 위나라를 공격하니 위나라는 임치 지방으로 통하는 강쪽을 막았다. 한신은 대군을 이끌고 배로 황하를 건너려는 것처럼 위장한 뒤 실제로는 군사들을 나무로 만든 항아리로 연결시킨 뗏목에 숨겨 강을 건너게 한 후 위나라의 수도를 급습하였다. 뜻밖의 기습에 당황한 위나라는 제대로 싸우지도 못하고 왕은 사로잡혔다.

현명한 자도 천 가지 일을 하면 반드시 실수가 있다

9월에 유방은 한신을 시켜 조나라를 공격하게 했다. 한신은 1만여 명의 군대를 이끌고 조나라 공격에 나섰다. 조나라 왕과 성안군 진여는 한나라가 곧 쳐들어온다는 소식을 듣고 20만의 대군을 정형 지방으로 가는 길목에 배치하고 있었다. 이때 광무군 이좌거가 성안군에게 제안했다.

"지금 한신은 기세좋게 조나라를 공격해 오고 있기 때문에 그 예봉을 당해 내기 어렵습니다. 지금 정형으로 가는 길은 폭이 좁아 수레 두 대가 비켜갈 수 없고 또 그런 길이 수백 리에 이어져 있기 때문에 보급로가 매우 약하게 될 것입니다. 바라옵건대, 저에게 3만 명의 병력을 주십시오. 저는 지름길로 가서 보급로를 끊을 테니 귀공께서는 도랑을 깊이 파고 벽을 높이 쌓으십시오. 그렇지만 결코 맞서 싸우지는 마십시오. 그러면 그들은 나가서 싸울 수도 없고 물러갈 수도 없게 됩니다. 그때 우리 기습 부대가 배후를 차단하고 공격하면 열흘이 못 되어 한신의 머리를 베어 올 수 있습니다."

그런데 성안군은 원래 학자로서 항상 원칙을 중시하여 남을 속인다든가 기발한 계책을 쓰지 않는 인물이었다. 그는 광무군의 의견을 묵살했다.

한신은 첩자를 통해 초나라의 움직임을 살피고 있었는데 광무군의 계략이 묵살되었다는 소식에 크게 기뻐하며 과감히 군대를 이끌고 정형의 좁은 길을 통과했다. 그리고 밤중에 명령을 내려 2천 명의 병사로 하여금 한나라의 붉은 깃발을 한 개씩 가지고 들어가 산 속에 숨어 조나라 군대를 살피도록 했다. 그리고 나서 다시 명령했다.

"조나라는 우리 군사가 패주하는 것을 보면 반드시 본부를 비워 둔 채 뒤쫓아 올 것이다. 그러면 너희들이 재빨리 조나라 본부로 들어가 조나라 깃발을 뽑아 버리고 한나라의 붉은 깃발을 세워라."

또 모든 군사들에게 간단한 식사를 나눠 주고 다시 말했다.

"오늘 조나라를 격파하고 난 다음 다같이 실컷 먹도록 하자!"

그리하여 한신은 1만 명을 먼저 출발시켜 정형 어귀로 나가 강물을 등지고 배수진을 치게 하였다. 조나라 군사들이 이를 보고는 "병법도 모르는 친구들이군!" 하며 크게 웃었다.

날이 밝아올 무렵, 드디어 한신은 대장의 깃발을 세우고 북을 울리면서 정형 어귀로 진격하였다. 그러자 조나라 군대는 그들을 공격하여 한동안 백병전이 벌어졌다. 이때 한신이 일부러 패주하는 척하며 강가의 진지로 달아나니 과연 조나라 군대가 자기 본부를 비워둔 채 한신을 추격하였다.

이 틈을 타서 한신의 기습부대 2천 명이 조나라 본부에 쳐들어 가 조나라 깃발을 뽑아 버리고 한나라의 붉은 깃발 2천 개를 세웠다. 조나라 군사들이 한신의 군대와 치열하게 싸우다가 문득 뒤를 돌아보고는 크게 당황할 수밖에 없었다. 자기 본부에 온통 한나라 깃발이 꽂혀 있었던 것이다.

조나라 군사들은 이미 본부가 함락된 것으로 알고 우왕좌왕하면서 순식간에 아수라장이 되어 도망치기 시작했다. 조나라 장수들이 도망치는 군사를 베면서 독전했지만 아무런 소용도 없었다. 이 때 한나라 군대가 앞뒤에서 마구 무찌르니 조나라 군사들은 속수무책이었다. 이 와중에서 성안군이 죽고 조나라 왕도 사로잡히게 되었다. 이때 한신이 소리쳤다.

"광무군은 죽이지 말라! 그를 사로잡아 오는 자에게는 천금을 주리라!"

얼마 뒤 광무군이 사로잡혀 들어왔다. 한신은 즉시 광무군의 포승을 풀어 주고 그에게 스승의 예를 갖췄다. 그 후 승리를 축하하는 자리에서 여러 장수들이 한신에게 물었다.

"병법에는 '산을 오른쪽으로 하여 배후로 삼고, 강은 왼쪽으로 하여 앞에 두어라'고 되어 있습니다. 그런데 대장군께서는 병법과 반대로 강물을 등지고 싸워 마침내 크게 이겼으니 이것이 어떻게 된 일입니까?"

그러자 한신이 대답하였다.

"그것 역시 병법에 나와 있는 것이다. 다만 그대들이 깊이 생각하지 못했을 뿐이다. 병법을 보면 이런 말이 있다. '죽을 땅에 빠진 후에야 비로소 살 수 있고, 망한 땅에 서 본 후에 비로소 흥할 수 있다. 지금 우리 부대는 잘 훈련된 군대가 아니라 평소 아무 훈련도 받지 못한 사람들을 마구잡이로 끌어모은 오합지졸의 병사들이다. 이들에게 뒤로 물러서면 곧 빠져 죽는다는 것을 알게 해 죽기살기로 싸우게 해야지 그냥 넓은 땅에서 싸우게 하면 모두 뒤로 도망치기에 급급할 것이다. 그래서야 어떻게 이길 수 있겠는가?"

그리고 나서 한신은 광무군에게 물었다.

"지금 제가 북쪽으로 연나라를 치고 동쪽으로는 제나라를 치려 하는데 좋은 방책이 없겠습니까?"

광무군은 거듭 사양하며 말했다.

"'패장은 군사에 대해 말할 자격이 없고 나라가 망한 신하와는 나라를 보존하는 일을 상의할 수 없다'고 했습니다. 지금 저는 일개 포로일 뿐입니다. 어찌 대사를 논할 수 있겠습니까?"

이에 한신이 말했다.

"백리해가 우나라에 있을 때는 우나라가 망했지만 진나라에 있을 때는 진나라가 흥했습니다. 이는 백리해가 우나라에 있을 때는 어리석었다가 진나라에 있을 때 현명해졌기 때문이 아닙니다. 오직 임금이 그를 중용했느냐 안 했느냐의 차이일 뿐입니다. 만약 성안군이 선생의 계책에 따랐다면 저 같은 사람은 이미 포로가 되었을 것입니다. 그가 선생을 따르지 않았기 때문에 반대로 제가 이렇게 선생을 모시게 되었던 것이지요. 바라옵건대, 부디 사양을 마시고 좋은 가르침을 주십시오."

드디어 광무군이 말문을 열었다.

"'슬기로운 사람도 천 가지 일을 생각하면 반드시 실수가 나오며(千慮一失, 천려일실) 어리석은 사람도 천 가지 일을 하다 보면 반드시 유익한 일을 하게 된다'고 합니다. 저의 생각이 부족하지만 그래도 한 번 말씀드려 보겠습니다. 지금은 우선 싸움을 멈추고 조나라 백성을 위로해야 합니다. 날마다 고기와 술로 잔치를 벌여 백성들을 대접하고 군사들에게 먹인 뒤에 비로소 연나라를 치는 것이 좋습니다. 이와 동시에 말 잘하는 사신을 보내 한나라 군대의 강함을 과시하면 연나라는 반드시 항복할 것입니다. 연나라가 항복하게 되면 또 사신을 제나라에 보내 연나라의 항복 사실을 알립니다. 그렇게 되면 제나라 역시 항복하지 않을 수 없습니다. 전투를 하는 데 있어 '먼저 소리를 외치고 싸움은 나중에 한다'는 것은 바로 이런 경우를 두고 한 말입니다."

이 말을 들은 한신이, "정말 좋은 계책입니다." 하고는 즉시 그대로 시행하였다.

그런 후 연나라에 사신을 보내니 과연 연나라는 항복하였다. 그 후 유방은 한신에게 제나라를 치라는 명령을 내렸다. 한신이 명령을 받고 군대를 이끌어 제나라로 진격하고 있는데 유방이 역이기를 시켜 제나라를 달래어 이미 항복을 받았다는 소식이 들려왔다. 한신이 제나라 진격을 중지하려 하자 책사 괴통이 만류했다.

"지금 장군께서 명령을 받들어 제나라를 진격하고 있는 중에 왕이 밀사를 보내 제나라의 항복을 받았습니다. 그러나 공격 중지 명령은 없었습니다. 또한 역이기는 일개 선비에 불과한 데도 세 치 혀를 놀려 제나라의 70여 성을 항복받았습니다. 이에 비해 장군께서는 수만 명의 군대를 거느리고 한 해가 다 지나도록 겨우 50여 성을 항복받았을 뿐입니다. 장군이 되신 지 벌써 몇 해가 되었건만 일개 더벅머리 선비의 공만도 못하시니 말이 됩니까?"

한신은 이 말을 듣고 계속하여 제나라로 진격하였다. 이때 제나라는 역이기의 말에 따라 항복하고는 술잔치를 벌이고 있었다. 한신이 이틈에 제나라 군대를 격파하고 수도인 임치에 이르렀다.

그러자 제나라 왕은 역이기가 자기를 속였다고 생각하여 그를 삶아 죽이고 달아나 초나라에 도움을 청했다. 한신은 임치를 함락시킨 뒤에 제나라 왕을 추격하였다. 이때 초나라도 용저를 장군으로 삼고 20만 대군을 주어 제나라를 돕게 하였다.

용저가 제나라 왕과 함께 한신과 대치하고 있을 때, 어떤 사람이 용저에게 말했다.

"한나라는 멀리서 싸우러 왔으니 사력을 다할 것입니다. 그래서 그 예봉을 꺾기가 매우 어렵습니다. 그러니 장군께서는 성을 굳게 지키시면서 제나라가 이미 빼앗긴 성의 성주들을 불러모아 초나라가 돕고 있다는 사실을 알리면 그들은 반드시 한나라를 배반할 것입니다. 한나라 군대는 2천 리나 떨어진 곳에서 와서 싸우고 있는 형편에 이미 항복했던 성들이 모두 배반해 버리면 그들은 식량조차 구하지 못한 채 무너질 것입니다."

그러나 용저는 한 마디로 묵살했다.

"나는 한신과 어릴 적에 가까운 동네에 살아 그를 잘 안다. 그는 거렁뱅이에다 건달들 바짓가랑이 밑이나 기어다니는 겁쟁이다. 어찌 한신 따위를 두렵게 생각하겠는가? 또한 제나라를 도우러 와서 싸우지도 않고 한나라를 항복시킨다면 내가 한 일이 아무것도 없게 된다. 싸워서 이기면 제나라의 절반은 내가 차지하게 될 텐데 어떻게 싸우지 않을 수 있겠는가?"

드디어 유수를 사이에 두고 양군이 진을 쳤다. 한신은 밤에 몰래 만여 개의 모래주머니를 만들게 하여 유수의 상류를 막게 했다. 그리고는 군대를 이끌고 유수를 반쯤 건너 공격하는 척하다 되돌아 도망쳤다.

용저가 코웃음을 쳤다. "그러면 그렇지. 저 겁쟁이가 감히 나에게 덤빌 수 있겠어?" 그리고는 대군을 이끌어 유수를 건너 맹추격했다. 유수는 순식간에 용저의 군사로 가득 차게 되었다.

이때 한신이 상류의 모래주머니를 한꺼번에 무너뜨리니 갑자기 홍수가 밀어닥쳤다. 용저의 군사는 허우적거리다 대부분 물귀신이 되었고, 용저 또한 목이 잘렸다.

한나라 4년, 한신은 마침내 제나라를 완전히 평정했다. 그는 곧 사자를 유방에게 보냈다.

"제나라는 간사하고 변덕이 심한 나라입니다. 더구나 남쪽은 초나라와 국경을 맞대고 있습니다. 제나라에 새 왕을 내세워 진정시키지 않으면 질서가 잡히지 않을 듯합니다. 그래서 임시로 신을 가왕으로 삼아 주시는 것이 좋을 듯 싶습니다."

이때 유방은 항우에게 몰려 포위되었다. 심기가 불편한 때 한신의 이러한 말을 듣게 되자 유방은 크게 화를 냈다.

"내가 이 어려운 처지에 빠져 있는데 도와 줄 생각은 하지 않고 저 혼자 왕이 되려고 하다니!"

그때 곁에 있던 장량이 유방의 발등을 일부러 밟고는 사과하는 척하면서 귓가에 입을 대고 속삭였다.

"지금 우리는 최악의 처지에 몰려 있습니다. 이때 한신을 건드려서 좋을 게 없습니다. 차라리 이번 기회에 한신을 정식으로 왕에 임명하여 제나라를 튼튼히 지키도록 하는 게 상책입니다." 유방이 그제서야 사정을 깨닫고 일부러 목청을 높여 사자에게 명령했다.

"대장부가 나라를 평정했으면 당연히 왕이 되어야 할 것이다. 임시 왕이라니 말이 되겠는가? 진짜 제나라 왕이 되어 부디 제나라를 잘 다스리라고 전하라!"

그리고는 장량을 보내 한신을 정식으로 제나라 왕에 임명하였다. 초나라는 한신 때문에 용저의 군사 20만을 잃게 되고 이 때문에 천하의 형세도 알 수 없게 되어 버렸다. 앞날을 크게 걱정한 항우는 한신을 자기 편으로 끌어들이기 위해 무섭이라는 사람을 몰래 한신에게 보냈다.

"우리 모두는 오랫동안 진나라에서 시달림을 받았기 때문에 힘을 합쳐 진나라를 멸망시켰습니다. 그 뒤 우리는 각기 그 공적에 따라 땅을 나눠 왕의 자리에 앉고 병사들을 고향으로 돌아가게 했습니다. 그런데도 유방은 다시 군사를 일으켜 남의 땅을 빼앗으며 드디어 초나라에 싸움을 걸어 왔습니다. 천하를 통째로 집어삼키기 전에는 군사를 거두지 못하겠다고 끝없는 탐욕을 부리고 있는 것입니다. 지금 귀공께서 유방을 위해 모든 힘을 바치고 계십니다만 언젠가는 그에게 배반당하실 것입니다. 바야흐로 천하의 패권은 귀공의 손에 달려 있게 되었습니다. 만약 오늘 항왕이 패한다면 내일 패하게 될 사람은 바로 귀공입니다. 귀공은 원래 항왕과 옛 인연이 있습니다. 어찌하여 한나라와의 낡은 인연에 얽매여 천하를 삼분하여 왕이 될 수 있는 기회를 버리시는 것입니까?"

그러나 한신은 정중히 거절하였다.

"내가 항왕을 섬겼을 경우에는 고작 말단의 지위에서 경호병 노릇을 하고 있었을 뿐이오. 그때는 항우 장군에게 어떤 제안을 해도 인정받지 못했소. 그래서 초나라를 버리고 한나라에 온 것이오. 그러나 한왕은 내게 대장군의 벼슬과 수만의 대군을 내려 주셨소. 뿐만 아니라 자기 옷을 벗어서 나에게 주었고 자기의 밥을 나에게 먹여 주셨소. 또 내 제안을 중요하게 채택해 주었소. 오늘날 내가 이렇게 될 수 있었던 것은 오로지 한왕의 덕택이오. 대왕의 신뢰가 이토록 두터운데 어찌 이를 배반할 수 있겠소? 설사 내일 죽더라도 내 마음은 변함이 없소."

무섭이 소득없이 돌아간 뒤 이번에는 괴통이 찾아왔다.

"천하가 어지러워지자 영웅 호걸들이 왕을 자청하고 세력을 모으니 천하의 뜻있는 사람들이 구름처럼 모여들어 물고기 비늘처럼 생기를 띠었으며 불길처럼 커졌습니다. 초나라 항왕은 팽성 싸움에서 이긴 뒤로 도망치는 한나라 군대를 추격하여 형양까지 쳐들어갔고 그 여세로 곳곳을 점령해 천하에 위세를 떨쳤습니다. 그러나 그의 군대는 이제 곤경에 빠져 발이 묶여 3년을 꼼짝도 못하고 있는 형편입니다.

한편 한왕은 수십만 대군을 이끌고 신통하게 싸워 보지도 못한 채 형양에서 패하고 성고에서 부상을 당하여 결국 완과 섭 지방까지 퇴각해 있습니다. 항우도 유방도 모두 궁지에 몰려 있는 것입니다. 지금 천하는 장군의 손에 달려 있습니다. 장군께서 한나라를 섬기게 되면 한나라가 이기고 초나라를 섬기게 되면 초나라가 이기게 되어 있습니다. 그래서 제 생각으로는 두 왕을 양립케 하고 천하를 삼분하여 장군께서 그 하나를 취하시어 삼국 정립의 시대로 가는 것이 가장 상책입니다.

장군께서는 무장한 대군을 거느리셨고 강국인 제나라를 다스리고 계십니다. 이제 한나라와 초나라의 힘이 미치지 못하는 지역에 진출하여 양군의 후방을 제압하는 한편 전쟁을 끝내 백성들의 안정을 도모한다면 천하가 바람처럼 몰려오고 메아리처럼 호응할 것입니다. 하늘이 내린 기회를 받지 않으면 벌이 내리는 법이며, 시기가 되었는 데도 행동하지 않으면 화를 입는다고 합니다. 심사숙고하셔야 할 것입니다.”

그러나 한신은 머리를 가로저었다.

“한왕은 자기 수레로 나를 태워 주었으며 자기 옷을 나에게 입혀 주었고 자기의 밥을 나에게 먹여 주었소. 속담에도 ‘남의 수레를 얻어 탄 자는 그의 걱정을 제 몸에 실어야 하며, 남의 옷을 얻어 입은 자는 그의 근심을 함께 안아야 하고, 남의 음식을 얻어 먹은 자는 그를 위해 목숨을 바쳐야 한다’고 했소. 이익에 사로잡혀 의리를 저버릴 수는 없는 일이오.”

괴통이 다시 말을 이었다.

“지금 장군께서는 스스로 한왕과 친한 사이라고 생각하여 충성과 신의를 바치려 하지만 그것은 잘못입니다. 대부 종은 망해 가는 월나라를 일으켜 세우고 월왕 구천을 마침내 천하의 패자로까지 만들었지만 결국 구천에게 죽임을 당했습니다. 들짐승이 없어지면 사냥개는 쓸모없게 되어 잡아먹히는 것이 세상의 이치입니다. 또 '용기와 지략이 군주를 떨게 하는 자는 몸이 위태롭고, 공로가 천하를 뒤덮은 자는 상을 받지 못한다'고 합니다.

지금 장군께서는 남의 신하이면서도 군주를 벌벌 떨게 하는 위세를 가졌으며, 그 이름 또한 천하에 드날리고 있습니다. 초나라에 가면 초나라가 믿지 못할 것이고 한나라에 가면 또한 한나라가 두려워하는 어려운 처지에 놓여 있습니다. 장군께서는 그런 위세와 공로를 가지고 어디로 가시겠습니까? 장군께서는 대단히 위태로운 처지에 계신 것입니다."

그러나 한신은 결국 괴통의 제안을 듣지 않았다. 이후 괴통은 미친 사람 행세를 하면서 길거리를 이리저리 헤매게 되었다.

토끼 사냥이 끝나면 사냥개를 잡아먹는다

그 무렵 유방이 고릉 지방에서 항우의 기습에 휘말려 궁지에 몰리게 되자 장량은 한신을 부르게 하였다. 한신은 해하의 마지막 전투에서 총 대장이 되어 항우의 군대를 격파하였다. 그렇게 하여 드디어 한나라가 천하를 제패하게 되었다. 그리고 한나라 5년 정월에 한신은 초나라 왕으로 임명되어 초나라로 가게 되었다.

한신은 예전에 자기에게 밥을 먹여 주었던 무명 빨래하던 노파를 불러 천금을 하사하였고, 한때 신세를 졌던 남창의 유지에게 는 백 전을 주며 말했다.

"당신은 소인이오. 은혜를 베풀려면 끝까지 베풀어야지……."

또한 자기에게 바짓가랑이 밑으로 기어가게 했던 건달도 찾아냈다. 그런데 어찌된 일인지 그에게 벼슬까지 내리는 것이 아닌가!

"이 사나이는 장사이다. 그러나 나를 욕보이던 때 내 어찌 이 자를 죽일 수 없었겠는가? 하지만 죽여본들 내 이름이 유명해지는 것도 아니기 때문에 꾹 참았다. 참으로 이 사나이가 있었기 때문에 오늘의 내가 있을 수 있었다."

한나라 6년, '초나라 왕 한신이 반란을 일으키려 한다'는 비밀 보고가 들어왔다. 그러자 고조 유방은 전국 시찰에 나선다고 알리면서 모든 제후들을 초나라 남쪽의 운몽이라는 큰 호숫가에 모이도록 지시하였다. 이는 어디까지나 한신을 체포하는 데 목적이 있었다. 한신은 이를 눈치 채지 못했지만, 유방이 초나라의 운몽으로 행차한다는 것이 불길하게 여겨졌다.

'난 문책 받을 일을 하지 않았다. 아무튼 고조를 만나고 보자. 그래도 혹시 체포당하기라도 하면……'

한신은 매우 초조했다. 이때 어떤 사람이 한신에게 제안했다.

"종리매를 처치한 후에 고조를 만나시는 게 좋겠습니다."

종리매는 항우의 부하였으나 한신의 고향 친구로 항우가 죽은 후 한신에게 온 장군이었다. 그런데 유방은 종리매에게 원한이 있었기 때문에 그가 초나라에 있다는 말을 듣고 초나라에 명령하여 종리매를 체포해 놓도록 지시했었다. 한신이 종리매를 만나 의논하자 종리매가 크게 화를 냈다.

"한왕의 비위를 맞추기 위해 나를 잡아갈 생각이라면 내 스스로 여기에서 목숨을 내놓겠소. 하지만 내일은 당신의 차례가 될 것이오."

그리고는 한신을 한참이나 비난하더니 스스로 목을 찔렀다. 한신은 그 목을 가지고 고조를 만났다. 유방은 즉시 한신을 붙잡아 포박하였다. 이에 한신이 탄식했다.

"과연 '토끼 사냥이 끝나면 사냥개를 잡아먹고(兎死狗烹), 하늘을 나는 새가 없어지면 활을 창고에 처박아 놓으며, 적국을 모두 함락시킨 후에는 공신들을 처치한다'는 말이 맞구나. 천하가 평정되었으니 이제 나를 잡아먹는 것인가!"

한신은 체포되어 낙양으로 호송되었다. 낙양 도착 후에 유방은 그의 죄는 용서하고 제후로 격하시켜 회음후로 불렀다. 한신은 그 후 유방의 경계가 심함을 깨닫고 병을 핑계로 조정에 나가지 않았다. 그러면서 밤낮으로 유방을 원망하며 불만을 품었다.

어느 날 한신이 장군 번쾌의 집에 들른 적이 있었는데, 번쾌는 한신을 맞아 신하의 예를 갖추며 스스로 '신' 이라 불렀다.

"대왕께서 신의 집에 들러 주시니 황공하옵니다."

그래도 한신은 그 집을 나오면서 스스로를 비웃었다.

"내가 오래 살다 보니 끝내 번쾌 따위와 같은 서열이 되었구나!"

다다익선

어느 날 유방과 한신이 사석에서 여러 장수의 능력을 평가한 일이 있었다. 그때 고조가 물었다.

"나 같은 사람은 어느 정도의 군사를 거느릴 수 있는 능력이 있다고 보는가?"

"10만 정도까지는 되겠습니다."

"그러면 그대는?"

"저는 많으면 많을수록 좋습니다(多多益善)."

"그러면 어찌하여 나에게 사로잡혔는가?"

그러자 한신이 대답하였다.

"폐하께는 병사들의 장군이 되실 수는 없지만 장군의 우두머리가 되실 능력이 있습니다. 제가 붙잡힌 것은 바로 그 때문입니다. 더욱이 폐하의 능력은 하늘이 준 것이기 때문에 사람의 힘으로는 어찌할 수 없습니다."

어느 날 거록 지방의 태수로 임명된 진희가 한신에게 작별인사를 하러 왔을 때 한신은 그의 손을 잡고 마당을 거닐며 하늘을 우러러 탄식하였다.

"내 그대에게 할 말이 있는데, 들어주겠소?"

"네, 말씀만 하십시오."

"당신이 부임하는 곳은 천하의 정예 병사들이 모여 있는 땅이오. 또 그대는 폐하의 신임을 두텁게 받고 있소. 당신이 설사 모함을 받더라도 폐하는 믿지 않을 거요. 그때 내가 안에서 일을 벌이면 천하는 우리 손에 넘어올 수 있을 것이오."

진희는 평소부터 한신을 믿고 따랐기 때문에 한신에게 맹세했다.

"시키는 대로 하겠습니다."

과연 한나라 10년, 진희가 반란을 일으켰다. 고조는 친히 군대를 이끌고 나갔는데 한신은 병을 핑계로 밖에 나가지 않고 은밀히 진희에게 사자를 보냈다.

"나는 여기에서 돕겠소."

그리고는 자기 부하들과 의논하여 밤에 거짓 어명을 내려 감옥에 갇힌 죄수들을 석방하여 궁궐을 기습하기로 작전을 짰다. 그런데 부하 가운데 부정을 저지른 자가 있어 한신이 그를 처형하려고 했다. 그러자 그의 동생이 궁궐에 달려가 한신이 반역을 꾀하고 있다고 밀고해 버렸다.

고조의 부인인 여후는 즉시 한신을 불러들일까 하다가 한신이 그냥 오지는 않을 것이라 생각하였다. 그리하여 소하와 의논하여 '진희가 이미 처형되었다'고 퍼뜨리게 한 뒤 신하 한 명을 고조의 사자로 위장시켜 한신에게 보내 궁궐에서 축하연을 연다고 하며 입조하라고 명령했다. 제후들과 신하들도 모두 궁궐에 입조했다.

드디어 한신이 궁궐에 들어서자 미리 대기하고 있던 힘센 무사들이 한신을 체포하였다. 그리고 즉시 한신의 목을 베었다. 죽기 직전 한신이 탄식했다.

"일찍이 괴통의 제안만 들었더라도 이렇게 되지는 않았을 텐데……. 아녀자의 농간에 넘어가 죽는 것도 천명이란 말인가!"

마음을 빼앗기면 천하를 빼앗긴다

천하를 얻은 이유

유방은 어느 날 신하들이 모인 자리에서, "그대들은 왜 항우가 천하를 잃고 내가 천하를 얻었다고 생각하는가?"라고 질문을 하였다.

"폐하께서는 부하들을 가볍게 생각하시는 데 반해 항우는 솔직하며 부하를 사랑합니다. 하지만 폐하께서는 성을 공략한 후 항복해 오는 자를 부하가 부리게 하고 땅과 재물을 똑같이 나누어 주십니다. 이에 비해 항우는 현명하고 재주 있는 부하를 시샘하고 공이 있는 부하를 의심합니다. 그래서 싸움에서 이기더라도 부하에게 공을 돌리지 않고 재물을 얻어도 부하에게 나누어 주지 않습니다. 그 때문에 항우는 비록 70번에 걸쳐 승리했지만 끝내 천하를 잃은 것입니다.

그러자 유방이 말했다.

"좋은 말이오. 그러나 그것은 하나만 알고 둘은 모르는 말이오. 장막 안에서 계략을 짜서 천 리 밖의 승리를 이끌어 내는 면에서 내가 장량을 따르지 못하고, 국가를 다스리고 백성들을 위무하며 보급을 원활하게 하는 일은 소하만 못하며, 백만 대군을 거느리고 싸우면 반드시 이기고 공략하면 반드시 승리하는 일에는 한신만 못하오. 이 세 사람은 모두 훌륭한 인걸이오. 그런데 나는 이렇게 훌륭한 이들을 잘 활용하였소. 그렇기 때문에 내가 천하를 얻게 된 것이오. 하지만 항우는 천하의 재사인 범증이 있었지만 활용하지 못했소. 그것이 나에게 패한 이유인 셈이오."

유방이 죽은 후

유방이 죽기 전 앓아 누워 있을 때였다. 여후가 다가와 유방에게 물었다.

"폐하께 일이 생기면 누구에게 재상을 맡겨야 합니까? 지금 소하 대신도 너무 연로하셨는데⋯⋯."

"소하 뒤에는 조참에게 맡기시오."

"그 다음은 누가 맡아야 하는지요?"

"왕릉이 적임자이지만 조금 우직하니 진평이 그를 돕도록 하시오. 진평도 비록 지략이 뛰어나지만 단독으로 국사를 맡기 어렵소. 그러니 정치는 왕릉과 진평 두 사람에게 맡기고 군사는 중후하고 소박한 주발에게 맡기시오. 유씨를 안정시킬 사람은 주발뿐이니 그에게 총사령관을 맡기시오."

여후가 다시 물었다.

"그 다음은 누가 좋습니까?"

그러자 유방은 짜증을 내고 말았다.

"아니, 당신은 얼마나 오래 살려고 그러시오?"

유방은 드디어 기원전 195년, 천하통일을 이룬 지 8년이 되던 해 4월 장락궁에서 숨을 거두었다. 그의 나이 53세 때였다. 여후는 유방이 아직 이름도 없던 때에 결혼했던 부인으로 유방과의 사이에 1남 1녀를 두었는데, 바로 효혜와 노원 공주였다.

천하통일 후, 여후의 억센 성격이 드러나기 시작했다. 한신을 처형하고 팽월을 죽이는 등 공신들을 숙청하는 데 결정적인 기여를 했으며, 차츰 정치에까지 손을 뻗치게 되었다.

유방은 한나라 황제가 된 뒤, 척희(戚姬)라는 미인을 얻어 매우 사랑하게 되었다. 그래서 척희는 아들 하나를 낳았는데 여의라고 불리었다.

그런데 여후가 낳은 아들인 효혜는 워낙 천성이 착하고 나약했다. 그래서 유방은 언제나 효혜가 부모의 성격을 닮지 않은 점에 매우 서운해했으며, 여의를 태자로 세울 생각까지 하게 되었다. 더구나 여의는 유방을 똑같이 닮아 유방도 그를 매우 아끼고 있었다.

그 당시 척희는 유방의 사랑을 독차지하고 있었기 때문에 유방이 여행을 할 적에는 항상 곁에 있었다. 그러면서 척희는 기회가 있을 때마다 자기 아들 여의를 태자로 삼아 달라고 눈물로 호소했다.

이에 반해 여후는 완전히 버림받은 조강지처였다. 여후는 유방의 사랑을 받기는커녕 제대로 얼굴을 맞댈 기회조차 없을 정도였다.

여의를 태자로 삼겠다는 유방의 마음은 더욱 굳어가고 있었다. 초조해진 여후는 장량을 찾아가 도움을 청했다. 이에 장량은 궁궐에 들어가 유방에게 몇 번이나 태자를 바꾸지 말라고 간청했지만 유방은 들은 척도 하지 않았다. 장량은 생각을 바꿔 다른 방법을 사용하기로 했다.

어느 날 궁중에서 잔치가 벌어지고 있을 때였다. 효혜 태자도 와 있었는데 그 뒤에는 네 명의 노인들이 앉아 있었다. 모두 80을 넘은 노인들로서 수염이나 눈썹까지 하얗게 새어 있었다. 그들은 차려입은 옷매무새가 마치 신선과 같았다.

그러자 유방이 물었다.

"저 사람들은 누구냐?"

네 노인이 유방 앞에 나아가 각자 이름을 밝혔다. 다름 아닌 동원공, 녹리 선생, 기리계, 하황공의 이른바 '상산사호(商山四晧)'였다. 이들은 유방이 천하 통일 전부터 가르침을 받고자 그토록 찾아다닌 바 있던 도인들이었다.

유방은 깜짝 놀라면서 말했다.

"아니, 그간 내가 얼마나 찾았는데……. 그간 어디 계셨소?"

이에 노인들이 말했다.

"황공합니다만, 폐하께서 인물을 못알아보시고 곧잘 바보 취급 하시는데 어떻게 나타날 수 있었겠습니까? 다만 태자는 부모를 공경하고 형제를 우애로 감싸며, 남에게도 겸허한 태도로 대해 주시기에 모든 사람들이 태자를 따르고 있다고 들었습니다. 그래서 이렇게 나타난 것입니다."

유방은 눈을 지그시 감았다.

"그러면 앞으로도 태자를 잘 부탁하오."

네 노인들은 이렇게 말하면서 유방의 장수를 기원하는 술잔을 들고 물러갔다. 한참 후 유방은 척희를 불렀다.

"나는 정말 여의를 태자로 삼고자 했으나, 태자는 네 도인이 보필하고 있네. 태자에게 날개가 돋아난 셈이지. 내 힘으로도 어쩔 수 없다네. 그대는 내가 죽은 후 여후를 도와 섬기지 않으면 안 되네."

척희는 흐느껴 울었다. 그 뒤 효혜는 태자 자리를 굳게 지킬 수 있었다. 이 모두 장량의 덕택이었다.

그 후 유방이 죽었다. 효혜 태자가 황제로 즉위하고, 여후는 태후의 자리에 앉게 되었다. 그런데 여후에겐 눈엣가시가 있었으니 바로 척희였다. 유방의 사랑을 모조리 빼앗아가고, 아들 효혜의 태자 자리도 거의 빼앗길 뻔했을 정도로 항상 여후를 압박했던 척희였다. 여후는 유방이 살아 있을 때부터 자나 깨나 척희에 대한 복수의 칼날을 갈고 있었던 것이다.

유방이 죽자마자 여후는 척희를 곧장 잡아다가 궁중에서 죄지은 자를 가두는 영항이라는 토굴 감옥에 처넣어 버렸다. 그러면서 척희의 아들 여의도 즉각 입궐하라고 명령을 내렸다.

여의는 궁궐로 들어올 수밖에 없었다. 그런데 원래부터 우애가 깊었던 효혜제는 여후의 속셈을 눈치 채고 여의가 궁궐에 도착하기 전에 손수 궁궐 밖에 나가 함께 궁궐로 돌아왔다. 그는 잠시도 여의의 곁에서 떨어지지 않았다. 여의를 죽일 기회만 노리던 여후도 포기할 수밖에 없었다.

그 후 효혜제가 사냥을 나가게 되었는데, 아직 어렸던 여의는 일찍 일어나지 못해 궁궐에 홀로 남게 되었다. 효혜제가 사냥에서 돌아와 보니, 이미 여의는 차디찬 시체로 변해 있었다. 그리고 여후는 영항에 갇혀 있던 척희에게 처참하게 복수했다. 여후는 우선 척희의 수족을 잘라 버렸다. 그러고는 눈을 도려내고 귀를 찢어 태웠으며, 벙어리가 되게 하는 약을 먹였다. 그것도 모자라 변소 밑바닥에 버리고 '사람 돼지'라 부르게 했다.

며칠 후 여후는 효혜제에게 그 '사람 돼지'를 보여주었다. 효혜제는 처음에는 그것이 무엇인지 알 수 없었다. 그러다가 그것이 척희라는 말을 듣자 통곡하다가 그대로 앓아 누워 버렸다. 그리고는 사람을 보내어 여후에게 애원했다.

"사람으로서 어떻게 그럴 수가 있습니까? 이제부터 나를 아들로 여기지 마십시오. 나는 이런 식으로 천하를 다스리지 못하겠습니다."

그 후 효혜제는 정치에 전혀 관여하지 않았다. 그리고는 가뜩이나 쇠약한 몸으로 매일같이 술과 여자에 파묻혀 지내다가 그해를 넘기지 못하고 죽었다. 이때 그의 나이 겨우 23세였다.

운명이란 삶을 완전히 뒤바꾸는 것

유방의 총애를 받던 여인들은 모두 여후의 복수의 칼날을 피할 수 없었다. 그런데 유방의 사랑을 덜 받았기 때문에 오히려 살아 남아 끝내 황제의 어머니가 된 여인이 있었다. 바로 박희라는 여인이었다.

유방과 항우가 천하를 놓고 겨룰 때 박희의 아버지는 항우 진영에 있었다. 그 후 전쟁에서 패하자 그 가족들은 포로가 되어 아버지는 처형당하고, 박희는 노예가 되어 베 짜는 여인이 되었다.

그 뒤 우연히 베 짜는 방에 들른 유방은 박희가 꽤나 예쁘게 보여 그녀를 후궁으로 불러들였다. 그러나 박희의 미모도 사실은 대단한 것이 없었기 때문에 유방의 머리에서 까맣게 잊혀지게 되었다. 박희는 관부인과 조자아라는 두 명의 후궁과 매우 친했다. 그래서 세 친구는 언제나, "우린 나중에 누가 먼저 귀인이 되더라도 서로 잊지 말자. 꼭⋯⋯." 하고 약속했다.

그 후 관부인과 조자아는 유방의 총애를 받는 몸이 되었다. 어느 날 유방과 같이 나들이하던 두 후궁은 잠시 쉬고 있을 때, 박희와의 약속을 말하며 서로 웃었다. 그러자 유방이 꾸중을 하며 왜 웃냐고 물었다. 두 후궁이 그 이유를 말하니 유방은 갑자기 박희가 불쌍하다는 생각이 들었다. 그래서 즉시 박희를 불러내 잠자리를 같이 했다. 그때 박희가 조용히 속삭였다.

"지난 밤 제 배에 푸른 용이 들어오는 꿈을 꾸었답니다."

"그래, 그건 길조구나. 그 꿈을 이뤄 주겠다."

이렇게 박희는 단 한 번의 정을 받았을 뿐 유방을 두 번 다시 보지 못했다. 그러나 박희는 그 단 한 번의 사랑으로 아들을 잉태하였다.

유방이 죽고 나자 유방의 사랑을 받던 후궁들은 모조리 여후에게 앙갚음을 당해야 했다. 그러나 박희는 '불쌍한 여인'으로 취급되어 살아 남았다. 더구나 여후가 죽은 후에는 여씨의 전횡에 진력이 나 있던 중신들이 박희를 불러들였고 그 아들을 황제로 세웠다.

효혜제가 세상을 뜨자 국상(國喪)이 발표되어 모든 신하가 관 앞에서 곡을 했다. 그러나 여후는 겉으로 곡하는 소리만 낼 뿐 눈물 한 방울 흘리지 않았다.

이때 장량의 아들인 벽강은 아직 열다섯밖에 되지 않았으나 매우 똑똑했다. 그는 바로 승상이던 진평을 찾아갔다.

"태후께서 지금 외아들을 잃고도 슬퍼할 수 없는 이유가 무엇인지 아시겠습니까? 효혜제에게 성장한 아들이 없기 때문에 태후가 중신들에게 위협을 느끼시는 것입니다. 그러니 승상 어른께서 이 기회에 태후의 조카분들을 장군으로 임명하고, 여씨 가문에게 요직을 주도록 하십시오. 그래야 태후의 두려움도 풀릴 것이며, 중신들도 화를 당하지 않을 것입니다."

진평이 즉시 그 말대로 하니 과연 태후는 매우 기뻐했다. 그리고 그제야 목 놓아 울며 눈물을 비오듯 흘렸다. 그 후 여후는 노골적으로 정사를 자기 마음대로 주물렀다. 여후는 효혜제의 상이 끝나자 태자를 왕위에 앉혔다. 그런데 태자 역시 나이가 너무 어려서 할머니인 여후가 완전히 황제의 권한을 행사하기 시작했다.

그 나이 어린 황제는 소제(小帝)라 불리었는데, 사실 그는 효혜제의 정실 부인에게서 난 아들이 아니었다. 정실 부인에게 아들이 없자, 여후가 자기 집안의 미인 한 명을 후궁으로 들여서 낳은 아들이었던 것이다. 그리고는 그 생모를 죽이고 정실 부인이 낳은 태자로 꾸몄다. 그 뒤 소제가 4, 5세쯤 되었을 때 누군가가 이 사실을 그에게 얘기했다. 화가 난 소제는 주먹을 꼬옥 쥐고, "다음에 내가 반드시 그 원수를 갚고 말 테다." 하고 분개하였다.

이 말이 그대로 여후의 귀에 들어갔다. 그를 그대로 두어서는 앞날이 불안하다고 여긴 여후는 소제를 척희를 잡아 가뒀던 영항에 유폐시켜 버렸다. 그리고는 소제가 병이 깊어 제정신이 아니라고 하면서 아무도 접근할 수 없게 만들었다. 얼마 후 소제는 원인 모르게 죽었다.

여후는 다음 황제로 유홍을 내세웠는데, 그 역시 나이가 어려 소제라 불리었다. 여전히 여후가 황제의 권한을 휘둘렀다. 어느 날 여후가 자기 친정 식구를 제후로 삼을 생각으로 우승상 왕릉에게 의견을 물었다.

그러자 왕릉은, "선제께서 '유씨가 아닌 사람이 제후로 되는 것을 목숨을 걸고 막으라 하셨습니다. 선제의 유지를 받들어야 합니다."라고 반대하였다.

이에 크게 화가 난 여후는 이번엔 좌승상 진평과 대신인 주발에게 물었다. 그랬더니 그들은 여후의 의견에 동조하였다. 조정에서 물러나온 왕릉은 진평과 주발을 비난하였다.

"어찌 선제와의 약속을 어긴다는 말입니까. 그러고서 무슨 낯으로 선제를 뵙겠소?"

그러자 그들은 담담하게 이렇게 대답하는 것이었다.

"용기있게 태후에게 맞서는 면에서는 우리가 당신보다 부족합니다. 그러나 나라의 안정을 도모하고 유씨 권력을 지키는 데에는 우리만 못할 것입니다."

그 후 여씨 일족은 계속해서 제후로 임명되었고, 여후의 여동생인 여수 역시 제후로 임명되었다. 여수는 중국 역사상 최초로 제후의 자리에 오른 여성이 되었다.

여후는 황실인 유씨와 자기 친정인 여씨간에 권력 다툼이 격화되자 한 가지 꾀를 냈다. 즉 여씨의 딸들을 유씨의 제후들에게 시집을 보내 아예 집에서부터 유씨를 꽉 잡아 버리자는 심산이었다.

이때 조나라 왕으로 봉해졌던 유우가 있었다. 그런데 그는 여씨 문중에서 시집 온 본처에게 정이 가지 않아 다른 첩에게 사랑을 쏟았다. 그러자 질투심 많았던 여씨 성의 본처는 이 사실을 여후에게 고해 바치고, 또 있지도 않은 사실을 거짓으로 꾸며 남편에게 뒤집어씌웠다. 즉, '여씨 성에게 제후 자리를 주는 것은 말도 안 된다. 여후가 죽는 날이면 내 반드시 여씨 일족을 멸하리라'고 했다는 것이었다. 이 말을 들은 여후는 분기탱천했다. 곧바로 유우를 잡아들이고는 그를 연금시킨 채 일체의 음식을 못 먹게 만들었다. 그에게 음식을 갖다 주는 사람은 무조건 처벌되었다. 마침내 유우는 굶어 죽었다.

소제 8년 3월에 패수 기슭에서 제사를 모시고 돌아오던 중, 갑자기 파란 개 같은 것이 나타나서 여후의 옆구리를 물고는 순식간에 사라졌다. 하도 괴이하여 점을 쳐보니 죽은 척희의 아들 여의가 복수를 하고 있다는 점괘가 나왔다. 그날 이후 여후는 옆구리의 통증 때문에 무척 시달려야 했다.

7월에 접어들면서 여후의 병세는 더욱 깊어만 갔다. 다시 일어날 수 없음을 안 여후는 자기 조카인 여록과 여산을 불렀다.

"고조는 천하를 통일한 다음 모든 대신들을 모아놓고 '유씨 아닌 자가 왕이 되었을 때는 모두 힘을 합해 이를 무찌르라'고 시켰다. 때문에 우리 여씨 문중이 권세를 잡았다 해도 중신들이 마음속으로 복종하고 있지는 않을 것이다. 더욱이 내가 죽으면 그들은 반드시 반격을 해 올 것이다. 아무쪼록 정신 차리고 군사를 모아 궁궐을 지켜야 한다. 장례에 정신을 빼앗기면 천하를 빼앗길 것이다."

드디어 8월 초하루에 여후는 세상을 떠났다. 여후의 유언에 따라 여산이 상국으로 임명되었으며, 여록의 딸이 황후가 되었다.

의심나는 자는 쓰지 말고 일단 쓰면 의심하지 말라

진평은 젊을 적에 형인 진백의 집에 살았다. 그런데 형은 진평의 재주를 알아보고, 자기는 힘든 농사일을 하면서도 진평에게는 큰 도회지에서 공부하도록 도와줬다. 이런 진백의 태도를 그의 아내는 늘 못마땅해하며, 어느 날 이렇게 투덜거렸다.

"저렇게 밥이나 축내는 시동생이라면 차라리 없는 게 낫겠어요."

바야흐로 천하는 진승이 반란을 일으켜 어지러웠다. 진평은 형 진백과 작별하고 위나라에 찾아가 왕을 만났다. 그러자 왕은 그에게 벼슬 자리를 주어 등용했다. 진평은 이제야 자기의 큰 뜻을 펼 기회라 생각하여 왕에게 여러 계책을 냈으나 받아들여지지 않았 다. 오히려 그를 헐뜯는 자들이 많아 결국 진평은 피신해야 했다.

몇 년이 지나자 항우의 군대가 황하까지 진출하였다. 진평은 청년 수백 명을 이끌고 항우의 군대에 들어가 커다란 공로를 세웠다.

드디어 항우가 진나라를 격파하고 함양을 점령한 후 진평은 높은 벼슬에 임명되었다.

그 뒤 항우가 팽성에 도읍을 정한 지 오래지 않아 유방이 관중을 차지하고 동쪽으로 진출할 때, 항우의 부하였던 앙이라는 사람 이 반란을 일으켰다. 그러자 항우는 진평에게 반란을 진압하라는 명령을 내렸다. 진평은 쉽게 반란을 진압하였다. 반란을 진압한 공로로 그의 벼슬은 한층 높아졌다.

그런데 얼마 지나지 않아 유방이 황하를 건너와 앙을 공격하니 앙은 싸워 볼 생각도 하지 않고 항복해 버렸다. 이에 항우는 진평이 그들과 무슨 묵계를 하지 않았는가 하여 의심하고 진평을 불러 추궁하려 했다.

진평은 변명해 봤자 통하지도 않을 것을 알고 오직 칼 한 자루만 지닌 채 몰래 도망을 쳤다. 진평은 가까스로 강까지 도망쳐서 나룻배를 간신히 타게 되었다. 그런데 사공은 첫눈에 그가 도망가는 장군임을 알아보았다. 준수한 외모와 깨끗한 옷차림, 그리고 혼자 몸으로 강을 건너는 것이 영락없이 도망치는 장군의 모습이었기 때문이다. 그는 진평이 분명 많은 보물을 몸에 지니고 있으리라 생각하고, 기회를 봐서 진평을 없애고 재물을 빼앗을 궁리를 하였다. 진평은 그러한 사공의 마음을 알아보고 일부러 옷을 모두 벗은 후 함께 노를 저었다. 그러자 못된 뱃사공도 그가 몸에 아무것도 가지지 않은 사실을 알고 다른 마음을 품지 않았다.

탈출에 성공한 진평은 드디어 수무 지방에서 유방을 만났다. 그러나 유방은 그에게 별로 신경을 쓰지 않았다. 하지만 진평은 자리를 뜨지 않고 유방 앞에 계속 버티고 앉아 자신의 큰 뜻을 일장 연설하였다. 유방은 처음엔 건성으로 듣다가 어느새 진평의 말에 깊숙히 빠지게 되었다.

"과연 천하의 모사일세."

그날로 진평은 왕의 신변을 보호하고 여러 장수들을 감찰하는 벼슬을 얻었다. 그러자 여러 장수들의 불만이 터져 나왔다.

"진평이라는 자는 한낱 떠돌이에 불과한 건달입니다. 위나라에서도 쫓겨났고 초나라에서는 죄를 짓고 도망온 자입니다. 더구나 그런 자에게 장수들의 감찰을 맡기다니요? 말도 안 됩니다." 더구나 진평이 여러 장수들에게 재물을 내놓으라고 강요하고 다닌다는 소문까지 있었다. 말이 하도 많아지자 유방은 장량을 불렀다.

"요즈음 진평에 대해 불만이 많은데 귀공의 생각은 어떻소?"

"진평은 항우에게 개죽음을 당하느니 사람을 쓸 줄 아시는 폐하께 찾아온 사람입니다. 지금 천하는 먹느냐 먹히느냐의 치열한 전쟁터입니다. 여기에서 중요한 것은 전쟁을 이길 수 있는 '재능'입니다. 그가 장군들에게 재물을 요구한 것은 사실입니다. 하지만 그것은 앞으로 항우 진영을 이간 공작하려는 반간계(反間計)를 하기 위한 자금을 만들려는 생각에서 하는 일입니다."

유방은 이 말을 듣고 무릎을 탁 치며, "그럼 그렇지. 내 눈이 틀릴 리가 있나." 하며 좋아했다.

유방이 천하를 통일한 이후 진평은 '꾀주머니'로서 그 역할을 다하며 유방을 보좌했다. 특히 유방이 흉노를 공격했으나 오히려 백등산에서 포위되어 매우 위태로웠을 때 진평의 계교가 빛을 발했다.

진평은 그때 화공(畵工)에게 절세의 미녀도를 그리게 하고 사신을 시켜 선물과 함께 그 미녀도를 묵특선우의 부인에게 보내게 했다. 그러면서 편지를 보냈다.

지금 한나라 황제께서는 어려움에 처해 이 절세의 미녀를 선우께 몰래 바치고자 합니다.

그러자 선우의 부인은 그 미녀를 선우에게 바칠 경우 그 미녀에게 사랑을 빼앗길까 매우 두려워했다. 그래서 선우에게 졸랐다.

"지금 한나라 땅을 얻는다고 해도 우리가 거기에서 살 수는 없잖아요. 서로 괴롭히면서 살 필요도 없지 않아요?"

묵특선우는 드디어 포위를 풀고 철수했다. 그리하여 유방은 간신히 목숨을 건질 수 있었다. 진평은 모두 여섯 차례에 걸쳐 위기에 빠진 유방을 신출귀몰한 꾀를 써서 구해냈다. 그래서 그 공로를 인정받아 큰 벼슬을 받았으며 승상의 자리까지 올랐다.

그런데 유방이 죽고 난 후 천하는 여씨의 수중에 들어갔다. 이 때부터 진평은 밤낮으로 주색에 빠지게 되었다.

평소부터 진평을 좋지 않게 보고 있던 여후의 여동생인 여수가 여후를 찾아왔다. 옛날 유방이 여수의 남편인 번쾌를 사로잡은 일이 있었는데, 그 일에 진평이 개입되어 있었던 것이다.

"진평이라는 자가 승상의 자리에 있으면서도 정치는 아예 쳐다보지도 않고 매일같이 주색에만 빠져 있답니다. 그자를 처벌하세요."

이 소식을 들은 진평은 그 뒤 더욱 주색에 빠졌다. 여후는 이 사실을 보고받고 얼굴에 웃음을 띠었다. 그리고는 진평을 불러 이렇게 말했다.

"예로부터 아녀자의 말은 듣지 말라는 속담이 있지요. 그대는 어떻게 하면 나와 함께 잘해 나갈 수 있는가에 대해서만 생각하기 바라오. 여수의 말 따위는 신경 쓸 필요가 없소."

그 후 여후는 아무런 두려움도 없이 여씨 일족을 등용시켰고, 진평도 아무런 불평을 말하지 않았다.

태평시대엔 재상에게 맡기고 난세엔 장군에게 맡긴다

그러나 진평은 집에 틀어박혀 여씨의 권세를 물리칠 방도를 짜 내기에 골몰하고 있었다. 그러던 어느 날 유방의 정치 자문역을 맡고 있었던 육가라는 대신이 찾아왔다. 진평은 누가 온 사실조차 모른 채 생각에 빠져 있었다.

"승상 어른, 무슨 생각을 그렇게 열심히 하고 계십니까?"

"아! 육가 선생이 오셨군요. 선생은 내가 무슨 생각을 하고 있는지 아시겠습니까?"

"어른께서는 승상의 자리에 계시면서 신하로서는 더 이상 바랄 것이 없는 처지이십니다. 다만 한 가지 걱정이 계시다면 역시 여 씨 일족의 전횡이 아니겠습니까?"

"선생의 눈은 역시 정확하시군요. 그런데 뾰족한 수가 안 보입니다. 무슨 방도가 없겠는지요?"

"선비란 원래 태평시대에는 재상에게 맡기고, 난세를 당하면 장군에게 맡기는 법입니다. 그러니 재상과 장군이 힘을 합친다면 선비는 모두 따라가게 마련입니다. 지금 재상으로는 당연히 승상 어른이 계시고 장군으로서는 역시 주발 장군이라 할 것입니다. 그러 나 주발 장군은 저와 항상 농담을 주고받는 사이인지라. 내가 속 마음을 드러낼 때도 그저 농담으로 받아들이는 형편입니다. 그래서 승상 어른께 말씀드리는 것이니, 어른께서는 무엇보다도 주발 장군과 친교를 맺어 여씨 일족에 대한 견제를 해내셔야 합니다."

그러면서 육가는 여씨를 제압하기 위한 여러 방안을 얘기하였다.

원래 진평은 주발과의 관계가 좋지 않았다. 옛날 진평이 유방에게 등용되어 장수들의 감찰을 수행할 때, 주발이 특히 불만을 터뜨린 장군이었기 때문이다. 하지만 진평은 여씨 일족을 누르기 위해 옛날의 감정을 털어 버리기로 하고, 즉시 육가의 말대로 주발을 초대하여 성대한 잔치를 벌였다. 또한 그의 생일에는 가무단까지 보내어 축하하였다. 주발 역시 진평에게 고맙다는 인사를 하면서 매우 가까운 사이가 되어갔다. 이렇게 하여 여씨 일족의 권세는 차츰 힘을 잃어갔다.

여후가 죽은 후 하늘을 찌를 듯했던 여씨 일족의 권세도 차츰 몰락의 길을 걷고 있었다.

하지만 여후가 죽었어도 여씨 일족이 완전히 조정을 장악하고 있었기 때문에 반란을 일으켜 유씨 일족을 제압하는 것은 쉬운 일이기도 했다. 다만 유방이 생존했을 때 뒷일을 부탁했던 주발이나 관영 등의 용맹스러운 장군들이 아직도 상당한 힘을 갖고 있었기 때문에 반란을 선뜻 일으키지 못하는 처지였다.

그 무렵 유장이라는 제후가 있었는데, 20세밖에 안 되었으나 매우 용기 있는 사람이었다. 여후는 그에게도 역시 여씨네 집안의 딸을 시집 보냈으나, 그 딸이 유장에게 여씨 일족의 음모를 낱낱이 폭로해 버렸다.

그러자 격분한 유장은 자기 형인 유양에게 이 사실을 알리고, 이번 기회에 여씨 일족을 몰아내기 위해 군대를 일으키자고 제안했다. 이 소식을 전해 들은 유양은 즉시 군대를 일으키는 한편, 모든 제후들에게 여씨 토벌의 격문을 띄웠다.

한편 조정에서는 제후들이 군대를 일으켰다는 보고를 받고 상국이던 여산은 관영 장군으로 하여금 그들을 물리치도록 명령했다. 하지만 관영은 군대를 이끌고 궁궐 밖으로 나와서 병사들에게 이렇게 선포했다.

"지금 여씨 일족은 방자하게도 천하의 권세를 농단하고 있다. 저들은 유씨 황실을 몰아내고 자기들의 나라를 세우려는 것이다. 이제 나는 역적 여씨 일족을 토벌하려고 하니, 그대들은 나를 따르라."

이에 병사들은 일제히 창과 칼을 높이 들고 환호성을 올렸다. 관영은 즉시 유양에게 사자를 보내 연합하자고 제안하였다. 이때 진평과 주발도 행동을 개시하였다.

그러나 당시까지 여록이 장군으로서 군대 지휘권을 쥐고 있었기 때문에 진평과 주발도 어쩔 도리가 없었다. 그런데 대신인 역상의 아들 역기가 여록과 친했다. 그래서 주발은 역상을 통해 역기에게 여록을 유인하도록 꾀를 냈다. 여록은 역기를 믿고 군대 본부를 나와 밖에 있었다. 이틈에 주발이 본부로 들어가 지휘권을 행사했다. 이 소식을 들은 여수는 화가 머리 끝까지 치솟아 호통을 쳤다.

"장군이 군대를 버리다니, 이제 우리 집안은 망했구나."

그리고는 집안에 있는 모든 패물들을 마당에 내팽개쳤다.

"어차피 빼앗길 텐데 이렇게 버리는게 낫지."

과연 주발은 본부에 들어가자마자 전군을 소집했다. 그리고 큰 소리로 명령하였다.

"여씨를 편들 자는 오른쪽 어깨를 벗고, 유씨를 편들 자는 왼쪽 어깨를 벗어라!"

그러자 병사들은 모두 왼쪽 어깨를 벗어 유씨를 지지한다는 표시를 하였다. 이렇게 하여 진평과 주발은 군사 지휘권을 장악하자 유장에게 병사를 주어 궁궐을 공격하도록 했다. 그때 상국 여산은 뜰을 거닐고 있다가 갑자기 기습을 받고 변소로 피했으나 그곳까지 추격한 유장에게 목이 베어졌다. 유장은 계속 궁궐을 수색해 장락궁의 경호 책임자였던 여경시를 베었다.

여씨 일족은 순식간에 무너졌다. 여록도 칼에 맞아 죽었으며 여수는 매를 맞고 죽었다. 그리고 여수가 낳은 번쾌의 아들 번항까지 살해되었다.

여씨 일족이 멸망한 후 중신들이 모여 비밀회의를 열었다. 가장 중요한 후계자 문제를 논의하기 위해서였다. 그런데 중신들은 모두 여씨 외척에 염증을 내고 있었다. 그래서 이번 거사에 공훈이 컸던 유장과 유양도 추천되었지만, 그들 역시 외가가 매우 음흉하다고 소문난 집안이었으므로 기각되었다. 결국 박희의 아들이 추천되었다.

"그분은 현재 살아 있는 유방 폐하의 친아드님 중에서 최연장자이며 외가인 박씨는 조촐한 집안일 뿐이다."

중신들의 의견은 일치되었고, 급히 사자를 보냈다. 박희의 아들 거듭 사양했지만 중신들도 물러서지 않았다. 드디어 박희의 아들이 할 수 없이 황제의 자리에 오르니 바로 문제(文帝)이다.

새로 즉위한 문제는 주발 장군이 여씨 토벌에 가장 큰 공로가 있었으므로 그를 제1의 공로자로 생각하고 있었다.

진평은 그것을 알고 우승상 자리를 주발에게 양보하기로 생각했다. 그래서 몸이 아프다는 핑계를 대고 사직을 청원했다.

"그대는 이제까지 그토록 건강하시더니, 갑자기 아프다며 사임하시겠다니 무슨 까닭인지요?"

문제가 진평에게 물었다.

"네, 황공스러운 말씀이오나 옛날 고조 때는 저의 공적이 주발을 앞섰습니다. 그러나 여씨 토벌에는 주발을 따라가지 못했습니다."

그리하여 문제는 주발을 우승상에 임명하고, 진평은 좌승상으로 임명해 제2의 서열로 내려놓았다.

어느 날 문제가 주발에게 물었다.

"우승상, 재판은 전국적으로 몇 건 정도 있는가?"

그러자 주발은 아무 대답을 하지 못한 채 얼굴빛만 빨갛게 달아 올랐다.

"그럼 국고는 연간 얼마나 되는가?"

"그것도 모르겠습다. 죄송합니다."

주발의 온몸에는 식은땀이 흘러내렸다. 문제는 진평에게 물었다. 하지만 진평의 대답은 단호했다.

"그 문제라면 각 담당자에게 하문해 주시기 바랍니다."

"담당자라니 누굴 말하는가?"

"재판에 대해서는 정위가 있사오며, 국고에 대해서는 치속내사가 있사옵니다."

"그렇게 만사에 담당자가 있다면 그대는 대체 무엇을 담당하고 있는가?"

"모름지기 재상이라는 자리는 위로는 황제를 보좌하며 아래로는 모든 만물을 잘 살게 할 임무를 가지고 있습니다. 또 바깥으로는 사방의 오랑캐와 제후들을 다스리고, 안으로는 만민을 다스리며 모든 관리들에게 그 직책을 완수시키는 자리입니다."

문제가 그 말을 듣고는, "정말 훌륭한 답변이오." 하면서 진평을 칭찬했다. 주발은 더욱 부끄러웠다. 이윽고 밖으로 나오자 주발이 진평에게 불평을 했다. 그러자 진평이 웃으며 말했다.

"당신은 우승상 자리에 있으면서도 그 직책이 뭔지 몰랐단 말이오? 설마 폐하가 장안의 도난 건수를 물으시면 그것까지 대답해야 한다고 생각하는 것은 아니겠지요?"

주발은 자신이 진평을 따르지 못함을 새삼 깨달았다. 그 후 진평은 다시 승상의 자리에 올라 2년을 더 살다가 죽었다. 진평이 죽은 후 주발이 그 자리를 이어받았다. 그러나 10개월이 못 되어 권고사직을 당했다.

"지금 제후들에게 각자 임명된 지역으로 돌아가도록 명령했는데 잘 지켜지지 않고 있소. 그러니 그대가 먼저 지역으로 돌아가 모범을 보여줄 수 없겠소?"

주발은 할 수 없이 승상직을 사임하고 그의 지역으로 돌아갔다. 그때부터 주발은 극도의 불안감에 사로잡혔다. 누가 자기를 주살하는 것이 아닌가 의심하여 항상 갑옷과 투구로 무장하고 있었으며, 손님을 맞을 때도 그런 옷차림이었다. 이런 일이 되풀이되자 주발은 반역 혐의로 고발되고 말았다.

주발은 옥리에게 넘겨져 취조받기 시작했다. 주발은 두려운 나머지 변명조차 제대로 하지 못했다. 그러나 취조가 심해졌을 때 옥리에게 천 금의 뇌물을 준 것이 효과를 보았다.

옥리가 조서 뒤에 공주에게 증언을 시키라고 써준 것이었다. 공주란 문제의 딸로서 주발의 큰며느리였다. 옥리가 주발에게 그 공주를 증인으로 세우라고 알려 준 것이었다.

마침내 공주가 증인으로 섰고, 그리하여 재판은 일거에 주발에게 유리하게 되었다. 그때는 이미 문제도 주발의 조사 내용을 읽고 무죄라는 것을 알고 있었으므로 주발을 즉시 풀어 주었다. 간신히 감옥에서 나온 주발은 한탄하였다.

"일찍이 백만 대군을 이끌던 나였지만, 옥리라는 벼슬 하나가 이렇게 대단한 줄은 미처 몰랐구나!"

법이 편향되면 백성들이 믿고 살 데가 없다

정위 장석지(張釋之)는 문제 때 사람이다.

언젠가 황제가 나들이 행차를 나가며 다리에 이르렀을 때였다. 갑자기 한 사나이가 다리 밑에서 급히 나와 황제가 탄 수레를 끄는 말이 놀라 껑충 뛰었다. 호위병들이 즉시 그 사나이를 잡아 장석지에게 넘겼다. 장석지가 그를 취조하자 그는 다음과 같이 대답했다.

"저는 장안에 살고 있사온데, 오늘 이 거리를 지나다가 행차 소리가 들리기에 얼른 다리 밑에 숨었습니다. 얼마가 지나 이제는 지나가셨겠구나 생각하여 나왔는데, 아직 수레와 말이 보여 급히 달아났던 것입니다.”

잠시 후 장석지는 판결을 내렸다. 혼자 행차를 범한 것이므로 벌금형에 해당된다는 판결이었다. 이 소식을 전해들은 황제는 매우 화가 났다.

“그 놈은 내 말을 크게 놀라게 했던 놈이다. 다행히 내 말이 순했기 망정이지 그렇지 않았더라면 나까지 부상당할 뻔했다. 그런 놈을 겨우 벌금형에 그치다니 말이 되는가!”

그러자 장석지는 황제를 찾아가 이렇게 말하였다.

“법률을 법률이라고 칭하는 이유는 천자와 백성들이 공동으로 준수해야 하기 때문입니다. 이 사건은 법률에 의거하여 마땅히 이렇게 판결해야 합니다. 만약 가중 처벌하게 되면 법률은 백성들의 마음속에서 이미 신용을 잃게 됩니다. 이번 사건만 해도 폐하께서 만약 그 자리에서 즉시 죽이셨다면 그만이었습니다. 그러나 지금은 이미 그를 정위의 심리에 넘겨주신 것이며, 정위는 천하 법률 집행의 표준입니다. 정위가 한번 편향하게 되면 천하의 모든 집행 관리도 마음대로 경중을 적용시키게 되어 백성들은 어느 곳에 손발을 놓아야 할 것입니까? 폐하의 신중한 고려를 바라옵니다.”

한참을 생각하던 황제는 “정위는 마땅히 이와 같은 판결을 내려야만 하는 것이다.”라고 말하였다.

그 뒤 종묘 제각에 있는 옥가락지를 훔친 자가 잡혔다. 황제는 크게 노하여 그 자를 장석지에게 넘겨 엄히 다스리도록 명령했다. 장석지는 ‘종묘에 차려놓은 물건을 훔친 자’에 관한 법 조항을 적용시켜 ‘처형시킨 다음 시체를 시장 바닥에 버리는 형’에 처하도록 했다. 그러자 황제는 펄쩍 뛰었다.

“그 놈은 무도하게 선제(先帝)의 사당에 있는 물건을 훔친 놈이다. 나는 그대가 그 놈의 삼족까지 멸해 줄 것이라 생각했다. 그런데 법률대로만 적용시키겠다니!”

이에 장석지는 관을 벗고 머리를 조아리며 사죄하였다.

"황공하오나 법률로서는 이 이상 더할 수 없습니다. 그리고 죄상이 같더라도 그 죄질에 따라 차등을 두어야 할 것입니다. 가령 고조의 묘에 있는 흙을 한 줌 파가는 어리석은 백성이 있다면 폐하께서는 그 자도 삼족을 멸하시겠습니까?"

황제는 한참 생각하더니 태후와 상의한 뒤 장석지의 주장을 승인하기로 했다. 이 일로 장석지의 명성은 천하에 드날리게 되었다.

인간만사 새옹지마

두희(竇姬)는 문제의 황후로 조나라의 관진 사람이었다. 그녀는 원래 명문 집안 출신이었으나 집이 가난하여 일찍부터 궁중에 시녀로 뽑혀 들어가 여후를 섬기고 있었다.

그가 궁궐로 들어간 얼마 후 여후는 궁중에 있는 여인들을 제후들의 후궁으로 보내게 되었는데, 두희도 거기에 포함되었다. 두희는 조나라 출신이기 때문에 조나라에 가고 싶었다. 그래서 담당자에게 간곡하게 부탁했다.

"저를 꼭 조나라에 보내 주시는 거죠?"

담당자는 그렇게 해주겠다고 약속했다. 하지만 담당자는 그 약속을 까맣게 잊어버리고 그녀를 대(代)나라로 가는 일행에 포함시켰다. 그리고 그 보고서는 그대로 여후에게 올라가 승인되었다. 두희는 할 수 없이 대나라로 가게 되었다.

그녀는 울며불며 담당자를 원망했지만, 이미 엎질러진 물이었다. 대나라는 북쪽의 오지로서 흉노와 국경을 맞대고 있는 위험한 곳이기도 했다. 그녀는 떨어지지 않는 발걸음을 옮겨 대나라로 향했다. 대나라로 간 두희는 왕의 사랑을 한몸에 받고 아들 둘과 딸 하나를 낳았다.

대나라 왕에게는 왕비가 있었고 그 사이에 네 명의 아들이 있었다. 그런데 그 왕비는 얼마 지나지 않아 죽고, 왕비가 난 아들들도 특별한 이유 없이 차례로 병이 들어 모두 죽고 말았다.

그 후 여후가 죽고 여씨 일족이 몰락하자, 중신들은 여씨를 싫어해 박희의 아들이었던 대나라 왕을 천자로 모시기로 결정했다. 이렇게 해서 대나라 왕이 황제로 즉위하여 몇 달 뒤에 태자를 정하게 되자 아들 중에 가장 나이가 많은 두희의 장남이 태자로 뽑히게 되었다. 이에 따라 두희는 황후의 지위에 올랐다. 그렇게도 가기 싫어했던 곳으로 가서 결국 황후가 된 것이었다.

두희는 두 아들과 한 명의 딸을 두었다. 바로 경제와 양왕, 그리고 큰딸이라는 의미의 장공주(長公主)였다. 장공주는 출가한 후에도 자주 궁궐에 나타나 어머니 두희와 함께 힘을 발휘하였다. 이 때 경제는 할머니인 박희의 집안에서 박씨 여인을 맞아 황후로 삼고 있었지만, 사이가 좋지 않아 박희가 죽자 바로 폐위시켜 버렸다. 그래서 황후 자리가 비어 있었다. 그 당시 경제에게는 모두 6명의 여자가 낳은 14명의 아들이 있었다. 나이를 보면 율희(栗姬)가 낳은 유영이 큰아들이었다. 얼마 지나지 않아 유영은 태자가 되었다.

한편 경제의 누나인 장공주는 자기 딸을 외조카인 태자와 결혼시키려고 했다. 그러나 태자의 어머니인 율희는 시누이인 장공주를 좋아하지 않았다. 왜냐하면 장공주가 경제에게 많은 미녀들을 추천해 불러들였고 그 미녀들은 모두 율희와 사이가 좋지 않았기 때문이었다. 그래서 율희는 장공주의 제의를 한 마디로 거절했다. 그 뒤부터 장공주는 올케인 율희에게 복수할 날만을 기다렸다. 그녀는 경제에게, "율희는 후궁들을 만날 때마다 내시를 시켜 뒤에서 침을 뱉게 하고 괴상한 주문을 외우는 것 같습니다."라고 비방하는 등 기회만 있으면 율희를 헐뜯었다. 경제도 점점 율희를 멀리하게 되었다.

언젠가는 경제가 몸이 아파 앞날이 걱정되던 끝에 율희에게 상의했다.

"만약 내게 무슨 일이 생기면 자식들을 잘 부탁하오."

그러자 율희는 차가운 목소리로 대꾸했다.

"다른 여자가 낳은 자식들까지 돌볼 수는 없습니다."

이 말을 듣고 경제는 크게 실망하지 않을 수 없었다.

이때 장공주는 자기 딸을 왕부인(王夫人)의 외아들(뒤의 한무제)에게 시집 보냈으며, 그래서 그녀는 왕부인과 짜고 율희를 어떻게든 쫓아내려 했다.

그 무렵 율희는 자기가 황후가 되는 것이 어떠냐고 경제에게 자주 말했지만, 경제는 아무 대꾸도 하지 않았다.

그러던 어느 날 왕부인은 공작을 꾸몄다. 즉, 시종관을 시켜 황제에게 율희를 황후로 맞아야 한다고 진언하도록 했던 것이다. 이에 시종관이 경제를 찾아뵙고 말했다.

"아들이 귀하면 어머니도 귀한 법입니다. 지금 태자의 어머니가 아무런 작위도 받지 못하고 있는 것은 옳지 못합니다. 마땅히 황후로 맞는 것이 옳을 줄 압니다."

이 말을 들은 경제는 크게 화를 냈다. 그리고는 바로 시종관을 투옥시키고 처형시켜 버렸다. 또한 태자까지 폐위시켜 버렸다. 이렇게 되자 분을 참지 못한 율희는 마침내 자살하였다.

그 뒤 왕부인이 황후가 되었고, 그 아들 철이 태자에 올랐다. 그리고 태자는 경제의 뒤를 이어 황제의 자리에 오르게 되니, 그가 바로 한나라를 전성시대로 이끈 무제였다.

한무제는 영걸스러운 황제였지만 초기에는 주위의 여인들에게 시달려야 했다. 16세에 즉위한 무제에게는 우선 할머니인 두태후가 있었고, 어머니 왕태후가 있었으며, 장모이면서 고모이기도 한 장공주도 있었다. 이들 모두 무제를 황제로 만든 일등 공신들이었다.

두태후는 노자의 사상에 깊이 빠져 유교를 선호하는 무제와 그를 둘러싼 사람들을 결사적으로 견제했다. 또한 두태후의 친족인 두영과 왕태후의 이복 동생인 전분은 인척관계를 이용해 마음대로 권세를 휘둘러 방자한 모습을 보이고 있었다.

한편 무제의 부인은 진황후였는데 바로 장공주의 딸로서 사촌간이었다. 그런데 진황후는 자기 어머니인 장공주가 무제의 즉위에 결정적인 도움을 줬다는 점을 항상 과시하고 있었다. 더구나 그녀는 아기를 낳지 못하는 여자였다. 설상가상으로 무제의 형제는 1남 3녀로 모두 여자 형제밖에 없었다. 이렇게 되자 무제는 온통 여자들에게만 포위되어 있는 셈이었다.

이러한 무제를 가엾게 여긴 사람이 다름 아닌 누나 평양공주였다. 그녀는 출가한 뒤에도 무제와 언제나 마음이 잘 통했고, 그래서 무제는 자주 그녀의 집에 놀러갔다. 평양공주도 그러한 무제를 위해 성대한 잔치도 베풀고 미녀들로 하여금 시중까지 들게 하였다.

어느 날 무제가 평양공주의 집에 들러 잔치를 벌였다. 그때도 역시 미녀들이 나왔는데, 무제는 별 관심을 보이지 않았다. 그러다가 노래를 부르는 가희(歌姬)가 나왔는데 무제는 첫눈에 그녀에게 반했다.

당시에는 귀인이 용변을 본 후에는 옷을 모두 갈아입어야 했다. 그래서 하인 한 명이 언제나 수행하였다. 그날 무제가 가희를 마음에 두고 있음을 안 평양공주는 그녀에게 시중을 들게 하였다. 변소라고 하지만 공주의 집인지라 옷 갈아입는 곳도 매우 넓었다. 그녀는 그곳에서 무제의 사랑을 받았다. 바로 그녀가 위자부였는데 그녀는 평양공주의 하녀로 위청의 누나였다. 그 뒤 위자부는 궁중에 들어가 아들을 낳고, 드디어 아기를 못 낳는 진황후 대신 황후가 되었다.

진황후는 그 후 미도(媚道)를 했다는 죄로 유폐되었다. 미도란 나무로 만든 인형을 땅 속에 묻어 특정 인물을 저주하는 것을 말한다. 이 사건으로 자그마치 3백 명이나 관련되어 처형되었다. 진황후도 처형 대상이었지만 무제는 처형하는 대신 그녀를 유폐시켰다.

임금의 병은 마음이 좁은 데 있고, 신하의 병은 검소하지 못한 데 있다

학문이 성해야 천하가 태평하다

공손홍은 젊어서 옥리로 있다가 어떤 조그만 사건에 연루되어 파면되었다. 그 후 바닷가에서 돼지를 키우며 가난하게 살았다. 그는 마흔이 넘어서야 비로소 『춘추』 등 학문을 공부하기 시작하였다.

한편 무제가 즉위한 뒤부터 학문을 장려하고 학자를 우대하게 되었다. 무제는 전국의 유능한 선비를 추천하게 했는데, 이때 공손홍도 추천되었다. 그때 공손홍의 나이는 예순을 넘어서고 있었다.

그러나 그가 흉노에 사신으로 다녀와서 올린 보고서가 무제의 마음에 들지 않았으므로 능력이 없는 사람으로 간주되었다. 그러자 그는 병을 핑계삼아 벼슬을 버리고 고향으로 돌아갔다. 그 후 5년이 지나 나라에서는 다시 선비를 추천하게 했는데, 공손홍이 또다시 추천되었다. 이에 공손홍은 거듭 사양했다.

"저는 전에 벼슬을 받은 적이 있었지만 무능한 탓으로 벼슬을 그만두었습니다. 그러니 부디 다른 유능한 사람을 추천해 주십시오."

하지만 그 지방 유지들은 기어코 그를 추천했다. 그래서 그는 수도에 올라갔는데, 각지에서 추천되어 올라온 선비들은 백여 명 쯤 되었다.

나라에서는 문제를 내어 답안을 써보게 했는데 공손홍의 성적은 그 중 하위였다. 그러나 그 답안들을 보던 황제는 공손홍의 답안을 으뜸이라 말하고 그를 불러들였다. 그리고 황제는 공손홍의 의젓한 풍모가 매우 마음에 들어 박사에 임명하였다.

공손홍은 대인의 풍모를 지녔으며 견문이 넓었다. 그는 언제나, "임금의 병은 마음이 넓지 못한 데에 있고, 신하의 병은 검소하지 못하고 절약할 줄 모르는 데에 있다."고 말했다. 그러면서 항상 베로 만든 이불을 덮고 잤으며, 상에는 한 접시 이상의 고기를 올려 놓지 않았다. 그리고 계모가 죽었을 때도 3년상을 치렀다.

조정에서의 회의 때에는 어떤 문제에 대해 찬성할 수 있는 점과 찬성할 수 없는 점을 함께 말해 황제가 스스로 결정할 수 있도록 하였다. 그러면서 언제나 상대방의 잘못을 정면으로 지적하여 공개적으로 논쟁을 벌이는 일을 하지 않았다.

황제는 공손홍의 언행이 중후하고 여유가 있으며 법률과 사무에 정통할 뿐 아니라 거기에 유학의 이념을 세련되게 적용하는 점을 매우 높이 평가해 그를 총애했다.

그는 또 자기의 제안이 황제에게 받아들여지지 않을 때에도 조정에서 캐고 따지는 일이 없었다. 그럴 때는 급암이라는 대신과 함께 황제가 한가한 틈에 찾아가 따로 만났다. 그때도 급암이 먼저 말을 꺼내고 자신은 뒤에 동의하는 식으로 했다. 그렇게 되면 황제는 언제나 기분좋게 그것을 받아들이곤 했다.

그 후 공손홍은 학문이 침체되어 있음을 걱정하여 황제에게 상소문을 올렸다.

폐하께서는 전에 이렇게 말씀하셨습니다. "짐이 듣건대 백성을 이끄는 데는 예절로 하고 풍속을 교화하는 데는 음악으로써 한다고 한다. 그러나 지금 예절은 무너지고 음악은 쓰이지 않아 짐은 매우 슬프다. 그래서 천하의 현명한 선비들을 빠짐없이 등용시키고자 한다. 이로써 학문을 권장하되 강론과 토의로 널리 가르치고 예절을 일으켜 천하에 모범이 되게 하려는 것이다. 그대들은 박사나 제자들과 협의해서 학문을 널리 권장하여 현명한 인재를 배출시켜라."

원래 하·은·주 3대 때는 마을마다 학교가 있었습니다. 이를 하에서는 교(校), 은에서는 서(序), 주에서는 상(庠)이라 했습니다. 그리하여 선한 것은 천하에 널리 알리고 나쁜 것은 엄격히 처벌했습니다.

지금 폐하께서는 높은 덕을 밝히고 큰 지혜를 열어서 학문을 권장하고 예를 닦으며 어진 선비를 격려하시고 계십니다. 이야말로 태평성대의 근원이라 아니할 수 없습니다.

바라옵건대 옛날의 제도를 바탕으로 하여 학문을 부흥시킬 수 있도록 해주십시오. 백성 가운데 예의와 품행이 단정한 자를 뽑아 박사를 보좌하는 제자로 삼게 해주시고, 어른을 공경하며 언행이 일치하는 젊은이들에게는 학업의 기회를 주십시오. 그리하여 1년이 지나면 모두 시험을 치르게 하여 뛰어난 자들을 적재적소에 배치하도록 해주십시오.

그러나 학업을 게을리하거나 재주가 모자라는 자는 즉시 돌려보내십시오. 아울러 예를 다스리는 관리에게도 뛰어난 경우에는 승진과 영전의 기회를 주시기 바랍니다. 경서에 대해 많이 알고 있는 사람부터 채용하도록 해주십시오. 그렇게 될 때 비로소 폐하의 가르침과 베푸심이 아래 백성들에게까지 널리 퍼지게 될 것입니다.

이 글을 읽고 난 무제는, "정말 좋은 제안이오."라면서 크게 기뻐했다. 이 때부터 천하의 뜻있는 사람들은 모두 학문에 정진하게 되었다.

겉과 속이 다르다

언젠가 공손홍은 모든 대신들과 어떤 문제를 논의하다가 이렇게 황제에게 얘기하자고 합의해 놓고는 정작 황제 앞에 가서는 다른 말을 하였다. 그러자 급암이 공손홍을 맹렬히 비난하였다. "공손홍은 처음에 신 등과 함께 이 계획을 세워 놓고는 이제 와서 다른 말을 하고 있습니다. 이것이야말로 불충스러운 행동입니다."

이에 황제가 공손홍에게 물었다.

"이 말이 사실이오?"

그러자 공손홍은 이렇게 대답하였다.

"신을 아는 사람은 신을 충성스럽다고 생각합니다만, 신을 모르는 사람은 불충하다고 생각합니다."

황제는 공손홍의 말이 옳다고 생각했다. 그 뒤부터 주위의 대신들이 공손홍을 헐뜯어도 황제는 더욱 그를 총애할 뿐이었다. 그리하여 그는 승상 다음으로 높은 자리인 어사대부까지 올라가게 되었다.

그 무렵 한나라는 북쪽 국경 지방의 삭방군에 성을 쌓고 있었다. 이때 공손홍은 그것이 별 필요없는 일로 국력을 소모하게 만들어 결국 나라를 피폐하게 만들 뿐이라며 몇 번에 걸쳐 황제에게 중지하자고 간언했다.

그러자 황제는 주매신 등에게 명령하여 공손홍을 비판하게 하고 삭방군을 방어해서 얻는 10가지의 이로운 점을 제시하도록 했다. 이쯤 되자 공손홍은 한마디 변명조차 않고 이렇게 말했다.

"신은 일개 산동의 촌사람이기 때문에 그 이익이 그토록 클 줄 모르고 있었습니다. 그러니 삭방군을 튼튼히 다스리는 일에 주력하는 것이 지당하다고 생각합니다."

황제는 고개를 끄덕였다. 그런데 급암이 또다시 공손홍을 비난했다.

"공손홍은 지위가 삼공에 있으며 봉록도 매우 많습니다. 그런데도 베를 이불 삼아 덮고 있으니 이는 거짓된 행동입니다."

이 말에 황제가 과연 사실이냐고 공손홍에게 묻자, 그는 사죄하며 대답했다.

"급암의 비판은 옳습니다. 지금 조정대신 중 급암처럼 신과 친한 사람이 없습니다. 그런 그가 오늘 조정에서 신을 비판했는데, 그것은 참으로 신의 결점을 정확히 지적하고 있습니다. 신이 3공의 지위에 있으면서도 베 이불을 덮고 자는 것은 참으로 마음에도 없는 일이며, 이름을 날려 보고자 하는 생각에서 한 행동이었습니다.

하오나 관중은 재상이 되어 세 부인에게 살림을 차려 주며, 그 사치한 생활이 임금과 맞먹었다고 합니다. 이는 임금에 대한 잘못된 행동이라고 할 것입니다. 이에 비해 안영은 재상이 되었지만 밥상에 두 가지 고기 반찬을 놓지 않았으며 부인에게 비단 옷을 입히지 않았습니다. 이는 아래로 백성들의 생활을 따른 것이었습니다.

지금 신은 어사대부의 지위에 있으면서 베 이불을 덮고 있습니다. 이렇게 되니 3공에서 말단 관리까지 차별이 없어져 버렸습니다. 이렇게 해서 급암의 말과 같은 죄를 짓게 된 것입니다. 만약 급암의 충성이 아니었던들 폐하께서 어떻게 이런 말을 들으실 수 있었겠습니까?"

이 말에 황제는 그의 겸손함을 더욱 높이 평가하여 후대하더니 마침내 그를 승상에 임명하였다. 이렇듯 공손홍은 겉으로 겸손하고 너그러워 보였지만, 실제로는 음흉하고 시기심이 많았다. 자기와 사이가 좋지 않은 사람에게도 겉으로는 친한 척했지만 반드시 보복했다. 주보언을 죽이고 동중서를 귀양가게 만든 것도 모두 공손홍이 한 일이었다.

그러면서도 밥상에는 고기를 한 가지밖에 놓지 않았고, 현미로 밥을 지어 먹었으며, 한편 옛 친구나 친한 사람들이 어려움을 당하면 있는 재산을 모두 털어 도와주었다. 그래서 그의 집에는 재산이라곤 하나도 남아 있지 않았다.

사직신(社稷臣), 급암

급암(汲黯)은 무제 때 사람으로 복양(濮陽)에서 태어났다.

그는 황제에게 여러 차례 직언으로 격렬하게 간하면서 궁지에 몰았기 때문에 황제는 그가 오래도록 조정에서 일하는 것을 원하지 않았다. 결국 그는 지방으로 전출되어 동해군(東海郡)의 태수로 임명되었다.

급암은 황제(黃帝)와 노자의 학설을 연구하여 정부의 대사(大事)나 민간의 작은 일을 모두 '무위(無爲)'로써 처리하였고 번거롭고 불필요한 예절을 싫어하였다. 그는 자기가 좋아하는 관리들을 등용하고 그들을 신임하였다. 그는 관리들에게 중대한 중점 사안을 집중적으로 처리하도록 요구하는 반면 자질구레한 일에 대해서는 크게 요구하는 바가 없었다. 급암은 몸이 허약하여 병이 많았기 때문에 늘 병에 걸려 집에 있으면서 출근을 하지 않았지만 그가 직무를 수행한 지 1년 남짓하여 동해군은 잘 다스려져서 모든 사람들이 이를 인정하게 되었다.

급암은 천성이 오만불손하였고 일반적인 예절에 구애되지 않으며 다른 사람의 잘못을 용인하지 못하여 자주 다른 사람들 앞에서도 직접 그 잘못을 서슴없이 비난하였다. 자기 뜻에 맞는 사람과는 대단히 잘 지냈지만 마음에 맞지 않는 사람과는 만나도 아는 척하기조차 꺼렸다. 그러므로 일부 선비들도 그의 문하에 들어가기를 원하지 않았다. 하지만 그는 의협심이 강했으며 약자를 돕고 정의를 보면 용감히 뛰어들었다. 그는 품행이 바르고 깨끗하여 솔직하게 직간하기를 즐겼는데, 몇 번이나 황제에게 직간하여 당황하게 만들었다.

이 무렵 황제는 문학적으로 업적이 있는 유학자들을 기용하고자 하면서 인(仁)을 베풀고 의(義)를 시행하며 요순을 본받아야 한다고 말하였다.

그러자 급암이 말하였다.

"폐하께서는 속으로는 욕심이 많으시면서 겉으로만 인의를 행하려는 모습을 보이시고 계시니, 어찌 요순(堯舜) 임금의 위대한 치적을 본받을 수 있겠습니까?"

황제는 말을 하지는 않았지만 얼굴에는 노기가 서렸고 곧바로 퇴청해 버렸다. 곁에서 보던 신하들이 모두 급암을 걱정하였다. 황제는 퇴청하여 돌아가서 좌우 신하들에게 말했다. "너무 지나치구나! 급암의 우직함은 정말이지 어리석은 정도라고 할 수 있다."

언젠가 장조(莊助)가 급암에게 휴가를 줄 것을 청하자 황제는 장조에게 물었다.

"급암을 어떤 인물로 생각하는가?"

이에 장조가 대답하였다.

"급암은 보통의 직책에 임명해 놓았을 경우에는 남보다 뛰어난 점이 별로 없습니다. 그러나 예를 들어 그에게 나이 어린 임금을 돕고 국가의 공업(功業)과 성취를 지키라고 한다면, 입장이 확고하고 뜻을 바꾸지 않아 어느 누가 그를 유혹해도 그의 뜻을 꺾을 수 없으며, 비록 옛날의 맹분(孟賁)과 하육(夏育) 같은 용사들이 위협을 해도 그의 지조를 바꿀 수는 없을 것입니다."

그러자 천자는 "그렇소. 옛말에 사직(社稷)과 존망을 같이하는 신하가 있었는데, 급암과 같은 사람이 그에 가까울 것 같소."라고 말했다.

대장군 위청이 황제를 뵐 때 황제는 측간에 쪼그리고 앉아서 그를 만났다. 또 승상 공손홍이 평상시에 개인적인 용무로 알현할 때 황제는 때때로 자기 편한 대로 관조차 쓰지 아니했다. 그러나 만약 급암이 찾아와 만나게 될 때면 황제는 관을 쓰지 않고는 만나는 일이 없었다. 한 번은 황제가 무장(武帳·장막 속에 무기를 둔 방) 안에 앉아 있을 때 마침 급암이 찾아와 일을 보고하려 하였다. 그때 황제는 관을 쓰지 않고 있었기 때문에 급암이 오는 것을 보고는 급히 장막 속으로 피한 다음 사람을 보내 그의 보고를 받도록 하였다. 이 정도로 급암은 황제로부터 존중과 예우를 받았다.

뒷날 황제는 회양(淮陽)이 초나라의 요충지라고 생각하여 급암을 회양의 태수로 임명하고자 했다. 하지만 급암은 집에서 은거하면서 황제의 명령을 사양하며 새로운 직위를 받지 않았다. 그러나 황제가 여러 차례나 강요하여 하는 수 없이 임명을 받들었다. 황제가 급암을 접견하였을 때 급암은 울면서 말했다.

"신은 이렇게 시골구석에서 곧 죽어 해골이 산골짜기에 내던져지리라고 생각했습니다. 폐하께서 다시 신을 기용해 주실 줄은 전혀 생각지 못하였습니다. 그런데 신은 항상 병이 있고 군(郡)의 태수를 담당할 능력이 없습니다. 오로지 중랑(中郞)이 되어 수시로 궁중에 출입하면서 황제 폐하를 모시고 폐하에게 어떠한 과실이 있으면 신이 보충할 수 있고 빠진 점이 있을 때도 신이 수습할 수 있다면 신은 더 바랄 나위가 없습니다."

그러자 무제는 "그대는 회양의 태수가 마땅치 않다고 여기는 것이오? 내가 지금 그대를 파견하려 하는 것은 회양의 관리와 백성들이 서로 화합하지 않아 잘 다스려지지 않아 그대의 명성이 필요한 것이오. 그대는 다만 집에 누워 있으면서 근무를 하지 않아도 잘 다스려질 것이오."

급암은 하직을 고하고 출발할 수밖에 없었다. 급암은 회양군에서 예전 동해군 등지를 다스렸던 것과 같이 하였고, 결국 회양군의 정치는 깨끗하였고 태평하였다. 7년이 지나 급암은 죽었다.

곡학아세

원고생이라는 유생은 『시경』에 능통하여 경제 때에 박사가 되었다. 언젠가는 조정 회의석상에서 황생이라는 선비와 논쟁이 벌어졌다.

황생이 먼저 말했다.

"은나라 탕왕과 주나라 무왕은 천명을 받은 것이 아니라 그 군주를 시해한 것에 불과합니다."

그러자 원고생이 반박했다.

"그렇지 않소. 폭군 걸왕과 주왕이 포악하고 난폭해서 천하의 민심이 모두 탕왕과 무왕에게 쏠렸던 것이오. 그래서 탕왕과 무왕은 천하의 민심에 따라 걸과 주를 쳤던 것이오. 또한 걸과 주의 백성들은 폭군의 치하에 있기 싫어해 탕왕과 무왕에게 찾아왔기 때문에 그들은 어쩔 수 없이 천자가 된 것입니다. 이것이 천명을 받은 것이 아니고 무엇이겠습니까?"

이에 다시 황생이 말을 받았다.

"관은 아무리 낡아도 반드시 머리에 쓰고, 신은 아무리 새것이라도 반드시 발에 신습니다. 왜냐하면 처음부터 위에 있을 것과 아래에 있을 것이 정해져 있기 때문입니다. 걸왕과 주왕이 비록 천자의 도리를 잃었다고는 하지만 분명히 위에 있어야 할 임금입니다. 이에 반해 탕왕과 무왕은 아무리 성인이라 해도 결국 아래에 있어야 할 신하입니다. 그런데 임금이 잘못했을 때 신하가 바른 말로써 허물을 바로잡아 줌으로써 임금을 받들지 않고 도리어 임금의 허물을 핑계삼아 이를 무찌르고 스스로 임금의 자리에 오른 것입니다. 이것이 시해와 반역이 아니고 무엇이겠습니까?"

이에 원고생이 다시 반박했다.

"그렇다면 고조황제가 진나라를 대신하며 천자의 자리에 오른 것도 잘못입니까?"

그러자 그때까지 가만히 듣고 있던 경제가 말했다.

"고기를 먹으면서 말의 간을 먹지 않는다고 해서(말의 간은 독성이 있어서 먹으면 죽는다고 한다) 고기 맛을 모른다고 말할 수 없다. 또 학문을 하는 사람이 '탕왕과 무왕이 천명을 받았는가'에 대해 말하지 않는다고 해서 어리석다고 말할 수 없다."

이렇게 해서 논쟁은 중단되었다. 그 뒤로 어느 학자도 천명과 시해에 대해 감히 논쟁하려는 자가 없었다.

그 무렵 경제의 어머니인 두태후는 『노자』의 글을 좋아했는데 하루는 원고생을 불러 『노자』에 대해 물었다. 그러자 원고생은 즉시 이렇게 대답하였다.

"그것은 무식한 하인들의 말과 같아 취할 바가 없습니다."

이에 태후가 화를 내며 말했다.

"그럼 그토록 고상한 그대에게 맛 좀 보도록 해주지."

그러면서 원고생을 멧돼지 우리에 집어넣고 멧돼지와 싸우도록 시켰다. 이때 경제는 원고생이 죄가 없다는 것을 알고 있었기 때문에 그가 돼지우리로 들어갈 때 몰래 잘 드는 비수를 주었다. 그래서 원고생은 우리에 들어가자마자 멧돼지의 염통을 찔러 쓰러뜨렸다. 이렇게 되자 태후도 다시 처벌할 수 없게 되어 용서할 수밖에 없었다.

그 뒤 무제가 즉위한 후, 무제는 원고생을 다시 조정에 기용하고자 했다. 그러자 평소 원고생의 꼼꼼한 성격을 싫어하던 신하들은, "원고생은 너무 늙었습니다. 지금 기용해 봤자 별로 할 일도 없습니다."라며 헐뜯었다.

그래서 무제도 그를 등용시키지 못했다. 이때 원고생의 나이는 이미 아흔 살이 넘고 있었다. 그 뒤 언젠가 원고생이 무제의 부름을 받고 조정에 들어갔을 때, 당시 소장학자로 이름을 떨치고 있던 공손홍도 그 자리에 와 있었다. 공손홍은 못마땅한 눈초리로 원고생을 쳐다보았다. 하지만 원고생은 그런 공손홍의 시선을 아랑곳하지도 않았다. 이윽고 자리가 파하자 원고생이 공손홍을 불러 말했다.

"내가 듣건대 조정에 온갖 아첨배들이 날뛰고 그대가 그들과 가까이 한다는 소문이 들리오. 하지만 나는 그 소문을 믿지 않소. 그대는 상당한 학문을 닦았고 아직도 젊으니 굳건한 신념을 가지고 더욱 노력해서 올바른 학문을 세워 주기 바라오. 결코 학문을 굽혀서 권세에 아첨하는(曲學阿世, 곡학아세) 그런 무리가 되어서는 안 되오."

공손홍은 고개를 숙일 수밖에 없었다.

불패의 젊은 영웅

곽거병은 위청의 여동생인 소아의 아들이다. 그녀가 무제의 귀여움을 받아 후궁이 되자 일찍부터 궁궐에서 살았다. 그리고 무제 7년의 정벌 때에는 겨우 18세로 종군하며 유격대를 지휘하고 커다란 전공을 세웠다. 이때의 공로로 그는 관군후로 임명되고 또 3년 후에는 표기 장군에 임명되었다. 고난 속에서 자란 숙부 위청에 비해, 그는 태어날 때부터 귀족 출신의 장군으로서 남달리 눈을 끄는 화려한 존재였다.

곽거병의 부대는 언제나 정선된 정예들만으로 구성되어 있었다. 그래서 고참부대의 병졸이나 군마 그리고 병기 등과는 비교가 되지 않았다. 곽거병은 언제나 강력한 기병과 함께 본대보다 앞장서서 대담하게 적진 깊숙이 진공해 들어갔다. 그의 부대는 행운도 따라 한 번도 곤경에 빠진 적이 없었다. 그 때문에 곽거병에 대한 무제의 신임이 나날이 두터워졌다. 그래서 대장군 위청을 능가할 정도가 되었다.

흉노의 혼야왕도 서부 지역에서 번번이 한나라 군대에게 패하여 수만의 병졸을 잃었는데, 모두 곽거병의 군대에게 패배한 것이었다. 그해 가을 흉노의 선우는 격노하여 혼야왕을 처벌하기 위해 출두를 명령했다. 이에 대해 혼야왕은 휴도왕 등과 공모하여 한나라에 항복할 결심을 하고 사자를 보내어 변경의 수비를 맡고 있던 한나라 군대에게 우선 그 뜻을 전했다.

때마침 한나라의 이식 장군이 황하 유역에 성채를 쌓고 있었다. 장군은 혼야왕의 사자를 맞이하자 즉각 무제에게 보고했다. 그러나 무제로서는 섣불리 믿을 수 없었다. 항복을 가장하고 들어와 변경을 습격할 수도 있었다. 무제는 곽거병을 불러 군사를 이끌고 가서 맞이하라고 했다.

곽거병의 군사는 황하를 건너 혼야왕의 부대 쪽으로 다가갔다. 그러자 혼야왕의 부장들이 등을 보이며 도망갈 기색을 보였다. 그것을 보자 곽거병은 혼야왕 진영에 뛰어들어 도망가려는 8천여 명을 순식간에 베어 버렸다. 이어 혼야왕만을 말에 태워서 무제에게 먼저 보내고, 자기는 항복한 병사들을 통솔하고 황하를 건너 귀로에 올랐다. 이때 항복한 흉노는 수만을 헤아렸다.

장언에 도착한 곽거병에게 무제는 거액의 상금을 하사하고 혼야 왕에게는 1만 호의 봉지를 주어 탑음후에 임명하였다. 무제는 곽거병의 공을 칭찬하면서 다음과 같은 조서를 내렸다.

> 표기 장군 곽거병은 군사를 이끌고 흉노를 공격하여 서역왕 혼야 왕과 그 부하들을 모조리 우리 한나라에 귀순시켰다. 군량은 적의 양식을 빼앗아 충당하고 강궁 1만여 명을 편입시켰다. 포악하고 저항하는 자는 죽여서, 수급과 포로를 합쳐 8천여를 얻었고 더구나 우리 병사들은 전혀 손상이 없었다.
>
> 우리 병사들은 거듭되는 토벌전을 정말 잘 견뎌 주었다. 그리하여 황하 연안으로부터 요새 밖에 이르는 땅에서 백성의 고초는 사라지고 영원한 평화가 찾아오려 하고 있다.
>
> 이에 표기 장군 곽거병에게 1천7백 호를 하사함과 동시에 백성들의 노역을 경감하노라.

그로부터 얼마 후 한나라는 귀순해 온 흉노를 변경의 옛 요새 바깥 땅에 분산 이주시켰다. 그들은 모두 오르도스의 땅에 있으면서 옛날 풍습을 유지한 채 한나라에 귀순해 살았다.

나에게 패배란 없다

기원 119년 봄, 무제는 대장군 위청과 표기 장군 곽거병을 사령관으로 임명하여 대규모의 흉노 토벌 작전을 개시했다. 기병은 각각 5만, 여기에 보병 수십 만이 후속부대로 뒤따르고 있었다. 이때에도 정예 부대는 모두 곽거병의 군대에 배속되어 있었다.

원래 곽거병은 정양을 근거지로 삼고 흉노와 대전하기로 되어 있었다. 그런데 막 출정하려 할 때 포로를 잡아 문초한 결과 흉노의 선우가 동쪽으로 이동했다는 정보를 입수하였다.

무제는 급히 작전을 변경하여 곽거병에게 동쪽에서 출격할 것을 명령했다. 대신 정양에는 위청의 군대를 보냈다. 그리하여 위청은 곽거병과 협력하여 흉노를 공격하기 위해 사막 깊숙이 진격했다. 그 병력은 5만 명이었다. 이때, 전에 흉노에 투항했던 조신이 선우에게 말했다.

"사막을 건너온다면 한나라 군사는 지쳐 있을 때니 작전을 잘 쓰면 무난히 적을 생포할 수 있습니다."

선우는 정예군을 골라서 사막의 북쪽 기슭에 포진했다. 그런데 그 과정에서 우연히도 한나라 군대와 마주치게 되었다.

위청 휘하의 군대는 국경에서 천여 리 진격한 지점에서 선우를 발견하고 즉각 진영을 정비했다. 위청은 5천 기를 적진으로 돌격시켰다. 흉노군도 약 1만 기를 내보내 이에 맞섰다.

마침 해가 저물 무렵이었는데 거센 바람이 모래를 휘말아 올리며 사정없이 얼굴을 때렸다. 양군 모두 상대방의 움직임을 거의 볼 수 없었다. 그러나 한군은 좌우 양 날개에 병력을 투입해서 차츰 포위의 태세를 갖추어 갔다.

선우는 한군이 병력으로도 우세할 뿐 아니라 투지도 왕성하여 이대로는 전세가 불리하다고 판단했다. 그리하여 황혼 속에서 노새 여섯 마리가 끄는 수레를 타고 부하 수백 기와 함께 단숨에 한군의 포위망을 돌파하여 도주했다.

양군이 뒤섞인 치열한 육박전은 날이 저물어도 계속되어 양군이 거의 같은 숫자의 사상자를 냈다. 그러던 중 사로잡은 흉노 포로의 입에서 선우가 이미 탈출했다는 사실이 밝혀졌다. 이에 지체없이 가볍게 무장한 기병이 어둠을 뚫고 선우를 추격했다. 대장군 위청도 직속부대를 이끌고 추격했다. 흉노의 대열은 흩어져 도주하였고 새벽녘까지 2백 리쯤 진격했으나 선우를 찾을 수 없었다.

위청은 여세를 몰아 계속 흉노를 몰아붙이면서 전 병사들에게 넉넉하게 음식을 제공하였다. 그러고 나서 하루를 머문 후 철수했는데 이때 성을 다시 쓰지 못하도록 완전히 불태우고 나머지 군량은 모두 가져왔다.

한편 대장군 위청이 선우와 대전하고 있을 때, 선봉장군인 이광과 우장군 조이기가 이끄는 부대는 본대와 떨어져 동쪽으로 진로를 취하고 있었기 때문에 길을 잃고 전투에 참가하지 못하였다.

두 장군이 겨우 본대에 합류한 것은 본대가 사막의 남쪽까지 철수해 왔을 때였다. 위청은 보고서 작성을 위해 부관을 보내어 해명을 요구했다. 그러자 이광은 보고서 작성을 거부하고 스스로 자결했으며, 조이기는 속죄금을 내고 평민이 되었다. 이 전쟁에서 위청의 군대가 귀환할 때까지 올린 전과는 포로와 수급을 합해 1만 9천에 이르렀다.

한편 흉노측에서는 선우가 열흘씩이나 행방불명되었기 때문에, 우욕여왕이 자립하여 선우를 자칭하고 있었다. 그러나 본래의 선우가 나타나자 우욕여왕은 깨끗이 본래의 지위로 돌아갔다.

표기 장군 곽거병의 군대는 위청군과 같은 규모였다. 다른 점은 휘하에 부사령급 막료가 없다는 점이었다. 그런데도 흉노를 크게 격파하여 천 리도 넘게 진격하는 전과를 올려 그 성과가 대장군 위청을 훨씬 능가하고 있었다.

두 장군이 개선한 후 무제는 다음과 같은 조서를 내렸다.

표기 장군 곽거병은 군을 통솔함에 있어 얼마 안 되는 장비를 가지고 대사막을 넘었다. 그리하여 확장거라는 강을 건너 흉노의 왕 비차기를 참살하고 좌대장의 군대와 싸워서 그 깃발과 북을 빼앗았으며, 둔두왕과 한왕 등 3인과 장군, 대신을 비롯하여 83명을 사로잡았다. 아울러 낭거서산에서는 하늘에 제사지내고 고연산에서는 땅에 제사지냈으며, 고비사막을 굽어보았던 것이다. 그래서 포로의 총수는 7만 4백43명에 달하고 적군의 3할을 격멸시켰다. 더구나 군량은 적에게 뺏어, 오지 깊숙이 침공하면서도 보급에 구애를 받지 않았다.

이로써 표기 장군에게 5천8백 호를 하사한다.

전쟁은 이론이 아니다

표기 장군 곽거병의 부하들은 부장에서 병졸에 이르기까지 상금을 받거나 승진한 자가 수없이 많았다. 이에 반하여 대장군 위청에게는 아무런 상금도 없고 부하 중에서도 영광을 얻은 자가 없었다.

이때부터 위청의 권위는 날이 갈수록 쇠퇴하고, 대신 곽거병의 명망은 높아만 갔다. 위청의 친구나 식객들까지 썰물처럼 사라져 곽거병의 주위로 모여들었다. 그의 추천만 있으면 쉽사리 벼슬자리를 얻을 수 있었던 것이다. 다만 임안(任安)만은 그것을 옳게 생각하지 않고 위청 아래 머물러 있었다.

곽거병은 과묵하고 기풍이 있는 인물이었다. 무제가 그에게 손자와 오자의 병법을 배우라고 권했을 때 그는 다음과 같이 말했다.

"전쟁은 이론이 아닙니다. 오직 그 순간순간에 어떻게 결단을 내려야 하는가가 문제일 뿐입니다."

언젠가 무제가 그에게 커다란 저택을 하사하며 한 번 가서 보고 오라고 하자, 그는 이렇게 대답했다.

"흉노가 망하기 전까지는 저렇게 호화로운 저택에서 살고 싶지 않습니다."

이런 일이 있은 후부터 무제는 더욱더 그를 아끼게 되었다.

하지만 곽거병은 젊었을 때부터 항상 무제의 측근에서 고위직으로만 있었기 때문에 부하를 전혀 위로할 줄 몰랐다. 그가 출전할 때에는 무제가 친히 수레 10대 분의 좋은 음식을 하사하였다. 그 식량은 개선할 때까지 남아돌아서 버리지 않으면 안 될 정도였으나, 병사들은 굶주림에 허덕여야 했다. 또한 요새 바깥에서 병사들이 굶주림 때문에 걸을 기력조차 없을 때에도 그는 장수들과 함께 공차기를 즐겼다. 곽거병은 언제나 그런 사람이었다. 그러나 이 불패의 젊은 영웅 곽거병은 불과 23세를 일기로 세상을 떠나야 했다.

한편 위청은 인품이 인정스럽고 겸허하여 부하들의 인심을 사로잡는 정다움이 있었다. 그럼에도 불구하고 명망은 곽거병을 따르지 못했다. 언젠가 위청에게 그의 부하 소건이 물었다.

"왜 장군께서는 천하의 인물들과 사귀면서 그 이름을 빛내지 않으십니까?"

그러자 위청은 이렇게 대답하였다.

"전에 몇몇 대신들이 서로 다투어 천하 인물들을 초빙하며 교유하자, 황제께서는 매우 미워해 결국 그들을 극형에 처하였다. 사대부를 가까이 하거나 어진 사람을 불러들이고 착하지 않은 사람을 물리치는 것은 천자께서 하실 일이다. 신하된 사람은 오직 법을 따르고 직책을 지키면, 그것으로 충분한 것 아닌가."

전한(前漢)왕조의 계보

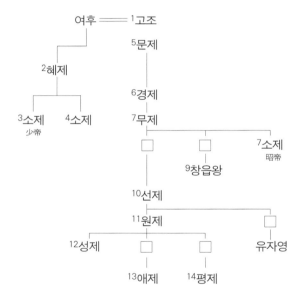

제9장 아버지와 아들

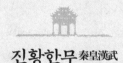

진황한무 秦皇漢武

한나라 무제는 중국 역사상 '진황한무'라 칭해지는 불세출의 두 황제 중 한 사람이다.

진황한무(秦皇漢武)란 과감하고도 강력한 정책을 펼쳐서 후세에 많은 업적을 남긴 한무제와, 중국 최초의 통일국가를 이룩하였던 진(秦)나라의 황제 시황(始皇)에게 붙여 준 이름이다.

무제가 즉위했을 때 한나라는 건국한 지 이미 70년을 지나고 있었다. 정치는 안정되고 국고 또한 충실하였다. 한무제는 이를 토대로 정치 · 군사 · 외교 · 경제 · 문화의 모든 면에서 한나라의 전성시대를 구가할 수 있었다. 특히 한무제는 인재 등용이라는 측면에서 누구보다 뛰어났다.

그는 인재를 등용하는 데 있어서 그 어떤 것보다도 능력을 중시하였다. 재상 공손홍은 돼지를 키우는 천한 사람이었고, 부재상 복식은 양치기 출신이었으며, 재무대신인 상홍양은 상인 출신이었다. 그리고 흉노 토벌로 역사에 길이 남은 대장군 위청은 노예 출신이었다. 이러한 사람들의 능력을 발견하고 그들에게 능력 발휘의 기회를 제공한 사람은 다름아닌 무제였으며, 바로 그러한 점에서 그의 뛰어남이 입증된 것이다.

무제의 업적 중에서도 압권은 흉노 토벌이라 할 것이다. 흉노족은 중국의 북방에 거주하던 이민족으로서 그 당시까지 백수십 년 동안 중국을 끊임없이 침략하면서 괴롭혀 온 장본인이었다. 그토록 과감했던 진시황조차도 흉노의 위협을 두려워하여 대제국에 부담을 줄 만한 엄청난 비용을 들여 만리장성을 쌓았던 것이며, 한 고조 유방 또한 흉노를 공격하다가 오히려 포위되어 간신히 도망쳐 나온 아픈 기억을 갖고 있었다. 그 뒤부터 한나라는 흉노와 굴욕적인 강화를 맺고 오직 회유책으로 일관해 왔다.

그러나 '웅재대략(雄才大略)'의 한무제는 이를 묵과할 수 없었다. 한무제는 흉노에 대한 회유책을 버리고 적극 공략에 나섰다. 무제는 흉노의 본거지 깊은 곳까지 대군을 파견하여 그들과 격렬한 전쟁을 벌였다. 흉노 역시 필사적으로 저항하여 치열한 공방전이 몇 차례나 계속된 끝에 점차 한나라가 우세하게 되었다. 이후 위청과 곽거병 장군을 대장으로 한 대규모 원정군을 계속 파견하여 흉노에 결정적인 타격을 입혔는데, 그 뒤부터 만리장성 주변에서 흉노의 모습을 찾아보기 어렵게 되었다.

한편 무제는 흉노 토벌과 함께 서역(西域)으로의 진출을 꾀하였다. 그 중에서도 장건을 파견하여 서역 가는 길을 파악하고, 그때까지 전혀 알려져 있지 않던 서역 제국에 관한 상세한 정보를 얻게 되었으며, 그리하여 결국 오늘날의 '실크로드'가 열리게 되었다.

하지만 수차례에 걸친 흉노 토벌은 한나라에 엄청난 재정적 부담을 초래하였다. 이에 따라 '평준법'과 '균수법'이라는 재정 재건책이 시행되었다. 그것은 소금과 철의 국가 전매제, 상업의 국가 관리, 그리고 상공업자에 대한 특별 재산세 부과 등 한 마디로 대상인들에게 돌아가는 이익을 국가로 흡수하는 정책이었다. 이 정책의 성공에는 무엇보다도 상홍양과 같은 유능한 경제 관료가 있었기 때문이었다.

반면 이러한 정책에 대한 반발도 매우 거셌다. 특히 평준법 등에 의해 극심한 피해를 본 대상인층(大商人層)이 반발의 본거지였다.

　그러나 무제는 흔들림 없이 밀고 나갔으며, 반발 세력을 철저하게 억눌렀다. 그는 이른바 '혹리'라 불리는 법률관료를 대대적으로 기용하여 철저하게 법을 적용함으로써 그의 정책을 관철시켰다.

　국가 통치의 사상적 측면에 있어서는 한나라 창업 이래 취해 오던 '무위(無爲)'의 노장 사상에서 '유위(有爲)'의 유교 사상으로 전환하였다. 특히 동중서의 사상을 받아들여 이후 중국 역사에서 유가 사상이 확고하게 자리잡게 하는 데 결정적인 역할을 하였다.

무고의 난

　강충이라는 인물은 조(趙)나라 한단 사람으로 그의 여동생은 노래와 춤, 미모가 뛰어나 조나라 태자의 총애를 받고 있었다. 당시 조나라 왕은 유팽조였는데, 엄격하고 정치에 성실했다. 이와 반대로 태자 단은 게으르고 놀기 좋아하는 한량이었다. 여동생에게 이 같은 생활에 대해 소상히 들어 알고 있는 강충은 그 사실을 그대로 조왕에게 일러바쳤다.

　이 소문을 들은 태자 단은 크게 노하여 강충을 체포하려 하였다. 그러자 강충은 걸음아 나 살려라 하며 장안으로 달아났고, 분을 참지 못한 태자 단은 강충의 가족들을 모조리 잡아들여 죽여 버렸다.

　한편 장안으로 피신했던 강충은 조정에 이 사건의 전말을 상소하였다. 이에 조정은 즉시 조사에 나서 태자 단을 체포하여 심리한 결과 사형의 논고가 내려졌다. 그러자 조나라 왕 유팽조는 조 나라의 용맹스러운 젊은이들을 모집해 흉노 토벌에 나서 공을 세우게 해 태자가 죄를 용서받을 수 있도록 호소하는 탄원서를 올렸다. 결국 흉노 토벌은 허락되지 않았으나 태자 단은 사형을 면제받고 대신 폐위시킨다는 처분이 내려졌다.

　어쨌든 강충의 용감한 고발과 상소는 무제의 마음을 크게 사로잡았다. 더구나 강충은 자기의 인상을 깊게 심어 주기 위해서 처음 무제를 뵐 때 매우 기이한 복장을 하고 있었다. 이후에도 강충은 신분의 고하를 막론하고 서슴없이 그 잘못들을 파헤쳐 상소하였다. 그리하여 마침내 황태자의 비위 사실까지 적발하였다

어느 날 천자만이 다닐 수 있는 길을 황태자의 사자가 수레를 몰고 지나간 일이 있었다. 이 모습을 강충이 목격하였다. 이를 안 황태자가 사람을 시켜 강충에게 한 번만 눈감아 줄 것을 부탁했으나, 강충은 이를 듣지 않고 그대로 무제에게 보고하였다. 무제는 어떠한 권위에도 굽히지 않는 강충의 강직한 태도를 매우 마음에 들어했다.

이 사건이 있은 뒤부터 강충은 황태자의 미움을 피할 수 없었다. 장차 황태자는 무제의 뒤를 이어 황제가 될 몸! 어떻게 할까 노심초사하던 강충은 황태자를 제거하는 길만이 자신이 살 수 있는 방법이라고 결론지었다. 강충은 여러 개의 나무 인형을 만들어 궁중 곳곳에 묻고, 특히 황태자가 거처하는 곳에 많은 인형을 묻었다.

어느 날 무제가 낮잠을 자는데 꿈속에 나무로 만든 사람 수천 명이 몽둥이를 들고 무제를 때리려는 것이 아닌가! 깜짝 놀란 무제가 잠에서 급히 깨어났는데, 그 후로 무제가 병석에 눕게 되었다. 드디어 때는 왔다고 생각한 강충이 흉노 출신 무당 단하를 매수하여 무제에게 이렇게 말하도록 하였다.

"궁중에 무고(巫蠱 · 무당이나 요사한 교리로 남을 저주하는 일)의 기운이 가득합니다. 이를 제거하지 않으면 큰 화를 입을 것입니다."

이에 무제는 강충에게 이번 무고 사건을 철저히 조사하라고 명령하였다. 강충의 주도로 궁전 곳곳이 파헤쳐졌다. 파는 곳마다 나무 인형이 나오자 사람들이 모두 입을 다물지 못한 채 두려워하였다. 특히 황태자 처소 주위에서 많은 인형이 나왔다. 뿐만 아니라 비단에 쓴 글도 나왔는데, 그 또한 무제를 저주하는 내용이었다.

이에 강충은 태자를 급히 체포하려 하였다. 태자가 이 소식을 듣고 어찌할

바를 모르고 있을 때 태자의 참모 중 한 사람이 이렇게 말하였다.

"먼저 손을 쓰셔서 강충을 제거하는 것만이 살 수 있는 길입니다."

이 말을 들은 황태자는 곰곰이 생각한 끝에 다른 방법이 없다고 결론을 내렸다. 그는 부하들을 급히 보내 황제의 사자라고 사칭한 다음 강충을 잡아들였다. 그리고 그 자리에서 강충의 목을 베어 버렸다. 또한 흉노 무당 단하도 잡아들여 상림원에서 불태워 죽였다.

아버지와 아들

강충을 죽인 후 황태자는 백관들에게 다음과 같은 명령을 내렸다. "황상께서는 지금 감천궁에서 병으로 고생하고 계신다. 한데 지금 간사한 무리들이 반란을 일으킬 조짐이 있다."

그러면서 갇혀 있는 죄인들을 석방하고 급히 북군(장락궁을 호위하는 군사)을 출동시키기 위해 북군의 사자 임안을 불러 군을 출동시키도록 명령하였다. 그런데 임안은 북군의 군영에 들어가 문을 굳게 닫고 나오지 않았다. 황태자는 하는 수 없이 주민들을 끌어내어 무기를 준 후 장락궁 서문 근처에서 승상의 군대와 닷새에 걸쳐 치열한 공방전을 거듭하였다.

감천궁에서 병을 치료하고 있던 무제는 이 소식을 듣고 급히 자리에서 일어나 신속하게 명령을 내렸다.

"수레바퀴로 장벽을 쌓아라. 칼로 싸우면 백성들이 많이 다칠 터이니 칼로 싸우는 일이 없도록 하라. 그리고 성문을 굳게 닫아 반란을 일으킨 무리들이 달아나지 못하도록 하라."

무제가 장안성 서쪽 건장궁에 모습을 드러내자 황제가 앓아 누워 있는 것으로만 알고 있던 황태자 측의 민병들은 걸음아 나 살려라 하고 달아나기에 급급하였다.

황태자 유거는 간신히 동쪽 문으로 빠져나와 호현 천구리에 숨었다. 며칠

이 지나자 호화롭게만 자라왔던 황태자는 그 가난한 신발장사집에서 먹고 입는 것을 견딜 수가 없었다. 견디다 못한 황태자는 전부터 안면이 있는 호현 지방의 부호와 비밀리에 연락을 취하다가 결국 은신처가 발각되고 말았다.

호현의 병졸과 관리들이 황태자의 은신처를 급습하자, 체념한 황태자는 스스로 목을 매었다. 이때 장부창이라는 병졸이 문을 박차고 들어가 신안현 소속 아전 이수와 함께 목을 매었던 황태자의 목을 찔러 즉사시켰다. 신발 장수는 병졸들과 싸우다가 장렬한 최후를 마쳤고, 황태자의 두 아들도 죽임을 당했다. 다만 강보에 싸여 있던 황태자의 손자만은 생명을 건져 옥에 갇힌 후 여죄수의 젖을 먹고 자랐다. 황태자가 강충을 죽이고 군사를 일으킨 지 꼭 29일째 되던 날이었다.

그 후 황태자로부터 북군 출동 명령을 받았던 임안은 허리를 끊어 죽이는 요참형에 처해졌다. 임안은 출동 명령을 받고도 군대를 동원하지 않았지만, 일단 명령을 받아놓고 형세가 유리한 쪽에 가담하려는 두 마음을 가졌다 하여 사형에 처해졌다(이 임안은 사마천이 '임안에게 보내는 편지'를 썼던 주인공이다).

그 후 황태자의 무죄를 호소하는 사람들이 많았다. 특히 고조의 묘를 지키는 숙위관 전전추는 몇 번에 걸쳐 황태자의 무죄를 주장하고 나섰다. 무제가 전전추를 불러 만나 보니 씩씩한 기상이 넘쳐 흐르고 말은 흐트러짐 없이 논리정연하였다.

이에 무제는 머리를 끄덕이면서, "부자지간의 일은 남이 말하기 어려운 일인데도 불구하고 공이 그렇듯 옳고 그름을 분명히 밝혀 말하니, 이는 분명 고조의 영혼이 공으로 하여금 나를 깨우치려 하는 것이도다."라고 말하고는 그 즉시 전전추의 벼슬을 크게 올려 주었다.

그 뒤 무고 사건은 강충이 날조했다는 사실이 드러나게 되었다. 황태자도 강충을 죽이려는 데 목적이 있었을 뿐 모반을 기도하지 않았다는 사실이 밝혀졌다. 이에 무제는 아들의 죽음을 애석히 여기고 황태자가 죽은 호현에 사자궁(思子宮 · 자식을 생각하는 궁전)을 지었다.

황태자의 무죄가 밝혀지자 무제는 강충의 삼족을 멸하고, 전에 호현에서 황태자의 목에 칼질을 하고 열후의 자리에 올랐던 두 병졸을 참형에 처했으며 그 일족까지 모조리 처형시켰다.

욕심이 화를 낳으니

당시 승상이었던 유굴리는 무제의 배다른 형이었던 유승의 아들이었다. 유승은 철저한 쾌락주의자로 무려 120명에 이르는 자식을 두었는데, 유굴리는 그 가운데 한 명으로서 무제의 조카뻘이었다. 유굴리는 아들을 당시 위세가 높던 이사 장군 이광리의 딸과 혼약을 맺게 해 양가가 사돈지간이었다.

무제 51년, 이광리가 흉노 토벌을 위해 7만의 군대를 거느리고 원정길에 올랐다. 이때 승상 유굴리가 전송을 나갔다. 그 자리에서 이광리는 유굴리에게 나직한 목소리로 이렇게 속삭였다.

"승상께서는 서둘러 창읍왕을 태자로 세우도록 황제 폐하께 주청하십시오. 그렇게만 된다면 우리 두 사람 모두 무슨 걱정이 있겠습니까?"

창읍왕이란 무제가 몹시 총애하던 이광리의 여동생인 이부인의 아들이었는데, 그때 이부인은 이미 죽고 없었다.

당시 무제는 황태자 유거가 죽은 후 후계자를 결정하지 못하고 있었다. 나이로 보면 연왕(燕王) 유단의 순서였으나 무제의 마음에 차지 않았고, 유단의 동생 유서 역시 마찬가지였다.

한편 그 4년 전에는 무제의 후궁인 조첩여가 황자 불릉을 낳았다. 불릉은 임신한 지 14개월 만에 출생하였다. 전설적인 성군 요임금이 임신 14개월 만에 태어났다는 전설이 있어 무제는 불릉이 태어난 궁전의 문 이름을 요모문(堯母門)이라 부르도록 하였다.

불릉의 어머니인 조첩여라는 여인도 운명적인 인물이었다. 그녀는 두 주먹을 꼭 쥔 채 태어났는데 도무지 펴지지 않았다. 나이가 들어 미모의 자태는 꽃과 같이 피어났으나 주먹은 여전히 펴지지 않았다. 아무리 용하다는 의원도, 힘깨나 쓴다는 장사들도 소용없었다. 그러던 어느 날 무제가 시찰을 나갔다가 이 소식을 듣고서 호기심에 그녀를 불러 그녀의 손을 만져 주자 손가락이 하나씩 하나씩 펴지는 것이었다. 이후 조첩여를 가리켜 권부인이라 부르게 되었다. 어쨌든 유단과 유서, 유불릉 세 황자가 창읍왕의 적수였다.

마침내 승상 유굴리의 아내가 무고의 방법을 사용하여 그 세 적수를 궁지에 몰아넣으려는 음모를 꾸몄다. 그 당시에는 무고의 난이 여러 번 있었고, 무고의 대부분은 날조였음이 판명된 때인지라 무고 사건이 있어도 확실한 증거가 없이는 고발하기 어려웠다.

하지만 내관으로 있던 곽양은 과감하게 유굴리 부인의 무고 사실을 고발하였다. 그는 원래 직책상 후궁들과 친하게 지내 궁내의 동정에 빨랐던 것이다. 조사 결과 무고 사실이 폭로되었고, 유굴리는 요참형에 처해지는 등 일가족이 몰살당했다.

이때 이광리는 흉노 토벌의 길에 나서고 있는 중이었는데, 그의 가족들은 모두 옥에 갇히는 신세가 되었다. 가족들을 살리고 자신의 목숨과 명예를 살리기 위해서는 큰 공훈을 세우는 길 외에 다른 수가 없다고 생각한 이광리는 무리하게 작전을 펼쳐 결국 대패한 채 흉노에게 항복하고 말았다. 옥에 갇혔던 그의 가족은 모조리 주살되었다.

흉노는 항복한 이광리에게 선우의 딸을 주는 등 최고의 대우를 해줬다. 그런데 흉노의 땅에는 이보다 먼저 흉노에 항복하여 흉노의 정령왕이 된 위율이라는 사람이 있었다. 위율은 이광리가 대접을 크게 받자 질투심에 불타올랐다.

어느 날인가 선우의 어머니가 몸져 눕게 되자 무당이 흉노의 선대 혼령을 불러 물어보니 선대 혼령이, "제사를 지낼 때 반드시 한나라의 이사 장군을 제물로 바쳐라. 지금 이사 장군이 나라 안에 있는데도 어째서 너희들은 제물을 바치지 않느냐." 하면서 크게 노했다는 것이다. 흉노의 풍속에 무당이 전하는 신의 말씀은 결코 거역할 수 없는 신성불가침의 영역이었다. 마침내 선우는 무당의 말에 따라 이광리를 죽여 제물로 바쳤다. 물론 이 모든 일은 위율이 꾸며낸 일이었다.

운명의 갈림길

흉노와 한나라의 관계는 극도로 악화되었다. 이때 흉노의 새로운 선우가 즉위한 뒤 억류하고 있던 한나라 사절을 석방시켰다. 그래서 한나라도 그 답례로 사절단을 보냈다. 그 사절단의 단장은 바로 소무였다.

소무가 이끌고 간 사절단이 흉노에 도착하자 흉노에 모반 사건이 일어났고 사절단은 거기에 연루되었다. 즉 위율과 함께 흉노에 항복했던 부하가 위율을 죽이고 다시 한나라에 돌아가려 하면서 사절단에 상당한 선물도 주었던 것이다. 그러나 그 모반 음모는 결국 실패로 끝나고 사절단의 연루 사실도 드러났다.

사실 소무는 연루 사실을 알고 있지 못했다. 책임감이 강했던 그는 칼을 뽑아 자기 가슴을 찔러 절명하고 말았다. 흉노는 죽은 사람을 소생시키는 비술이 있었다. 땅을 파고 그 속에 숯불을 넣은 다음 죽은 사람을 그 위에 엎드리게 해놓고 등을 밟는 방법이었다. 그렇게 되면 체내에 있는 울혈을 모두 토해내고 죽은 사람이 소생했다.

소무는 반나절이 지난 후 소생되었다. 선우는 소무의 인간됨을 높이 평가하여 어떻게든 자기의 신하로 만들려고 하였다. 그래서 선물도 듬뿍 주고 옥에 가두기도 하였으며, 북해 부근에 보내 양치기도 시켰다. 그러면서 "숫양이 새끼를 낳거든 한나라로 보내주겠다."라고 말하였다. 영원히 보내주지 않겠다는 말이었다.

소무는 끝까지 굽히지 않았다. 그는 눈을 씹어 털담요의 털과 함께 목구멍으로 넘겨 굶주림을 면하였고, 북해에서는 들쥐를 잡아 풀씨와 함께 먹으며 목숨을 이어갔다.

소무가 억류된 후 이릉 장군이 흉노와의 전쟁에서 패하여 포로가 되었다. 이릉은 선우의 명령을 받아 소무를 설득하러 갔다.

"당신이 어떻게 하든 나의 뜻을 꺾는다면 나는 마음껏 술을 마신 다음 당신 앞에서 죽어 보이겠소."

소무는 이렇게 말하며 뜻을 꺾지 않았다. 소무는 억류된 지 19년이 지나 마침내 귀국하게 되었다. 그러나 이미 항복하여 왕위까지 얻은 이릉은 돌아갈 수 없었다. 작별할 때 이릉은 춤을 추며 노래를 불렀다.

> 만리를 지나 사막을 건너
> 황제를 위해 장군이 되어 흉노와 싸웠네
> 길은 끊어지고 활도 칼도 부서져
> 병사들은 모두 죽고 이름은 이미 없어지고
> 노모 이미 세상에 안 계시니
> 그 은혜 갚으려 해도 이제 어디로 가야 하는가

노래를 마치자 이릉은 눈물을 줄줄 흘리며 소무와 이별을 하고는 뒤도 돌아보지 않은 채 사라졌다.

한무제가 죽은 후

무제는 재위 54년 만인 기원전 87년 오작궁에서 풍운의 일생을 마쳤다. 그의 나이 71세였다.

무제는 죽을 때 곽광, 김일제, 상관걸을 불러놓은 자리에서 조첩여가 낳은 막내아들 불릉을 후계자로 삼을 것이니 잘 보필해 달라는 유언을 남겼다.

제위에 오른 불릉의 나이는 겨우 8세였고, 이 사람이 바로 소제였다. 소제

4년에 누런 소가 이끄는 수레를 탄 어떤 사나이가 미앙궁의 북문에 나타나 자기가 황태자 유거라고 하였다. 이 소문을 듣고 수만 명의 인파가 몰려들었다. 승상을 비롯하여 중신들 가운데 죽은 황태자를 알고 있던 자들도 누구 한 사람 입을 열지 않았다.

그 사나이는 죽은 황태자와 너무 닮아 누구도 그 진위를 식별하기 어려웠다. 뿐만 아니라 일찍이 호현에서 죽었다던 황태자는 가짜이고 진짜 황태자는 살아서 도망쳤다는 소문이 널리 유포되었기 때문에 모두들 반신반의하였다.

당시 경조윤(장안 시장)으로 있던 준불의는 도착하자마자 망설이지 않고 그를 당장 포박하여 하옥시켰다. 그러면서 준불의는 이렇게 말했다.

"황태자는 선제께 죄를 지었으니 죽지 않고 도망쳤다 해도 역시 죄인일 수밖에 없고, 혹시 살아서 지금 나타났다고 해도 또한 죄인임에는 변함이 없다."

그 후 그 사나이를 조사한 결과 그는 하양 지방에 사는 방모씨로 밝혀졌으며, 전에 황태자의 가신으로 있던 사람으로부터 황태자와 매우 닮았다는 말을 듣고 장난으로 한 번 해 본 것이었다고 했다.

이 사건이 있은 후 준불의의 명성은 온 나라에 퍼졌다. 그는 엄격하면서도 잔인하지 않다는 평을 들었다. 준불의의 인격에 반한 곽광이 그의 딸을 주려 했지만 그는 끝내 사양하였다. 얼마 후 준불의는 건강이 악화되어 벼슬에서 사직한 다음 세상을 떠났다.

이 당시 한나라의 도읍인 장안은 매우 번성하였다. 장안의 둘레는 백 리를 넘었고, 가구수는 8만 호였으며, 인구는 무려 50만 명에 달해 당시 로마의 네 배 규모였다.

승자와 패자

한편 이때 좌장군으로 있던 상관걸의 아들 상관안은 곽광의 사위가 되었다. 후에 그는 딸을 낳았는데 그 딸을 소제의 황후로 들여보냈다. 그래서 상관걸과 상관안은 황후의 할아버지와 아버지가 되었고 그에 따라 권세가 하늘을 찌르게 되었다. 하지만 곽광의 권세에는 미치지 못하였다. 곽광은 유명한 곽거병의 동생으로서 열 살 때부터 무제를 섬겼으며, 무제의 총애가 매우 두터웠다.

이 무렵 개장공주는 자기의 정인(情人)인 정외인에게 봉작을 내려 주기를 원했지만 곽광은 이에 강력히 반대하였다.

"공이 없는 자를 제후에 봉하지 말라는 것은 고조의 유훈이오. 그런데 어떻게 이를 어기고 정외인을 열후에 봉할 수 있단 말이오?"

그렇게 되자 개장공주는 곽광을 매우 원망하게 되었다. 어사대부 상홍양 또한 자기 아들들에게 관직을 주고자 하였지만 이 역시 곽광의 반대로 이룰 수가 없었다. 사태가 이에 이르자 곽광에게 불만을 품은 자들이 연왕 단과 짜고 곽광을 몰아내려는 음모를 꾸미기 시작하였다. 그들은 우선 연왕 단으로 하여금 조정에 글을 올리게 하였다.

곽광은 조정 밖에서 근위대의 연습 시에 마치 황제의 행차 때처럼 길을 막고 통행을 금지시켰는데 이는 지나친 행동입니다. 또 자신의 휘하에 마음대로 지위를 신설하여 교위를 임명하는 등 모든 일을 자기 마음대로 전횡하는 바가 심합니다. 이러한 행동에 대한 사람들의 불만이 가득하니 무슨 변고가 일어나지나 않을지 심히 우려됩니다.

상주문은 곽광이 조정에 나오지 않은 날을 택해 소제에게 바쳐졌다. 그러나 소제는 그 글을 사법관에게 넘기지 않았다. 이튿날 곽광이 그 소식을 듣고 대궐 밖에서 기다리고 있었다. 이때 곽광이 보이지 않자 소제가 물었다.

"대장군 곽광은 어디 있는가?"

그러자 상관걸이 대답하였다.

"연왕이 그의 죄를 아뢰었기 때문에, 그는 두려워서 들어오지 못하고 있습니다.”

소제는 명령을 내려 곽광을 들어오라고 하였다. 한참 후 곽광은 옥좌 앞에 나아가 관을 벗고 엎드려 황제께 근심 끼친 죄를 사죄하였다. 그러자 소제는 이렇게 말하는 것이었다.

“장군이 근위병을 조련한 것은 최근의 일이오. 또 교위를 임명한 것도 아직 열흘이 되지 않았음을 짐이 알고 있소. 그런데 멀리 연나라에 있는 단왕이 이 일을 어떻게 알 수 있단 말이오?”

일이 이렇게 되자 상주문을 올린 자는 바로 달아났다. 소제는 그자를 반드시 잡아들이라는 엄한 명령을 내렸다.

그러나 이 정도로 물러날 자들이 아니었다. 상관걸의 무리는 그 후에도 곽광을 제거하려는 음모를 꾸몄다. 그 계획은 이전의 것보다도 훨씬 무서운 것이었다. 즉, 개장공주의 집에서 주연을 베풀어 곽광을 초대한 후에 매복시켜 둔 군사로 하여금 그를 죽이며, 이어 소제를 폐하고 연왕 단을 황제로 옹립한다는 계획이었다.

그러나 이 계획은 사전에 누설되어 황제에게 알려졌다. 소제는 크게 노하여 상관걸, 상관안, 상홍양 등을 잡아들이고 일족을 몰살시켰다. 개장공주와 연왕 단은 자살하고 말았다.

소제는 제위 13년 만인 21세에 세상을 뜨고, 뒤를 이어 창읍왕이 제위에 올랐다. 그는 매우 광폭하여 수시로 노래를 부르며 신하들과 술을 마셨다. 그러면서 부녀자를 희롱하고 호랑이 싸움을 즐긴다든지, 소제가 총애하였던 몽(夢)이라는 후궁을 끌어들여 정사의 쾌락에 흠뻑 빠졌다. 이때는 소제의 영구가 궁 안에 모셔져 있는 상중이었다. 아버지의 상중에 가무음곡을 삼가지 않고 주지육림에 빠져 음란한 행위를 한 것이다. 도저히 묵과될 수 없는 상태가 계속되자 곽광은 정식으로 즉위식을 거행하지 않은 점을 이용하여 창읍왕을 폐위시켜 버렸다.

제10장 우환은 나라 밖에 있지 않고 나라 안에 있다

옥중에 천자의 기운이 있다

창읍왕의 뒤를 이은 사람은 바로 비운의 황태자 유거의 손자 병이었다. 그는 황태자가 호현에서 비참한 최후를 마칠 때 유일하게 살아 남아 감옥에서 여죄수의 젖을 먹고 성장하였다. 그때 시중에는 이런 소문이 돌고 있었다.

'장안의 옥중에서 천자의 기운이 오르고 있다.'

무제는 이 소문을 듣고 사신을 보내 옥에 갇힌 사람들을 모두 죽이려 하였다. 그때 감옥의 우두머리로 있던 병길(丙吉)이 사신을 물리치면서 이렇게 말하였다.

"보통 사람이라도 죄가 없이는 죽일 수 없소. 하물며 천자의 증손을 아무런 죄도 없이 죽이다니 안 될 말이오."

사신은 할 수 없이 그냥 돌아가 무제에게 자초지종을 보고하였다. 그러자 무제는 탄식하였다.

"하늘의 뜻이로고. 할 수 없는 일이구나."

그 뒤 병길은 황제의 증손을 옥에 가두는 것은 옳지 않다고 생각하여 할머니인 사량제의 오빠 사공에게 맡겨 기르게 하였다.

병이는 재주가 비상하였고 학문을 좋아하였다. 그러던 어느 날 태산에 있는 높이 1장 5척, 둘레 48아름이나 되는 큰 바위가 저절로 일어섰다. 또 상림원에서는 쓰러져 있던 나무가 저절로 일어서더니 새 잎과 가지가 돋았다. 그리고 벌레가 갉아먹은 잎 위에 '공손(公孫 · 병이가 일어섬)'이라는 글자의 형상이 나타났다.

창읍왕이 폐출될 때 병이는 열여덟 살이었는데, 곽광이 황태후에게 아뢰었다.

"병이는 행동이 근실하고 인자하며 남을 사랑할 줄 압니다. 황제의 자리에 오르게 하는 것이 좋겠습니다."

그리하여 병이가 황제의 자리에 오르니, 바로 선제였다. 그런데 민가에서 자란 인물을 그대로 황제로 옹립하는 것은 무리가 있어 일단 양무후로 임명하는 절차를 거쳐 황제에 오르게 하였다.

이때 모든 정사는 곽광의 손에 의해 결정되었다. 선제 또한 신하들에게 명을 내려, "모든 일은 먼저 곽광에게 말한 다음에 과인에게 아뢰어라."라고 할 정도였다.

선제는 민간인으로 있을 때 아내로 삼았던 허씨 부인을 황후로 삼았다. 그렇지만 곽광은 자신의 딸을 황후로 삼으려는 생각을 하고 있었다. 2년 후 허황후는 임신한 몸으로 여의사가 바친 환약을 먹고 독살되었다. 곽광의 아내가 사주하여 독살한 것이었다. 곽광의 막내딸이 황후로 세워진 것은 정해진 수순이었다.

선제가 제위에 오른 지 6년 만에 곽광이 죽자, 선제는 그때까지 나라의 거의 모든 전권을 휘둘러오던 곽씨 일가의 세력을 약화시키고, 그들이 독점하고 있던 군대 지휘권을 여러 곳으로 분산시켰다.

또한 곽광이 죽은 이듬해에는 독살당했던 허황후 소생 석을 황태자로 세웠다. 그러자 곽광의 아내는 분을 이기지 못하여 피를 토하고 그의 딸인 곽황후에게 황태자 석을 독살하도록 권했다. 하지만 황태자 곁에는 음식을 먹을 때마다 미리 시식하는 관원이 수행하여 뜻을 이룰 수 없었다.

나아가 군대의 지휘권을 가지고 있던 곽씨 친척들을 모두 변방으로 좌천시켜 버렸다. 마침내 이에 반발하여 곽씨 일가는 모반을 기도하게 되었다. 그들은 황태후의 이름을 빌려 승상과 허황후의 아버지를 연회에 초대한 후 없애 버리고 선제를 폐위시킨 후 곽우를 즉위시키려는 음모를 세웠다. 하지만 이 음모는 미리 발각되어 결국 곽씨의 삼족이 주살되기에 이르렀다. 곽광의 미망인도 죽임을 당했으며, 곽황후는 폐위되었다.

선제시대에는 북쪽 변방에서 항상 한나라를 괴롭히던 흉노가 분열하여 크게 약화되더니, 마침내 흉노의 선우가 한나라에 입조하기에 이르렀다. 그리하여 한나라는 전쟁이 없는 태평기를 맞았다.

선제가 다스린 25년 동안은 한나라의 번영기를 구가한 강구연월의 세월이었다.

곡돌사신(曲突徙薪), 구들을 굽게 하고 섶을 옮겨라

선제 4년, 곽씨가 모반을 일으켜 주살되고 일족도 모조리 처형되었다.

처음 곽씨 집안이 사치와 방종을 일삼자 무릉 사람 서복이 상소하였다.

"마땅히 때를 맞추어 곽씨를 억제함으로써 망국의 지경에 이르지 않도록 해야 합니다."

그러나 이렇게 세 번이나 상소를 올렸지만 선제는 듣지 않았다. 그러자 어떤 사람이 서복을 위하여 글을 올렸다.

"어떤 사람이 한 집을 지나다가 그 집 아궁이 구들이 반듯하고 그 곁에 섶이 쌓여 있는 것을 보고 주인에게 말했습니다. '구들을 구부려 고치고 하루바삐 땔나무를 옮겨야 합니다.' 하지만 주인은 듣지 않았습니다. 얼마 뒤 그 집에 불이 났고 마을 사람들이 도와 다행히 함께 불을 껐습니다. 그러자 주인은 소를 잡고 술을 마련하여 사람들에게 고마움을 표시하였지요.

이때 한 사람이 주인에게 말을 했습니다.

'얼마 전 그 과객의 말을 들었더라면 이렇게 소를 잡고 술을 마련하지 않아도 될 것이고, 화재의 우환도 없었을 것입니다. 지금 불을 끈 공을 사례하면서도 정작 구들을 굽게 하고 섶을 옮기라 권했던 사람은 아무런 은택도 받지 못하고 있군요. 마을 사람들이 대신 상객으로 대접을 받으면서요.'"

선제는 마침내 서복에게 비단을 하사하고 낭으로 삼았다.

선제가 처음 즉위하여 고조의 사당을 참배할 때 곽광이 함께 수레를 탔다. 선제는 곽광을 매우 꺼려해 마치 등에 가시가 박힌 듯이 여겼다. 이후 장안세가 곽광 대신 수레에 동석하자 선제는 비로소 안심하고 가까이 하였다. 그러므로 곽광의 화는 수레를 함께 탄 것에서 비롯되었다는 소문이 퍼지게 되었다.

낚싯바늘

당시 발해군은 기근이 들어 도둑이 들끓고 인심이 흉흉하였다. 선제는 공수라는 사람을 발해군 태수에 임명하였다. 공수가 부임하기 전에 선제를 뵙게 되자 선제가 이렇게 물었다.

"공은 어떠한 방법으로 그 어지러운 고장을 다스릴 생각이오?" 이에 공수가 대답하였다.

"발해는 수도에서 멀리 떨어진 바닷가에서 아직 폐하의 은덕이 미치지 못하여 백성들이 굶주리고, 추위에 떨어도 구제하려 하지 않습니다. 이 때문에 백성들이 도둑질을 하고 사람을 상하게 만들기도 하는데, 이는 아이들이 칼을 가지고 늪에서 장난을 치는 것과 같은 모습입니다. 폐하께서는 신에게 무력으로써 이들을 누르게 하실 생각이십니까? 아니면 덕으로 다스려 그들이 폐하의 은혜를 깨닫고 평안히 살 수 있도록 하기를 바라십니까?"

선제는 이렇게 답하였다.

"짐이 훌륭한 사람을 뽑아 태수로 임명하는 것은 물론 그 지방의 백성들을 편안하게 살 수 있게 만들기 위함이오."

그러자 공수는 이렇게 청하였다.

"난민(亂民)을 다스리는 것은 마치 헝클어진 실을 푸는 것과 같아 결코 조급하게 서둘러서는 안 됩니다. 원컨대 신에게 정치를 법규에 구애받지 않고 신의 생각대로 할 수 있게 허락해 주십시오."

선제는 이를 허락하였다.

공수는 역마를 갈아타고 발해군 경계에 이르렀다. 이때 관청에 서는 군사를 내보내 그를 맞으려 했지만, 그는 그들을 모두 돌려 보냈다. 그리고는 포고령을 내려 도둑 잡는 일을 중지시킨 후, 농기구를 가지고 있는 자는 모두 양민으로 인정할 것이며, 무기를 가지고 있는 자는 무조건 도둑으로 간주할 것이라고 선포하였다.

공수는 호위하는 단 한 명의 군사도 없이 오직 한 대의 수레에 탄 채 관가를 향해 들어갔다. 그러자 도둑들은 새로 부임해 온 태수가 홀몸으로 들어오는 기백에 놀라 모두 그 자리에서 흩어졌다.

공수는 백성 가운데 칼을 차고 있는 사람을 보면 "너희들은 왜 칼을 허리에 차고 다니느냐?" 하면서 즉시 칼을 팔아서 소와 송아지를 사도록 하였다.

공수는 성실하게 관내를 순시하면서 백성들의 어려운 문제들을 해결해 주었기 때문에 백성들의 곳간은 곡식으로 가득 차게 되고 서로 소송하는 일도 없어졌다.

한편 이때 수도의 장관으로 있던 조광한이 주살되었다. 원래 조광한은 영천군의 태수로 있었는데, 그 지방에는 악한 무리들이 많아 백성들이 괴롭힘을 당하고 있었다. 이에 조광한은 투서함을 여러 곳에 만들었다. 그렇게 하여 죄 있는 자들을 처벌하니 악한 무리들이 흩어져 없어지게 되었고, 도둑들도 사라져 관내에 질서가 잡히게 되었다. 그 후 조광한은 공을 인정받아 수도의 장관으로 승진하게 되었다.

　조광한은 마치 낚싯바늘처럼 숨겨져 있는 잘못된 일들을 잘 낚아내어 사건의 내용을 밝혔다. 시골에서 일어난 아주 작은 잘못까지도 귀신같이 적발해냈다. 그 결과 수도는 잘 다스려져 화평을 이루게 되었다. 그러자 늙은이들은 모두 이렇게 말하였다.

　"한나라 세상이 열린 후 조광한만큼 세상을 잘 다스렸던 사람을 아직 보지 못했다."

　그런데 호사다마라고 할까, 어떤 자가 상소하여 그를 참소하였다.

　"조광한은 개인적인 원한으로 무고한 사람에게 죄를 주어 사형에 처했습니다."

　선제는 그 말을 곧이듣고 광한을 정위에 넘겨 취조하도록 하였다. 이때 수만 명의 관리와 백성들이 대궐 앞에 모여들어 울면서 호소하였다. 그러나 조광한은 결국 누명을 벗지 못하고 허리를 끊는 형에 처해졌다. 그 뒤 백성들은 그의 덕을 사모하여 노래를 지어 부르며 슬퍼하였다.

우환은 나라 밖에 있지 않고 나라 안에 있다

　선제는 북방의 흉노가 약해진 틈을 타서 흉노 정벌에 나서려 하였다. 그러자 승상 위상이 말했다.

　"세상의 어지러움을 구원하고 포악한 군주를 토벌하는 군사를 의병이라고 합니다. 의로운 군사를 일으키는 사람은 천하의 왕이 될 수 있습니다. 적이 까닭 없이 쳐들어와서 이에 대응하기 위하여 부득이 일으키는 군사를 응병(應兵)이라고 합니다. 응병은 반드시 이깁니다. 반면에 조그만 일을 트집잡아 원망하여 다투고 분노를 참지 못해 일으키는 군사를 분병(忿兵)이라고 합니다. 분노로 일어난 군사는 패하게 됩니다. 또한 다른 사람의 땅이나 재물을 빼앗으려 일으키는 군사를 탐병(貪兵)이라고 합니다. 탐욕은 군사로 하여금 반드시 패하도록 만듭니다. 나라가 강한 것만 믿고 백성이 많음을 자랑하여 위력을 적에게 보이려고 싸우는 군사는 교병(橋兵)이라고 합니다. 교만한 군사는 결국 나라를 멸망의 길로 인도하고 맙니다.

흉노가 국경을 범하여 쳐들어오지 않는데도 출병하여 공격하는 군사는 신이 어리석어 무슨 군사라 하는지 모르겠습니다. 올해 아들이나 아우로서 그 아버지나 형을 죽인 자, 아내로서 남편을 죽인 자가 220명이나 됩니다. 이는 결코 조그만 변고가 아닙니다. 폐하를 모시는 신하들은 우리 사회의 이러한 어려움은 전혀 염려하지 않고 오직 출병하여 멀리 있는 흉노에 대하여 극히 조그만 원한을 풀려 하고 있습니다. 공자께서 '내가 두려워하는 것은 계손자가 근심하는 전유가 아니라 바로 담 안에 있다'고 말씀하셨는데, 이는 바로 오늘의 사태와 똑같은 것입니다."

그의 사려깊고 진지한 충고에 감동받은 선제는 흉노 원정을 단념하였다.

그 당시 태자의 교육을 담당하는 소광이라는 사람이 있었다. 그가 어느 날 조카이자 같이 근무했던 소수와 함께 사직을 하고 낙향하였다. 이때 황제는 공로를 치하하면서 많은 하사금을 내렸다.

두 사람은 고향에 돌아온 뒤 하사금으로 매일같이 잔치를 벌여 돈을 물쓰듯 하였다. 사람들이 왜 그렇게 돈을 모두 써 버리느냐고 묻자 그들은 이렇게 대답하였다.

"현명한 사람이 재산이 많으면 뜻이 상하고, 어리석은 자가 재산이 많으면 잘못을 저지를 뿐이다. 재산이 많으면 비록 현인일지라도 그 재산을 믿고 수양을 게을리하여 마침내 자기 향상을 위해 아무런 노력도 하지 않기 때문이다. 더욱이 부(富)란 뭇 사람으로부터 원망받기 쉬우므로 차라리 없는 것이 낫다. 나는 내 자손들이 뜻을 낮은 데 두고 과오를 범해 남들의 원망을 받지 않도록 매일 이처럼 써 버리는 것이다."

백문이 불여일견

이 무렵 북쪽의 오랑캐 중 하나인 강(羌)족이 반란을 일으켰다. 전에도 강족이 난을 일으켜 한나라는 고전 끝에 간신히 진압한 적이 있었다. 그래서 이번에는 유능한 장군을 파견하여 다시는 강족이 반란을 일으킬 생각도 못하게끔 선제는 중신회의를 소집하였다. 그런데 그 자리에서 쉽게 결론이 나지 않았다.

생각다 못한 선제는 퇴역하여 쉬고 있던 장군 조충국에게 사람을 보내 인물을 추천하도록 하였다. 그런데 조충국은 뜻밖에도, "신이 이미 연로하였으나 오랑캐와의 싸움에서 신을 능가할 인물은 아직 없을 것입니다. 신이 한 번 출전해 보겠습니다."라며 자청하는 것이 아닌가!

그때 조충국의 나이 76세였다. 원래 조충국은 무제 때부터 이름을 날리던 장군이었다. 특히 말타기에 능하였고, 흉노 토벌전에 수차례나 출전한 적이 있는 맹장이었다. 한 번은 이광 장군이 흉노 토벌에 나섰다가 오히려 포위되어 위험한 지경에 몰린 적이 있었다. 이때 조충국은 불과 백여 명의 병사를 이끌고 용약분투하여 마침내 활로를 뚫고 이광 장군을 구출하기도 하였다. 그는 이 작전에서 자그마치 20여 군데나 상처를 입었건만 개의치 않고 혁혁한 공을 세웠다. 돌아온 그에게 무제는 거기 장군이라는 직위를 내려 보답하였다. 선제는 그의 자청을 물리치려 했지만 거듭 자청하는지라 할 수 없이 수락하게 되었다. 그 뒤 조충국을 만난 자리에서 선제가 어떤 작전을 쓸 것인가에 대해 물었다. 이에 조충국은 이렇게 대답하였다.

"작전이란 현지의 여러 사정을 정확히 파악해야만 나오는 것입니다. 먼 곳에서 전하는 말만 듣고서는 적절한 작전을 세울 수 없습니다. 백문이 불여일견입니다. 제가 직접 현지에 가서 살펴본 후 작전을 글로 써서 보고드리겠습니다."

이 말을 들은 황제는 과연 명장이라 여기며 크게 기뻐하였다.

조충국은 현지에 부임하자마자 정황을 세밀히 시찰한 다음 작전을 전개하며 강족을 대파하였다. 뿐만 아니라 그곳에 둔전병 제도를 실시하여 다시는 강족이 반란을 일으키지 못하도록 만들었다.

정치란 커다란 해로움을 제거하는 것만으로 충분하다

전에 감옥에서 선제를 구해 냈던 병길이 드디어 승상의 자리에 오르게 되었다. 병길은 성품이 관대했으며 예의가 바르고 겸손하였다.

어느 날인가 그가 외출하였을 때의 일이다. 길거리에서 많은 사람들이 싸움을 벌여 사상자가 꽤 많이 생긴 것을 보았는데도 아무 말도 없이 지나쳐 버리는 것이었다.

얼마 가지 않아 이번에는 숨을 헐떡이는 소를 끌고 가는 사람을 만나게 되었다. 이번에는 즉시 사람을 시켜 소 모는 사람에게 소를 끌고 온 거리가 얼마나 되는지 묻고 오라고 시켰다.

이를 본 사람이, 왜 승상께서는 싸움이 벌어져 사람이 상한 것은 묻지 않고 소가 힘들어하는 것에는 관심을 갖느냐며 이는 문제의 경중을 모르는 처사가 아니냐고 따지듯 물었다.

이에 병길의 대답은 이러하였다.

"백성의 다툼에 대해서는 수도의 장관이 단속할 것이오. 그런 세세한 일에까지 재상이 손을 대는 것은 옳지 못한 일이다. 그러나 지금은 봄이다. 아직 더운 계절이 되지 아니하였는데도 소가 숨을 헐떡거리는 것은 더운 탓이니, 그것은 곧 계절이 잘못되었기 때문이다. 재상은 선정을 베풀어 자연의 음양을 고르게 해야 한다. 그러므로 소가 헐떡이는 것은 재상인 나의 책임인 것이다."

이 소문이 퍼지자 사람들은 재상이 가야 할 큰 길을 알고 있는 사람이라며 감탄하였다.

그때 좌풍익의 태수인 한연수가 죽었다. 한연수는 요순 임금의 가르침대로 교화에 힘써 그 업적이 높았던 관리였다. 언젠가 그의 형제들이 밭을 사이에 두고 다투어 맞고소한 사건이 발생하였다. 한연수는 집안에 들어앉아 골육상쟁이 자신의 집안에서 일어나는 것은 모두 자신의 부덕의 소치라며 깊이 반성하였다. 이에 싸우던 형제들은 서로 후회하며 두 번 다시 다투지 않았다.

이로 인하며 한연수의 명성이 온 고을에 퍼져 소송을 일으키는 사람도 없었고, 백성과 관리 모두가 이웃을 생각하며 정성을 쏟아 서로 속이는 일이 없게 되었다. 그러한 한연수가 불행하게도 어떤 사건에 연루되어 사형을 당한 것이다. 이에 백성들은 통곡하지 않는 사람이 없었다.

2년 뒤 승상 병길이 죽고 황패가 그 뒤를 이어 승상이 되었다. 황패는 일찍이 영천의 태수로 있었는데, 백성들은 그의 지혜가 신과 같이 밝아서 속일 수 없다며 칭송하였다. 그는 교화를 첫째로 삼고, 처벌을 다음으로 하였다.

당시 허승이라는 보좌관이 늙어서 귀가 어두워졌으므로 감찰관이 그의 파면을 진언하였다. 그러자 황패는 이렇게 말하였다.

"허승은 청렴결백한 관리요. 늙었지만 명령을 잘 받들고 잘 실행하오. 귀가 어두워서 몇 번이나 다시 묻기는 하지만 공무를 다스리는 데는 별 지장이 없고, 또 관리를 자주 바꾸면 비용이 들 뿐 아니라 그 틈을 타서 간악한 관리가 장부를 속이거나 재물을 훔치거나 하여 여러 모로 손해가 많소. 뿐만이 아니오. 새로 오는 관리가 반드시 능력 있는 사람이라고 장담할 수도 없소. 아니 오히려 더 못할지도 모르오. 그렇게 되면 쓸데없이 다툼만 더할 뿐이오. 무릇 정치의 길이란 가장 해로운 것만 제거하면 그것으로 충분하다오."

황패는 겉으로 관대 온후하고 속으로는 사리에 밝고 총명하였으므로 백성들이 잘 따라 그의 치적은 천하 제일이라고 일컬어졌다. 그러나 그의 재능은 한 군에서 백성을 다스리는 데는 능했지만 큰 지역을 다스리기에는 모자람이 있었다. 승상이 된 후 그의 공적과 명성이 이전에 비해 오히려 떨어졌기 때문이다.

황음(荒淫)은 끝이 없어 백년하청을 기다릴까

이즈음 양운이라는 사람이 처형되었다. 양운은 청렴하여 사심이 없었으나 어떤 자가 상소를 올려 비방하였다.

"양운은 황제를 비방하여 정도를 어지럽히고 안녕을 해치는 말을 하고 있습니다."

이로 인하여 양운은 면직당하고 서민으로 강등되었다. 그는 귀향하여 농사를 지으면서 전원생활을 즐겼다. 이때 친구 손회종이 충고하였다.

"자네는 황제의 꾸지람을 받고 있는 몸이니 근신하고 들어앉아 있어야 하네."

양운은 이에 글로 답하였다.

> 나는 관직에 있을 때 잘못투성이였고 행동에도 결함이 많았소. 그래서 이제 한 농민으로서 여생을 보내려 하오. 하루 종일 일하고 일년에 두 번 쉬오. 그날은 양을 잡아 삶고 구워 말술로 스스로 노고를 푼다오. 술이 거나해지면 가슴속의 한이 터져나와 하늘을 우러러보며 질장구를 두드리고 탄식 속에 내가 지은 시를 노래한다오. 바로 이런 노래를 말이오.

> 남산 기슭에 밭을 갈았네.
> 밭에는 잡초만 우거지고 곡식은 열리지 않는구나.
> 심은 콩에 콩은 여물지 않고 열린 건 쭉정이뿐,
> 아아 , 텅 비어 버린 인생이여 !
> 일 속에 보람이 없으니 꿈속에 잠길거나.
> 부귀를 바란들 어느 세상에 이루어질까.
> 황음은 끝이 없어 백년하청을 기다릴까.

아! 숨어 지내는 이 생활이 바른지 그른지 알 수 없지만,

내 할 일이 이밖에 또 무엇일까.

양운은 그 뒤 주색에 빠져 방탕한 생활을 했는데, 스스로 그 근신치 못함을 깨닫지 못했다. 그러자 어떤 사람이 그를 비난하는 글을 올렸다.

"양운은 교만하고 사치스러운데 조금도 뉘우치는 빛이 없습니다."

황제가 이 글을 읽고 정위에게 사실을 알아보도록 했는데, 그 과정에서 친구 손회종에게 보낸 편지가 드러났다. 이에 선제는 양운을 대역무도의 죄로 허리를 끊는 형에 처했다.

이듬해 삼공과 구경(九卿)이 연명하여 아뢰었다.

"경조의 윤(尹) 장창은 양운과 한 무리입니다. 그러니 경조의 윤으로 그대로 두는 것은 타당하지 않습니다."

하지만 선제는 장창의 재능을 아껴 그 말을 받아들이지 않았다.

한편 장창은 그 사실도 모르고 부하인 여순에게 어떤 사건을 취조하도록 하였다. 그러자 여순은 취조를 하지도 않고 몰래 집으로 돌아와 가까운 사람에게 이렇게 말했다.

"공경들이 글을 올렸으니 그는 파면당할 게 분명하다. 경조의 윤으로 있는 것도 길어야 닷새 정도이다. 내 어찌 그의 명령을 따를 수 있겠는가."

이 사실을 알게 된 장창은 크게 노하며 여순을 잡아 옥에 가두었다가 사형에 처했다. 이로 인해 장창은 여순의 집안 사람에게 원한을 사서 고소를 당하였다. 그러자 장창은 글을 올려 경조의 윤을 사직하고 그 길로 산 속으로 들어가 1년 남짓 숨어 살았다. 그가 떠난 뒤 수도의 치안이 위태롭게 되었다. 이에 선제는 장창의 다스림이 얼마나 뛰어난 것이었는지를 새삼 깨닫고, 장창을 다시 불러들여 경조의 윤에 복직시켰다.

여인이 한을 품으면

승상 황패가 죽고 우정국이 승상의 자리에 올랐다. 우정국의 아버지 우공이 동해에서 옥리로 있을 때 그 지방에는 효도가 극진한 여인이 있었다. 남편이 죽은 뒤에도 개가하지 않고 홀로 계신 시어머니에게 효도를 다하며 보살펴 드리고 있었다.

시어머니는 자기 때문에 며느리가 개가할 시기를 놓치게 될 것을 괴로워하다가 스스로 목을 매어 죽었다. 그러자 시누이가 고소를 하고 나섰다.

"올케의 행동이 어머니의 죽음을 가져온 것입니다."

며느리는 자신의 무죄를 증명할 길이 없었다. 결국 그녀는 아무 죄도 없이 죄를 받게 되었다. 그때 우공은 며느리의 무죄를 주장했으나, 끝내 구해 내지 못하고 사형을 당하고 말았다.

그 사건이 있은 후 동해군에는 3년이나 가뭄이 계속되어 곡식이 모두 말라 죽었다. 그러던 차에 태수가 바뀌어 후임 태수가 왔다.

우공은 이 가뭄이 효부의 원한 때문이라고 말했다. 그래서 후임 태수는 효부의 묘에 제사를 지냈다. 그제야 비로소 비가 오기 시작하였다.

그는 일찍이 집의 대문을 크게 고쳐서 네 마리 말이 이끄는 마차가 그대로 드나들 수 있게 만들었다. 그리고는 이렇게 말하였다. "내 자손 중에 크게 입신양명하는 자가 나올 것이다."

과연 그의 아들 우정국이 정위가 되었다. 그는 정위로서 명성이 자자하여 조정 사람들이 입을 모아 칭찬하였다.

"장석지가 정위로 있을 때 천하에 억울하게 벌을 받은 사람은 없었다. 이제 다시 우정국이 정위가 되자 백성들 모두가 억울하게 벌을 받을 염려는 없다면서 기뻐하고 있다."

그 뒤 우정국은 어사대부를 거쳐 승상의 자리까지 올랐다.

이때 흉노가 혼란에 빠져 다섯 명의 선우가 다투어 제각기 왕위에 올랐다.

그 중의 한 사람인 호한야 선우가 선제에게 글을 올렸다. '원컨대 폐하의 신하로 일컬으려 하니 허락해 주십시오.' 그리하여 선우가 내조하여 신하의 예를 갖췄다. 선제는 오랑캐 족이 한나라의 덕을 사모하여 항복해 온 것을 매우 기뻐하였다.

선제는 여염집에서 몸을 일으켜 제위에 오른 만큼 서민 생활의 괴로움을 잘 알고 있었다. 때문에 정치가 주도면밀하고 법제가 갖춰졌다. 자사나 태수 등을 임명할 때는 몸소 그를 만나 보고 정치에 대한 의견을 물었으며, 이렇게 말하였다.

"백성들이 편안히 살고, 한탄과 근심과 원망하는 소리가 없는 것은 곧 정치가 공평하고, 소송 또한 올바르게 지체없이 처리되고 있다는 증거이다. 짐과 함께 이 큰 임무를 맡을 사람은 훌륭한 태수밖에 없다."

선제는 지방 정치를 매우 중시하였다. 태수를 자주 교체하는 것은 백성을 불안하게 하는 것이라 하여, 태수가 공이 있으면 그때마다 옥새를 찍은 포상을 내려 격려했으며, 녹봉을 늘린다든가 상금을 준다든가 하여 한 지방에서 오랜 기간 안심하고 정치에 힘을 쏟도록 하였다. 그리고 공경의 자리에 결원이 생기면 전에 표창한 태수 중에서 차례에 따라 임명하였다.

한나라 시대에 훌륭한 관리가 가장 많이 나온 것은 선제 때였다.

제11장 한나라의 멸망

장차 태자가 나라를 어지럽힐 것이니

선제는 즉위한 지 25년 되던 해에 미앙궁에서 죽었다. 그 뒤를 이어 장남인 태자가 즉위하였는데, 바로 원제였다. 원제는 태자 때부터 성품이 온순하고 인자하였으며, 학문을 숭상하여 유학자들을 좋아했다. 그는 어느 날 연회에서 선제를 모시고 있다가 아뢰었다.

"폐하께서는 형벌을 매우 엄중하게 행하시는데, 원컨대 유학자를 채용해 주십시오."

그러자 선제는 정색을 하고 말했다.

"우리 한나라 황실에는 고유한 제도가 있다. 패도와 왕도를 조화시켜 만든 제도를 집행하고 있는 것이다. 어떻게 덕치만을 주장하는 유학자에게 정치를 맡겨 주나라 시대의 도덕 정치로 되돌아간단 말이냐? 더욱이 속된 유학자들은 현재 사정은 정확히 모른 채 옛날 정치만 옳다고 하면서 지금의 정치는 모두 잘못된 것이라 비판하고 있다. 인의(仁義)의 명(名)과 실(實)로써 사람들의 마음을 현혹시키고 있지만 어느 쪽을 따를 것인가는 가르쳐 주지 못한다. 이러한 자들에게 어찌 중차대한 국정을 맡길 수가 있단 말이냐?"

그 뒤부터 선제는 장차 나라를 어지럽히는 자는 태자일 것이라며 탄식하였다. 그러면서도 그가 태자를 폐출하지 못한 것은 그가 젊었을 때 태자의 어머니 허씨의 친정에 몸을 의탁하고 있었고, 허황후는 뒤에 곽광의 아내에게 독살당해 태자를 가엾게 생각했기 때문이었다. 바로 그런 태자가 선제의 뒤를 이은 것이다.

원제는 선제의 황후인 왕씨를 황태후로 높이 받들었다. 원래 선제는 곽광의 딸을 황후로 맞았는데, 곽씨 일가가 주살될 때 곽황후도 폐출된 바 있었다. 이후 선제는 후덕한 여자를 한 명 얻어 황후로 삼으니, 이 여자가 왕씨부인이었다. 원제 역시 왕씨를 부인으로 두었는데, 바로 원후였다. 왕씨 일족이 외척으로서 절대적인 권력을 잡았던 것은 순전히 원후의 힘에 의해서였다.

그런데 늑대가 없어지자 더 무서운 호랑이가 나타났다. 곽씨 일가가 제거된 후 왕씨 일가가 외척으로서 막강한 권세를 휘두르게 된 것이었다. 결국에는 왕씨에게 나라까지 넘겨주게 된다.

원제는 유교를 좋아하여 유가 출신의 인물을 등용하여 유교 이념에 따라 정치를 펼쳤다. 하지만 그 이상과는 달리 나라 안에 매년 흉작이 들어 백성들의 생활은 급속히 기울어갔다.

간신의 나라

원제 2년, 소망지와 주감, 그리고 유향(『전국책』의 저자)이 면직되어 옥에 갇혔다.

그때 외척인 사고는 상서 일을 맡았고, 소망지와 주감은 그의 부관으로 있었는데 이들 두 사람은 함께 국가의 경영에 대하여 의견을 내고 있었다. 또한 그들은 유향을 황제의 고문으로 추천하여 시중 김창과 함께 원제를 보좌하도록 하였다. 자연히 국정은 소망지, 주감, 유향, 김창, 네 사람에 의해 결정되었고 사고의 지위는 이름뿐이었다. 이 때문에 사고와 소망지의 사이는 벌어질 수밖에 없었다.

한편 중서령 홍공과 복야 석현은 선제 때부터 오랫동안 중요한 역할을 맡고 있었다. 원제는 왕위에 오른 후에도 자주 병으로 누워 있었는데, 석현은 환관 출신으로 조정에 그의 친척이나 어울리는 패거리가 없었다. 이 점을 높이 산 원제는 그에게 정치를 맡기게 되었는데, 이후 국정의 모든 일은 크건 작건 석현의 손에 의해 결정되었다.

그리하여 석현의 위치는 날로 높아가 가장 높은 벼슬에 이르게 되었으며 백관들 또한 그를 따르게 되었다. 석현은 매우 영리하고 이치에 밝았으므로 원제의 의중을 세세하게 파악할 수 있었다. 하지만 그의 심성은 매우 잔혹하였고 궤변이 능했으며, 남에 대해 중상모략을 잘했다. 이렇게 되어 궁중에서는 석현이, 조정에서는 사고가 나라의 근본을 흔들면서 좋지 못한 짓을 일삼게 되었다.

그러자 소망지와 주감, 유향은 외척 허연수와 사고가 전횡하는 것을 근심하고, 또 홍공과 석현 같은 환관들에게 국정이 좌지우지되는 것을 안타까워하여 원제에게 글을 올렸다.

중서령은 정치의 근본이요, 국가의 매우 중요한 기관입니다. 세상일에 능통하고 공명정대한 인물을 임명해야 나라가 바로 설 것입니다. 위로 무제께서는 항상 잔치를 베푸셨기 때문에 환관을 등용했지만 그것은 옛날에는 없던 일이었습니다. 원컨대 중서령에 임명된 환관은 물러나게 하고 옛 제왕들이 한 것처럼 환관과 같이 형벌을 받은 사람은 가까이 하지 않으셔야 할 줄 압니다.

하지만 원제는 의견을 묵살하였다. 이 일을 알게 된 홍공과 석현 또한 가만히 있지 않았다.

"소망지, 주감, 유향 등의 무리는 자주 대신들을 참소하고 이간질하며 이를 통해 자신들의 정권을 세우기 위해 불충을 꾀하고 있습니다. 황제를 속이는 일은 결코 있어서는 아니될 일입니다. 원컨대 그들을 정위에게 넘겨 조사토록 하소서.”

그런데 원제는 즉위한 지 얼마 안 되어 ‘정위에게 넘긴다’는 말이 옥에 가둔다는 의미인 줄을 모르고 그렇게 하도록 허락하였다. 며칠 후 원제는 시종에게 물었다.

“지금 주감과 유향이 어디 있느냐?”

그러자 시종이 대답하였다. “두 사람은 이미 옥에 갇혀 있습니다.”

원제는 크게 놀라서, “정위에게 넘겨 조사만 받도록 하였지 않는가?”라며 즉시 석방시켜 원래 자리에 복귀하도록 하였다. 하지만 홍공과 석현은 다시 사고로 하여금 황제를 설득하게 하여 기어코 세 사람을 면직시켰다.

그 뒤 원제는 또다시 주감과 유향에게 벼슬을 주고 소망지를 승상으로 삼으려 했다. 그러자 홍공, 석현, 허연수, 사고 등이 원제에게 이렇게 진언하였다

“이전의 행실을 돌아본다면 소망지는 잘못을 뉘우치고 벌을 받고자 겸손한 자세를 가져야 합니다. 그러나 그는 오히려 원한을 품으면서 옛날 폐하의 스승이었음을 내세워 교만한 마음을 드러내고 있습니다. 마땅히 그를 옥에 가두어 징계하여 그 불평하는 마음을 없애지 않으면 필경 폐하의 높으신 덕을 천하에 펼 수 없게 될 것입니다.”

이에 원제가 반박하였다.

“소망지는 원래 강직한 사람이오. 옥리를 시켜 잡아들이다니 용납할 수 없소.”

그러나 네 사람은 이렇게 말했다.

“사람의 목숨은 극히 소중한 것입니다. 따라서 조그만 죄로 사람을 죽일 수 없다는 사실을 그도 잘 알고 있습니다. 소망지의 죄는 다만 말을 잘못한 매우 작은 과오이니 큰 벌을 받지는 않습니다. 조금도 염려하실 필요가 없습니다.”

원제는 이 말을 듣고 그를 잡아들이도록 허락하였다. 즉시 많은 군사들이

소망지의 집을 포위하고 그를 잡아들이려 하였다. 그러자 강직한 성격의 소유자였던 소망지는 "내 옥에 갇히기보다는 차라리 죽음을 택하겠노라."라는 말을 남긴 후 독약을 먹고 스스로 목숨을 끊고 말았다.

미인의 슬픈 노래

그 뒤 석현의 권세는 더욱 높아져 중서복야 뇌량, 소부 오록충종과 함께 전권을 휘둘렀다. 이 세 사람에게 잘 보이지 않고는 결코 높은 벼슬을 얻을 수 없는 지경에 이르렀다. 그러자 사람들은 이렇게 노래하였다.

> 뇌냐 석이냐, 오록의 식객이냐.
> 인(印)이 많기도 하고 수(綬)가 많기도 하여라.

원제는 재위 16년 만에 죽었다.

이 해에 흉노의 선우에게 왕소군(王昭君)이라는 빼어난 미모를 지닌 후궁을 시집 보냈다. 호한야선우가 내조하여 황녀에게 장가들고 싶다고 청했기 때문이었다. 이때 조정에서는 많은 후궁 가운데 누구를 흉노의 선우에게 시집 보낼 것인가를 두고 매우 고심하였다. 의논 끝에 화공을 시켜 모든 후궁들의 얼굴을 그려 올리도록 명령하였다.

이 소문이 나자 용모에 자신이 없는 후궁들은 앞을 다투어 화공에게 뇌물을 주고 예쁘게 그려 줄 것을 부탁하였다. 하지만 왕소군만은 한 푼의 뇌물도 주지 않았다. 심사 결과 왕소군이 선우의 아내로 뽑힌 비극의 주인공이 되었다. 물론 화공에게 손을 쓰지 않은 게 원인이었다.

막상 왕소군을 보게 된 황제는 그녀의 아리따운 모습에 크게 당황했으나, 일단 결정된 일이었기 때문에 어쩔 수 없었다. 왕소군은 눈물을 뿌리며 고향 땅을 떠나 수만 리 머나먼 흉노의 이국 땅으로 갔다. 뜻밖에도 대단한 미인을 맞이하게 된 선우는 입이 벌어져 다물 줄 몰랐다.

후에 이 사건에 뇌물이 개입되었다는 사실이 밝혀졌다. 그리고 후궁의 화상을 그렸던 화공은 처형되었다. 머나먼 길을 떠나 흉노의 아내가 된 왕소군은 자신의 사무치는 심정을 담아 시로 읊었다.

> 오랑캐 땅에는 화초가 없으니
> 봄이 와도 봄 같지 않구나

절세미인 조비연 자매

원제가 죽고 장남이 그 뒤를 이으니 그가 바로 성제였다. 그는 젊은 시절에 경서를 좋아하며 학문에 힘썼다. 그러나 후에 주색에 빠져 방탕한 생활을 하였다. 이런 연유로 태자의 자리에서 폐위될 뻔했는데 사단이라는 사람이 황제의 침실에 엎드려 울면서 간하는 덕분에 폐위를 면하기도 하였다. 그가 제위에 오르자 처음에는 정치에 열중하는 듯하였다. 그러나 얼마 지나지 않아 제 버릇대로 여자에 빠져들고 말았다.

성제는 외삼촌 왕승을 안성후에 봉하고 왕담, 왕상, 왕립, 왕근, 왕봉시 등 다섯 사람에게 관내후의 직위를 주었다. 바로 그날 하늘에서는 태양이 빛을 잃고 누런 안개가 사방을 막아 세상이 자욱하였다.

그 뒤 성제는 허황후를 폐하고 조비연이라는 예쁜 여인을 황후로 삼았다. 조비연은 매우 가난한 집에서 태어났다. 그녀가 태어났을 때 너무나 가난해 부모는 그녀를 내다버렸다. 그런데 3일 동안 젖 한 모금도 먹지 않았는데 살아 있었다고 한다. 이상하게 여긴 부모는 다시 데려다가 키웠다. 조비연은 성장해서 성제의 누님인 양아공주의 하녀로 들어갔다. 그녀는 하녀였지만 몸놀림이 매우 날렵하여 양아공주는 가무를 가르쳤다. 과연 그녀는 무용에 천부적인 자질을 가지고 있었다. 너무나도 경쾌하게 춤을 추었기 때문에 '제비처럼 날렵하다'는 뜻으로 '비연(飛燕)'이라고 불렀다.

　놀기 좋아했던 성제가 하루는 누님 집에 들러 비연의 춤을 보고 그녀에게 첫눈에 반하고 말았다. 그러자 양아공주는 조비연뿐만 아니라 그의 여동생 조합덕(趙合德)도 함께 궁중으로 보냈다.

　조비연 자매는 모두 절세미인으로서 노래와 춤에 뛰어났다. 언니인 조비연은 몸이 제비같이 날씬했고, 동생은 풍만한 육체를 가진 농염한 분위기의 여인이었다. 얼마 지나지 않아 조비연은 황후라는 높은 자리까지 올랐고, 그 동생도 역시 황제의 총애를 받아 상경과 같은 대우를 받는 소의라는 자리에 올라 자매가 황제의 사랑을 다투게 되었다.

　이렇게 하여 조 자매는 십수 년에 걸쳐 성제의 총애를 독차지하였다. 더구나 이들 자매는 질투심이 워낙 강해 성제는 도무지 다른 여자를 가까이 할 수 없었다. 그런데 이렇게 매일같이 함께 지냈지만 몇 년이 지나도 두 자매에게 아들이 생기지 않았다. 그러자 조비연은 '내 몸이 폐하와 맞지 않는 것이 분명하다'라고 생각하였다. 하지만 후궁들의 처소에는 남자 출입이 철저히 금지되었다. 특히 젊은 남자는 후궁 가까이 있는 것조차 허락되지 않았다.

　조비연은 한 가지 꾀를 생각해 냈다. 당시에 후궁에 물자를 실어 나르는 '독차(犢車·작은 소가 끄는 마차)'가 있었다. 황후가 특별히 주문한 물건이라는 증명서만 있으면 문을 지키는 병사들도 검문하지 못했다. 조비연은 그 독차에 십여 명의 젊은 청년들을 들여보내도록 하였다. 그리고 그들을 여장시켰다. 그렇게까지 해봤지만 조비연은 끝내 임신하지 못했다.

　그 후에도 두 자매는 여전히 황제를 독차지하였다. 그러던 어느 날 황제가 급사하고 말았다. 방중약을 과음한 때문이었다.

　원래 시의가 방중약을 가져왔을 때, "하루에 한 알이옵니다."라고 말했는데, 술에 취해 있었던 조비연의 동생 조소의는 시의가 건네준 약 일곱 알을 모두 먹이고 말았다.

　이때 아들의 급사에 의혹을 품은 황태후는, "폐하의 서거에 대해 철저하게 조사하라."는 명령을 내렸다. 드디어 조소의의 책임이 드러났다.

조소의가 말했다. "나는 황제를 어린애처럼 만들었고 마음껏 농락하였다. 어찌 액정령(掖庭令·궁중 궁녀를 관리하는 책임자)과 더불어 장막의 일을 다투겠는가?"

그녀는 자신의 가슴을 두드리면서 "황제는 어디로 갔는가!"라고 외치다가 피를 토하고 죽었다.

불요불굴

성제의 스승 가운데 장우라는 사람이 있었는데, 성제는 나라에 큰 사건이 있을 때마다 반드시 그의 의견을 들었다.

그 무렵 백성과 관리들이 자주 글을 올려 천재지변이 많은 것은 왕 씨 일족이 정치를 농단하고 있기 때문이라고 아뢰는 경우가 많았다.

어느 날 성제는 조용히 장우의 집에 들렀다. 그리고는 주위에 있는 사람들을 모두 물리친 다음 친히 백성들과 관리들의 상소문을 보이고는 그에게 의견을 구하였다. 한편 장우는 자기 자손들의 세력이 그다지 강하지 못해 잘못하다가는 왕씨들에게 원한을 살까 두려워하였다. 그래서 마음에도 없는 말을 지어냈다.

"춘추시대에 일식이나 지진이 있었던 것은 제후가 서로 싸워 죽이고 오랑캐가 중국을 공격해 왔기 때문이었다고 전해집니다. 그러나 원래 천재지변이란 사람이 가히 엿보기 어려운 것입니다. 그래서 공자도 천명에 대해서는 별로 말하지 않았고, 기이한 일이나 귀신에 대해서도 말하지 않았습니다. 하물며 생각이 얕고 비루한 유생들의 불만 따위를 문제삼을 필요는 없습니다. 철없는 어린 것들이 천하의 큰 도를 어지럽히고 세상을 그르치고 있는 것이니, 결코 믿어서는 아니 될 것입니다."

성제는 장우를 신뢰하였으므로 그의 말을 믿고 왕씨를 의심하지 않았다.

그러던 어느 날 주운이라는 사람이 상소문을 올려 황제께 간하고자 원하였다. 마침내 황제를 만나 아뢰었다.

"원컨대 신에게 참마검(斬馬劍)을 빌려 주십시오. 그러면 조정의 간신 한 명의 목을 베어 세상 사람들에게 용기를 주고자 합니다."

궁금해진 황제가 물었다.

"간신이라니 누구를 말하는가?"

이에 주운은 얼굴색 하나 변하지 않은 채 곁에 있는 장우를 가리키며, "저 장우라는 자입니다." 하고는 그 자리에 꿇어 앉았다.

이에 크게 노한 성제는 대갈일성하였다.

"뭐가 어째! 너 같은 하찮은 놈이 짐의 스승을 많은 사람 앞에서 모욕할 수 있단 말이냐? 용서할 수 없다. 여봐라! 게 누구 없느냐? 어서 이놈을 끌어내어 사형에 처하라."

옆에 있던 관리가 주운의 팔을 잡아 전상에서 끌어내리려 했다. 그러나 주운은 난간에 매달리며 떨어지지 않아 마침내 난간이 부서지기에 이르렀다. 그러면서 주운이 큰 소리로 외쳤다.

"저는 처형당해 관용봉이나 비간 등과 함께 저승에서 놀 수 있다면 만족합니다. 다만 조정이 어떻게 될지, 그것이 마음에 걸립니다."

이때 신경기라는 신하가 머리를 마룻바닥에 부딪쳐 이마에 피를 흘리며 황제에게 주운의 용서를 빌었으므로 성제의 마음도 누그러져 주운을 용서하였다. 그 뒤 부서진 난간을 고치려 하자 성제가 이렇게 말했다.

"그 난간은 다시 짓지 말고 부러진 나무를 도로 맞춰서 이전처럼 해놓아라. 그래서 충직한 신하의 상징으로 삼을 것이니라."

성제 3년 가을, 장안에 갑자기 홍수가 밀어닥친다는 소문이 퍼졌다. 그러자 백성들이 봇짐을 싸고 피신할 준비를 하는 등 큰 소동이 일어났다. 성제는 당황하여 중신들을 소집하여 대책을 물었다. 그러자 성제의 장인이며 당시 가장 권세가 높았던 대장군 왕봉은 "정말 큰일입니다. 우선 황족부터 배를 타고 수도를 빠져나가야 할 것입니다. 그러한 연후에 홍수를 막을 대책을 논의해야 할 것으로 생각합니다."라고 주장하였다.

많은 중신들이 이 주장에 찬성하고 나섰다. 이때 반대하고 나선 사람이 있었다. 바로 재상인 왕상이었다.

"이번 사건은 사회에 혼란을 일으키기 위하여 누군가 유언비어를 퍼뜨린 것이 분명합니다. 이러한 상황에서 조정에서 먼저 피한다면 백성들의 혼란은 극에 달할 것입니다. 그러므로 백성들을 안정시키는 조서를 내려야 할 것입니다."

결국 왕상의 의견에 따르게 되었으며 이로써 장안의 혼란은 가라앉게 되었다. 후에 조사해 본 결과 홍수설은 근거 없는 낭설이었음이 밝혀졌다.

그 후 성제는 왕봉의 경솔함을 질책하고 반대로 왕상의 뛰어난 안목을 칭찬하여, 왕상을 신뢰하게 되었다.

얼마 후에는 왕봉의 친척 중 태수를 지내고 있던 자가 큰 잘못을 저지른 사건이 발생하였다. 이에 왕상은 당연히 큰 벌을 줘야 한다고 주장하였다. 하지만 왕봉은 처벌은 가혹하다며 왕상에게 선처를 요구하고 나섰다. 많은 중신들까지 왕봉의 편에서 선처를 부탁하였다.

하지만 왕상은 자기의 주장을 꺾지 않고 태수를 물러나게 하였다. 이후에도 왕상은 왕봉의 무리에게 몰려 많은 어려움을 겪었지만, 왕상은 전혀 굽히지 않고 끝끝내 자기 주장대로 밀고 나갔다. 그리고 사람들은 그를 '불요불굴 (不撓不屈)'한 인물이라 부르며 추앙하였다.

성제는 제위에 오른 지 26년 만에 죽고, 그 뒤를 애제가 이었다.

동성애

원래 성제에게는 자식이 없어 공황후 정시의 아들을 태자로 세우게 되었다. 애제가 즉위하자 정명과 부안이 정권을 잡아 대사마 왕망을 파면하였다.

이때는 이미 한왕조가 쇠퇴기에 접어든 시절이었다.

애제는 세 살 연하인 동현이라는 미소년을 사랑하여 항상 곁에 있게 하였다. 동성애를 '단수(斷袖)'라고 하는데, 이는 애제와 동현의 일화에서 비롯된 말이다. 애제와 동현은 밤낮을 가리지 않고 함께 있었다. 낮잠을 잘 때도 두 사람은 같이 있었다. 황제는 헐렁헐렁하고 장식이 많이 달린 폭넓은 옷을 입었다. 소매도 넓었다.

어느 날 낮잠을 잘 때 동현은 황제의 옷소매를 베고 누워 있었다. 두 사람은 이렇게 서로 껴안고 곤히 잠들었던 것이다. 한참 뒤에 황제가 눈을 떠보니 사랑스러운 동현이 아직도 기분 좋게 자고 있었다.

'짐은 일어나고 싶지만 그대로 일어나면 옷소매가 움직여 동현이 잠을 깰지도 모른다. 어떻게 해야 좋을까?'

애제는 생각 끝에 옆에 있는 단도로 자기 옷소매를 자르고 일어났다. 그 뒤 애제는 겨우 스무 살 된 동현을 대사마에 임명하였다. 그리고 동현의 일족도 출세가도를 달렸다. 동성애 상대 가족까지 출세한 적은 일찍이 유례가 없는 일이었다. 후에 동현은 애제가 죽은 뒤 왕망에게 협박을 받자 자살하고 말았다.

이렇듯 어지러운 애제 때에도 정숭이라는 어진 신하가 있었다.

정숭은 명문집안 출신으로서 왕가와 인척 관계에 있었다. 처음에 정숭은 상서복야로 있었는데, 왕씨 일족의 횡포에 분개하여 자주 애제에게 간하였다. 애제도 정숭의 말에 귀를 기울였지만, 외척들의 권세에 눌려 점점 정숭을 멀리하게 되었다.

그러한 환경에서 자포자기 상태에 빠진 애제는 오직 미소년인 동현에게 빠져 있었다. 이를 보다못한 충신 정숭은 여러 번 애제에게 간하였지만 돌아오는 건 꾸중뿐이었다. 늙은 신하 정숭은 병을 핑계삼아 사직하고 싶었지만 꾹 참아야 했다.

정숭이 이처럼 괴로운 처지에 놓여 있는 것을 보고 미소를 짓고 있는 사람이 있었다. 바로 상서령 조창이었다. 조창은 원래 아첨하기를 좋아하는 인물로 평소부터 정숭을 좋아하지 않았다.

어느 날 조창이 애제에게 이렇게 말했다.

"정숭은 왕실의 많은 사람과 통하고 있으며, 지금 좋지 못한 일을 꾸미고 있음이 분명합니다. 부디 조사해 주십시오."

이 말을 들은 애제는 정숭을 불러 문책하였다.

"그대의 집 문에는 언제나 시장거리처럼 많은 사람들이 들끓고 있다(門前成市, 문전성시)고 들었다. 많은 사람을 모아 도대체 짐에게 어떻게 하자는 것인가?"

그러자 정숭이 대답했다.

"저의 집 문 앞에 시장거리와 같이 사람들이 모이는 것은 사실이지만, 신의 마음은 물과 같이 맑을 뿐입니다. 통촉하시옵소서."

하지만 애제는 정숭을 용서하지 않고 하옥시켜 버렸다. 끝내 정숭은 옥중에서 죽고 말았다.

왕망이 나라를 빼앗다

원제 말년에 대사마 왕근이 사직하고 대신 원후의 조카인 왕망이 그 요직에 오르게 되었다. 결국 한나라는 외척 왕씨의 권세에 짓눌리다가 이 왕망에게 망하고 말았다.

유방이 천하통일한 지 12대, 214년 만에 망한 것이다. 왕망은 국호를 신(新)이라 했다. 왕망은 왕만의 아들이다. 원래 원제의 황후 왕씨에게는 여덟 형제가 있었는데, 그 중에서 오직 왕만은 일찍 죽어서 제후가 되지 못했다. 그래서 왕망은 어려서 고아가 되었다. 원후는 이런 왕망을 가엾게 여겨 특별한 애정을 쏟았다.

많은 일가친척들은 좋은 때를 만난 제후의 아들로서 모두 장군이 되었는데, 대부분 이루 말할 수 없이 사치하고 음탕했다. 화려한 마차를 타고, 음악과 여색을 즐기며, 호사한 놀음을 일삼고 있어 모두가 교만하기 짝이 없었다.

그러나 불우한 왕망은 언제나 몸을 낮추어 공손한 태도를 취하고 널리 학문을 배웠다. 그의 옷은 한낱 유생과 같이 검소했다. 그러면서 밖으로는 천하의 인걸들과 교제하고, 안으로는 정성을 다해 숙부들을 섬겨서 일거수일투족이 조금도 어긋남이 없었다.

애제가 죽자 원제의 황후 왕씨는 미친 듯이 미앙궁으로 달려가서 천자의 옥새와 인수를 빼앗은 다음 곧바로 왕망을 불러들여 정권을 맡겼다. 그리고 중산왕을 맞아들여 즉위하게 하니 바로 평제이다. 그때 평제의 나이 겨우 아홉 살이었다. 이렇게 하여 사실상의 모든 정사는 스스로 안한공(安漢公·한나라를 안정시킨다는 뜻)이라 일컫던 왕망이 행사하게 되었다.

평제에게는 생모 위씨가 있었는데, 왕망은 그녀를 억류한 채 장안으로 들어오지 못하게 하였다. 왕망의 장남 왕우가 이 일을 비판하다가 왕망의 노여움을 사 자결을 명령받았다. 장남을 자결시킨 그해에 평제의 생모 위씨도 음모를 꾸몄다는 죄목으로 주살되었다. 그러고 나서 왕망은 자신의 딸을 황후로 만들었다. 이후 그의 권력은 더욱 커졌다. 하지만 그는 부하들에게 오히려 겸손한 태도를 보였다.

어느 날인가는 태황태후가 왕망에게 방대한 봉읍을 내리겠다는 뜻을 비치자, 왕망은 굳이 이를 사양하였다. 또 천재지변이 심했던 어느 해인가는 왕망이 스스로 1백만 전의 돈과 엄청난 토지를 나라에 내놓아 빈민을 구제하고자 하였다. 그러자 이에 호응하여 230가구로부터 많은 전답과 주택이 헌납되어 수많은 빈민들을 구제할 수 있었다. 이러한 결과 그의 미덕을 칭송하는 소리는 더욱 높아졌다.

왕망은 작위가 높아지면 높아질수록 오히려 생활은 더욱 검소하고 겸손해져서 그 이름을 온 세상에 널리 떨치고, 그 권세는 숙부들을 능가했다. 그리하여 마침내 그는 한나라의 정권을 독점하기에 이르렀다.

그 후 안남(현재의 베트남)의 황지국으로부터 물소가 보내졌다. 중국에서는 예로부터 성천자가 출현하는 징조로서 진기한 짐승이 나타난다는 전설이 있었다. 또 같은 해 황룡이 강에 나타나 노닐었다는 소문이 돌았다.

이와 같은 일들은 모두 왕망이 조작한 것이었다. 왕망은 황지국 왕에게 값비싼 선물을 보내 그로 하여금 물소를 보내도록 했으며, 사람을 시켜 황룡이 나타났다는 소문을 퍼뜨리도록 하였다.

평제는 즉위한 지 5년 만에 죽었다. 이 죽음 또한 왕망이 독살한 것이었다. 평제가 자신의 생모를 왕망이 죽였다는 사실에 분노하고 있음을 잘 알고 있었기 때문이었다.

평제의 뒤를 이어 황족 가운데 가장 나이가 어린 두 살짜리 자영이 황제의 자리에 올랐다. 왕망은 이때 사람들에게 '섭황제(攝皇帝)'라 칭해지고 있었다. 왕망은 천자의 지위를 섭정한 지 3년 만에 마침내 본색을 드러내 한나라의 제위를 빼앗았으며, 국호는 신(新)이라 했다.

황제가 된 왕망은 사람을 시켜 태황태후로부터 황제의 옥새를 받아오도록 하였다. 이때 태황태후의 나이 80이었다. 그녀는 자기 친정 집안인 왕씨가 유씨의 천하를 찬탈하는 것을 끝까지 반대했다. 사태가 이에 이르자 분을 참지 못하여 옥새를 땅바닥에 내동댕이쳐 버렸다. 그 바람에 옥새에 새겨진 용의 머리 부분이 망가지고 말았다.

5년 뒤 왕망의 대부 양웅이 죽었다. 일찍이 양웅은 책을 저술하여 왕망의 공덕을 칭찬하여, 그를 이윤과 주공에 비견하기도 하였다. 또 시를 지어, 진나라의 학정을 비판하고 신나라의 왕망을 칭찬하기도 했다.

너무 번잡스러워진 세상

신나라를 세운 뒤 왕망은 한나라 시절의 모든 것을 가능하면 철저하게 바꿔 버리려고 하였다.

그는 관직명과 12주의 경계를 바꿔 버렸으며, 한나라 때 사용하던 화폐도 모두 바꿨다. 특히 그는 한나라 황씨인 유(劉)라는 글자가 묘(卯), 금(金), 도(刀)의 세 글자로 이루어져 있다고 해서 강묘금도라는 화폐를 없애도록 하였다(한나라 때의 화폐는 모두 칼도(刀) 자가 붙어 있었다. 칼의 이로움과 돈의 이로움이 공통되기 때문이라고 보았던 것이다. 또 실제 돈의 모양도 칼처럼 만들었다). 그리고 천하의 논밭 이름을 고쳐서 왕전(王田)이라고 부르면서 사고 파는 것을 금지하였다.

화폐는 금은화, 귀화(龜貨), 패화(貝貨), 전화(錢貨), 포화(布貨)의 다섯 종류였는데, 모두 스물여덟 가지나 되었다. 그러자 백성들은 헷갈려서 결국 화폐의 유통이 끊기게 되었다. 게다가 사사로이 몰래 화폐를 만드는 자나 한나라 화폐를 가지고 있는 자가 있어 처벌을 받기도 하였다.

이런 상태가 계속되자 농민이나 상인들이 직업을 잃고 음식물과 돈의 유통이 마비되어 매일같이 백성들이 길거리에서 울부짖었다.

또한 화폐개혁을 할 때마다 몰래 돈을 만드는 자가 많아서 그와 관련된 죄인의 수가 10만 명을 넘었다. 그 중 열에 일곱 여덟은 사형에 처해졌다.

왕망의 정책은 비단 국내 문제뿐만 아니라 외교면에서도 그대로 나타났다. 고구려에 대해서도 동호족을 치는데 도와주지 않았다는 구실로 '고(高)'자를 '하(下)'자로 바꾸어 '하구려'라고 부르게 하였다.

이렇게 제도는 자주 바뀌고 법령은 지나치게 많아져서 세상은 말할 수 없을 정도로 번잡스러워졌다. 또 가뭄과 해충의 피해까지 극심하여 백성들은 서로 죽이고 전국 곳곳에서 난리가 일어났다.

이에 천하의 인심은 크게 흉흉해졌고, 사람들은 노래를 지어 한나라의 태평시대를 생각하며 눈물을 흘렸다.

반란의 시작

드디어 왕망에 반대하는 봉기가 여기저기에서 터져 나오게 되었다. 먼저 낭야의 번숭과 동해의 조자도가 군사를 일으켰다. 번숭의 군사는 왕망의 군사와 구별하기 위해 눈썹을 붉게 물들여서, 스스로 적미(赤眉)라고 불렀다. 이것이 이른바 '적미의 난'이다.

원래 적미군은 한 아낙네의 원한에서 비롯되었다고 한다. 산동 반도의 해곡현에 여모라는 여인이 살았다. 그런데 그의 아들이 현의 하급 관리로 있다가 현령에게 억울하게 죽었다. 이후 여모는 아들의 원수를 갚고자 자나 깨나 힘썼다. 그녀는 양조장을 하고 있어 제법 재산이 있었는데 청년들에게 공짜 술을 주면서 그들의 환심을 샀다. 얼마 지나지 않아 그녀의 휘하에 들어온 청년들은 수천 명으로 불어났다. 그러자 여모는 무기도 구입하여 수천 명의 청년을 이끌고 현으로 쳐들어가 현령을 죽여 버렸다. 여모는 자기 목적은 이뤘지만 그 청년들을 해산시키지는 못했고 바로 이 청년들이 적미군으로 변했던 것이다.

그런가 하면 호북의 녹림산에서도 수천의 도둑 떼가 들고 일어났다. 여러 지방의 유민들이 녹림산으로 도망쳐 들어가 왕광과 왕봉을 지도자로 '녹림당'을 만들었던 것이다. 후에 이 녹림당은 그 수가 5만 명까지 불어났다.

한편 한나라 황실의 후예인 유연과 그의 아우 유수도 용릉 지방에서 군사를 일으켰다. 그러자 앞서 봉기한 반란군이 모두 유연 등의 군사에 합류해서 따랐다.

이듬해 여러 장수가 의논하여 유현을 황제로 삼았다. 유현은 평림군(平林軍) 군중에 있으면서 갱시 장군 (更始 將軍)이라 일컬어지고 있었는데, 모두 유현이 줏대가 없음을 알고 그를 내세운 것이었다.

그 후 황제의 자리에 오른 유현은 신하들을 만나는 자리에서 고개를 숙이고 손으로 자리를 만지작거릴 뿐, 부끄러움에 식은땀을 흘리며 한 마디 말도 하지 못하였다.

사공이 많으면 배가 하늘로 올라간다

반란군의 선봉장 유수는 불과 1만여 부하를 이끌고 왕망의 백만 대군과 맞섰다. 모두들 겁에 질려 있었다. 하지만 유수는 돌진해 들어가 응집력이 약했던 백만 대군을 오합지졸로 만들면서 승리를 거머쥐었다. 중국 역사상 가장 적은 군대로 가장 많은 군대를 격파한 전설적인 전쟁이었다.

세상이 온통 반란군으로 떠들썩해지자 왕망은 진압을 위해 군대를 동원하였다. 그 진압군의 숫자는 100만 명에 이르렀으며 이 군대는 '호아오위병 (虎牙五威兵)', 즉 호랑이 이빨과 같이 강인하면서 다섯 가지 위엄을 갖춘 군사라고 불려졌다. 또한 내로라하는 병법의 대가 63가(家)를 총출동시켰다. 이들 병법 도사들이 모두 나름대로의 무기와 병법책을 들고 출동하니 그 모습이 가히 장관이었다. 뿐만 아니라 엄청난 보물과 맹수들까지 모두 거느리고 출동하였다.

왕망은 우람한 거인 거무패(巨無覇)를 장군으로 삼고 범, 표범, 물소, 코끼리 등의 맹수를 몰아 위엄을 자랑하였다. 거무패는 신장이 열 자, 허리의 굵기가 열 아름이나 되는 전무후무한 거인이었다. 작은 수레는 탈 수도 없었고, 세 필 말도 견디지 못했으며, 잘 때는 북을 베개로 삼고, 먹을 때는 쇠젓가락을 쓰는 거인이었다.

백만의 군사가 출진하는 날 그 행렬은 천 리까지 뻗었으며, 그들이 내뿜는 함성과 흙먼지는 온 세상을 뒤덮고도 남았다. 이 모습을 본 반란군들은 한눈에 압도되어 싸울 엄두도 내지 못하였다. 갱시제가 이끄는 반란군은 모두 겁을 집어먹고 '걸음아 나 살려라' 하면서 곤양성으로 도망쳤다.

곤양성에 도착한 왕망과 휘하 병사들은 성을 수십 겹으로 둘러 싼 채 공격을 퍼부었다. 비오듯 쏟아지는 화살 때문에 성 안의 백성들은 물을 길러 다닐 때도 문짝을 지고 다녀야 했으며, 또한 전차가 마구 성벽을 부수었기 때문에 곤양성은 문자 그대로 백척간두의 위기에 몰리게 되었다.

그런데 전투가 벌어지기 전부터 어떻게 진을 칠 것인가를 둘러싸고 63개파의 내로라하는 병법 대가들 사이에 치열한 입씨름이 벌어졌으며, 곤양성에 대한 포위공격 방법을 놓고도 갑론을박만 계속되었다.

어떤 도사는 곤양성을 놓아두고 먼저 갱시제가 있는 완성을 쳐야 된다며 강력히 주장하는가 하면, 어떤 병법 선생은 목청을 높여 무조건 공격을 외쳤다. 오랫동안 패가 나뉘어 말잔치를 벌이다가 결국 목소리 큰 패가 이겨 곤양성을 공격하기로 겨우 결정했는 데, 이번에는 그 공격 방법에 대한 논쟁이 크게 벌어졌다.

어떤 병법 도사는, "손자병법에 '포위할 때는 완전 포위를 피하고 도망칠 곳을 터놓으면 포위당한 쪽에서는 도망칠 것을 생각하여 사생결단으로 싸우지 않는다고 했습니다. 또 이렇게 해서 도망친 패잔병들이 갱시제가 있는 완성에 초췌한 모습으로 쫓겨 들어가면 완성도 사기가 떨어져 저절로 항복할 것입니다."라고 주장하였다.

이 문제에 대해서도 63개파 병법가들이 병법의 대가답게 갖가지 묘안을 냈고, 이것을 둘러싸고 모두 목청을 돋웠다. 왕망의 사촌동생으로서 총사령관직에 있던 왕읍은 즉각적이며 완전한 포위 공격을 선언하였다.

"손자병법에서 도망칠 길을 열어 놓아야 한다는 것은 어느 정도 어울리는 싸움일 때 해당되는 말일 뿐이다. 지금 우리는 어린애와 싸우는 격이니 그런 걸 따질 필요도 없다."

그래서 공격 명령은 내려졌지만 이미 왕망의 대군은 63개 병법파로 갈기갈기 찢겨 명령 계통도 제대로 서지 않고 온통 엉망이었다. 그런데 이때 뒷날 후한(後漢) 광무황제가 된 유수가 몸소 선두에 나서서 3천 명의 군사를 몰고 나타나 포위군을 급습하였다. 100만 대군을 겨우 3천 명으로 기습하다니 누가 봐도 웃을 일이었다.

그런데 기적이 일어났다. 원래 유수는 신중하다 못해 겁 많기로 소문이 나 있던 사람이었다. 그러던 그가 군사를 이끌고 선두에 나서서 공격하는 모습을 본 곤양성의 군사들은 "저 신중한 유수가 돌격하는 것을 보니 분명히 성 밖에서 수많은 병사들을 모아온 것이 틀림없다. 이기는 것이 확실하지 않다면 저 사람이 공격할 리가 없지 않는가."

이렇게 생각하고는 용기백배하여 성문을 열어젖히고 무서운 기세로 공격에 나섰다. 하여 백만 대군을 만 명이 기습하는 이상한 전쟁이 벌어졌다.

이미 내부의 질서가 무너져 버린 왕망의 언필칭 백만 대군은 오합지졸처럼 속수무책으로 와해되기 시작하였다. 게다가 큰 폭풍우로 지붕의 기와가 사정없이 날리고 빗물이 동이물을 엎지르듯 쏟아졌다. 범도 표범도 다 사지를 떨고 머뭇거려 어찌하지 못했다. 이 때문에 물에 빠져 죽은 자가 수만이었다. 이렇게 하여 승패는 순식간에 결정되었다

15년으로 막 내린 왕조

곤양성의 싸움에서 뜻밖의 대승을 거둔 갱시제 유현의 군대는 기세를 올리며 장안과 낙양을 공격하였다. 그때 등엽이라는 자가 군사를 일으켜서 먼저 장안의 왕궁을 쳐들어갔다.

이른바 신나라 시절 왕망은 오색 빛깔의 약석과 구리로 위두(威斗)라는 것을 만들었다. 이것은 북두칠성의 첫째 별모양을 따서 만든 것인데, 그것으로 천하 각지에서 일어나는 군사를 눌러 억제하려고 한 것이다. 왕망은 출입할 때마다 시종들에게 이것을 지고 다니게 했다. 그리하여 반란군들이 궁중으로 쳐들어왔을 때에도, 계속 자리를 바꾸어 위두(威斗)의 끝을 반란군에게로 돌려대고, 자기는 그 자루 쪽에 앉아서 큰 소리로 외쳤다.

"하늘이 짐에게 만민을 다스려 천자가 될 덕을 주셨다. 한병(漢兵)이 감히 짐을 어떻게 한단 말이냐?"

그러나 왕망의 목도 잘리고 말았다. 그때 군사들은 그의 몸을 토막토막 끊고 갈기갈기 찢어서 쌓이고 쌓인 원한을 풀었다. 그 살과 뼈를 조금이라도 빼

앗아 가지려고 서로 다투다가 수십 명이 밟혀 죽는 일까지 벌어질 정도였다. 왕망의 살을 조금이라도 가져가면 공을 인정받았기 때문이었다.

왕망이 제위를 찬탈한 지 불과 15년 만이었다.

제12장 후한시대
(25~221 A.D.)

    왕망의 신나라를 무너뜨리고 한나라를 다시 일으켜 세운 사람은 한나라 황실의 후예인 유수, 광무제였다. 유수가 세운 한나라를 이전의 한나라와 구별하여 후한이라고 부른다.

    후한은 광무제의 전성시대를 거쳐 반초가 서역 지방을 평정하는 등 국위를 떨쳤으나, 후기에 들면서 환관과 외척들이 발호하는 등 간신들이 마구 날뛰는 바람에 나라가 크게 기울었다.

    그리하여 후한 말기에 조조, 유비, 손권 등 각지에서 영웅들이 일어나 유명한 삼국시대에 접어들었다.

남몰래 흘리는 눈물

진정한 용사

후한 광무제는 이름을 수라고 하였다.

그가 태어날 때, 한 줄기에 아홉 이삭이 달린 길조의 벼가 나왔다. 그래서 그의 이름을 이삭 수(秀)자를 써서 수라고 한 것이다.

이즈음 한 도인이 유수가 태어난 용릉 지방의 산세를 바라보더니 이렇게 말하였다.

"참으로 왕성한 운기구나. 상서로운 구름이 뭉게뭉게 피어오르고 있다."

이때 한나라의 사직을 찬탈하며 신나라라고 참칭하던 왕망은 돈을 화천 (貨泉)이라고 고쳐 부르고 있었는데, 당시 사람들은 천(泉)자를 위아래로 나누어 백수 (白水)로 하고, 화(貨)자를 인 (人)과 진(眞)자로 나누어 진인(眞人)으로 하여, 돈을 백수진인(白水眞人)이라고 했다. 과연 후에 남양(南陽)의 백수향(白水鄉)이라 는 곳에서 유수(劉秀)가 태어나 천자가 되었던 것이다(유수의 시조는 한나라 경제 의 아들인 장사왕 유발이다. 유발은 무제와 형제간으로 형제 열세 명이 모두 제후왕이 되었다. 장사국은 그 중에서도 가장 가난한 나라였다. 왜냐하면 가장 세력이 없는 어머 니가 낳은 자식이 가장 푸대접을 받을 수밖에 없었기 때문이다. 원래 장사왕의 어머니 당희는 정희의 시녀였다. 어느 날 밤 경제가 정희의 처소에 들렀을 때 때마침 정희는 생 리기간이었다. 그래서 대신 시녀인 당희가 경제와 함께 잠자리를 하여 장사왕 유발을 낳았던 것이다).

유수는 코가 높고, 이마 한가운데 뼈가 해와 같이 둥글게 두드러진 상이었 다. 사서삼경을 배울 때에도 누구보다 먼저 그 뜻을 깨우쳐 스승을 놀라게 하 였다.

어느 날 그가 채소공이라는 도인의 집 앞을 지나가다가 집안에 들르게 되었는데, 소공은 도참(圖讖)을 공부하고 있다가 유수를 보고 말했다.

"유수는 뒷날 천자가 될 것이오."

그러자 그 자리에 있던 사람이 물었다.

"국사공(國師公·왕망정권에서 고관을 지내던 사람) 유수 말씀입니까?"

이에 유수는 그 사람을 돌아보고 불만스럽게 대답했다.

"당신은 어떤 이유로 제가 천자가 될 수 없다는 것입니까?"

또한 유수는 젊을 때부터 항상 "벼슬을 하면 집금오(執金吾)가 될 것이고, 장가를 간다면 음여화(陰麗和)에게 가겠다."라고 하곤 했다.

집금오란 황제의 신변 경호와 수도 치안을 담당하는 책임자로서 위엄 있는 옷차림을 갖춘 채 순찰 시에는 많은 기마 부대를 거느리고 위풍당당히 행진하였다. 또 음여화는 당시 남양군의 호족인 음 씨의 딸로서 절세 미인이었다. 결국 그는 훗날 음여화를 아내로 맞았고, 관직은 집금오를 훨씬 뛰어넘어 황제의 자리에 올랐다.

왕망의 신나라에 반대하여 신시(新市)와 평림(平林) 지방에서 반란이 일어나자, 자연 유수가 살던 남양군 일대도 시끄러워졌다. 유수의 형 유연은 그 기질이 몹시 용감하고 패기가 있었으며, 항상 한나라의 사직을 다시 일으키려는 생각으로 가득 차 있었다. 그래서 집안일은 돌보지 않고 가진 재산을 처분해 가면서 천하의 영웅호걸들과 교제를 하였다. 드디어 반란이 여기저기에서 일어나자 식객들을 사방으로 보내서 군사를 모집했다. 그러나 젊은이들은 반드시 패하여 죽게 될 것이라고 두려워하면서 달아나기에 바빴다. 그러나 유수가 붉은 장군의 옷과 관을 갖추고 나타나자 모두들 놀랐다.

"아니! 유수 같은 온후하고 근엄한 분까지 출정하시다니!" 하며 모두들 안심하면서 자원해 병사가 늘기 시작했다.

이에 유연은 식객을 각각 나누어 보내서, 각지에 주둔하고 있는 장수들을 자기 휘하에 들어오도록 설득하였다. 그 결과 군사들이 뒤를 이어 모여드는 바람에 그 수가 너무 많아서, 통솔자를 누구로 해야 좋을지 모를 지경에 이르렀다. 그래서 한나라 황실의 피를 이어받은 유씨(劉氏)를 천자로 세우기로 했다. 하강의 장수 왕상은 유연을 세우자고 했으나, 신시 평림의 장수들은 유연의 명석함을 두려워하여, 마침내 유갱시(劉更始)를 천자로, 유연을 대사도로, 유수를 장군으로 추대했다. 이후 장군 유수는 곤양과 언 지방 등 각지를 돌아다니면서 설득하여 모두 자기 수중에 넣었다. 그러자 왕망은 왕읍과 왕심 등 대장에게 명령을 내려 산동 지방을 평정하도록 하였다.

한나라 군사들은 적군의 우세함을 보고 모두 곤양성으로 달아나 해산하려고 했다. 그러자 유수는 불과 열세 명의 부하를 이끌고 곤양성 남문을 빠져나와 언 지방으로 가서 그곳의 모든 군사들을 모으더니 스스로 보병과 기병 삼천여 명을 이끌고 선봉장이 되었다. 왕망의 장수인 왕읍과 왕심은 수천의 군사를 내어 유수에 대항하게 했으나, 유수는 단번에 적의 머리 수십 급을 베어버렸다.

한나라의 모든 장수는 놀랐다.

"유수 장군은 평소엔 얼마 안 되는 적을 보고도 겁을 내더니, 이런 대적을 맞아서는 용감하게 싸우다니 참으로 기이한 일이다."

유수의 군사들의 기세에 눌린 왕망의 군사들은 겁을 먹고 퇴각했다. 승기를 잡은 한나라의 군사들은 일제히 공격해서 연전연승, 한나라 군사 한 사람이 백 명을 상대하는 형세였다.

유수는 여기서 결사대 3천 명을 이끌고, 적의 본부대를 무찔러 왕망의 진영은 혼란에 빠졌다. 한나라 군사는 좌충우돌 적진을 무너뜨려, 마침내 곤양성 아래에서 적장 왕심을 사로잡았다.

이렇게 되자 곤양성에서 숨죽이고 있던 수비군도 힘을 얻어 성 안에서 북을 치고 함성을 지르며 내달아, 안팎이 힘을 합해 분전해서 온통 천지를 진동시켰다. 그리하여 왕망의 군사는 여지없이 무너져서 달아나는 군사가 겹쳐 넘어지고 밟히고 채이고 하여, 그 시체가 백 리에 널렸다.

왕망의 군사가 대패했다는 소문을 들은 왕망의 신하들은 온통 겁에 질려 벌벌 떨었다. 그러자 천하의 호걸들이 모두 한나라에 호응하여 왕망의 부하들을 죽이고는 스스로 장군이라 일컬었으며, 왕망의 연호를 폐하고 한나라 연호를 쓰기에 이르렀다.

열 달이 지나자 한나라에 복종하지 않는 자가 하나도 없었다.

이렇게 유연과 유수 형제의 위엄이 날로 높아감에 따라, 유연의 황제 등극을 반대하고 나섰던 신시와 평림의 장수들은 마음이 편안하지 않았다. 그래서 몰래 모의하여 유연을 죽여 버렸다. 이때 유수는 형이 죽었다는 급보를 받고 돌아와 갱시제에게 형의 죄를 사과한 다음, 형을 위해 상복도 입지 않고 평소와 같이 먹고 마시고 담소하였다. 다만 유수의 베개에는 밤마다 형을 생각하고 흘린 눈물 자국만이 남아 있었다.

갱시제는 이 말을 듣고 크게 부끄러움을 느껴 유수를 대장군에 임명하고, 얼마 후에 다시 대사마에 임명해서 모든 군사 지휘권을 주어 하북 지방을 공략하게 했다. 유수는 진군해 가는 곳마다 왕망의 가혹한 법령을 없애 버렸다.

그 당시 남양 사람으로 등우라는 자가 있었다. 그는 말채찍을 지팡이로 삼아 유수를 뒤쫓아 가 마침내 업 지방에서 만났다. 유수가 물었다.

"그대는 그토록 멀리 나를 뒤쫓아왔는데, 나를 섬겨서 무슨 관직을 얻고자 하오?"

"아니, 그런 것은 원하지 않습니다. 다만 원하는 것은 장군의 위엄과 덕이 만민에게 고루 퍼지고 이를 따라 소생도 작은 공이나마 세워서, 청사에 이름을 남기고 싶을 따름입니다. 갱시제는 평범한 사람이라 제왕의 큰 일을 맡을 위인이 못 됩니다. 장군께서는 지금이야말로 천하의 영웅을 얻고 민심에 어긋나지 않도록 해서 고조의 사업을 부활하고, 만민의 목숨을 구해 주실 때입니다. 이렇게 되면 천하의 평정은 아주 손쉽게 이루어질 것입니다."

유수는 매우 기뻐하며 등우를 항상 자기 옆에 머물게 하여, 천하 평정의 계책을 의논했다.

이때 한단의 점쟁이 왕랑이라는 자가 자기는 성제(成帝)의 아들 자여라고 속이고, 한단성에 들어가 황제라 일컫고 다니며 여러 사람들에게 복종하기를 권했는데, 여러 지방이 이에 응했다.

그 당시 유수는 북쪽의 계성 지방을 공략하기 위해 원정하고 있었는데, 상곡 태수의 아들 경감이 달려와서 노노 지방에 진치고 있는 유수를 만났다.

그러자 유수는, "너는 북도(北道)의 주인공이다." 하며 크게 기뻐했다. 그러나 계성 사람들은 유수를 따르지 않고 왕랑 편에 붙었다. 그러자 유수는 위태로움을 느끼고, 곧 성에서 나와 밤낮 없이 남쪽으로 달렸다. 무루정이라는 지방까지 오니, 풍이(馮異)라는 사람이 유수를 맞아서 따뜻한 콩죽을 끓여 대접했다. 그러나 요양현에 들어갈 무렵에는 먹을 것이 전혀 없게 되었다.

유수가 하곡양에 도착했을 때 왕랑의 군사가 바로 뒤쫓아왔다는 보고가 들어왔다. 유수가 쉴 틈도 없이 또다시 급히 달아나 호타하라는 곳에 이르러 잠시 쉬고 있을 때였다. 척후병이 돌아와서 이렇게 보고하는 것이었다.

"얼음이 다 녹아 배가 없이는 강을 건널 수 없습니다."

이에 유수는 시종 왕패에게 다시 한 번 강의 상태를 살펴보게 했다. 강가로 나온 왕패는 얼음이 녹았다고 하면 모두의 사기가 꺾일 것을 두려워하여, 거짓으로 이렇게 보고했다.

"얼음이 단단해서 충분히 건널 수 있습니다."

용기를 얻은 유수가 드디어 강으로 들어섰다. 그런데 하늘이 도와서인지 강물은 정말 얼어 있어서 모든 군사가 거침없이 강을 건널 수 있었다. 거의 모든 군사가 강을 건너 이제 5, 6기(騎)밖에 남지 않았을 때였다. 그때까지 단단하게 얼어 있던 얼음이 갑자기 녹아 버리는 것이 아닌가.

간신히 강을 건넌 유수의 군사는 남궁까지 달아났는데, 여기서 큰 비를 만났다. 그들은 길가 빈집에 들어가서 비를 피했다. 풍이는 어디론가 나가더니 땔나무를 한아름 안고 들어왔다. 이를 본 등우는 불을 붙였고 유수는 젖은 옷을 말렸다. 한숨을 돌리고 나자 풍이가 보리밥을 지어서 유수에게 권했다.

천신만고 끝에 하박성 서쪽에 이르렀을 때였다. 흰 옷을 입은 노인 한 분이 나타나, "용기를 내라. 신도 태수 임광이 한나라를 위해 성을 지키고 있다. 여기서 겨우 80리밖에 안 된다." 하면서 길을 가리켜 주었다. 크게 용기를 얻은 유수는 말고삐를 당겨잡고 신도 지방으로 향했다.

이때 기주와 유주 일대의 군현은 이미 모두 왕랑에게 항복했는데, 다만 신도 태수 임광과 화융군 태수 비룡만이 왕랑에게 항복하지 않고 있었다. 유수의 군사가 온다는 말을 듣고, 임광은 매우 기뻐하며 성을 나와 일행을 맞았다. 비룡도 합세했다. 전열을 재정비한 유수는 가까운 고을에서 군사를 모집하여 정병 4천을 얻은 후 격문을 띄우고 한단의 왕랑을 공격했다. 그러자 왕랑에게 항복한 군현들도 다시 유수에게 굽히고 들어와 그를 따랐다. 이렇게 하여 마침내 유수는 군사를 이끌고 광아성에 들어가 그곳을 점령하는 데 성공할 수 있었다.

큰 나무 뒤에 숨은 장군

어느 날 유수는 지도를 펴서 등우에게 보이며 말했다.

"천하의 군현이 이와 같이 많고 넓은데, 이제 비로소 그 하나를 얻었을 뿐이오. 그대는 이전에 내게 천하의 평정은 극히 쉬운 일이라고 했는데, 도무지 실현되지 않으니 무슨 까닭이오?"

그러자 등우가 이렇게 대답하였다.

"지금 천하는 난마와 같이 어지러워서, 밝은 임금의 출현을 바라는 마음이 마치 갓난아이가 어머니를 그리워함과 같습니다. 옛날부터 밝은 임금과 어진 황제가 세상에 나오는 것은 모두 덕의 두터움에 있는 것이지, 결코 땅의 대소(大小)에 있는 것이 아니라 하였습니다."

등우는 영토를 많이 차지하지 못함을 한탄하지 말고 어진 덕을 베풀라고 권했던 것이다.

이때 상곡 태수의 아들인 경엄이 상곡과 어양의 군사를 이끌고 진군해 나가면서 왕랑을 공략했다. 경엄의 부하 중에는 왕랑의 세력에 겁을 먹은 자들이 많았다. 그러자 경엄이 부하들을 모아놓고 이렇게 말했다.

"왕랑의 군대는 훌륭한 장군 밑에서 훈련된 병사가 아니고 그저 왕랑의 세력에 추종하고 있는 까마귀 떼와 같은 오합지졸일 뿐이다. 우리가 진격하면 금방 흩어지고 말 것이다. 자, 나를 따르라!"

그러면서 경엄은 칼을 빼어들고 주저하는 자는 목을 벨 것이라고 선포하였다. 그리하여 노도와 같이 진격해 들어간 경엄의 군사들은 마침내 한단성의 왕랑군을 평정하고 왕랑의 목을 베었다.

이때 유수는 각지의 관리와 백성들이 왕랑과 주고받은 문서 수천 통을 손에 넣게 되었다. 이 소식이 널리 퍼지자 많은 사람들이 왕랑에게 협조했던 자신의 행동이 드러나 처벌받게 되는 것을 두려워하고 있었다.

어느 날 유수는 모든 군사들을 모아놓고 그들이 보는 앞에서 그 문서들을 모두 태워 버렸다. 그리곤 이렇게 선포하였다.

"왕랑과 밀통했던 자들도 이것으로 안심할 것이다."

이 일이 있고 나자 온 세상 사람들이 유수의 너그러움과 밝은 지혜에 감탄해 마지 않았다. 그런 후에 유수가 부하들의 직위체계를 정하려고 하자 모두 "우리는 대수장군(大樹將軍)의 신하가 되고 싶습니다." 하고 희망했다.

대수장군이란 풍이의 별명이다. 풍이는 인품이 온후하고 겸손해서 결코 자기의 공로를 자랑하지 않았다. 그는 다른 장수들이 서로 공을 내세워 다툴 때면 언제나 큰 나무 뒤에 숨어서 모른 체했다. 그래서 대수장군이라는 칭호를 얻게 된 것이다.

한편 갱시제는 사신을 보내서 유수의 공로를 칭찬하고 소왕에 봉할 뜻을 전하면서, 싸움을 그만두고 돌아오라고 명령했다. 그러나 경감은 유수에게 하북 지방이 아직 평정되지 않았으니 갱시제의 임명을 사양하라고 했다 유수는 경감의 말에 따랐다.

그 후 소왕 유수는 동마 등 여러 도둑을 토벌하여 모두 항복시켰다. 그러나 장수들은 항복한 자들의 마음을 의심하고 항복한 자들도 불안한 마음을 품었다. 그러자 유수는 항복한 자들을 용서하여 각기 그들의 진영으로 돌려보내서 부하들과 무리들을 수습하게 한 다음, 스스로 무장도 하지 않은 말을 타고 그들의 진영을 차례로 시찰했다. 그러자 항복한 자들이 모두 감탄했다.

"유수 각하는 정말 너그러운 분이시다. 어찌 이분을 위해 목숨을 바치지 않을 수 있단 말인가!"

그 뒤 유수는 항복한 자들을 모두 각 부대에 배치하여 남쪽 하내까지 공략하게 했다.

이 무렵 적미(赤眉)의 도둑 떼가 서쪽 장안을 공격했다. 이에 유수는 장군 등우 등의 군사를 파견해서 장안을 구원하게 했다. 등우는 유수에게 구순을 추천했다.

"그는 문무를 다 갖추어, 백성을 잘 다스리고 무리를 통솔하는 수완을 가지고 있습니다."

그래서 유수는 구순으로 하여금 하내 지방을 지키게 하고, 몸소 군사를 거느리고 연과 조 지방을 공략하고, 또 우래와 대창 등 여러 도둑을 쳐서 무찔렀다.

유수가 돌아와 북하 지방에 이르자, 모든 장군들이 천자의 존호를 받들어 올렸다. 그러나 그는 허락하지 않았다. 그 뒤 유수가 기주의 남평극에 도착했을 때 또다시 장군들이 천자가 되기를 요청했다. 그 역시 허락하지 않았다. 이때 경순이라는 장군이 간곡히 말했다.

"우리 장졸들이 형제를 버리고 고향을 떠나와서, 대왕을 좇아 화살에 몸을 내놓고 용감히 싸우는 것은 용의 비늘을 기어 올라가는 고기와 같이, 봉황의 날개에 달라붙는 새와 같이 대왕의 천하통일의 대업을 돕기 위해서입니다. 이제 대왕께서 좋은 기회를 돌보지 않으시고 또한 여러 사람의 뜻을 거역하신다면, 장졸들은 실망하여 뜻을 잃고 고향으로 돌아가려고 할 것입니다. 이 많은 군중들이 흩어져 버리면, 다시 모아들이기는 대단히 어려울 것입니다."

옆에 있던 풍이도 거들었다.

"여러 사람의 의견에 따라 천자의 자리에 오르시는 것이 좋겠습니다."

이때 강화라는 유생이 관중에서 적복부(赤伏符)라는 예언서를 가지고 왔다. 그 글에는 이런 내용이 담겨 있었다.

'유수가 군사를 일으켜 부도덕한 도둑을 잡는다. 사이(四夷)가 운집하여 용야(龍野)에서 싸운다. 사칠(四七)의 때, 화(火)를 주(主)로 삼는다.'

사칠(四七)의 때에서 사칠(四七)은 이십팔(二十八)의 괘(卦)로서 유수(劉秀)를 가리킨 것이다. 유수가 28세에 군사를 일으켜서 이제 28명의 장수를 얻었고, 고조로부터 광무가 군사를 일으킨 해까지가 228년, 모두가 사칠은 이십팔에 해당하므로 사칠의 때라 한 것이고, 유씨는 화덕의 천자이므로 당연히 유수가 천자가 될 천명을 가지고 있다는 예언이었다.

모든 신하들은 이 글을 보자 유수에게 다시 천자의 자리에 오를 것을 요청했으므로, 유수는 더 이상 사양하지 못하고 마침내 황제의 자리에 오르고 연호를 건무로 고쳤다.

사람의 욕심은 끝이 없다

아침에 잃었다가 저녁에 찾아

이때 적미의 우두머리인 번숭 등은 한나라 왕실의 먼 후손인 유분자라는 사람을 내세워 황제로 삼았다. 유분자는 원래 양을 치던 열다섯 살 된 소년이었다. 유분자는 머리도 땋지 않았고 신도 신지 않고 있었으며 헌 옷에다 얼굴은

땀에 절어 더러웠다. 황제에 추대된 후 많은 사람들이 자기를 찾아와 바닥에 이마를 대고 절하자 두려움에 떨며 울음을 터뜨리려고 했다고 한다.

적미의 도둑이 장안으로 쳐들어오자 갱시제는 도저히 당해 내지 못할 것이라고 생각하고, 혼자 겨우 달아났다. 광무제는 조서를 내려 갱시제를 회양왕에 봉했다.

이 무렵 밀현의 현령으로 있던 탁무라는 사람은 선정을 펼쳐서 길에 물건이 떨어져 있어도 줍는 사람이 없을 만큼 태평스러운 지방을 만들었다. 광무제는 즉위하자 맨 먼저 탁무의 거처를 찾아내서 그를 재상으로 대우하였다.

광무제가 황제에 오른 해 10월, 광무제는 낙양에 있는 남궁에 들어가서 이곳에 도읍을 정했다. 이 무렵 관중 지방은 평정되지 않았으므로 등우 장군이 대군을 이끌고 공략에 나섰다. 그 군사의 규모는 백만이라고 했다. 등우는 가는 곳마다 수레를 멈추어 한나라 깃발을 늘어세우고 백성을 불러서 위로했다. 머리를 땋아늘인 아이들과 백발의 늙은이들이 모두 등우의 수레 앞에 모여서 기뻐하여, 등우의 명성은 널리 퍼졌다.

한편 적미군은 성 안에 있는 군량을 모두 먹고 나자 온갖 약탈을 자행한 후에 장안에서 물러갔다. 그 뒤를 이어 등우의 군사가 장안에 들어왔다. 그러자 적미가 다시 장안을 공격하여 장안 쟁탈전이 벌어졌는데, 이 싸움에서 등우는 패하여 장안에서 퇴각했다.

소식을 전해들은 광무제는 등우에게 군사를 수습하여 낙양으로 돌아오라는 명령을 내리고, 대신 풍이에게 관중 공략의 임무를 주었다. 그러나 등우는 전공이 없음을 부끄러이 여겨 낙양으로 돌아가려 하지 않고 기다리다가 풍이가 오자 그와 합세하여 함께 적미를 공격했다. 한군은 회계에서 크게 싸웠으나 또 패했다. 그래서 흩어진 군사를 수습한 채 성채를 쌓고 굳게 지켰다. 얼마 뒤에 한나라 군대는 마침내 적미를 효사 기슭에서 크게 무너뜨릴 수 있었다. 광무제는 옥새 찍은 상장을 풍이에게 내리며 말했다.

"아침에 잃었다가 저녁에 되찾으니 정말 경사스럽도다!"

그 뒤 적미의 잔당 10여만 명이 동쪽 지방으로 옮겨갔으므로, 광무제는 몸소 군대를 거느리고 나가 싸울 준비를 하고 기다렸다. 그러자 적미의 수괴인 번숭은 천자로 옹립했던 유분자와 승상 서선 등을 데리고 항복해 왔다. 이에 광무제가 물었다.

"경들은 항복한 것을 후회하지 않소?"

승상 서선은 몸을 낮추고 머리를 조아리며 말했다.

"저희들은 범의 입을 피하여 자애로운 어머니의 품에 돌아오는 심정으로 항복한 것입니다. 이것은 참으로 기쁜 일인데, 어찌 조금이라도 원통하게 생각하겠습니까?"

"경은 이른바 철중쟁쟁(鐵中錚錚, 쇠 가운데에서도 소리가 맑게 나는 좋은 강철)이요, 용중교교(庸中姣姣·범용한 가운데 뛰어난 사람)로군!"

광무제는 그들에게 낙양의 땅과 저택을 하사했다.

광무제가 왕랑을 토벌하고 있을 때의 일이다. 팽총이라는 장수는 강력한 기병들에게 군량을 운반하게 해서 적에게 보급로가 습격을 당해 끊어지는 일이 없도록 하였다. 전투가 끝난 후 팽총은 자신의 공적을 크게 자랑했으므로 광무제의 보상이 마음에 차지 않았다. 그러자 유주의 장관 주부가 팽총에게 글을 보냈다.

'요동의 돼지가 새끼를 낳았소. 그 새끼돼지의 머리가 희어서 진기하다고 생각하고, 천자께 바치려고 돼지를 몰고 서울로 올라갔소. 올라가던 도중에 돼지 떼를 만났는데 그 많은 돼지들이 모두 머리가 희었소. 그대의 공로도 조정에서 논의해 본다면, 요동의 돼지와 결과가 같을 것이오(여기에서 요동시遼東豕라는 고사성어가 비롯되었다).'

이 편지를 받은 팽총은 성이 나서 군사를 내어 주부를 치려고 했다. 이때 광무제가 팽총을 불렀으므로 팽총은 주살당하는 것이 아닌가 의심하고 반란을 일으켰다가 패하고 말았다. 아직 항복하지 않은 자는 외효와 공손술뿐이

었다. 광무제는 자신도 여러 해를 전쟁터에서 보내며 고생한 끝이었으므로 제
장에게 말했다.

"외효와 공손술이 이직 항복하지 않았는데, 이 두 사람은 내버려 둡시다."

이때 풍이 장군이 장안에서 낙양으로 돌아왔다. 광무제는 공경대부들에게
풍이를 이렇게 칭찬했다.

"풍이 장군은 내가 처음 군사를 일으켰을 때, 주부(主簿)의 책임을 맡아 본
사람이오. 나를 위해 가시덤불을 헤쳐 주었고, 관중을 평정한 은인이오."

황제는 조칙을 내려 풍이의 공을 위로했다.

"그대는 지난날 경황 중에도 무루정에서는 콩죽을, 호타하에서는 보리밥
을 지어 굶주림에서 나를 구해 주었는데 나는 오랫동안 그 은혜를 갚지 못했
소."

황제는 많은 진기한 보배와 돈 그리고 비단을 하사했다.

우물 안 개구리에게 바다를 말하지 말라

한편 외효라는 사람은 갱시제 원년부터 군사를 일으켜서 건무 초에 이르
기까지 천수군에 자리잡고, 스스로 서주(西州)의 상장군이라 일컫고 있던 자
였다.

언젠가 외효는 마원을 촉의 수도 성도에 보내 공손술의 인물됨을 알아보게
했다. 원래 마원은 공손술과는 고향 친구로 전부터 친한 사이였으므로, 틀림
없이 공손술이 자기를 반갑게 대해 주리라 기대하고 갔다.

하지만 공손술은 마원이 방문하자 전각의 층계 좌우에 어마어마하게 군
사를 늘어세우고 거들먹거렸다. 그러자 마원은 수행원을 돌아보며 말했다.

"천하에는 영웅이 수없이 많다. 그 자웅도 아직 가려지지 않았는데, 공손
술은 국사(國士)를 맞는 예도 모르고 쓸데없는 겉치레에만 신경 쓰니 마치 나
무 인형 같구나. 이래서야 어떻게 천하의 명사를 오래 머물러 있게 할 수 있

겠느냐?”

그리고는 그 자리에서 총총히 돌아와 버렸다.

마원이 돌아와서 외효에게 고했다.

“공손술은 우물 안 개구리입니다. 우물 안 개구리에게는 바다를 말하지 않는 법입니다. 터무니없게도 자기를 크게 보이려 하고 있습니다. 그러니 마음을 낙양 쪽으로 돌리심이 좋을 것 같습니다.” 그러자 외효는 마원에게 글을 주어, 이번에는 낙양으로 가서 광무제에게 갖다 바치게 했다.

마원이 낙양에 도착하며 궁문에서 잠시 기다리고 있는데, 안으로 들어오라는 전갈이 왔다. 들어가 보니 광무제는 웃음을 띠고 마원을 맞이하였다.

“경은 외효와 공손술 두 분 사이를 유세객으로 왕래하고 있다고 들었는데, 지금 경을 만나 보니 정말 남들이 부러워할 당당한 분이구려.”

마원이 공손히 절하고 아뢰었다.

“지금은 군주가 신하를 고를 뿐 아니라, 신하도 또한 군주를 고릅니다. 신은 원래 공손술과 같은 고향 사람으로 어릴 때부터 그와 친하게 지낸 사이입니다만 지난번에 촉에 갔더니, 공손술은 전각 층계 양쪽에 호위병을 어마어마하게 세워 놓고 저를 만났습니다. 그런데 폐하께서는 단 한 번의 면식도 없는 신이 멀리서 왔는데, 어떻게 제가 자객이나 간악한 사람이 아님을 알아보시고, 이처럼 수월하게 만나 주시는 겁니까?”

광무제는 웃으면서 말했다.

“경은 자객이 아니라 세객(說客)이오.”

그러자 마원은 이렇게 말하였다.

“지금 천하의 상태는 합하고 갈라짐이 무상하고, 제왕의 칭호를 도둑질하는 자가 이루 헤아릴 수 없을 만큼 많습니다. 그러나 신이 두려워할 만한 제왕은 아직 본 일이 없습니다만 지금 폐하를 뵙건대, 고조와 닮으셨습니다. 신은 오늘에야 제왕이라는 것에는 저절로 갖추어진 진덕(眞德)이 있음을 알았습니다.”

마원이 돌아오자, 외효가 물었다.

"광무제라는 사람은 어떠합디까?"

"광무제는 총명하고 무용이 있으며 또한 지략이 뛰어나서, 도저히 세상 사람이 대적할 수 없습니다. 게다가 성의를 보여 조금도 숨기는 것이 없고, 큰 뜻을 가졌습니다. 이러한 점은 고조황제를 닮았습니다. 또 널리 책을 읽으며, 정사(政事)에 정통하고, 말이 부드러워서 황제로서는 따를 만한 이가 없을 것입니다."

이 말을 들은 외효는 기분이 나빠져서 따지듯 물었다.

"경은 광무제를 극구 칭찬하는데, 그러면 고조보다 낫다는 말이오?"

"그야 낫지는 않습니다. 고조는 옳은 것도 없고 옳지 않은 것도 없기 때문에 우리가 시비나 비평을 가할 여지가 없는 분입니다. 그러나 지금의 광무제는 법에 어긋나는 일이 없습니다. 술도 즐겨하지 않고 몹시 근엄합니다."

이 말을 듣고 외효는 마음속으로 못마땅하게 생각하고, 다시 마원에게 말했다.

"어쨌든 경의 말은 광무제가 고조보다 낫다는 것이 아니오?"

외효는 그 후 얼마 안 가서 반란을 일으켰다. 이때 마원은 몸을 피해 광무제에게 갔다.

광무제는 친히 외효에게 귀순을 권하는 간절한 글을 보냈다. 그러나 외효는 이것도 듣지 않고, 공손술에게 붙어서 스스로 그의 신하라고 일컬었다. 공손술은 기뻐하며 외효를 삭녕왕에 봉했다. 광무제는 일이 이렇게 되자 외효를 토벌하기로 했다. 그때 마원이 황제 앞에 나아가 쌀을 모아 산과 골짜기를 만들어서 지형을 설명하고, 대군이 나아갈 길을 말했다.

이에 황제는, "벌써 외효는 내 눈 안에 있다." 하고 손뼉을 치며 기뻐했다.

한나라 군사가 진격하자 외효는 달아났는데, 병과 굶주림에 시달렸으며 결국 홧병으로 죽고 말았다. 그렇게 하여 서주 지방은 완전히 평정되었다.

한편 광무제 12년, 마침내 광무제는 공손술을 멸망시켰다. 공손술은 무릉 사람으로 갱시제 시대부터 촉 지방을 차지하여 황제라 일컫고, 나라를 성 (成)이라 했다. 그때 광무제는 농 지방을 평정한 뒤였는데, 어느 날 스스로 탄식하며 말했다.

"사람이 만족할 줄 모르는 것을 괴로워한다. 나는 이미 농 지방을 얻고서 또 촉 지방을 바란다(得隴望蜀·득롱망촉, 욕심이 한도 끝도 없음을 나타내는 고사성어). 한 번 출정할 때마다 내 흰 머리털은 늘어만 가는구나."

광무제는 대사마 오한 등을 장수로 하여 군사 6만과 기병 5천을 보내서, 이미 파견되어 있는 정남대장군 잠팽의 군사와 합세하여 촉을 치게 했다. 이때 잠팽은 형문산 아래에서 전선 수십 척을 정비하여 물 위로 공격할 준비를 하고 있었다. 오한 장군은 이것을 중단시키려고 했다. 그러나 잠팽은 듣지 않았다. 이에 황제는 잠팽에게 말했다.

"대사마는 보병과 기병을 쓰는 육전(陸戰)에는 익숙하지만, 수전에는 익숙하지 못하오. 형문으로부터의 수전에 대해서는 그대에게 일임하고자 하니 그대 뜻에 따르도록 하오."

잠팽은 배를 잇달아 연결시켜 진군해 들어갔는데 향하는 곳마다 적이 없는 상태였다. 이러한 잠팽의 진격에 겁을 먹은 공손술은 자객을 망명자로 속인 후 잠팽의 진영에 잠입시켜 밤중에 잠팽을 죽이고 말았다. 이에 오한이 육로를 통해 진격한 후 잠팽의 군사를 합쳐 성도에 진입하여 공손술을 공격, 마침내 그를 죽였다. 그리하여 촉의 땅은 완전히 평정되었다.

조강지처

부드러움이 강함을 이긴다

광무제는 모든 정무를 직접 처리했다. 시대의 대세를 잘 통찰하고 국력을 고려하며 일을 처리했으므로, 어느 한 가지 일에도 실수가 없었다.

어느 날인가 황제는 고향인 남양에 가서 잔치를 베풀어 친척들을 대접했다. 이때 황제의 숙모 등 몇몇이 모여앉아 이야기했다.

"문숙(文叔, 광무제의 자)은 평소에 남과 사귈 때 별로 꾸미는 일이 없어 정직하고 온후하기만한 사람이라 설마 천자가 되리라고는 생각지도 못했는데 정말 출세했어."

황제는 이 말을 듣고 웃으며 말했다.

"저는 천하도 부드럽게 다스리려고 합니다."

광무제는 여러 해 동안 싸움터에서 동분서주했으므로 촉이 평정된 뒤에는 사변이 일어났다든가 하는 특별히 급한 일이 아닌 한, 여간해서는 군사니 출정이니 하는 말을 입 밖에 내려고 하지 않았다.

건무 27년 북흉노가 가뭄으로 쇠약해진 것을 보고 몇몇 장수들이 글을 올려, "지금이야말로 흉노를 칠 때입니다." 하면서 칼소리를 내고 손바닥을 치면서 이미 마음은 국경 북쪽을 향해 달려가고 있었다. 이에 광무제는 황석공의 말을 인용하여 말했다.

"부드러움(柔)이 능히 단단함(剛)을 이기고, 약함(弱)이 능히 강함(强)을 이긴다."

그 이후 한 사람도 전쟁을 일으키는 사람이 없었다.

이 무렵 오한이라는 장군은 싸움터에서 패하고 나서도 조금도 동요하지 않았다. 황제는 감탄했다.

"오공은 실로 남의 뜻을 굳세게 하는 믿음직한 장군이다. 그 위용과 중후함은 마치 하나의 나라와도 같도다."

오한의 출전은 매우 신속해서 아침에 조서를 받으면 저녁에 이미 출동하였다. 오한이 임종할 때, 광무제는 그의 집에 가서 그를 위로하고 나서 물었다.

"이제 남길 말은 없소?"

그러자 오한은 이렇게 답하는 것이었다.

"원컨대 폐하께서는 법을 신중히 하셔서, 함부로 대사(大赦)를 내리지 마십시오."

한편 가복이라는 사람은 황제가 군사를 일으킬 때부터 군사를 감독하고 있었다. 황제는 "가 장군은 돌격해 오는 적의 전차를 몰아쳐서, 천 리 밖으로 내모는 위력이 있다."라고 평했다.

그 뒤 가복이 싸움에서 부상당했을 때 황제는 놀라서 말했다.

"나는 이전부터 가복에게 적을 가볍게 보는 것을 경계했는데, 과연 부상을 당했다. 아, 나는 한 사람의 명장을 잃는 것인가! 들으니 가복의 아내는 임신 중이라는데, 아들을 낳는다면 내 딸을 시집 보내고, 딸을 낳는다면 내 아들을 장가들이겠다."

한편 마원은 일찍이, "대장부는 반드시 들판의 싸움터에서 목숨을 마쳐야 한다. 그리하여 그 시체가 말가죽에 싸여 고향으로 돌아가는 것이야말로 진실로 바람직한 일이다. 어찌 아녀자의 품에서 죽어간다는 말인가!"라고 말한 일이 있었다. 교지족이 모반했을 때, 마원은 이것을 평정했다. 그는 무릉에서 오랑캐족이 모반했을 때에도 토벌하러 가겠다고 자원했으나, 황제는 그가 나이가 많은 것을 애처롭게 여겨 허락하지 않았다. 그러자 마원은 갑옷 투구를 갖추고 말에 올라 황제를 돌아보며, 아직도 얼마든지 싸울 수 있다는 뜻을 내비쳤다. 이에 황제는 웃으면서, "늙어도 정말 씩씩하오. 진정 노익장이구려." 하면서 마원을 토벌대에 파견했다. 결국 마원은 이 전투에 나가서 그가 원하던 대로 전쟁터에서 장렬히 전사하였다.

마원은 원래 시골의 하급 관리였다. 그가 지방으로 발령을 받아 형 황에게 하직인사를 갔는데, 형이 말했다.

"너는 이른바 대기만성형이다. 능숙한 목수는 산에서 갓 찍어 온 통나무를 결코 남에게 보여주는 법이 없다. 오직 아무도 모르는 데에서 자기 솜씨로 작품을 만든다. 너도 너만의 천성과 재질을 살려 열심히 노력한다면 반드시 기회가 와서 큰 인물이 될 터이니 부디 이 말을 명심하고 자중하라."

그 뒤 관리로 일하던 그가 어느 날인가 죄인을 호송하게 되었다. 죄인과 이 이야기 저 이야기를 나누던 도중 그의 신상 이야기를 듣고는 너무도 가련하게 생각하여 죄인을 도망치게 하고 자신도 그대로 도망쳐 버렸다. 그리고는 이름을 바꿔 숨어 살며 양을 기르다가 나라에서 대사령을 내려 죄가 풀리자 그곳에서 목축을 하였다. 이로부터 얼마 지나지 않아 그는 큰 부호로 성장하였다. 그는 언제나 검소한 생활을 하였으며, 어려운 이웃에게는 서슴없이 재물을 베풀었다.

그가 안남의 반란을 정벌하고 돌아오면서 마차 한 대에 율무씨를 가득 싣고 온 적이 있었다. 안남 지방의 율무 품종이 매우 좋아 중국 땅에 이식용으로 심기 위해서였다. 그런데 그가 죽은 후 마차에 싣고 왔던 것이 값비싼 진주와 값나가는 코뿔소 가죽이라는 소문이 돌았다. 황제가 그 소문을 듣고 크게 노하여 그의 시체는 한동안 매장되지 못했다. 결국 진실이 밝혀졌으며 그런 후에야 그의 시체는 비로소 매장될 수 있었다.

조강지처를 버릴 수는 없다

광무제는 뇌물 받은 죄에 대해서는 결코 용서하지 않았다. 일찍이 대사도 구양흡이 수뢰죄로 옥에 갇힌 적이 있었다. 그의 서경 강의는 워낙 유명하여 제자의 수가 천여 명에 이르렀는데, 선생이 갇혔다는 소문에 제자들이 대궐로 몰려와 탄원했다. 그러나 황제는 끝내 용서하지 않아 결국 구양흡은 옥중에서 죽었다.

황제의 누님 중에 호양공주라는 과부가 있었다. 호양공주는 송홍이라는 신하에게 대단한 호감을 가지고 있었다. 이 사실을 알게 된 황제는 어느 날인가 송홍이 입궐해서 황제에게 알현을 청하자, 공주를 병풍 속에 숨겨 놓고 송홍을 만났다. 그리고는 송홍의 마음을 슬쩍 떠보았다.

"부자가 되면 사귀는 사람을 바꾸고, 귀하게 되면 아내를 바꾼다는 속담이 있는데 이 말을 어떻게 생각하오?"

이에 송홍은 자세를 가다듬더니 이렇게 대답하는 것이었다.

"제 어리석은 생각으로는 가난할 때의 우정을 잊어서는 안 되고, 조강지처(糟糠之妻)를 집에서 내쫓아서는 안 된다고 생각합니다."

그러자 황제는 슬쩍 공주를 돌아보고 이렇게 속삭였다.

"도저히 안 되겠어."

어느 날 호양공주의 하인이 사람을 죽이고 숨어 있었다. 포졸이 잡으려고 했으나, 공주가 죄인을 내주지 않았다. 이에 화가 난 낙양 태수 동선이 공주가 외출하기를 기다리고 있었다. 그러다가 살인한 하인이 외출하는 공주의 수레에 함께 타고 나가는 것을 보자, 이를 꾸짖으며 수레에서 끌어내려 때려 죽였다. 화가 난 공주가 이 일을 황제에게 호소하자, 황제는 크게 노하여 동선을 불러들여서 매를 쳐 죽이려고 했다.

그러자 동선은 "귀한 집의 하인이 사람을 죽였다고 해서 두둔하시고, 이를 바로잡고자 하는 신하에게는 벌을 내리신다면 어찌 천하를 고르게 다스릴 수가 있겠습니까? 신은 폐하의 매를 기다릴 것도 없이 스스로 죽는 것이 편할 것 같습니다." 하며 기둥에 머리를 부딪쳤다. 뿜어 나오는 피로 그의 온 얼굴은 붉게 물들었다. 황제는 신하를 시켜서 동선의 몸을 붙잡아 누르도록 하고는 머리를 조아려 공주에게 사죄하라고 했다. 하지만 동선은 끝까지 사죄하지 않았다. 마침내 황제는 "이 강항령(强項令·고집쟁이)아, 물러가라." 하면서 오히려 그의 강직함에 대한 상으로 30만 금을 내렸다.

황제는 이렇듯 절개가 높은 선비를 존중했다.

어느 날 광무제는 처사 주당을 불렀다. 주당은 대궐로 들어오기는 했지만 그냥 엎드려 있을 뿐, 황제를 배알하는 예를 취하려고 하지 않았다. 그러자 박사 범승이 그를 비난하고 나섰다.

그러나 황제는, "옛날부터 밝은 임금과 착한 군주 아래에는 반드시 권력에 굴복하지 않는 사람이 있는 법이오." 하면서 주당에게 비단을 내렸다.

또 처사 엄광이라는 사람이 있었다. 그는 옛날 황제와 함께 같은 스승 밑에서 글을 배운 사람인데 수소문하여 보았더니, 제나라 지방에 가 있었다. 그때 엄광은 양가죽 옷을 입고 늪에서 유유히 낚시질을 하고 있었는데 부름에 응해 입궐은 했지만, 그 역시 황제에게 복종하지 않았다. 광무제는 멀리 상경한 옛 벗 엄광을 대궐 안에 머무르게 하고, 하룻밤을 함께 잤다. 그날 밤 잠을 자는데 잠버릇이 고약한 엄광은 발을 황제의 배 위에 올려놓고 잠을 잤다.

이튿날 태사가 아뢰었다.

"어젯밤 천상(天象)을 살펴보았더니 객성(客星)이 옥좌를 범했는데, 옥체에 별 변고가 없으십니까?"

그러자 황제가 웃으면서 말했다.

"별일 없었소. 다만 옛 친구 엄광과 함께 잤을 뿐이오."

광무제가 엄광에게 벼슬을 내리려 했으나 그는 끝내 사양하고 집으로 돌아가서, 농사를 짓고 낚시를 즐기며 살았다. 그리고 부춘산에서 학문을 닦다가 세상을 마쳤다.

한나라 때에 청절한 선비가 많이 나온 것은 이로부터 시작되었다고 볼 수 있다.

광무제는 천하가 평정되기 전부터 문덕(文德) 정치를 생각하고 있었다. 그래서 즉위하자 가장 먼저 한 일이 대학을 설립하며 고전을 널리 익히게 해서, 쇠퇴한 예의를 바로잡고 음악에 힘을 기울인 것이었다.

광무제는 날마다 아침 일찍 나와서 정사를 보고, 해가 서산에 기울어진 후에야 그만두었다. 그런 후에는 중신을 모아놓고 국가 통치의 대도를 논하여 밤중에야 침실에 드는 것이 예사였다.

어느 날 황태자가 기회를 보아 말했다.

"폐하께서는 우왕이나 탕왕만한 밝은 덕을 갖추고 계시지만, 유감스럽게도 황제와 노자의 도(道)를 잊고 계십니다. 좀 더 편안하고 즐겁게 지내시는 것이 어떠하십니까?"

이에 황제는 이렇게 대답하였다.

"나는 지금 그것을 즐기고 있어서 그런지 결코 피로하지 않구나."

광무제는 일생 동안 몸을 혹사하며 비상한 노력으로 천하를 평정했다. 그는 재위 33년, 향년 62세에 세상을 떠났다.

그 후 황태자가 즉위하니 이가 곧 명제이다.

범의 굴에 들어가야 범의 새끼를 잡는다

음여화를 갖고 싶다

명제는 어릴 때 이름이 양이었고, 어머니는 음씨(陰氏)였다.

광무제는 젊을 때부터 음여화라는 아가씨를 사모했는데, 마침내 소망대로 음여화를 얻게 되었다. 두 사람 사이에 난 아들이 양이다. 양은 어릴 때부터 남보다 뛰어나게 현명했다.

광무제 15년에 광무제는 천하에 조서를 내려, 각 지방 전답의 면적과 호수, 인구 등을 엄밀하게 조사하였다. 각 지역은 그 일을 맡아 본 관리를 수도로 보내서 보고서를 올렸다.

　그때 진류군의 관리가 가지고 온 보고서에는, 그 첫머리에 다음과 같이 씌어 있었다.

　'영천과 홍농 두 고을은 조사할 수 있지만 하남과 남양 두 고을은 조사가 곤란할 것이다.'

　광무제는 그 내용을 이상히 여겨 그것이 무슨 뜻이냐고 물었다. 그러자 그 관리는 책임이 자신에게 돌아올까 두려워 "이 말은 거리에서 누가 하는 말을 그대로 적었을 뿐입니다." 하고 거짓 대답을 했다. 이에 황제는 크게 노했다.

　이때 황태자 양은 열두 살 난 어린 소년이었는데, 옥좌의 휘장 뒤에 있다가 아버지에게 말했다.

　"저 관리는 군수의 명령으로 보고를 하러 왔을 뿐이고, 군수의 희망은 이번 조사에 불공평한 일이 없길 바라는 것이 아닌가 싶습니다. 왜냐하면 영천과 홍농 두 고을은 제실(帝室)이나 근신(近臣)과의 관계가 별로 없으니까 사정없이 조사를 할 테지만, 하남은 수도가 있는 곳이라 근신의 땅이 많고, 또 남양은 황제의 고향으로서 황족(皇族)의 땅이 많습니다. 이 두 고을의 경작지나 택지는 규정보다 넓은 데가 무척 많으리라고 생각합니다. 그러니 이 두 고을은 다른 고을과 같은 기준으로 추측하여 판단할 수 없습니다."

　광무제가 그 말을 듣고 보니 그럴듯하여 관리를 불러 다시 조사했다. 그랬더니 그는 과연 그렇다고 하면서 모든 것을 자백하였으며 스스로 거짓말을 한 벌을 받았다. 이때부터 광무제는 양의 지혜를 기특하게 여겼다.

　광무제 17년, 곽황후가 폐위되고 음여화가 황후로 되었다. 원래 광무제는 음여화를 황후로 삼으려 했으나 음여화는 굳이 사양하였다. 뒤에 맞아들인 곽귀인이 이미 강이라는 황자를 낳은 후였기 때문에 사양했던 것이다.

　음여화는 그 뒤 양을 낳았다. 양이 태어나던 해 광무제는 팽총이라는 반란군을 토벌하기 위해 출정하였는데, 이때 음여화와 함께 갈 정도로 음여화를 사랑하였다.

그 뒤부터 곽황후는 질투에 불타 음여화를 시기하는 등 황후로서의 품위를 잃는 행동이 많아졌으며, 마침내 곽황후는 폐위되고 음여화가 뒤를 잇게 되었다. 뒤따라 음여화의 아들 양이 황태자께 책봉되었으며, 이름도 장으로 고쳤다.

광무제가 죽은 후 그가 즉위하였다.

호랑이 굴에 들어가야 호랑이를 잡는다

명제 17년, 경병이라는 사람이 흉노 정복을 자원했다.

"흉노를 공격하는 전략은 무제(武帝)께서 서역을 복종시킴으로써 흉노의 오른팔을 끊어 그 세력이 자연히 무너지게 한 방법과 같은 지혜를 본받으시는 것이 좋으리라고 생각합니다."

명제는 그의 말을 좇아, 경병과 두고 두 사람을 장군으로 임명하여 양주에 주둔시켰다. 두고는 우선 부하 반초를 서역에 사신으로 보냈다.

반초는 『한서(漢書)』의 저자로 유명한 반고의 동생으로서 어려서부터 책을 좋아하였다. 어느 날 그는 '흉노가 자주 침입하여 주민들을 마구 죽이는 바람에 변경의 성문을 완전 폐쇄시켰다'는 소문을 들었다. 이 소문을 들은 반초는 분연히 일어나 붓을 던지고 흉노 토벌군에 가담하였다(이로부터 투필종융(投筆從戎)이라는 고사성어가 비롯되었다).

그는 평소에 이렇게 말하곤 했다.

"대장부로 태어나서 마땅히 장건을 본받아 수만 리 이역 땅에 공을 세우는 것이 마땅하거늘, 어찌 편안히 집에 앉아 붓과 벼루를 벗하는 것만으로 만족할 수 있겠는가!"

반초가 선선국에 도착했을 때의 일이다.

그가 도착하자 국왕은 그를 국빈으로 극진히 대접하였다. 그때 마침 흉노의 사신도 이 나라에 들어오게 되었다. 그가 오자, 반초에 대한 대우가 금방 소홀해졌다. 당시 선선국은 흉노에 예속되어 있던 상태였고, 그러한 까닭에 자칫하면 반초 일행이 흉노의 압력 때문에 죽임을 당할 수도 있었다. 반초는 수행원 3명을 모아놓고 말했다.

"옛말에 '호랑이 굴에 들어가지 않으면 호랑이 새끼를 잡을 수 없다고 했다. 지금 당장 흉노의 사자를 쳐죽이지 않으면 오히려 우리들의 생명이 위태롭다. 뿐만 아니라 서역 땅 모두를 흉노에게 빼앗길 수밖에 없다."

밤이 되자 반초 일행은 흉노의 시신이 잠들어 있는 숙소를 습격해서 순식간에 사신과 수행원 30여 명의 목을 베었다. 이것을 본 선선국은 두려워하여, 한나라에 복종할 것을 맹세했다. 반초는 한나라 황제의 위엄과 덕을 선선국 왕에게 말해 주고, 금후 다시는 흉노와 통하지 말라고 경고했다.

그 후 반초는 우전국에 사신으로 갔는데, 반초의 소문을 들은 우전국 왕은 미리 흉노의 사신을 베어 죽이고 항복했다. 그리하여 서역의 여러 나라가 모두 왕자를 인질로 보내니, 왕망 이래 끊어졌던 서역과의 교통이 다시 열리게 되었다.

명제 18년, 북흉노가 한나라를 공격해 왔다. 이때 수비를 맡고 있던 경공은 독약을 살촉에 바른 다음 흉노를 향해 외쳤다.

"한가(漢家)의 화살은 신이다. 이것을 맞는 자는 크게 놀라는 일이 있을 것이다. 각오해라."

흉노가 그 화살을 맞은 자를 조사해 보니, 과연 맞은 자리에서 피가 부글부글 끓어 나오므로 몹시 놀랐다. 흉노가 크게 놀라 당황해하는 사이에 경공은 적을 습격하여 격파하였다. 죽은 자가 이루 헤아릴 수 없을 만큼 많았다. 기가 완전히 꺾인 흉노는, "한나라 군사는 신이다. 참으로 무섭다." 하고는 즉시 포위를 풀고 퇴각했다.

명제는 재위 18년 만에 죽었다. 그의 나이 마흔여덟 살이었다. 황제는 그 품성이 꼼꼼하고 빈틈이 없었으며, 남의 눈이 미치지 않는 은밀한 일을 조사하게 해서, 이를 폭로하면서 스스로 명민하다고 했다. 공경 대신들도 가끔 조사 대상이 되어 명예가 떨어지곤 했다.

일찍이 상서랑 약숭이 황제의 노여움을 산 적이 있었다. 명제는 지팡이 끝으로 약숭을 찔렀다. 약숭은 달아나 마루 밑에 숨었다. 황제는 더욱 노해 소리쳤다.

"낭(郎)아, 나오너라, 낭아, 나오너라."

약숭은 마루 밑에서 대답했다.

"천자는 속이 깊고, 제후는 신중해야 한다고 들었습니다만, 임금된 분께서 친히 낭을 찌른다는 말은 아직 들어본 적이 없습니다."

명제는 이 말을 듣고 약숭을 용서했다.

명제는 광무제 때에 정해진 제도를 그대로 잘 지켜서 조금도 고치는 일이 없고, 또 외척의 화를 염려하여 황후의 집안은 정치에 관여하지 않게 했다. 그래서 관도공주가 자기의 아들에게 현령을 시켜 달라고 했을 때 황제는, "현령은 하늘의 별을 상징한 벼슬로서 백 리 현의 우두머리요, 만약 적당하지 않은 사람을 쓰면, 백성이 그 재앙을 고스란히 받아야 하오." 하며 끝내 응하지 않았다. 따라서 당시의 관리는 모두 적재적소에 임명되어, 백성은 모두 안심하고 생업에 힘쓸 수 있었다.

명제가 죽은 후 태자가 즉위했는데, 이를 장제라고 한다. 장제는 이름을 훤이라 했고, 어머니가 가씨이다.

이 무렵 서역의 차사국이 또 배반하여 한나라 도호를 죽였다. 또 북흉노가 기교위를 포위하고 다시 무교위 경공을 포위했다. 이 때 반초가 글을 올려서 구원병을 청하며 서역을 치겠다고 했다. 황제는 크게 성공할 것이라 생각하고 허락하였다.

그러자 북흉노의 58부가 와서 항복했다. 당시 북흉노는 세력이 쇠퇴해서 대부분이 제각기 흩어져 있었으므로, 이 기회를 틈타 남흉노는 그 남쪽을 공격하고, 정령족은 그 배후를 찌르고, 선비족은 그 동쪽을 치고, 서역의 나라는 그 오른쪽을 쳤으므로, 북흉노는 또다시 자립할 수 없게 되어 멀리 달아났다. 선비족은 이를 추격해서 북선우를 죽였다. 대장을 잃은 58부는 할 수 없이 한나라에 항복해 온 것이다.

어느 날 조정에서 인재 등용에 대해 논의했는데, 이때 위표라는 사람이 말했다.

"국가의 임무는 우선 어진 사람을 선택하는 일입니다. 어진 사람의 덕 중에서도 효도가 제일이니, 충신은 효자 집안에서 구해야 합니다."

황제는 그의 말을 들어주었다.

이 무렵 모의라는 사람이 있었는데, 그는 덕행과 절의로 인근에서 평판이 매우 높았다. 어느 날 남양의 장봉이라는 사람이 모의의 집을 방문했는데, 마침 그때 조정에서 임명장이 왔다. 모의를 안양현의 현령에 임명한다는 것이었다. 모의는 그것을 받고는 무척 기쁜 듯 싱글벙글했다. 장봉은 이 모습을 보고 속으로 경멸하지 않을 수 없었다. 그 후 모의의 어머니가 죽었다. 모의는 어떠한 명령이 와도 모조리 사퇴하고 가지 않았다. 장봉은 감탄했다.

"언젠가 그가 그렇게 기뻐한 것은 부모를 위해 몸을 굽힌 것이었구나."

그 후 모의는 황제로부터 상을 받았다. 당시 각지의 수령들은 모두 훌륭한 인재들로서 선정을 베풀었다. 촉군(蜀郡)의 태수 염범 같은 이는 번거로운 법률을 너그럽게 적용하여 백성의 편의를 도모 했다. 백성은 크게 기뻐하며 다음과 같이 노래 불렀다.

> 염범 어른은 어찌 그리 늦었던가?
> 그가 오니 야업(夜業)을 할 수 있게 됐네
> 부지런히 편안히 일에 힘쓰니 속옷 하나 없던 우리,
> 이제는 바지가 다섯 벌씩일세.
> (당시 조정에서는 백성들이 밤에 일하다가 불을 내는 일이 많아 밤에 일하는
> 것을 금하고 있었다. 그런데 염범은 밤에도 일을 할 수 있게 하여 백성들에게

큰 환영을 받았던 것이다. 다만 등불 옆에는 언제나 물통을 준비해 놓도록 하였다)

또 그 당시에는 정부도 지방 관청도 백성의 부역을 공평하게 하고, 조세를 가볍게 했으며, 이해심 많고 따뜻한 군주가 정치를 했으므로 백성은 장제가 죽을 때까지 그 은덕을 입었다.

물이 너무 맑으면 큰 고기가 없다

장제는 재위 13년 만에 죽었다. 향년 31세였다. 장제는 아버지 명제가 구석구석 먼지까지 털어내는 엄격한 정치를 백성들이 싫어했으므로, 모든 것을 관대하게 하고 예의, 음악 등 문교(文敎)에 힘썼다.

장제가 죽고 태자가 즉위하니 이를 화제라고 한다. 화제는 이름을 조라 했다. 어머니는 양씨인데, 두황후가 자기의 아들로 삼아서 길렀다. 나이 열 살에 즉위했으므로, 두황후가 섭정을 했다. 그런데 태후의 오빠였던 두헌은 외척의 위세를 빌려 권력을 마음대로 휘둘렀다.

이때 제(齊)나라 상왕의 이들 창이 황제의 상을 조문하기 위해 입조해 있었다. 그런데 창이 자주 태후를 만나 신임을 얻을 것 같은 기색이 보이므로, 태후의 오빠인 두헌은 자기의 권력이 약해질까 봐 자객을 시켜 창을 죽였다. 크게 노한 태후는 오빠 두헌을 죽이려고 했으나, 두헌이 북흉노를 토벌해서 공을 세워 속죄하겠다고 애원하므로 마지못해 이를 허락하였다.

그 뒤 두헌은 흉노를 크게 격파하여, 20여만 명을 포로로 잡았다. 그는 국경에서 북으로 나아가기를 3천 리, 흉노의 연연산에 올라가서 큰 돌에 자기의 군공을 새기고, 개선하여 대장군이 되었다.

이후 두헌의 부자 형제는 모두 구경(九卿)과 대장의 자리에 오르게 되어, 조정에는 두씨 일족이 가득하게 되었다. 세상에 두려울 것이 없었던 그들은 백성들의 재산을 마구 약탈하고, 유부녀를 겁탈했으며, 백성들을 마음대로 징발하였다. 나아가 세력을 넓혀 마침내 모반을 꾀하기에 이르렀다.

이러한 두씨들의 야심을 알아챈 화제는 환관 정중과 의논한 끝에, 흉노 토벌에 나간 두헌이 낙양으로 돌아올 때 제거하기로 하였다. 두헌이 전선에 있을 때 두씨 일족을 공격하면 군대를 거느리고 있는 두헌에게 오히려 포위당할 우려가 있었기 때문이었다. 드디어 두헌이 흉노를 토벌하고 개선 장군처럼 낙양으로 돌아오자 화제는 즉시 비상령을 내려 성문을 닫아 버리고 두씨 일당을 모조리 체포하여 투옥하였다. 그리고 두헌에게 준 대장군의 인수를 거두어들이고 두헌을 비롯한 그의 형제들에게 자살할 것을 명령했다. 또한 두씨 일족에 붙어 출세한 자들도 모두 투옥되거나 파면되었다.

이 외중에서 『한서』의 저자인 반고도 휩쓸려 죽었다. 반고는 두헌의 흉노 토벌 원정군에 참여했으며, 두헌의 전공을 찬양하는 비문을 지었고, 그로 인해 승진까지 했다. 이는 물론 반고의 뛰어난 문장 실력을 높이 평가한 두헌이 반고를 끌어들였기 때문이었다. 그런데다가 일찍이 반고의 집 하인이 주인 반고의 권세를 믿고 낙양령 충궁의 행렬이 지나가는데 술에 취해 끼어들어 소동을 벌인 적이 있었다. 이때 낙양령 충궁은 크게 노했으나 반고의 뒤에 권세 높은 두헌이 있다는 사실을 알고 있었기 때문에 속으로 분을 삭일 수밖에 없었다. 그러다가 두씨 일당이 숙청되자 충궁은 반고를 두씨 일당으로 지목하여 체포하였다. 반고는 마침내 투옥되었고, 그곳에서 나오지 못한 채 옥사해야 했다. 이때 그의 나이 61세였다.

어쨌든 두씨 일당의 숙청에 있어서 제1의 수훈은 환관 정중이었다. 정중은 그 공로로 대장추의 높은 자리에 올라 황제의 측근에서 실권을 휘두르게 되었다. 실로 후한시대에 드셌던 환관의 화는 바로 이 정중 때 비롯된 것이다.

한편 이 무렵 황제는 서역에 대해 소극적인 정책을 취하였으므로, 서역에 나가 있는 반초에게 귀환 명령을 내려 수도로 돌아오라고 했다. 반초는 할 수 없이 돌아와야만 했다.

그가 귀국길에 오를 때 길가에 인근 백성들이 모두 나와 울부짖으며 귀국을 반대했고, 어떤 사람들은 반초가 탄 말의 다리를 붙잡고 매달리기도 하였다. 이 광경을 보고 반초는 마음을 돌려 조정에 탄원서를 내고 그대로 서역에 머물기로 결심하였다. 결국 조정에서도 반초를 서역 도호로 임명하게 되었다.

그 뒤 반초는 30년 동안이나 서역에 머물면서 서역의 50여 개 국을 정벌하여 한나라의 위세를 떨쳤다. 특히 오랫동안 중국을 괴롭혔던 '북쪽의 이리' 북흉노를 완전히 무너뜨린 것은 청사에 길이 남을 업적이었다.

이후 정원후에 봉해진 반초는 부하 감영을 대진(大秦·로마)과 조지(條支·오늘날의 시리아)에 파견하기로 했으나 항해 전문가들이 말리는 바람에 실천에 옮기지 못했다.

반초가 서역에 나간 지 30년 되던 해, 그는 탄원서를 올려 귀국을 호소하였다.

"신은 다만 살아서 국경의 옥문관만이라도 들어가는 것이 소원이옵니다."

결국 2년이 지나서야 반초의 귀국이 허락되었다. 그는 돌아오자 얼마 안 있어 71세를 일기로 세상을 떠났다.

반초는 일개 서생에서 몸을 일으켜 붓을 내던지고 무공을 세워서 만리 타향의 제후가 되려는 큰 뜻을 품고 있었다. 그때 관상을 잘 보는 사람이 반초의 관상을 보고 말했다.

"그대의 아래턱은 제비와 같고, 머리는 범과 같소. 만리후(萬里侯)가 될 상이오(제비가 만 리 밖을 날고 범이 멀리 다니며 짐승들을 잡아먹듯이 후일 만 리 밖에서 활약할 것이라는 말)."

반초는 그 말대로 뒤에 서역에 들어가게 되었고, 화제 시대 때에는 서역도호 기도위에 임명되었다.

한편 반초가 귀국을 앞두고 있을 때 임상이라는 자가 그의 뒤를 이어 서역도호가 되어 부임했다. 임상은 서역의 통치에 관해 반초에게 가르침을 청했다. 반초는 이렇게 타일렀다.

"그대는 성격이 너무 엄격하고 성미가 급하오. 물이 맑으면 큰 고기가 깃들지 않는다고 했소. 무슨 일이나 관대하게 해서 모나지 않게 다스려 나가야 하오."

그 뒤 임상은 다른 사람들에게 이렇게 말하였다.

"반초는 비범한 책략이 있는 줄 알았더니, 하는 말이 극히 평범해서 아무것도 취할 만한 것이 없습디다."

과연 임상은 반초의 충고를 듣지 않고 자기 성질대로 엄격하기만 하고 가혹한 정치를 했기 때문에 변경 지방의 화목을 잃고 결국 오랑캐들의 공격을 받아 간신히 몸만 빠져나올 수 있었다. 이렇게 하여 한나라의 위세도 크게 떨어졌다.

하늘이 알고 땅이 알고

큰 나무가 없으면 도끼의 날카로움을 구별할 수 없다

상제는 태어난 지 백여 일 만에 즉위하여 황제의 자리에 오른 후 겨우 여덟 달 만에 죽었다. 따라서 황태후 등씨가 조정에 나아가 정권을 잡고 있었는데, 태후는 그의 오빠 등즐과 의논하여 후사를 정했다. 이 사람이 곧 안제이다. 그때 안제의 나이 겨우 열세 살로 갓을 쓰는 의식도 행하기 전에 황제의 자리에 올랐다.

당시 조정의 권력은 등후와 등즐의 수중에 놓여 있었는데, 등즐은 대장군으로 있었다.

이 무렵 북쪽의 양주와 병주 지방에 오랑캐가 침입하여 국경이 소란해졌다. 이에 등즐은 서북쪽의 양주는 포기하고 오직 북쪽의 병주 지방만 방어하려고 작정하였다. 그러자 낭중의 벼슬에 있던 우허가 반대하고 나섰다.

"예로부터 함곡관 서쪽의 관서 지방은 뛰어난 장수가 많이 배출된 땅이요, 관동 지방은 재상이 될 인물들을 많이 배출했습니다. 또한 열자명장(列子名將) 중에는 양주 출신이 많습니다. 결코 양주 지방을 포기해서는 안 될 줄로 압니다."

그러자 많은 사람들이 이 의견에 찬성하였다. 등즐은 이때부터 자신의 권위를 실추시킨 우허에게 원한을 품게 되었다.

이때 조가 지방의 도둑 수천 명이 날뛰면서 급기야 현령을 습격해 죽이는 사건이 일어났다. 도둑들의 위세가 너무 대단해 수령들은 도무지 손을 댈 수가 없었다. 우허를 골탕먹일 기회만 노리고 있던 등즐은 '기회는 이때다' 하면서 우허를 조가의 읍장에 임명하여 빨리 도둑을 평정하라고 명령을 내렸다.

우허의 친구들은 그가 등즐에게 밉보여 대단히 어려운 임무를 맡게 된 것을 가엾게 생각하고 아무래도 살아서 돌아오지 못할 것이라고 하면서 모두 조문을 왔다. 그러나 우허는 오히려 크게 웃으며 이렇게 말하였다.

"커다란 나무를 만나지 않으면 도끼의 날카로움을 분별하지 못하오."

우허는 조가에 도착하자 곧 장정을 모집했다. 그런데 주로 살인과 강도, 약탈 등 악질적 범죄를 저지른 전과자들만 모집하는 것이었다. 도둑으로 도둑을 제압하려 함이었다. 우허는 성을 공격하여 약탈을 행한 자들을 제1조로 하고, 사람을 살상하고 도둑질한 자들은 제2조로 하였다. 그리고 이 두 조 백여 명을 도둑의 무리 속에 잠복시켜서 도둑들이 강도질을 하고 약탈하도록 유인한 다음, 미리 매복시켜 놓았던 군사로 단번에 수백 명을 죽였다.

또 가난한 백성 중에 바느질을 잘하는 사람을 모아, 도둑들의 옷을 삯바느질하게 했다. 그리고는 바느질할 때 소매에다 색실로 표를 해놓게 해서, 도둑들이 이 옷을 입고 거리로 나다니면, 대번에 알아보고 손쉽게 잡았다. 이렇게 되자 도둑들도 크게 놀라 마침내 뿔뿔이 흩어져서 고을 안은 완전히 평정되었다.

그 뒤 태후는 우허가 장군으로서 재주와 지혜가 뛰어남을 알고, 무도군의 태수로 임명했다. 우허가 부임지로 떠나갈 무렵, 반기를 든 강족(羌族·중국 변방의 이민족) 수천 명이 그의 길을 막았다. 길을 갈 수 없게 된 우허는 군사를 멈추고 병사들에게 이렇게 일렀다.

"지금 조정에 구원병을 청해 놓았다. 그 군사가 도착하거든 떠나자."

그러자 강족들은 이 말을 듣고는 안심하고 흩어져 가까운 고을로 가서 약탈하였다.

우허는 강족들이 흩어진 틈을 타서, 밤에 서쪽으로 급히 나아갔다. 나아가는 도중 야영지에 군사로 하여금 한 사람이 두 개씩 부뚜막을 만들게 하고, 이튿날엔 네 개씩, 그 다음날엔 여덟 개씩, 이렇게 자꾸만 늘려 나갔다.

그러자 어떤 사람이 물었다.

"옛날 제나라 손빈은 나날이 부뚜막 수를 줄였다고 하는데, 장군께서는 반대로 나날이 부뚜막 수를 늘리니 그것은 무슨 이유입니까? 또 병법에 행군의 거리는 하루에 30리를 넘지 않는다고 했는데, 장군께서 하루에 2백리 가까이 행군하고 있는 것은 무슨 까닭입니까?"

그러자 우허는 웃으며 대답하였다.

"지금 반란을 일으킨 강족은 많고, 우리 군사는 적소. 천천히 가면 적이 뒤따라오기가 용이하오. 반대로 빨리 나아가면 적은 우리 군사의 활동을 짐작하지 못하오. 또 부뚜막이 매일 갑절로 늘어나는 것을 저들이 보면 다른 군사가 많이 와서 합세한 것이라고 생각할 것이오. 우리 군사가 날로 늘어나고 행군하는 속도가 빠르면, 적은 두려워서 우리 군사 쫓기를 주저할 것이오. 손빈은 적에게 약하게 보여 이겼지만, 지금 나는 적에게 강하게 보여 이기려는 것이오. 그 방법이 다른 것은 때와 사정이 다르기 때문이오."

드디어 우허의 군사가 고을에 도착했다. 그때 고을 군사는 불과 3천 명밖에 안 되었는데, 강족은 1만 명이나 되었다. 고을은 대군에 포위된 채 이미 수십 일이 지나고 있었다.

우허는 부하들에게 이렇게 명령했다.

"강한 활은 숨겨 두고 작은 활로 쏘아라."

그러자 강족은 활의 힘이 약해서 자기네 진지에까지 화살이 이르지 못한다고 생각하고, 군사를 휘몰아 급히 성을 공격했다. 그 때 우허는 기회를 보아 2천 명의 강노수(強弩手)로 하여금 일제히 활을 쏘게 했다. 쏘면 쓰러지고, 쏘면 쓰러지고 하여 그 사나운 강족도 당해내질 못하고 뒤로 후퇴하기 시작하였다. 우허는 그때를 놓치지 않고, 성문을 열고 나아가 공격을 시작했다.

이튿날이 되자 우허는 전군을 정돈해 동쪽 성문으로 나가서 북쪽 성문으로 들어오게 하되 , 번번이 옷을 바꾸어 입혀 그 수효를 짐작하지 못하게 했다. 이를 보고 있던 강족은 성 안의 군사 수가 한없이 많은 줄 알고 두려워서 동요하기 시작했다.

우허는 강족이 곧 포위를 풀고 퇴각할 것을 짐작하고, 강물의 여울에 복병을 두어 그 퇴로를 막고 기다리고 있었다. 과연 얼마 지나지 않아 강족이 퇴각하기 시작했다. 이 전투에서 우허의 군대는 큰 승리를 거두게 되었으며, 강족은 뒤를 돌아볼 틈도 없이 정신없이 쫓겨 참패를 당했다.

그 후 등태후가 죽고, 등즐은 파면되어 자살을 했다.

무슨 면목으로 이 찬란한 태양을 볼 수 있으리!

한편 여남 태수 왕공은 재주가 뛰어난 사람을 좋아하고, 학식 있는 선비를 사랑했다. 그가 원랑을 서기에 임명했더니, 원랑은 같은 고향 사람인 황헌과 진번 등을 추천했다. 황헌의 아버지는 수의사였다.

황헌이 열네 살 때, 영천의 순숙이라는 사람을 숙소에서 처음 만나게 되었다. 순숙은 그 인물이 범상하지 아니함을 보고 그를 크게 대우했다.

"공은 내가 스승으로서 우러러볼 인물이오."

그 후 순숙이 원랑을 만나자, "당신의 나라에는 안회(공자의 뛰어난 제자)가 있소."라고 말하니 원랑은 바로 이렇게 말하는 것이었다.

"공은 황헌을 만나셨구려?"

태원군 사람 곽태는 여남에 오면 원랑의 집에서는 하룻밤도 묵지 않았지만, 황헌의 집에서는 이틀이고 사흘이고 묵곤 했다. 어떤 사람이 그 까닭을 물으니 곽태는 이렇게 대답했다.

"원랑은 조그만 샘물과 같소. 그 물은 맑기는 하지만 얕아서 퍼내기 쉽소. 인물에 깊이가 없소. 그러나 황헌은 매우 넓은 물결과 같아서, 맑게 하려 해도 맑게 할 수 없고 흐리게 하려 해도 흐리게 할 수 없어 얼마나 깊은지 그 깊이를 헤아릴 수 없소."

이 말을 들은 사람은 모두 황헌의 높은 인품에 감탄할 수밖에 없었다.

한편 양진이라는 사람은 워낙 인품이 출중하여 그를 아는 사람들이, "관서의 공자는 양진이다."라고 칭할 만큼 그 명성이 높았다. 양진은 20년 동안이나 제자들에게 학문을 가르치고 있었다.

어느 날 새 한 마리가 꼬리가 세 개나 달린 뱀장어를 물고 날아와 강당 앞에 앉았다. 이를 본 관장이 말했다.

"이것은 양진이 삼공이 될 징조요."

그리고 뱀장어를 양진에게 권하며 말했다.

"선생은 반드시 승진하십니다."

그 뒤 과연 양진은 동래군 태수가 되었다. 그런데 어느 날 그곳의 현령이 양진을 찾아와서 뇌물로 돈을 내놓으면서 이렇게 말하는 것이었다.

"깊은 밤중이라 아무도 모릅니다. 받아 주십시오."

"하늘이 알고, 땅이 알고, 그대가 알고, 또 내가 아는데(天知, 地知, 汝知, 我知, 이렇게 하여 四知라 한다), 어찌하여 아무도 모른다고 하는 것이오?"

양진은 이렇게 말하며 받지 않았다. 현령은 낯을 붉히고 물러갈 수밖에 없었다. 그 뒤 양진은 삼공의 하나인 태위가 되었다.

당시 황제는 유모를 위하여 호화롭기 그지없는 어마어마한 별장을 지었다. 그러면서 환관 번풍과 유모 왕성은 황제의 권세를 마음대로 농락하고 있었다. 어느 날 그들은 양진에게 자기네 일가 친척들을 후하게 대우해 달라고 청탁했다. 그러나 양진은 이런 청을 일체 받아 주지 않고 오히려 황제에게 상소해서 정치를 문란하게 하는 번풍과 왕성의 무리를 물리치라고 호소했다.

"옥과 돌이 뒤섞여(玉石混淆, 옥석혼효) 맑음과 흐림이 분명하지 않고, 충신과 간신이 뒤섞여 참됨과 거짓이 분별되지 않으며, 오직 재물만이 모든 일을 좌지우지하니 조정의 안과 밖을 가리지 않고 부정과 불법이 제 세상을 만난 듯합니다."

그러자 번풍 등은 양진을 크게 원망하면서 양진에 대한 나쁜 소문을 만들어 시종들을 통해 양진을 참소했다. 안제는 이 말을 곧이 듣고, 양진에게서 인수를 거두라는 명을 내렸다. 양진은 억울함에 분을 참지 못했다. 그는 제자에게 이렇게 말했다.

"죽음은 선비가 바라는 바이다. 간신의 교활함을 미워해도 벌 줄 수 없고, 아첨하는 여자들이 날뛰는 것을 증오해도 말할 길이 없도다. 그러니 나의 죄는 이들 간신배들보다 오히려 크도다. 이제 무슨 면목으로 이 찬란한 태양을 볼 수 있겠는가!"

양진은 마침내 독약을 먹고 자살하고 말았다. 그의 장례날에는 천하의 명사가 모두 모여 애도했다. 때마침 높이 한 장이 넘는 큰 새가 날아와서 엎드렸다 쳐다보았다 하며 눈물을 흘리고는 어디론지 날아가 버렸다.

토끼 목숨이 사람 목숨보다 귀했던 때

안제는 어릴 때부터 총명하다고 소문이 났는데, 즉위한 뒤에는 공명치 못한 일을 많이 했다. 그는 재위 19년 만에 죽었다.

그 뒤 순제 때 황후의 아버지인 양상이 대장군에 임명되었다. 그리고 양상이 죽자, 그의 아들 양기가 대장군이 되었고, 그 아우 양불의는 하남 태수에 임명되었다. 양기는 원래 건달로서 승냥이 같은 눈매에 독수리 같은 어깨를 하였으며, 혀가 짧은 말더듬이로 간신히 글자를 쓰는 정도였고, 성질은 잔인하기 이를 데 없었다. 그는 젊을 때부터 매사냥, 말타기, 닭싸움, 도박 따위로 날을 지샜으며, 매일같이 건달들과 어울리며 여색에 탐닉하였다.

그 무렵 겨우 여덟 살 된 질제가 황제의 자리에 올랐다. 질제는 어린 나이답지 않게 매우 총명하였다. 그는 양기의 횡포를 잘 알고 있었다. 어느 날 질제는 조정 백관이 모인 자리에서 양기를 바라보며, "이자야말로 발호 장군(跋扈將軍·세력이 너무 강하여 다스리기 곤란한 장군)이다."라고 말하였다.

이에 양기는 크게 놀랐다. 질제를 그냥 두면 자신에게 위험하리라 느낀 양기는 사람을 시켜 음식물에 독을 넣어 질제를 독살해 버렸다. 그리고는 나이 열다섯이던 유지를 황제의 자리에 오르도록 하니, 그가 바로 환제였다.

이 무렵 조정은 여덟 사람의 사신을 각지에 파견하여 지방행정을 살펴보게 했다. 그런데 여덟 사람 중에 장강이라는 사신이 수레바퀴를 낙양 역참 땅에 묻고 탄식하듯 말했다.

"승냥이와 이리가 앞을 막는데 어찌 여우나 살쾡이에게 길을 물을 수 있겠는가?"

중앙의 양씨 일가가 모든 부정의 원흉인데, 지방의 하급 관리를 조사해 봐야 무슨 소용이 있느냐는 말이었다. 장강은 양기와 양불의가 임금을 임금으로 여기지 않는 불충함을 탄핵하는 글을 올렸다. 황제도 장강의 말이 옳다는 점을 잘 알고 있었지만, 감히 이것을 받아들이지 못했다. 이 일로 해서 양기는 장강을 해치려고 했다. 때마침 광릉의 도둑 장영이 일어나 10여년이 되도록 장영을 진압하지 못하고 있었으므로, 양기는 장강을 광릉 태수에 임명하여 죽게 하려고 했다.

장강은 광릉에 부임하자, 혼자서 단 한 대의 수레를 타고 바로 장영의 요새로 갔다. 그리고는 장영을 만나 이치를 따져가며 간곡히 설득했다. 장영은 장강의 말에 감복해서 본부로 돌아가 1만여 명을 이끌고 와서 항복했다. 장강은 도둑의 진영에 들어가 주연을 베풀고 잔치가 끝난 다음 항복한 그들에게, "각자 가고 싶은 데로 가거라." 하여 자유롭게 해주었다. 그리하여 남쪽 여러 지역이 평온해졌다.

조정은 도둑을 평정한 장강에게 크게 상을 주고 제후에 임명하려고 했으나 양기가 한사코 반대하였다. 결국 장강은 광릉 태수가 된 지 1년 만에 죽었다. 그때 장영 등 5백 명이 상복을 지어 입고 장강의 장례식에 참석했다.

이때 원저라는 청년이 양기의 횡포를 탄핵하는 상소를 올렸다. 양기는 크게 노해 그를 잡아 처형시키려 했다. 그러자 원저는 죽은 것처럼 꾸며 인형을 만들어 관에 넣고 그것을 장사지냈다. 하지만 양기는 끈질기게 추적하여 결국 원저를 체포하고 매로 쳐서 죽였다.

양기는 토끼를 매우 좋아하였다. 그는 낙양 근처에 있는 수만 평의 농지에 토끼 농장을 만들고 각지에서 헌상 받은 토끼마다 표시를 하여 길렀다. 만약 누군가 잘못하여 토끼에 상처를 입히면 심한 경우엔 사형에까지 처해졌다. 어느 날 한 서역 상인이 이 사실을 모르고 실수로 토끼를 죽인 사건이 있었다. 그러자 양기는 토끼를 죽인 서역 상인은 말할 것도 없고 그와 거래한 십여 명의 목까지 베어 버렸다.

이때 양기의 처 손수의 친척 중에 맹녀라는 뛰어난 미인이 있었다. 그녀의 성씨는 등씨였다. 양기는 양씨 일족의 권세를 유지하기 위해서는 양씨의 딸이 황제의 총애를 받아야 한다고 생각하고 맹녀를 양씨로 행세하게 하면서 그녀를 궁궐로 보내 귀인으로 삼게 하였다. 아니나 다를까 황제는 맹녀를 극진히 사랑하게 되었다.

이렇게 되자 양기는 혹시 맹녀의 성씨가 양씨가 아니라는 사실이 탄로날까 전전긍긍하게 되었다. 그때 맹녀의 형부 병존이 맹녀가 양씨로 행세하는 것에 반대하는 듯한 모습을 보이자, 양기는 즉시 병존을 죽여 버렸다. 양기는 이에 그치지 않고 맹녀의 생모인 선씨도 죽일 결심을 하였다.

그래서 양기가 보낸 자객이 선씨의 집에 침입하기 위해 그 이웃집 지붕에 올라갔는데, 그 집 사람들이 자객을 발견하였다. 그 집은 환관 원사의 집이었는데, 원사는 큰 북을 울려 동네 사람들을 모두 모이게 하였다. 결국 맹녀의 생모인 선씨는 양기가 자기를 죽이려 했던 사실을 알게 되었고, 그녀는 즉시 궁궐에 들어가 황제에게 모든 자초지종을 털어놓았다.

황제는 이 사실을 전해 듣고 양기를 제거할 결심을 굳혀 당형 등 환관 다섯 명을 불러들여 양기를 제거하라는 밀명을 내렸다. 얼마 지나지 않아 다섯 환관들의 지휘하에 친위군 천여 명이 양기의 집을 겹겹이 둘러쌌다. 드디어 양기 부부는 자살하였고, 양씨와 처가 손씨 일족들은 삼족이 모두 주살되었다. 이때 양기의 재산이 모두 몰수되었는데, 그 액수는 자그마치 30여억 전이나 되었다. 이는 전 국가의 한 해 조세 수입의 절반에 해당되는 엄청난 것이었다.

황제는 양기를 몰아내는 데에 공이 있는 단초 등 다섯 사람을 후(侯)에 임명했다. 이로써 오랫동안 온 나라 안에 악한 정치를 펼치던 양기가 사라지고, 이에 따라 천하의 사람들은 새로운 정치에 기대를 걸게 되었다.

봉황은 조그만 나무에 깃들 수 없다

난형난제

당시 중앙 정치는 어지럽기 짝이 없었지만, 지방 장관 중에는 선정을 행하는 사람이 많았다.

기주 자사인 소장의 옛날 친구 한 명이 청하군 태수로 있었다. 소장이 관하 지방을 시찰하여 청하군에 이르렀을 때, 태수는 옛 친구인 소장이 온 것을 환영하여 주연을 베풀어서 크게 환영했다. 그 자리에서 태수는 기쁜 마음으로 말했다.

"남은 한 하늘을 받들고 있는데, 나는 두 하늘의 은혜를 입고 있소."

이 말을 들은 소장은 안색을 바로하고 말했다.

"오늘 내가 이렇게 옛 친구와 함께 술을 마시는 것은 나의 사사로운 교제요, 내일 기주의 자사로서 정치의 잘잘못을 조사하는 것은공적인 일이오."

드디어 그 이튿날 태수가 법을 어기고 뇌물을 받은 죄가 드러나 소장은 그를 검거했다.

한편 영천의 순숙은 젊을 때부터 학식이 많고 인격이 고결했다. 순숙이 전에 낭릉후의 재상으로 있을 때, 사람들은 그가 정치에 밝음을 기려 신과 같은 인물이라고 했다. 그에게는 아들이 여덟 명 있었는데, 모두 총명했기 때문에 남들은 그들을 팔룡(八龍)이라고 불렀다. 그 중에서 여섯째의 이름은 상, 자는 자명인데, 여덟 형제 중에서도 가장 영리했기 때문에 사람들은 그를 자명무쌍(慈明無雙)이라고 불렀다. 현령은 순숙이 살고 있는 곳의 지명을 고양리라고 고쳐 특별히 그를 기리도록 하였다.

어느 날 상이 이응을 찾아보고, 이응의 마부가 되어 거리를 돌아다녔다. 그리고는 집에 돌아와 집안 사람에게, "오늘은 이응의 마부가 되었다."하며 몹시 기뻐했다.

순숙과 같은 고을 사람으로 진식이라는 사람이 있었는데, 순숙과 더불어 현명하다는 칭찬을 받고 있었다.

어느 날 진식이 순숙의 집에 놀러 갔다. 그때 진식의 맏이들 기가 아버지의 마차를 몰고, 둘째 아들 심도 함께 타고 갔다. 손자 군은 아직 어렸으므로, 수레 안에서 진식에게 안겨 있었다. 순숙의 어린 손자 욱도 이때 순숙의 무릎 위에 안겨 있었다.

이날 천문관이 황제에게 아뢰었다.

"지금 덕성(德星)이 나타났습니다. 수도에서 5백 리 안에 현인이 모여 있을 것입니다."

어느 날 맏아들 기의 아들과 둘째 아들 심의 아들이 서로 자기 아버지가 더 훌륭하다고 다투다가 할아버지 진식에게 판단을 청했다. 이에 진식이 말했다.

"누가 형이고 누가 아우인지 우열을 가리기 어렵다. 기는 형되기 어렵고, 심은 아우되기 어렵다(難兄難弟)."

또 어느 날인가는 진식이 잠을 자고 있는데 대들보 위에서 바스락거리는 소리가 났다. 누운 채 살펴보니 도둑이 숨어 있는 것이 아닌가. 하지만 진식은 모른 체하며 등불을 밝히고 아들들과 손자들을 불렀다. 식구들이 다 모이자 이렇게 말했다.

"사람은 누구나 근면하고 힘써 노력해야 한다. 아무리 나쁜 사람이라 하여도 그 본성까지 나쁜 것은 아니다. 그러나 나쁜 버릇은 일찍 고치지 않으면 어느새 몸에 배어 나쁜 일을 계속 저지르게 되는 것이다. 저 대들보 위의 군자(梁上君子)도 그러한 경우라 하겠다."

가슴을 졸이며 그의 말을 듣고 있던 도둑은 스스로 내려와 그의 발 밑에 엎드려 용서를 빌었다.

"이제 제 행동에 대해 참으로 뉘우치게 되었습니다. 제게 벌을 내리지 않고 한 인간으로 대우해 주시며 새로운 삶을 살 수 있도록 가르침을 주시니 그 은혜 결코 잊지 못할 것입니다."

이에 진식은 그 도둑에게 옷감과 약간의 양식까지 주어 보냈다. 그 무렵 조정에서는 천하에 조서를 내려, 기개가 있는 인물을 추천하도록 했다. 그리하여 탁군의 최식이라는 사람이 추천되어 관청까지 왔으나, 그는 시험에도 응하지 않고 그대로 돌아가 버렸다. 그런 후에 글 한 편을 지었는데, 그 내용은 다음과 같았다.

성인은 시세에 순응하는데, 평범한 선비는 세상의 변천을 몰라 모든 일을 대할 때마다 막혀서 스스로 괴로워할 뿐이다. 형벌은 난세를 다스리는 약석(藥石)이요, 도덕 교육은 태평을 일으키는 쌀과 고기다.

도덕 교육에 의해 흉악한 도둑을 제거하려는 것은 맛있는 쌀이나 고기로 병을 고치려는 것과 같고, 또 형벌로 천하를 태평하게 하려는 것은 약으로 영양분을 취하려는 것과 같다.

우리 조정은 여러 대 전부터 대신들을 지나치게 우대하여, 용서할 수 없는 죄도 엄하게 다스리지 않은 잘못이 있었다. 비유해서 말하면, 마부가 고삐를 놓아 주었기 때문에 말은 재갈을 벗고 네 마리가 제각기 딴 길로 들어가서 급기야 수레가 기울어져 엎어지려는 형국이다. 지금 당장 고삐를 잡아당겨 멍에를 죄이지 않는다면, 이 위험에서 빠져나오기는 어려울 것이다.

중장통이라는 사람이 이 글을 보고 말했다.

"모든 사람들은 이 글을 베껴서 좌우(座右)에 둘 것이다(좌우명(座右銘)이라는 말은 여기에서 비롯되었다)."

그 뒤 주목이라는 매우 청렴한 사람이 기주의 자사가 되었다. 이 소식이 전해지자 기주의 현령과 읍장들 중에 미리 사직하고 달아난 자가 수십 명이나 되었다. 주목은 부임해 가자, 지체하지 않고 탐관오리에 대한 탄핵의 글을 올렸다.

또 언젠가는 환관 한 명이 수도에서 죽은 아버지 장례를 고향에 내려와 지냈는데, 천자의 장례에나 쓰는 금과 옥을 박아 장식한 옷을 입혀서 묻었다. 이 것을 안 주목은 그 사실을 다시 확인한 다음에, 무덤을 파서 관을 열고 시체를 꺼내게 했다. 분노한 환관은 황제에게 주목을 참소하였다. 그 말을 들은 황제는 크게 노하며, 주목을 체포해서 옥에 가두어 버렸다. 이에 태학생(太學生) 유도 등 수천 명이 상소문을 올려 주목의 무죄를 호소했다.

'지금 천하의 실권을 환관이 훔쳐서 손에 왕후의 작위를 쥐고, 입에 하늘의 법률을 물어, 생사여탈의 권한이 그들 손바닥 안에 있습니다. 하지만 주목만이 홀로 환관의 권력에 굽히지 않고, 성심으로 나라의 장래를 근심하고 기강이 오랫동안 흔들리고 있음을 두려워했던 것입니다. 이번 주목의 행동은 오로지 폐하와 나라를 위해 깊이 생각한 끝에 행한 일입니다. 원컨대 저희들로 하여금 주목의 몸을 대신하여 죄를 받게 하여 주십시오.'

황제도 그 정성에 감동되어 주목을 용서했다.

봉황은 조그만 나무에 깃들 수 없다

그 뒤 황경이라는 사람이 태위가 되었다.

이때 진번은 서치와 강굉이라는 처사(處士)를 조정에 천거했다. 진번은 예장군 태수로 있을 때 서치를 위해 한 개의 걸상을 마련해 놓았다. 그리고 서치가 와서 잠시 한담을 하고 돌아가면, 진번은 그 걸상을 다른 사람이 쓰지 못하도록 벽 사이에 걸어놓았다.

서치는 어떤 제후의 자리에도 응하지 않았다. 그러나 진번이 죽었다는 말을 듣고는 급히 장례식에 가서 고인을 조상했다. 서치는 그때 구운 닭 한 마리를 술에 담갔다가 햇볕에 말린 솜으로 싸 가지고 진번의 묘 앞에 와서는, 솜을 물에 적셔 술기운을 되살리고 또 흰 띠를 펴서 밥과 닭고기를 놓았다. 제사가 끝나자, 명함 한 장을 놓아 두고 상주에게는 인사도 없이 가 버렸다.

한편 처사 강굉은 팽성 사람으로 두 아우 중해, 계강과 함께 효성이 지극하고, 형제간에 의가 좋았다. 그들은 늘 한 이불을 덮고 잤다. 어느 날 강굉과 끝의 동생 계강이 길에서 강도를 만나 하마터면 죽을 뻔했는데, 서로 자기가 먼저 죽겠다고 옥신각신하는 모습을 보고 감명을 받은 도둑들은 그 형제를 살려 주었다고 한다.

조정에서는 서치와 강굉을 불렀으나, 두 사람 모두 사양하고 가지 않았다.

태위 황경이 죽었을 때 장례식에 모인 각국의 명사들은 무려 7천 명에 이르렀다. 서치도 조문을 가서 술을 따르고 그 묘 앞에 받들어 올려 풀잎을 바친 다음, 슬피 울고 돌아갔다.

모든 사람들이 이것을 보고, "저분은 틀림없이 유명한 선비 서치일 것이다." 하며 진류군 사람 묘용으로 하여금 그를 뒤쫓아가 국사에 대해 물어보게 했다. 그러나 서치는 아무 대답도 하지 않았다.

묘용은 하는 수 없이 그대로 돌아와 다른 사람들에게 서치 선비가 아무 대답도 하지 않았다고 말했다. 그러자 태원군의 곽태가 말했다.

"그분이 국사에 대해 아무 말도 하지 않는 것은 공자의 이른바, '그 어리석음이 미치지 못할 것'이라고 한 것과 같다. '나라에 도가 행하여질 때는 군자가 마땅히 나와서 뜻을 펼 것이지만, 그렇지 못할 때는 아는 것을 숨기고 스스로 어리석은 체하고 있으면서 국사를 말하지 않는 것이 좋다'는 말이다."

곽태가 처음으로 낙양에 유학했을 때, 당시 하남군수였던 이응은 단번에 곽태가 큰 인물임을 알아보고 곧 친한 친구가 되었다. 일찍이 이응이 고향에 돌아갈 때, 의관을 갖춘 유생들이 황하 가까이까지 전송나와 그 수레의 수가 수천 대나 되었다. 그러나 이응은 곽태와 단 둘이서 같은 배로 강을 건너갔다. 전송나온 많은 빈객들은 이 모양을 보고 감탄했다.

"이공의 풍채는 마치 신선과 같다."

그런데 진류군의 묘용은 나이 40이 넘도록 들에 나가 논밭을 갈고 있었다. 어느 날 갑자기 소나기가 내려 여러 사람과 함께 나무 아래에서 비를 피하고 있었는데, 다른 사람들은 다리를 뻗고 앉아 있었으나 묘용만은 엉덩이를 발꿈치에 대어 정좌하고 있었다. 곽태는 이것을 보고 보통 사람이 아니라고 생각하고 공부를 하도록 권하였다. 곽태는 많은 벼슬에 추천되었으나, 그는 굳이 사양했다.

"나는 밤에는 천문을 보고 낮에는 인사(人事)를 행하고 있는데, 하늘이 버린 것은 인간의 힘으로 어찌할 수 없다."

진류군의 구향이라는 사람은 나이 40이 되어서 현의 수령이 되었다. 그때 현의 백성 중에 진원이라는 사람이 있었는데, 그의 어머니가 진원의 불효함을 구향에게 호소해 왔다. 구향은 몸소 진원의 집에 가서 그를 만나 보고 인륜 도덕을 간곡히 설명하여 타일렀으므로, 진원은 크게 감격해서 깊이 깨닫고 마침내 효자가 되었다.

고성의 현령 왕환이 이 이야기를 듣고, 구향을 발탁한 후 그에게 말했다.

"공은 진원을 처벌하지 않고 교화시켰소. 왜 참새를 단숨에 잡아채는 독수리와 같이 불효자를 혼내지 않았소?"

"독수리는 봉황에 버금가지 못합니다."

"정말 옳은 말이오. 탱자나무는 봉황이 깃드는 데가 아니며, 백 리의 작은 고을은 대현(大賢)의 길이 아니오."

왕환은 구향에게 한 달치의 봉급을 여비로 주어 태학(太學)에 보냈다. 구향은 태학에서도 항상 자신을 지켜 결코 나태하지 않았다. 그러나 그 뒤에도 구향은 끝내 어떠한 벼슬에도 응하지 않고, 고향에 돌아가 있다가 죽었다.

등용문

황경이 태위가 되고 나서 양병과 유총이 잇따라 삼공의 자리에 올랐는데, 모두 인망이 높았다.

유총은 일찍이 회계군 태수로 있을 때, 고을 안을 어질게 잘 다스렸다. 그 뒤 조정의 부름을 받고 수도로 돌아오는 도중, 산골짜기에서 5, 6명의 늙은이들이 나와서 각각 돈을 유총에게 내어놓으면서 말했다.

"인자하신 태수께서 부임하신 후에는 도둑이 그림자를 감추어 밤에 개 짖는 소리를 듣지 못하고, 금품을 강요하며 돌아다니는 관리의 자취가 없어져서, 사람들은 관리의 모습조차 보지 못하게 되었습니다. 지금 태수께서는 우리를 버리고 수도로 돌아가신다고 하니, 우리는 전송이라도 하려고 이 늙은 몸을 지팡이에 의지하여 나왔습니다.”

유총이 대답했다.

“내 정치가 어찌 어르신들의 말씀과 같이 훌륭한 것이었겠습니까? 내 힘이 모자라 모든 사람들이 많이 불편했을 겁니다.”

그는 노인들의 뜻에 감사의 말을 전한 다음 한 사람 한 사람한테서 엽전 하나씩만 받아 가지고 떠났다.

그 뒤 진번이 태위가 되었다. 그는 이응의 인물됨을 칭찬하여 사례교위에 임명했다.

이렇게 하여 청렴결백한 진번과 이응이 중신으로 임명되자, 환관들은 크게 두려워하여 숨을 죽이고 궁중에서 밖으로 나가지 않았다. 당시 조정의 기강은 말할 수 없이 퇴폐하였고 또 무너져 있었는데, 이응만은 홀로 높은 견식을 가지고 당당히 정의를 존중하여 그의 명성은 천하에 크게 알려졌다. 그 때문에 그를 만날 수 있다는 사실만으로도 사람들은 대단한 영광으로 여겼다.

당시 사람들은 그를 만나 그의 인정을 받는 자가 있으면, ‘등용문(登龍門)’이라 하여 크게 부러워했다. (용문(龍門) 강물이 갑자기 뚝 떨어져 흐르는 곳으로 수천 마리의 큰 물고기들이 그 아래에 모여들어 올라가려 하였지만 대부분 올라가지 못했다고 한다. 하지만 용문을 올라가는 데 성공하면 용으로 된다는 이야기가 전해지고 있었다.)

한편 환제가 제후로 있을 때, 감릉현의 주복이라는 선비에게 글을 배운 일이 있었다. 그 후 환제가 제위에 오르자, 주복을 발탁해서 상서의 벼슬에 임명했다. 이 무렵 같은 감릉현에 방식이라는 사람이 있어 인망이 높았으나, 아무런 벼슬에도 등용되지 않았다. 이에 고향 사람들은 다음과 같은 노래를 지어 불렀다.

천하의 모범이 될 사람은 방식이요,
제자를 잘 두어서 인수(印綬)를 허리에 찬 이는 주복이다.

이후부터 주복과 방식 두 집의 식객은 서로 대립하게 되었다. 그 결과 감릉현에는 남쪽과 북쪽의 당파가 생겼다. 후한의 당쟁은 여기서부터 비롯된 것이다.

당시 낙양에는 태학이라는 최고 교육기관이 있었는데(원래 태학은 전한 무제 시대에 동중서의 건의에 따라 만들어졌다), 그곳에서 공부하는 학생들은 무려 3만 명에 이르고 있었다. 그런데 이들은 환관들의 전횡에 저항하는 운동을 대대적으로 전개하며 '환관 타도'를 부르짖고 있었다. 그들의 정신적 지주는 물론 이응과 진번 등이었다. 학생들 중에서는 곽태와 가표 두 사람이 특히 뛰어났다. 당시 조정에는 진번 이응 두 현사가 있었고, 재야에는 곽태와 가표라는 두 처사가 있어서 서로 그 덕을 칭송했다. 태학의 학생들은 서로들 말했다.

"천하의 모범이 될 인물은 이응 선생이요, 포악한 악인을 두려워하지 않는 이는 진번 선생이다."

이렇게 하여 그 무렵에는 비판 정신이 매우 유행하게 되었다. 마침 남양군 태수 성진과 태원군 태수 유질이 각기 횡포하고 악독한 환관들을 잡아서 죄를 다스렸는데, 그때 대사령이 내려져 석방의 특명이 있었음에도 불구하고 환관을 죽여 버렸다. 이에 환제는 크게 노하여, 두 사람을 소환해서 옥에 가두도록 명령하였다.

태위 진번은 자주 환제에게 문란한 정치를 개혁하라고 진언했으나, 환제는 듣지 않았다. 이때 환관들은 남을 시켜 글을 올려서 이응을 참소했다.

'이응은 태학의 학생을 길러서 도당을 꾸미며, 위로 조정의 정치를 비방하고, 아래로 민심을 현혹시키려 하고 있습니다.'

환제는 몸을 부르르 떨며 노하여, 칙령을 내려서 이응을 체포하게 했다. 그 칙서의 문안이 삼공에 회부되어 오자, 태위 진번은 즉석에서 그것을 반대했다. 그리고 그는 칙서의 끝에 서명할 것을 거부하였다. 그러자 환제는 더욱더 노하여 이응 등을 감옥에 가두었다. 이때 색출된 사람은 두밀, 진식, 범방 등 2백여 명에 이르렀고, 체포하려는 포졸들이 사방으로 달려갔다. 진번은 거듭하여 환제에게 진언했으나, 오히려 환제는 진번을 면직시켰다. 이것을 본 조정의 백관은 모두 겁이 나서 다시는 감히 환제에게 간하는 사람이 없게 되었다.

이 사건을 전해 들은 영천의 가표는, "내가 수도로 가서 힘쓰지 않으면 이 큰 사건은 해결되지 않을 것이다." 하며 낙양으로 가서 황후의 아버지 두무를 설득했다. 그 뒤 두무는 조목조목 쓴 글을 환제에게 올려 그의 죄를 풀어 주도록 간했다.

한편 이응이 조정에서 말한 공술은 거의가 환관 자제들의 전횡과 포악함을 폭로하는 것이었으므로, 후환이 있을까 염려한 환관들은 오히려 환제에게 그들의 죄를 용서해 주기를 청했다. 이에 2백여 명의 죄는 용서되었고 모두 고향으로 돌려 보내졌다. 하지만 그들의 이름은 삼공부에 기록되어 평생 벼슬을 못하게 했다.

저 까마귀 어디로 날아가나

환제는 보기 드문 호색가였다. 그는 궁궐에 궁녀를 5, 6천 명이나 두어 마음껏 즐겼다. 환제는 특히 곽귀인을 총애하였다. 그러자 등황후 맹녀는 곽귀인을 질투하여 다투다가 폐위되어 얼마 지나지 않아 죽었다.

환제의 뒤를 이은 영제는 열두 살에 즉위했는데, 황제가 어렸기 때문에 두태후가 조정에 나가 정치를 맡아 보았다. 그녀는 두무를 대장군에, 진번을 태부에 임명하고 어진 사람을 등용했다. 이응과 두밀 등도 조정의 중요한 자리를 차지하게 되었다.

당시 천하 사람들은 양기와 같은 흉악무도한 자가 제거되고 어진 이들이 조정에 들어섰으니, 반드시 태평한 세월이 올 것이라고 기대했다. 그러나 이러한 기대는 완전히 빗나갔다. 환관들은 양기 토벌의 공을 내세워 모두 중요 직책을 독차지하고 친척들까지 관직에 등용하는 등 강력한 '환관 정권'을 세워 나갔다. 무서운 호랑이가 사라지자, 이번에는 간악한 이리 떼가 나타난 것이다.

그러자 환관들의 횡포와 전횡에 반대하는 유생들의 저항이 거세졌다. 진번과 두무는 환관이 국가의 권력을 가로채서 나라를 어지럽히고 흐리게 하는 것을 그대로 둘 수 없다며 태후에게 글을 올렸다. 그러면서 환관 조절과 왕보를 주살하려고 했다.

그런데 불행하게도 이 계획은 누설되고 말았다. 이 계획을 알아 챈 환관들은 밤을 틈타 자기들의 무리 17명을 불러 피를 나누어 마시며 굳게 단결을 맹세했다. 그들은 영제를 참석시킨 자리에서 두무와 진번 등을 주살하는 조서를 만들었다. 그런 뒤 억지로 대역의 죄명을 뒤집어씌워 우선 진번을 잡아다 죽였다. 이 사실을 알게 된 두무는 자살해 버렸고 그 머리는 효수되었다. 그리고 두태후는 남궁으로 옮겨졌다.

이렇게 진번과 두무가 역적의 죄명을 쓰고 죽자, 이응 등도 다시 갇힌 몸이 되었다. 결국 이응은 옥에 갇혀 고문 끝에 죽었다.

이때 범방도 체포되었다. 그가 체포되어 끌려가자 범방의 어머니는 그가 살아 돌아오지 못할 것을 각오하고 말했다.

"너는 이제 이응과 두밀 등 훌륭한 분과 같이 의인(義人) 현사(賢士)라는 이름을 듣게 되었다. 죽어도 나는 원망하지 않겠다."

범방은 꿇어앉아서 어머니의 교훈을 받고, 두 번 절하며 이 세상에서의 작별을 고했다.

그러면서 범방은 아들을 돌아보고 "아버지는 너를 위해 악한 짓을 해서라도 한때의 이익을 얻을까 했었는데, 생각을 돌렸다. 어떠한 경우에라도 양심에 어긋나는 짓은 할 수 없다고 말이다. 너 또한 결코 악한 짓을 해서는 안 된다. 아버지는 네가 훌륭한 사람이 되어 훌륭한 일만 하기를 바라는 마음에서 악한 자들과 어울리지 않았다." 하며 훈계하고 작별했다.

이 말을 들은 사람들은 그의 굳은 뜻에 감격하여 눈물을 흘렸다. 이 사건과 관련되어 피살된 사람이 백 명이요, 그 밖에 귀양 보내졌거나, 종신 금고형에 처해진 사람이 6, 7백 명에 이르렀다. 그리고 투옥된 학생들만 해도 천여 명을 넘었다.

이렇게 온 세상이 어수선해지자 곽태는 나라가 되어가는 꼴을 통탄했다.

"시에 '저 까마귀가 부잣집에 앉아 있는 것을 볼 수 있는데, 이제 그 부자가 망하려 하면 오래지 않아 날아갈 것이나, 다음에는 어느 집 지붕에 가 앉을지를 알지 못한다'고 했다. 사람도 역시 어진 임금을 구하여 따르는데, 한나라 황실이 멸망한 후 중원의 사슴은 과연 누구의 손으로 돌아갈 것인가?"

곽태는 즐겨 세상사의 잘잘못과 선악을 논평했지만 격렬한 공격적인 말을 쓰지는 않았으므로, 어지러운 세상에 있어서도 화를 당하지 않았다.

영웅천하 —삼국지

난세의 간웅, 조조

이해 조정은 서원(西園) 가운데 점포를 만들어서 벼슬을 팔았다. 벼슬은 각각 정해진 값이 있었다. 그 포고가 나붙자, 최열이라는 사람이 5백만 금을 내고 삼공의 하나인 사도의 벼슬을 샀다. 이때 영제는 "아까운 일을 했구나. 1천만 금도 받을 수 있었을 텐데." 하고 후회했다.

어느 날 그는 아들에게 물었다.

"세상의 평판이 어떻더냐?"

그러자 아들은 이렇게 대답하였다.

"별로 아버님을 악평하는 말은 듣지 못했습니다만, 구리 냄새가 난다고 싫어하고 있습니다. "

그즈음 거록군 사람 장각이라는 자가 제자들에게 요술을 가르쳤는데, 사람들은 그 술법을 '태평도'라고 일컬었다. 태평도의 무리는 부적을 물에 넣고 주문을 외워서 병을 고친다면서, 제자들을 사방으로 보내 탐관오리에 지친 백성들을 현혹시켰다. 그리하여 태평도의 무리는 겨우 10여 년 동안에 수십 만 명에 이르게 되었다. 그들은 이런 노래를 지어 부르고 있었다.

> 창천(蒼天)은 이미 죽었고 황천(黃天)이 일어난다.
> 황천은 갑자에 일어나고 이해에 천하가 크게 길하리라.

창천은 한나라를 뜻하는 말이었고, 황천은 태평도에서 받드는 신이었다. 노래말대로 황천은 갑자년에 일어났다.

그러면서 장각 자신은 천공장군(天公將軍), 다음 아우 장량을 인공장군(人公將軍)이라고 불렀다. 모두 황색 두건을 쓰고 있었다. 이름하여 황건적이었다. 그들은 이르는 곳마다 불을 지르고 약탈해서 불과 한 달도 채 안 되어 천하는 온통 소란 속에 빠지게 되었다.

그러자 조정에서는 황보숭을 파견해서 황건적을 치게 했다. 이 때 태평도의 수령인 천공장군 장각이 병으로 죽었다. '주문을 외우면 화살도 피해 간다'고 믿고 있던 황건적은 그들이 불사신으로 모시던 장각이 죽은 후 갑자기 사기가 크게 떨어졌다. 황보숭은 이 틈을 놓치지 않고 조조의 군사를 합류시켜서 황건적을 완전히 격파했다. 인공장군 장량의 목이 잘렸고, 장각의 관도 파내어져 그 사체에 형이 가해졌다.

한편 삼국지의 간웅, 조조의 자는 맹덕이었고 그 성격은 임협(任俠), 방탕하고 행실을 다스리지 않았다고 역사서에 기록되어 있다.

조조의 아버지는 환관 조등의 양자였다고도 하고, 하후씨의 아들이라고도

했다. 조조는 어릴 때부터 매우 민첩하고 판단력이 뛰어나 적의 동정을 잘 살펴 그에 정확하게 대처하는 재주가 있었다. 게다가 권모술수에 능하였다. 그러면서 매 사냥이나 개 경주에 열중하였다.

젊은 시절 조조는 원소와 친한 친구 사이였다. 장난을 좋아하는 조조는 어느 날 원소와 함께 대담한 장난을 하였다. 바로 신부 약탈이었다. 그래서 어느 양반댁에서 결혼식이 치러질 때, "도둑 떼다!"라고 소리쳤다. 그러자 사람들이 놀라서 밖으로 뛰쳐나왔다.

이때 조조와 원소는 신부를 둘러엎고 나왔다. 그런데 원소가 어둠 속에서 발을 헛디디는 바람에 발목이 삐어 움직이지도 못하게 되었다.

"이제 움직일 수도 없어 . 아이구 아파!"

원소는 비명을 질렀다.

이때 조조가 큰소리로, "도둑은 바로 여기 있다!"라고 소리쳤다. 그러자 걸을 수 없다고 우는 소리를 하던 원소는 깜짝 놀라 후다닥 일어나 냅다 뛰기 시작했다.

한편 여남 사람 허소는 사촌형 정과 함께 명성이 높았다. 두 사람은 늘 인근 인물에 대해 평을 하곤 했다. 매월 초하룻날이 되면 새로운 제목으로 새로운 논평을 가했던 것이다. 여남 지방 사람들은 이것을 '월단평(月旦評)'이라고 하면서, 초하룻날에 그 평을 듣기를 기다렸다.

언젠가 조조는 여남으로 가서 허소에게 물었다.

"나는 어떤 인물이오?"

허소는 처음에는 경멸하고 대답하지 않다가 조조가 칼을 들이대고 위협하니 그때서야, "그대는 치세의 능신(能臣)이요, 난세(亂世)의 간웅(奸雄)이오."라고 말했다.

이 말을 들은 조조는 기뻐하며 돌아갔다. 그는 그 후 군사를 일으켜 황보숭과 함께 황건적을 토벌해서 세상에 이름을 드날리게 되었다.

영웅호색

한편 황보숭은 장각을 쳐서 죽이고 이어서 장각의 아우 장량과 싸워서 단칼에 베어 버렸다.

얼마 지나지 않아 영제가 죽고 그를 이어 아들 변이 즉위하자, 하태후가 섭정을 했다. 나라의 모든 권력은 태후의 오빠인 대장군 하진에게 집중되었다. 이때 사례교위 원소가 하진에게 환관들을 죽이라고 권해 하진은 승락했으나, 하태후가 듣지 않았다. 이에 원소 등은 계략을 꾸며서 각지의 맹장을 소집한 후 장군 동탁을 대장으로 내세워 군사를 이끌고 수도 낙양으로 향하게 하였다.

그런데 동탁의 군사가 미처 낙양에 이르기도 전에 환관을 죽이려던 하진은 도리어 조충을 비롯한 십상시(十常侍)라 불리는 환관들에게 피살되고 말았다.

이에 분노가 극에 달한 원소는 군사를 동원하여 즉시 대궐문을 쳐부수고 들어가 궁전 안을 살살이 수색하였다. 그리고는 환관이라는 환관은 모조리 잡아서 노소를 가리지 않고 모두 죽였다. 그 때 죽은 환관의 수는 2천여 명에 이르렀다고 한다. 그 중에서는 수염이 없어서 환관으로 오인 받아 죽은 사람도 있었다(환관은 거세되어 피하지방이 생기기 때문에 뚱뚱하고 수염이 없는 것이 특징이었다). 일이 마무리되어 가는 중에 동탁이 도착했다. 그리고는 궁궐에서 발생한 난의 전말을 물었다.

이때 천자 변은 나이 열넷이었는데, 말이 분명치 않아 잘 알아들을 수가 없었다. 이에 반해 황제의 이복동생 진류왕은 나이는 더 어림에도 불구하고 난리의 경과를 요령있고 자세히 설명하여 빠짐이 없었다. 동탁은 변을 폐하고 진류왕을 세우려고 했다. 그러나 원소는 이에 반대하면서 낙양을 떠나 버렸다. 조조도 진류 땅으로 가서 전 재산을 털어 5천 명의 군사를 모집하였다.

반대자가 모두 떠나자 결국 동탁은 변을 폐하고 진류왕을 세웠다. 바로 이 사람이 헌제다.

헌제는 이름이 협이며 아홉 살 나던 해에 장군 동탁의 손에 의해 즉위했다. 그러자 관동(關東) 지방 곳곳에서 뜻있는 사람들이 군사를 일으켜서, 원소를 맹주로 추대하고 동탁을 치는 데 힘을 합하였다. 이에 견디지 못한 동탁은 낙양의 궁전을 모두 불지르고 달아나 장안으로 도읍을 옮겼다. 동탁은 낙양을 떠나면서 수백만 명의 백성들을 강제로 끌고 갔으며 낙양에 있는 궁전과 민가를 모조리 불살라 버려 2백 리 안팎에는 개나 닭 한 마리조차도 살아 남을 수 없을 만큼 초토화되어 버렸다.

한편 동탁이 떠나 버린 낙양에는 장사 지방의 태수이며 부춘현 출신인 손견(孫堅)이 군사를 일으켜서 맨 먼저 들어왔으나 이미 폐허가 된 낙양을 구경만 해야 했다. 그때 그를 따라 들어온 군사의 수효는 수만 명이었다.

이때 조조는 황건적의 잔당 30만 명의 항복을 받아들여 이들 중 정예병을 선발해 강력한 군대를 가지게 되었다.

한편 원술은 원소의 사촌동생인데 그들은 옛날 용맹을 휘날렸던 태위 원안의 현손(玄孫)이다. 원씨는 4대에 걸쳐 5공을 낸 명문 가문으로, 그 부귀가 다른 삼공과는 비교도 안 되었다. 원소는 몸이 건강하고 위엄이 있으며, 그 부하를 사랑했다. 그러자 천하의 선비가 모두 원소에게로 모여들었다. 원술도 또한 용기 있고 의리 있는 훌륭한 사람으로서 동탁의 난을 계기로 일제히 군사를 일으킨 것이다. 그 뒤 원술은 손견에게 형주를 빼앗을 계책을 일러주었으나 손견은 그만 형주자사 유표의 부장 황조의 화살에 맞아죽고 말았다.

당시 여포라는 용사가 있었는데, 무술이 매우 뛰어나고 힘이 장사였다. 동탁은 여포의 뛰어난 무용을 사랑해서 부자의 의를 맺었다.

한편 동탁의 첩 중에는 초선이라는 절세 미인이 있었다. 실은 이 초선이라는 여자는 동탁 때문에 온 집안이 몰살당한 집의 딸이었다. 그녀는 출가한 후였기 때문에 화를 피할 수 있었다. 하지만 그녀는 복수를 하기 위해 남편과 이별하고 기녀가 되어 동탁에게 접근하였다.

영웅호색, 동탁은 절세 미인인 그녀를 놓칠 리 없었다. 동탁의 집에 들어간 초선은 여포를 유혹하기 시작하였다. 여포가 마음만 먹으면 동탁을 죽일 수 있는 유일한 인물이었던 것이다. 이렇게 하여 여포와 초선은 은밀하게 불타는 사랑을 나누었다. 하지만 초선은 일부러 "여포와 초선은 이상한 관계다."라는 소문을 은근히 퍼뜨렸다. 그렇게 해야 동탁을 미치도록 화나게 하여 여포를 죽이려 덤빌 것이고 그래서 여포로 하여금 별 수 없이 동탁을 죽이게 하는 것이 그녀의 목표였다.

"동탁은 어쩌면 이미 우리 관계를 알고 있을 거예요. 아아, 정말 무서워요. 당신, 어떻게 좀 해줘요."

초선이 여포를 안고 매달렸다.

"좋다. 결심했다. 너를 위해서라면 무엇이든 해야지."

여포가 초선의 손목을 힘껏 쥐었다.

여포는 평소 친분이 있던 왕윤에게 동탁을 죽이려는 자기 계획을 이야기했다. 이때 재상 자리에 있던 왕윤도 동탁을 죽이려는 계획을 세우고 있었다. 왜냐하면 동탁을 그냥 놔둬서는 자기도 언제 죽을지 모르기 때문이었다. 그래서 의기투합한 두 사람은 협력하여 동탁을 죽이기로 맹세했다.

드디어 그날이 왔다. 동탁이 대궐로 들어가게 되자 여포는 그를 수행하였다. 거의 궁궐에 도착했을 때였다. 갑자기 길 옆에서 용사 10여 명이 뛰어나와 동탁을 찔렀다. 동탁은 수레에서 굴러 떨어지면서 큰 소리로 여포를 불렀다. 그러나 여포는, "어명에 의해 역적을 친다." 외치고는 창을 들어 동탁을 찔러 죽였다.

평소에 동탁은 25만 명을 동원하여 그의 봉지(封地)인 미성 지방에 거대한 성을 쌓고, 30년 동안 먹을 군량과 금 23만 근, 은 89만 근, 그 밖에 비단이며 갖은 보물을 산처럼 쌓아놓았다. 그리고는 만나는 사람들에게 이렇게 말하곤 했다.

"만약 내가 큰 소원을 이루면 천하는 내 것이요, 설혹 이루지 못하더라도 이 금은보화로 여생을 편안히 보낼 것이다."

그러나 결국 그의 시체는 거리에 뒹굴게 되었다.

원래 동탁은 몹시 살이 쪘다. 그래서 형장 관리가 특별히 큰 심지를 만들어서 동탁의 배꼽에 꽂고 불을 붙였는데 며칠 동안 계속해서 탔다.

그 뒤 동탁의 부장이던 이최와 곽사 등이 군대를 이끌고 대궐로 쳐들어가 왕윤을 살해하였다. 그러자 여포는 할 수 없이 달아나 원술에게로 갔다.

도원결의(桃園結義)

유주의 탁현 지방에서 어깨까지 늘어진 큰 귀에 무릎까지 닿는 길다란 손을 가진 잘생긴 청년이 조정에서 내건 '황건적을 토벌하자'는 방을 보면서 큰 한숨을 쉬고 있었다. 그때 뒤에서 천둥치는 듯한 큰 고함소리가 터져나왔다.

"뭐야, 이 졸장부야. 나라의 큰 일에 힘을 내보기도 전에 바보 같이 한숨부터 쉬다니!"

그 사나이는 키가 여덟 자에 구렛나루가 탐스러운 자였다. 그래서 한숨을 쉬던 자가 다가가 이름을 물었다. 그러자 그 사나이는 이렇게 대답하였다.

"나의 성은 장이고 이름은 비, 자는 익덕이라고 하오. 이 지방에서 대대로 돼지를 잡고 술집을 하며 천하의 호걸들과 어울리며 지내오."

"정말 반갑소. 나는 한나라 황실의 피가 섞인 사람으로, 성은 유요, 이름은 비이며, 자는 현덕이라고 합니다. 황건적을 무찔러 백성들의 괴로움을 구원하려는 뜻만 있고 힘은 부족하여 한숨을 쉰 것이라오."

탁군의 유비(劉備)는 자를 현덕(玄德)이라고 했다. 그의 조상은 전한 경제에서부터 갈려 나왔으니, 곧 경제의 여섯째 아들 주안정왕 승의 자손이다. 유비의 대에 이르러서는 가산이 몰락하여 짚신이나 돗자리를 짜서 생계를 유지하고 있었다. 그렇지만 어려서부터 큰 뜻을 품어 왔던 유비는 말이 적고 희로애락의 표정을 얼굴에 나타내지 않았다.

"그렇다면 나에게 얼마간의 재산이 있으니, 우선 그것을 모아 이 고을 젊은 이들과 함께 거사해 보지 않겠소?"

장비가 호탕하게 웃으며 말했다.

이들은 단번에 의기 투합되어 근처에 있는 술집으로 들어가 술을 마셨는데, 그때 술집 앞에 수레 한 대가 멈추더니 키가 아홉 자나 되는 사나이가 술집으로 들어오고 있었다. 그 사나이는 붉은 얼굴에 두 자도 넘는 구렛나루를 기른 위풍이 당당한 용사였다. 그는 침상에 털썩 앉더니 큰 소리로 외쳤다.

"자, 술을 가져와. 내 의병에 나가려는 것이니 빨리 다오."

유비는 그 사나이의 당당한 모습에 끌려 함께 자리를 한 뒤 이름을 물었다. 그러자 그는 이렇게 대답하였다.

"나는 성이 관이고 이름은 우, 자는 운장이라 하는 사람이오. 고향에서 탐관오리가 설쳐서 보다 못해 베어 버리고 5, 6년 동안 떠돌아다니고 있다오."

유비가 자기의 뜻을 털어놓자 관우도 기꺼이 함께할 것을 다짐하였다. 그래서 세 사람은 장비의 집으로 옮겨 거병할 것을 상의하였다. 이때 장비가 제안하였다.

"우리 집 뒤에 복숭아 밭이 있는데 지금 한창 꽃이 피고 있습니 다. 내일 당장 우리 복숭아 밭에서 천지신명께 제사를 지내고 우리 세 사람이 의형제를 맺읍시다. 그래서 힘을 합쳐 마음을 하나로 할 것을 맹세하고 곧바로 군사를 일으킵시다."

이에 유비와 관우도 찬성하였다.

다음날 복숭아 밭에다 검은 소와 흰 말, 여러 가지 음식을 준비하고서 세 사람은 향을 태우고 재배하면서 맹세하였다.

유비와 관우, 장비는 비록 성은 다를지라도 형제를 맺으려 하니, 마음을 하나로 하고 힘을 합쳐 위로는 국가에 보답하고 아래로는 만민을 편안하게 하리라.

그리하여 같은 해 같은 달 같은 날에 태어남을 구하지 않더라도 단지 원하는 것은 같은 해 같은 달 같은 날에 죽으려 한다.

의를 배반하고 은혜를 잊는다면 하늘과 사람이 같이 죽일 것이다.

형제가 된 세 사람은 그 고장 젊은이 3백여 명을 이끌고 황건적 토벌에 나서게 되었다.

두 영웅은 나란히 설 수 없다

한편 손견의 아들 손책은 아우 손권과 부춘현에 있다가, 뒤에 서주로 옮겨가 살았다. 손견이 전사했을 때 손책은 겨우 열일곱 살이었는데, 남양으로 가서 원술을 만나 아버지 손견의 남은 군사 천여 명을 얻었다. 손책은 여남은 살 때 이미 호걸들과 교분을 맺어 이름이 알려져 있었다.

또 서주 사람 주유는 손책과 같은 나이로 역시 재주가 남보다 뛰어나 일찍부터 이름이 알려져 있었는데 손책을 따라 군사를 일으켰다. 손책이 동쪽 양자강을 건너면서 진격하니 가는 곳마다 그의 예봉을 당해 내는 사람이 없었다. 원래 백성들은 손랑(孫郞)이 온다는 소문을 듣고 벌벌 떨고 있었는데 나중에 보니 그는 백성의 재산을 조금도 약탈하는 일이 없고 사람을 해치는 일도 없었으므로 모두 크게 기뻐했다.

처음에 조조는 동탁을 칠 때 형양 지방에서 전투를 벌인 뒤 하내군에 들어가서는 조용히 머물러 있었다. 그는 이어 동군 태수의 직책을 얻어 동무양에서 고을을 다스리고 있었는데, 뒤에 연주에 들어가 그곳을 근거지로 연주의 자사가 되었다. 그런 연후에 조조는 조정에 글을 올려서, 황제의 허락을 받아 정식으로 연주의 목이 되었다. 이때 황제는 장안에서 낙양으로 돌아왔으므로, 조조는 입조해서 마침내 어가(御駕)를 하남으로 옮겼다.

한편 동탁의 부하들이 왕윤을 죽였을 때, 여포는 관중에서 달아나 남양에 있는 원술의 집으로 가서 원술을 의지하고 있다가, 다시 그곳을 떠나 원소의 부하가 되었다. 얼마 안 되어 다시 원소를 떠난 그는 조조의 공격을 받자 서주에 있던 유비에게로 갔다. 그는 또 유비를 배반하고 오히려 유비를 공격하여 항복시키고 말았다. 그 후 유비는 조조에게로 갔다. 그 뒤 여포는 광릉군 태수 진등을 조조에게 보내서, 자기가 서주의 장관이 되고 싶다고 청했으나 이루어지지 않았다. 진등이 돌아와 여포에게 말했다.

"내가 조공(曹公)을 만나 '여포 장군을 기르는 것은 범을 기르는 것과 같아서, 고기를 충분히 주어 배부르게 해야 합니다. 만약 배가 부르지 않으면, 사람을 해칩니다'고 했더니, 조공이 말하기를 '그렇지 않소. 여포를 기르는 것은 매를 기르는 것과 같소. 배고플 때에는 사람에게 길들지만, 배불리 먹으면 하늘 높이 날아가 버리오' 합디다."

그러자 여포는 조조를 공격했다. 하지만 여포는 여러 번 싸웠으나 번번이 패해서, 궁지에 빠지게 되고 마침내 항복하고 말았다. 조조는 여포를 단단히 결박하고는 옆에 있던 유비에게 물었다.

"여포가 항복했는데, 그대 밑에 두고 쓸 생각이 없소?"

언제나 조조와 어깨를 나란히 하며 천하를 다투어 왔다고 믿고 있던 여포는 기가 막혔다.

이때 유비가 이렇게 대답하는 것이었다.

"사양하겠습니다. 여포 같은 놈은 필요 없습니다."

그러자 조조는, "그런가. 나도 여포 같은 녀석은 필요 없다네. 정말 아무 짝에도 쓸모가 없는 놈이구나. 당장 교수형에 처해라."라고 명령하였다.

이렇게 하여 일세의 효웅 여포는 무대에서 사라졌다. 그 뒤 유비는 조조를 따라 하남으로 돌아왔다.

원술은 처음에 남양을 근거지로 삼았다가, 그 뒤 수춘으로 옮겼다. 이때 원술은 도참서 한 권을 얻었다. 거기에는 '한나라를 대신해서 왕자가 될 자는 도고(塗高)이다'라고 씌어 있었다.

그런데 원술은 자기의 이름이 술(術)이요 자가 공로(公路)이므로, 자기를 예언한 것이라고 생각하여 마침내 자신을 황제라 일컫기에 이르렀다. 그는 수백 명의 미희들을 모아놓고 후궁에서 음욕을 마음껏 채웠다. 이렇듯 음란하고 사치를 일삼으면서 재물을 낭비했으므로 마침내 재정이 곤란해져 지탱할수 없게 되었다. 궁지에 빠진 그는 사촌형 원소에게 가려고 했다. 하지만 조조가 유비를 보내서 그를 치려 했으므로 원술은 다시 수춘으로 달아나, 그곳에서 피를 토하고 죽었다.

조조가 어느 날 조용히 유비에게 말했다.

"현재 천하의 영웅은 다만 그대와 이 사람 조조뿐이오."

유비는 조조가 자기를 시험하는 것이 아닌가 하여 놀라고 겁이 나서 음식을 먹던 젓가락을 떨어뜨렸다. 공교롭게도 그때 천지를 뒤흔드는 천둥이 쳤다.

그러자 유비는, "옛날 성인도 심한 천둥과 태풍에는 표정이 변하고 하늘의 위엄을 두려워했다고 하는데, 참으로 옳은 말이오. 나도 지금 무심코 젓가락을 떨어뜨렸소이다그려." 하고 그 장면을 얼버무려 넘겼다.

유비는 조조의 진영을 빠져나갈 기회를 노리고 있었는데 어느 날 조조에게서 원술을 맞아 싸우라는 명령을 받았다. 유비는 이 기회에 재빨리 병사들을 이끌고 조조 진영을 빠져나가 서주로 쏜살같이 내달았다.

이때 조조의 참모 곽가가 탄식하였다.

"무슨 일을 그렇게 하셨습니까? 이는 호랑이를 들판에 놓아 준 격입니다."

"호랑이라고? 유비가 호랑이인가?"

조조가 의아한 듯 물었다.

"호랑이도 매우 교활한 호랑이입니다. 이대로 놓아두면 강적을 만들게 될 것입니다."

조조는 즉시 추격대를 보내 유비를 붙잡도록 하였다. 하지만 유비는 이미 전속력으로 말을 달려 서주로 들어간 후였다. 유비는 서주로 달아나 여기서 군사를 정비한 다음 형주로 달아나 유표에게 가서 몸을 의지했다.

어느 날 유비가 유표 집에서 이야기를 하다가, 문득 일어서서 변소에 갔다

온 후 눈물을 흘리므로 유표가 이상하게 생각하고 그 까닭을 물었다. 유비는 이렇게 대답했다.

"저는 원래 늘 전장에 나가 말안장에서 떠나는 일이 없었으므로 비육(넓적다리 살)이 빠져 있었습니다. 그러다가 여기에 와서 폐만 끼치며 오래도록 말을 타지 않았더니, 넓적다리에 살만 쪘습니다. 세월 가는 것이 흐르는 물 같아서 늘그막에 이르렀는데, 공을 세우지 못하고 있습니다. 그래서 슬퍼 저절로 눈물이 났습니다."

이때 손책은 강동을 평정하고 조조가 주둔하고 있는 허창을 공격하려고 했으나 미처 공격도 하기 전에 중상을 당하고 말았다. 손책이 전에 공격해 격파했던 여군 태수 허공의 하인이 사냥 나가는 손책을 숨어서 기다리다가 저격했던 것이다. 그 상처는 대단히 깊어 회복할 가망이 없었으므로, 손책은 아우 손권을 불러 인수(印綬)를 주고 자기를 대신해서 군사를 통솔하게 했다. 그러면서 "강동의 대군을 이끌고 전쟁터에 나가 비책을 써서 단번에 적을 분쇄하고, 천하의 영웅과 자웅을 다투는 데 있어서는 너는 내게 미치지 못한다. 그러나 어진 사람을 임용하고 능한 사람을 써서 그들로 하여금 전력을 다하여 일하게 해서 강동을 보존하는 재주는 내가 도저히 너를 따를 수 없을 만큼 훌륭하다." 하면서 뒷일을 부탁하고 죽었다. 그의 나이 겨우 스물여섯 살이었다.

관도의 전투

한편 조조는 후한의 마지막 황제 헌제를 모시고 원술과 여포 등 군벌들을 차례로 제압한 후 관중 지방을 모조리 석권하였다. 그래서 조조는 황제를 끼고 제후를 호령하는 명령을 내려 가장 강력한 세력으로 성장하였다.

이때 관동군의 맹주로 추대된 바 있었던 원소는 동탁이 죽은 후 황하 인근에서 최대의 군벌로 군림하고 있었는데, 그는 조조가 세력을 키워가는 것을 두고 볼 수가 없었다.

드디어 원소는 정병 10만과 기병 1만을 동원하여 조조를 공격하기 위해 나서려 하였다. 그러자 참모인 저수가 말렸다.

"지금 조조는 천자를 받들고 천하를 호령하고 있습니다. 지금 장군께서 군사를 일으켜 치면, 오히려 난신적자(亂臣賊子·나라를 어지럽히는 불충한 무리)라는 누명만 쓰게 될 것입니다. 이것을 염려합니다."

그러나 원소는 그의 말을 듣지 않고, 군사를 몰아 조조를 쳤다. 이렇게 하여 조조와 원소는 관도라는 곳에서 천하의 자웅을 결정하는 일대 격전을 벌이게 되었다.

그러나 원소군은 처음 전투에서 원소가 그토록 자랑하던 대장 안량을 잃었고, 2차 전투에서는 명장 문추를 잃었다. 이 두 장수를 벤 사람은 다름 아닌 관운장이었다.

원소의 군대는 크게 사기가 떨어졌다. 궁지에 몰리게 된 원소는 서둘러 조조를 공격하려고만 하였다. 이때 군사 참모 허유가 계책을 올렸다.

"지금 조조는 전 병력을 관도에 포진시키고 있으므로 그의 후방은 텅 비어 있는 상태입니다. 병력을 나눠 당장 2백 리 밖에 있는 조조군의 본부 허창을 기습한다면 반드시 성공할 것입니다."

하지만 원소는 이를 받아들이지 않았다. 그 뒤에도 원소와 조조는 6개월이 넘도록 서로 대치만 하고 있었다. 조조는 식량이 떨어져 더 이상 버틸 수 없다고 생각하여 철수를 결심하였다. 그러면서 군사 참모인 순욱에게 사람을 보내 의견을 물었다. 그러자 순욱은, "양군이 대치한 지 이미 오래되어 먼저 군사를 철수하는 쪽이 반드시 패할 것입니다. 좀 더 굳게 견디고 있으면 원소군 내부에 무슨 변화가 일어나 승기를 잡을 수 있을 것입니다."라는 글을 보내왔다.

아니나 다를까 얼마 후 원소의 일등 참모인 허유가 원소로부터 추방되어 조조 진영으로 왔다. 조조는 허유가 왔다는 말을 듣고 신도 신지 않은 채 버선발로 허유를 맞이하였다.

허유가 조조에게 물었다.

"지금 군량은 어느 정도 있습니까?"

"1년 정도는 끄떡없소."

조조가 자신있게 대답하였다.

"그렇지 않을 것입니다. 솔직히 말씀해 주십시오."

"반년 정도는 걱정 없소."

그러자 허유가 말했다.

"아무래도 원소군을 물리칠 생각이 없으신 모양입니다. 왜 솔직하지 못하십니까?"

"사실은 한 달 정도의 식량밖에 남아 있지 못하오. 어떻게 했으면 좋을지 계책을 가르쳐 주시오."

조조는 할 수 없다는 듯이 털어놓았다.

이에 허유는 원소의 군량과 물자가 쌓여 있는 오소라는 곳을 기습하라고 권했다.

"만약 기습에 성공한다면 3일이 못 가서 원소를 격파할 수 있을 것입니다."

마음이 급한 원소는 조조의 군대를 맹렬하게 공격했으나 조조군은 성문을 굳게 방어할 뿐 맞서 싸우지 않았다. 그런데 이 사이에 조조의 주력군은 오소를 습격하여 원소의 식량과 물자를 모조리 불태워 버렸다. 이 소식에 크게 당황한 원소군은 순식간에 오합지졸이 되어 버렸다.

승기를 잡은 조조군은 총공격을 감행하였다. 원소군의 10만 대군은 대패하며 7만 명 이상이 전사하고 원소는 간신히 목숨만을 건져 도망치기에 급급하였다. 그리고 얼마 안 있어 원소는 홧병으로 죽고 말았다.

관도의 대전에서 대승을 거둔 조조는 이제 중국의 거의 반을 차지하여 천하 제1인자로 등장하였다.

이 무렵 황제는 유비에게 밀서를 보내, "조조를 없애라."라고 명하였다. 그러나 이 밀서는 사전에 누설되어 분개한 조조가 즉각 유비 공격에 나섰다. 유비는 크게 패하여 원소에게 몸을 의탁했는데, 관우는 이때 조조의 포로가 되고 말았으며, 장비는 산중으로 피신하여 3인의 의형제가 뿔뿔이 흩어져야 했다. 바로 그때가 '관도의 전투'가 있기 직전의 일이었다.

관도의 전투에서 원소군의 명장 안량과 문추를 벤 장수가 관우라는 사실이 알려지자 유비는 원소의 진영을 떠나 형주의 유표에게 찾아갔다. 한편 안량과 문추를 벤 관우는 조조의 허락을 받고 조조 진영을 떠나 유비를 찾아가던 중 중간에서 장비를 만났고, 마침내 세 사람은 다시 만날 수 있었다.

천하 삼분지계

한편 낭야 사람 제갈량은 항상 자기를 제나라의 관중과 연나라의 악의와 비교하며 천하의 호걸임을 자부하고 있었다.

어느 날 유비가 양양의 사마휘에게 물었다.

"당대의 가장 뛰어난 재사는 누구입니까?"

그러자 사마휘가 대답하였다.

"세상의 이치를 아는 자는 준걸입니다. 이곳에 복룡과 봉추라고 하는 두 준걸이 있습니다. 그의 이름은 제갈공명과 방사원입니다."

서서도 역시 유비에게 말했다.

"확실히 제갈공명은 와룡(臥龍)이오."

유비는 공명의 집을 찾아 세 번만에야 겨우 만날 수 있었다(三顧草廬, 삼고초려). 공명을 만난 유비가 그에게 천하통일의 계책을 물었다. 그러자 공명은 이렇게 말하는 것이었다.

"조조는 백만 군사를 가지고 천자를 받들어 제후를 호령하고 있습니다. 그러므로 조조와 싸우는 것은 득책이 아닙니다. 손권은 강동에 웅거하여 삼강오호(三江五湖)의 견고함을 갖추고 있습니다. 그 땅은 천혜의 요새이며, 백성들도 잘 따릅니다. 그러므로 손권을 공략해서는 결코 안 됩니다. 형주는 군사를 움직이기에 편리한 땅이요, 익주는 험한 산으로 사방이 둘러싸여 있고, 안은 기름진 들이 천 리에 뻗어 하늘이 내린 땅입니다. 그러니 장군께서 이 두 고을을 확보한 후에 유사시에는 형주의 군사를 출동시켜서 중원으로 진격시키고, 몸소 익주의 대군을 거느리고 장안으로 공격해 나간다면, 백성은 모두 기뻐하며 장군을 맞이할 것입니다."

이 말을 들은 유비는 몹시 기뻤다.

"참으로 다시 없는 계책이오."

그리하여 유비와 공명의 사이는 날로 친밀해져 갔다. 유비는 공명을 얻은 것을 마치 물고기가 물을 얻은 것과 같다고 비유하였다(水魚之交, 수어지교).

화공(火攻)

이때 조조는 북부 지역을 완전히 석권하고 남으로 공격 방향을 돌려 형주와 강동을 집어삼켜 천하통일을 이루려는 야심에 불타고 있었다.

드디어 조조는 대군을 몰아 형주의 유표를 쳐서 큰 승리를 거두었으며, 유표는 이 싸움에서 죽고, 그의 아들 유종은 형주를 바치며 조조에게 항복하고 말았다.

이렇게 되자 신야 지역에 있던 유비는 완전히 협공당하는 신세가 되어 강릉으로 피했다. 조조는 5천의 날쌘 기병을 거느리고 유비를 추격하였다. 조조는 3백 리 길을 하루에 내달아 장판파에 이르러 유비의 군대를 대파하였다. 유비는 장판파에서 처자까지 버리고 간신히 몸만 빠져나왔다.

유비의 부인 감씨와 이제 겨우 돌이 지난 아들은 조조군의 포로가 되었다. 이때 맹장 조자룡이 나섰다.

"내 반드시 모시고 오겠다."

조자룡은 즉시 말을 달려 감부인과 아기를 끌고 가려는 조조군으로 단기 돌입하였다. 조자룡의 칼날에 조조군의 목이 추풍낙엽처럼 떨어졌다. 기세에 눌린 조조군은 황망히 도망칠 수밖에 없었다. 조자룡은 감부인과 아기를 안고 말을 달려 돌아왔다.

유비는 맨 먼저 도망쳤다. 그리고 후미는 장비가 맡았다. 장비는 장판교의 다리 한가운데 딱 버티고 장팔사모창을 휘어잡고 서서, "멀리 있는 자는 소리로 들어라. 가까이 있는 자는 눈으로 보아라. 나는 장비 익덕이다. 목숨이 아깝지 않은 자는 당장 앞으로 나오너라." 하고 대갈일성하였다.

얼굴은 온통 붉은 색을 칠한 듯하고, 눈썹은 치켜 올라갔고, 눈꼬리는 찢어져 포효하는 호랑이의 모습 그대로였다. 조조군은 장비의 기세에 압도되어 한동안 다리에 접근하려는 자가 없었다. 이 사이에 유비 일행은 멀리 도망칠 수 있었다.

이때 조조는 군사들을 이끌고 오나라까지 쳐내려갔다. 공명이 유비에게 권했다.

"손장군에게 원조를 청합시다."

그래서 제갈량은 오나라로 가서 손권을 만났다. 손권은 조조의 군사가 눈앞까지 다가오고 있다는 소식을 전해 듣고 불안감을 감추지 못하고 있었다. 이때 조조가 손권에게 글을 보냈다.

'지금 수군 80만을 거느리고 귀지(貴地)로 가오. 나는 손장군과 함께 오(吳)에서 사냥을 하고자 하오.'

손권이 이 글을 여러 신하에게 보이니 모두 낯빛이 변하였다. 장소는 조조를 맞아 항복해서는 안 된다고 하면서 주유를 불러 그의 의견을 들어 보는 것이 좋겠다고 했다. 주유는 부름에 응하여 달려와서 말했다.

"장군은 제게 수만의 정예를 빌려 주십시오. 하구로 가서 맹세코 조조를 깨뜨리겠습니다."

드디어 조조에 맞설 것을 결심한 손권은 칼로 신하들이 올린 글을 놓아두는 탁자를 쳐 두 동강을 내면서 , "제장들 가운데 조조를 맞아 항복하자는 말을 하는 자가 있으면, 이 탁자와 같이 될 것이오." 하고 선포했다.

그러면서 손권은 주유에게 3만의 정병을 주었고, 주유는 유비와 협력해서 조조의 군사들과 맞서 드디어 적벽이라는 강 언덕에서 일대 대회전이 벌어지게 되었다.

그런데 조조군의 병사들은 모두 북방 출신으로서 남쪽 지방의 풍토에 맞지 않아 대부분의 병사들이 풍토병에 걸리거나 배 멀미로 크게 고통을 받아야만 했다. 그래서 배 멀미를 막기 위해 조조군은 부득이하게 배를 모두 쇠고리로 연결하여 한 덩어리로 만들고 그 위에 널판지를 깔아 배가 움직이지 않도록 하였다. 이 모습을 본 주유의 부장 황개가 건의했다.

"지금 조조의 군사는 모든 배를 이어 가지고 있기 때문에 앞과 뒤가 서로 달라붙어 있어 그 진퇴가 자유롭지 못합니다. 이때 화공(火攻)을 쓴다면 단 한 번에 패배시킬 수 있을 것입니다."

주유는 그의 의견을 받아들여 우선 배 열 척에 마른 풀과 나무를 가득 싣고, 그 속에 기름을 부었다. 그리고 겉을 위장하며 밖에서는 보이지 않도록 하고, 그 위에 깃발을 꽂았다. 그 뒤에는 쾌속선을 매어 놓았다.

준비가 끝나자, 먼저 조조에게 거짓으로 항복하겠다는 글을 보냈다. 항복하겠다는 날짜와 시간에 황개는 배를 거느리고 강으로 나갔다. 때마침 동남풍이 세게 불어왔다. 황개는 마른풀을 실은 배 10척을 앞세워 강의 중간쯤에 이르자 일제히 돛을 올리고, 나머지 배들은 그 뒤를 따라 일제히 나아갔다. 조조의 군사는 모두 이것을 보고, "저것 봐라, 황개가 항복해 온다!" 하고 떠들어댔다.

그런데 오나라 배들이 조조의 함대 가까운 곳까지 왔을 때, 갑자기 여러 배에 한꺼번에 불이 붙었다. 불은 바람을 타고 맹렬히 타올랐다. 불덩이가 된 배는 살같이 달려서, 그대로 조조의 함대를 향해 돌격했다. 쇠고리로 단단히 연결해 놓은 조조군의 배는 돌리려 해도 도무지 움직일 수가 없었다. 삽시간에 조조군의 배들은 불길에 싸여 강 언덕 바위 벽까지 온통 붉게 물들였고, 검은 연기는 하늘을 태울 듯했으며 온 천지가 불바다로 변했다.

이때 불에 타죽고 물에 빠져 죽은 조조 군대의 병사와 말은 그 숫자조차 알 수 없었다. 기회를 놓치지 않고 주유의 부하들이 정예병을 거느리고 마구 진격하였다. 진군의 북은 천지를 진동하였고 조조의 군사들은 추풍낙엽처럼 쓰러져 갔다. 조조도 겨우 목숨을 건져 허창으로 달아났다. 이것이 그 유명한 적벽대전(赤壁大戰)이다.

교룡이 비와 구름을 얻으면

그 뒤에도 조조는 거듭 군사를 내 손권을 공격했으나, 한 번도 큰 전과를 올리지 못했다. 조조는 탄식했다.

"아들을 갖는다면 손권 같은 아들이 좋아. 죽은 유표의 아들 따위는 개돼지 새끼지."

그때 유비는 형주와 강남의 여러 고을을 공략해서 이미 손에 넣은 상태였다. 이때 주유가 손권에게 글을 올렸다.

"유비는 간특한 영웅의 자질을 가지고 있고, 그를 돕는 관우와 장비는 곰과 범에 비유될 수 있을 정도로 날래고 힘센 장수입니다. 이 세 사람을 한 군데 두는 것은 매우 위험합니다. 교룡이 한 번 비와 구름을 얻으면 그대로 못 가운데 엎드려 있지 않을 것이 분명합니다. 그러니 어서 빨리 유비를 추방해 버리는 것이 좋겠습니다."

그러나 손권은 그의 말을 따르지 않았다. 그 뒤 주유는 북쪽의 조조를 칠 계획을 세웠으나, 불행히 군사를 일으키기도 전에 병들어 죽었다.

손권은 노숙에게 주유의 군사를 통솔하게 했다. 노숙은 손권에게 형주를 유비에게 빌려 주고 함께 조조에 맞서는 게 좋겠다는 의견을 냈다. 손권은 그의 의견에 찬성하였다.

한편 손권의 장수 여몽은 용맹스럽고 지모가 출중했지만 원래 배운 것이 없었는데, 손권이 권하여 글을 배우게 되었다. 어느 날 노숙이 여몽과 의견을 토론했는데, 여몽의 언변이 이전과는 완전히 다르게 당당했으므로 노숙은 놀랐다.

"경은 벌써 옛날의 '오하(吳下)의 아몽(阿蒙)'이 아니오그려."

그러자 여몽은 이렇게 대답하는 것이었다.

"선비란 작별하고 사흘만 지나면 괄목상대(刮目相對)해야 마땅하오."

유비는 처음에 방통을 내양의 현령으로 삼았는데, 별로 큰 성과를 내지 못하고 있었다. 이때 노숙이 유비에게 편지를 보냈다.

"방사원은 백 리의 인재가 아니오. 큰 곳에 써야 그의 뛰어난 재주를 발휘시킬 수 있을 것입니다."

유비는 곧 방통을 공명 다음으로 우대했다. 얼마 지나지 않아 방통은 유비에게 익주를 빼앗을 것을 건의했다.

유비는 그의 계책에 따라 관우로 하여금 형주를 지키게 하고, 자신은 친히 군사를 거느리고 양자강을 거슬러 올라가서 촉 땅으로 들어갔다. 그리고 유장을 공격하고 성도에 입성해서 마침내 익주를 점령했다.

손권은 유비가 형주와 익주에서 위세를 떨치면 불리하다고 생각하여, 사신을 보내어 형주의 모든 고을을 도로 반환하라고 했다. 그러나 유비는 돌려주지 않았다. 마침내 손권과 유비가 형주의 쟁탈전을 벌이게 되었다. 그러나 승부가 좀처럼 나지 않자 유비는 손권과 화해하고 형주를 나누어 갖기로 하였다.

계륵

조조는 대군을 거느리고 한중으로 진격하여 한나라 태수인 장로군을 무찌르고 한중 땅을 점령하였다. 그런 뒤에 회군하였는데, 이때 유비가 한중을 호시탐탐 노리고 있었으므로 하후연이라는 장군에게 수비를 맡겼다. 그런데 하후연은 맹장이기는 했지만 지략이 부족하였다. 그래서 조조는 그에게 용맹을 믿고 함부로 나가서 싸우지 말고 한중을 지키도록 단단히 일러두었다.

그 뒤 유비가 한중을 공격해 들어왔다. 이 소식에 조조는 몸소 군대를 이끌고 지원에 나섰다. 이때 하후연의 위나라 군대와 유비의 군대는 요충지인 정군산에서 대치하였는데, 유비 진영의 장수는 노장인 황충이었다. 하후연은 황충이 명장인 것을 잘 알고 있었고, 또 조조가 전투를 신중히 하도록 명령해 놓은 상태였으므로 공격을 삼가면서 굳게 성을 지키고 있을 뿐이었다.

황충은 정군산의 작은 산을 점령하고 계속하여 하후연이 밖으로 나오도록 약을 올렸다. 결국 하후연은 이를 참지 못하고 성문을 열어젖히고 나가 싸우다가 황충이 쏜 화살에 맞아 죽고 말았다. 그리하여 유비의 군대는 이 전투에서 승리를 거두고 전략적 요충지를 모두 점령하였다.

하후연의 패배 직후 도착한 조조는 반격을 하려 했으나 성과를 내지 못했다. 거기에다가 사상병과 도망병이 늘고 식량 부족 또한 심각해졌다. 조조는 고민에 빠졌다.

'과연 이 싸움을 계속해야 하는가? 지금 한중 땅은 사실 크게 필요한 땅도 아니다. 수비하려면 많은 군대가 필요한 것에 반해 대세를 결정짓는 데 큰 가치가 있는 것도 아니다. 일단 철수하는 것이 옳지 않을까.'

이런 생각을 하고 있는데 마침 밥상이 들어왔다. 그런데 그 밥상에 놓인 국물 속에 닭의 갈비뼈가 두세 개 들어 있었다. 그 뼈에는 먹음직한 살은 없었지만 버리기에 아까울 정도의 살이 붙어 있었다. 순간 조조는 고개를 끄덕였다. 그러면서 앞에 있던 하후돈이라는 장수에게, "오늘 암호는 계륵(鷄肋)이다!"라고 명령하였다.

하후돈이 막사로 돌아가서 참모인 양수에게 이 사실을 전했더니 양수는 한참을 생각하고는 전군에게 철수 명령을 내렸다. 하후돈이 깜짝 놀라 그 이유를 물었다. 그러자 양수가 이렇게 대답하였다.

"지금 한중은 마치 닭 갈비뼈, 즉 계륵과 같은 처지입니다. 버리기에는 아깝지만 그렇다고 많은 희생을 내면서까지 지킬 가치는 없는 곳입니다. 그래서 조조 대장군께서 철수 명령을 내리신 것입니다."

아니나 다를까 이튿날 조조로부터 정식으로 철수 명령이 내려졌다. 양수의 군대는 이미 철수 준비를 모두 한 터여서 질서정연하게 떠날 수 있었다.

출사표

관우의 죽음

그 뒤 한중을 점령한 유비는 한중왕(漢中王)이 되었다.

이때 관우는 강릉현에서 나와 번성의 전초 기지인 양양을 점령하였다. 그러자 허창으로부터 남쪽 먼 지방에까지 관우를 따르는 사람이 많았고 그의 명성은 중원에까지 들렸다.

관우는 자나 깨나 중원을 공격하고자 하였다. 그리하여 우선 조조의 남방 요충지인 번성을 공략하려 했다. 번성만 공략할 수 있다면 다음은 바로 조조가 있는 중원이었다. 관우는 손권의 명장 여몽이 배후에 있었기 때문에 군대를 쉽게 움직이지 못하고 있었다. 그래서 관우는 강릉에서 일부 병력을 동원하여 먼저 번성의 전초기지인 양양을 쳐 점령하였던 것이다. 그러자 조조는 수도를 다른 데로 옮겨 관우의 예봉을 피하려는 의논을 하게 되었다. 이 때 사마의가 진언했다.

"유비와 손권과는 겉으로는 친밀한 것 같지만, 내심은 화합하지 못하고 있습니다. 따라서 관우가 뜻을 얻어 위엄을 중원에 떨친다는 것은 결코 손권이 좋아하는 바가 아닙니다. 사람을 오나라에 보내서 관우의 배후를 습격하도록 하십시오. 손권을 강남 지방에 봉하겠다고 약속하시면, 그는 반드시 응할 것입니다."

조조는 이에 따랐다. 당시 오나라에서는 노숙이 이미 죽고, 여몽이 대신해서 군사를 통솔하고 있었다. 여몽도 손권에게 관우를 치라고 권고했다. 그러면서 오나라는 거짓으로 여몽이 병에 들었다는 이유를 들어 육손으로 교체하였다. 이는 물론 관우를 안심시키기 위한 작전이었다.

관우로서는 오직 여몽만이 마음에 걸렸는데, 이제 그가 없어지고 새파란 육손이 총지휘를 맡는다니 아무런 불안이 있을 수 없었다. 관우는 즉시 강릉의 군대를 총동원하여 번성 공격에 나섰다. 그러나 거의 번성을 점령하려는 순간, "강릉현이 이미 함락되고 말았습니다. 적의 사령관은 바로 여몽이랍니다."라는 놀라운 소식이 전해졌다. 관우는 완전히 속은 것이었다.

관우의 군대는 당황하여 갈피를 잡지 못했다. 더구나 사방에는 조조와 육손의 연합군이 겹겹이 포위하고 있었다. 순식간에 관우 군은 무너졌다.

관우는 간신히 탈출하여 달아났으나, 손권의 군사에게 퇴로를 완전히 차단당해 마침내 체포되었다. 그리하여 관우는 그의 아들 관평과 함께 목이 베어져 그의 머리는 낙양의 조조에게 보내졌다. 손권의 군사는 관우를 처치한 후 마침내 형주를 평정했다.

그 뒤 손권은 큰 공을 세운 여몽에게 1억 전의 돈과 황금 5백 근을 주려 했으나 여몽은 받지 않았다. 얼마 후 여몽은 42세의 젊은 나이로 갑자기 죽고 말았다. 사람들은 죽은 관우의 혼이 저주했기 때문이라고 하였다.

처음에 조조는 연주 목으로 있다가, 수도로 돌아와 승상이 되어 기주의 목도 겸했다. 뒤에 위공에 봉해지고, 동작대라는 누대를 세웠다.

조조는 다시 작위가 올라서 위왕이 되었고, 천자와 같은 거마(車馬)와 의복을 사용하였다. 출입에도 길을 금하는 의장대가 앞서며 아들 조비를 왕태자라고 일컬었다.

조조가 건안 25년에 죽고, 아들 비가 위왕이 되었다. 비는 스스로 승상과 기주목을 겸했다. 이때 위나라의 신하들이 다음과 같이 주장했다.

"위나라는 한나라를 대신해서 천자가 되어야 한다."

그래서 비는 황제를 위협해서 양위하게 했다. 그리하여 황제를 하내의 산양공으로 삼았다.

이로써 후한은 망했다. 그와 함께 전한과 후한을 합하여 24대, 426년 동안 계속된 한나라 또한 역사의 현장에서 영원히 자취를 감추게 되었다.

후한(後漢)왕조의 계보

제갈량에게 나라를 맡기다

유비는 관우의 죽음을 분하게 여기고, 스스로 대장이 되어 손권을 치고자 하였다. 유비는 이때 장비에게도 출동 명령을 내렸다. 관우를 잃은 장비는 이를 갈며 복수전을 다짐하였다. 그런데 장비는 워낙 술을 좋아하는 데다가 술을 잔뜩 먹고 부하들을 심하게 때리는 버릇이 있어 부하들의 원성을 사고 있었다.

어느 날 장비는 예전처럼 술에 취해 부하를 때리고 잠에 곯아떨어졌는데 악심을 품은 부하가 그의 목을 베어 버렸다. 유비는 이 소식에 비통함을 참지 못하고 통곡하였다.

유비는 아우들의 복수를 다짐하면서 스스로 장수가 되어 손권 공격에 나섰다. 손권은 유비에게 화친을 청했으나, 그는 듣지 않았다. 그래서 손권은 사신을 위나라에 보내서 원조를 청했다. 위나라 황제 조비는 이 청을 받아들여 손권을 오왕에 봉했다. 이에 손권은 중대부 조자를 위나라에 보내서 사례했다.

어느 날 조비가 조자에게 물었다.

"오왕은 학문이 많으시오?"

그러자 조자가 대답하였다.

"왕께서는 어진 사람을 임용하고 유능한 사람을 써서 천하를 다스리려고 하십니다. 그리고 여가만 있으시면 널리 여러 가지 책을 보시는데, 보통 서생들과 같이 문자와 문장에 구애받는 일이 없으십니다."

"오나라는 위나라가 두려워서 꺼려하지 않소?"

"우리 오나라는 완전히 무장한 백만의 군사를 가지고 있고, 장강과 한수의 두 큰 강을 요새로 하고 있습니다. 그런데 무엇 때문에 위나라를 두려워하겠습니까?"

조자가 조금도 두려워하는 기색이 없이 대답하는 것을 보고, 조비는 그를 제법 난 인물이라고 생각하고 다시 물었다.

"오나라에는 경과 같은 현인이 몇 사람이나 있소?"

그 물음에 조자는 이렇게 말하였다.

"총명하고 특기를 가졌으며 경륜의 재주를 가지고 있는 인걸이 80~90명 있습니다. 저와 같은 우둔한 사람은 수레로 싣고 말로 될 만큼 이루 다 헤아릴 수 없이 많습니다."

이때 유비는 무협에서 이릉에 이르는 사이에 수십 개의 둔영을 세워서, 오나라 군사와 여섯 달이 넘도록 대치하고 있었다. 그러던 어느 날 오나라 육손 장군이 기습 작전을 감행, 순식간에 유비 군의 40여 개 진지를 격파하였다. 유비는 대패한 채 밤을 틈타 백제성으로 달아나야만 했다. 이 패배와 잇따른 아우들의 죽음으로 실의에 빠진 유비는 백제성에서 다음해 4월 63세의 나이로 죽었다.

유비는 임종할 때, 제갈량에게 말했다.

"공의 재주는 위나라의 조비에 비하여 열 배도 더 뛰어나오. 그러므로 반드시 국가를 이끌어, 천하통일의 큰 사업을 완성할 수 있을 것이오. 내 아들 선을 도와주어서 도와준 보람이 있을 것 같으면 그를 보좌해서 천하의 주인이 되게 해주고, 만약 도와주어도 그 보람이 없을 것 같으면 공이 스스로 천하를 가지시오."

제갈량은 뜨거운 눈물을 흘리며 대답했다.

"신은 온 힘을 다하여, 충의 정절에 힘써서 폐하를 도와 죽음으로써 성취하도록 하겠습니다."

유비가 죽은 후에 태자 선이 제위에 올라 제갈량을 무경후에 봉했다. 태자는 나이 열일곱으로 제위에 올라, 승상 제갈량이 소열제의 유지를 받들어 정치를 보좌했다. 제갈량은 우선 관직을 간략하게 하고, 법제를 고쳐서 신하들에게 훈시했다.

"무릇 관리는 많은 사람의 생각을 모아 충절과 공익을 넓혀야 하오. 만약 동료들 사이의 협의를 꺼려하여 서로 계몽하기를 회피한다면, 천하의 정치는 퇴폐하여 국가에 해되는 일은 있어도 유익한 점은 없을 것이오."

그런 후 제갈량은 등지를 오나라에 보내서 평화조약을 맺게 했다. 등지는 손권을 만나 "우리 촉에는 밖으로는 사곡, 낙곡, 자오곡이 있고, 안에는 검각이 있어 안팎으로 이중의 요새가 있으며, 또 오나라에는 삼강의 험함이 있습니다. 지금 우리 두 나라가 동맹해서 입술과 이처럼 긴밀한 관계를 맺고 위나라에 대항한다면, 나아가 천하를 취할 수 있고 물러나서는 솥발과 같이 세 나라가 정립해 나갈 수 있을 것입니다."라고 말하였다.

손권은 그의 말을 옳게 여겨 마침내 위나라와 단교하고 한나라와 동맹했다.

한편 위나라 황제 조비는 오나라와 한나라가 동맹했다는 사실을 전해 듣자 크게 노하여, 수군을 이끌고 나아가 오나라를 공격하기로 했다. 이에 오나라는 장강에 전함을 보내어 위나라 군사에 대항하였다. 그때 마침 장강의 물이 많이 불어나 물의 흐름이 몹시 급하게 되었다. 그러자 물에 익숙하지 못한 위나라 군사는 강을 건널 수 없었다. 조비는 강 기슭에 서서 이 모습을 바라보더니, "우리에게 용맹한 장수가 아무리 많아도 이래서는 힘을 발휘할 수가 없구나." 하고 탄식하며 퇴각하였다.

그 무렵 촉나라 운남 지방의 만족이 반란을 일으켰다. 이에 제갈량이 직접 이를 토벌하여 평정했다. 그때 반란군 우두머리는 맹획이라는 자였는데, 대단히 용맹해서 이전부터 한나라 군사들도 그 용맹에 겁을 먹고 있었다. 하지만 제갈량은 손쉽게 맹획을 사로잡았다. 그런 다음 맹획을 데리고 한나라 군사의 진영으로 데리고 가 진영의 형태와 짜임새를 다 보여준 연후에 돌려보내 주었다. 자기 진영으로 돌아온 맹획은 제갈량을 비웃으며 이렇게 말했다.

"나는 한눈에 적의 진형을 다 알아버렸다. 제갈량이 제아무리 뛰어나다 하여도 이번에는 내가 결코 질 리 없다."

그러면서 다시 반란을 일으켰다. 그러나 결과는 마찬가지였다. 하지만 제갈량은 또 놓아 주고 다시 싸우게 했다. 이러기를 일곱 번, 일곱 번 사로잡히고 풀려난 맹획은 더 이상 싸울 의욕을 잃고 이렇게 말하였다.

"제갈공의 무용은 하늘이 내린 것입니다. 이후부터 다시는 배반하지 않을 것입니다."

이를 두고 칠종칠금(七縱七擒)이라 하며 후세 사람들은 제갈량의 뛰어난 계략을 오래 기리게 되었다.

한편 전에 오나라를 치기 위해 출군하였다가 장강의 거센 물결 때문에 회군해야 했던 위나라의 조비는 다시 수군을 일으켜서 오나라로 향했다. 그러나 이번에도 장강의 물결이 사납게 소용돌이치는 것을 보자 탄식하여 말했다.

"아, 장강은 하늘이 이 땅을 남쪽과 북쪽으로 끊어놓기 위해 만들어 놓은 것인가!"

그리고는 이번에도 싸우지 않고 회군했다.

그 후 조비는 병으로 죽고 아들 예가 뒤를 이으니, 바로 명제였다. 그런데 조예의 어머니는 예전에 곽이라는 자의 참소로 주살되었다. 그 사건 후에 조비는 조예와 사냥을 나가게 되었다. 사냥터에 도착한 조비는 뛰어다니는 어미 사슴과 새끼 사슴을 보자 우선 자기가 어미 사슴을 쏘아 맞추고는, 조예에게 새끼 사슴을 쏘라고 했다. 그러자 조예는 눈물을 흘리며 말했다.

"폐하께서 이미 어미 사슴을 죽이셨습니다. 신은 그 새끼를 차마 죽이지 못하겠습니다."

이에 조비는 조예의 심중을 짐작하고 불쌍히 여겼다.

출사표

그 뒤 촉나라 승상 제갈량이 군사를 거느리고 북쪽 위나라를 치게 되었다. 그는 떠나기에 앞서 황제에게 '출사표'를 올렸다.

> 신 제갈량은 말씀드립니다.
>
> 선제께서는 창업을 이루시던 도중에 쓰러지시고 이제 천하는 삼분되었는데, 우리 익주는 가장 피폐해 있습니다. 참으로 지금은 위급존망의 때라 아니할 수 없습니다. 그러나 신하들이 안에서 태만하지 않고 충신들이 제 몸 돌보기를 잊은 채 나라에 봉사하는 것은 오직 선제의 마음을 좇아 폐하께 보답하고자 하는 충정 때문입니다. 그러므로 폐하께서는 오로지 힘써 선제의 유덕을 빛내고 지사의 마음을 너그럽게 보살펴 주시옵소서.
>
> 마땅히 선(善)은 높이 받들어 이를 널리 펼치시고 악(惡)은 벌주어서 이를 물리치시어 조금도 개인적인 사심을 가지시고 궁중과 조정의 차별을 두지 않도록 하십시오. 만약 간사한 짓으로 죄를 범하는 자가 있다면 벌로써, 충의선량한 사람이 있으면 충분한 상을 내림으로써 공평정명(公平正明)한 정사를 천하에 보이시도록 하십시오.
>
> 어진 신하를 가까이 두시고 소인을 멀리한 것이야말로 전한의 문제와 무제께서 나라를 융성하게 하신 기초요, 소인을 가까이 두고 어진 신하를 멀리한 것은 후한의 환제와 영제가 그 사직을 쇠퇴하게 만든 이유였습니다.

신은 벼슬이 없는 선비로 남양에서 밭을 갈아 난세를 근근이 살고자 했을 뿐, 제후의 밑에 가서 벼슬하여 몸의 영달을 꾀하려고는 전혀 생각하지 않았습니다. 그러나 선제께서는 신의 비천함을 꺼려하지 않으시고 고귀한 신분으로 방문하시어 저의 초가집을 찾으시기를 세 번, 당세(當世)의 방책을 물으셨습니다.

신은 이에 감격하여 선제를 위해 한 몸을 바쳐서 헌신할 것을 맹세했던 것입니다. 선제께서도 붕어하실 때 신을 부르시어 국가의 큰 일을 부탁하셨습니다.

그 뒤 신은 밤낮으로 송구하여 선제의 명령을 성취하고자 노력하고, 또 부탁하신 보람이 나타나지 않을까, 그리고 선제의 명민하심을 상하지나 않을까 항상 두려워하고 있습니다. 그래서 작년 5월 남쪽 노수를 건너 깊이 불모의 땅에 들어갔고 이제는 남쪽의 만족은 완전히 평정되었습니다. 그 후 군사의 힘도 길렀고 병기도 넉넉해졌으므로 이제 대군을 거느리고 북진해서 위나라를 쳐 중원을 평정하여 한나라 사직을 부흥하고 도읍을 낙양으로 돌려가고자 합니다. 이것이야말로 신이 선제의 은혜에 보답하고 폐하께 충절을 다하는 길입니다. 그리고 이것이 신의 평생의 임무이기도 합니다.

폐하께서는 신에게 적을 치고 부흥하는 공을 세우라고 위탁하옵소서. 공이 없으면 신은 벌로써 선제의 혼에 고하겠나이다.

폐하께서는 아무쪼록 선정을 베푸시고 바른 말을 받아들이셔서 깊이 선제의 유언에 따르시옵소서.

지금 먼 곳으로 떠남에 있어 표(表)에 임해 슬피 울며 말할 바를 잊었습니다.

제갈량은 마침내 진군하여 관중군에 주둔했다.

오장원에 큰 별이 떨어지다

읍참마속

그 이듬해 제갈량은 대군을 이끌고 위나라 수도 장안을 공격하기 위해 우선 그 관문인 기산을 공격했다. 촉나라 군사는 대오가 정연하며, 지휘 계통이 엄격하고 분명했다. 한편 위나라에서는 유비가 죽은 이후 수년 동안 잠잠하고 아무 소리가 없어 촉나라에 대한 방비는 거의 하지 않고 있었다. 그런 상황에서 갑자기 제갈량이 쳐들어온다는 급보를 받자 몹시 당황하지 않을 수 없었다. 더구나 이미 위나라의 여러 고을이 모두 제갈량의 군사에 호응해 봉기했으므로, 관중은 벌집을 쑤셔 놓은 듯 어찌할 바를 몰랐다.

이때 위나라 황제 조예는 낙양에 가 있었는데, 급히 장안으로 가서 장군 장합에게 보병과 기병 5만을 주어 촉나라 군사를 막게 했다. 그런데 공명에게도 한 가지 고민이 있었다. 즉 식량을 수송하는 요충인 가정을 수비하는 일이었다.

마침 그 임무를 맡겠다고 자원하고 나선 사람이 있었으니 바로 마속이었다. 마속은 공명과 친교가 두터운 마량의 아우이며, 뛰어난 재주를 지닌 인물이었기 때문에 공명이 매우 아끼던 부하였다. 원래 마량은 양양의 의성 사람으로 형제 다섯 사람이 모두 뛰어났다. 그 중에서도 마량이 가장 뛰어났다. 그런데 마량은 어릴 적부터 눈썹 속에 흰 털이 섞여 있었기 때문에 사람들은 그를 '백미(白眉)'라고 불렀다.

공명은 마속이 아직 어리다고 생각하여 망설이고 있었는데, 마속은 자기가 충분히 그 일을 해낼 수 있다며 거듭 자신을 책임자로 해 달라고 간청하였다.

결국 제갈량은 마속에게 그 임무를 주었다. 제갈량은 산기슭의 길을 지켜 적이 접근하지 못하도록 지시하였다. 그런데 마속은 이를 어기고 자기 마음대로 적을 끌어들여 섬멸한다는 작전을 써서 산 위에 진을 쳤다가 포위되어 물이 끊기고 궁지에 빠져 버리고 말았다. 마속은 포위망을 뚫으려 하다가 크게 참패하고 간신히 몸만 빠져나올 수 있었다.

이에 제갈량은 하는 수 없이 남은 군사를 수습하며 한중으로 후퇴할 수밖에 없었다. 제갈량은 마속이 자기의 명령을 듣지 않고 패하였으므로 군령을 엄하게 하지 않을 수 없었다. 마침 촉나라 수도 성도에서 장완이라는 사자가 와 있었는데, 그는 마속과 같은 인재를 잃는 것은 나라의 큰 손실이라며 사형의 중지를 간곡히 요청하였다. 하지만 제갈량은 듣지 않았다.

"마속은 구하기 힘든 인재이다. 그러나 그것은 사사로운 정이다. 그는 참으로 아까운 인재이나 아깝기 때문에 오히려 책임을 물어 대의를 세워야 한다."

형장으로 끌려가는 마속의 뒷모습을 보는 제갈량의 두 눈에는 눈물이 가득 고였다.

그 후 제갈량은 다시 후제에게 글을 올렸다(후출사표).

우리 촉나라와 적인 위나라와는 결코 양립할 수 없습니다.

왕업이란 촉과 같은 변경에 치우쳐 있으면서 편안함을 누림으로써 이뤄지는 것이 아니라, 어떠한 어려움이 있더라도 반드시 중원으로 진출해야만 가능한 일입니다. 신은 이 대업을 이루기 위해 일신을 내던져 노력하고 쓰러진 연후에야 그만둘 각오입니다.

왕업이 이루어지느냐 실패하느냐, 또 싸움이 유리하느냐 불리하느냐 하는 것에 대해서는 신도 잘 알 수 없습니다. 다만 목적을 세우고 그것을 달성하기 위하여 최선을 다하는 것만을 알 뿐입니다.

제갈량은 군사를 이끌고 위나라 공격에 나서서 진창현을 포위했으나 쉽게 승부가 나지 않았다.

제갈량은 계속 공격을 멈추지 않고 기산을 포위했다. 위나라는 대장군 사마의를 보내서 제갈량을 막게 했다. 익히 제갈량의 명성을 듣고 있던 사마의는 제갈량에게 감히 싸움을 걸 엄두를 내지 못했다. 그러자 사마의의 부장 가후가 불만을 터뜨렸다.

"장군께서는 촉군을 범을 대하듯 두려워하는데 이것은 천하의 웃음거리가 될 것입니다."

이 말을 들은 사마의는 장합에게 군사를 주어 제갈량과 싸우게 했다. 제갈량은 이들과 맞서 싸워 위나라 군사를 크게 격파했다. 그러나 제갈량의 군사 또한 식량이 떨어져서 한때 퇴각해야만 했다. 이를 본 장합은 급히 추격해서 제갈량과 싸우다가 촉군의 복병이 쏜 화살에 맞아 죽었다.

전투가 끝난 후 군사를 이끌고 돌아온 제갈량은 농사를 권장하고 무예를 닦아, 크게 실력을 길러서 재기를 도모했다. 또 목우(木牛)와 수레를 고안해 내고 군량의 창고를 수리하며 백성을 휴양시키기를 3년, 드디어 10만의 군사를 출동시켜 위수 남쪽 기슭에 진을 쳤다.

위나라에서는 대장군 사마의가 군사를 이끌고 나와 이를 막았다. 제갈량은 지금까지 여러 번 출전했으나, 항상 군량의 수송이 잘 되지 않아 뜻을 이루지 못했다. 그래서 이번에는 둔전의 제도를 두고 군사를 나누어 휴전 중에는 농사를 짓도록 했다. 촉군의 둔전병은 위수 연안의 주민 가운데 섞여 살고 있었는데, 군율이 잘 행해져서 약탈하는 자가 없으므로 백성은 모두 안심하고 생업에 종사하고 있었다. 그런데 제갈량이 여러 번 사마의에게 싸움을 걸었으나, 사마의는 도대체 성문을 나와 싸우려 하지 않았다.

제갈량은 위나라에 사자를 보내 사마의에게 여자용 두건과 목걸이, 그리고 여자 옷 등을 보냈다. '사내 대장부라면 나와서 싸울 일이지 왜 그렇게 싸우지도 못하느냐?' 차라리 여자로나 살라는 야유였다. 물론 사마의의 약을 올려 싸움에 응하도록 하려는 작전이었다.

하지만 공명의 사자를 만난 사마의는 화도 내지 않고 다만 제갈량이 어느 때쯤 일어나고 어느 때쯤 자는가, 식사는 어느 정도 하는가, 그리고 하는 일은 많은가 한가한가 등을 묻고 군사적 문제에 관해서는 일체 물어보지 않았다.

그러자 사자가 대답했다.

"제갈공은 아침 일찍 일어나셔서 밤이 깊어서야 쉬시오. 형벌과 같은 것도 곤장 20대 이상의 것은 모두 친히 조사하시오. 그런데 하루의 식사는 3, 4홉에 지나지 아니하오."

그 말을 듣고 사마의는 좌우를 돌아보며 말했다.

"제갈공은 식사는 적게 하고 일은 번잡하다. 그대로 가다가는 오래 견디지 못할 것이다."

죽은 제갈량이 산 사마중달을 쫓다

얼마 지나지 않아 과연 제갈량은 병이 들어 중태에 빠졌다. 어느 날 밤, 붉고 긴 꼬리를 한 큰 별이 제갈량의 진중에 떨어졌다.

그날 밤, 제갈량은 죽음을 맞았다. 지도자를 잃은 촉군은 슬픔에 잠겼다. 부장 양의는 부대를 정돈하여 회군하기로 했다. 그때 그 지방 사람이 급히 이 사실을 사마의에게 알렸으므로, 촉군은 곧 사마의의 추격을 받게 되었다. 하지만 이때 강유가 대장 깃발의 방향을 앞으로 돌리고 진군의 북을 울려 금시라도 사마의에게 달려들 기세를 보이게 했다. 그러자 사마의는 두려워서 추격을 멈추었다. 이 이야기를 들은 주민들은 이런 말을 지어냈다.

"죽은 공명이 산 사마중달을 달아나게 했다."

이 말을 들은 사마의는, "나는 제갈공이 살아 있을 때는 그 힘을 헤아려 알 수 있었지만, 죽은 후까지는 짐작할 수 없었단 말이다." 하고 변명했다.

제갈량은 일찍이 병법의 원리를 밝혀서 팔진도(八陣圖)를 창안했었다. 제갈량이 죽은 후에 사마의는 제갈량이 진을 친 자취를 돌아보고, 그 진법의 교묘함에 감탄했다.

"제갈공명은 참으로 천하의 기재였다."

이 무렵 촉나라의 위연이 반란을 일으켰다. 위연은 원래 제갈량의 부하였다. 그는 전공을 많이 세웠지만 지나치게 자신을 과시하고 남을 깔보는 사람이었다. 그래서 제갈량은 그의 능력을 인정하면서도 그를 크게 등용하지 않았다. 그러자 위연은 불만을 품고 항상 반역을 꿈꾸었다.

드디어 제갈량이 죽었는데 위연은 그날 밤 이상한 꿈을 꾸었다. 자기 머리에 뿔 두 개가 거꾸로 뻗어나 있는 꿈이었다. 부하에게 꿈 이야기를 했더니 그 부하가 말했다.

"기린의 머리에도 뿔이 있고, 청룡의 머리에도 뿔이 나 있습니다. 크게 출세하실 꿈입니다. 참으로 보기 드문 길몽 중의 길몽입니다."

사실 뿔 '각(角)' 자는 "칼(刀)을 사용한다(用)"는 뜻으로서 위연의 꿈은 목이 달아난다는 흉몽이었던 것이다.

위연은 마침내 반란을 결심하였다. 하지만 제갈량은 생전에 위연의 목덜미 뒤에 뼈가 거꾸로 솟은 것을 보고(반골. 反骨) 훗날 그가 반드시 모반할 것이라고 예측하였다. 그리하여 임종할 때 마대와 양의를 불러 위연이 반란을 일으킬 때 진압할 비책을 알려주었다. 양의는 제갈량의 비책을 그대로 사용하였고 드디어 위연의 목은 마대의 칼에 날아가고 말았다.

처음에 제갈량은 황제에게 글을 올렸다.

'신은 성도에 뽕나무 8백 그루와 황무지 15경을 가지고 있어, 자녀의 생활은 그것으로 충분하므로 그 위에 조금이라도 더 재산을 불릴 생각은 추호도 없습니다. 신이 죽은 뒤에 집에 많은 옷이 남고 밖에 큰 재산을 쌓아 폐하의 신뢰를 배반하는 일은 없을 것입니다.'

그가 죽고 나서 조사해 보니 정말 생전 그가 써놓은 글과 같았다. 그 뒤 위나라 황제는 병이 나서 장안에 있는 사마의를 입궐하게 하고, 조상을 대장군으로 삼았다.

이듬해 위나라 황제 예가 죽었다. 그 뒤를 이어 아들 방이 섰다. 방은 여덟 살에 즉위하여 사마의와 조상이 유조를 받들어서 그를 보좌했다.

촉나라는 승상 제갈량이 죽은 뒤 장완이 대사마가 되어 정치를 했는데, 양민은 장완을 비방했다.

"장완은 정치를 행하는 데 있어 마음이 헝클어져 있기 때문에 도저히 전 승상 제갈공에게 미치지 못한다."

어떤 사람이 이 말을 듣고, 그것은 상관을 비방하는 것이므로 조사하여 처벌해야 한다고 장완에게 요청했다. 그러자 장완은 이렇게 말하였다.

"나는 도저히 제갈량에게 미치지 못하오. 그것은 사실이므로 그를 처벌할 수 없소."

그 뒤 장완이 죽고 대장군 비위와 동윤이 정치를 했는데, 두 사람 모두 공평했고 성의를 다해 충성을 바쳤다. 동윤이 죽고 나서는 강유와 비위가 함께 정치를 했다.

한편 위나라 대장군 조상은 교만과 사치가 그 도를 넘어 음식, 의복, 수레 등 모든 것을 황제와 같이 했으므로, 사마의는 조상을 죽이고 스스로 승상이 되었다. 그 뒤 위나라의 사마의가 죽고, 그의 아들 사마사가 무군대 장군이 되어 상서의 일을 맡아 보았다.

그런데 이풍이 자주 황제에게 불려 들어가 밀담을 나누므로, 사마사는 자기를 죽이려는 줄로 짐작하고 이풍을 죽였다. 그러자 황제는 마음이 편치 않았다. 좌우의 신하들 또한 사마사를 주살하기를 권했으나 그는 결단을 내리지 못했다. 그러한 와중에서 사마사는 선수를 쳐서 황제를 폐해 버렸다. 이에 양주 도독 관구검과 자사 문흠이 함께 군사를 일으켜서 사마사를 쳤으나 패해 달아날 수밖에 없었다.

그 후 사마사가 죽고 그의 아우 사마소가 대장군이 되어 상서의 일을 맡아 보았다. 얼마 안 있어 그는 대도독이 되어 천자의 대권을 행사하게 되었다.

천하가 사마씨 손에

이때 오나라 황제 손권도 죽어 아들 양이 뒤를 이었다. 손양은 정치를 잘했고, 손권이 시행했던 제도와 법규를 온전히 공부했다.

손양이 어느 날 매실을 먹는데 너무 시어서 환관에게 꿀을 가져 오라고 했다. 그런데 가져온 꿀 속에 쥐똥이 들어 있으므로, 창고지기를 불러서 물었다.

"환관이 네게 꿀을 달라고 하지 않았느냐?"

"예, 며칠 전에 와서 달라는 것을 거절했습니다."

손양은 환관을 불러 힐문했으나, 환관은 모르는 일이라고 잡아떼었다. 손양은 쥐똥을 둘로 쪼개라고 했다. 똥 속은 보송보송 말라 있었다.

그러자 손양은 크게 웃으며, "이 쥐똥이 오랫동안 꿀 속에 들어 있었다면, 쥐똥의 겉이나 속이 다 젖어 있을 것이다. 그런데 속이 말라 있는 것을 보면 틀림없이 환관의 짓이다." 하고 다시 환관을 신문했다. 환관은 마침내 자백했다. 이 말을 들은 좌우의 신하는 손양의 명석함에 놀라 그를 두려워했다.

대장군으로 있던 손침이라는 자는 오직 용맹만이 있던 자인데 손양으로부터 정치의 어려운 문제를 질문 받고 답변에 궁해지자, 마침내 병을 핑계대고 조정에 나오지 않았다. 그러던 손침은 마침내 군사를 동원하여 궁성을 포위하고, 손양을 내쫓아 버렸다. 그리고 낭야왕 휴를 맞아들였다. 그러나 손침은 새 왕에 대해서도 무례한 짓이 많았으므로 마침내 주살되었다.

한편 위나라의 폐제(廢帝) 조모는 자신의 권위가 날로 떨어져 노여움을 참을 수 없었다.

"사마소가 제위를 빼앗으려는 야심을 가지고 있음은 길 가는 사람도 다 알고 있다. 나는 쫓겨나는 그런 수모는 당하지 않겠다. 나는 이미 결심했도다. 죽음 따위는 두려워하지 않겠다."

그러면서 조모는 칼을 뽑아들고 밖으로 뛰어나갔다. 그러자 밖에서 사마소의 부하인 가충이라는 자가 궁중에 뛰어들어갔다. 이 때 그의 가신인 성제가 조모를 보고는, "어떻게 할까요?"라고 가충에게 묻자 그는 고개를 끄덕였다. 그 즉시 성제는 창을 들어 조모를 찔러 죽였다.

이때 촉나라 강유는 여러 번 위나라를 공격하고 있었다. 사마소는 이에 등애와 종회를 장수로 하여 반격을 가하도록 하였다. 이에 종회는 사곡, 낙곡, 자오곡으로부터 한중으로 진출하고, 등애는 적도로부터 출발하여 강유의 군사를 견제하기로 하였다.

강유는 종회가 이미 관중에 들어왔다는 말을 듣고, 군사를 거두어 회군하려고 했다. 그러나 등애가 그를 맹렬히 추격해 들어왔다. 이 싸움에서 강유는 패하여 달아나 검각의 요새를 지키면서 종회의 군사를 막았다. 등애는 인가 없는 들판 7백 리를 강행군했다. 산을 깎아 길을 내고, 골짜기에는 잔도를 가설하며 진군했다.

그렇게 한참을 나아가다가 문득 앞을 보니 앞뒤가 낭떠러지인 험한 곳이 나타났다. 그러자 등애뿐만이 아니라 모든 병사들이 낙담하여 바라보고만 있었다. 한참을 낙망하여 앉아 있던 대장 등애는 담요로 몸을 싸고는 낭떠러지 아래로 밀 것을 명령하였다. 대장이 낭떠러지 아래로 굴러가는 것을 본 군사들은 용기백배, 혹은 나무에 올라가고, 혹은 벼랑에 매달려서 마치 생선 두름처럼 한 줄이 되어 나아갔다. 그리하여 광한군 강유현에 이르자, 촉나라의 대장 제갈첨에게 글을 보내 항복을 권유하였다.

하지만 제갈첨은 글을 가지고 온 사자를 베고, 면죽 지방에 진을 치고 적을 기다렸다. 그러나 제갈첨은 이 싸움에서 지고 전사했다.

그의 아들 상은, "우리 부자는 나라의 두터운 은혜를 입었다. 간신을 베지 않았기 때문에 나라를 망치고 백성을 멸망하게 했다. 더 살아서 무슨 보람이 있겠느냐." 하고 말에 채찍질하여 적진에 뛰어들어 분전하다가 그 또한 죽었다.

촉나라 조정은 위나라 군사가 이처럼 급속히 진격하여 올 줄은 모르고 있었으므로 크게 당황해 어쩔 줄 몰라했다. 그러다가 결국 황제는 적장 등애에게 항복할 것을 결심하였다. 그러자 태자 유심은 크게 분노하였다.

"이미 사세가 기울고 나라의 힘이 다하여 적에게 패할 수밖에 없어 사직을 보존할 수 없게 되었다면, 군신이 모두 함께 성을 등지고 몸을 던져 싸워 사직과 그 목숨을 같이한 후 선제를 뵈올 일입니다. 엄연히 군신들의 목숨이 붙어 있는데 항복이 무엇입니까?"

하지만 이미 자포자기한 황제는 듣지 않았다. 그러자 유심은 소열제의 묘에 참배하고 목을 놓아 울고는, 먼저 처자를 죽이고 자기도 자살했다.

등애가 성도에 이르니 황제는 군신을 거느리고 항복했다. 위나라는 황제를 안락공에 봉했다.

한편 이 무렵 오나라에서는 손휴가 죽고 손호가 그 뒤를 이었다. 이때 이미 위나라의 사마소는 진왕이 되었는데, 사마소가 죽자 그 아들 염이 뒤를 이었다.

제13장 서진시대
(265~316 A.D.)

삼국시대는 위나라의 승리로 끝나는 듯했으나, 결국 위나라 내부에서 힘을 키운 사마씨의 진나라가 천하를 통일하였다. 천하를 통일한 진나라 무제는 원래 영민한 황제였으나, 통일 이후에는 탐욕과 사치만을 일삼아 나라가 급속히 기울기 시작하였다.

이후 진나라는 팔왕의 난 등 황족들 간에 피비린내 나는 권력 다툼이 벌어졌다. 그리고 그 와중에 힘을 키운 흉노족의 침략을 견디지 못하고 316년에 멸망당하고 말았다. 진나라를 세운 지 불과 52년 만이었다.

그런데 진나라의 후예인 사마예가 강남 지방의 건강에 도읍하여 진나라를 다시 일으켰는데, 도읍인 건업이 낙양의 동쪽에 있기 때문에 동진이라 불렀다. 그리하여 이전의 진나라는 서진이라고 부르게 되었다.

양들의 선택

죽림칠현

서진(西晉) 무제의 이름은 사마염이다. 그는 하내 사람으로서 사마소의 아들이요, 사마의의 손자다.

일찍이 사마소가 진왕이 된 뒤 후사를 정하기 위해 중신들이 모인 적이 있었다. 그때 참여한 신하들은 사마염의 머리털이 대단히 길어서 일어서면 땅에 닿고 손을 늘어뜨리면 무릎 아래까지 내려오므로, 이는 신하로서 남의 밑에 있을 인물이 아닌 표지라 하여 마침내 그를 후사로 결정하였다.

한편 진나라는 천하를 통일하기 위해 장군 양고로 하여금 오나라를 공격하게 했다. 그러자 오나라도 육항을 대장으로 하여 맞서게 했다.

양군은 두 나라 국경에서 40리를 사이에 두고 대진했다. 그런데 양고와 육항은 모두 훌륭한 명장들로서 전부터 서신까지 교환하고 있었던 절친한 사이였다. 서로 팽팽히 대치하고 있던 어느 날 오나라 육항이 양고에게 술을 보냈다. 양고는 기뻐하며 조금도 의심하지 않고 그 술을 마셨다. 또 육항이 병을 앓자, 양고는 약을 보내 그의 쾌유를 빌었다. 육항은 보내온 약을 즉석에서 먹었다. 그러자 부하 장수들이, "어찌 적장이 보내온 약을 드실 수 있습니까?"라며 크게 항의하였다.

그러자 육항은 담담히 이렇게 말하였다.

"남을 독살할 그런 양고가 아니다."

진나라 양고는 대치하고 있는 중에도 언제나 덕이 있는 정치를 폈으므로 오나라의 백성들이 잘 따랐다. 싸움을 할 때에는 미리 날짜를 통고하여 정정당당히 싸웠지 결코 불시에 습격하지 않았다. 오나라 육항도 국경의 여러 부대에 명령을 내렸다.

"각 부대는 각기 자기가 맡은 곳을 막아 지키기만 하면 된다. 조그마한 이득을 탐내어 함부로 일을 일으키지 말라."

그러나 이때 오나라 황제 손호는 덕으로써 정치를 하지 않고, 쓸데없이 영토 확장에만 골몰했다. 어느 날 그는 방술사를 불러서 천하를 취할 시기에 대해 점쳐 보게 했다.

"경자년에 청개차(靑盖車)로 낙양에 들어가시게 될 것입니다." 하고 방술사는 대답했다. 이는 항복하게 됨을 뜻하는 말이었다. 그러나 어리석은 손호가 그 뜻을 깨달을 리 없었다. 오히려 그 점괘를 '정말 나는 진나라를 제압하여 늠름하게 낙양으로 입성하는 운을 타고 났구나'라고 생각하면서 크게 기뻐하였다.

손호는 그 후 자주 진나라의 국경을 침략했다. 육항이 지금은 때가 아니라며 아무리 말려도 듣지 않았다. 얼마 뒤에 육항은 병으로 세상을 떠났다.

진나라 장군 양고는 이 기회에 오나라를 정벌하자고 주청했다. 하지만 대부분의 신하들이 반대했다. 양고는 크게 한탄했다.

"천하를 얻는 일이란 항상 생각대로 되는 것이 아니구나. 모처럼 하늘이 내린 기회를 잃게 되다니 너무 안타깝구나."

다만 두예와 장화만이 양고의 의견에 찬동했다. 그 후 양고는 병이 들었는데, 조정에 나와 직접 폐하께 아뢰겠다고 청했다.

황제는 마침내 오나라 정벌의 뜻을 결정했다. 그런데 이 무렵 양고는 병중이었기 때문에 황제는 그를 수레 위에 누워서라도 출전시켜 군사를 지휘하게하려고 했다. 그러나 양고는 이렇게 말했다.

"오나라를 빼앗는 데는 반드시 신이 나가지 않아도 무방하다고 생각합니다. 다만 오나라를 평정한 다음 혹시 번거로우시게 하는 일이 없을까, 그것이 염려됩니다."

그 뒤 얼마 안 되어 양고는 죽었다. 황제는 두예를 진남대장군으로 삼았다.

당시 오나라의 손호는 갈수록 포악해져서 잔치를 베풀어 술에 만취하면 사람의 얼굴 가죽을 벗기고 눈알을 빼기도 하는 만행을 서슴지 않아 민심은 완전히 군주를 떠나 있었다. 두예는 황제에게 글을 올려 이 기회에 빨리 오나라를 공격하자고 주장했다.

그 글이 황제에게 올려질 때 황제는 마침 장화와 바둑을 두고 있었는데, 장화는 갑자기 바둑판을 밀치며 황제에게 오나라 토벌의 결단을 재촉했다. 이렇게 되자 황제도 이를 허락하지 않을 수 없었다. 한편 이 자리에 있었던 산도가 다른 사람에게 말했다.

"성인이라면 다르겠지만 보통 사람일 경우에는 외환이 가라앉으면 반드시 내우가 생길 것이다. 그러므로 지금 당장은 오나라를 공격하지 말고 그대로 둔 채 상하가 마음을 하나로 해서 내치의 정비를 도모하는 편이 현명한 방법이 아닐까?"

산도는 당시에 이부상서였다. 산도는 위나라로부터 진나라 초에 걸쳐 혜강, 완적, 완적의 형 아들 완함, 형수, 왕융, 유영 등과 친히 사귀었다. 세상에서는 이들을 '죽림칠현(竹林七賢)'이라고 일컬었다. (당시 사마씨 일족은 자기들의 왕조 건설을 위해 모든 수단 방법을 가리지 않았다. 그래서 자기들을 비방하는 자들은 밀고를 하도록 해 샅샅이 처형하였다. 그리하여 사람들은 정치 이야기를 하지 않게 되었으며, 오직 허무하고 관념적인 이야기만 하는 이른바 '청담(淸談)'을 하게 되었다. 이것이 죽림칠현이 나타나게 된 배경이다.)

이들은 모두 노자와 장자의 주장을 받들어 자연 그대로 꾸밈없이 사는 삶을 중시하는 허무주의를 존중하는 반면 예의를 경시하였다. 또한 술을 끝없이 마셔서 아무것도 분별할 수 없을 만큼 만취되어 세상일에 대한 모든 책임을 잊어버렸다. 당시의 사대부들은 그들을 본받아서 모두 제멋대로 굴었다. 이러한 행동을 일컬어 '방달(放達)'이라고 했다.

그런데 산도만은 세상의 실제 문제, 즉 정치 문제에 대한 관심을 게을리하지 않았다. 산도는 인재 선발의 책임을 맡았는데 인물을 잘 분별하여 적재적소에 발탁했다. 그래서 관원에 결원이 생기면, 평소에 눈여겨본 재능 있는 몇 사람을 골라서 각각 장점과 특기 등을 기록하며 우선 황제에게 비밀리에 아뢰어서 의향을 알아본 다음에 공식으로 아뢰었으므로 당시 사람들은 이를 일컬어 '산공(山公)의 계사(啓事)'라고 했다.

백안시

죽림칠현 중의 한 사람인 완적은 노자와 장자를 좋아하고 거문고를 매우 잘 탔다.

어느 날 그의 어머니가 죽어 장례식을 거행하게 되었는데, 그는 머리를 풀어헤친 채 침상에 책상다리를 하고서 앉아 있었다. 그러면서 조문객이 와도 아는 척도 않고 곡도 하지 않았다. 예절을 지키는 선비들이 오면 흰 눈자위로 흘겨볼 뿐이었다(白眼視, 백안시).

그런데 같은 죽림칠현인 혜강이 찾아오자 완적은 비로소 크게 기뻐하면서 눈을 흘기지 않고 검은 눈동자로 맞이하였다.

그 뒤 완적이 흰 눈자위로 흘겨보았던 선비들은 완적을 마치 원수처럼 생각하게 되었다.

오나라의 멸망

드디어 진나라는 대군을 일으켜 오나라를 쳤다. 그러자 오나라 군사는 장강의 군데군데에 쇠사슬로 강을 막아서 배가 움직이지 못하도록 만들고, 또 1장(丈)이 넘는 긴 쇠 송곳을 만들어서 몰래 강물 속에 늘어놓아 진나라의 군함을 막았다.

그러자 진나라 장군 왕준은 큰 뗏목을 만들어서 헤엄 잘 치는 자를 태워 앞서게 하여, 쇠 송곳에 부딪치면 거기다가 뗏목을 매어 놓고 헤엄쳐 들어오게 했다. 또 큰 횃불을 만들어서 여기에 기름을 부어 쇠사슬을 만나면 이것을 녹여서 끊게 했다. 이렇게 하여 진나라 군사는 아무런 장애를 받지 않고 삽시간에 건너편에 닿아 장강 상류지방의 여러 고을을 격파하였다. 또한 진나라 장군 두예는 부하들에게 밤을 틈타 장강을 건너게 했다. 그러자 오나라 장군들은 크게 놀라 겁을 냈다.

"아니, 북쪽에서 온 진나라 군사는 날아서 장강을 건너왔단 말인가?"

계속하여 두예는 군사를 나누어 왕준의 군사와 합세해서 무창 지방을 공격하여 곧 항복을 받아냈다. 그런 후에 두예는 장수들과 함께 작전을 의논했는데, 모두들 내년 겨울에 장강의 물이 줄어들 때 다시 오나라를 공격하는 것이 좋겠다고 했다. 그러나 두예는 단호하게 반대했다.

"지금 우리 군사의 기세는 하늘과 같이 높으오. 비유해서 말한다면 칼로 대나무를 쪼개는 것과 같소. 처음에 힘을 들여 두 마디 세 마디만 쪼개면, 그 다음은 저절로 쪼개져 나가오. 아무런 힘이 들지 않는다는 말이오. 지금 우리 군사는 가히 파죽지세(破竹之勢)요. 이번 기회를 놓친다면 다음을 기약할 수 없소."

그리하여 마침내 전군이 그대로 진격하라고 각 부장에게 전략을 시달하여 즉시 오나라의 수도 건업으로 향하게 했다.

왕준의 군사 8만 명은 장강에 배를 늘어놓기를 백 리, 일제히 흰 돛을 올리고 건업을 향해 공격해 내려갔다. 순식간에 상륙에 성공한 왕준의 군사는 북을 치고 함성을 지르며 석두성으로 거침없이 쳐들어갔다.

그러자 오나라는 대항 한 번 제대로 하지 못하고 진나라에 항복하고 말았다. 장군 왕준은 손호를 낙양으로 보냈는데, 그는 죽음을 용서받고 제후에 봉해졌다. 이렇게 하며 16년 전 '경자년에 청개차로 낙양에 들어간다'고 한 방사(方士)의 예언은 정확히 들어맞았다.

진나라는 사마염이 위나라로부터 양위 받아 천자가 된 후 16년 만에 오나라를 멸망시켰다.

무제 사마염은 즉위 당시에는 헌상품인 비싼 옷을 사치스러운 물건이라며 태워 버리고 몸소 무명옷을 입고 검소한 모범을 보일 정도로 생활에 절제가 있었으나, 차츰 사치를 일삼고 방종하게 되었다. 그는 대궐에 미녀 만 명을 두게 하였다. 그런데 미녀가 너무 많아 어떤 미녀와 즐길지조차 판단하기 어렵게 되자 양이 이끄는 작은 수레를 타고 양이 멈추어 서는 곳의 후궁 처소에 들러 환락에 빠졌다.

그러자 미녀들은 그의 총애를 얻고자 자기가 거처하는 집 문에 대나무 잎을 꽂고 소금물을 땅에 뿌려 황제가 자기 방을 찾아 주기를 기다렸다. 왜냐하면 양은 대나무 잎과 소금을 좋아하였기 때문에 그 양을 유혹하기 위함이었다. 이렇게 하여 무제는 자식도 많이 두었다. 무제의 2대 뒤 황제인 회제도 무제의 아들이었는데, 그는 스물다섯 번째 아들이었다.

그러면서 신하들과 이야기할 때 국가 경영에 관한 대책을 말한 적이 없었다. 오나라를 평정하고 나서는 이제는 천하가 태평무사하다고 생각하여 모든 군비를 철거해 버렸다. 이에 그치지 않고 황제는 계속하여 더욱 아름다운 미녀를 구하기에 열을 올렸고, 신하들도 이에 질세라 음탕과 사치의 경쟁을 벌이는 판이 되고 말았다.

사치의 끝은 어디인가?

이때 승상이었던 하증이라는 자는 하루에 1만 전을 써서 상다리가 부러질 정도로 차린 산해진미를 앞에 두고서도 먹을 음식이 없다고 짜증을 부렸으며, 그의 아들은 한술 더 떠서 하루에 2만 전을 들여 오직 먹는 일에만 골몰하였다. 그런데 이 정도의 사치를 비웃는 자가 있었으니, 바로 황제의 사위인 왕제였다.

어느 날 황제가 왕제의 저택을 방문한 적이 있었다. 비단과 보석으로 치장한 수많은 하녀들이 귀중한 보석으로 만든 그릇에 가득 산해진미를 담아 나르고 있었다. 그 음식 한가운데에는 통돼지 구이가 보기 좋게 놓여 있었다. 황제의 눈에도 그 요리가 먹음직하게 보여 한 점 먹어 보니 과연 천하 일품요리였다. 그래서 황제가 물었다.

"이 고기는 어떻게 이토록 맛이 나게 만들 수 있을까?"

그러자 왕제가 뻐기듯이 대답하였다.

"이 고기는 사람의 젖으로 기른 돼지고기입니다."

그런데 이 정도는 오히려 약과였다. 당시 석숭과 왕개라는 유명한 호족이 있었다. 이 두 사람은 모든 힘을 다해 부와 사치의 경쟁을 벌인 것으로 유명하다. 왕개는 황제의 외삼촌으로서 자신의 부를 자랑하기 위해 설탕물로 식기를 씻었다. 그러자 석숭도 이에 질세라 양초로 불을 땠다. 왕개가 40리에 달하는 보랏빛 포(布)를 자리에 깔자 석숭은 50리에 이르는 면(綿)을 깔았다. 그 후 석숭이 향료의 열매로 방의 벽을 바르자 왕개는 값비싼 물감으로 담을 발랐다.

석숭과 왕개의 사치 싸움은 낙양 시내에 파다하게 퍼져 사람들은 과연 누가 이길 것인지에 관심을 쏟았고, 내기까지 걸었다. 그런데 대부분 왕개가 석숭에게 한 걸음 뒤진다는 의견이었다.

한편 시중 소문에 왕개가 열세에 있다는 이야기를 전해 들은 황제는 외삼촌을 돕기 위해 두 자가 넘는 산호수를 왕개에게 하사하였다. 그 후 왕개는 그것을 자랑하기 위해 석숭을 초대하여 산호수를 으스대면서 구경시켜 줬다. 그러자 석숭은 코웃음을 치더니 쇠막대기로 산호를 내리쳐서 산산조각을 내 버렸다. 왕개가 노발대발하여 덤벼들자, 석숭은 태연한 표정을 지으며 이렇게 말하였다.

"이까짓 것이 그렇게 아깝소? 그렇다면 내 즉시 변상하리다."

석숭은 그 자리에서 하인을 시켜 집에 있는 산호수를 모두 가져오도록 하였다. 잠시 후 하인이 가져온 산호수를 본 왕개는 기가 질렸다. 높이 3, 4척 되는 산호수가 예닐곱 개나 되었고, 모두가 훌륭한 물건이었다. 그것들에 비하면 황제가 왕개에게 하사한 산호수는 정말 보잘것없는 것에 지나지 않았다.

어리둥절해 있는 왕개를 보고 석숭이 말했다.

"마음에 드는 것이 있으면 하나 골라 가지시오."

사실 이러한 부는 오랜 세월을 두고 백성들에게서 빼앗아 모은 것이었다. 당시 호족들은 모두 창두라는 노비를 두고 있었는데, 석숭의 집에는 창두만도 8백여 명이 넘었다. 심지어 석숭이 형주 자사로 있을 때는 행상들까지 습격하여 보잘것없는 짐조차 모조리 빼앗기도 하였다.

그들의 이야기는 여기에서 그치지 않는다. 어느 날 왕개가 손님을 초대하여 잔치를 벌이고 손님들의 흥을 돋우기 위해 여자 악사를 시켜 피리를 불도록 하였다. 그런데 그녀가 피리를 연주하다가 실수로 한 소절을 건너뛰었다. 그러자 왕개는 크게 화를 내고 즉석에서 여자 악사를 끌어내어 죽이고 말았다.

한편 석숭은 손님을 초대하며 잔치를 벌일 때 미녀들로 하여금 손님에게 술을 권하도록 하여 그 손님이 술을 완전히 마시지 않으면 술을 권한 미녀를 죽였다. 그래서 언젠가는 술을 전혀 입에 대지 못하는 손님이 있어 세 사람의 미녀를 계속해 죽이기도 하였다.

가남풍이라는 여인

혜제의 이름은 충이었는데 그는 매우 우둔하였다. 그가 태자로 있을 때 가충의 딸을 태자비로 맞았는데, 이 여자가 바로 가남풍으로 권모술수에 능한 여자였다.

어느 날 위관이라는 사람이 무제 곁에서 술이 취한 체하며 무제 앞에 끓어앉아 옥좌를 어루만지면서 말했다.

"이 자리는 아껴야 하지 않을는지요."

어리석은 태자에게 물려주는 것이 아깝다는 뜻이었다. 황제는 그의 뜻을 깨닫고서 박사에게 어려운 문제를 내게 하여 밀봉한 다음 태자에게 보내 풀어보도록 했다.

태자비 가남풍은 이 대목에서 능력을 발휘하였다. 그녀는 시험 문제를 가져온 관리를 매수하여 답안을 모두 알아내고는 그것을 태자가 자필로 베끼도록 하여 황제에게 바치도록 했다. 답안을 받아 본 무제는 그 정확함에 매우 기뻐하고 만족했다. 그리하여 사마충은 무사히 제위에 오를 수 있었다. 이 사람이 바로 혜제이다.

혜제가 즉위한 후 정치의 실권은 양태후의 아버지 양준의 손에 넘어가 있었다. 그런데 그러한 양준의 모습을 매우 못마땅하게 여기는 사람이 있었으니 다름 아닌 가남풍이었다.

가황후는 드디어 양준 제거 작전에 들어갔다. 그녀는 양씨의 반대파인 맹관, 이조, 동맹 등의 중신들과 더불어 반란을 추진하였다. 우선 사람을 여남왕 사마양에게 보내 군사를 일으키라고 하였다. 하지만 사마양은 이 제의를 받고 잔뜩 겁을 먹고 어디론가 종적을 감춰 버렸다.

그 뒤 그녀는 사람을 초왕 사마위에게 보냈다. 사마위는 혜제의 배다른 동생으로 용맹스러운 21세의 청년이었다. 사마위는 즉시 군사를 이끌고 낙양으로 진입하여 양준을 체포한 뒤 모반죄로 죽여 버렸다. 그리고 양태후도 폐하여 서인으로 삼고, 양태후의 어머니 방씨도 체포하는 등 그 일족을 체포, 처형하였다.

이때 양태후는 어머니 방씨를 살리기 위하여 가황후의 처소에 찾아가 자신을 '첩'이라 칭하면서까지 살려 달라고 애원했으나, 가황후는 끝내 들어주지 않고 방씨를 처형시켜 버렸다. 이에 절망한 양태후는 단식 끝에 34세의 젊은 나이에 죽었다.

이제 천하는 온전히 가황후의 손에 들어가게 되었다. 가황후는 황족의 원로인 여남왕과 72세의 노대신 위관에게 태재와 태보라는 최고 벼슬을 주어 등용하였다. 그런데 이는 어디까지나 가황후의 술수였다. 즉 이번 난을 실질적으로 주도한 초왕 사마위를 분개하게 만들어 이들 두 명을 제거하자는 속셈이었다. 여남왕은 지난번 군사 동원 요청에 도망친 사람이었으며, 특히 위관은

혜제가 태자로 있을 때 태자 폐립을 주장했던 인물로서 가황후는 항상 그 원한을 갚고자 벼르고 왔던 것이다. 아니나 다를까 초왕 사마위는 불만을 노골적으로 터뜨렸다.

"양씨를 무너뜨린 것은 나 초왕 사마위다. 그때 도망쳐 버린 늙은이 주제에 이제 와서 높은 자리를 차지하다니, 도저히 묵과할 수 없다."

그런데 두 원로 대신은, '초왕 사마위는 혈기만 믿고 우쭐대는 자로서 성격이 잔인하며 인명 살상하기를 거침없이 한다. 그자가 군대를 거느리고 있으니, 정말 위험천만한 일이다'라고 생각하여 초왕에게서 병권을 회수하고 변방으로 좌천시키려 하였다. 그러자 이를 눈치 챈 초왕은 크게 분노하여 복수를 다짐하였다.

이때 가황후는 혜제로 하여금, "두 원로 대신은 황제의 폐립을 모의했으므로 그 관직을 삭탈하노라."라는 조서를 만들게 하여 초왕에게 군대출동을 명령하였다. 이에 초왕은 즉시 군대를 출동시켜 여남왕과 위관을 체포하여 살해하였다.

모든 일이 자신의 계획대로 되어 나가자 가황후는 더욱 주도면밀한 조치를 취하기로 하였다. 이번 기회에 자신에게도 커다란 위험 인물임에 틀림없는 사마위까지 제거하기로 한 것이다.

"초왕 사마위는 제멋대로 사람을 죽였으니 사형에 처하노라." 그녀는 조서를 내려 사마위를 체포하여 목을 베었다. 사마위는 죽기 직전에야 자신이 가황후에게 이용당했다는 사실을 깨달았지만, 때는 이미 늦었다.

이렇게 하여 가황후는 일거에 자신의 정적이었던 세 명의 실력자를 제거해 버렸다. 그 뒤 가남풍의 천하는 10년이나 지속되었다.

미소년이 살아남은 이유

가남풍은 원래 얼굴이 못생긴 데다 키가 작고 얼굴까지 검은 여자였다. 그렇지만 머리가 뛰어나 항상 권모술수를 능사로 알고 한시도 가만히 있는 법이 없었다. 게다가 그녀는 매우 음란했다. 그녀는 아름다운 미소년들을 상자에 넣어 궁중으로 들여와 정을 통한 다음 살해하였다. 간혹 매력 있는 미소년은 값비싼 선물을 주어 살려 보내기도 했다. 그런데 비싼 선물을 받고 돌아간 소년이 도둑으로 오해받아 심한 고문 끝에 가황후와의 관계를 털어놔 고문을 중지한 일도 있었다.

그 무렵 장영이라는 잘생긴 18세의 포졸이 있었다. 어느 날 그는 비번이라 산책을 즐기고 있었는데, 한 노파가 나타나 말을 걸어왔다.

"젊은이, 우리 집에 앓는 사람이 있어요. 점을 쳐보니 소년을 데려오면 병이 낫는다고 합디다. 잠시만 가주면 되는데……. 사례는 충분히 드리겠소."

장영은 사람 살리는 일이라 생각하여 기꺼이 승낙하였다. 노파는 마차를 가지고 왔는데, 그 안에 큰 상자가 있었다. 노파는 그 상자를 가리키며, "저 상자는 주문을 외는 상자인데 저 속에 잠깐 들어가 있으세요. 만일 나오게 되면 병자의 병도 낫지 않을 뿐 아니라 그대의 목숨도 위험하게 된다오."라며 상자로 들어가라고 하였다. 장영은 할 수 없이 상자 속으로 들어갔다. 마차는 달렸다. 장영은 아무것도 볼 수 없었다. 몇 번이나 마차가 섰다. 그럴 때마다 "문열어라", "통과하십시오"라는 소리가 들렸다.

'낙양에서 문이라면 궁중의 문밖에 없을 텐데…… 혹시……' 여기까지 생각이 미친 장영은 깜짝 놀랐다. 그 무렵 젊은 청년들의 실종 사건이 많았다. 그것도 모두 미소년들이었다. 언제 어디서 사라졌는지 갑자기 소식이 끊기고 한 사람도 돌아온 적이 없었다.

한참 후 상자 뚜껑이 열렸다.

"이제 나와도 좋습니다." 노파가 말했다.

장영이 포장을 걷어 올리고 나와 보니 으리으리한 궁전이었다. 장영은 먼저 욕탕으로 안내되어 목욕을 하였다. 그런 뒤에 금은 색실로 만든 새 옷을 입었다.

"천상의 여황입니다." 노파가 말했다. 그러나 노파가 만나게 해 준 여성은 도저히 천상의 여인이라 할 수 없는 30대 중반의 키도 작고 얼굴도 검고 못생긴 여자였다. 바로 가황후였다. 그녀는 침대에 앉아 있었다.

"정말 멋있군!"

가황후는 그를 보자 환성을 질렀다.

"어서 옷을 모두 벗어라."

그리고 방의 장막이 드리워졌다. 그런데 장영은 살아 돌아왔다.

그는 어린 나이에도 불구하고 이미 여성들과의 경험이 많았으며, 그 기술도 매우 뛰어났다. 누구도 그에게 반하지 않은 여자가 없었던 것이다.

가황후는 이렇듯 흉폭하고 음란했지만, 그래도 장화를 존경하고 중히 쓸 줄은 알고 있었다. 장화는 배위와 협력하여 정치를 잘 보좌했으므로, 천자가 어리석기는 했지만 몇 해 동안 세상이 평온했다.

한편 왕융이라는 사람은 그때그때의 추세를 좇아 요령있게 처세하는 인간으로, 천자의 잘못을 바로잡아 돕는 일이 없었다. 더구나 성질이 탐욕하고 인색하여 전국 곳곳에 자기의 논밭을 가지고 있어, 밤낮 상아로 만든 주판을 끌어안고 계산에 여념이 없었 다. 왕융의 집에는 아주 좋은 자두나무가 있었다. 왕융은 그 종자를 누가 갖다 심을까 해서 먹고 난 자두씨는 송곳으로 구멍을 뚫어 싹이 나지 못하게 해서 버렸다.

당시 왕연과 악광 등은 모두 노장의 청담사상을 매우 좋아했다. 왕연은 정신이 맑은 수재였다. 젊었을 때의 왕연을 보고 산도가 말했다.

"어떤 할멈이 이런 재주 있는 사람을 낳았을까? 그러나 훗날 천하의 백성을 그르치고, 사도(邪道)에 떨어뜨리는 자는 반드시 이 사람일 것이다."

왕연의 아우 징, 완함의 조카 수, 호모포지, 사곤, 필탁 등은 인생을 달관했다면서, 술을 마냥 먹고 벌거벗은 채 남에게 무례를 행하고도 아무렇지도 않게 생각했다.

필탁은 이웃집 창고의 술이 익는 냄새를 맡고, 밤중에 몰래 술 항아리 사이에 들어가 진탕 마시다가 창고지기에게 들켜 온몸이 묶였다. 날이 새어 자세히 보니 술도둑은 이부랑 필탁이었으므로 모두 깜짝 놀랐다.

개구리는 누구를 위하여 우는가

담비 꼬리와 개 꼬리

가황후는 공주만 네 명 낳았을 뿐 아들을 낳지 못했다. 그래서 그녀는 친정 동생이 낳은 아들을 양자로 키웠다. 그 아들을 자신이 낳은 것처럼 위장하기 위해 옷 속에다 짚을 넣어 임신한 것처럼 꾸몄다. 당시 태자는 가황후의 친자식이 아닌 사마휼이었는데, 그의 운명은 가황후의 욕심 앞에 풍전등화 같았다.

드디어 가황후는 태자 휼을 폐하였다. 다음해 가황후는 휼을 죽였다. 그녀는 태의령과 짜고 휼에게 독약을 마시도록 하였는데, 휼이 눈치를 채고 마시려 하지 않자 약 찧는 절구로 쳐죽여 버렸다.

그러자 가황후의 전횡을 항상 못마땅하게 여기고 있던 정서 대장군 조왕 사마윤은 혜제 충의 조칙이라고 일컫고 군사를 이끌고 궁중에 들어가 가황후를 체포하고 아울러 가씨 일당을 모조리 체포, 처형하였다. 가황후는 금용성에 유폐되었다가 5일 후 금설주(금가루를 넣은 술)를 마시고 스스로 목숨을 끊게 하였다. 그는 다시 중신 장화와 배위도 죽이고 스스로 상국이 되었다. 그리고 사마윤은 석숭도 죽였다.

석숭에게는 녹주라는 애첩이 있었다. 사마윤의 총신 손수가 이 녹주를 탐냈으나 석숭은 주지 않았다. 이에 화가 난 손수가 참소했다.

"석숭이 회남왕 윤을 받들고 난을 일으키려 하고 있습니다."

그 뒤 석숭은 자기를 잡으러 온 사람에게 말했다.

"나는 모반할 생각이 없었다. 생각컨대 손수의 무리가 내 재산을 탐내서 한 짓일 것이다."

그러자 그 사람은 이렇게 말하였다.

"재물이 화의 근원이 된다는 것을 알고 있다면 왜 빨리 남에게 주어 버리지 않았소?"

석숭은 피살되었다.

그 뒤 사마윤은 혜제를 위협하여 왕위를 물려주게 했다. 사마윤의 무리는 모두 대신과 재상이 되고, 그들의 노복과 병졸에 이르기까지 벼슬을 올려 주었다. 입궐할 때엔 담비의 꼬리 가죽으로 장식을 하고, 매미의 날개로 무늬를 놓은 관을 쓰는 시중과 중상시 등의 높은 벼슬아치가 조정에 넘쳐날 지경이었다. 당시 사람들은 이것을 조롱했다.

"담비 꼬리가 모자라서 개 꼬리를 이었다."

당시 제왕 경은 허창 지방을, 서도왕 영은 업 지방을, 하간왕 옹은 관중 지방을 각각 통치하여 지키고 있었는데, 그들은 일제히 군사를 일으켜 제멋대로 황제 행세를 하는 사마윤을 쳐 주살하고 혜제를 다시 황제로 세웠다.

제왕 경은 원래 현명한 인물로 명성이 높았으나, 대사마로서 혜제를 보좌하면서 권력을 잡자마자 곧바로 타락해 버렸다. 그는 교만하고 주색에 빠져 사치했으며 정치를 독단했다. 그러자 하간왕과 장사왕, 성도왕은 함께 군사를 일으켜 제왕 경을 죽였다. 그 후 곧바로 이 세 왕들의 분쟁이 시작되었고, 성도왕이 권력을 잡았는데 역시 교만하고 포악하였다. 성도왕은 하간왕과 함께 군사를 일으켜 혜제에게 모반했다. 그러자 장사왕은 황제를 받들고 이들과 싸웠다. 이 전투에서 장사왕은 패하여 죽었는데, 하간왕과 성도왕은 참혹하게도 그를 불에 태워서 죽였다.

조왕 사마윤의 난리 후에 여덟 명의 제후들이 서로 공격하고 서로 죽이고 하여 (이를 '팔왕의 난'이라 한다) 천하는 마치 난마와 같이 몹시 어지러워지고 말았다. 팔왕 중 동해왕, 하간왕, 성도왕 3인이 끝까지 남아 혈전을 벌이다가 결국 성도왕과 하간왕은 아들들과 함께 모두 죽임을 당하였다. 이 와중에 혜제가 죽고 뒤를 이어 회제가 즉위했는데, 이때 팔왕 중 유일한 생존자인 동해왕이 회제를 보좌하게 되었다.

이 '팔왕의 난'은 16년이나 계속되었는데, 이 동안에 나라는 완전히 피폐해졌고, 흉년과 기근이 계속되어 민심이 흉흉해졌다. 특히 팔왕들이 필사적인 사투를 벌이면서 이민족인 선비족과 흉노족의 군대까지 동원하여 그 뒤로 중국이 변방 민족에게 크게 휘둘리게 되는 원인이 되기도 했다.

군계일학

일찍이 동해왕이 혜제의 명령을 받들어 성도왕을 토벌하고자 출전한 적이 있었다. 싸움은 동해왕에게 불리하게 전개되어 황제의 군사가 패하고 말았다. 이때 천자를 보호하던 시중 혜소는 자기 몸을 방패삼아 싸우다가 마침내 전사했는데, 그 피가 튀어 황제의 옷을 물들였다.

혜소는 원래 죽림칠현의 한 사람인 혜강의 아들이었다. 그는 열 살 때 아버지를 여의고 어머니와 함께 아버지의 친구인 산도에게 의지하면서 성장하였다.

그 뒤 산도는 위나라 무제에게 혜소의 훌륭한 인품을 칭찬하면서 조정에 등용하기를 청하였다. 무제는 산도를 신임하고 있었으므로 그의 청을 즉시 받아들였다. 그리하여 무제의 비서승으로 임명된 혜소는 깨끗한 차림으로 난생처음 낙양성으로 들어갔다. 하지만 그의 모습은 조금도 눌리는 기색 없이 의젓했다.

이튿날 어떤 사람이 혜소의 모습을 보고 이렇게 표현했다.

"그는 의기가 드높고 용모도 수려하여 마치 닭의 무리 속에 한 마리 학이 내려앉은 모습이더군."

그러자 옆에 있던 사람이 맞장구쳤다.

"맞아. 정말 군계일학이었지."

어느 날 혜소가 입궐을 했는데, 황제가 몇 명의 신하와 함께 연회를 벌이고 있었다. 혜소는 평소 거문고의 명수였다. 혜소가 들어오는 것을 본 황제는 거문고를 가져오게 하더니 그에게 거문고를 타라고 하였다. 그러자 혜소가 단호한 목소리로 말했다.

"신은 지금 관복을 입고 정사를 상의하고자 입궐한 몸입니다. 어찌 거문고 따위에 손을 대어 광대의 흉내를 내오리까. 평복으로 있을 수 있는 자리라면 한 곡 올려드리겠습니다."

이에 모두 숙연해졌다. 그 뒤 혜제는 수도로 돌아왔다. 이때 신하들이 피로 물든 황제의 옷을 빨려고 했으나 황제는, "이것은 충신 혜소의 피다. 그의 의로운 죽음을 잊지 않기 위해 빨아서는 안 된다." 하고 허락하지 않았다.

얼마 뒤 혜제는 독이 든 국수를 먹고 중독되어 죽었다. 원래 혜제는 우둔했다. 일찍이 큰 가뭄이 들어 곡식이 없어서 전국이 굶주림에 괴로워하고 있을 때 이렇게 말했다.

"아니, 곡식이 없으면 왜 고기로 죽을 쑤어 먹지 않느냐?"

또 어느 날 화림원에 놀러갔다가 개구리 우는 소리를 듣고 신하들에게 물었다.

"저처럼 개구리가 우는 것은 관(官)을 위해 우는 것이냐, 사(私)를 위해 우는 것이냐?"

신하들은 하도 엉뚱한 질문인지라 농담으로 대답했다.

"그러합니다. 관(官)의 땅에 있는 놈은 관을 위해 울고, 개인 땅에 있는 놈은 사(私)를 위해 우는 것입니다."

황후 가씨가 정치를 전횡하게 되자, 당시 사람들은 반드시 나라가 어지러워질 것이라 생각하고 걱정하고 있었다. 그 중에서도 색정이라는 사람은 낙양의 궁성 문 앞에 있는 진시황이 만든 낙타상을 가리키며 탄식했다.

"오래지 않아 천하는 반드시 어지러워져서 주옥으로 만든 대궐도 파괴되고, 다만 너만이 망망한 가시덤불 속에 남아 있겠구나."

흉노의 별

이때 유연이라는 사람이 흉노의 좌국성에 자리잡고서 군사를 일으켰다. 유연은 남흉노 선우의 후손이었다. 흉노는 한나라와 위나라 시대부터 중국에 조공을 바치고 있었다. 그의 조상은 한나라 외손으로서 자기들 스스로 한나라의 유씨 성을 일컫고 있었다.

유연은 어릴 때부터 뛰어난 수재로서 널리 경서와 역사를 배웠는데, 문학에도 뛰어났지만 무술 연습도 게을리하지 않았다.

"한나라의 수하와 육가는 학문은 있었지만 무용이 모자랐기 때문에 모처럼 무운(武運)이 왕성한 고조 때에 태어나서도 제후가 될 만한 공로를 세우지 못했다. 또, 주발과 관영 두 사람은 학문이 없었기 때문에 모처럼 문운(文運)이 융성한 문제 시대를 만나서도 문교(文敎)를 진흥시키지 못했다. 실로 아까운 일이다."

그리하며 유연은 문무를 겸해 갖춘 훌륭한 무인이 되어 성도왕 사마영이 업 지방에 있을 때 능력을 크게 인정받아 그의 휘하에 있는 장군이 되었다.

유연의 아들 유총도 또한 아주 뛰어난 인물로 널리 경서와 역사를 배웠으며 문장에 능했다. 또 무술에도 뛰어나 활은 3백 근을 당겼다. 어느 날 유연의 할아버지와 형제간인 선이 말했다.

"한나라가 멸망한 뒤에 우리 선우는 다만 흉노의 군주라는 명목뿐이고, 한 뼘의 땅도 없다. 비록 우리의 병력이 약해졌다고 하지만 아직 2만을 헤아릴 수 있다. 어찌 손을 묶고 중국의 노예로서 일생을 마칠 것이냐? 지금 사마씨의 진나라는 친족 골육이 서로 죽여 피를 피로 씻는 싸움이 끊이지 않고 일어나, 이제 천하는 크게 소란해졌다. 그런데 우리 좌현왕 유연은 영명하기가 이 세상에서 으뜸이다. 지금이야말로 우리가 대업을 다시 일으킬 절호의 시기이다."

그래서 흉노의 주요한 인물들을 모아놓고 의논한 끝에 유연을 추대하여 수령을 삼기로 하고 밀사를 파견하여 유연의 귀환을 독촉하였다. 이때 유연은 성도왕에게, "흉노에 장례식이 있어 잠시 다녀올까 합니다." 하고 말했으나 성도왕은 허락하지 않았다.

그 후 성도왕이 병력의 부족으로 고심한다는 사실을 눈치챈 유연은, "제가 돌아가서 흉노의 병력을 끌고 오겠습니다."라고 말하여 드디어 허락을 받았다.

유연이 좌국성에 돌아오자, 선 등은 유연을 추대하여 대선우로 삼았다. 이 소문을 듣고 불과 20여일 동안에 사방에서 모여든 자가 무려 5만에 이르렀다. 흉노는 물론 이웃 민족까지 가담하는 자가 점점 더 많아졌다.

드디어 유연은 나라를 세우고 국호를 한(漢)으로 정했으며 스스로 한왕(漢王)이라 일컬었다.

유연의 조카 유요는 나면서부터 눈썹이 희고 눈에서는 붉은 빛을 내쏘는 남다른 인물로서 어릴 때부터 총명하고 도량이 넓고 담이 컸으며, 또 글읽기와 글짓기를 좋아했다. 그리고 활쏘기를 잘하여 일곱 치의 쇠를 능히 쏘아 뚫을 정도였다. 그 후 유요는 유연이 군사를 일으키자 그의 부장이 되었다.

휘파람을 부는 사나이

혜제의 뒤를 이은 회제는 이름을 사마치라고 했다. 무제의 아들은 25명이나 있었는데, 형제가 서로 공격하여 싸운 결과 살아 남은 사람은 겨우 세 사람뿐이었다. 사마치는 그 살아 남은 사람 가운데 한 사람으로 평생 책을 가까이 하면서 학문 익히기를 좋아했기 때문에 태자에 봉해졌다.

이때 유연은 스스로 황제라 일컫고 산서성에 도읍했다. 그는 아들 유총과 석륵을 보내서 중원의 여러 고을을 공격하고, 드디어 낙양까지 진출했다.

전에 석륵은 낙양에 갔을 때 낙양의 상동문에 기대고 서서 휘파람을 불고 있었던 적이 있었다. 마침 왕연이 지나가다가 이를 보고는 '저 사나이는 속마음에 모반할 뜻이 있다.'고 여겼다. 과연 그 뒤에 유연을 따라 한나라에 붙었다. 그 뒤 유연이 죽고 아들 유화가 뒤를 이었는데, 이때 유총이 형 유화를 죽이고 스스로 황제의 자리에 올랐다. 이때 유총은 석륵에게 대군을 동원하여 진나라를 공격하도록 하였다.

진나라의 태부 동해왕 월은 사태가 급하게 돌아가자, 군사를 보내 궁중으로 들어가 호위하게 했다. 그리고 군사들을 징집하여 수도의 수비를 응원하게 하고, 자기도 군사를 거느리고 나아가 석륵에게 맞서다가 그만 전사하고 말았다.

원래 동해왕은 후사를 태위 왕연에게 부탁했었다. 하지만 왕연은 매우 비겁한 사람이었다. 그는 나라를 지킬 생각은 염두에도 없고 오직 어떻게 도망칠까만을 궁리하고 있었다. 그리고는 동해왕의 죽음을 구실로 삼아 동해왕의 영구를 호송하여 고향인 동해에 묻는다면서 황족, 귀족, 명문 자제 등 10만 명을 거느리고 황제를 낙양에 남겨둔 채 낙양을 떠났다. 원래 10만 명을 데리고 갈 생각도 없었으나 오랜 전란에 지친 낙양 사람들이 앞을 다투어 그를 따라나섰다.

석륵은 이 소식을 듣고 즉시 추격에 나섰다. 그러자 왕연의 10만 군중은 서로 먼저 도망가려다 짓밟혀 죽는 사람이 부지기수였다. 석륵은 왕연을 사로잡은 후 그를 신문했다. 그러자 왕연은, "저는 젊을 때부터 벼슬할 생각이 없었기 때문에 정치나 전쟁 같은 것을 전혀 모릅니다. 제발 불쌍히 여기셔서 목숨만 살려 주십시오." 하고 비는 것이었다. 그러자 석륵이 크게 꾸짖었다. "너는 몸이 태위의 높은 자리에 있고, 그 명성이 사해에 떨치고 있다. 그런데 이제 와서 벼슬할 뜻이 없다느니 전쟁을 모른다느니 하는 것이 말이나 되느냐? 진나라의 천하를 멸망시킨 것은 모두 너희들이다."

이때 포로 가운데 양양의 범이라는 사람이 있었는데, 그는 조금도 비겁하지 않으며 태연했다.

석륵이 말했다. "나는 지금까지 널리 천하를 돌아다녔지만 아직 왕연과 같이 비겁한 자를 본 일이 없고, 또 범과 같이 태도가 당당한 사람을 본 일이 없다. 이 사람은 죽이지 않는 것이 좋겠다."

그러나 부하가 말했다. "그들은 모두 진나라 왕족입니다. 살려 주어도 결국 우리에게 도움이 되지 않습니다."

그러자 석륵은 고개를 끄덕이며, "옳은 말이다. 하지만 의로운 사람이니 결코 칼로 해치지 말라." 하고 명령했다. 그리고 그날 밤 사람을 시켜서 담을 밀어뜨려 모두 압사시켰다.

그 뒤 유총은 호연안을 대장으로 삼아서 낙양을 공격하게 했다.

유요와 석륵 등의 군사가 이에 합류하여 마침내 낙양성을 함락시키고 회제를 잡아 한나라의 수도로 보냈다. 이때 3만여 명의 백성이 희생되었다.

유총은 승리의 축하연을 베풀어 군신을 대접하게 했다. 이때 유총은 회제에게 남루한 옷을 입혀 돌아다니며 술을 따르게 하고 술잔을 씻게 했으며, 또 자신이 외출할 때에는 우산을 들게 하여 치욕을 맛보게 했다. 그런 다음 결국 죽여 버렸다. 낙양을 함락시킨 유요는 진나라의 양양후를 자기 여자로 삼았다. 가황후가 죽고 난 후 혜제의 황후가 되었던 양황후는 절세 미인이었다. 그러나 유총 또한 낙양 함락 이후에 타락하기 시작했다.

서진(西晋)왕조의 계보

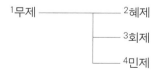

제14장 동진시대
(317~420 A.D.)

중원회복의 꿈

장강과 황하

진나라가 망한 뒤 왕족으로서 강남을 다스리던 사마예는 317년에 진나라를 재건하였다(이것은 낙양에 비해 동쪽에 있으므로 동진, 전 왕조는 서진이다).

사마예는 서진시대에 안동 장군이 되어 강남 여러 고을을 감독하며 건업(건강·남경의 옛이름)에 머물러 있었다. 이때 사마예는 왕도를 참모로 삼고 모든 일을 의논했다. 그 무렵의 사마예는 명망도 없고 평판도 높지 않아 오(奧) 지방의 백성들 가운데 사마예를 따르는 사람은 그리 많지 않았다.

그러한 사마예에게 왕도는 우선 사방의 명망 있는 인물을 불러들이게 하였다. 그 결과 많은 유능한 자들을 부하로 삼을 수 있었고, 그 지방의 토착 백성들뿐 아니라 새로이 귀순해 온 백성들까지 잘 다스려 강동 사람들은 점차 사마예에게 마음을 기울이게 되었다. 그 뒤에도 사마예의 인재 모집은 계속되어 유양과 변호 등 백여 명의 훌륭한 인재를 얻었다.

이때 환이라는 사람이 난리를 피하여 강동 땅에 와 있었는데, 안동 장군 사마예의 세력이 미약함을 보고 걱정을 하였다. 그러던 참에 우연히 왕도를 만나게 되었다. 환이 왕도를 만난 후에 그의 친구인 주의에게 이렇게 말했다.

"강동에는 관중이 있소. 그러니 나는 아무런 걱정이 없소."

어느 날인가 여러 명사(名士)들이 강가에 모여 연회를 열게 되었다. 연회가 한창 무르익어가는데 주의가 크게 탄식했다.

"이 부근의 경치는 특별히 두드러진 것은 없으나 주위를 잘 둘러보면 장강(長江)과 황하(黃河)만큼의 차이가 있구려."

중원 땅을 잃은 슬픔을 탄식한 것이었다. 이에 울지 않는 사람이 없었다. 그러자 왕도가 옷깃을 바로잡고 격려했다.

"우리는 지금 황실을 위해 힘을 모아서 중원 회복에 힘써야 할 때요. 어찌 마주 앉아 울고만 있을 수 있겠소?"

그즈음 조적이라는 사람이 있었는데, 소년 시절부터 큰 뜻을 품고 있었다. 어느 날 친구와 함께 잠을 자다가 밤중에 닭 우는 소리를 듣고는 친구를 걸어차며 일어나 소리쳤다.

"이것은 필경 좋은 징조임에 틀림없다!"

곧장 장강을 건너 사마예를 찾아간 그는 군사를 내 달라고 했다. 사마예는 처음부터 북벌에는 별 뜻이 없었으므로, 조적을 예주 자사에 임명하고 군사 천 명을 주었을 뿐 갑옷과 투구, 무기는 아예 지급하지도 않았다. 조적이 강을 건널 때, 강 가운데에 이르자 노를 두드리며 이렇게 맹세했다.

"중원을 깨끗이 하지 못하고 다시 강을 건너는 일이 있다면, 이 강과 같을 것이다."

이때 진나라(동진)의 민제는 사마예를 승상으로 삼아서 모든 군사를 지휘하게 했다. 그 뒤 장안이 함락되자 사마예는 대군을 동원하여 야영하면서 북벌의 격문을 띄웠으나, 실제로는 북진하지 않았다. 그리고 모든 신하들이 입을 모아 황제의 자리에 오르기를 권했으므로, 이듬해 황제의 자리에 오르니 그가 바로 원제이다.

이때 한나라의 유총이 죽고 아들 유찬이 뒤를 이었다. 그러나 신하 근준이 유찬을 죽이고 한나라 왕이 되었다. 얼마 후에는 석륵이 근준을 죽였으므로 유요는 스스로 한나라 왕이 되어 석륵을 조공(趙公)에 봉했다.

그 후 유요에게 석륵을 참소한 자가 있어 유요는 석륵을 의심하기 시작했다. 그러자 석륵은 스스로 자립하여 조왕이라 일컬었다. 유요도 한나라의 국호를 고쳐 조(趙)나라라고 했으므로, 조나라가 둘이 된 셈이었다. 그래서 석륵의 조나라를 후조(後趙)라고 불렀다.

이때 조적은 초성을 빼앗고 옹구에 주둔해 있었는데, 후조의 장수와 사졸들 중 그에게 복종해 오는 자가 매우 많았다. 조적은 장병들과 고락을 함께하고 농업과 잠업을 권장해서 생업에 힘쓰게 했으며, 새로 항복해 온 자는 친절히 지도하여 다스렸다.

이때 진나라 황제는 대연이라는 사람을 장군으로 임명하며, 예주에 부임해서 모든 군사를 도맡아 감독하게 했다. 조적은 자기가 이제까지 그토록 험난한 가시밭길을 뚫고 소란을 평정해서 하남 땅을 다스려 왔는데, 대연이 손가락 하나 움직이지 않고 이 땅에 들어와 자기 위에 앉아서 감독한다는 사실에 몹시 불만스러웠다.

그런데다가 왕돈이 조정과 사이가 나빠져서 금시라도 내란이 일어날 듯하다는 말을 듣게 되었다. 조적은 중원 회복의 대업이 아직 멀었음을 깨닫고 격분한 나머지 병이 나서 죽었다. 그의 죽음이 전해지자 예주 사람들은 남녀노소 할 것 없이 모두 자기 부모를 잃은 듯이 슬퍼했다.

태양이 더 가깝다

그 뒤 형주 자사로 있던 왕돈이 반란을 일으켰다. 원래 원제가 강동에 자리 잡을 때, 왕돈은 사촌동생인 왕도와 마음을 합하여 황제를 보좌하고 원제도 그들을 신임하여 두 사람을 중용했다 그래서 왕돈은 군사의 권한을 맡고, 왕도는 정사(政事)를 맡아 많은 조카와 사촌이 모두 높은 자리에 앉았다. 그것을 보고 당시 사람들 은 이렇게 말했다.

"왕씨와 사마씨가 천하를 함께 가지고 있다."

왕돈은 양주 자사가 되어 군사를 통솔하고 있었는데 그 후 승진하며 진동 대장군이 되었고, 이어 형주 자사가 되었다. 그렇게 되자 그는 자신의 공을 믿고서 거들먹거렸다.

한편 왕돈의 권세와 교만함이 점차 도를 넘자 원제는 왕돈이 두렵기도 하고 밉기도 하여 유외와 조협 등을 불러들여 심복으로 삼은 뒤, 점차 왕씨들의 권력을 견제하기 시작하였다. 그러면서 대연을 장군에 임명하여 합비에 주둔시키고 유외는 회음 지방에 주둔시켰다. 이는 명분상으로는 북쪽 변방을 지킨다는 것이었으나, 실은 왕돈을 견제하기 위한 것이었다.

이때 아무런 죄도 없는 왕도가 조정에서 따돌림을 받고 있었다. 왕돈은 마침내 군사를 일으켰다. 유외와 조협 두 사람은 원제에게 왕씨 일족을 모조리 없애라고 권했다. 하지만 원제는 이 말을 듣지 않았다. 왕도는 가족들을 거느리고 날마다 궁중에 들어가 자신을 처벌해 달라고 청했다. 어느 날인가 왕도의 친구였던 주의가 입궐하려고 왕도 옆을 지나가게 되었다. 그러자 왕도는 주의를 불러 말했다.

"부디 우리 가문을 부탁하오."

주의는 아무런 대꾸도 하지 않고 궁중으로 들어갔다. 하지만 원제를 뵙고는 왕도의 충성스러움을 계속 이야기하면서 그를 두둔했다. 그의 말을 잠자코 듣고만 있던 원제도 그의 정성에 감동하여 그에게 술을 하사했다.

주의가 취기에 올라 물러나오자 왕도는 급히 그를 불렀으나 주의는 아무 대답도 하지 않았다. 그러면서 주위 사람들을 돌아보며 일부러 들으라는 듯이 말했다.

"금년에는 모든 적들을 없애서 공을 세워 큰 벼슬자리에 올라야겠구나."

그러나 집에 돌아간 주의는 황제에게 글을 올려, 왕도에게는 아무런 죄가 없음을 거듭 상소하였다. 왕도는 이런 줄도 모르고 주의를 매우 원망하고 있었다. 그 뒤 황제를 알현하는 자리에서 왕도는 머리를 조아리고 아뢰었다.

"임금을 배반한 난신(亂臣)부모를 배반한 적자(賊子)는 어느 시대에도 있습니다만, 신의 가족 중에서 이러한 불충한 자가 나오리라고는 감히 생각지도 못한 일입니다. 원컨대 신을 처벌해 주십시오."

이에 원제는 신도 미처 신지 못한 채 맨발로 내려가 왕도의 손을 잡고 말했다.

"나는 경에게 모든 국정을 맡기려 하오."

그러면서 오히려 왕도를 대도독으로 임명했다. 이 무렵 왕돈은 석두성에 머물면서 부하들에게 말했다.

"나는 이미 역적이라는 누명을 썼다. 일이 이렇게 된 이상 왕도 같은 높은 덕을 행할 수는 없다."

이때 조정에서는 유외와 조협 등에게 명령을 내려 두 길로 나아가 왕돈을 진압하도록 했으나, 오히려 크게 패하고 조협은 붙잡혀 죽고 말았다. 그러자 원제는 주의를 파견해서 왕돈을 만나 그를 설득하게 했다. 하지만 주의가 찾아온 것을 안 왕돈은 그를 잡아서 죽였다. 이때 왕도는 주의를 구하기 위해 아무런 노력도 하지 않았다. 훗날 왕도는 주의가 자기를 위해 변명해 준 상주문을 발견하고 깜짝 놀라 그것을 손에 부여잡고 눈물을 흘리면서 후회했다.

"그대를 내 손으로 죽이지는 않았지만 내가 구해 주지 않았기 때문에 죽었소. 나는 그대와 같은 좋은 벗을 배반했구려."

그 후 원제는 왕돈의 포악하고 교만함에 크게 노하여 홧병이 나서 죽고 말았다. 이후 태자가 즉위하니 바로 명제이다. 명제는 이름을 사마소라고 했는데, 어릴 때부터 총명했다.

그가 어린 태자였던 어느 날 장안에서 사신이 왔다. 원제가 농담조로 태자소에게 물었다.

"장안이 가까우냐, 태양이 가까우냐?"

그랬더니 태자가 금방 대답하였다.

"장안 쪽이 가깝습니다. 사람은 장안에서 올 수 있지만 태양에서는 올 수 없기 때문입니다."

원제는 그 대답을 매우 기특하게 생각했다. 또 언젠가 원제가 여러 신하들과 이야기하다가 여러 신하 앞에서 지난번과 같은 질문을 소에게 던졌다. 그러자 태자가 대답하였다.

"태양 쪽이 가깝습니다."

당황한 아버지는 이상하다는 듯이 물었다.

"어째서 예전의 대답과 다른 것이냐?"

그러자 소는 이렇게 대답하는 것이었다.

"머리를 들면 태양은 보이지만, 장안은 보이지 않기 때문입니다."

그 뒤 원제는 더욱 그를 사랑하였다. 소는 커갈수록 인자하고 덕을 갖춘 훌륭한 인물로 성장하였다. 그는 또한 학문을 좋아하고 무예에 능하였으며, 어진 사람을 존경하였다. 그러면서 언제나 선비를 예의로 대하고 옳은 말이라면 어떤 사람의 제안이라도 잘 받아들였다. 그리하여 유양이나 온교 등 평민과도 지위를 차별하지 않고 친하게 사귀었다.

그 무렵 왕돈은 석두성에 진을 치고 있었는데, 태자 소가 용기 있고 지략이 뛰어남을 두려워하여 불효자라는 터무니없는 허물을 씌워 태자를 쫓아내려 했다. 이에 원제는 문무백관들을 모아놓고 물었다.

"도대체 태자는 어떠한 덕을 지니고 있길래 사람들에게 칭찬을 받는 것이오?"

그러자 한 신하가 대답하였다.

"태자께서는 모든 사람들이 생각하고 보지 못하는 일까지 꿰뚫고 계시며, 뭇 사람들이 미치지 못하는 데까지 눈이 닿고, 또 효성이 두텁기 때문에 모든 사람들이 칭찬하는 것입니다."

이에 다른 신하들도 입을 모아, "과연 그러합니다." 했으므로 왕돈의 음모는 실패하지 않을 수 없었다.

명제가 제위에 오른 뒤에도 왕돈은 제위를 빼앗으려는 계획을 포기하지 않았다. 그러면서 군의 본부를 강동으로 옮기고 스스로 양주목이 되었다.

이에 명제는 왕도를 장군에 임명한 뒤 모든 군사를 이끌고 가서 왕돈을 토벌하라고 명령을 내렸다.

반란의 종말

왕돈은 반란을 일으켜서 대항하려고 했으나 갑자기 병이 들고 말았다. 어떻게 해야 할지 몰라 당황하던 그는 곽박이라는 사람을 불러 길흉을 점쳐 보게 했다. 점을 치고 나자 곽박이 말했다.

"각하께서 일을 일으키시면, 오래지 않아 큰 화가 신상에 미칠 것입니다."

이 말을 들은 왕돈은 크게 노했다.

"그러면 너는 도대체 몇 살까지 살 수 있을 것 같으냐?"

곽박은 전혀 두려움이 없는 자세로 꼿꼿하게 서서 이렇게 대답하였다.

"내 목숨은 오늘을 넘기지 못할 것입니다."

왕돈은 당장에 곽박을 베어 죽였다.

한편 명제는 몸소 왕돈의 진영을 정탐하려고 나아갔다. 왕돈은 그때 낮잠을 자고 있었는데, 태양이 자기 진영을 빙빙 도는 꿈을 꾸어 놀라 잠에서 깬 후 측근들에게 물었다.

"수염이 누런 선비족 아들이 오지 않았느냐?"

명제의 어머니는 선비족 출신이었고 명제의 수염은 누런 빛이었던 것이다. 왕돈은 명제가 왔음을 깨닫고 급히 사람을 보내서 뒤쫓게 했으나 흔적도 발견하지 못했다.

명제는 군사를 이끌고 남황당에 진을 쳤다. 먼저 왕돈의 형 왕함의 군사부터 무찌르기 위하여 힘과 용맹이 뛰어난 장사들을 선발하였다. 밤중에 소리없이 강을 건너간 장사들은 잠자고 있던 왕함의 군사를 기습하여 대파하였다. 왕돈은 왕함이 패했다는 말을 듣자 크게 한탄했다.

"내 형은 오래 된 비녀와 같아서 아무 짝에도 쓸모가 없다. 이제 우리 집안은 쇠잔해지고, 명망도 끊어졌다. 가문의 끝이 눈에 보이는 것 같구나."

그리고는 억지로 기운을 내서 나아가 싸우려 했으나, 힘이 다하여 그 자리에 엎어지더니 마침내 피를 토하고 죽었다.

왕돈이 죽자 나머지 무리들은 쉽게 평정되었다. 그 후 왕돈의 시체는 무덤에서 파헤쳐져 참수형에 처해졌다. 모든 관리들은 왕도까지 포함해서 왕씨 집안 사람들을 모두 처벌하라고 아뢰었으나, 황제는 다음과 같은 어명을 내렸다.

"사도 왕도는 대의를 위해 친족을 멸망시킨 큰 충신이니, 10대 후손까지 죄를 용서할 것이다."

이 무렵 형주 사람 도간은 광주 자사로 있을 때 아침마다 백 장의 큰 기와를 집 밖으로 내다 놓았다가, 저녁에는 그것을 힘들여 도로 집 안으로 들여왔다. 어떤 사람이 그것을 괴이하게 여겨 그 까닭을 물으니 이렇게 대답했다.

"나는 장차 중원 회복에 힘을 기울이려 하오. 그러자면 무엇보다도 건강이 중요하기 때문에 지금부터 체력을 기르는 것뿐이오."

그 후 그는 자사로 부임해 다스리게 되었다. 이에 형주의 백성들은 모두 기뻐하며 서로 축하했다.

도간의 성질은 총명하고 민첩하였으며, 정중하고 근면했다.

그는 일찍이 이런 말을 했다.

"우임금은 성인이었지만 촌음(寸陰)을 아끼셨다. 그러니 우리 같은 범인들은 성인의 행동을 따를 수 없다면 그 뒤라도 밟아 분음(分陰)이라도 아껴야 할 것이다."

또 관리들이 가지고 있는 술잔과 그들이 즐기는 도박 기구를 거두어 모두 강에 던져 버렸다.

"도박은 돼지 치는 무리들이나 하는 장난이다. 결코 선비가 할 짓이 아니다."

언젠가 그는 배를 만들었는데 그 대나무 조각과 톱밥을 모두 장부에 기록해서 보관하게 했다. 정월 초하룻날 계속 내린 눈으로 땅이 몹시 질퍽거렸다. 그러자 그는 모아두었던 나무 부스러기를 땅에 깔도록 했다. 또 촉 지방을 정벌할 때 보관해 두었던 대나무 조각으로 못을 만들어서 배를 수리했다.

중원에서 말을 달려 겨루리라

중원의 사슴은 누구의 것인가

전조(前趙)의 유요와 후조(後趙)의 석륵은 오랫동안 서로 맞붙어 싸운 맞수였다. 유요가 후조의 금용성을 공격하자, 석륵은 스스로 장수가 되어 그를 맞아 낙양에서 싸우게 되었다.

이 싸움에서 결국 유요의 군사는 크게 패하여 사방으로 흩어지고, 술에 잔뜩 취해 있던 유요는 말에서 떨어져 석륵에게 사로잡혔다. 석륵은 군사를 거두어 돌아오자, 유요를 처형시켰다. 이로써 전조는 멸망했다. 이후부터 석륵은 스스로 황제라고 일컬었다.

원래 석륵은 노예 출신으로서 산동 지방에 팔려가 갖은 괴로움을 다 겪어야 했다. 그리고 그곳의 농장에서 일하고 있을 때 말을 훔쳐 달아나 도둑이 되었던 인물이다. 그는 일자무식이었지만 황제가 된 후 학관을 설치하고 학자들에게 고전이나 역사를 읽도록 하여 열심히 들었다. 어느 날 신하들을 불러 큰 잔치를 벌인 자리에서 석륵이 물었다.

"짐은 옛날의 어떤 임금과 비교될 만하오?"

그때 아첨 잘하는 한 신하가 일어나서 대답했다.

"한나라 고조황제 이상입니다."

이에 석륵은 웃으며 말했다.

"사람이 어찌 자기의 능력을 자기가 모르겠소. 그대의 말은 지나친 칭찬이오. 짐이 만약 한고조와 같은 큰 인물을 만난다면 북면(北面)하여 신하의 자리에 서서 한신이나 팽월 등과 어깨를 나란히 할 것이오. 후한의 광무제 같은 인물을 만난다면 중원에서 말을 달려 겨루어 볼 것이오. 하지만 그 중원의 사슴이 누구의 손에 들어갈 것인지는 알 수 없는 일이오. 대장부가 일을 꾸미는 데 있어서는 마음이 호탕해서 일월과 같아야 하오. 짐은 조조나 사마중달처럼 고아나 과부를 속이며 잔꾀를 부리고 온갖 아첨을 일삼으며 천하를 빼앗는 짓은 결코 하지 않을 것이오."

석륵은 학문은 없었지만 남에게 글을 읽게 해서 듣기를 즐겨하였다. 때때로 자기 의견으로 사물의 이해득실을 따졌는데, 그 판단이 정확해 듣는 사람들이 모두 탄복했다. 어느 날 그는 신하에게 『한서』를 읽게 하고 그것을 듣고 있다가, 역이기가 고조에게 육국(六國)의 뒤를 세울 것을 권한 대목에 이르자 놀라서 말했다.

"그건 안 될 일이다. 그랬다가는 천하를 잃을 것이다. 그런데 고조는 어떻게 천하를 얻었을까?"

그러다가 장량이 고조에게 육국의 뒤를 세우지 않는 것이 좋겠다고 권한 구절에 이르자, "다행히도 장량이라는 인물이 있었기 때문에 고조는 마침내 천하를 얻은 것이로구나."라고 하였다.

그 뒤에 석륵은 사신을 보내서 진나라와 수교하려고 했으나, 진나라는 그 자리에서 거절하고 그가 보내온 선물을 태워 버렸다.

사람이 얼마나 더 잔인할 수 있는 것인가

그 후 석륵이 죽고 아들 홍이 황제의 자리를 이었다. 하지만 석홍은 곧바로 석호에게 제위를 빼앗긴 후 살해되었다. 이 석호란 인물은 잔인무도함에 있어 역대 어느 폭군보다도 심했다.

석호는 아름답다고 생각하는 궁녀는 모조리 잡아다가 목을 자르고 그 목을 접시에 올려놓고 바라보는가 하면, 쇠고기와 양고기와 섞어서 찢어 먹는 등 완전히 악마 그 자체였다.

석호는 아들 가운데 특히 석도를 사랑하였다. 그런데 후계 문제로 자식들 간에 분쟁이 일어나자 질투심에 불탄 석선이 그만 석도를 죽이고 말았다. 석호는 이루 말로 표현하기 힘들 만큼 처참하게 석선을 죽였다. 그는 석선의 목에 쇠고리를 채워 창고 속에 처넣은 다음 개나 돼지처럼 여물통에서 식사를 하게 했다. 그런 다음 석선의 머리털을 뽑고 혀를 뺀 후 밧줄로 몸을 꽁꽁 묶어 손과 발을 자르고 눈을 으깨 버렸으며, 배를 도려낸 다음 그것도 모자라 불을 질러 죽였다.

그 뒤 스스로 황제라 자칭한 석호는 동진을 공격하기 위해 징병제를 시행하고 병사 5인을 1조로 하여 각 조에서 수레 한 대, 소 두 마리를 공출하도록 하였다. 그리고 1인당 쌀 15말, 비단 10필 씩 공출하도록 하였다. 이를 이행하지 못한 자는 그 자리에서 목을 베어 버렸다. 그러자 백성들은 죽음을 면하기 위하여 가구를 팔고 심지어 자식까지도 파는 경우가 생겼다. 석호는 또 얼굴이 좀 반반하다 싶으면 무조건 잡아다가 자기 첩으로 삼았으며, 궁전 공사에 아무런 대가도 주지 않은 채 백성들을 마음대로 끌어다가 소나 말처럼 부렸다.

이러한 폭압 정치 끝에 석호가 죽자 사방에서 반란의 불꽃이 터져 나왔다. 결국 갈족의 나라였던 후조를 쓰러뜨린 사람은 석호의 양손자인 염민이었다. 석호는 석륵이 살아 있을 때 석륵의 명에 따라 염첨이라는 한인을 양자로 삼았는데, 염첨은 그 후 염민을 낳던 것이다. 염민은 용맹이 뛰어나 얼마 지나지 않아 장군으로서 높은 자리에 올랐다.

석호에게는 13명의 아들이 있었는데, 그 중 여덟 명은 형제끼리 싸우다가 죽었고 나머지 다섯 명은 염민에 의해 살해되었다. 손자도 38명이나 되었는데, 이들도 모조리 살해되었다.

염민은 황제의 자리에 오른 후 나라 이름을 위나라라고 하였다. 하지만 후조 30년 동안의 정치에 모든 백성이 진저리를 치고 있었으므로, 새 나라가 세워진 후에도 민심은 완전히 떠나 있었다. 그러자 염민은 업 성문을 활짝 열어젖히고 포고령을 내렸다.

"나와 함께할 사람은 성에 남고, 반대하는 사람은 지금 당장 떠나라."

이에 갈족들은 서로 앞을 다투어 업성을 떠났고, 업성 주변에 있던 한족들은 이에 뒤질세라 업성으로 들어왔다. 그런 뒤 염민은 업성에 남아 있던 갈족은 보이는 대로 죽이라고 명령하였다. 그리하여 불과 며칠 만에 20만 명이 넘는 갈족이 죽어 그 시체가 산을 이뤘다. 원래 갈족은 코가 높고 눈이 움푹 파인 특징이 있었는데, 코가 크고 눈이 파여 갈족으로 오인받아 죽임을 당한 사람도 부지기수였다.

이런 잔인한 정책 때문에 염민은 3년 만에 선비족 모용씨에게 포로가 되어 멸망당했다. 모용씨의 전연도 10여 년 만에 저족의 전진에 의해 멸망하였다.

모두가 요순이 될 수는 없다

언젠가 도간이 희한한 꿈을 꾼 적이 있었다. 그 꿈의 내용은 이러했다.

여덟 개의 날개가 달린 자신이 천문(天門)으로 들어가 하늘로 날아 올라갔는데, 거의 다 올라갔을 때쯤 그만 왼쪽 날개가 부러져서 내려앉고 말았다.

그 후 도간은 권세가 차차 커져서 누구도 감히 거스를 수 없게 되었으며, 마음대로 권력을 휘두르게 되었다. 그러나 날개가 부러진 꿈을 생각하면서 언제나 겸손하게 행동하였다.

　도간은 사리에 밝고 결단력이 있었으므로 어떤 사람들도 그를 속이지 못했다. 또 그는 남릉에서 백제성에 이르는 수천 리의 지역을 잘 다스렸는데, 길에 떨어진 물건이 있어도 줍는 사람이 없을 정도였다.

　이 무렵 진나라 명재상 왕도가 세상을 떠났다. 성제가 제위에 올랐을 때에는 아직 어렸으므로, 왕도를 볼 때마다 반드시 절을 했다. 그는 장성한 뒤에도 계속 그렇게 했다. 이처럼 성제는 왕도를 존경하고 있었으므로 정치는 모두 왕도에게 맡겼다.

　왕도는 왕술이라는 사람을 불러서 부하로 삼았다. 그런데 왕술은 아직 세상에 이름이 알려져 있지 않았으므로 사람들은 그를 어리석은 사람이라고 생각하고 있었다.

　그래서 한 번은 왕도가 시험 삼아 왕술에게 강동의 쌀값을 물었더니, 왕술은 눈을 부릅뜨고 대답을 하지 않았다. 이에 왕도는 왕술을 결코 어리석은 인물로 여기지 않게 되었다. 당시 왕도가 뭐라고 하면 그 자리에 있는 사람은 모두 이에 찬성하고 칭찬하지 않는 이가 없었다. 그러나 오직 왕술만은 정색을 했다. "사람은 모두 요임금이나 순임금과 같은 성인이 아닙니다. 어떻게 하는 일마다 모조리 잘할 수 있습니까? 칭찬을 들을 때마다 오히려 겸손해야 합니다."

　이 말을 들은 왕도는 즉시 자세를 바로 하고 왕술에게 감사했다. 왕도의 성격은 관대하고 온후했으나, 그가 등용한 장수 중에는 왕도의 관대함에 버릇이 없어져서 법을 지키지 않는 자가 많았으므로 대신들은 이것을 걱정했다.

　이때 유양이 군사를 일으켜 왕도를 없애려고 했으므로 어떤 사람이 왕도에게 은밀히 이에 대비하기를 권했다. 하지만 왕도는 이렇게 말하는 것이었다.

　"나는 그와 국가를 위해 고락을 함께하고 있소. 만약 그가 나를 공격해 온다면, 나는 깨끗이 자리를 내어놓고 각건을 쓰고 내 집으로 돌아갈 것이오. 그를 두려워할 것이 무엇이 있단 말이오."

유양은 수도에서 멀리 떨어진 곳에 있으면서 조정의 정권을 잡고, 장강의 상류에 웅거하면서 강한 군사를 거느리고 있었다. 이에 시세를 따라 움직이는 자들은 유양에게 아부하고 가담하는 사람들이 많았다. 사실 유양의 움직임에 왕도의 마음 또한 평안하지 않았다. 어느 날 왕도가 외출했을 때 서풍을 타고 먼지가 날려 왔다. 그러자 그는 부채를 들어 얼굴을 가리면서 혼잣말로 중얼거렸다. "유양의 먼지가 사람을 더럽히는군."

왕도는 욕심이 없고 검소하며 좋은 비단옷 한 벌 입지 않았다. 또 사건이 일어나면 그것을 잘 처리하여 공을 세웠으며, 그의 창고에는 비축해 놓은 쌀도 없었다.

벼슬을 얻을 것인가, 재야에 있을 것인가

이 무렵 은호라는 선비가 있었는데, 그는 식견이 높고 도량이 넓었으며 노자와 주역에 통달하여 그 명성을 강동 지방에 크게 떨치고 있었다. 특히 그는 청담가들에게 존경을 받았다.

한편 형주와 강주 지방의 군사를 감독하고 있던 유익은 강직한 성격에 공명심이 강했다. 그는 노자와 장자의 학설을 숭상하는 자를 이론만을 일삼으며 실속이 없는 무리라고 여겨 경멸했다. 은호의 능력은 실로 세상에서 으뜸이었지만, 유익은 그를 대단치 않게 보았다.

"은호 같은 무리들은 한꺼번에 묶어 높은 누각에 처넣었다가 천하가 태평하게 되었을 때 천천히 쓸 곳을 의논하면 좋을 것이다."

그러나 세상 사람들은 은호를 제나라의 관중이나 촉나라의 제갈공명에 견주어 말하면서, 은호가 벼슬에 앉는 것이 좋을지 아니면 물러가 재야에 있는 것이 좋을지를 점쳐 보면서 탄식하였다.

"은호가 벼슬에 나가지 않으면 장차 이 백성들을 어찌할 것인가!"

그 뒤 유익이 황제에게 청하여 은호를 사마 벼슬에 임명하려고 했으나 은호는 거듭 사양하였다.

그러자 유익은, "그는 청담이나 일삼는 무리로서 세상에 필요치 않은 인물이다." 하고 은호를 비웃었다.

은호와 동향 친구인 환온이라는 사람이 있었다. 그는 당시 내사의 자리에 있었는데 위풍이 당당하고 기개 넘치는 인물이었다. 일찍이 유익이 환온을 추천하면서 이렇게 말했다.

"환온은 영웅의 재능이 있습니다. 그에게 중요한 임무를 맡기시는 것이 좋을 것입니다."

그 후 유익이 죽고 환온이 그의 후임으로 형주와 양주 등 여러 지방의 군사를 통솔하게 되었다. 유익은 생전에 글을 올려 형주에 그의 아들을 추천하였다. 이를 알고 어떤 사람이 그를 비난하였다.

"형주는 나라의 서쪽 문으로서 매우 중요한 곳이다. 어찌 철모르는 소년에게 이 중요한 임무를 맡겨둘 수가 있는가? 지금 환온의 지략은 보통 사람과 견줄 수 없을 정도로 뛰어나다. 서쪽의 중요한 임무를 맡을 사람은 환온밖에 없다." 그런데 단양 태수로 있던 유담은 환온에게 모반할 야심이 숨겨져 있음을 알아보고, 당시 섭정을 하던 욱에게 충고했다.

"환온은 과연 영걸입니다. 그런 만큼 그를 중요한 요충지에 두어서는 안되오." 그러나 욱은 그의 말을 듣지 않고 마침내 환온을 유익의 후임으로 임명하였다.

어지러워지는 천하

죽마고우

한편 이때 은호는 수춘 지방에 있으면서 자주 북벌에 나서 그때마다 성과를 거두었다. 이는 그가 서강족의 우두머리인 요양의 병력을 사용할 수 있었기 때문이다. 요양은 원래 후조에서 벼슬을 하고 있었는데 이후 동진에 투항하였다. 요양은 북방의 사정을 잘 알고 있었기 때문에 전과를 올릴 수 있었다.

그런데 은호는 요양을 믿지 못해 자객을 보내 암살하려고 했다. 그러나 자객이 그 사실을 요양에게 일러바쳤고 요양은 전진으로 피신해 버렸다.

은호는 부장을 파견하여 요양을 추격하였으나 부장은 도리어 요양에게 죽었다. 그러자 이번에는 은호가 직접 대군을 이끌고 요양을 총공격했다. 요양 또한 미리 복병을 두고 은호의 군사가 도착하기를 기다리고 있었다. 은호의 군사가 산상현까지 나갔을 때, 매복해 있던 요양의 복병이 급습을 하자 은호의 군사는 크게 패하여 달아났다.

환온은 은호가 요양을 쳤다가 도리어 패한 일을 이유로 도독의 벼슬에서 파직시키고 평민으로 만들 것을 조정에 청했다. 그리하여 결국 은호는 파직당하고 말았다.

원래 조정에서 은호를 높은 자리에 앉힌 데는 지나치게 비대해지는 환온의 권력을 견제하기 위한 것이기도 했다. 그런데 패배의 책임을 지고 은호가 파면된 이후에는 내정과 외교의 권한이 모두 환온의 수중에 들어가 버렸고 감히 누구도 그를 넘볼 수 없게 되었다.

은호의 마음은 이에 대한 원망으로 가득 차 있었다. 그러나 말이나 얼굴에는 그런 내색을 조금도 나타내지 않았다. 다만 하늘을 쳐다보며 홀로 탄식할 따름이었다. 얼마 후 많은 사람들이 은호의 충성심을 안타까이 여겨 그에게 중서령의 직위를 내려 주도록 환온에게 요청하였다. 마침내 고향 친구에게 측은한 마음이 생긴 환온은 은호에게 글을 보내어 이 뜻을 알렸다.

소식을 들은 은호는 매우 기뻐하며 상주문(上奏文)을 썼다. 글을 다 써서 상자에 넣은 은호는 문득 글을 잘못 썼다는 생각이 들었다. 이에 상자에 넣었던 글을 꺼내서 다시 고쳐 써 읽어 보고 상자에 넣었다가는 다시 꺼내서 고쳐 써 읽어 보고 하면서 상자 여닫기를 십여 번이나 하다가 그만 실수로 빈 상자를 보내고 말았다.

빈 상자를 회답으로 받은 환온은 크게 앙심을 품어 은호에게 줄 벼슬을 거두어 버렸다. 결국 은호는 홧병으로 얼마 지나지 않아 죽고 말았다.

환온과 은호는 같은 동네에서 태어나 어릴 적부터 죽마놀이를 하며 놀던 사이였다(竹馬故友). 그렇지만 그들은 적이 아닌 적이 되어 운명이 이처럼 엇갈린 것이다.

그 후 환온은 남전 지방에서 전진(前秦)의 부건(苻健)을 크게 격파하였다. 부건은 장안성으로 들어가 성문을 굳게 닫고 지켰으나 장안 백성들은 환온을 지지했다. 결국 부건은 쫓겨나고 환온은 승리를 거둬 장안에 입성했다. 기쁨에 들뜬 백성들은 앞을 다투어 소와 술을 가지고 와서 환온의 군대를 맞았다. 또 남녀노소 모든 백성들이 길 양쪽에 늘어서서 그들이 입성하는 모습을 반겼고, 감격하여 눈물을 흘리는 노인들도 있었다.

"오늘 다시 이렇게 관군을 맞이할 수 있으리라고는 정말 꿈에도 생각하지 못했다. 이제 오늘 당장 죽어도 여한이 없다."

이때 북해(산동성) 지방에 왕맹이라는 사람이 살고 있었다. 그는 원래 한족 출신으로서 도량이 넓고 고금의 학문에 통달했으며 특히 시간이 있을 때마다 병법서를 애독하였다. 큰 뜻을 품고 있던 그였으나 그때까지는 화음현에 숨어 살고 있었다. 그때 환온이 관중으로 들어왔다는 소식이 전해지자 남루하나마 단정한 옷을 입고 환온을 찾아갔다. 환온을 기다리면서도 옷 속의 이를 잡

으며 태연하게 행동했다. 기이하게 생긴 인물이 찾아왔다는 말을 들은 환온은
그를 만나자마자 이렇게 물었다.

"나는 천명을 받들어 세상에 창궐하는 도둑들을 없앴는데, 천하의 호걸들
이 아직 한 사람도 항복해 오지 않는 까닭은 무엇이오?"

이에 왕맹이 대답하였다.

"공께서는 수천 리를 멀다 하지 않고 적의 땅에 깊숙이 들어왔지만, 이제
장안의 수도를 눈앞에 두고도 아직 파수를 건너지 않고 있습니다. 이에 백성
들도 미처 공의 본심을 알지 못하며, 호걸들 또한 항복해 오지 않는 것입니
다."

환온은 아무런 대답도 하지 않았다. 그 후 환온은 전진의 군대와 백록원이
라는 곳에서 마주쳤으나, 싸움의 형세는 점점 불리해질 뿐이었다. 더욱이 진
나라 군사들이 들판의 밀과 보리를 모두 베어 버려서 하나도 남기지 않았으므
로 환온의 군사는 양식마저 모자라게 되었다. 이에 환온은 왕맹과 함께 돌아
가려 했으나, 왕맹은 굳이 사양하면서 가지 않았다.

그때 반란을 일으켰던 요양이 연나라에 항복하고 낙양을 공격했으므로,
환온은 군사를 지휘하여 요양을 토벌하고 나아가 황하의 강가에 이르렀다.
환온은 부하와 함께 배의 누대에 올라가 북쪽 중원 땅을 바라보며 탄식했다.

"중원이 오랑캐의 손에 들어간 지 백 년이나 되었다. 이는 선비들이 청담에
빠져 국시를 근심하지 않은 결과이다. 단연코 그 죄를 추궁해야 한다."

그는 다시 황하를 거슬러 올라가서 이수에 이르렀다. 요양은 연전 연패하
여 달아났다. 환온은 금용성에 주둔하면서 그곳에 있는 서진(西晉)의 역대 능에
참배한 다음, 수비병만을 남겨 두고 수도로 돌아갔다.

그 뒤 요양은 다시 서쪽 관중 땅을 빼앗으려고 했으나, 이번에는 전진이 군
사를 파견하여 요양의 목을 쳤다. 그래서 요양의 아우 장이 형의 부하를 이끌
고 동진에 항복했다.

환온이 촉 지방을 치기 위해 장강의 협곡을 지나고 있었다. 그 때 병사 한 명이 원숭이 새끼를 잡았다. 그러자 이 모습을 본 어미 원숭이는 미친 듯이 날뛰었다. 그 원숭이는 새끼가 잡혀가는 것이 안타까워 울부짖으며 계속하여 배를 따라서 백리 길을 쫓아왔다.

배가 좁은 협곡에 들어서는 순간 그 원숭이는 배에 갑자기 뛰어들었다. 그러더니 배의 갑판에 쓰러져 숨을 헐떡이다가 얼마 지나지 않아 숨을 거두고 말았다. 이상하게 생각한 병사들이 원숭이의 배를 갈라 보니 창자가 온통 갈기갈기 찢겨 있었다. 새끼를 잃은 애통함이 그만큼 컸던 것이다(斷腸, 단장).

무너진 황제의 꿈

이때 환온은 사안을 정서사마로 삼았다. 사안은 젊었을 때부터 세상에 그 이름이 크게 알려져 있어서 여러 번 조정에서 불렀으나, 번번이 사양하고 벼슬길에 나아가지 않았다. 그러자 생각이 깊은 사대부들은 걱정을 했다.

"백성들을 위해서는 사안이 나와야 할 텐데."

마침내 사안의 나이 40이 되자 벼슬에 나아가 정서사마가 되었다. 한편 당시 환온이 소중히 여기는 선비 중에 치초와 왕순이라는 사람이 있었다. 그들에 대한 환온의 신뢰는 절대적인 것이어서 중요한 일을 꾸밀 때에는 반드시 그들과 의논해서 했으므로 당시 사람들은 이렇게 말했다.

"수염이 많은 치초와 키가 작은 왕순은 환온의 마음을 휘어잡아 기쁘게 했다가 노하게 했다가 완전히 자기들 마음대로야."

그 후 연나라가 낙양을 공략하여 수비장군이 전사했다. 이에 환온은 군사를 거느리고 연나라를 공격하여 방두 지방에서 싸웠으나 오히려 크게 패하고 돌아왔다.

　연나라의 모용수는 동진군을 격파한 후로 그 명성이 날로 높아갔다. 이러한 모용수의 명성은 연나라 왕에게 근심거리였다. 왕의 견제를 눈치 챈 모용수는 전진으로 달아나는 길을 택했다. 당시 환온은 천자의 지위를 빼앗으려는 뜻을 가슴속에 품고 있었다. 어느 날 밤 잠자리에 든 그는 베개를 어루만지며 탄식했다.

　"대장부로 태어난 이상 아름다운 이름을 백 세 뒤에 남기지 못한다면, 추한 이름을 만 년에 남기게 될 것이다."

　그는 우선 공을 세우고 수도로 돌아와서 재상의 자리를 받으려고 생각했다. 그런데 방두의 패전으로 그의 명성에 금이 가기 시작하였다. 이에 치초가 환온에게 권했다.

　"은나라 이윤과 같은 고사를 본받아서, 황제를 폐하고 큰 공을 세우십시오."

　환온은 그의 말을 좇아 마침내 입조해서 태후에 아뢰어 황제를 폐하였다. 그리고 회계왕 욱으로 하여금 뒤를 잇게 하니 바로 간문황제이다. 그러나 간문황제는 채 1년이 안 되어 세상을 떴다. 이때 환온은 자기가 황제의 자리에 오르려 했으나 사안과 왕단지가 조정에서 정무를 의연히 보좌하고 있었기 때문에 포기할 수밖에 없었다. 결국 태자가 뒤를 이었는데 그가 효무황제였다. 이 때 환온이 지방에서 돌아오자, 황제는 사안과 왕단지에게 환온을 영접하도록 하였다. 그러자 이런 소문이 돌았다.

　'이번에 환온이 사안과 왕단지를 죽이고 제위를 빼앗을 것이다.'

　이에 왕단지는 크게 두려워했으나 사안은 태연해했다.

　드디어 환온이 입조하자 문무백관이 길 양쪽에 늘어서서 절을 하였다. 환온은 많은 호위병을 거느리고 조정 관리들을 만났다. 왕단지는 두려움으로 등에 식은땀이 흘러 옷이 흠뻑 젖었다. 하지만 사안은 조용히 자리에 앉아 환온에게 이렇게 물었다.

"제후가 왕도를 행하여 덕망이 높아지면 인근의 제후들이 그를 공격하여 스스로 지켜 준다고 합니다. 그런데 공께서는 벽 뒤에 사람을 숨겨 놓고 호위를 엄중히 하고 계시니 왕도에 미치지 못하기 때문입니까?"

그러자 환온이 웃으며 대답하였다.

"내가 부덕한 소치로 밝은 제후의 큰 길을 몰라 그러하였소." 하며 명령을 내려 바로 군사를 철수시키도록 하였다. 그리고 사안과 담소하면서 해가 저무는 줄도 몰랐다. 이때 치초가 장막 뒤에 두 사람의 이야기를 엿듣다가 때마침 불어온 바람에 장막이 걷혀 그의 모습이 드러나게 되었다.

그러자 사안이 웃으며 말했다.

"아, 치군이야말로 장막 뒤의 손님이라 하겠군."

환온은 사안의 인격에 깊이 감화되어 황제의 자리를 넘보지 않게 되었다. 그 뒤 환온은 병이 들어 지방으로 돌아갔으며 그 얼마 후 죽었다.

작전은 내 가슴 속에 있다

천하의 자웅을 겨루는 전진과 동진의 결전. 전진의 군사력은 동진의 그것보다 훨씬 강력하였다. 싸워 보나마나 전진의 승리일 게 뻔했다. 하지만 최후의 승리자는 그토록 열세였던 동진이었다. 그리고 역사는 일거에 변환되었다.

천하쟁패

한편 이때 저족의 나라인 전진의 부견(符堅)이 폭군이었던 군주를 주살하고 자칭 진천왕이라 일컫고 있었다. 이때 왕맹을 부견에게 추천하는 사람이 있었다. 부견은 왕맹을 한 번 보고 곧바로 오랜 친구와 같이 친해졌다. 그래서 부견은 항상 이렇게 말하곤 하였다.

"내게 왕맹이 있음은 마치 유비 곁에 제갈공명이 있는 것과 같도다."

그리하여 1년 안에 다섯 번이나 왕맹의 벼슬을 올려 주었다.

부견은 이전에 석호나 염민과 같이 이민족 차별 정책을 쓰지 않고 선비, 흉노, 갈족 등 여러 민족의 지도자와 뛰어난 인물을 등용하여 민족 화해 정책을 썼다. 그가 전연을 멸망시켰을 때에는 많은 전연의 사람들이 항복했는데, 이들을 거부하지 않고 모두 받아들였다. 그러면서 퇴폐한 정치를 바로잡고, 백성에게 농사와 누에 치기를 권장하였으며 곤궁한 사람을 구해 주었다. 이에 진나라 백성은 모두 크게 기뻐했다.

왕맹은 부견의 참모로서 제일 먼저 저족 출신 호족들의 횡포에 제동을 걸어 민족 간의 대립을 완화하고자 하였다. 그래서 왕맹은 수십 일 사이에 말을 잘 듣지 않는 호족 20여 명을 본보기로 처형하고 그 시체를 시장에 효수하였다. 그러자 호족들은 이러한 과감한 정책에 벌벌 떨었다. 부견은 크게 대견해하였다.

"나라에 법 질서가 있음으로 하여 비로소 천자의 위엄이 존재함을 알았도다."

나아가 왕맹은 정치와 군대의 개혁을 실시하고 교육을 진흥시켰으며, 수리시설을 개발하는 등 농업을 크게 발전시켰다. 그리하여 전진은 하루가 다르게 안정되고 풍요로운 나라로 되어갔다. 얼마 지나지 않아 전진은 중국 북부를 모조리 석권하였다. 이렇게 하여 천하는 북쪽의 전진과 남쪽의 동진이 대치하는 형세가 되었다. 그 뒤 승상 왕맹이 죽었다. 그러자 부견은 목을 놓아 울면서 말했다.

"하늘은 나의 천하통일을 바라지 않는 것일까? 어찌하여 왕맹을 이렇게도 일찍 이 세상에서 빼앗아갈 수 있단 말인가!"

그런데 왕맹은 임종할 때 부견에게 말했다.

"동진은 장강 남쪽에 치우쳐 있기는 하지만, 촉한 이래의 정통의 제위를 계승하여 군신 상하가 모두 화합하고 있습니다. 그러니 제가 죽은 뒤에도 제발 동진의 땅을 빼앗으려고 하지 마시기 바랍니다. 차라리 선비족이나 서강족이야말로 우리나라의 원수요, 또 우리의 후환이 될 것이니 이것을 제거해서 우리 국가를 편안하게 하도록 하셔야 합니다."

당시 전진의 군사력은 동진보다 훨씬 앞서고 있었다. 그래서 동진은 항상 자기들의 존망을 크게 위협받고 있었다. 이에 동진은 조서를 내려 북쪽의 강한 전진을 진압하여 방비할 훌륭한 장수를 구했다. 사안은 그에 응하여 형의 아들 현을 추천했다. 그러자 치초가 감탄하여 말했다.

"사안은 참으로 현명하다. 세상의 많은 사람들은 친척 중에 인물이 있어도 의심받을 것을 꺼려 추천하지 않는데, 자기가 적임자라고 믿는 사람은 누구이든 세상의 비평을 상관하지 않고 추천하였으니 참으로 감탄할 일이다. 현의 재능은 반드시 사안의 추천을 배반하지 않을 것이다. 현은 길을 걸어가는 동안에도 결코 시간을 헛되게 보내지 않는 인물이다."

현은 광릉을 지키게 되었고 유뢰지 등 유능한 인물을 얻어서 참모로 삼았다. 그는 적과 싸우면 번번이 이겼다. 당시 그의 군사를 '북부(北府)의 군사'라 하여 적들은 모두 두려워했다.

그 후 전진은 군사를 파견해서 동진에 쳐들어가 여러 고을을 함락시키고, 양양의 자사를 잡아가지고 돌아왔다. 그리고 아예 동진을 멸망시킬 계획을 세웠다. 이때 어떤 사람이 부견에게 간했다.

"동진에는 장강이라는 험준한 요해처가 있습니다. 그렇게 쉽게 함락시킬 수 없습니다."

하지만 부견은 "장강쯤은 두려워할 것이 없다. 우리 전진에는 90만의 대군이 있다. 우리의 대군으로 공격한다면, 그 말채찍을 모아 던지더라도 장강의 물결은 막힐 것이다." 하고 장담하였다.

이때 신하들이 나서서 모두 동진을 치는 것은 좋지 않다고 반대했다. 왕맹과 함께 부견의 오른팔이라고 불렸던 부견의 동생 부융도 간곡하게 반대하였다.

"수천 리 떨어져 있는 동진이 공격해 오지 않는데 우리가 먼저 공격할 필요가 없습니다. 만약 우리 군대가 정벌에 나섰을 때 수도에서 무슨 일이라도 생긴다면 어떻게 하시겠습니까? 부디 왕맹 재상의 유언을 잊지 마시기 바랄 뿐입니다."

뿐만 아니라 부견의 사랑하는 여인 장부인도 정벌을 반대했으며, 가장 예뻐하던 아들인 중산공 선도 간곡하게 말렸다.

다만 모용수만은 부견이 출정한 틈에 반기를 들 속셈이었으므로 부견의 동진 정벌을 적극 권했다.

"강자가 약자를 병합하는 것은 세상의 이치입니다. 하늘이 준 기회를 어긴다는 것은 말도 안 됩니다. 천하통일의 대업을 자손의 대에 넘기려는 것입니까?"

이 말에 부견은 손뼉을 치며 기뻐했다.

"나와 함께 천하를 평정할 인물은 당신 모용수밖에 없소이다."

모용수는 선비족 왕실의 후손으로서 음험한 인물이었다. 일찍이 왕맹도 모용수의 음험함을 꿰뚫어보고 부견에게 전진의 앞날을 위해 모용수의 제거를 진언한 적도 있었다. 그러나 부견은 이를 받아들이지 않았다. 어쨌든 383년 8월 8일, 부견은 마침내 공격 명령을 내렸다. 그때 보병 60만, 기병 27만 명이 수로와 육로로 진군하는 모습은 마치 천하를 뒤흔들 것처럼 장관을 이루었다.

한 마리 개가 짖으면 백 마리 개가 따라 짖는다

백만의 전진 군대가 공격해 온다는 급보를 접한 동진은 불안에 휩싸이며 모두 벌벌 떨었다. 동진의 재상 사안은 심사숙고 끝에 아우 사석을 토벌 대장군으로, 조카 사현을 선봉장으로 임명해서 8만의 군사를 지휘하여 전진의 공격을 막게 했다. 또 유뢰지에게 정병 5천을 거느리고 곧 강을 건너도록 하였다. 그러나 동진의 군사는 전진의 10분의 1에 지나지 않아 병사들은 불안에 떨고 있었다. 사현이 사안에게 전략을 물었다.

그러자 사안은 태연히, "염려할 것이 없다. 작전은 내 가슴속에 있다."고 말할 뿐이었다.

이렇게 해서 전진과 동진의 군사는 비수를 사이에 놓고 포진하여 천하의 자웅을 겨루는 일대 회전을 벌이게 되었다. 그해 겨울 유뢰지가 이끄는 동진군이 전진군을 공격하자 전진군 5만이 크게 패하여 서로 먼저 강을 건너려다가 1만 5천 명이 물에 빠져 죽었다. 계속하여 동진군은 북쪽으로 진격하였다.

이때 부견이 수양성에 올라 바라보니 동진군의 진은 실로 조금의 빈틈도 없었다. 군사들의 투지도 왕성하였다. 눈을 돌려 팔공산을 바라보니 바람에 휘날리는 풀과 나무가 모두 동진의 군사로 보였다.

"정말 뛰어난 정예병들이다. 강적이구나, 강적!"

부견의 얼굴에는 비로소 두려운 빛이 역력했다.

전진군은 비수 가까이 나아가 진을 쳐서 강을 끼고 대치했다. 며칠 후 사현은 사람을 시켜 부견에게 말을 전하게 했다.

"이대로 양쪽 군대가 강을 끼고 버티고 있어서는 승부가 나지 않을 것이니, 당신들 쪽에서 조금 후퇴하여 우리 군사가 강을 건너가 승부를 속전속결로 결정하는 것이 어떤가?"

이 제안을 받은 부견은 동진의 군사가 한창 강을 건널 때 재빨리 습격할 생각을 하고, 군사를 지휘하여 퇴각하게 했다. 그런데 부견의 생각과는 전혀 다른 사태가 일어났다. 오랫동안 고향을 떠나 있던 병사들이 정말 후퇴하는 줄 알고 죽지 않기 위해 앞을 다투어 도망쳤던 것이다. 이 틈을 노려 동진군은 맹추격해 왔다. 원래 부견은 동진군이 비수를 반쯤 건넜을 때 방향을 돌려 동진군을 역 포위할 생각이었으나, 동진군의 맹추격을 막아내지 못한 채 자꾸만 퇴각해서 멈출 수가 없게 되었다. 더구나 그때 갑자기 전진군의 진중에서, "우리가 졌다! 어서 도망치자! 빨리!"라는 고함소리가 잇달아 터져 나왔다.

그러자 정신없이 후퇴하던 전진의 군사들은 이 소리를 듣고 일시에 무너져 버려 속수무책이 되었다. 이제 군사들은 모두 죽을 힘을 다해 도망치기 바빴다.

이전에 동진군에게 붙잡혔던 전진의 장수 주서가 전진군의 후방에 있다가 그 심복들과 짜고 후퇴하는 병사들 속에 섞여 고함을 질러댔던 것이다. 주서는 원래 동진의 장군이었는데 전진의 포로가 되어 부견의 관리로 일하고 있었지만, 마음은 언제나 동진에 있었다. 그는 이전에 동진군에게 붙잡힐 때 결정적인 형세가 오면 전진군의 내부에서 혼란을 조성해 호응하겠다고 약속했었다.

어쨌든 전진군은 참패했다. 정신없이 달아나던 군사들은 두려운 나머지 바람소리와 학 우는 소리에도 동진군이 뒤쫓아오는 줄 알고 앞을 다투어 달아났다. 이렇게 하여 처음에는 보무도 당당하게 출정했던 백만 대군의 군사 중에서 살아 남은 자는 겨우 10만에 지나지 않았다. 부견도 허둥지둥 수도 장안으로 도망쳤다(383년).

이때 동진의 총사령관인 사안은 자신의 별장에서 태연히 바둑을 두며 승부를 겨루고 있었다. 뒤에 전승 보고가 들어왔는데도 사안은 손님과 바둑을 두며 기뻐하는 기색도 보이지 않았다. 한참 뒤에야 바둑이 끝났다. 그제야 손님이 보고 내용이 무엇이냐고 물었더니 사안은 조용히, "음, 자식놈들이 끝내 적을 격파했다는구려." 하고 아무렇지도 않은 듯이 대답했다.

사안은 손님을 전송하고 난 다음에야 기쁨을 참지 못하고 급히 자기 방으로 들어오다가 신이 걸려 뒤축이 떨어지는 줄도 몰랐다.

별에게 술을 권하다

패전 후 장안에 돌아온 부견을 기다리고 있던 것은 모용수가 이끄는 선비족의 반란이었다. 모용수가 부견을 배반하고 스스로 연왕(燕王)이라 일컬었던 것이다. 또 강족의 요장은 반란을 일으켜 스스로 진왕(秦王)이라 일컬었다. 이것을 후진이라 한다. 모용충도 부견을 배반하고 평양에서 군사를 일으켜 황제라 일컬으니, 이것을 서연이라 한다.

드디어 모용충이 장안을 공격하자, 부견은 성을 나와 오장산으로 도망쳤다. 그러자 후진의 요장이 군대를 파견하여 부견을 잡아서 옥새를 빼앗고 끝내 죽여 버렸다. 부견의 나이 48세였다. 부견이 죽었다는 소식을 전해 들은 요장의 장병들은 모두 슬퍼하며 눈물을 흘리고 통곡하였다.

한편 비수의 대전이 끝난 2년 후 동진의 재상 사안이 죽었다. 사안은 비수의 대전을 승리로 이끈 공신 중의 공신으로 인품이 고상하고 풍채가 왕도보다 훨씬 훌륭했다. 또 덕망도 있고 도량도 넓은 사람이었다.

동진이 전진을 격파한 이래 강동 지방은 무사했다. 그러나 태평이 지나쳐 나라 안은 오히려 혼란스러웠다.

원래 동진의 효무제는 술을 즐겨하여 밤낮 없이 술을 마셔댔다. 이때 별이 긴 빛을 내뿜으며 나타났다. 그런데 황제는 조금도 꺼려하지 않고 예사롭게 잔을 들어 별을 향해 말했다. "장성(長星)아, 네게 술을 한 잔 권한다. 이 세상에서 어떻게 만 년의 생명을 보존하는 천자가 있겠느냐."

황제에게는 장귀인이라는 총희가 있었다. 그녀는 이때 나이 30이었는데, 황제의 총애가 후궁 중에서 제일이었다. 어느 날 황제가 취하여 말했다.

"너도 벌써 서른, 나이로 치자면 차차 물러가야겠구나."

그러자 장귀인은 정말 무제가 자기를 버리고 젊고 예쁜 여자를 사랑하리라 여기고는, 시녀에게 이불을 머리에 뒤집어씌워서 황제를 죽이게 했다. 이후 태자가 즉위하니 바로 안황제이다.

안황제의 이름은 덕종인데, 어릴 때부터 백치였다. 말도 제대로 하지 못하고 추위와 더위, 배고픔과 배부름 같은 것도 분별하지 못했으며, 마시고 먹는 데서부터 자고 일어나는 데까지 무엇 하나 자신의 힘으로 하지 못했다. 제위에 오르고부터는 회계왕 사마도자가 태부가 되어 실제로 모든 정사가 그의 손에 의해 요리되고 있었다.

세 번째의 배반

비수의 대전에서 승리를 거뒀던 북부군의 총대장은 왕공이었다. 무제의 황후 왕씨의 오빠였던 그는 어떻게든지 문란한 궁궐의 정치를 바로잡아야겠다고 결심하였다. 얼마나 문란하면 일개 후궁이 황제를 이불 속에서 죽일 수 있단 말인가! 왕공은 통탄해마지 않았다. 왕공은 북부군을 동원하여 조정에 압력을 가하여 정치 개혁을 요구하였다. 그러나 군대를 동원한다는 것은 분명한 모반이었다.

한편 북부군 내에서도 문제가 있었다. 무엇보다도 왕공 같은 고급 장교도 한낱 용병 대장으로밖에 대우하지 않았으며, 오직 전쟁 도구로만 간주하였기 때문에 불만이 많았고, 그래서 상하간이 결속되지 못했다. 특히 비수의 대전에서 큰 공을 세웠던 유뢰지는 왕공에 대해 매우 좋지 않게 생각하고 있었다. 유뢰지도 아버지가 장군으로서 신분이 그다지 낮은 편은 아니었으나 왕공은 유뢰지 정도는 사람 취급도 하지 않았던 것이다.

이때 조정의 실권을 쥐고 있던 사마도자의 아들 사마원현은 매우 교활한 인물이었다. 이미 북부군의 사정을 환하게 꿰뚫어보고 있던 원현은 유뢰지에게 밀사를 보내 왕공을 배반하도록 하였다. 물론 배반하면 왕공 대신 총대장으로 임명한다는 밀약이 있었다. 유뢰지가 배반하니 왕공은 그야말로 허수아비에 불과했다. 왕공은 급히 달아났지만 결국 붙들려 수도 건강으로 잡혀가 참수되었다.

이때 서부군의 총대장은 일찍이 동진 정권을 탈취하려 했던 환온의 아들 환현이었다. 그는 야심만만한 인물로서 항상 조정에 대해 비판적이었다. 그는 아버지 환온의 뒤를 이어 남군공이 되었는데, 재능이며 집안, 지위를 자랑하여 스스로 영웅 호걸이라 뽐냈다. 그가 의흥현 현령이 되었을 때 탄식하여 말했다.

"아버지는 구주(九州)의 장관이었는데, 아들인 나는 겨우 오호(吳湖)의 장에 지나지 않는단 말이냐."

그는 벼슬을 버리고 남군으로 돌아갔다.

당시 조정의 사마원현으로서도 가장 신경을 썼던 존재는 바로 환현이었다. 원현은 먼저 선수를 쳐서 환현을 제거하기로 작정하고 유뢰지의 북부군을 동원하여 환현을 토벌하기로 하였다. 드디어 원현은 북부군에게 환현 토벌을 명령하였다. 그에 따라 북부군은 장강으로 전진하였다. 환현의 서부군도 장강 쪽으로 내려오고 있었다. 일순 장강 일대는 전운이 감돌았다.

이때 환현이 유뢰지의 친척을 유뢰지에게 보내 서로 힘을 합해 사마원현을 치자고 제안하였다. 유뢰지는 이에 호응하였다. 이렇게 되어 유뢰지가 움직이지 않게 되니 사마원현은 아무 힘도 쓸 수 없었다.

환현은 무저항 상태인 수도에 입성해 사마원현의 부자를 일거에 숙청하고 정권을 장악하였다. 그러면서 유뢰지는 한직으로 배치해 버렸다. 이에 유뢰지는 크게 반발하여 군사를 일으키려 하였다. 하지만 그의 부하들은, "세 번씩이나 배반한다면 그게 말이나 되나? 왕공과 사마원현을 배반하더니 이번에는 환현을 배반하려 하다니, 사람으로서 이럴 수가 있는가?"라면서 모두들 달아나 버렸다. 유뢰지는 하는 수 없이 도망치다가 신주에 이르러 자살하고 말았다. 그 후 그의 시체가 수도에 도착했는데, 환현은 그의 관을 열고 머리를 베어 저잣거리에 효수하였다. 그러면서 북부군의 장교를 모두 처단하였다.

환현은 북부군의 장교를 모두 숙청한 후 그의 사촌인 환수를 총대장 자리에 앉혔다. 하지만 북부군에 대한 그의 보복은 북부군 장병들에게 환현에 대한 적대감을 깊이 심어 놓았다. 어쨌든 환현은 이후 정권을 마음대로 주무르더니 마침내 안제를 폐하고 스스로 황제 자리에 올라 나라 이름을 초나라라고 하였다.

당시 북부군의 중급 장교로는 드물게 유유라는 인물이 살아 남았다. 왜냐하면 북부군 장교를 모두 몰아내면 북부군 병사들의 반발심이 커지는 데다가 소규모의 반란이 곳곳에서 일어나고 있었기 때문에 환현의 입장에서도 북부군의 야전 장교를 몇 명이라도 남겨 놓아야 했다. 이 조그만 틈을 비집고 유유는 운 좋게도 살아 남은 것이었다. 그 후 유유는 북부군 장병들의 인망을 얻으며 급속히 세력을 키워 나갔다.

드디어 유유는 환현 토벌군을 일으켜 경구성을 빼앗고 북부군 총대장 환수의 목을 베었다. 초의 환현은 허둥지둥 도망쳤으나 유유의 추격을 벗어나지 못하고 강릉에서 붙잡혀 죽임을 당하고 말았다. 이렇게 하여 환현의 초나라는 불과 3개월도 견디지 못하고 망했으며, 안제는 다시 황제의 자리에 올랐다.

그 후 후진(後秦)의 군주 요흥이 죽고, 아들 홍이 뒤를 이었는데, 유유가 이를 토벌했다. 유유는 팽성을 떠나 낙양을 거쳐서 장안에 들어갔다. 요흥은 패하여 성을 나와 항복했다. 이렇게 하여 후진은 멸망했다. 이때 하나라 왕 발발은 유유가 진(秦)을 친다는 말을 듣고, "유유는 반드시 관중 땅을 빼앗을 테지만, 오래 관중에 머물러 있지 못할 것이다. 대신 다른 사람으로 하여금 관중을 지키게 한다면, 내가 이것을 빼앗는 일이란 떨어진 먼지를 줍는 것과 같을 것이다."라고 했다.

한편 관중의 원로들은 유유가 돌아가려 하자, 유유의 문 앞에 와서 눈물을 흘리며 말했다.

"싸움으로 유린된 저희들은 진나라의 은덕을 받지 못한 지 백 년이나 되었습니다. 그러다가 지금 처음으로 의관을 갖춘 사람들을 보게 되었습니다. 그래서 서로 축하하고 있는데, 장군께서는 무정하게도 우리를 저버리고 어디로 가시려 합니까?"

그러나 유유는 그의 아들로 하여금 그곳을 지키게 하고, 자기는 팽성으로 돌아갔다. 진나라는 유유를 상국으로 삼았는데, 그 뒤 유유는 부하를 시켜 안제의 목을 졸라 죽이게 했다. 이후 즉위한 공황제는 이름을 덕문이라고 했다.

유유는 황제에게 양위를 강요하여 스스로 제위에 올랐다. 그리고 송나라를 세우니 이로써 남조 시대의 서막이 오르게 되었다. 공황제는 유유에게 양위하고, 오래지 않아 시살 당했다.

이렇게 해서 동진은 11대 104년, 서진과 동진을 합한다면 156년 만에 멸망하고 말았다.

동진(東晉)왕위 계보

^{1}원제 ── ^{2}명제 ── ^{3}성제 ── ^{4}강제 ── ^{5}목제 ── ^{6}애제 ──

── ^{7}해서공 ── ^{8}간문제 ── ^{9}효무제 ── ^{10}안제 ── ^{11}공제

남북조시대

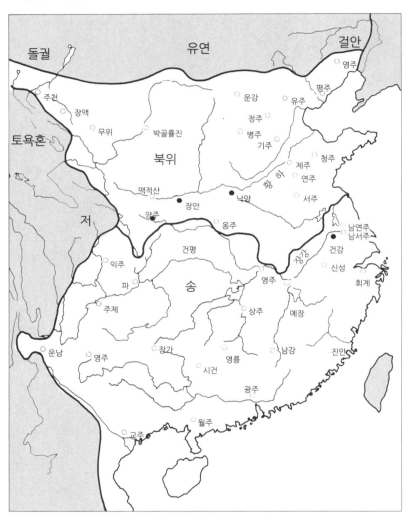

제15장 남북조시대
(439~589 A.D.)

중원회복의 꿈

중국 남쪽에 동진이 건재하고 있을 때 북쪽 지방에서는 5호(五胡) 16국 시대라고 해서 다섯 이민족이 130여 년 간에 걸쳐서 흥망을 거듭하며 무려 16개의 왕조를 세웠다. 도중에 부견이 이끄는 전진이 한때 중국 북부를 통일했으나, 비수의 결전(383년)에서 동진에게 불의의 패배를 당함으로써 천하통일의 꿈은 수포로 돌아가고 말았다. 이후 여러 나라가 일어나고 또 쓰러져, 드디어 선비족의 척발씨가 세운 북위가 중국 북쪽을 통일함으로써 5호 16국 시대에 종지부를 찍었다.

한편 중국 남쪽에서는 동진이 전진과의 전쟁에서 이긴 후 무사안일에 빠져 끝내 송나라의 유유에게 멸망당하고 말았다.

이렇게 하여 중국 북쪽은 439년에 북위가 통일을 이루고, 남쪽은 송나라가 석권하면서 이른바 남북조시대가 열렸다. 이 시대는 왕조의 교체가 매우 빈번하여 사회의 혼란이 매우 극심했다.

사회의 혼란은 극심했지만, 이 시대는 중국 문화의 중심이 황하 유역에서 양자강 유역의 강남 지방으로 옮겨져 꽃피운 육조 문화라는 화려하고 정교한

문화가 만들어졌다. 문학에는 전원시로 유명한 도연명, 글씨에는 서성(書聖)
왕희지, 그림에는 고개지라는 출중한 인물들이 배출되었다.

　　150여 년 간에 걸친 남북조시대는 남과 북이 서로 흥망성쇠를 거듭하다가
결국 589년 북조의 수나라가 남조의 진나라를 멸망시키고 중국 천하를 통일
시킬 때까지 계속되었다.

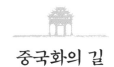

중국화의 길

　　비수의 결전에서 참패하고 패망한 전진의 빈 자리를 차지하기 위하여 군웅
들이 들고 일어났다. 무려 20여 개 나라들이 쟁탈전을 벌이다가 결국 선비족
의 척발씨가 세운 북위가 130여 년 간 이어오던 5호 16국 시대의 종지부를 찍
고 중국 북부를 통일하여, 남쪽의 남조에 맞서는 북조가 건설되었다.

　　북위의 창시자 척발규가 죽은 후 6대째에 효문제가 즉위하였다. 효문제는
어려서부터 총명하고 침착하여 겨우 세 살 때 태자가 되었고, 다섯 살 때는 황
제 자리에 올랐다. 당시 황태후인 빙태후가 섭정을 하였는데, 그녀는 낙랑군
(조선) 출신의 독한 여자였다. 그녀는 균전제 등 개혁 정치를 강력하게 펼쳤다.
효문제가 25세 되던 해 그녀가 죽자, 그 후부터 친정을 시작한 효문제는 빙태
후의 개혁을 이어받아 균전제를 뿌리내려 백성들의 생활을 안정시키는 등 강
력한 개혁을 추진하였다.

　　효문제의 개혁은 무엇보다도 선비족을 한족화하여 '문명화' 시키는 데 목
표가 있었다. 그래서 선비족의 옷 대신 한족의 옷을 입고, 선비족의 언어 대신
한족의 언어를 사용했으며, 선비족의 성을 한족의 성으로 바꾸어 나가도록 하
였다. 효문제도 스스로 척발이라는 성을 버리고 원(元)씨로 고쳤다.

효문제가 개혁을 펴나가는 데에는 많은 어려움이 있었는데, 특히 수도를 옮기는 천도 문제를 둘러싼 논란이 그것이었다. 효문제는 수도를 평성에서 중국의 중심지인 낙양으로 옮기려는 것이었다.

"우리 선비족은 몽골 사막 남쪽에서부터 평성에 걸쳐 살고 있소. 평성은 분명히 군마를 조달하고 군사들을 집결시켜 싸움을 벌이기에 적합한 곳이오. 하지만 문화의 중심지가 아닐 뿐더러 강남과 대치하여 북방을 굳게 지키면서 안정된 정치를 한다면 중원의 힘을 빌리지 않고는 불가능할 것이오. 그래서 짐의 생각으로는 수도를 낙양으로 옮기는 것이 상책이라 확신하오."

그러나 조정 중신들은 강력히 반대하였다. 효문제는 천도 문제가 이미 수십 년 전부터 여러 번에 걸쳐 고관들과 귀족들의 반대에 부딪혀 실패했음을 잘 알고 있었다. 그래서 우회 전술을 쓰기로 하였다.

어느 날 효문제는 백관들을 모아놓고 대군을 출동시켜 남쪽을 원정하겠노라고 발표하였다. 그러자 임성왕 척발징을 비롯한 모든 신하들이 완강히 반대하였다. 이에 효문제는, "이 나라는 짐의 것이오. 임성왕이라 해도 짐이 군사를 일으키는 것을 막는 것은 용서하지 않겠소." 하며 크게 화를 냈다.

이에 척발징이 반박하였다.

"이 나라는 분명 폐하의 것이지만 저도 이 나라의 대신입니다. 지금 군사를 일으켜 이 나라를 위태롭게 하는 것을 뻔히 알면서도 가만히 있을 수는 없습니다."

회의가 끝난 후 효문제는 척발징을 비밀리에 궁중으로 불렀다. "이번에 남방에 원정한다는 명목을 걸고 실제로는 낙양에 천도할 생각을 하고 있다오. 부디 협조해 주시오."

그 후부터 척발징도 효문제의 의견에 동조하였다. 드디어 효문제는 친히 30만 대군을 이끌고 황하를 건너 남정(南征)을 강행하였다. 그리하여 낙양에 주둔하게 되었는데, 때마침 가을비가 끊임없이 내려 신하들의 마음도 스산하기 짝이 없었다. 모두들 내심으로 '황제께서는 정말 이렇게 강행하셔야 하는

가?' 하며 매우 불안해하고 있었다. 더구나 43년 전에 선비족은 40만 대군을 몰고 의기양양하게 남방원정을 나섰다가 불과 수만 명의 군사들에게 불의의 패배를 당한 적도 있었다.

어느 날 군복으로 갈아입은 효문제는 말에 오르더니 전군에게 출격 명령을 내렸다. 그러자 문무백관들이 모두 황제의 말 앞에 엎드려 머리를 땅에 조아리고 공격 명령 취소를 호소하였다. 하지만 효문제는 화를 버럭 냈다.

"짐이 천하를 통일하려는데 너희들은 짐의 큰 뜻을 가로막는구나. 더 이상 반대하는 자가 있으면 용서치 않겠다." 그러면서 말에 채찍을 가해 출발 자세를 갖추었다. 이때 척발휴라는 귀족이 황제 앞에 엎드려 눈물을 흘리면서 원정계획을 취소할 것을 간곡히 호소하였다. 그 말을 듣고 있던 황제의 얼굴빛은 차츰 누그러졌다. 한참 골똘히 생각하던 효문제는 이렇게 말하였다.

"이번 원정은 군신 상하가 모두 힘을 합해 추진해 왔던 일이오. 그런데 아무 성과가 없으면 곤란하오. 만약 원정계획을 취소한다면 대신 이번 기회에 천도라도 하는 것이 어떨까 생각하는데, 이에 대한 여러분의 의견은 어떻소? 찬성하는 자는 왼쪽에, 반대하는 자는 오른쪽에 서시오."

오래 전부터 천도에 반대해 왔던 신하들이었지만 이제 원정하느냐, 천도하느냐의 두 가지 선택에 있어서는 그래도 천도하는 편이 훨씬 낫다고 생각하였다. 이렇게 해서 결국 대군은 낙양에 머물렀고, 낙양은 자연스럽게 수도로 되었다. 효문제의 천도 계획 연출은 보기 좋게 성공한 것이었다. 효문제는 그 후 남방원정에 나섰다가 병이 들어 죽었다. 그의 나이 불과 33세였다. 효문제가 죽고 나자 북위의 국세도 급격하게 기울었다.

천리안

북위에 양일이라는 젊은 관리가 있었다. 그는 29세의 젊은 나이에 왕주 지사로 부임하였다. 당시 지방 관리들과 군인들의 부정은 이루 말할 수 없을 만큼 심했다. 하지만 양일은 그런 것에는 전혀 관심도 없다는 듯 신경도 쓰지 않았다. 그러면서 날마다 방에 처박혀 책 읽기에만 열중하였다.

그러자 관리들은 '젊은 풋내기 지사가 기껏 책 읽는 것밖에는 아무것도 모르는구나'라고 생각하며, 그를 완전히 무시하였다. 그런데 얼마 지나지 않아 양일은 전혀 바깥을 나가 보지도 않으면서 관리들과 군인들의 부정을 눈으로 보듯 샅샅이 적발해 내고 처벌해 나갔다.

양일은 광주 전 지역에 첩보원을 요소요소에 배치시켰던 것이다. 그러면서 첩보원을 두 가지 임무로 나누어 부정을 확인하는 사람을 장목이라 하고, 장목이 확인한 사실을 비밀리에 상부의 담당자에게 보고하는 사람을 비이(飛耳)라 하였다. 그래서 비이는 중앙 가까운 지역의 비이에게 전하고, 그 비이는 또 다음 지역의 비이에게 전했다. 그래서 천리 밖의 일도 양일은 3, 4일이면 모두 알게 되었던 것이다. 이에 사람들은 입을 모아, "참으로 그는 천리안이다. 방 안에서 천리 밖을 내다보는 사람이다. 아무리 숨어서 몰래 해보려 해도 숨어서 보고 있다."라고 말하며 그의 신통력을 믿게 되었다.

송나라

귀거래사

송나라 고조황제의 이름은 유유이다. 유유가 출생하자 곧 어머니가 죽었다. 아버지는 매우 가난하였기 때문에 도저히 유유를 키울 자신이 없어 버리려고 했는데, 외가의 숙모가 유유를 구해 젖을 먹여 길렀다. 유유는 글을 배우지 못해 겨우 글자를 알아볼 정도였지만, 용감하고 호걸다운 뜻을 품고 있었다.

　어느 날 유유가 길에서 큰 뱀을 보고는 때려서 상처를 입힌 적이 있었다. 얼마 후 그곳을 지나고 있을 때 웬 아이들이 약을 절구에 넣어 찧고 있었다.

　유유가 물었다.

　"지금 너희들은 무엇을 하고 있느냐?"

　"우리 임금님이 유유에게 상처를 입어서 그 상처에 바를 약을 만들고 있어요."

　"그럼 왜 원수를 죽이지 않느냐?"

　"유유는 천하의 왕이 될 사람이라 죽이지 못합니다."

　이때 유유가 크게 호령을 하여 꾸짖으니, 아이들은 금방 흩어져 보이지 않았다.

　그 후 유유는 유뢰지의 참모가 되었는데, 어느 해 유뢰지가 유유에게 적군을 정찰하는 임무를 내렸다. 이때 유유는 수백 명의 적병들을 만났지만 조금도 겁내지 않고 오히려 긴 칼을 휘두르며 혼자서 그 많은 적들을 물리쳤다. 그러자 그 뒤를 따라 부하들이 승승장구 진격해서 크게 적을 격파했다.

　이때부터 유유의 이름이 세상에 알려졌다. 그 후 장군과 재상으로 20년 동안 있으면서 환현을 주살하고, 마침내 진나라로부터 제위를 물려받았다.

　유유가 죽은 후 즉위한 문황제는 평소부터 평판이 좋고 인망이 있었다. 이 시대에 도잠이라는 선비가 살고 있었다. 도잠은 자를 연명(淵明)이라고 했는데, 심양군 사람이며 도간의 증손으로 어릴 때부터 고상한 사상을 품고 있었다. 일찍이 팽택의 현령이 되어 80일쯤 지났을 때, 각 현을 순시하는 상급 관리가 찾아왔다.

　그때 현리가 도잠에게 말했다.

　"나으리, 이제 예복을 갖추고 그분을 만나 보셔야 합니다."

　이에 도잠은 탄식하며 대답했다.

　"내가 겨우 다섯 말의 녹을 위해 허리를 굽혀서 시골 아이를 뵈어야 한단 말이냐?"

도잠은 그날로 현령의 인수를 돌려주며 사표를 냈다. 그리고 고향으로 돌아가서 '귀거래사'를 짓고, 또 『오류선생전』을 저술했다.

그는 벼슬길이란 마치 '새장에 갇힌 새'와 같고, 반면 벼슬을 버리고 고향에 내려가는 것은 새가 숲으로 돌아가고, 고기가 깊은 연못으로 돌아가는 것과 같다고 생각하였다. 그는 유유자적 술잔을 기울이며 자신의 심정을 읊었다.

> 동쪽 담 밑의 국화 한 송이를 꺾어 들고
> 느긋한 마음으로 남산을 바라본다

얼마 후 진나라의 안제가 다시 도연명을 불렀으나 벼슬에 나가지 않았다. 진나라가 송나라에 망한 후 그는 자기의 조상이 진나라의 신하라는 이유로 두 번 다시 벼슬에 나가지 않았다. 그러다가 송나라 문제 때에 세상을 떠났다. 세상 사람들은 그를 정절 선생이라 불렀다.

제비가 풀 속에서 둥지를 틀다

한편 이 무렵 사령운이라는 시인이 살고 있었다. 그는 산과 들에서 사냥하기를 좋아하여, 수백 명의 종자를 데리고 다니며 나무를 베어 길을 내는 등 언제나 거창한 일을 하여 백성들을 놀라게 했다.

어떤 사람이 황제에게 사령운이 반란을 일으키려 한다는 글을 올렸다. 사령운은 이 말을 듣고 궁중으로 들어가서 다른 뜻이 없음을 변명하여 황제에게 용서를 받았다. 그러나 그 후에도 그는 전과 다름없이 함부로 처신하며 관리가 그를 체포하기에 이르렀다. 그러자 사령운은 군사를 일으켜 달아나서 시를 지어 풍자했다.

한(韓)이 멸망하자 장량이 일어서고
진시황이 황제가 되자 노중련이 부끄러워했다.

마침내 관리들은 사령운을 체포해서 광주로 귀양 보냈다가 얼마 후에 사형에 처하고 말았다.

이 무렵 남조의 송나라와 북조의 위나라는 해마다 서로 침략하고 공격했는데, 송나라의 왕현모가 송나라 황제에게 대군을 일으켜서 위나라를 토벌하라고 권유하였다. 이때 심경지가 나서서 말렸다.

"논밭을 가는 일은 하인에게 물을 것이요, 베 짜는 일은 계집종에게 물어볼 것입니다. 그런데 지금 적을 치려는 일을 어찌하며 백면서생과 의논하십니까?"

그러나 송나라 황제는 이 말을 듣지 않고 왕현모를 대장으로 하여 위나라 공격에 나서도록 했다. 그랬더니 왕현모는 하남을 빼앗고, 나아가 활대를 포위했다. 위나라 황제는 송나라가 하남을 빼앗았다는 말을 듣고 크게 노했다.

"나는 태어날 때부터 하남이 우리 땅이라고 알고 있었다. 그 땅을 송나라가 감히 빼앗다니 도저히 용서할 수 없다. 다만 아직 날씨가 무더우니 황하의 물이 얼어붙기를 기다렸다가 그곳을 정벌하자."

마침내 겨울이 되자, 위나라 황제는 스스로 대군을 이끌고 황하를 건너서 남하했다. 그 군사는 백만 명이었는데, 말 위에서 치는 진격 북소리가 천지를 진동했다. 그러자 송나라의 왕현모는 크게 겁을 먹고 달아나 버렸다. 위나라 군대는 그를 맹추격하였다. 송나라 사람들은 무서워서 떨며 모두들 가산을 짊어지고 피난하려고 했다. 그때 송나라 황제는 석두성에 올라 북쪽을 바라보며 탄식했다.

"아, 장군 단도제가 지금 살아 있었다면, 호마(胡馬)가 여기 오지 못했을 것을……."

단도제라는 장군은 일찍이 혁혁한 공을 세운 명장이었는데, 전에 참소로 인해 잡혀 죽었다. 그는 죽기 전에 노하여 눈의 광채가 마치 관솔불과 같이 타오르더니, 두건을 벗어 땅에 내동댕이치면서 뇌성벽력과 같은 큰소리로 송나라 황제를 꾸짖었다.

"너는 스스로 너의 만리장성을 파괴하려느냐? 훗날 반드시 후회할 것이다."

그리고는 마침내 주살되었다.

당시 이 말을 들은 위나라 사람들은 기뻐하며 말했다.

"이제는 송나라 사람을 두려워할 필요가 없게 되었다."

이때 송나라 신하들 가운데 패전의 원인을 제공한 왕현모를 처형하라는 사람들이 많았다. 그러나 심경지가 이를 제지하였다.

"지금 위나라 황제의 위엄이 천하에 떨치고 있고 활을 쏘는 군사만 해도 백만인데, 어찌 왕현모 혼자서 이에 대항할 수 있었겠는가? 그러니 지금 장군을 죽여 우리의 힘을 약하게 하는 것은 좋은 계책이 아니오."

그 후 휴전이 이뤄져 위나라 군사들은 돌아갔으나 살인과 약탈의 양상은 극심했다. 그들은 송나라 장정들을 마구 찔러 죽이고, 어린아이를 창 끝에 꿰어서 빙빙 돌리며 가지고 놀았다. 위나라 군사들이 지나간 곳은 모두 폐허가 되어 버렸다. 봄이 되어 다시 돌아온 제비는 둥지를 지을 인가가 없으므로 숲 속 나뭇가지에 둥지를 짓는 형편이었다.

송나라 황제가 제위에 오른 뒤 28년 동안에 세상은 평온을 유지해 왔었는데, 한 번 전쟁이 지나가고 나니 부락이 모두 황폐해져 버렸고, 정치도 급속히 쇠퇴해졌다.

이때 송나라의 태자 소가 무당을 이용해서 황제를 죽이려다가 발각되어, 황제는 태자 소를 폐하려고 했다. 그러자 소는 먼저 손을 써서 황제를 죽이고 스스로 황제의 자리에 올랐다. 이에 무릉왕이 군사를 일으켜 소를 주살하고 왕위에 오르니 바로 효무황제다.

효무황제는 황제의 자리에 오른 후 12년 만에 죽었다. 그 후 태자가 뒤를 이었는데 곧 폐제(廢帝)이다. 폐제는 이름을 자업이라고 했다. 즉위한 그는 아버지의 상중이었음에도 불구하고, 거만을 부리고 게으름을 피우며 조금도 슬퍼하는 기색이 없었다.

폐제는 숙부 상동왕을 매우 미워했다. 그래서 그를 대궐 구석방에 가두어 놓고는 매질하고 혹은 개나 돼지처럼 끌고 돌아다니며 함부로 무도한 짓을 했다. 마침내 수적지란 사람이 그를 시살했다. 그 뒤를 상동왕이 이으니 그가 명황제다.

올챙이의 배꼽

명황제는 재위 8년 만에 죽었다. 이때 소도성이라는 장군은 명황제의 즉위 초부터 대장이 되어 전공을 세웠다. 그는 회음 지방에 있으면서 사방의 호걸들을 불러들였다. 그 뒤 얼마 안 되어 남쪽 연주 자사가 되었는데, 명황제가 죽자 우위 장군이 되었다. 소도성은 명황제의 유언을 받은 대신들과 함께 정치를 맡았다. 이때 명황제의 뒤를 태자가 이었는데, 이가 후폐제(後廢帝)이다.

후폐제는 이름을 욱이라고 했다. 욱은 총신 이도아의 아들인데, 명제에게 아들이 없어 그를 자기 아들로 삼은 것이다. 이때 욱의 나이는 겨우 열 살이었다. 그러자 명제의 아우인 휴범이 반란을 일으켰으나 소도성이 그를 토벌하여 죽였다. 그 후 소도성은 친위군의 대장이 되어 실권을 잡고 있었다. 후폐제 욱은 교만하고 사람을 죽이기를 좋아했으므로 궁중 사람이나 조정 사람이나 항상 불안에 떨고 있었다.

어느 날 욱은 갑자기 친위군의 병영에 들이닥쳤다. 때마침 무더운 여름날이라 소도성은 알몸으로 자고 있었다. 원래 소도성은 몸이 비대한 데다가 배가 불룩 튀어나와 있었다. 소도성의 불룩한 배를 본 욱은 호기심이 생겨 소도성의 배꼽에 둥그렇게 원을 그리고 그곳을 표적삼아 화살을 쏘려 했다. 이때 마침 잠에서 깬 소도성은 크게 놀라 머리를 조아리며 빌었다.

또한 주위에 있던 신하들도 "소장군의 올챙이배를 표적으로 삼는 것은 매우 재미있는 일이오나 진짜 화살로 쏘시면 장군이 생명을 잃게 되어 단 한 번의 놀이로 그치오니, 진짜 화살촉 대신 뼈로 된 화살촉을 쓰시면 몇 번이고 즐기실 수 있습니다."라고 아뢰었다.

"응, 그것도 일리 있는 말이군."

그러면서 욱은 뼈로 된 살촉을 단 화살로 소도성의 배꼽을 명중시켰다.

그리고는 "어때, 내 활솜씨가 그럴듯하지?" 하며 뻐겼다.

그 뒤부터 소도성은 자기가 언젠가는 유욱에게 죽임을 당할지도 모른다는 불안감에 휩싸였다. 그래서 심복을 시켜 유욱을 암살하도록 하였다. 소도성은 호족의 실력자인 원찬과 저연에게 황제의 폐립(廢立)에 대하여 의논했다. 원찬은 찬성하지 않았으나 저연은 찬성하였다. 그 뒤를 이은 사람이 바로 순황제였다. 이때 원찬이 소도성을 죽이려고 했는데, 저연이 그 음모를 소도성에게 고발했다. 결국 원찬의 부자는 석두성에서 피살되었다.

백성은 이를 불쌍히 여겨 "석두성의 일은 가엾은 일이다. 차라리 원찬이 되어 나라를 위해 죽을지언정, 저연과 같이 역적에게 아첨해서 살고 싶지 않다."라고 수군거렸다.

심유지도 강릉에서 군사를 일으켜 소도성을 쳤으나 오히려 크게 패하고 달아나다가 목을 매어 죽고 말았다. 그 뒤 소도성은 재상이 되고, 결국 순황제의 자리를 빼앗아 황제가 되었다. 순황제는 황제의 자리를 빼앗길 때 탁자를 치면서 눈물로 이렇게 말하였다.

"후세에 다시 태어난다면 결코 황제의 집에서는 태어나지 않겠다."

얼마 지나지 않아 순황제는 소도성에게 죽임을 당하고 말았다. 그리하여 송나라는 고조로부터 8대, 59년 만에 멸망했다.

제나라

삼십육계

제나라의 고조황제는 소도성이다. 소도성은 난릉 사람으로 한나라 상국 소하의 후손이었다. 그는 침착하고 도량이 넓으며 문장에 능했다. 그리고 좌우 어깨에 붉은 점이 해와 달의 형상을 하고 있었다. 사람들은, "소장군은 보통 사람과 다른 훌륭한 관상을 가지고 있다."라고 칭찬하였다. 송나라 조정에서는 그가 반란을 일으키지나 않을까 의심하면서도 그를 죽이지 못했다.

마침내 그는 송나라를 대신해서 제나라를 세우고 황제가 되었다. 그는 성격이 검소하여 항상 이렇게 말하곤 했다.

"내게 10년 동안 천하를 다스리게 한다면 황금의 값을 흙 값과 같이 만들어 보일 것이다."

소도성은 재위 4년 만에 죽고 태자가 뒤를 이으니 바로 세조 무황제다. 그리고 무황제는 재위 11년 만에 죽고, 그 뒤를 이어 선성왕이 스스로 황제가 되니 그가 명황제이다.

명제는 제위에 오르자 고제와 무제의 자손들을 모두 죽여 버렸다. 이와 같은 명제의 학정에 고제와 무제의 옛 신하들은 모두 불안에 사로잡혔다. 특히 왕경칙 장군은 소도성을 도와 제나라를 창건하는 데 큰 공을 세운 사람이었는데, 그는 언제 화를 당할지 몰라 전전긍긍하고 있었다. 과연 명제는 장괴라는 자를 장군으로 임명한 뒤 왕경칙의 지방에 파견하여 감시하도록 하였다. 그러자 왕경칙은 군사를 일으켰다. 처음에는 만여 명에 지나지 않았지만 농민군이 낫과 호미를 들고 너나 할 것 없이 나섰기 때문에 순식간에 10만으로 늘어났다. 이에 제나라 조정은 크게 혼란에 빠졌다. 태자까지도 도망칠 궁리만 하고 있었다. 이 소식을 들은 왕경칙은 매우 기분이 좋았다.

"단도제의 36가지 계책은 도망가는 것을 상책으로 한다. 이제 저들에게는 오직 도망가는 길만이 있을 뿐이다."

단도제는 송나라 명장의 신분으로 북위와 싸울 때 늘 도망치면서도 번번이 기민하게 승리를 거뒀기 때문에 '단공 삼십육계'라 하였다

그러나 왕경칙의 기쁨도 잠깐, 홍성성을 포위했을 때 관군으로부터 역습을 받아 대패하고 말았다. 그리고 왕경칙은 사로잡혀 목이 잘려 죽었다.

걷는 대로 꽃이 생기는 천녀(天女)

명제는 재위 5년 만에 죽고, 그 후 즉위한 폐제 동혼후는 이름을 소보권이라 했다. 그는 어려서부터 학문을 좋아하지 않아 항상 놀기만 했다. 제위에 오르고 나서도 조정의 대신이나 사대부는 만나지 않고, 총신이나 소인들과 친하여 그들의 말만 믿고 가끔 대신을 죽였다.

그는 매우 어리석고 음란하며 포악했다. 그가 총애하는 반비라는 여자가 있었다. 동혼후는 황금으로 연꽃을 만들어서 땅에 꽂고 반비에게 그 위를 걷게 하고는, "걷는 대로 연꽃이 생기는 천녀다." 하고 기뻐했다.

이 무렵에 정치는 소인들이 마음대로 주물러 백성의 생활은 날로 어려워졌다. 이때 태위 진현달이 군사를 일으켜 궁궐을 공격했으나 패하여 죽었다. 장군 차혜경이 토벌 명령을 받고 나섰으나, 그도 반란을 일으켜 황제를 공격해 들어갔다. 그때 황제가, 군사를 이끌고 궁궐 가까이에 와 있었던 남예주 자사 소의를 급히 불러들였다. 그는 차혜경의 반란을 쉽게 진압하였다. 그 공으로 소의는 상서에 임명되었다.

얼마 뒤 소의의 아우 남옹주 자사 소연이 사자를 보내서 형 소의에게 권했다.

"형님, 지금이야말로 은나라 재상 이윤이 임금을 폐한 고사를 본받아야 할

때입니다. 그럴 수 없거든 빨리 돌아오십시오."

그러나 소의는 아우의 의견을 듣지 않았고, 마침내 자살하라는 명령을 받게 되었다. 소연은 양양에서 군사를 일으켜 궁궐을 포위했다. 그랬더니 제나라 사람들이 황제를 시살하고 소연을 맞아들였다. 제나라는 불과 23년 만에 멸망했다.

양나라

양나라의 무제는 바로 소연이다. 일찍이 소연의 어머니 장씨는 창포 꽃이 피어 있는 것을 보았는데, 옆사람에게는 그것이 보이지 않았다. 장씨는 그 꽃을 따먹었는데, 이내 아이를 배어 소연이라는 아들을 낳았다.

소연은 어려서부터 재주와 지혜가 뛰어났고. 또 학문을 좋아했다. 제나라가 반드시 어지러워질 것을 미리 내다본 그는 몰래 군비를 갖추고 병사들을 모았는데, 그 수가 만여 명에 이르렀다.

그는 나무를 베어 골짜기 물에 담가두고, 또 갈대를 베어 산처럼 쌓아놓았다. 그 뒤 형 소의가 자살을 명령받자, 소연은 곧 무리를 모아 담가 두었던 나무로 배를 만들고, 베어 두었던 갈대로 지붕을 이어서 모든 준비를 순식간에 끝냈다. 군사를 일으키고 1년이 지난 후 소연은 다시 군사를 이끌고 궁궐에 들어가서 제위를 빼앗고 그 자리에 올랐다.

음탕한 태후

한편 이때 북조의 위나라는 황제가 죽고 아들 허가 뒤를 이었는데, 겨우 여섯 살이었으므로 그의 어머니 호씨가 섭정을 했다. 그는 자라면서 말을 타고 돌아다니며 사냥하기를 좋아해 조정의 정사를 보려고 하지 않았고, 어머니 호태후는 음탕했으므로 정치가 매우 문란해지기 시작했다.

그때 장군 장이의 아들 중우가 의견서를 올려 무인(武人)을 배척하고 억압하려고 했으므로, 무인들이 그를 욕하고 떠드는 소리가 길에 가득 찼다. 군사들은 때를 정하여 모여서 장씨를 몰살하자는 글을 써 붙였다.

어느 날 천자의 친위병 천여 명이 장씨의 집에 몰려 와서 욕하고, 기왓장이며 돌로 문을 쳐부셨다. 결국 군사들은 집을 불사르고 장이의 부자를 끌어내다가 매질하여 불 속에 던졌다. 중우는 크게 부상당하고서도 간신히 달아났으나, 장이는 죽어 버렸다.

이 소문을 들은 인근 사람들은 모두 두려워 떨었다. 호태후는 그 주모자로서 가장 흉악한 자 여덟 명을 잡아서 베고, 그밖의 군사는 별로 조사도 하지 않고 관대하게 처리하여 백성을 안정시켰다. 이때 고환이라는 사람이 장이가 피살되는 것을 보고 생각하는 바가 있어, 집에 돌아와서는 재산을 모두 판 돈으로 손님들을 불러들여 접대하였다. 어떤 사람이 그 이유를 물으니 고환은 이렇게 대답하였다.

"천자의 호위병이 무리를 지어 대신의 집을 불태워도 조정은 두려워서 이것을 내버려 둘 것이오. 중앙의 정치가 이와 같은 상태이니, 천하의 일을 가히 짐작할 수 있지 않겠소. 재물 따위는 몸에 붙여 둘 것이 못 되오."

고환은 원래 한족이었는데 선조가 죄를 지어 북쪽 변방으로 귀양가서 대대로 그곳에 있었으므로, 선비족의 풍속에 익숙해 있었다. 그는 성격이 침착하고 생각이 깊었다. 큰 뜻을 품고 후경 등과 친히 사귀었으며, 의협심이 있어서 고향 사람들의 존경을 받았다.

이때 수용부족의 추장인 이주영의 군사가 강했으므로, 고환은 이주영을 찾아가 군사를 일으켜서 황제의 좌우에 있는 간사한 무리들을 물리칠 것을 권했다. 이주영은 이를 승낙했으나, 미처 일을 시작하기도 전에 위나라 황제가 죽었다. 호태후가 독살한 것이었다. 이에 이주영은 군사를 일으켜 효문황제의 조카인 장락왕 자유를 세우고, 호태후를 강물에 빠뜨려 죽여 버렸다.

황제 보살

양나라 무제는 남조시대에 있어 유일무이한 명군으로 일컬어진다. 그는 추운 겨울에도 사경(史更, 새벽 두시)에 일어나 등잔불의 심지를 돋우며 서류를 결재하고 공무를 처리하느라 손발이 터질 정도였다. 또 그의 생활은 검소하기 짝이 없었다. 하루 세 끼가 모두 거친 음식이었으며, 이불은 언제나 2년, 모자는 3년을 썼다.

이러한 무제도 만년에 이르러 정치에 싫증을 내고 불교에 심취하였다. 그래서 비단을 짤 때 많은 누에를 죽여야 하기 때문에 살생을 금하는 부처님의 가르침에 어긋난다고 하여 비단옷을 입지 않았다. 그리고 어쩌다 범인을 처형하게 되면 며칠 동안이나 불쾌한 기분을 떨쳐 버리지 못했다. 여기에 그치지 않고 그는 제위에서 물러나 불문(佛門)에 입문하겠다며 네 차례나 동태사라는 큰 절에 들어갈 정도였다. 그때마다 신하들이 당황하여 1억만 전이나 되는 엄청난 돈으로 황제를 사는 소동을 벌였다. 그래서 사람들은 양무제를 '황제보살'이라 불렀다.

황제 보살은 수많은 사원과 불상을 만들고 불탑을 세웠다. 그리하여 수도 건강에는 거리마다 사원이 줄을 이었고, 누각과 불탑이 여기저기 우뚝 솟아 장관을 이뤘다. 수도에 세워진 사원의 수만도 무려 5백여 곳이 넘었고, 승려의 수는 10만을 넘었다.

유명한 달마 대사가 인도에서 건너온 때도 바로 이 무렵이었다. 달마대사는 원래 남인도에 있는 향지국의 왕자였는데, 중국에서 정법(正法)이 쇠퇴함을 안타깝게 여기고 중국으로 건너왔다. 그는 숭산에 있는 소림사에서 9년의 면벽 수도 끝에 마침내 득도하게 되었다. 이후 달마대사는 양무제를 만나 불교에 대해 대화를 나눈 후 소림사로 들어갔다.

무서운 신하

그 무렵 동위의 고환과 서위의 우문태는 해마다 싸움에 싸움을 거듭하였다. 얼마 안 가서 고환이 죽었다. 고환이 죽을 때 그는 아들 징에게 유언하며 뒷일을 부탁했다.

"후경이라는 사람은 사납게 날뛰는 사람이기 때문에 도저히 네가 억제하지 못할 것이다. 후경을 대적할 수 있는 사람은 오직 모용소종 한 사람뿐이다."

그 후 후경은 하남 땅을 가지고 양나라에 항복해 버렸다. 양나라는 후경을 하남왕에 봉했다.

처음에 후경의 사자가 양나라에 이르렀을 때, 신하들은 모두 그의 항복을 받아들이지 말자고 했다. 다만 주이만은 항복을 받아들일 것을 권했다. 그 후 동위는 모용소종을 파견하며 후경을 치게 했다. 이 전투에서 후경은 패하여 양나라로 도망와서는 벼슬을 내려 주기를 청했다. 그러자 양나라는 칙사를 보내어 후경을 남예주의 자사로 임명했다. 그 후 동위는 양나라에 화친을 청했으나, 그 속마음은 후경을 체포하려는 데 있었다.

후경은 양나라가 동위와 교섭한 것을 원망하여 양나라에 반기를 들어 군사를 이끌고 남쪽 장강을 건너가 수도인 건강을 포위했다. 이때 양무제는 즉위한 이래 군비에 마음을 쓰지 않고 오로지 불교를 믿고 부처님을 섬겼으므로, 군사적으로는 매우 허약하였다. 그래서 후경이 대궐로 쳐들어왔을 때 구원병으로 온 군대들이 모두 후경에게 격파당했고, 대궐은 포위한 지 130일 만에 함락되었다.

이때 양무제는 86세의 고령이었지만 여전히 황제로서의 위엄이 있었다. 후경이 대궐로 들어가서 알현하자 양무제는 얼굴빛 하나 변하지 않고 후경에게 말했다.

"경은 어느 고을 사람이기에 감히 여기까지 왔는가?"

그러나 후경은 얼굴도 들지 못하고 땀만 줄줄 흘리며 아무 말도 못했다. 양무제가 다시 물었다.

"처음 강을 건널 때 몇 사람이었는가?"

그러자 후경은 겨우 대답했다.

"천 명 정도였습니다."

"그럼 대궐을 포위할 때는 몇 명이었는가?"

"10만 명이었습니다."

"지금은 몇 명이나 되는가?"

"온 나라의 백성입니다."

후경의 대답을 들은 양무제는 힘없이 고개를 떨어뜨리고 입을 다물고 말았다.

한편 후경은 어전을 물러나온 뒤 어떤 사람에게 이렇게 말하였다. "나는 늘 말을 타고 적진에 나아가, 화살이 빗발치듯 해도 조금도 두려워하지 않았다. 그런데 지금 폐하를 뵙고는 저절로 송구스러운 생각이 들었다. 이것은 하늘이 주신 위광으로 범할 수 없는 것이기 때문이다. 나는 또다시 폐하를 뵙고 싶지 않다."

그 후 양무제는 후경에게 유폐당한 뒤 음식까지도 마음대로 먹지 못해서 울분으로 병이 생겼다. 음식 맛이 써서 꿀을 달라고 했으나 그것을 주지 않자 두 번이나 "고얀 놈 같으니라고" 하며 성난 소리를 지르고는 마침내 죽었다.

양무제는 죽음을 앞두고 자신을 책망했다.

"참으로 자업자득이다. 이제 와서 새삼스럽게 무슨 말을 할 것인가!"

천하통일의 기운

진나라의 고조 무황제는 성이 진(陳), 이름은 패선이다. 후경이 대궐을 함락시켰을 때, 진패선은 시흥군을 지키고 있었다. 그런데 후경의 정치는 잔혹 그 자체였다. 그는 자신을 반대하는 사람은 석두성에 설치한 큰 맷돌로 갈아 죽였다. 또 그가 광릉을 점령했을 때 광릉 성주의 사지를 네 필의 말에 묶고 말을 달리게 하여 찢어 죽이는 거열형(車裂刑)에 처했다. 그리고 남녀노소를 막론하고 모두 하반신을 땅에 묻고 말을 몰아 마음대로 달리면서 마구 화살을 쏘아대며 처참하게 죽어가는 모습을 즐기기도 하였다. 그러자 백성들의 불만이 터져나왔다.

이럴 때 진패선이 반란을 일으키자 백성들은 앞을 다투어 가담하였다. 그 위세에 눌려 결국 후경은 그의 가족과 측근 수십 명을 데리고 바다로 도망쳤다. 그런데 배가 작아서 일행이 모두 탈 수 없게 되자, 후경은 두 아들을 물에 밀어 떨어뜨렸다.

그 후 배가 바다에 가까워지자 후경은 마음이 놓였는지 코를 골면서 잠에 떨어졌다. 이때 측근들이 뱃머리를 되돌려 버렸다. 배가 수도 건강에 이르렀을 때 후경이 비로소 깨어나 크게 화를 냈으나, 측근들은 그를 죽여 버렸다.

진패선은 그 후 양나라 대신과 대장의 지위를 차지하고, 마침내 양나라를 무너뜨렸다.

백성들이 편해질 수만 있다면 나 하나 지옥에 떨어진들

한편 북조의 북제와 북주는 황하를 사이에 두고 있었는데, 처음에는 북제가 압도적으로 우세하였다. 그래서 얼음이 얼어붙은 황하를 건너 북제의 군대가 공격해 오지나 않을까 두려워 해마다 북주의 군사들은 황하의 얼음을 깨느라 고생하였다. 얼마 지나지 않아 북주의 세력이 점점 강해지자 이번에는 반대로 북제의 군사들이 얼음판을 깨어 북주의 공격을 막는 처지가 되었다.

특히 북주의 무제는 침착하고 원대한 식견이 있었으며, 정치는 엄하고도 밝아서 어진 임금이라 일컬었다. 그는 우선 나라 안에 있는 모든 노비를 석방하도록 했다.

이 무렵 전란에 시달린 백성들이 무엇인가에 의지하려는 분위기에서 불교가 널리 퍼져 있었다. 이로 인해 거리마다 사원이 즐비하게 세워지고 승려들이 길을 메울 정도가 되어 국고의 재정 문제가 심각해지고 병사들의 확보 문제도 심각해졌다. 이를 본 무제가 드디어 승려 5백 명을 불러 모아놓고 불교 폐지를 발표하였다. 그러자 당시의 고승 혜승법사가 이렇게 말했다.

"불교 폐지를 주장하는 사람은 죽으면 지옥에 떨어져 엄청난 고통을 받을 것이오."

이에 무제는 이렇게 답했다.

"백성들의 생활이 편안해진다면, 나 한 사람 지옥에 떨어지는 일쯤은 개의치 않겠소."

무제는 단호하게 불교를 폐지하였다. 4만 개가 넘는 사원과 거기에 속했던 토지가 모두 국가로 반환되었으며, 또 3백만 명이나 되는 승려가 환속하며 일상적인 생활로 돌아왔다. 무제는 이어 지휘 고하를 막론하고 법을 어긴 사람에 대해서는 똑같은 벌로써 평등하게 다스렸다.

이와 같은 무제의 정치로 말미암아 북주는 국력이 막강해졌다. 그리고 드디어 숙적인 북제를 멸망시키기에 이르렀다. 무제는 북제를 멸망시키고, 이어 남조의 진나라까지 정복하여 천하통일을 이루려는 꿈을 가지고 다음해에 돌궐을 공격하는 길에 나섰으나 도중에 병사하였다. 이때 그의 나이 36세였다. 결국 무제가 이루지 못한 꿈은 뒤에 외척인 양견에 의해 이뤄지게 되었다.

무제의 뒤를 태자 빈이 잇고, 한족인 양씨를 황후로 세웠다. 그래서 황후의 아버지 수공(隋公) 양견이 정치를 맡아 대사마가 되었 다. 빈은 태자로 있을 때부터 소인들을 가까이 했는데, 제위에 오른지 1년도 채 못 되어 아들 천에게 양위하고, 자기는 천원황제라 일컬었다. 빈은 천자의 자리를 넘겨 주고서 1년이 채 안 되어 죽고 말았다.

그 뒤 양견은 수왕에 올랐는데 얼마 안 되어 천은 제위를 수나라에 물려준 후 시살당했다.

요염한 미희의 얼굴, 이슬을 머금고

남조 진나라의 마지막 황제는 장성양공이다. 그는 이름을 숙보라고 했는데, 태자로 있을 때부터 강총이라는 총신과 함께 밤낮으로 술을 마셨으며, 제위에 오르자 곧 높이가 모두 수십 장이나 되고, 그것도 수십 채가 이어져 있는 커다란 누각을 세 채나 지었다.

누각은 모두 침수향과 전단향이라는 귀한 나무로 짓고, 금과 진주, 비취 등으로 장식했다. 또 구슬로 만든 발에다 보물로 수놓은 장막을 쳤으며, 옷과 기구는 모두 진귀하고 화려한 것뿐이었다. 또 누각 아래에는 돌을 쌓아 산을 만들고, 물을 끌어들여 연못을 만들었으며, 그 사이에는 가지가지 진기한 꽃을 심었다.

이 무렵 진숙보는 임춘각에 거처하고 있었다. 귀비 장여화는 결기각에 있고, 또 다른 두 귀빈은 망선각에 있어서, 누각과 누각 사이에 복도를 놓아 서로 왕래했다. 진숙보는 정사는 돌보지 않고 날마다 공범 등 문사(文士)와 함께 후궁들을 끼고 주연을 열어 주색을 즐기기에 바빴다.

이 주연에 모시는 자를 압객이라고 했는데, 많은 귀빈으로 하여금 압객과 함께 시가를 지어 함께 노래하게 했다. 그 중에서 '옥수후정화(玉樹後庭花)'라는 노래가 가장 유명하였다.

요염한 미희의 얼굴

꽃과 같아 이슬을머금고

옥수(玉樹)에 흐르는 불빛

후정(後庭)을 비추네

이렇게 모두 술에 취하여 노래하고 춤추기를 저녁부터 아침까지 계속하는 것이 보통이었다. 이에 나라의 앞날을 걱정한 충신 장화는 목숨을 걸고 상소문을 올렸다.

"폐하께서 황제의 자리에 오르신 지 이미 5년이 되었건만 선조의 창업의 고통을 잊으시고 주색에 빠져 정사를 완전히 외면하고 계십니다. 조상을 제사지내는 때에는 한 번도 모습을 나타내지 않으시면서 여자 고르는 일에는 반드시 얼굴을 보이시니 그럴 수는 없는 노릇입니다. 그리하여 충성스러운 신하는 조정을 멀리하고 간사한 무리가 조정에 들끓습니다. 만약 폐하께서 이를 바로잡지 않으시면 나라는 곧 황폐해지고 말 것입니다."

진숙보는 이 상소문을 보고 크게 노하여 당장 장화를 잡아들이라고 하고는 그 자리에서 목을 베도록 하였다.

이때 수나라의 양견은 군사를 거느리고 가서 진나라를 치게 했다. 양견은 출정에 앞서 이렇게 선포하였다.

"나는 천하 백성들의 부모로서 겨우 한 줄기 옷의 띠와 같은 물(一衣帶水일의대수)인 양자강 때문에 진나라를 구원하지 않을 수 있는가?"

드디어 수나라는 진나라 공격에 나서 장군 한금호와 하약필이 길을 나누어 진격하였다.

한편 진숙보는 수나라가 공격해 온다는 말을 듣고 신하들에게 말했다.

"왕자의 기운은 여기에 있다. 수나라 따위가 무엇을 어찌한단 말이냐?"

이에 공범이 맞장구를 쳤다.

"양자강은 하늘이 우리에게 주신 천혜의 참호입니다. 그들이 이 참호를 어떻게 날아서 건너오겠습니까? 신은 항상 벼슬이 낮은 것이 불만입니다. 만약 수나라가 강을 건너오거든 이번 기회에 저를 태위로 삼아 주십시오."

진숙보는 그 말을 듣고 흡족해했다. 그러면서 여색과 음악을 즐기고 술을 뒤집어쓰도록 마시면서 시를 지으며 나날을 보냈다.

이때 수나라의 하약필은 양자강을 건너고 한금호는 밤중에 채석강을 건넜는데, 진나라의 수비병들은 모두 술에 취해 있어 한금호는 곧 주작문으로 공격해 들어왔다. 그러자 진숙보는 장려화와 공귀빈을 데리고 빈 우물에 들어가 숨었다. 수나라의 군사들이 이를 알아채고 큰 돌을 우물 아래로 던지려고 했다. 이에 깜짝 놀란 진숙보는 "돌 던지는 것을 멈추어라. 짐이 다친다."라며 고함을 질렀다.

그러자 수나라 군사들은 밧줄을 늘어뜨려서 진숙보를 장여화, 공귀빈과 함께 끌어올렸다. 진숙보는 포로가 되어 장안으로 끌려가 좋은 대우를 받았다. 그곳에서도 진숙보는 여전히 술로 세월을 보내다가 52세의 나이로 세상을 떠났다.

제16장 수나라시대
(581~619 A.D.)

천하통일

검소한 황제

수나라 문제의 성은 양, 이름은 견으로 홍농 사람이었다. 양견이 태어날 때 이상한 일이 있었다. 집 옆에 절이 하나 있었는데, 양견이 태어나자마자 그 절의 여승은 아이를 안고 절에 들어가 길렀다.

어느 날 여승이 외출할 일이 있어 양견을 그 친어머니에게 맡겼다. 그런데 친어머니가 아들을 안자마자 그 아들의 머리에는 뿔이 돋고 피부에는 비늘이 생겨서 용과 같이 되는 것이 아닌가! 깜짝 놀란 어머니는 그만 아이를 땅에 떨어뜨리고 말았다. 이때 외출했던 여승은 갑자기 가슴이 두근거려 이상한 생각이 들어 급히 돌아왔다. 돌아와 보니 아이가 땅에 떨어져 울고 있었다. 이에 여승은 "우리 아이를 놀라게 해서 천하를 손에 넣는 시기가 늦어졌구나." 하며 안타까워 했다.

양견은 점점 성장하면서 보통 사람과 다른 인상을 지니게 되었다. 주나라 사람이 어느 날 무제에게 말했다.

"저 양씨는 모반할 관상입니다."

양견은 이 말을 전해 듣고 자기의 재능을 깊이 숨기며 지냈다. 그 후 양견의 딸이 주나라 선제의 황후가 되었다. 그리고 양견은 태후의 아버지로서 섭정하고, 마침내 주나라 제위를 손에 넣어 천자가 되었다. 그리고 즉위한 지 9년 만에 진나라를 평정하여 천하 통일의 대업을 이루었다.

천하통일의 대업을 이룬 뒤 문제는 남북조시대의 모든 혼란과 악폐를 과감히 개혁하였다. 특히 중앙집권을 강화하여 혼란을 없애려 했으며, 경제적으로는 스스로 매우 근검한 생활을 하면서 세금을 감면하고 강제 동원을 완화시키는 등 백성들의 어려운 생활을 펴주려고 노력하였다. 그리하여 문제가 수나라를 세운 지 20여 년 동안 국가는 안정되고 경제는 번영하여 이른바 '개황(開皇,문제 때의 연호)의 치(治)' 라 불리는 선정을 펼쳤다.

이때 재정을 담당하는 관리는 이런 보고서를 올릴 정도였다.

"창고라는 창고는 모조리 꽉 들어차 더 이상 곡식과 가죽을 쌓아 놓을 곳이 없어 복도와 처마 밑에 쌓아 놓을 수밖에 없는 형편입니다."

이에 문제는 조서를 내려 창고를 짓도록 하였다. 그랬더니 얼마 지나지 않아 다시 보고가 올라왔다.

"새로 창고를 지었는데도 곡식과 가죽을 쌓을 곳이 없습니다."

그러자 문제는 이렇게 공표하였다.

"그러면 이제 부를 백성들에게 돌리겠노라. 그리고 금년의 조세는 면제하여 백성들의 생활에 보탬을 주도록 하라."

이 당시 물자가 얼마나 풍부했던지 수나라가 멸망하고 당나라가 들어선 20년 동안에도 이때 쌓아 놓았던 피륙을 계속 사용했을 정도였다.

문제는 성격이 엄격하고 정치에 힘썼으므로 명령이 떨어지기만 하면 그대로 시행되었고, 금지하면 어기는 자가 없었다. 돈에는 인색했지만 공로가 있는 사람에게 상 주는 것을 아끼지 않았다. 곧잘 백성을 어루만져 농업과 양잠을 장려했으며, 부역을 가볍게 하고 세금을 적게 거두었다. 그리고 스스로 검소한 생활을 했으므로 천하는 그를 본받아서 모두 검소한 생활을 했다.

문제가 황제의 자리를 물려받았을 때 호수(戶數)가 4백만이 채 안 되었는데, 만년에는 8백만을 넘었다. 계략으로써 천하를 빼앗은 문제는 모든 일에 의심이 많고 참소하는 말을 쉽게 믿었기 때문에 공신들이나 친구들의 생명이 온전하지 못했다.

그날 밤 윗사람을 범하다

수문제는 가정 문제에 있어서는 무능했다. 특히 정부인인 독고 황후에게는 '고양이 앞의 쥐'였다. 그녀는 매우 추진력이 있었으 며, 질투심이 많았다.

본래 양견은 북주의 마지막 황제인 정제를 몰아내고 스스로 황제의 자리에 오를 때 매우 망설이고 있었다. 이때 양견에게 밀서가 도착하였다. 독고 부인에게서 온 것이었다. 그 내용은 이러하였다.

"당신은 이미 하루에 천 리를 달리는 호랑이 등에 올라타고 있는 '기호지세(騎虎之勢)'의 처지입니다. 절대 내려오시면 안 됩니다. 내리게 되면 호랑이에게 잡아먹힙니다. 호랑이와 함께 끝까지 가야 합니다. 이미 일은 시작되었으니 중도에서 그만둘 수 없습니다."

양견은 그 밀서를 받고 결국 자신의 처음 뜻대로 북주를 무너뜨리고 수나라를 세웠다.

열네 살에 문제왕과 결혼할 때 독고황후는 문제왕에게 '당신 이외의 어떤 여자에게서도 절대 자식을 안 낳겠소'라는 서약을 하게 하였다. 그런데 문제가 천하통일을 이룬 후 그가 숙청했던 울지형의 딸을 후궁으로 삼아 은밀히 사랑한 일이 독고황후에게 발각되고 말았다. 독고황후는 즉시 울지형의 딸을 죽여 버렸다. 이때 문제왕도 참을 수 없어 산골짜기로 들어가 한동안 나오지 않음으로 독고황후에게 노골적인 불만을 표시하였다.

그러자 재상 고경이 찾아와, "일개 부인의 일 때문에 천하의 정치를 버려

둘 수는 없지 않습니까?"라고 거듭 권하여 겨우 마음을 고쳐먹게 되었다. 그 사실을 안 독고황후는 고경이 '일개 부인'이라고 말한 것에 분개하여 고경에게 사약을 내렸다.

독고 부인은 남편뿐 아니라 아들에게도 정절을 요구하였다. 이때 장남으로서 태자의 자리에 올라 있던 양용은 원씨와 이미 결혼한 사이인 데도 첩인 운씨를 총애하고 있었다.

어느 날 태자비 원씨가 급사한 일이 발생하자 그렇지 않아도 양용의 정절 문제에 신경이 곤두서 있던 독고황후는 분명히 양용이 원씨를 죽였다고 생각하여 태자를 폐립하도록 문제에게 강력히 권했다. 결국 문제는 태자 용을 폐하여 서인으로 삼았다. 원래 문제는 용을 정치에 참여시켜서 일을 결재하도록 했는데, 용은 정치를 잘 도왔다. 용의 성격은 온화하고 솔직하여 겉으로 꾸미는 일이 없었다. 그렇지만 황제는 매우 검소한 데 반하여 용은 모든 생활을 사치스럽게 했으므로 문제의 총애가 점점 식었다.

이때 둘째 아들 광이 황제의 총애를 얻기 위해 거짓으로 꾸며 행동했다. 원래 양광은 사치를 좋아하고 호색한이었지만, 독고황후의 환심을 사기 위해 째째할 정도로 옹색하게 살면서 다른 여자에게 눈길 한 번 주지 않았다. 그러자 드디어 황후는 용을 폐하고 광을 태자로 삼았다.

그 후 황제가 병이 들자 황후는 태자 광을 불러서 궁중에 거처하며 정치를 돕게 했다. 태자는 문제의 죽음을 예상하고, 자신의 심복인 복야 양소에게 황제가 죽은 다음의 일에 대해 글을 써서 보내서 의논했다. 양소는 그 답장을 태자에게 보냈는데, 대궐에 있는 사람이 잘못하여 그 글을 황제에게 가져다 바쳤다. 황제는 이것을 보고 크게 노했다.

또 어느 날 황제가 총애하는 진부인이 황제 앞에서 물러나 옷을 갈아입는데 갑자기 태자가 들어와 겁탈하려 했다. 이에 진부인은 결사적으로 저항하며 간신히 욕을 면했다. 황제는 진부인의 얼굴빛이 심상치 않음을 보고 그 까닭을 물었다. 진부인은 눈물을 흘리면서, "태자가 무례하게 굴었습니다." 하며 자초지종을 아뢰었다. 황제는 더욱 노하여 탁자를 치며 호통했다.

"에잇! 괘씸한 놈 같으니, 어찌 저런 놈에게 나라의 큰 일을 맡길 수 있단 말이냐?" 하고 폐출한 태자 용을 도로 불러들이려 했다. 광은 이 말을 듣고 대궐 안에 있는 장형이라는 자에게 황제의 병간호를 하다가 기회를 보아 황제를 시살시키게 했다. 그리고 또 사람을 보내서 용도 목을 졸라 죽였다.

한편 진부인은 문제의 참변 소식을 듣고 어쩔 줄 모르며 겁에 질려 벌벌 떨고 있었다. 바로 이때 태자 양왕이 보낸 사자가 도착하며 황금으로 된 작은 합을 앞에 내놓았다. 그것을 본 진부인은, '드디어 올 것이 왔구나. 분명 독약이 들어 있겠지.'라고 생각하며 절망에 빠져 눈을 감았다. 옆에 있는 사자는 어서 합을 열어 보라고 재촉하였다. 진부인은 할 수 없이 떨리는 손으로 합을 열었다. 그런데 그 속에 들어 있는 것은 독약이 아니라 태자의 구애 편지였다. 당시의 연서(戀書)는 동심결(同心結)이라는 독특한 방법으로 편지를 묶는 것이 관습이었다. 황태자가 보낸 내용은 바로 그 동심결로 묶여 있었던 것이다.

그러자 옆에 있던 시녀와 궁녀들이, "마마, 이제 사실 수 있게 됐어요."라고 하였다. 후세의 역사서에는 '그날 밤 태자는 윗사람을 범하였다(其夜太子蒸)'라고 기록되어 있다.

전쟁에 고구려를 따를 수 없다

왜 나무에게만 비단옷을 입히는가

문제의 뒤를 이은 양황제는 이름을 광이라 했다. 문제 말년에 태자가 되었는데, 이날 천하에 큰 지진이 있었다. 제위에 오르자 제일 먼저 낙양에 으리으리한 궁전을 세우고, 천하의 진기한 목재와 기이한 돌을 징발하고, 갖가지 좋은 나무와 기묘한 풀, 진기한 새, 기이한 짐승 등을 모아 이것들로 궁전의 동산을 가득 채웠다.

또 통제거라는 대운하를 팠다. 장안의 서원에서부터 곡수와 낙수를 끌어다가 황하로 들여보내고, 황하를 끌어다가 변수로 들여보내고, 변수를 끌어다가 사수로 들여보내서 마침내 회수에 이르러 어마어마한 공사를 한 것이다. 그 운하 옆에는 길을 만들어 버드나무를 심고, 장안에서 강도에 이르는 중간에 40여 개의 별궁을 지었다.

또한 수만 척의 유람선을 만들게 하며 놀러다니는 데 쓰도록 갖추어 놓았다. 장안의 서원은 둘레가 2백 리나 되었는데, 그 안에 큰 호수를 만들게 했다. 그 호수의 둘레는 10여 리나 되었다. 호수 북쪽에 도랑을 파서 물이 이리저리 휘어돌아 호수에 들어가게 했다. 다시 그 도랑을 따라 열여섯 전각을 세웠는데, 물에 그 그림자가 비쳐 이루 말할 수 없이 화려했다.

겨울에는 대궐에서 자라는 나뭇잎이 떨어지면, 각양각색의 비단으로 꽃이며 잎 모양을 만들어 나뭇가지에 매달았다. 또 연못 속에도 비단으로 연꽃을 만들어 띄웠다. 양제는 달밤에 자주 궁녀 수천 명을 말에 태워 서원으로 놀러 나가서 청야유(淸夜遊)라는 노래를 부르게 하며 즐겼다.

이때 서역 나라의 사절단과 대상(隊商)들이 수나라에는 많은 금은 보화가 있다는 소문을 듣고 낙양으로 몰려들었다. 이에 양제는 수나라의 국력과 부를 뽐내기 위해 성대한 환영식을 개최하도록 명령을 내리고 궁궐 정문 앞에는 특설 무대를 설치하라고 하였다.

이 특설 무대는 둘레가 20리나 되었고, 거문고와 피리를 가진 악사가 1만 8천 명이나 되어 장관을 이뤘다. 그날은 수많은 등불이 불야성을 이루었으며, 밤이 새도록 노래와 연극, 춤의 향연이 계속되었다. '백희(百戲)'라 불리는 이 놀이는 정월 보름에 시작되어 장장 한 달이나 계속되었다. 무대를 둘러싼 나무에는 형형색색으로 오색 비단이 장식되어 있었다. 이때 어떤 서역 상인이,

"수나라에는 옷도 입지 못하는 백성들이 많은데, 왜 그들에게 비단옷을 주지 않고 나무에게만 옷을 주는가?"라며 비난하였다.

고구려 침략

수문제 때 고구려가 수나라의 요서 지방을 공격하자, 문제는 30만 군대를 거느리고 고구려를 쳤으나 뜻을 이루지 못하고 철수했다. 이어 양제는 고구려왕을 입조시키려 했으나 고구려가 이에 응하지 않자 고구려를 정복하기로 하였다.

그러면서 각 지방에 명령하며 병거(兵車) 5만 개를 만들게 하였고, 마음대로 백성들을 징발해서 군영(軍營)에서 부리게 하였다. 그리고 강남 지방 사람들에게는 배로 창고의 곡식을 운반시켰다. 그 배는 이물과 고물이 서로 닿아 천 리에 뻗쳤으며, 왕래하는 자가 항상 수십만 명에 이르렀다. 이 와중에서 죽는 자도 속출했다. 이러한 상태가 계속되자 천하가 크게 소란해졌다. 백성은 괴로움에 시달리다 못해 무리를 지어 도둑질을 하였다.

이렇게 하여 양제가 징집한 천하의 군사가 모두 탁군 지방에 모이니 그 수가 113만 명에 이르렀고, 군량을 운반하는 자는 그 갑절이었으며, 그 길이는 천여 리에 이르렀다. 황제는 고구려의 요동성에 이르러 성을 공격했으나 함락시키지 못하였다.

이때 수로군(水路軍) 총사령관은 내호아였는데, 그는 공명심에 사로잡혀 육로군과 함께 작전을 펴지 않고 단독으로 평양성을 공격하여 혼자 전공을 독차지하려 하였다.

이때 부총관이, "육로군과 함께 작전을 펴는 것이 안전합니다."라며 거듭 만류했다.

하지만 내호아는 이를 묵살하고 혼자 평양성으로 질주했다. 평양성은 외성과 내성으로 이뤄져 있었는데, 고구려는 수나라의 공격을 이미 예상하고 외성 안에 있는 절들을 모조리 텅 비워 놓고 그 안에 복병들을 배치해 놓았다.

이 사실을 전혀 모른 채 외성에 진입한 수나라 군사들은 무인지경에서 마음 대로 노략질을 일삼았다. 바로 이때 고구려 복병들이 쏟아져 나왔다. 갑자기 기습을 당한 수나라 군사들은 허둥지둥 제대로 싸워 보지도 못하고 대패하여 선착장으로 되돌아간 병사가 겨우 수천 명에 지나지 않았다. 패전 소식을 들은 수양제는 크게 노하여 총공격 명령을 내렸다.

"아직 공략하지 못한 성들은 놔두고 모두 평양으로 총진격하라!"

당시 고구려는 요동성뿐만 아니라 그 주변의 여러 성들이 성문을 굳게 닫은 채 난공불락으로 버티고 있었다. 그래서 수양제는 아예 평양으로 들어가서 모든 걸 한 번에 끝장내려고 하였다.

드디어 수나라의 모든 군사들이 압록강을 건너 남하하였다. 하지만 요동 벌판에서의 오랜 악전고투로 말미암아 수나라 군대는 지칠 대로 지친 상태였다. 이를 알아차린 고구려는 싸움을 걸고 곧 도망치고, 또 싸우고 도망치는 전술을 써서 수나라 군사들의 기운을 빼놓으려 했다. 수나라 군사들은 하루에도 일곱 차례 싸워 일곱 차례 이기는 승전고를 울렸으나, 살수를 건널 무렵에는 더 이상 싸울 기력이 없었다. 이때 고구려 대신 을지문덕이 사신을 보내, "수나라가 군사를 물리면 곧 수나라에 입조하겠습니다"라는 의사를 전달하였다. 원래 이번 고구려 원정은 고구려가 입조를 거부한 데서 비롯되었는데 이제 고구려가 입조한다니 소기의 목적은 달성되는 셈이었다. 더구나 군사들은 지칠 대로 지쳐 있는 상태였다. 그래서 수양제는 입조의사를 받아들이고 철수 명령을 내렸다.

수나라 군사들이 철수하면서 살수를 반쯤 건너는 순간 갑자기 고구려 군사들이 급습하였다. 이때 수나라 군사들은 속수무책으로 도망치는 데 급급하여 전멸 상태에 이르렀다(살수대첩).

이때 압록강을 건넌 수나라의 군사는 30만이 넘었으나, 다시 압록강을 건넌 군사는 불과 2천7백 명뿐이었다. 간신히 목숨을 구해 도망친 수양제의 체면은 여지없이 구겨졌다. 이를 악물고 복수를 다짐한 그는 이듬해 다시 군사를 징발해서 스스로 대장이 되어 또 고구려를 쳤다. 이번에는 지난번의 참패를 거울 삼아 성을 하나하나 공략하는 전술을 썼다. 제법 성과를 올려 몇 개의 성을 점령하기에 이르렀는데 그때 수나라 안에서 반란이 일어났다.

수나라의 군량 운반 감독으로 있던 양현감이 나라의 정치가 날로 어지러워지자 반란을 일으켰던 것이다. 원래 양현감은 수양제를 태자로 만들 때 결정적인 공을 세웠던 명참모 양소의 아들이었다. 그런데 양소가 양제의 즉위 후 예전의 공을 믿고 교만해지자, 양제는 그를 점점 싫어하여 만년에는 명예직만 주었다. 이 때문에 양소는 언제나 불만에 가득 차 있었으며, 그 아들인 양현감도 양제에 대한 감정이 매우 좋지 않았다. 결국 그는 친구인 이밀(李密)과 함께 반란을 일으켰다.

이밀은 먼저 장안을 공격해야 한다고 주장했으나, 양현감은 그의 말을 듣지 않고 낙양을 먼저 공격하였다. 왜냐하면 양현감의 주둔지는 여양으로 낙양과 가까이 있었기 때문이었다. 하지만 낙양을 쉽게 함락시키지 못한 채 시간만 흘러갔다. 그때서야 양현감은 장안 공격에 나서고자 했지만 이미 시간이 늦었다. 낙양은 고구려 원정군이 철수할 때 가장 가까운 곳이기 때문에 위험이 높아 먼저 장안을 공격하라고 이밀이 권했던 것이다. 양제는 뒤늦게야 급히 원정군을 철수시켜 낙양에 있는 양현감을 맹추격하여 마침내 그를 죽였다.

다음 해 수양제는 또다시 고구려를 쳤는데, 고구려는 사신을 보내서 이전에 고구려에 망명해 있던 수나라 병부시랑 곡사정을 송환하고 입조를 약속하면서 휴전을 제안하였다. 곡사정은 양현감과 내통한 혐의도 있던 자였다. 수양제는 곡사정의 송환을 기뻐하고 고구려의 휴전 제안을 받아들여 장안으로 돌아갔다.

그런데 양제의 철수 행렬은 뜻밖에도 양공경이라는 도둑 괴수가 거느리는 8천여 명의 무리에게 습격을 받았다. 다행히도 도둑들이 노렸던 것은 황제가 아니고 천하의 보배라고 소문이 드높던 황제의 말이었다. 결국 명마 중의 명마인 황제의 말 42마리를 순식간에 일개 도둑 떼에게 빼앗기고 말았다. 확실히 나라가 망할 징조였다. 이러니 고구려가 입조 약속을 지킬 리도 없었다.

어쨌든 장안으로 돌아온 양제는 곡사정을 삶아 죽이고 그것을 백관들에게 돌려 맛보게 하였다.

황제의 마지막 부탁

나라는 매우 어지러워 곳곳에서 끊임없이 반란이 일어났다. 양제는 반란에 대해 철저히 응징하여 반란군들을 모조리 능지처참하였다. 이렇게 하여 수나라 군대는 반란군과 싸워 매번 이겼지만, 반란군은 일단 패했다가 다시 모여들어 그들의 세력은 더욱 커졌다.

그 중에서도 이밀이 일으킨 반란이 가장 큰 세력을 얻었다. 이밀은 젊을 때부터 재주가 있고 뜻이 커서 돈을 가벼이 여기고, 천하의 인물들과 즐겨 교제했다. 일찍이 황소를 타고 『한서(漢書)』를 소의 뿔에 걸어 놓고 다니곤 하였다. 양소가 이밀을 보고 기이한 사람이라 생각하며 자주 불러 이야기를 하였는데, 그때 이밀은 양소의 아들 양현감과 사귀게 되었다.

그 뒤 이밀은 양현감과 함께 군사를 일으켰다. 양현감이 이밀의 계책을 받아들이지 않아 끝내 패하여 죽었을 때 이밀도 같이 체포되었지만 용케 탈출하여 숨었다. 그런데 당시 세상에는 이런 소문이 떠돌았다.

"양씨(楊氏, 수나라 황제)는 바야흐로 망하려 하고, 이씨(李氏)가 바야흐로 일어나려 한다."

그 뒤 이밀은 도둑 적양의 무리와 함께 군사를 일으켰다. 순식간에 반란군 두목들이 그의 휘하에 모여들어 수십 만에 이르게 되었다. 이밀은 이때 격문을 각지에 띄웠다.

남산의 대나무를 모두 잘라서

그 죄상을 쓴다고 해도 다 쓰지 못할 것이고

동해의 물로 그 죄를 씻는다고 해도

그 많은 악행을 다 지울 수 없으리라

　이밀은 곧바로 엄청난 곡식을 쌓아놓고 있었던 낙구창(洛口倉, 낙수와 황하가 합류하는 곳에 있는 거대한 곡물 창고)을 함락시키고 이어 낙양을 공격하였다. 그러나 수나라가 약해졌다고는 하지만 여전히 만만치 않은 힘을 가지고 있었다. 전선은 교착되었다. 더구나 낙양 가까이에 희락창이라는 정부 양곡 창고가 있어서 낙구창과 비슷한 규모의 양곡이 비축되어 있었다. 그래서 낙양성은 그 희락창에서 양곡을 조달할 수 있었다.

　이윽고 싸움은 희락창을 둘러싸고 전개되었다. 그런데 이밀은 희락창의 확보에 마음을 빼앗긴 나머지 수나라의 수도가 장안이라는 사실을 잊고 있는 듯하였다. 천하를 차지하는 일은 그 나라의 수도를 차지해야 되는 것이 가장 중요하다는 상식을 잊어버렸던 것이다. 아니나 다를까 이밀이 낙양 공략에 나서서 마냥 시간을 보내고 있을 무렵 당공(唐公) 이연이 멀리 태원에서 군사를 일으켜 여러 고을을 정복하고, 불시에 수나라 수도인 장안으로 들이닥쳐 손쉽게 장안을 함락시켰다.

　이 무렵 양제는 강도 지방에 있으면서 백성들을 몹시 괴롭혔으며, 술에 빠져 술잔을 입에서 떼지 않았다. 또 양제는 장안에 비해 경치가 좋지 않은 점이 몹시 마음에 걸렸다. 밤에도 반딧불이 날지 않았다. 그는 백성들에게 반딧불을 잡아오게 하여 수천 수만 마리의 반딧불을 궁궐 안에 놓아 주었다. 그러자 반딧불이 산골짜기 가득 반짝거렸다.

　양제는 미녀들에게 둘러싸여 흠뻑 빠져 있었다. 궁중에 있는 백여 개의 방에 천하의 미희들을 한 명씩 살게 하고는 하루에 한 방씩 돌아다니며 향락을 즐겼다. 하지만 그는 괴로워했다. 어느 날 그는 거울에 비친 자신의 모습을 보며 탄식하였다.

"목이 참 잘도 생겼다만 누가 이 목을 차지하게 될는지 !"

양제는 수나라가 이제 끝장이라고 생각하며 술과 여자에 더욱 취했다. 그러면서 독약이 든 술을 항상 준비시켜, "적군이 오거든 너희들이 먼저 이 술을 마시도록 하라. 짐도 바로 마시겠노라."라고 말하곤 했다.

이때 황제를 따라 강도 지방에 와 있는 병사들 중에는 관중 출신이 많았다. 이들이 고향을 떠나온 지 벌써 1년 가까이 되고 있었다. 마침내 이들은 향수를 억누를 수 없어서 우문화급을 우두머리로 하여 반란을 일으켰다. 이들은 밤에 군사를 이끌고 대궐로 쳐들어갔다.

이를 본 양제는, "주모자가 어느 놈이냐?"라고 호통을 쳤다. 이에 친위 장교가 이렇게 대답했다.

"지금 온 천하가 모두 폐하를 원망하고 있습니다. 그러니 어찌 한 사람만을 주모자라 할 수 있겠습니까?"

그러자 양제는 고개를 떨구며, "천자에게는 죽는 방법이 따로 있는 법이다. 부디 독약을 마시고 죽을 수 있게 해 달라." 하고 마지막 부탁을 하였다.

하지만 황제의 마지막 부탁조차 거부되었다. 그러자 양제는 자신의 허리띠를 풀어 친위 장교에게 건네 주고 그의 힘을 빌려 목을 매고 죽었다.

마침내 수나라는 천하통일의 위업을 달성하고도 수성에 실패하여 불과 37년 만에 무너지고 말았다.

수(隋)왕조의 계보

¹문제 ────────┬──── ²양제
              └──── ³공제

당나라시대

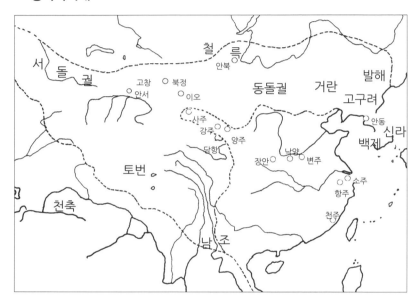

제17장 당나라시대
(618~907 A.D.)

당나라는 중국 역사상 가장 현란한 시대라 할 것이다. 당태종, 측천무후, 현종 같은 스케일이 큰 황제들이 나왔으며, 절세가인 양귀비가 등장하였고, 역시 걸출한 반란자 황소가 출현하였다.

당나라는 수나라의 대국적 기질을 그대로 이어받고 북조의 군국적 성격과 남조의 귀족사회적 전통을 예승하여 현란하고 웅대한 대제국을 건설했다.

깊은 못에 석양이 빠지니

여자만 밝히는 까닭은?

당나라 고조는 이연이다. 이연은 백성을 너그럽게 다스려 사방에서 그를 믿고 따르려는 사람이 많았다. 언제나 누가 반란을 일으키지나 않을까 의심하고 있던 수양제는 이연의 사람 됨됨이가 매우 뛰어날 뿐만 아니라, 그의 이름인 연(淵)이 당시 널리 퍼지고 있던 도참의 예언과 맞아떨어졌으므로 이연을 매우 의심하면서 싫어하였다.

당시 도참 예언은 "심수(深水), 황양(黃陽)을 빠지게 한다."라는 말이었다.

이 뜻을 풀이하면 '심수는 곧 깊은 못, 즉 연(淵)을 의미하고 있었고, '황양'의 '양'은 수나라 왕조의 성씨였다. 곧 이연이 수나라를 멸망시킨다는 뜻으로 해석되었던 것이다.

이연은 양제에게 의심을 받아 죽지 않을까 하는 두려움으로 일부러 술을 마시고 여자와 향락에 빠졌으며, 뇌물을 받는 등 품행이 좋지 못한 짓만을 골라 하였다.

그 무렵 천하의 곳곳에서 도둑이 벌 떼처럼 일어나고 있었다. 조정은 관리를 파면하고 임명할 수 있는 높은 권한을 이연에게 주었다. 이때 이연은 여러 도둑들을 진압하는 큰 성과를 거두었다.

아들의 권고

한편 이연의 둘째 아들 이세민은 식견이 매우 넓고 도량이 하늘같이 넓었으며, 게다가 영리하고 빼어난 용기도 있어 결단력이 뛰어났다.

그는 수양제 시대에 나라가 몹시 어지러워지는 것을 지켜보면서 천하통일의 큰 뜻을 품고 배적이라는 사람과 진양 지방의 현령인 유문정과 깊이 사귀었다. 어느 날 유문정이 이세민에게 이렇게 말했다.

"요즈음 황제는 남쪽 지방으로 가서 오래도록 수도로 돌아오지 않고 있습니다. 이 때문에 도둑들이 사방에서 들고 일어나 그 수가 만 명을 넘는 심히 어지러운 지경이 되었습니다. 바로 지금이야말로 군주가 될 만한 큰 인물이 나와서 사방에 창궐해 있는 도둑들을 진압한다면 천하를 얻기란 누워서 떡 먹듯 손쉬울 때라고 보여집니다. 지금 당장이라도 이곳 태원 지방에서부터 장정을 모으기 시작한다면, 십만 명은 손쉽게 얻을 수 있을 것입니다. 이 군사로써 황제가 남쪽에 머물러 있는 틈을 노려 중원으로 쳐들어간다면, 불과 몇 달 만에 반드시 천하를 얻을 것입니다."

이 말을 들은 이세민은 크게 만족스러웠다.

"나도 그렇게 생각하고 있었소."

이때부터 이세민은 부하들을 훗날 필요하게 될 요소요소에 몰래 배치시켰다.

그즈음 이연은 국경 지방을 침범한 돌궐족을 맞아 싸우고 있었는데, 도무지 신통한 전과를 거두지 못하고 있었다. 그래서 그는 수양제로부터 큰 벌을 받지 않을까 전전긍긍하였다. 이러고 있던 참에 이세민이 이연을 찾아왔다.

"지금 수양제가 잔인무도하고 횡포가 심해서 천하의 백성이 극 심한 도탄에 빠져 있습니다. 아버님께서 만약 오늘의 지조를 그대로 지키신다면, 결국 엄벌만이 있을 뿐입니다. 그리고 얼마 안 가서 우리 집안은 멸망하고 말 것입니다. 그러니 부디 이번 기회에 천심을 따르셔서 의병을 일으켜 전화위복의 기회로 삼으시기를 바랍니다."

이연은 이 말을 듣고 너무 놀랐다.

"너는 어찌하여 그런 위험하기 짝이 없는 말을 그토록 함부로 할 수 있느니? 지금 당장 너를 나라에 고발하겠다."

그러나 이세민은 태연한 태도로 이렇게 대꾸하였다.

"제가 요즈음 세상 형편을 치밀하게 살펴보았는데, 방금 전에 말씀드린 방법 이외에 다른 길이 없다고 확신했습니다. 그래서 저는 조금도 주저하지 않고 감히 이렇게 말씀드릴 수 있는 것입니다. 만약 아버님께서 저를 고발하시려면 뜻대로 하십시오. 저는 죽음도 두렵지 않습니다.

이에 이연은 땅이 꺼져라 하고 한숨을 내쉬며, "아버지로서 너를 차마 고발할 수는 없구나. 하지만 이후부터는 그런 말일랑 입에 담지도 말아라." 하였다.

그러나 이튿날 이세민은 다시 이연을 설득했다.

"세상 사람들은 장차 이씨(李氏)를 가진 사람이 천하를 차지할 것이라고 말하고 있습니다. 이러한 소문 때문에 이금재(李金才) 같은 사람은 아무 죄도 없이 황제에게 의심을 받아서 그의 일족이 모조리 몰살당하고 말았습니다. 아버님도 곳곳에서 도둑들을 훌륭하게 토벌하셨으므로 그 공적은 많으시지만, 바로 그 점 때문에 상은 받지 못하시고 오히려 몸만 점점 위태롭게 되실 것입니다. 어제 말씀드린 것은 그 화를 미리 제거하는 유일한 방법입니다."

그러자 이연은 탄식했다.

"실은 나도 어젯밤을 꼬박 새우면서 네가 한 말을 생각해 보았다. 확실히 네 말도 일리가 있다. 그러나 이 일은 참으로 어려운 일이다. 까딱 잘못하면 온 집안이 모조리 쑥대밭이 되고 만다. 우리가 파멸된다면 그것은 너의 책임이요, 만약 천우신조로 일이 잘 된다면 그것 역시 너로 인한 것이다. 성패가 모두 너의 책임이다."

당시 이세민의 참모인 배적은 궁궐에서 일하고 있었다. 그는 이세민과 짜고서 별궁의 아름다운 후궁을 불러내 몰래 이연을 침실에서 모시게 했다. 그 후 이연이 배적의 집에 초대를 받아 가게 되었다. 주연이 한창 무르익자 배적이 이연에게 이렇게 말했다.

"지금 이세민 공은 몰래 군사와 말을 준비해 반란을 일으키려 하고 있습니다. 그것은 제가 후궁을 궁중에서 빼내 어르신을 모시게 한 것이 탄로나면 반드시 어르신이나 제가 모두 처형되기 때문에 그것을 걱정해서 하는 일이라고 합니다."

그러자 이연은 크게 한숨을 쉬며 대답했다.

"일이 여기까지 왔다면 이제 나도 어찌할 수가 없구나. 세민의 말을 따를 수밖에 다른 방법이 없다."

때마침 양제는 이연이 돌궐족의 침입을 막지 못한 책임을 물어 사자를 보내서 이연을 체포하려고 했다. 이때 이세민은 배적 등과 함께 다시 이연을 설득했다.

"지금 당장 군사를 일으킬 방침을 명령해 주십시오. 지금 이곳의 군사나 말은 끄떡없고, 그동안 준비된 자금은 별궁의 창고에 산더미처럼 쌓여 있습니다. 이 기회에 몸을 일으키셔서 천하 호걸들을 우리 편으로 만들면, 마치 주머니에서 물건을 꺼내는 것과 같이 아주 쉽게 천하를 거머쥘 수 있을 것입니다."

마침내 이연은 군사를 일으켰다. 그러자 이에 호응하여 사방에서 수많은 군사들이 모여들었다. 그러면서 이연은 이제까지 적이 되어 싸웠던 돌궐족에도 사자를 보내 함께 수나라를 치자고 제의하였다.

모래바람

이세민은 전투에 임할 때 언제나 가장 앞에 나섰다. 그는 먼저 서하군을 쳐서 격파하고 그 고을의 관리인 고덕유를 잡아서, "너는 전에 들새를 가리켜 봉황이라고 하면서 군주를 현혹시켰다. 우리가 의병을 일으킨 것은 바로 너와 같이 간사하고 아첨하는 놈들을 모조리 청소하기 위함이다." 하고 그 자리에서 목을 베어 죽였다.

그 뒤에 이연은 군사를 나누어 하동을 포위하고 다시 군사를 이끌고 서쪽으로 향했다. 그러면서 태자 건성을 보내서 동관 지방을 지키게 했다. 그때 이세민은 위수의 북쪽 지방에 주둔하면서 그곳 백성들을 잘 설득하여 자신을 따르게 했다.

그러자 관중 지방에서 창궐하고 있던 수많은 도둑들이 모조리 이연에게 항복하였고, 이연은 이 기세를 몰아 마침내 수나라의 수도인 장안을 손쉽게 점령하고 입성하는 데 성공하였다.

당시 중원에 남아 있던 반란군의 세력은 이밀, 왕세충, 두건덕 등이었다. 낙양을 공략하던 이밀은 승승장구하고 있었으나 왕세충의 계략에 빠져 결국 왕세충에게 패하여 간신히 몸만 빠져 나와 이연에게 몸을 의지하였다. 이때 이밀의 부하인 서세적도 항복했는데, 이연은 그에게 이(李)씨라는 성을 주었다. 하지만 그 뒤 이밀은 이연을 배반하려다 죽임을 당했다.

한편 이 무렵 유무주라는 자가 이연의 셋째 아들인 이원길이 지키고 있던 태원 지방을 점령하고서 황제라고 칭하였다. 태원 지방은 당나라의 발상지로 이원길을 지방관으로 파견하였으나 이원길은 방탕한 생활만 일삼다가 성을 빼앗겼다. 더구나 유무주는 승세를 타고 계속하여 하동 지방까지 점령하기에 이르렀다. 그러자 당나라 조정은 크게 당황하였다. 이때 이세민이 나섰다.

"태원은 왕업의 기초를 쌓아 올린 곳입니다. 그리고 하동은 물산이 풍부하여 나라 재정의 원천이 되는 곳입니다. 저에게 3만의 정병을 주소서. 반드시 유무주를 깨뜨리겠습니다."

이세민은 11월에 얼어붙은 황하를 건너 백벽이라는 곳에 주둔하였다. 이세민은 성 안에 단단히 틀어박힌 채 싸움을 하지 않았다. 유무주 군은 돌궐족을 주력 부대로 하고 있어서 식량을 약탈하면서 싸우는 방식이었다. 이세민은 주변의 모든 식량을 모조리 성 안에 옮겨 놓았다. 마침내 유무주의 군대는 식량이 바닥나기 시작하였고, 결국 군대를 철수하려 하였다.

"기회는 지금이다. 총공격하라!"

이세민은 전군에 공격 명령을 내렸다. 이날 하루 만에 200리를 숨 돌릴 틈조차 주지 않고 맹추격하였다. 당나라 군대는 하루에 여덟 번 싸워 모두 이겼고 수만 명의 수급을 베었다. 이세민은 이틀 동안 아무것도 먹지 않았고, 사흘 동안 투구를 벗지 않았다.

유무주의 군대는 저항 한 번 변변히 하지 못한 채 속수무책으로 패하였다. 이때 유무주의 맹장 울지경덕이 8천의 부하와 함께 항복해 왔다. 유무주는 돌궐로 도주했다가 암살당하고 말았다.

장안에 개선한 이세민에게는 또 하나의 임무가 주어졌다. 바로 낙양에 있는 왕세충을 토벌하는 일이었다. 왕세충의 목소리는 승냥이와 같고 곱슬머리인 사나운 인물이었다. 이세민은 군사를 낙양으로 몰아 왕세충을 공격하였다. 이에 견디다 못한 왕세충은 두건덕에게 구원을 요청하였다. 그리하여 공격하던 이세민은 오히려 협공당하는 처지가 되었다. 이 전투에 이세민은 울지경덕을 데리고 갔는데 당나라 장교들은, "울지경덕은 유무주의 부하였다. 싸움이 시작되면 반드시 우리를 배반할 것이다. 아예 이번 기회에 죽이는 것이 좋지 않을까?" 그러면서 울지경덕을 붙잡아서 가둬 버렸다.

이에 이세민은 명령을 내렸다.

"즉시 석방하여 나에게 보내라."

울지경덕이 오자 이세민은, "나는 너를 믿는다. 그렇지만 어려운 처지에 있으니 여기를 떠날 생각이 있으면 떠나라."라며 여비를 주었다.

하지만 울지경덕은 떠나지 않았다. 어느 날 이세민이 겨우 500기를 거느리고 정찰에 나섰다. 그런데 왕세충의 병사들에게 포위되어 버렸다. 왕세충의 맹장 단웅신이 말을 타고 창을 치켜든 채 이세민을 노리며 쏜살같이 달려왔다. 이때 "이놈!" 하는 대갈일성과 함께 뛰쳐나간 사람은 바로 울지경덕이었다. 창끝이 번쩍 빛나자 단웅신의 말이 쓰러지면서 단웅신도 쓰러졌다. 이틈에 울지경덕은 재빨리 이세민을 호위하여 탈출하였다.

중원의 5월은 매우 건조하였다. 특히 황하 연변의 황토 지대는 모래 먼지가 유난히 심하였다. 이때 이세민의 군대는 옆으로 쭉 늘어서서 맹렬한 공격을 가했다.

"정말 알 수 없는 작전을 쓰는구나. 이것은 병사들을 피곤하게 만들 뿐인데, 이 따위 작전으로 날 이기려 하다니 가소롭구나."

두건덕은 빙긋이 웃었다. 하지만 이것은 연막작전이었다. 앞에 나섰던 병사들이 황토 바람을 일으킬 때 주력군은 모래 먼지에 숨어서 재빠르게 이동하고 있었던 것이다. 순식간에 두건덕 군은 포위되어 버렸다. 두건덕 군의 배후에는 이미 당나라 깃발이 높이 휘날리고 있었다. 그러자 두건덕의 군사들은 일거에 무너졌다. 두건덕의 구원군이 힘없이 무너지자 왕세충은 순순히 항복하였다. 이렇게 하여 명실상부하게 천하통일이 이뤄졌다.

한편 중국의 남쪽 지방에서 옛날 양나라 황족으로 후량 황제를 일컫고 있던 소선이 당나라가 천하통일을 이룬 지 4년 만에 포로가 되어 장안에 압송되어 왔다. 그는 당의 고조 이연에게, "수나라가 사슴을 잃자 영웅들이 앞을 다투어 그 사슴을 쫓았습니다. 불행히도 나 소선은 천명을 받지 못하여 폐하에게 사로잡히는 신세가 되었습니다."라고 탄식했다. 그 후 소선은 참수되었다.

정관정요

현무문의 변

처음에 당나라가 진양에서 군사를 일으킨 것은 둘째 아들 이세민의 계략에 의한 것이었다.

이 무렵 태자인 맏아들 건성은 지략이 뛰어난 참모의 충성스러운 부하들을 거느리고 있었기 때문에 그 세력이 상당히 컸다. 하지만 그는 주색에 빠져 있는 데다 사냥만을 일삼으면서 점점 방탕하게 되었다. 그리고 셋째 아들인 원길은 용맹스러운 사나이였으나 인품이 좋지 못해 자주 주위 사람들에게 행패를 부리곤 하였다. 하지만 세민의 명성은 날로 높아졌다. 건성과 원길은 이것을 시기하여 세민을 제거해 버리자고 몰래 약속하였다.

이에 방현령과 두여회는 이세민에게, "옛날 주나라 때 주공을 본받으셔야 합니다. 주공은 반란을 일으켰던 형 관숙과 아우 채숙을 단호하게 토벌하여 주나라 왕실을 평안하게 만들 수 있었습니다. 지금이 바로 주공을 본받아 나라를 반석에 올려놓을 때입니다."라고 권했다.

하지만 이세민은 좀처럼 승낙하지 않았다. 그러나 계속된 설득에 드디어 마음이 움직였다. 이세민은 몰래 이연에게 글을 올려 호소했다.

> 불효자 세민 글 올립니다. 지금 형 건성과 아우 원길은 저를 죽이려 하고 있습니다. 이 노릇을 어찌하면 좋을지 몰라 며칠 동안 잠을 이루지 못하다가 아버님께 이렇게 글을 올리는 것입니다.

세민의 글을 받은 고조는 크게 당황하였다.

"그럴 리가 있는가? 내 친히 이 문제를 밝히겠노라."

실은 이것이 세민의 책략이었다. 즉 이연이 그 문제를 밝히기 위해 건성과 원길을 궁궐로 불러들일 때 아무런 의심 없이 무장도 하지 않고 들어올 그들을 일거에 처치하겠다는 것이었다.

드디어 세민은 이튿날 군사를 이끌고 현무문에 숨어 있었다. 현무문은 대궐로 들어갈 때 반드시 통과해야 하는 곳이었다. 건성과 원길은 호위병 2천 명을 현무문 밖에 세워 두고 현무문으로 들어 왔다. 원래 현무문의 수비대장은 건성의 심복이었기 때문에 건성은 더욱 의심하지 않았다. 하지만 세민은 이미 그를 완전히 매수하여 부하로 삼아 놓은 상태였다.

아무런 의심도 없이 현무문을 들어서던 건성은 복병들의 일격에 쓰러졌다. 뒤따르던 원길은 크게 놀라 활을 쏘면서 필사적으로 저항했으나 세민의 부하인 울지경덕의 손에 죽고 말았다. 세민은 이에 그치지 않고 건성의 아들 다섯 명과 원길의 아들 다섯을 모두 죽였다.

'현무문의 변'이 있은 지 3일 후, 이연은 세민을 태자로 삼아 군사와 국정 일체를 맡겨 처리하게 하고, 자기에게는 나중에 보고하도록 했다.

한편 전에 동궁부의 관리였던 위징이라는 인물은 여러 번에 걸쳐 건성에게 세민을 없애라고 권했던 바 있었다. 이세민은 위징을 불러서 그가 형제 사이를 이간시키려고 한 것을 꾸짖었다. 하지만 위징은 조금도 당황해하지 않고 태연자약하게 하나하나 답변하며 굴복하지 않았다. 이에 세민은 위징의 사람됨에 크게 감탄하고 그를 후대하여 등용하였다. 또한 왕계라는 사람도 전에 건성을 위해 세민을 제거할 것을 꾀했는데, 세민은 그도 용서하며 간의대부로 삼았다.

그로부터 두 달 뒤 이연은 스스로 태상황제라 일컬어 상황이 되고 조서를 내려 제위를 태자 이세민에게 잇게 하였다. 이때 그의 나이 28세였다.

이세민이 어릴 때 어떤 선비가 세민의 관상을 보고, "이 아이는 용봉과 같은 고상한 모습을 가지고 있으며, 태양과 같은 거룩한 상을 하고 있다. 어른이 되면 반드시 세상을 구원하고 백성을 편안하게 할 것이다." 하고 말하더니 순식간에 사라져 버렸다.

이연이 이 말을 듣고 그 선비를 뒤쫓아가게 했으나 찾지 못했다. 그 뒤 '제세안민(濟世安民)'에서 '세민(世民)'의 두 글자를 따서 이름으로 삼은 것이다.

세민은 나이 열여덟에 군사를 일으켰다. 그 후 이밀이 당에 항복했을 때 먼저 이연 앞에 나아갔다. 이때 이밀의 얼굴에는 오만한 빛이 보였다. 그러나 세민을 만나자, 이밀은 그 위엄에 눌려서 고개를 들어 얼굴을 바로 보지 못했다. 이밀이 물러나와 탄식했다.

"이세민이야말로 훗날 영특한 임금이 될 것이다."

이세민은 틈만 나면 학관에 가서 학문을 논의하여 때로는 밤중에 이르는 일도 있었다.

일찍이 당 고조 시절에 이세민의 부하 중 지방으로 전출되는 사람이 많았다. 두여회도 그 중의 한 사람으로서 지방 전출 명령을 받았는데, 이때 방현령이 세민에게 말했다.

"다른 사람들이 지방에 전출되는 것은 아까울 것이 없지만, 두여회는 왕자를 보좌할 재능을 가지고 있습니다. 전하께서 천하를 얻어 통치하신다면 두여회만한 보좌관이 없을 것입니다."

그리하여 세민은 이연에게 아뢰어 두여회를 수도에 머물게 하여 자신의 측근으로 삼았다.

한편 방현령이 조정에 나가 정사를 아뢸 때마다 고조 이연은 방현령을 칭찬했다.

"그대가 내 아들을 위해 여러 가지를 말해 주기 때문에 나는 비록 아들과 천 리나 떨어져 있지만, 마치 마주 앉아 이야기하는 것과 같소."

어찌 신하들에게 속임수를 쓰리오

황제의 자리에 오른 태종이 맨 먼저 한 일은 궁녀 3천여 명을 대궐에서 내보낸 것이었다.

태종은 학문을 좋아해서 홍문관을 설치하며 서적 20여만 권을 모으고 문학에 능한 사람을 뽑아서 일을 보게 했다. 태종은 정사를 듣는 때가 되면 학사들을 내전으로 불러 옛날 사람의 언행을 논의하거나 고금의 정치에 대한 장단점을 비교 검토하여, 때로는 밤중에 가서야 겨우 그만두곤 하였다. 어느 날 어떤 사람이 글을 올려 아첨하는 신하를 물리치라고 권하였다.

그러자 태종이 물었다.

"어떻게 그것을 구별할 수 있겠소?"

이에 그 신하가 대답하였다.

"폐하께서 짐짓 성을 내시어 시험해 보십시오. 그때 이치를 따져 굽히지 않는 사람은 충직한 신하요, 위엄을 두려워하여 '지당합니다'라고 따르는 사람은 아첨하는 신하입니다."

그러나 태종은, "내가 스스로 그러한 속임수를 쓰고서 어찌 신하들에게 충직하라고 할 수 있겠느냐. 나는 오직 진심으로써 임할 뿐이다." 하며 이를 물리쳤다.

또 어떤 사람이 형벌을 무겁게 해서 도둑을 막자는 제안을 하였다. 이에 대해 태종은 이렇게 말했다.

"사치를 금하여 경비를 절약하고, 부역을 가볍게 하며, 세금을 적게 하고, 청렴한 관리를 골라 써서 백성이 먹고 입는 것에 부족함이 없게 한다면, 저절로 도둑은 없어질 것이다. 무엇 때문에 법을 무겁게 할 필요가 있다는 말이냐?"

그리하여 몇 해 후에는 길에 떨어진 물건이 있어도 주워 가는 사람이 없었고, 상인이나 나그네는 안심하고 함께 잘 수 있었다. 태종은 일찍이 이런 말을 했다.

"천자는 그 나라에 의해 서는 것이요, 나라는 백성에 의해 서는 것이다. 그러므로 백성을 괴롭혀서 천자 한 사람의 씀씀이에 쓰는 것은 마치 자기 살을 베어 자기 배를 불리려고 하는 것과 같은 짓이다. 배는 불러도 몸은 죽어 가는 것과 같이 임금이 흥해도 나라는 멸망할 것이다."

또 어느 날 태종은 시종들에게 물었다.

"서역의 장사꾼은 아름다운 구슬을 손에 넣으면 자기의 몸을 째고 그 속에 감춘다고 하는데, 과연 그런 일이 있는가?"

"실제로 있다고 합니다."

"관리가 뇌물을 받고 법에 걸리는 것이나, 제왕이 사치와 욕망에 몸을 떨어뜨려 나라를 망치는 일이 어찌 이 상인의 가소로운 짓과 다를 것이 있겠느냐?"

이때 위징이 옆에 있다가, "옛날 노나라 애공이 공자에게 '내 영토 안에서 물건을 잘 잊어버리는 사람이 있는데, 이사갈 때에 아내를 데리고 가는 것을 잊고 갔소' 하니, 공자가 '그보다 훨씬 더 심한 사람이 있습니다. 저 하나라의 걸왕이나 은나라의 주왕은 자기 몸까지도 잊고 있었습니다' 했다고 하는데, 폐하의 말씀은 이 이야기와 비슷합니다."라고 하였다.

언젠가 장은고가 장문의 글월을 올렸다. 그런데 그 내용 가운데에, "천자는 한 사람이 천하를 다스리지만, 천하로써 천자 한 사람의 욕망을 채워서는 안 된다." 하는 구절이 있었다. 또, "아홉 겹의 대궐문을 두어 대궐을 화려하게 하더라도, 몸을 용납하는 데 필요한 것은 무릎을 놓을 만한 자리에 지나지 않는다. 그런데 저 어리석고 도리를 분별하지 못하는 자는 그 누대에 구슬을 박아서 만들고, 그 방을 옥으로 장식했다. 팔진미를 늘어놓더라도 실제로 먹는 것은 입에 맞는 일부분뿐이다. 다만 마음대로 행동하여 신중히 생각하지 않는 자는 술지게미로 언덕을 쌓고, 술로 못을 만들어서 욕망을 마구 채운다.”하는 말도 있었다.

태종은 이 주장을 기꺼이 받아들였다.

창업은 쉽고 수성은 어렵다

정관 원년, 황제는 성대한 연희를 열어 새해를 맞이하였다. 그때 황실 악사들의 ‘진왕파진악(秦王破陣樂)’이라는 웅장한 연주가 흘러나오고 있었다. 태종은 깊은 감회에 젖어 힘들었던 지난 10년을 생각하며, 좌우에 있던 신하들을 돌아보며 물었다.

“나라를 세우는 창업과 나라를 온전히 지키는 수성 중에서 어느 편이 더 어렵겠소?”

그러자 방현령이 대답했다.

“질서가 잡히지 않았을 시대에는 군웅이 들고 일어나 이들과 힘을 겨루고, 이들을 이긴 다음에 이들을 신하로 삼아야 합니다. 그렇기 때문에 창업이 더 곤란하다고 생각합니다.”

그런데 위징은 이와 반대였다.

“예로부터 어느 제왕이나 천하를 간난신고(艱難辛苦) 가운데서 얻고 안일에 흘렀을 때에 잃지 않은 자가 없습니다. 그러니까 그것은 지키는 편이 더 어렵다고 생각합니다.”

이들 두 사람의 의견을 듣고 난 황제는 말했다.

“방현령은 나와 함께 천하를 얻기 위하여 몇 번이나 죽을 고비에 부딪치고 나서 겨우 살아 남았으니까 창업의 어려움을 알고 있는 것이오. 반면에 위징은 천하를 얻은 뒤에 나와 함께 천하를 다스려, 항상 교만과 사치는 부귀에서 생겨나고 환난은 일을 소홀하게 하는 데서 생겨남을 두려워하고 있소. 그러니까 수성의 어려움을 알고 있소. 그러나 지금은 창업의 어려움은 지나갔고, 수성의 어려움에 직면해 있소. 이제부터는 경들과 함께 두려워하고 삼가여 이 수성의 업을 온전히 이루고자 하오."

충신보다는 양신(良臣)이 좋다

정관 원년에 태종은 산천의 지세와 편리함에 따라 천하를 10(道)로 나누었다. 정관 2년, 황제는 또 궁녀 3천 명을 자기 집으로 돌려보냈다.

태종이 어느 날 왕규를 돌아보고 말했다.

"본래 나라에 중서성과 문하성을 둔 것은 서로 나라 일을 검토해서 좋은 정치를 하기 위한 것이오. 그러므로 경들은 함부로 남의 말에 부화뇌동해서는 안 되오."

방현령은 정치상의 일을 계획할 때에는 반드시 "두여회가 없으니 이 일을 지금 결정할 수 없다."고 했다. 그래서 두여회가 오면 방현령의 계책을 채용했다.

그것은 방현령이 계획을 잘 세우고 두여회는 결단을 잘 내리기 때문이었다. 이 두 사람은 마음을 한 가지로 해서 국가를 위해 몸을 바쳤다. 그래서 당나라시대의 어진 재상이라고 하면 으레 방현령과 두여회 두 사람을 꼽았다.

위징이 어느 날 황제에게 아뢰었다.

"폐하께서는 신을 어진 신하가 되게 하시고, 충성된 신하가 되게 하지 마옵소서."

이에 태종이 깜짝 놀라서 물었다.

"아니 그게 무슨 말이오? 도대체 어진 신하와 충성된 신하가 어떻게 다르다는 것이오?"

"순임금을 섬긴 직과 계, 고요는 군신이 마음을 합해 천하를 다스리고 함께 영광을 누렸습니다. 이것이 신이 말씀드리는 어진 신하입니다. 이에 반해 하나라의 걸왕을 섬긴 관용봉과 은나라의 주왕을 섬긴 비간은 임금의 앞에서 임금의 잘못을 꺾고 공공연하게 임금에게 충언을 하는 바람에 몸은 주살당하고 나라는 멸망했습니다. 이것이 신이 말씀드리는 충성된 신하입니다."

황제는 이 말을 듣고 연신 고개를 끄덕였다.

정관 4년, 두여회가 죽었다. 황제는 두여회의 이야기만 나오면 반드시 눈물을 흘렸다.

처음에 황제가 제위에 올랐을 때, 신하들과의 이야기가 백성들의 교화 문제에 미치면 언제나 황제는 물었다.

"큰 재앙과 난리가 있은 다음에는 다스리기가 어렵소?"

위징이 대답했다.

"굶주린 자는 음식이면 어떤 것이건 기꺼이 먹고, 목마른 자는 무엇을 주어도 기꺼이 마시는 것과 같이, 큰 화란을 겪은 백성은 평화를 갈망하고 있기 때문에 다스리기 쉽다고 생각합니다."

그러자 봉덕리가 이를 반박했다.

"하은주의 3대 이래 인심이 각박하고 진실하지 못하여 진나라는 법률로 이것을 억제했고, 한나라는 패도로 이것을 제어했습니다. 짐작컨대 이들도 덕으로써 교화하려고 했지만, 실제로는 되지 않았습니다. 할 수 있는 일인데 하려고 하지 않은 것은 아닙니다. 역시 큰 화란이 있은 뒤에도 교화하기 어렵다고 생각합니다."

다시 위징이 말했다.

"옛날 3황 5제는 선정을 베풀어서 백성의 생활과 생각을 변경시키지 않고 잘 교화했습니다. 이것은 어떤 시대의 백성이라도 인의의 도로써 하면 반드시 잘 다스려진다는 증거입니다. 또 은나라 탕왕이나 주나라 무왕은 큰 화란의 뒤를 이어받아 덕으로 다스려 태평을 이루었습니다. 그러므로 황제의 도로써 다스리면 황제가 될 수 있고, 왕의 도로써 다스리면 왕이 될 수 있습니다.

오직 황제가 되고 왕이 되는 데는 어떻게 할 것인가만을 생각하면 태평은 이룰 수 있습니다."

황제는 결국 위징의 말이 옳다고 결론을 내렸다.

정관 원년에는 관중 지방에 기근이 들어 한 말의 쌀이 비단 한 필과 맞먹을 만큼 값이 폭등했다. 2년에는 전국에 해충의 피해가 있었고, 3년에는 큰 홍수가 있었다. 하지만 황제는 힘써 백성을 격려하고 위로했으므로, 백성들은 조금도 괴로움을 한탄하거나 윗 사람을 원망하는 일이 없었다. 그러다가 4년에는 천하가 크게 풍년이 들어서 쌀 한 말 값이 겨우 3, 4전으로 떨어져 생활난으로 인해 일어나는 도둑이나 악인이 없어져, 이때 한 해 동안에 사형에 처해진 자는 겨우 19명뿐이었다. 백성들은 도둑 맞을 염려가 없어졌기 때문에 문을 닫아 걸지 않았고, 나그네는 양식을 가지고 다니지 않아도 어디서나 굶주리지 않았다.

이에 황제가 말했다.

"전에 위징이 내게 권하여 인의의 도를 행하게 했는데, 지금 그 효과가 나타나기 시작했다. 위징의 의견에 반대했던 봉덕리에게 지금의 상태를 보여주지 못하는 것이 유감이다."

봉덕리는 정관 원년 6월에 이미 죽었던 것이다.

정관 5년에 신라가 공물을 바쳐왔다.

정관 6년, 황제는 친히 죄수를 심문했다. 그때 사형당할 자를 불쌍히 여겨 석방하여 집으로 돌려보내면서 내년 가을에 다시 형을 받을 것을 약속하게 했다. 그리고 조서를 내려 천하의 사형 죄수를 모두 석방하고, 내년 가을에 수도로 올 것을 맹세하게 했다. 이듬해 정관 7년 가을, 죄수들은 모두 약속한 대로 자진해서 장안으로 와 대궐 안에 있는 재판정에 출두했다. 황제는 그들의 정직함을 가상하게 여겨 그들을 모두 용서해 주었는데, 그 수는 390명이나 되었다.

아! 고구려

태평시대

그 뒤 황제는 아버지 이연을 주빈으로 하여 미앙궁에서 잔치를 베풀었다. 그때 이연은 돌궐족의 힐리가한에게는 춤을 추게 하고, 남만 추장의 아들 풍지대에게는 시를 읊게 했다.

이연은 미소를 지으면서, "돌궐과 남만이 한 집안처럼 화목하게 지내는 것은 옛날부터 지금까지 없었던 경사스러운 일이다."라고 했다.

정관 7년 봄, 태종은 현무문에 연회를 차리고 칠덕(七德)의 춤과 구공(九功)의 춤을 추게 하였다.

당시 위징은 황제가 무(武)를 그만두고 문(文)을 일으키기를 바라고 있었으므로 연회 때마다 이 칠덕의 춤이 나기만 하면 고개를 숙여 보지 않았다. 칠덕의 춤은 태종이 일찍이 진왕으로 있을 때 도둑의 괴수 유무주를 격파한 일을 작곡한 것이어서 몹시 살벌했기 때문이다.

반면 위징은 구공의 춤이 나오면 매우 관심 있게 보았다. 구공의 춤은 64명의 아이들이 자줏빛 바지를 입고, 긴 소매를 휘두르며, 머리를 옷으로 물들이고, 발에 아름다운 신을 신고서 활발하게 추는 문덕의 춤이었기 때문이다.

어느 날 한 신하가 태종에게 아뢰었다.

"안휘와 강서 지방에서는 은이 많이 납니다. 이것을 정부에서 거두어들이면 해마다 수백만 금의 이익이 있을 것입니다."

그러자 태종은, "경은 지금까지 한 번도 어진 사람을 추천한 일이 없는데, 지금 은의 이익에 대해 말하는 것은 무슨 까닭이오? 옛날 요순은 어진 사람을 보배로 여겨 오직 이것을 얻는 데만 마음을 쓰고, 구슬은 산에 버리거나 개울에 처넣었소. 한나라 환제와 영제는 이와 반대로 돈을 모아 자기 물건으로 삼았소. 경은 나를 환제나 영제와 같이 물욕에 얽매인 군주가 되게 하려는 것이오?" 하며 그 의견을 물리쳤다.

정관 13년 여름, 가뭄이 계속되었다. 황제는 신하들에게 무슨 까닭으로 하늘이 화를 내리는 것이냐고 물으며 그 이유를 말해 보라고 했다.

그때 위징은 항목별로 숨김없이 아뢰었다.

"폐하께서는 정관 초에 비하면 나라를 다스리는 데에 점점 소홀해지셔서 끝을 온전히 하지 못하실까 염려되는 열 가지 조건이 있습니다. 첫째, 사신을 보내어 여러 나라에서 거두어들이는 일, 둘째, 검소하지 않고 사치하여 방종하는 일, 셋째, 욕심을 부려 남에 게 해를 끼치는 일, 넷째, 소인을 가까이 하고 군자를 멀리하는 일, 다섯째, 진기한 물건을 귀하게 여기고 헛일을 하는 일, 여섯째, 현자(賢者)를 쓰지 않고 수월하게 어진 사람을 버리는 일, 일곱째, 함부로 사냥을 하는 일, 여덟째, 지방의 관원이 공사를 아뢰는데 만나 보지 않는 일, 아홉째, 교만해서 욕심이 깊어지고 아무 까닭 없이 함부로 군사를 일으키는 일, 열째, 백성을 부려서 피폐하게 하는 일이라 하겠습니다."

태종은 그의 직언에 깊이 감탄했다.

정관 14년, 황제는 국자감대학에 거동하여 친히 공자와 안회에게 제사지내는 예식을 보였다. 이때 널리 천하에 이름난 유학자를 불러 학관으로 삼고, 이 학관들로 하여금 글을 강의하고 토론하게 했다. 학생으로서 한 가지 이상의 경서에 통한 사람은 관리에 임명될 수 있었다. 그러면서 학사를 1,200채나 증축하고 학생도 3,260명으로 늘렸다. 또 무관 둔영에도 박사를 보내서 경서를 강의하게 하여, 경서에 능통한 사람이 있으면 선발 추천하여 관리로 채용할 수 있게 했다.

그러자 주위 나라의 학자들이 모두 장안으로 모여들었다. 고구려, 백제, 신라, 신강, 토번, 일본에서도 자제를 보내어 국자감에 입학시켜 달라고 했다. 그리하여 강의에 참석하는 사람이 8천여 명이나 되었다.

정관 17년, 위징이 죽었다. 태종이 이 소식을 듣고, "구리로 거울을 만들면 이것으로 의관을 바로잡을 수 있다. 옛 사람을 거울로 삼으면 세상의 흥망의 인과 관계를 알 수 있다. 그리고 남을 거울로 삼으면 내 행동의 잘잘못을 알 수 있다. 위징이 죽어 나는 진실로 거울 하나를 잃었다."라고 탄식하며, 위징을 장사지낼 때에는 친히 비문을 썼다.

함락되지 않는 안시성

태자 승건은 재주가 없는 데 반해, 셋째 아들인 태는 재주가 있어 황제의 총애를 받았다. 태는 내심 태자의 자리를 빼앗으려 하고 있었다. 이때 진기한 보물을 가진 일로 탄핵받아 옥에 갇혔던 후군집은 황제의 처분을 원망하고 있었는데, 태주 승건의 어리석음을 이용하여 태자와 태의 사이가 좋지 않은 기회를 타 승건에게 모반할 것을 권했다.

그러나 일이 발각되자 승건은 폐위되어 평민이 되었고 후군집은 주살당했다. 또 태도 그가 가졌던 음흉한 계획이 드러나 태자가 되지 못하고, 황제는 아홉째 아들 치를 태자로 삼았다.

후군집은 원래 위징이 추천했으므로, 황제는 위징이 생전에 후군집과 한 패가 아니었던가 의심하기 시작했다. 또한, "위징은 오랫동안 황제께 아뢴 간언을 모두 기록하며 은밀히 저수량에게 보인 일이 있었습니다."라고 아뢰는 자가 있었기 때문에 황제는 더욱더 불쾌하게 생각했다. 앞서 황제는 위징이 죽기 바로 전에 형산공주를 데리고 가서 문병한 다음 공주를 위징의 아들 숙옥에게 시집 보내겠다고 했는데, 이제 위징의 충성을 의심하게 되자 그 혼인을 취소하고, 친필로 만들어 세운 위징의 비를 치워 버리게 했다.

정관 18년, 황제는 친히 고구려를 정벌했다.

고구려에서는 연개소문이 임금 영류왕을 시해하고 보장왕을 세워 신라를 괴롭혔으므로 신라는 당나라에 사신을 보내서 구원을 청했다.

"백제와 고구려가 군사를 합해, 우리 나라가 당나라에 공물을 바치는 길을 막으려고 합니다. 청하오니 우리를 도와주십시오."

그래서 황제는 고구려를 치기로 결심하고 우선 낙양으로 갔다. 정관 19년, 황제는 낙양을 떠나 정주에 이르러 군사를 고구려로 진격시켰다. 황제는 요하를 건너 요동성을 함락시키고, 그 가까이 있는 백암성을 항복시킨 다음, 다시 군사를 휘몰아 안시성을 공격했다. 안시성 아래에서 고구려의 구원군을 크게 격파했으나, 양만춘이 이끄는 안시성은 견고한 데다 군사들이 매우 강하여 쉽사리 함락되지 않았다.

그리하여 의논이 분분해졌다. 어떤 사람은 오골성을 쳐서 항복 받은 다음 압록강을 건너 평양을 함락시키자고 주장하면서, 본거지인 평양만 취하면 다른 곳은 싸우지 않고 항복받을 수 있다고 했다. 반면 어떤 사람은 천자의 친정은 장수들의 출정과 달라서 위험이 따라서는 안 된다고 했다.

이때 황제는, 요동은 빨리 추워져 풀이 말라 버리고 물이 얼어서 군사와 말을 오래 머물게 할 수 없다고 생각하였다. 게다가 군량이 거의 다 떨어졌으므로 명령을 내려 군사를 철수시켰다.

이 정벌에서 10성을 빼앗고, 세 번의 큰 전투를 벌여 4만 명을 베었다. 그러나 피해도 막심하며 군사는 3천 명이 전사했고, 군마는 열에 일곱, 여덟 마리가 죽어 결국 목적을 달성하지 못한 채 철수하고 말았다. 황제는 고구려 공격을 깊이 후회했다.

"만약 위징이 살아 있었더라면 이번 공격을 말렸을 텐데……."

그러면서 급히 사람을 보내서 위징의 영혼에 양과 돼지를 바쳐 제사지내고, 앞서 치워 버린 비를 도로 세우게 했다.

군주의 나아갈 길

정관 22년, 방현령이 죽었다. 황제는 북바쳐오르는 슬픔을 도저히 참을 수가 없었다. 방현령은 수나라 말 당나라가 처음으로 군사를 일으킬 때부터 태종을 도와 천하를 평정했고, 재상의 자리에 올라 죽을 때까지 32년 동안 황제를 섬겨 어진 재상이라는 말을 들었다. 그러나 방현령 자신의 사업으로서는 그 자취를 찾아볼 만한 화려한 공적은 없었다.

황제가 난세의 천하를 잘 다스리도록 하는 데 방현령과 두여회의 공로는 컸지만, 그들은 자기들의 공로를 결코 입 밖에 내지 않았다. 그 무렵 왕규와 위징은 곧잘 황제의 잘못을 간했으므로, 방현령과 두여회는 그 두 사람의 어짊에 양보하고 자기들은 관여하지 않았다. 또 이세적과 이정은 군사를 잘 쓰는 명장이었으므로, 방현령과 두여회는 자기를 내세우지 않고 그들 두 사람의 군사적 방침을 그대로 실시했다.

그리하여 천하에 태평을 가져왔지만 이것을 전혀 자기들의 공으로 돌리지 않고 황제의 덕으로 돌렸다. 이와 같이 그들은 자기들의 공을 자랑하지 않았으므로 사람들은 그들의 공적을 잘 알지 못했지만, 실제로는 당나라의 으뜸가는 신하로 삼을 만한 어진 신하였다.

정관 23년, 황제가 병이 들었다. 회복하지 못할 것을 짐작한 황제는 태자를 불러 말했다.

"이세적 장군은 재주가 뛰어난 사람이다. 그러나 너는 아직 그에게 아무런 은혜도 베풀어 주지 않았다. 지금 이세적을 멀리 떨어진 지방으로 보낼 것이니, 내가 죽거든 너는 그를 불러들여서 복야로 임명하여 완전히 신뢰하면서 일을 맡겨라. 그렇게 되면 이세적은 너의 은혜에 감동해서 충성을 다할 것이다. 만약 이세적이 내 명령에 불평을 품고 머뭇거린다면, 나는 너를 위해 그를 죽여 버릴 것이다."

이리하며 태종은 이세적을 멀리 첩주의 도독으로 좌천시켰는데, 이세적은 명령을 받자 자기 집에도 들르지 않고 바로 부임지로 향해 떠나갔다.

그해 5월에 황제가 세상을 떴다. 황제의 자리에 오른 지 24년이 되던 해였다. 황제는 무력으로 천하를 평정하고, 그 다음에는 문교(文教)와 덕으로 천하

를 안정시켰다. 그러면서 황제는 항상 스스로 교만함과 사치스러움을 두려워
하였다.

어느 날 황제는 이런 말을 했다.

"군주된 자는 오직 한마음으로 나라를 다스리려고 하는데, 그 마음을 살피
는 자가 무수히 많다. 혹은 힘으로 위협하는 자도 있고, 혹은 변설로써 군주의
시비선악을 바로잡으려 하는 자도 있으며, 혹은 아첨하며 군주의 마음을 사려
는 자도 있다. 또 간사한 계교로 속이려는 자도 있고, 군주가 좋아하는 것으로
유혹하려는 자도 있다. 그러한 자들이 수없이 나서서 각기 자기를 내세워 출
세를 하려고 한다. 이러한 자들이 팔방에서 모여든다. 그러므로 군주된 자가
조금이라도 마음을 놓고 빈틈을 보이게 되면 바로 이들에 말려들어 멸망이 뒤
따라올 것이다. 이것이 군주된 자의 곤란한 점이다."

태종은 위엄 있는 제왕의 풍채를 신하들이 두려워한다는 것을 알고 항상 얼
굴을 부드럽게 하고, 신하들이 직언하기 쉽도록 유도하고, 직언하는 사람에
게는 상을 후히 주어 충간하는 신하가 가까이 오게 했다. 다만 만년의 고구려
정벌 때 저수량이 간절히 말렸지만, 이를 듣지 않은 일이 한 번 있었을 뿐이다.

삼장법사의 서유기

삼장법사(三藏法師) 현장은 수나라 문제 20년에 태어났다. 원래 성씨는 진씨
였고, 후한시대의 유명한 선비인 진식의 먼 후손이었다. 그의 아버지는 학식
이 높은 인물로서 조정에서 몇 번이나 벼슬자리를 주려고 했으나 끝내 사양하
고 받지 않았다. 현장이 장성하여 철들 무렵부터 세상이 크게 어지러워졌는
데, 그는 11세 때에 출가하였다.

수나라 때는 불교가 융성하였다. 나라에서 불교를 권장했을 뿐만 아니라
중은 나라의 직원으로 임명되었던 것이다. 수양제 때 정식으로 중이 된 사람
은 자그만치 1만 6천2백 명이었다. 현장은 어릴 적부터 뛰어난 능력을 보여

나이는 어리지만 정식으로 중이 되어 수도에 열중하고 있었다. 현무문의 변이 일어날 무렵 그는 장안에 있었다.

불교가 중국에 들어온 지 이미 5백 년이 넘어 불경에 대한 연구도 깊어갔다. 그런데 연구하면 할수록 의문점이 많이 생겼다. 중국에 전해질 때까지 변질된 부분도 있을 터이고, 또 법전이 제대로 갖춰지지 않아 생기는 의문도 많았다.

현장도 백 가지에 이르는 의문을 가지고 있었다. 그래서 그는 인도에 가서 불교의 최고 학부인 나란다 학림의 고승에게 불교를 직접 배우고 아울러 많은 경전을 가져와야 한다고 믿었다.

현장은 천축에 가고 싶다면서 천축여행의 허가원을 조정에 제출하였다. 뜻이 같은 중도 몇 명 있었다. 그러나 당시 당나라는 돌궐족과 전쟁을 벌이는 등 국경 지대가 불안정한 상태였기 때문에 조정에서는 그 요청을 거부하였다. 여행이 허가되지 않자 동료들은 포기하고 말았다. 하지만 현장은 단념할 수 없었다.

"불법(佛法)을 위한 길이다. 이를 위해서라면 국법을 어겨도 할 수 없다."

현장은 비밀리에 장안을 탈출하여 서쪽으로 향하였다. 이때가 태종 원년이었다.

삼장법사는 참담한 고생 끝에 어느 신앙심이 두터운 사람의 도움으로 간신히 돈황의 옥문관을 빠져나왔다. 그는 국경의 강을 건너고 사막을 넘어 이오라는 나라에 도착하였다. 이오국에 있을 때 고창국의 사자가 와 있었는데, 그가 귀국하여 현장의 일을 보고하자 고창국의 왕은 준마 수십 마리를 갖춰 정중하게 현장을 초청하려 하였다. 이에 현장은 고창국에 갔다.

고창국은 한족이 많이 거주하고 있었으며, 더구나 고창국의 왕은 한족이었다. 고창왕 국문태는 젊고 학식이 높은 현장을 보자마자 첫눈에 반해, "부디 우리 고창국에 남아서 배움이 없는 백성들을 교화해 주시기 바라오"라고 청하였다. 하지만 현장의 목표는 오직 천축국에 가는 것이었다. 그것은 불법을 위한 것이며 억만 중생을 위한 길이었다. 그렇기 때문에 국법을 어기면서까지 국경을 넘지 않았던가?

고창왕은 끈질기게 현장을 붙들려고 설득하는 한편 장안에 송환시키겠다고 협박까지 했으나, 끝내 현장의 초지를 꺾을 수는 없었다. 현장이 단식까지 하며 굽히지 않자 고창왕 국문태도 할 수 없이 현장의 출발을 허락했으나, 인도에서 귀국할 때는 고창국에 들러 3년간 왕의 공양을 받기로 약속하였다.

드디어 현장은 천축국으로 출발하였다. 그는 언기 지방을 거쳐 굴지 지방에서 60일간 머물면서 천산의 눈이 녹기를 기다려야 했다. 그리고 나서 현장은 그 어려운 험로를 거쳐 인도에 도착하였다. 삼장법사 현장은 인도에서 18년간 공부하고 귀국하였다. 3년 간 머물기로 했던 고창국은 이미 당나라에게 멸망당한 뒤인지라 방문할 필요가 없었다. 그는 곤륜산맥의 북쪽 기슭을 따라 서역 남쪽 길로 접어들어 호탄을 거쳐 돈황으로 들어갔다.

이 무렵 현장이 인도로 간 이야기는 사람들에게 널리 퍼져 백성들 사이에서 이미 현장은 천축의 석학으로 추앙되고 있었다. 태종 역시 현장에게 대단한 관심과 호의를 보여, "정말 기쁘기 한이 없도다. 어서 빨리 짐에게로 와서 상견하라"라는 글을 보낼 정도였다.

현장의 입장에서도 대규모의 불경 번역 사업을 위해서는 국가의 지원이 필요했기 때문에 황제를 만나려고 바쁘게 돌아왔다. 현장이 장안으로 돌아온 것은 정관 19년 정월이었다. 현장이 돌아온다는 소식은 순식간에 온 나라에 퍼졌다.

"천축법사께서 돌아오신단다."

"우리 모두 마중을 나가자!"

이렇게 하여 현장이 도착한 조상 지방의 선착장은 인파로 꽉 들어차 발디딜 틈조차 없을 정도였다. 현장이 이튿날 장안으로 가는 동안에도 길 양편은 인산인해를 이루었고 환호성은 그칠 줄 몰랐다. 태종이 현장을 만난 것은 2월 1일이었다.

"환속해서 짐을 도와주지 않겠소? 지금 우리 나라에는 인재가 필요하오. 스승과 같은 재능은 정치에서도 중생을 구제할 수 있지 않소?"

태종이 이렇게 청하였다.

그러자 현장이 대답하였다.

"그것만큼은 용서해 주십시오. 저는 어릴 때부터 배운 것이라곤 오직 불법뿐이옵니다. 제가 정치를 한다는 것은 마치 물에 떠있는 배를 억지로 육지에 끌어올리는 것처럼 아무런 쓸모도 없을 것입니다."

황제는 현장을 환속시키는 것은 단념했지만 자기의 고문으로 삼는 것에 대해서는 끝까지 양보하지 않았다. 이 자리에서 현장은 소림사에서 불경의 번역 사업을 하고 싶다고 청원했는데, 태종은 장안의 홍복사에서 사업을 하라고 권했다.

그 뒤 태자인 이치는 죽은 어머니 장손황후를 추모하기 위해 장안에 대자은사라는 엄청나게 큰 절을 지었는데, 현장은 그 절의 주지로 추대받게 되었다. 현장은 인도에서 가져온 엄청나게 많은 경전을 그곳에 보관하고 경전 번역 사업에 힘썼다. 그리고 태종은 대자은사의 주지가 된 현장을 자주 궁중에 불러들여 정치를 비롯한 모든 문제에 대해 자문을 구했다.

여걸 측천무후

웃음 속에 칼이 있다

태종의 뒤를 이은 고종황제의 이름은 치로 그의 어머니는 장손황후이다. 장손황후는 선비족 명문 출신의 훌륭한 여성이었는데, 미인박명인지 36세의 꽃다운 나이에 세상을 떠났다. 태종은 장손황후가 죽은 뒤 그녀를 생각하여 새 황후를 맞지 않았다.

그런데 장손황후가 낳은 큰아들로 황태자가 된 이승건은 발에 병이 있어 보행이 자유롭지 못한 데다가 성격도 좋지 못했다. 그는 부하들에게 호인(胡人) 복장을 하게 하고, 호인들의 음악을 연주하게 하였으며, 밤낮을 가리지 않고 검무를 추게 하였다. 또 그는 칭심이라는 미소년을 사랑하며 언제나 침실에 끌어들였다.

태종은 이 사실을 알고 칭심을 죽여 버렸다. 그러자 이승건은 죽은 칭심의 동상을 만들어 놓고 궁녀들에게 제사를 지내게 했으며, 자기도 그 앞에서 눈물을 흘려댔다.

이렇게 되자 태종은 태자를 물러나게 할 수밖에 없었다. 그때 장손황후가 낳은 아들은 이승건 아래로 이태, 이치가 있었다. 태종은 학식도 뛰어나고 능력도 출중한 이태를 사랑하고 있었다. 이를 눈치 챈 이승건은 자객을 시켜 이태를 암살하려고 하였다. 하는 수 없이 태종은 황후의 셋째 아들 이치를 태자로 세우기로 하였다. 이치는 병약하여 결단력이 부족했지만 온순하고 얌전하였다

이치를 태자로 세우게 된 것은 장손황후의 오빠였던 장손무기가 열성으로 태종에게 권했기 때문이다. 장손무기는 현무문의 변이 일어날 때 태종의 측근으로서 큰 공을 세운 바 있었지만, 태종이 황제가 되자 친정 식구들에게 일체 정치에 간여하지 않도록 훈계해 왔다. 그리하여 장손씨의 사람들을 될 수 있는 대로 요직에 등용하지 않았다.

치는 태자가 되어 7년 동안 동궁에 있었다. 태종은 일찍이 제범(帝範) 십이편(十二篇)을 지어 태자에게 주면서 말했다.

"몸을 닦고 나라를 다스리는 길은 모두 이 12편의 글 가운데 있다. 내가 만약 죽더라도 따로 유언할 말은 없다."

드디어 이치가 제위에 오르니 바로 고종이다. 이때 장손무기와 저수량이

고종을 보좌했다. 고종은 이세적 장군을 첩주에서 소환하여 좌복야로 삼고, 곧이어 사공으로 임명하여 크게 신임했다.

영휘 6년, 고종은 황후 왕씨를 폐하고 무씨(후의 측천 무후)를 황후로 삼으려고 했다. 허경종과 이의부는 이에 찬성했지만 저수량은 한사코 반대했다. 그러자 고종은 신임하는 이세적에게 물었다.

이세적은 황제의 기분을 상하게 하지 않으려고 아무렇지도 않은 듯이 대답했다.

"그것은 폐하의 집안일입니다. 구태여 남에게 의논하실 일이 아닙니다."

그래서 마침내 황후를 폐위하기로 결정했다.

저수량은 담주의 도독으로 좌천되고, 이의부가 참지정사가 되어 정치에 참여하게 되었다. 그런데 이의부라는 사람은 겉으로 보기에는 온순하여 남과 교제하는 데도 원만했지만, 실제로는 몹시 교활하고 음험하였으며 질투심이 강해서 자기보다 뛰어난 사람을 보면 반드시 제거하려는 사람이었다. 세상에서는 그를 이렇게 평했다.

"웃음 속에 칼을 품었다(笑裏藏刀, 소리장도)"

그는 또 성격이 부드러우면서도 사물을 해치므로 '이묘(李猫)'라는 별명이 붙었다.

이때 무씨 황후는 장손무기가 자기를 도와주지 않은 것을 몹시 원망하고 있었다. 그래서 무기가 모반을 꾀한다는 허경종의 고발이 있자, 그는 즉시 관직을 박탈당하고 귀양을 갔다. 무기와 함께 황후 폐위에 반대했던 저수량은 무기가 귀양 가기 1년 전에 이미 죽었다.

현경 5년(660년), 신라로부터 여러 차례 구원 요청이 왔다.

"고구려와 백제가 연합하며 우리를 공격하고 있습니다. 그리하여 당에 조공하는 것을 방해하고 있습니다. 구원하는 군대를 파견해 주시기 바랍니다."

이때 무씨 황후는 과감한 결단을 내렸다.

"백제를 먼저 쳐야 합니다. 백제를 무너뜨리면 고구려도 어찌할 수 없을 것입니다. 지금 고구려에 손을 대는 것은 지극히 위험합니다."

그러면서 즉시 소정방을 대장으로 하며 백제를 공격하게 했다. 하지만 그 싸움은 신라 김춘추 외교의 승리였다. 신라는 고구려와 백제에 몰리면서 당나라와의 외교에 주력하여 드디어 당나라로 하여금 구원군을 출정하게 만들었다. 이것으로 신라는 고구려와 백제를 꺾을 수 있었다.

소정방은 열 살 때부터 아버지를 따라 전쟁터에 나갔는데, 그는 어릴 때부터 굳세고 힘이 셌으며 용감무쌍하였다. 일찍이 서돌궐 정벌에 나서 수장을 체포하는 등 서역에서 많은 공을 세운 당나라 최고의 맹장이었다. 이제 그가 10만의 군대를 이끌고 바다를 건너 백제를 침공, 함락시키는 데 성공하였다. 이렇게 하여 고구려를 고립시킨 다음 이세적을 요동대총독으로 삼아서 고구려를 정벌하게 했다. 이때 고구려는 실력자인 연개소문이 죽고 그 아들들이 서로 반목하여 국력이 눈에 띄게 약화되어 있었다.

총장 원년(668년)에 이세적은 드디어 평양을 함락시키고 고구려의 항복을 받았다. 그리하며 거대한 수나라를 멸망의 구렁텅이로 몰아넣고 당나라 태종까지 패배시켰던 고구려는 완전히 평정되고, 당나라는 평양에 안동도호부를 두었다.

그가 연꽃을 닮은 게 아니라 연꽃이 그를 닮았다

처음 고종은 신분이 낮은 유씨에게서 태어난 이충을 황태자로 삼았다. 그런데 무후가 황후가 되자, 허경종으로 하여금 건의하게 하여 이충을 폐하고 무후의 아들 이홍을 세웠다. 이홍의 사람됨은 마음이 어질고 효성스러워서 조정의 안팎에서 크게 기대를 걸고 있었는데, 이홍이 무후의 잘못을 간하여 그녀의 뜻을 거역하자 무후는 이홍을 독살하고 다음 아들 이현을 태자로 세웠다. 그러나 무후는 또 사람을 죽였다는 엉뚱한 구실을 집어서 이현을 폐하고 그 다음 아들 이철을 세웠다.

저수량 등이 이를 간하다가 좌천되어 목숨까지 잃은 다음부터는 신하들 중에 감히 간하는 사람이 없었다. 단 한 번 이선감이라는 사람이 고종이 오악(五嶽)에 제사지내려 할 때, "돈이 많이 듭니다. 지금 백성들은 곤란에 빠져 있으니 그만두시는 것이 좋겠습니다." 하고 간한 일이 있었을 뿐이다. 이는 하도 희귀한 일이라서 사람들은, "봉황이 조양(朝陽)에 울었다."라고 비꼬아 말했다.

측천무후는 태원 사람으로 자랄수록 미색이 빼어나서 나이 열네 살 때에 태종황제의 귀에까지 그 이름이 전해졌다. 태종은 그녀를 정관 2년에 궁중에 불러들여 후궁으로 삼았다.

그녀는 미모에 어울리지 않게 성격이 거칠었다. 당시 태종은 사자총이라는 명마를 얻었는데, 그 말은 몹시 사나워 아무도 손을 댈 수가 없었다. 그런데 이제 갓 궁중에 들어온 그녀가 자기가 말을 길들이겠다고 나섰다.

태종이 깜짝 놀라 물었다.

"아니, 네가 어떻게 저 사나운 말을 길들일 수 있단 말이냐?"

그러자 그녀는 이렇게 대답하였다.

"저에게 쇠로 된 채찍과 쇠막대기, 그리고 단도를 주십시오. 저 말이 제 말을 듣지 않으면 쇠 채찍으로 몸뚱이를 때리고, 그래도 안 되면 쇠막대기로 머리를 때릴 것입니다. 그래도 말을 듣지 않으면 단도로 목구멍을 찢어 놓겠습니다."

이 말을 들은 태종은 그녀를 가상히 여기며 말했다.

"너의 성질은 사나운 말보다 더 거칠구나. 대견한 일이로다."

그 무렵 세상에 널리 불려진 노래에 무미랑이라는 것이 있었는데, 그 노래가 바로 무씨의 권세를 예언한 것이었다. 정관 말년에는 태백성이 가끔 대낮에 나타났다. 천문관이 점쳐 보고서 '여자 임금이 번영할 징조'라고 했다. 또 민간에 전해 오는 비기(祕記)에는 "당 삼세(唐 三世) 후에는 여주(女主) 무왕(武王)이 대신 천하를 지배할 것이다."라는 기록이 있었다.

태종은 이것을 몹시 꺼려했다. 그는 일찍이 연회를 베풀고 신하들에게 각기 자기의 어릴 때 이름을 말해 보라고 했다. 비기의 여주 무왕이란 말이 마음에 걸렸지만, 여자가 천하를 가지게 된다는 말은 아닐 것 같아 여자다운 이름을 가진 남자일 것이라고 생각하고, 신하들에게 어릴 때 이름을 물어보아 찾아내려고 한 것이다. 그랬더니 무위 장군 이군섬의 관명이 무위 장군이요, 봉읍의 지명이 무련현이라 모두 무(武)자가 들어 있고, 게다가 어릴 때의 이름이 오랑이라는 여자 같은 이름이었으므로, 태종은 깜짝 놀랐지만 태연스럽게 말했다.

"무슨 여자가 이렇게 억세담!"

그 후에 어떤 사람이 "이군섬이 반란을 일으키려 하고 있습니다." 하고 아뢰었으므로, 마침내 이군섬을 주살해 버렸다.

태종은 이군섬을 죽이고 나서도 그것으로 화근이 없어졌는지 어떤지 불안스러워 몰래 태사 이순풍에게 물었다.

"신이 하늘을 우러러 천상을 살펴보고 역수(曆數)를 헤아리건대, 그 사람은 지금 폐하의 궁중에 들어가 있습니다. 지금부터 30년 안에 천하의 제왕이 되어 당나라 황실의 자손을 거의 모두 죽여 버릴 것입니다. 그러한 징조가 이미 나타나 있습니다."

태종이 죽었을 때 무씨는 스물네 살이었는데, 다른 후궁들과 같이 머리를 풀어 여승이 되었다. 그런데 태종의 기일(忌日)에 고종이 공양하기 위해 그 절에 갔다가 중이 된 무씨를 보고 울었다. 원래 아버지 태종이 살아 있을 때 고종은 남몰래 무씨의 아름다움에 마음이 끌려 사모했는데, 중이 된 그녀의 모습을 보고는 가엾은 생각이 들었던 것이다. 고종은 그녀를 가끔 만났다.

한편 그 무렵 고종의 왕황후가 숙비 소씨와 서로 고종의 총애를 다투고 있었다. 왕황후는 어떻게 해서든지 소씨에 대한 고종의 사랑을 빼앗아서 소씨를 넘어뜨리려고 하던 참이었으므로, 무씨의 이야기를 듣고는 그를 이용해서 소씨를 누르려고 생각했다. 그리하여 몰래 무씨의 머리를 기르게 해서 고종에게 후궁으로 삼도록 권했다. 그런데 무씨가 고종을 모시게 되자, 얼마 지나지 않아 황제의 총애를 한 몸에 모으더니 이윽고 왕황후나 소숙비 모두 총애를 잃었다.

그 후 무씨는 자기가 낳은 황녀를 목졸라 죽이고는 그것을 왕황후의 짓이라고 무고해서 왕황후를 물러나게 만들고, 나이 서른두 살 때 마침내 황후가 되었다.

왕황후는 폐출되어 소숙비와 함께 유폐되었다. 어제의 원수가 이제 동병상련의 처지가 된 것이다. 그런데 고종이 비밀리에 두 사람을 위문한 것을 안 무씨는 격노하였다. 그녀는 두 사람에게 먼저 곤장 백 대를 치게 한 뒤 수족을 절단하여 술독에 넣고, "두 여자의 뼈가 술에 취하도록 하라."고 명령하였다.

며칠 뒤 두 여자는 죽고 말았는데 무씨는 그 시체를 자르게 하였다. 소숙비는 죽기 전에 무후를 보고, "내세에 너는 쥐로 태어나라. 나는 고양이로 태어나서 너의 목을 물어 죽이겠다."라고 저주하였다. 그 뒤로 궁중에서 고양이를 기르는 것이 금지되었다.

한편 고종은 간질병이 있어서 신하들이 아뢰는 일들을 낱낱이 처리할 수 없었다. 그래서 고종 5년 겨울부터는 그 일을 황후 무씨에게 대신 처리하게 했다. 무씨는 천성이 총명하고 많은 책을 두루 읽었으므로, 그녀의 정무 처리 솜씨는 모두 고종의 마음에 들었다. 그리하여 점차 고종은 모든 일을 그녀에게 맡겨 그 권세는 황제와 같았다. 세상에서는 그들을 '이인천자(二人天子)'라고 했다.

얼마 지나지 않아 고종이 죽은 후 아들 현이 황제의 자리에 올랐다. 무후는 현의 처인 위씨가 전횡하려 하자 겨우 두 달만에 폐위시키고, 대신 또다른 아들인 단을 세웠다. 무후는 단을 황제의 자리에 오르게 하고서도 항상 자기가 조정에 나가 천자의 일을 행했다.

그러더니 측천무후는 아예 당왕조를 없애 버리고 무씨의 왕조를 세우기로 하고 나라 이름을 주(周)라고 하였다. 이로써 중국의 유일한 여제(女帝)가 출현하였던 것이다.

무후의 전횡이 점점 더 심해지자 이경업이라는 사람이 양주에서 군사를 일으켜 무후에게 반기를 들었다. 그때의 격문에는 "한 줌의 흙이 아직 채 마르지 않았는데, 여섯 자의 외로운 몸은 어디에 있느냐?"고 했으며 또 "도대체 지금 누구의 천하냐?"고 했다.

무후는 진압 군대를 파견하여 이경업을 제압하고 그를 죽였다. 그 후 무후는 당나라 황실에 있는 30여 명의 왕을 모조리 죽였다.

무후는 처음에 승려인 회의라는 자를 총애하여 궁중에 끌어들였는데, 후에는 미소년 장역지와 장창종 형제를 총애하여 항상 옆에 끼고 살았다. 이윽고 두 형제는 궁중에서 모든 일을 마음대로 할 수 있게 되었다. 그리고 형 역지는 오랑, 아우 창종은 육랑이라는 존칭으로 불리었다.

그러자 어떤 아첨하는 자는 이렇게 알랑거렸다.

"세상 사람은 육랑의 아름다움을 연꽃과 같다고 하지만, 나는 도리어 연꽃이 육랑을 닮았다고 생각해."

여인 천하

무후는 천하의 민심이 자기를 따르고 있지 않음을 알고, 자기의 부정한 행동을 비난받는 것이 두려워 자신에 대해 험담하는 자를 근절시키고자 밀고하는 것을 적극 권장하였다. 무후는 이런 방법으로 천하 사람들을 꼼짝못하게 내리눌렀다.

그러나 그녀는 권모술수가 있고 인재를 적재적소에 잘 썼으므로, 재주 있는 사람들은 무후를 위해 일하기를 좋아했다. 그 중에서도 서유공 같은 이는 인정이 있고 법률을 공정하게 행했으므로, 무후도 늘 자기의 생각을 굽혀 서유공의 의견을 따랐다.

무후는 사람 보는 눈이 뛰어나 훌륭한 사람을 많이 등용하였다. 그 중에서도 위원충, 누사덕, 적인걸, 요원숭은 모두 명재상이었다.

누사덕은 관대 온후하고 결백 신중하며, 남이 무례하거나 난폭한 행동을 해도 결코 탓하지 않았다. 언젠가 그의 아우가 자사에 임명되었을 때, 사덕이 아우에게 물었다.

"우리 형제가 모두 이렇게 출세해서 총애를 받으면 남의 미움을 사게 될 것인데, 어떻게 그런 미움을 면하려 하느냐?"

동생은 한참 생각하더니 이렇게 말하였다.

"오늘부터 남이 제 얼굴에 침을 뱉더라도 성내지 않고 조용히 그 침을 닦겠습니다.

그러자 누사덕은 이렇게 말했다.

"그런 마음을 가지고 있으니까 내가 걱정을 하는 것이다. 남이 네 얼굴에 침을 뱉는 것은 네게 성이 나 있기 때문이다. 그런데 잠자코 침을 닦는다면, 상대의 마음에 더 불을 질러 그 노여움은 갑절로 될 것이다. 침은 닦지 않아도 저절로 마르는 법이다. 그러니 웃으면서 가만히 있는 것이 옳다."

또 누사덕은 언제나 적인걸을 무후에게 추천했는데, 적인걸은 항상 누사덕을 공격했다. 어느 날 무후가 적인걸을 보고 말했다.

"내가 그대를 중용한 것은 누사덕이 추천했기 때문이오."

적인걸은 이 말을 듣고 대궐에서 물러나와 탄식하며 말했다.

"정말 누사덕의 덕은 한없이 위대하구나. 나는 오랫동안 도움을 받아왔는데도 언제나 그를 비난만 했다니! 부끄럽기 짝이 없구나."

이때 무후의 조카인 무승사와 무삼사 두 사람은 갖은 방법을 써서 태자가 되려고 하였다. 한때 무후도 그들의 말에 귀가 솔깃해졌는데, 이때 적인걸이 무후에게 말했다.

"옛날 태종께서는 비바람을 맞으시고 화살과 돌을 무릅쓰시며, 숱한 전쟁의 괴로움 끝에 천하를 평정하시어 이것을 자손에게 전하셨습니다. 그런데 지금 황제의 자리를 다른 혈통에 옮긴다는 것은 하늘의 뜻이 아닌 줄 압니다. 뿐만 아니라 숙모와 조카 사이, 어머니와 아들 사이 중 어느 쪽이 더 가깝겠습니까? 황자를 태자로 세우신다면 폐하께서는 돌아가신 후에 태묘에 모셔져서 길이 자손들의 제사를 받으실 테지만, 조카가 대신 천자가 되어 숙모를 태묘에 제사지낸 사람이 있다는 말은 들어보지 못했습니다."

무후는 크게 고개를 끄덕였다. 적인걸은 여러 대신 가운데서도 가장 무후의 신임을 얻었다. 그는 군주의 잘못을 그 면전에서 비판하였고, 조정에서 시비를 다투는 데 조금도 거리낌이 없었다. 무후는 늘 자기의 생각을 굽히고 그의 말에 따랐다. 그리하여 무후는 적인걸을 국로(國老)라고 존칭하고 이름을 부르지 않았다. 적인걸이 죽자 무후는 눈물을 흘리며 슬퍼했다.

적인걸의 제자인 원행중은 학식이 많고 모든 일에 생각이 깊은 사람이었으므로, 적인걸은 그를 귀중하게 여겼다. 원행중은 적인걸에게 늘 직언을 했다. 어느 날 행중이 적인걸에게 말했다.

"선생님의 문하에는 수많은 인재가 많이 있습니다. 저는 선생님의 입에 쓴 약 구실이나 하고자 합니다."

그러자 적인걸은 이렇게 말하였다.

"아니지, 자네는 내 약상자속에 있는 상비약일세. 그러니 하루라도 없어서는 안 되네."

어떤 사람이 적인걸을 보고, "천하의 어진 사람은 모두 어르신의 문하에 모여 있습니다."라고 말하자 적인걸은, "어진 사람을 추천하는 것은 나라를 위해서이지 사사로운 이익을 위해서가 아니오." 하며 그 사람을 나무랐다.

무후가 어느 날 적인걸을 돌아보고 물었다.

"훌륭한 사람을 한 사람 얻고 싶은데, 적당한 사람이 없겠소?"

"좋은 사람이 있습니다. 장간지라는 사람인데, 나이는 많지만 재상의 재능이 있습니다."

그러자 무후는 곧 장간지를 사마에 임명하고 얼마 지나지 않아 재상의 자리에 앉혔다.

그 뒤 무후가 병이 들어 위중해졌다. 장간지는 최원휘, 경휘, 환언범, 원여기 등과 의논하고 태자에게는 미리 승낙을 받은 다음, 군사 5백 명을 이끌고 내란을 진정시킨다며 현무문 문빗장을 부수고 궁중으로 들어갔다. 그리고 장역지와 장창종을 처치한 후, 무후의 침전으로 가서 무후에게 이렇게 말했다.

"옛날 고종 천황께서 사랑하는 아들을 폐하께 부탁했는데 지금 장년이 되어도 아직 동궁에 있으니 하늘과 인심은 오래 전부터 이 씨 왕조를 생각한지 오래요, 우리들은 태종과 천황의 덕을 잊을 수 없습니다. 그러므로 태자를 모시고 역신을 죽였습니다. 원하옵건대 폐하께서는 태자에게 양위하셔서 하늘과 인심이 원하는 대로 따르시옵소서……."

측천무후는 말없이 고개를 끄덕일 뿐이었다. 그리하여 태자가 황제의 자리에 올랐다.

이해 겨울, 일세를 호령하던 풍운의 여제 측천무후는 여든두 살을 일기로 세상을 떠났다.

천하일색 양귀비

불륜의 끝

측천무후가 죽은 후 중종이 또다시 황제의 자리에 올라 국호를 다시 당나라로 고쳤다.

원래 중종은 아버지 고종의 뒤를 이어 제위에 올랐다가, 겨우 두 달 만에 무후에 의해 폐위당하고 여릉왕이 되어 방주 지방에 13년 동안 있다가 수도 낙양으로 돌아와 태자가 되었다. 그리고 8년 만에 다시 제위에 오르게 되었으며 부인 위씨도 황후에 복위되었다.

중종이 방주에 있을 때 언젠가는 죽게 될 것이라 생각하고 몇 번이나 자살하려고 했으나, 황후 위씨가 그때마다 말려서 뜻을 이루지 못했다. 중종은 위씨와 약속했다.

"훗날 다행히 귀양에서 풀려 햇빛을 보는 몸이 된다면, 당신이 하고자 하는 일은 절대로 막지 않겠소."

후에 중종이 복위되자, 위씨는 중종이 조정에 나갈 때면 포장 뒤에 앉아서 정사를 들었다. 그것은 고종 때의 측천무후와 같았다.

그 후 중종의 딸 안락공주는 무후의 조카 무삼사의 아들과 결혼했다. 그런데 무삼사는 안락공주의 시아버지라 하여 궁중에 드나들면서 황후 위씨와 불륜의 관계를 맺었다. 중종은 그런 줄도 모르고 무삼사와 위황후가 윷놀이를 하면, 그 옆에 앉아서 말을 써 주곤 했다. 거기에 그치지 않고 중종은 자주 무삼사와 정치를 의논하기까지 하였다.

이때 연흠융이라는 사람이 위황후의 음란한 사실을 중종에게 아뢰었다. 중종은 연흠융을 잡아다가 문초했으나, 흠융은 조금도 굴복하지 않은 채 꼿꼿이 자기주장을 되풀이하였다. 그러자 중서령 종초객이 거짓으로 중종의 명령이라고 하면서 연흠융을 쳐죽였다. 이 사건 이후 중종은 매우 불쾌해했다. 이것을 보고 위황후와 그 일당은 겁을 내기 시작했다.

특히 마진객과 양균 등은 위황후에게 총애를 받아왔으므로, 일이 발각될까 두려워했다. 한편 안락공주는 원래 황태녀(皇太女)가 되어 제2의 측천무후가 되려는 꿈을 가지고 있었다. 이들 일당은 서로 공모하고 만두 속에 독약을 넣어 중종에게 먹였다. 그리하여 중종은 죽고 말았다.

위황후는 중종의 넷째 아들 중무를 제위에 오르게 하고 자기가 섭정을 하였다. 그러자 중종의 아우인 이융기가 군사를 일으켰다. 당시 이융기는 스물다섯의 젊은 청년이었으나 매우 총명하였고, 항상 위씨 일당의 전횡에 분노를 느껴 그들을 추방시키겠다고 다짐해 오던 터였다. 그는 비밀리에 세력을 모으던 중 드디어 정예 군사를 이끌고 궁중으로 순식간에 진입하였다. 그리곤 비기궁으로 도망친 위황후의 목을 벤 후 마침 자기 방 경대 앞에서 눈썹을 그리고 있던 안락공주의 목도 베었다. 그런 뒤 중무를 물러나게 하고 이단을 천자로 삼았는데, 그가 곧 예종황제이다.

예종은 이융기를 태자로 삼고, 종경과 요원지 두 사람에게 정치를 처리하게 했다. 두 사람은 마음을 합하여 악정을 바로 잡았고 어진 신하를 추천하고 무능한 자를 물리치며 상과 벌을 공정하게 시행했다. 이렇게 되자 권세 있는 자가 영달을 바라지 못하게 되어 비로소 나라의 기강이 바로잡히기 시작했다. 그래서 조야에 유능한 인물이 모여들었다.

한편 예종의 누이동생 태평공주는 장역지와 장창종 형제가 주살당할 때나 위씨가 주살당할 때에도 정의의 편을 들어 큰 힘이 되었다. 예종도 태평공주와 정치에 관한 논의를 하게 되어 공주의 권력은 천자 이상이 되었다 그래서 그녀의 집은 늘 사람들로 문전성시를 이뤘다.

그런데 태평공주는 태자 이융기의 위엄과 영특함을 꺼려해 그를 태자의 자리에서 몰아내고 대신 유약한 사람을 세우려고 했다. 또 태자를 암살하려는 음모까지 꾸몄다. 이에 태자는 태평공주와 그 일당에 대한 공격을 개시하였다. 태평공주는 절로 도망쳤다가 마침내 붙들려 사약을 받고 죽었다.

그 후 예종은 황제의 자리를 태자에게 물려주었는데, 이 새 황제가 바로 현종황제이다.

현종황제, 즉 이융기는 처음에 임치왕이 되었다가 그만두고 장안으로 돌아와 보니 위황후의 난잡한 행동과 횡포가 말할 수 없을 정도였다. 그는 그 모양을 차마 그대로 보고 있을 수가 없어서 몰래 재주 있고 용기 있는 사람을 휘하에 모아 은밀히 당나라 황실의 회복을 꾀하고 있었다.

그런데 옛날 태종이 친위병으로 날랜 사람 백 명을 뽑아 두었던 것을 무후가 천 명으로 늘렸던 적이 있었다. 중종은 다시 이것을 만 명으로 늘리고 책임자를 두어 통솔하게 했다. 이융기는 이 친위병에 관심을 쏟아 그 중 뛰어난 사람들과 가까이 사귀어 자기편으로 만들었다. 그리고 마침내 그들의 힘을 빌려 위씨를 주살하고, 아버지 예종을 천자의 자리에 오르게 했다.

현종 3년, 노회신이라는 사람이 문하시중이 되었다. 노회신은 성격이 청렴하고 신중한데다가 검소해서 아내와 자녀는 늘 굶주림과 추위를 면하지 못했고, 그의 집은 비바람도 제대로 막지 못할 정도였다.

어느 날 재상 요숭이 휴가를 내고 십여 일을 결근한 일이 있었다. 그때 여러 가지 사무가 산처럼 밀려 노회신은 미처 처리하지 못했는데, 요숭은 휴가를 마치고 다시 출근하여 불과 몇 시간 만에 그것을 모두 결재해 버리는 것이었다. 그리고는 부하를 보고 물었다.

"재상으로서 내 솜씨가 어떻다고 생각하는가?"

그러자 부하가 이렇게 대답하였다.

"대감께서는 그때그때에 따라 급한 경우를 살펴서 잘 처리해 나가십니다."

노회신은 사무 처리에 있어서 도저히 요숭을 따를 수 없음을 알고, 일을 처리할 때마다 항상 요숭을 앞세웠다. 그래서 사람들은 요숭을 구시재상(救時宰相·시대를 구하는 뛰어난 재상)이라고 불렀는데 반해, 노회신은 반식재상(伴食宰相·남의 밥상 옆에 붙어먹는 무능한 재상, 즉 남의 덕에 재상 노릇을 한다는 뜻)이라고 불렀다.

메뚜기 파동

이즈음 황하 부근의 벌판에 엄청난 메뚜기 떼가 날아들어 농작물에 커다란 피해를 냈다. 수천만 마리의 메뚜기 떼가 몰려올 때는 하늘을 가득 뒤덮을 정도였다. 태양빛도 메뚜기 떼에 완전히 가려 대낮에도 칠흑처럼 어두웠다. 메뚜기 떼가 지나가고 나면 농작물은 말할 것도 없고 푸른색의 잡초 한 뿌리도 남아나지 않았다.

메뚜기 떼가 지나간 곳은 농촌이 완전히 황폐화되어 굶어 죽은 사람들의 시체가 거리에 나뒹굴 정도였다. 메뚜기 떼 때문에 나라 전체가 흔들리게 되었다.

요숭은 이 문제가 매우 중요함을 깨닫고 메뚜기 퇴치를 강조하는 조서까지 내렸다. 그런데 노회신은 메뚜기를 죽이면 화기(和氣)를 훼손하는 것이라서 나쁜 결과가 있을 거라는 미신 같은 얘기만 되풀이하였다. 노회신의 터무니없는 주장에 대해 요숭은 신랄한 비판을 하였다.

"아니, 당신은 사람 목숨보다 메뚜기가 더 중요하단 말이오? 어떻게 사람들이 죽어가는 마당에 메뚜기만 그렇게 걱정할 수 있소?"

이때 역시 메뚜기 떼의 피해가 컸던 산동 지방의 장관 예약수는 메뚜기 퇴치를 반대하는 상주문을 올렸다.

"메뚜기 떼가 날아오는 것은 천재(天災)입니다. 그래서 사람의 힘으로 메뚜기 떼를 없앨 수는 없습니다. 만약 조정에서 덕 있는 정사를 편다면 메뚜기 떼는 저절로 물러갈 것입니다."

그러자 요숭은 즉시 예약수에게 답변서를 보냈다.

"좋소. 그대의 주장이 맞다고 합시다. 그럼, 지방 장관인 그대가 덕 있는 정사를 폈더라면 산동 지방에 메뚜기 떼가 날아오지 않을 것 아니겠소? 그런데도 산동 지방에 메뚜기 떼가 날아들었으니, 그것은 그대가 덕 있는 정치를 펴지 못한 데서 비롯된 것 아니겠소?"

예약수는 아무 소리도 못하고 메뚜기를 퇴치하기 시작했다. 이 후 조정에서는 메뚜기 퇴치에 적극 나섰고, 메뚜기 한 말을 잡는 사람에게는 곡식 한 말, 한 섬을 잡는 사람에게는 곡식 한 섬을 상으로 주었다. 얼마 지나지 않아 메뚜기 떼는 종적을 감췄고 백성들의 피해도 없게 되었다.

이듬해 노회신은 파면되었고, 송경은 재상이 되었다. 재상이 된 송경은 적당한 인물을 골라 적재적소에 등용하였기 때문에 모든 신하들이 일을 잘 처리했다. 송경은 천자의 기색은 아랑곳 하지 않고 자주 바른 말로 직언했으므로, 현종은 그를 비판하고 또 그를 대하는 데 매우 조심했다.

요숭은 임기응변으로 일을 잘 처리했고, 송경은 법률을 잘 지켜 일을 처리했으므로, 두 사람의 성격은 각기 달랐지만 서로 협력해서 선(善)을 숭상하고 변화에 잘 적응해서 정무를 충실히 하며 천자를 잘 보좌했다. 그들은 세금과 부역을 너그럽고 공평하게 하고, 형벌은 가볍고 적게 해서 결국 백성들은 부유해지고 인구도 늘었다. 그래서 이때의 정치를 '개원(開元·개원은 현종 시대의 연호)의 치(治)'라 불렀다.

천자는 여위었지만 천하는 살쪘다

당나라의 어진 재상이라면 전기에는 방현령과 두여회 두 사람을 꼽았고, 후기에는 요숭과 송경 두 사람을 꼽았다. 요숭과 송경 두 사람이 배알할 때마다 현종은 자리에 일어나서 그들을 맞았고 물러갈 때에도 댓돌까지 나가 전송했다.

현종 21년, 한휴가 재상이 되었다. 한휴는 매우 곧은 성격을 지닌 사람이었다. 현종은 가끔 지나친 쾌락을 즐길 때면 좌우를 돌아보며, "이 사실을 한휴가 아느냐, 모르느냐?" 하고 물었는데, 그 말이 떨어지기 무섭게 한휴의 상소가 들어오곤 하였다.

어느 날인가 많은 신하들이 "한휴가 재상이 되고 난 후 폐하께서는 옥체가 쇠약해지셨습니다."라고 말하였다.

그러나 현종은 이렇게 말했다.

"나는 쇠약해졌지만 천하는 한휴 때문에 살쪘다."

현종 24년, 유주 절도사 장수규가 패장인 안록산을 잡아서 장안으로 호송했다. 안록산은 전에 변경 지방의 반란을 진압하다가 실패한 적이 있었다. 당시 패장은 당장 참수형에 처해지는 것이 보통이었지만, 장수규는 그의 용맹을 아까워하여 조정의 처분에 맡겼다.

재상 장구령은 이 일을 비판하여 이렇게 아뢰었다.

"만약 장수규의 군령이 제대로 시행되었더라면 안록산은 이미 죽었을 것입니다. 논의할 여지도 없습니다."

그런데 현종 역시 안록산이 재주가 있고 용맹스럽다고 생각하여 그를 용서해 주려고 했다. 하지만 이때에도 장구령이 극구 반대했다.

"안록산에게는 반역의 상이 있습니다. 지금 주살하지 않았다가는 훗날 반드시 당나라 황실의 화근이 될 것입니다."

그러자 현종은 말했다.

"그대는 억지로 꾸며내 충성된 사람을 죽이는 일이 없어야 하오."

마침내 현종은 안록산을 용서해 주었다.

원래 안록산은 호족(胡族) 출신으로 처음 이름은 아락산이라고 했는데, 그의 어머니가 안씨에게 개가하여 성을 안씨로 하게 되었다. 그 후 호족 부락에 패해 유주로 도망쳐 왔는데, 안록산은 교활한 지혜가 있었으므로 재치 있게 굴어서 절도사 장수규에게 사랑을 받고 마침내 그의 양자가 되었다. 안록산은 몹시 뚱뚱하여 체중이 330근이었고, 그 둥근 배가 무릎까지 닿았다.

현종이 안록산을 처음 보았을 때 이렇게 묻기까지 했다.

"도대체 그 둥근 배에는 무엇이 들어 있는가?"

그러자 안록산은 이렇게 대답했다.

"네, 소신의 배에는 적개심만 가득 들어 있습니다."

또 사졸간이라는 자가 있었는데 안록산과 한 고향 사람이었다. 그도 안록산처럼 무용이 뛰어나 역시 장수규의 사랑을 받아 장군으로 출세했다. 그는 언젠가 장수규의 사자로 장안에 와서 황제를 뵈었는데, 그때 현종의 마음에 들어 사명(思明)이라는 이름을 하사 받았다. 이 자가 바로 사사명이다.

현종 29년, 안록산은 영주의 도독에 임명되었다. 안록산은 간사하고 아첨을 잘해서 남의 마음에 쏙 들도록 했다. 천자의 가까운 신하가 영주에 출장 오면 뇌물을 많이 주어 후하게 대접했으므로 이들은 수도로 돌아가서 안록산을 침이 마르도록 칭찬했다. 현종은 그들의 말을 듣고, 더더욱 안록산을 훌륭한 사람이라고 생각했다.

양귀비의 사랑

> 봄의 입김 아직도 차가운데 목욕의 영을 내리신 화청의 연못,
> 온천물은 희고 매끄러운 살결에 부드러웠다.
> 몸종의 부축으로 일어나니 부드럽고 요염한 자태,
> 비로소 새로이 폐하의 사랑을 받은 때……
>
> — 백거이의 〈장한가〉에서

현종은 새 여자와 만날 때 보통 그 장소를 화청지 연못으로 정했다. 화청의 연못에서 목욕 하명을 받은 여자는 그날 밤 황제의 총애를 받았다.

현종 24년에 현종이 사랑하던 무혜비가 죽었다. 그녀를 잃은 현종은 실의의 나날을 보내고 있었다. 이 무렵 현종의 귀를 솔깃하게 하는 소문이 있었다. 바로 아들 수왕의 비(妃)가 절세미인이라는 소문이었다. 현종은 은근히 마음이 끌려 시종에게 수왕비를 불러 오도록 하였다. 수왕비를 보자 현종은 입이 벌어졌다. 그녀는 미녀일 뿐 아니라 매우 이지적인 여인으로 음악과 무용에도 빼어난 재주를 가지고 있었다.

바로 이 수왕비가 그 유명한 양귀비(楊貴妃)이다. 양귀비의 원래 이름은 양대진이며, 처음에 현종의 아들 수왕의 비가 되어 10년 동안 섬겼다. 어쨌든 56세의 시아버지 현종과 22세의 며느리 양귀비는 이렇게 운명의 만남을 가졌다.

첫눈에 양귀비에게 흠뻑 빠진 현종은 우선 양대진 자신의 뜻에 의해 여자 도사(道士)가 된 것처럼 꾸며 궁중에 머물러 있게 하고, 아들 수왕은 따로 위소훈의 딸에게 장가들게 했다. 그리고 나서 다시 양대진을 후궁으로 삼았다가, 마침내 궁중에 들어온 지 6년 만에 귀비로 삼았다.

이렇게 하여 미모의 후궁 3천 명에게 돌아갈 총애가 오직 양귀비 한 몸에 쏠리게 되었다. 현종과 양귀비 두 사람은 너무도 깊이 빠진 나머지 몇날 며칠을 서로 떨어질 줄 모르고 사랑을 불태웠다. 현종은 완전히 정치에 흥미를 잃

고 오직 양귀비의 품속에서 지내고자 할 뿐이었다.

> 꽃 같은 얼굴, 귀밑머리에 흔들리는 금비녀
> 부용의 장막 속에서 봄밤을 어떻게 지내느냐
> 짧은 봄밤이 한스럽고 해가 중천에 떠야 일어난다.
> 봄에는 봄놀이 밤에는 밤놀이
> 후궁에 미인 3천 있으나 총애는 한 몸에 있다.
> 금옥(金屋)에서 화장하고 요염하게 밤을 기다린다.
> 옥루에서 주연이 끝나면 취해서 봄에 화합하리라.
>
> ― 〈장한가〉에서

양귀비는 원래 질투심이 강한 여자였다. 얼마나 성격이 독했던 지 두 번씩이나 폐출되기도 하였다. 폐출된 양귀비는 자기 집으로 돌아와 매일매일 울음으로 지샜다. 한편 현종은 양귀비의 거친 성격이 미워 내쫓긴 했지만 그녀 없이는 아무런 즐거움도 없을 뿐 아니라 하루 세 끼 식사조차 입에 댈 수 없을 정도였다.

현종의 이 같은 심사를 알아차린 환관 고력사는 현종의 이름으로 양귀비에게 식사를 보내도록 하였다. 현종이 내린 식사를 받은 양귀비는 즉시 칠흑 같은 자신의 머리를 곱게 잘라 묶고 이를 고력사에게 건네며 눈물을 흘리면서 말했다.

"이제 저는 죽음으로써 제가 지은 죄를 갚으려 합니다. 지금 저의 모든 것은 폐하께서 하사하신 것이고, 오직 이 검은 머리만이 부모에게서 물려받은 것입니다. 이것을 폐하께 바쳐 오늘 제가 폐하와 영원히 이별하는 마음을 나타내고자 합니다."

고력사가 전한 양귀비의 칠흑 같은 머리를 받아 본 현종은 즉시 양귀비를 궁궐로 불러들였다.

현종 39년 칠월칠석날 밤에 현종은 아름다운 화청궁에서 양귀비와 함께 노닐고 있었다. 밤이 깊어 하늘에는 은하수가 촘촘히 박혀 빛나고 있었다. 그런데 갑자기 양귀비가 흐느껴 우는 것이었다. 현종이 몇 번이고 달랬으나 양귀비의 흐느낌은 그치지 않았다. 한참 후에야 양귀비는 눈물을 닦으면서 목 메이는 소리로 말했다.

　　"하늘에 반짝이는 견우성과 직녀성, 그 얼마나 아름다운 인연입니까? 그와 같은 지극한 사랑과 영원한 애정이 부럽기만 합니다. 나이가 들면 가을 부채처럼 버림받는 여자들의 허무함이 너무 서럽기만 합니다……."

　　현종은 이 말을 듣고 양귀비의 손을 꼭 잡고 하늘의 반짝이는 별 앞에서 맹세하였다.

　　"하늘에서는 비익조(比翼鳥)가 되고, 땅에서는 연리지(連理枝)가 될지어다."

　　비익조는 암수가 한 몸인 전설적인 새로서 사이좋은 부부를 상징하고, 연리지는 뿌리는 둘이지만 가지는 합쳐 하나가 된다는 나무로 부부의 깊은 애정을 상징한다.

입에는 꿀이, 배에는 칼이

　　그 후 안록산은 어사대부를 겸하게 되었고, 이어 양귀비의 아들이 되기를 원해 허락받았다.

　　안록산이 조정에 들어올 때 현종의 명령으로, 양쇠를 비롯하여 안록산과 형제 자매가 된 자들이 모두 희수까지 마중을 나갔다. 양쇠는 양귀비의 6촌으로 대궐에 드나들게 된 사람이다.

　　양쇠는 나라의 재정을 맡고 있었는데 그는 가끔 현종에게 금은보화가 창고마다 가득 찼다고 아뢰었다. 그러자 현종은 군사를 거느리고 창고를 돌아다녀 보았다.

　　그 후부터 현종은 재물을 가볍게 여기고 신하들에게 마구 하사했다. 그리고 양쇠에게 국충(國忠)이라는 이름을 하사했다.

그 후 현종은 안록산을 위해 수도에 저택을 지어 주었다. 현종은 안록산이 수도에 머물러 있을 때에는 날마다 양귀비의 가족을 보내서 연회를 베풀어, 안록산으로 하여금 마음껏 즐기게 하였다.

안록산은 궁중에 들어오면 반드시 제일 먼저 양귀비에게 절하고 나서 황제를 뵈었다. 현종이 그 까닭을 물었다.

"호인의 습관으로는 모든 일에 어머니를 첫째로 하고, 아버지를 둘째로 합니다."

안록산의 생일에는 천자가 하사하는 물건이 어마어마하게 많았다. 그리고 사흘째 되는 날 궁중에 들어오면, 양귀비는 아름다운 비단으로 만든 커다란 포대기로 록산을 둘둘 말아서(이는 안록산을 자기 아들로 본다는 뜻) 화려한 가마에 태워 궁녀들로 하여금 메고 다니게 했다.

현종은 궁녀들이 낄낄거리고 웃는 것을 보고 물었다.

"얘들아, 도대체 무슨 일이 일어났느냐?"

모시고 있던 한 신하가 대답했다.

"지금 양귀비께서 아들 안록산을 목욕시키고 계십니다."

그러자 현종은 양귀비에게 아이를 낳은 축의금을 내려 마음껏 즐기게 했다.

그 후부터 안록산은 궁중에 들어왔다가 밤이 되어도 물러가지 않는 때가 있었고, 양귀비와 안록산이 이상한 관계라는 소문이 세상에 퍼졌다. 그러나 현종은 조금도 의심하지 않고, 오히려 안록산에게 하동의 절도사를 겸하게 했다.

한편 당시 재상으로 있던 이림보는 안록산보다 한 수 위인 사람이었다. 그는 상대방의 마음을 꿰뚫어 보았다. 안록산이 미처 말하기도 전에 그가 하고자 하는 말을 먼저 할 정도였다. 그래서 안록산도 이림보를 대하면 한겨울에도 진땀을 흘렸다.

안록산은 수도에 부하가 오면, "이림보 재상이 내게 관해 뭐라고 하지 않더냐?" 하고 반드시 물었다. 그때 만약, "칭찬했습니다." 하면 몹시 기뻐하고, "안대인에게 조심하는 것이 좋을 것이라고 여쭈라고 하셨습니다." 하면, "아, 큰일 났다. 나는 죽는가 보다." 하고 불안해했다.

이림보는 현종을 가깝게 모시고 있는 신하들의 비위를 잘 맞추어 현종의 뜻에 들도록 해서 총애를 받고 있었고, 반면 충성스러운 말은 가로막아서 현종의 총명을 가리고 있었다.

이림보는 일찍이 여러 사람들을 보고, "그대들은 궁문을 호위하는 말을 생각해 보시오. 그 말들이 잠자코 온순하게 있으면 괜찮지만, 건방지게 한 번이라도 울음소리를 내게 되면 그 즉시 행렬에서 물러나게 되는 법이라오." 하며 위협했다.

그는 또 어진 사람이나 유능한 사람을 시기하고, 자기보다 훌륭한 사람을 배척하고 억압했다. 성질이 음험해서 세상 사람은 그를 두려워했다. 그래서 사람들은 그를 가리켜, "입에 꿀이 있고, 배 에 칼이 있다."(口蜜腹劍, 구밀복검)라고 하였다.

그가 혼자 앉아 무슨 일엔가 깊이 생각에 잠겨 있으면, 그 이튿날에는 반드시 사람들이 죽었다. 그는 자주 큰 옥사를 일으켜서 많은 사람을 죽였으므로, 태자를 비롯하여 모두가 두려워했다.

안록산의 난

한편 양국충은 재상이 되어 현종에게 아뢰었다.

"안록산은 반드시 반란을 일으킬 인물입니다. 한 번 시험 삼아 수도로 불러 보십시오. 그자는 반드시 올라오지 않을 것입니다."

그래서 정말로 현종이 안록산을 불렀더니, 뜻밖에도 그는 곧바로 수도로 올라왔다. 현종은 양국충을 크게 꾸짖었다.

"사람을 그렇게 몰아세우면 안 된다. 다시는 쓸데없이 의심하지 말라."

그러면서 안록산에게는 벼슬을 더 붙여 돌려보냈다. 그 후 안록산은 황제에게 말 3천 마리를 바치겠다고 아뢰었다. 말 한 마리에 두 명의 병사를 붙여서 모두 6천의 병사를 22명의 장군으로 하여금 감독하게 하여 하남 지방까지 보내겠다는 것이었다. 그때서야 비로소 현종은 안록산이 반란을 일으키려 한다는 것을 알게 되었다. 그래서 현종은 사신을 보내 말을 바치는 것을 중지하라고 명령하였다. 안록산은 걸상에 앉은 채로 그 사신을 보고 말했다.

"말을 바치지 않아도 좋소. 아무튼 겨울이 되면 수도로 올라가겠소."

그해 겨울, 안록산이 마침내 반기를 들었다. 총 15만의 대군이 수도를 향해 진군했다. 보병과 기병이 모두 정예였고, 그 행렬이 일으키는 흙먼지는 천리를 덮었다.

이때는 태평스러운 세월이 수십 년이나 계속되고 있었기 때문에 사람들은 전쟁이라는 것을 까맣게 잊고 있었다. 그래서 당나라의 군대는 반란군의 위세만 바라보고도 무너져 버렸다. 안록산의 군사는 계속 진군하여 승승장구하더니 마침내 낙양을 함락시켰다.

이때 하북 지방의 평원 태수 안진경이 의병을 일으켜 안록산 군대를 격파하였다. 안진경은 안록산의 반란군과 격렬한 전투를 벌여 안록산이 곡창지대인 강남으로 진출하는 것을 저지시켰다.

현종은 처음에 하북 지방이 모조리 적의 손에 들어갔다는 소식을 듣고는, "하북 지방의 그 많은 고을에 단 한 사람의 의사도 없더란 말이냐?" 하고 탄식했는데, 안진경이 의병을 일으켜 반란군을 격파했다는 보고를 듣자 크게 기뻐하며 칭찬했다.

"안진경이 어떤 사람인지 모르겠지만, 정말 충성을 다해 주었구나"

한편 안진경의 동생인 상산 태수 안고경도 의병을 일으켜 적을 쳤다. 그리하여 하북 스물네 고을 중에서 예닐곱 고을이 당나라에 되돌아왔다.

그 후 적장 사사명이 상산을 함락시키고, 태수 안고경을 잡아 낙양에 있던 안록산에게 보냈다. 안록산은 안고경을 보고 어째서 자기를 배반했느냐고 꾸짖었다. 그러자 안고경은 도리어 꾸짖었다.

"배반이라니! 도대체 무슨 말인가? 우리는 오직 나라를 위해 적을 친 것이다. 너를 베지 못한 것이 한이다. 이 오랑캐 놈아, 어째서 나를 빨리 죽이지 않는 거냐?"

이에 안록산은 크게 노하며 안고경을 천진교에 결박하고 그의 살을 깎아내어 뼈가 온통 드러나게 했다. 하지만 안고경은 목숨이 끊어질 때까지 계속하며 안록산을 비난했다.

이때 양국충은 스스로 대장이 되어 운남 지방의 남조 토벌에 나섰다. 하지만 그 전투에서 전사자를 6만 명이나 내는 참패를 당하였다. 그 전투는 원래 양국충이 공을 세우려고 무리하게 일으킨 것이었다. 장안으로 돌아온 양국충은 패전 소식을 숨기고 마치 커다란 승리를 거둔 것처럼 보고하였다.

그런데 양국충에게는 걱정이 있었다. 장안의 관문인 동관을 지키는 가서한이라는 장군이 군사를 돌려 자신을 공격하지나 않을까 하는 것이었다. 그는 가서한에게 낙양을 탈환하라는 명령을 내렸다. 하지만 당시 가서한은 병에 걸려 요양 중이었고, 병사들도 대부분 훈련조차 받지 못한 오합지졸이었다. 가서한은 명령에 거역 할 수 없는지라 할 수 없이 공격에 나섰지만 곧바로 전멸 상태에 빠져 버렸다. 가서한은 결국 항복하고 말았다. 이렇게 하여 동관 지방은 안록산의 수중에 떨어지고, 바야흐로 장안은 풍전등화에 몰리게 되었다.

이백

이백(李白)의 자는 태백(太白)이고 면주의 청련향에서 자라났다. 그는 부유한 가정에서 태어나 어릴 적부터 뛰어난 문재(文才)를 발휘하였다. 뿐만 아니라 검술을 좋아하고 의협심이 강한 대장부이기도 하였다.

그는 스물다섯 살 때 칼을 차고 천하 유랑을 시작하였다. 이 유랑은 마흔두 살까지 계속되었다. 그동안에 그는 운몽 지방에서 재상 허어사의 딸과 결혼했으며, 병주에서는 당시 병졸로서 문책받고 있던 곽자의를 구해 주기도 하였다. 그러면서 도사들과 어울리며 노장 사상에 심취하였다. 그리하여 마흔두 살 때 도사 오운의 추천으로 장안에서 벼슬을 얻었다.

어느 날 현종은 이백을 궁정에 불러, "평민인 그대를 짐이 알게 된 것은 오직 그대의 사람됨과 글 솜씨가 다른 사람들과 비교할 수 없을 만큼 탁월하기 때문이오." 라며 이백을 크게 후대하면서 대화를 나누고 함께 식사를 나눴다. 황제가 평민에 대하여 이러한 대우를 해주는 경우는 거의 없었기 때문에 이후 이백의 명성은 천하에 퍼지게 되었다.

이때 이백은 정치에 대한 자신의 뜻을 펼쳐보려 했지만 끝내 이룰 수 없었다. 현종은 이백이 다만 궁정 시인으로 남아 있기를 원했기 때문이다. 그래서 그는 이렇다 할 일도 없이 시를 짓는 친구들과 어울려 술을 마시고 향수를 달래는 나날을 보내야 했다.

이러한 생활에 염증이 난 이백은 당시 모든 관리들이 두려워하는 환관의 우두머리 고력사 앞에서 보란 듯이 다리를 쭉 뻗고 신을 벗기게 하였으며, 황제에 대해서도 마치 친구를 대하듯이 놀려 대기도 하였다.

어느 날 현종은 양귀비를 데리고 침향정에 나가 모란꽃을 구경하였다. 그때 당시의 명가수 이귀년이 노래를 하려 했으나, 현종은 이렇게 말했다.

"아름다운 꽃과 아름다운 양귀비 앞에서 옛 가사로 노래를 부른 데서야 무슨 운치가 있겠는가?"

현종은 이백을 급히 찾아오도록 하였다. 그러나 그의 모습은 보이지 않았다. 이귀년이 궁정 밖으로 나가 이백을 찾아 헤맸다. 시내의 주점 앞에 이르렀을 때 문득 흥겨운 노랫소리와 함께 취객들의 주정소리도 흘러나왔다. 혹시나 해서 이귀년이 들어가 보니, 아니나 다를까 이백이 흠뻑 술에 취한 채 노래를 부르고 있었다.

이귀년은 이백을 업고 주점을 나와 침향정으로 돌아왔으나 이백은 현종 앞에서도 침을 흘린 채 정신을 차리지 못하였다. 찬물을 끼얹어도 별무신통이었다. 현종은 술깨는 미음을 가져오도록 하였다.

이윽고 한참 만에 술에서 깨어난 이백은 붓을 들더니 금방 '청평조의 가사'를 지어 올렸다. 이백이 시를 짓자 이귀년은 그 자리에서 곡을 붙여 노래를 불렀다. 현종은 넋을 잃은 채 듣고 있었고, 양귀비도 웃음을 가득 머금고 들었다. 이 '청평조의 노래'는 이후 세상에 널리 알려져 즐겨 불려졌다.

그런데 환관 고력사는 이백을 매우 못마땅하게 여겨 항상 그를 모함할 기회를 노리고 있었다. 그리하여 '청평조의 가사'를 들어 양귀비에게 이렇게 일러바쳤다.

"이백은 이 시에서 당신을 한나라 성제의 총희였던 조비연에게 비유하며 노래하고 있습니다. 이는 당신을 몹시 비난하는 내용입니다."

사실 '청평조의 가사'는 나라를 기울게 하고 있던 양귀비를 비난하는 내용이 숨겨져 있었다. 이백이 자신을 칭찬하는 시를 지었다고 생각하여 기뻐하고 있던 양귀비는 고력사의 말을 듣고는 완전히 심기가 상했다. 그에 따라 양귀비에 푹 빠져 있는 현종도 당연히 이백을 멀리하게 되었다.

냉대를 이기지 못하는 성격인 이백은 마침내 장안을 떠나 방랑길에 올랐다.

장진주(將進酒)

그대는 보지 못하는가!
황하의 물이 하늘 위로부터 와서
세차게 흐르다가 바다에 이르면 다시 돌아가지 못함을!
그대는 보지 못하는가!
고대광실 맑은 거울 속 슬픈 백발은
아침에 까만 비단실이더니 저녁에 눈발이 날린 것임을!
인생은 뜻대로 될 때 마냥 즐겨야 하리
황금 단지를 달 아래 그냥 두지 마라

하늘이 내게 주신 재능이니 반드시 쓰일 것이요,

천금을 다 써버리면 다시 돌아올 것이니

양을 삶고 소를 잡아 잠깐 즐거움을 누리세

마신다면 모름지기 3백 잔은 들어야 하리!

얼마 후 이백은 낙양에서 두보를 만났다. 그때 이백은 44세, 두보는 33세였다. 그들은 형제처럼 함께 노닐고 함께 취하고 함께 잤다. 그러면서 하남, 산동 일대를 유람하면서 명승지를 방문하고 사냥을 하였으며, 명산의 전망 좋은 누대에 올라 함께 시를 읊었다. 이렇게 꿈과 같은 시절을 보내고 그들은 각기 다른 여행길로 떠났다.

이백은 벼슬할 생각이 추호도 없었다. 그는 "어찌 허리를 굽히면서 권력에 아부하여 내 마음을 펴지 못할소냐!"라고 노래 부르며 경치 좋은 강남으로 내려가 시와 술로 세월을 보냈다.

추포가(秋浦歌)

백발 삼천장(白髮三千丈),

수심에 겨워서 이처럼 길어졌네

알지 못하리라

거울은 어디에서 가을 서리를 얻었는지를

두보

두보(杜甫)는 자가 자미(子美)이고 양양 태생이었다. 장안의 두릉에서 가까운 소릉에 산 적이 있기 때문에 '소릉야로(少陵野老)'라고 스스로 불렀으며, 그래서 후에 사람들은 두소릉이라 하였다.

그의 할아버지 두심언은 유명한 시인으로, 그는 어려서부터 시와 관계가 깊은 환경에서 자라났다. 두보는 이미 일곱 살 때 '봉황시'를 써서 주위 사람들을 크게 놀라게 하였다. 하지만 그의 집안은 매우 가난하였다.

두보는 스무 살에 천하를 유람하면서 많은 걸작을 남겼으나 과거에 낙제하였다. 그 후 낙양에서 이백을 만나고 다시 장안에 돌아 왔을 때 그의 나이 35세였다. 그 다음해 현종이 널리 인재를 구하는 조서를 내렸다. 그래서 두보는 이 시험에 응시하여 좋은 답만을 제출했으나, 웬일인지 또 떨어지고 말았다.

그때 시험의 총 책임자는 간신 이림보였는데, 그는 훌륭한 인재가 조정에 들어오면 자신이 위태롭다고 생각하여 응시자 전원을 낙방시켰던 것이다. 그러면서 현종에게는 "폐하의 명령에 따라 신이 열성으로 인재를 구하려 했지만 끝내 인물을 발견할 수 없었습니다. 이제 재야의 어진 인물은 없는 듯합니다."라고 보고하였다

두보의 생활은 점점 어려워만 갔다. 그러는 사이에 두보의 아들이 끝내 굶어죽는 등 이루 말할 수 없는 비참한 처지에 빠졌다.

얼마 지나지 않아 '안록산의 난'이 일어났다. 전국에서 뜻있는 사람들이 반란 진압에 나섰는데, 이때 이백은 남쪽에서 이 대열에 참여하여 현종의 열여섯 번째 황자인 영왕의 막하로 들어갔다. 그런데 후에 영왕은 제위에 오른 형숙종으로부터 반역자로 몰려 토벌당하고 이백도 체포되어 사형될 위기에 몰렸으나 전에 도와준 바 있던 곽자의 장군의 도움으로 간신히 죽음을 면하고 석방되었다.

춘망(春望)

나라는 깨어져도 산천은 남아 있어
성에는 봄이 왔는지 초목이 우거진다
시절을 슬퍼하니 꽃에 눈물이 흐르고

이별을 아파하니 새에도 마음이 놀란다
봉화에 오른 횃불은 석 달이나 잇고
집에서 부친 글월은 만 금이나 나간다
센 머리를 긁어 또 짧아졌으니
비녀도 이기지 못할듯 하구나

이백은 그 후 강남 지방을 방랑하다가 62세 때 한 많은 세상을 떠났다.

한편 두보도 이때 커다란 고통을 겪어야 했다. 두보는 난리를 피하여 가족들을 데리고 강촌으로 거처를 옮겼다. 그때 숙종이 영무 지방에서 즉위하였기 때문에 그는 가족들을 떼어놓고 영무로 향했으나 도중에 반란군에 체포되어 장안에 유폐되었다. 그는 아홉 달 후 장안을 탈출하여 숙종이 있는 행재소로 달려갔다.

이때의 참담한 처지를 두보는 이렇게 읊었다.

내 눈은 (조정이 있는) 서쪽으로 기우는 해를 뚫어지듯 바라보지만,
마음은 이미 죽어서 차디찬 재에 붙는다.

두보는 그곳에서 좌습유라는 벼슬을 얻었으나 그의 솔직한 충언은 도리어 황제의 반감만을 불러일으켜 결국 추방되고 말았다.

두보는 이때부터 각지를 방랑하는 신세가 되었다. 그런 가운데 전쟁과 부역에 시달리는 백성들의 크나큰 고통을 직접 목격하였다. 두보 자신도 먹을 것이 없어 초근목피로 연명해야 했다.

만년에 접어든 두보의 생활은 더욱 고통으로 이어질 뿐이었다. 그는 장강 중류 지역을 방랑하다가 마침내 호남성 악양 부근의 강에 떠 있는 낡은 배 안에서 병사하였다. 이때 두보의 나이 59세였다.

태산북두

한유의 자는 퇴지(退之)이며, 하양 출신이다. 그는 3세 때 아버지를 잃었으나 가난한 생활 속에서도 학문을 게을리하지 않았다. 그리하여 25세 때 진사 시험에 합격하여 20년간 관리로 재직하다가 만년에는 국자제주라는 최고 학부의 학장이 되었다

그런데 당시 육조 시대부터 당나라에 걸쳐 산문은 사륙변려체라 하여 운율에 여러 제약이 있었고 오직 기교 위주로 치달아 꾸밈이 강해졌다. 그래서 화려한 표현에 비하여 내용이 빈약하게 되었다. 한유는 바로 이러한 경향을 경계하여 이른바 '고문(古文)'을 부활시켜 한나라 이전의 자유로운 문어체 문장을 다시 도입하였던 것이다.

한유는 "문(文)은 도(道)이다."라고 설파하였다. 여기에서 '문'이란 형식을 가리키고, '도'란 내용을 가리킨다. 이는 형식을 중시하고 내용을 경시해 왔던 종래의 '사륙변려체'를 비판한 주장이었다.

한유는 유교의 '도'를 존중하여 불교와 도교를 반대하였다. 특히 불교에 대한 반감은 매우 컸다.

당시 나라에는 불교가 흥성하여 사원이 수없이 세워지고, 이에 따라 국가 재정과 백성들의 부담이 가중되었다. 한유가 52세 되던 때 헌종은 석가의 유골을 장안 궁전에 맞아들여 공양을 드린 적이 있었다. 이때 한유는 이를 강력히 반대하며 '불골(佛骨)을 논하는 표'를 올려 부처를 믿는 것은 잘못이라고 비판하였다

이는 헌종의 커다란 노여움을 불러일으켜 하마터면 한유가 사형당할 뻔하였다. 그는 간신히 목숨을 건져 조주로 좌천되었으나, 이듬해에 국자제주로 복귀하였다.

한유는 성격이 정열적이고 개방적이어서 맹교, 가도, 유종원, 장적 등 문인들과의 교제도 넓었다. 한유가 죽은 후 선비들은 그를 추앙하여 이렇게 말

했다.

"한유가 죽은 후에도 그의 학문은 크게 흥하여, 학자들은 그를 태산북두(泰山北斗)와 같이 우러러 존경하였다."

한편 한유보다 조금 뒤에 유종원이 태어났다. 그는 일찍이 정치 개혁에 참여하다가 좌천되어 지방에 재직하였다. 지방에 있는 동안 그는 문학에 정진하며 한유와 같이 고문에 열중하였다. 그는 문체에 정통하였고, 세련되고 침착한 산문과 우화를 많이 남겼다.

특히 그가 산수의 풍경을 묘사한 '영주팔기'는 산문의 최고봉으로 일컬어지고 있는데, 일목일초(一木一草)와 일산일수(一山一水)가 마치 살아 움직이는 듯 묘사되고 있어 한 폭의 산수화라 여겨질 정도이다.

환관 천하

꽃잎은 흩어지고

드디어 안록산의 반란군은 장안에 육박하였다. 그러자 순식간에 장안은 일대 혼란에 빠져 버렸다.

72세가 된 현종은 양귀비 등 측근과 황족, 그리고 대신들을 데리고 2천 명으로 편제된 6군의 호위를 받으며 장안을 빠져나가 촉 땅으로 피신길에 나섰다. 그리하여 장안에서 백여 리 떨어진 마외역에서 하룻밤을 세우게 되었다.

이때 뜻하지 않은 일이 벌어졌다. 따르던 병사들이 굶주리고 피로해지자 모두들 이 모든 것이 양국충 때문에 벌어진 비극이라고 생각하였다. 특히 양국충의 무모한 운남 원정에서 일가 친척을 잃은 사람들이 엄청 많았기에 병사들은 분개하여 양국충에게 몰려가 활을 쏘았다. 양국충은 서문 안으로 도망쳤으나 병사들이 이를 끝까지 추적하여 목을 잘랐다. 그의 머리를 창끝에 꽂아 역문에 달았다. 그리고 다시 현종의 거처를 포위하였다.

현종은 측근에게 물었다. "이게 대체 웬 소란이니?"

"네, 6군의 병사들이 양국충을 죽였습니다."

측근들이 대답하였다.

이때 밖에 모인 병사들은 모두 "양귀비를 죽여라"며 외쳐대고 있었다. 양국충의 동생인 양귀비가 살아 있는 한 양국충을 죽인 죄로 병사들이 모조리 처벌받을 게 뻔했다. 결국 현종은 자신이 그토록 사랑했던 양귀비의 처형을 허락하였다. 고력사는 숙소 안의 조그만 불당으로 양귀비를 불러냈다. 양귀비는 이미 자기의 운명을 알고 있었다. 고력사는 사약을 내밀었다. 그러자 양귀비가 말했다. "약보다는…… 이것으로 하면 어떨지요……."

양귀비는 허리에서 담홍색 허리띠를 끌렀다. 고력사는 그것을 조심스럽게 받쳐 들었다.

"뜰에 배나무가 있지요. 그 가지 모양이 좋더군요."

이렇게 하여 천하 절색 양귀비는 허무하게 세상을 떠나갔다. 이 때 양귀비의 나이 38세였다.

> 군이 움직이지 않으니 어찌할 수 없구나
> 요염한 미녀 말 앞에서 죽었나니
> 꽃 비녀 땅에 버려졌건만 줍는 사람이 없다
> 비취 깃털, 공작 비녀, 그리고 옥비녀도
> 상감께서는 얼굴을 덮고 구해 주지 못했다
> 돌아보는 얼굴엔 피눈물이 섞여 흘렀다
>
> — 백거이의 〈장한가〉에서

잠시 후 현종이 문을 열고 모습을 나타냈다. 병사들은 모두 침묵을 지키고 있었다.

"이번 일은 모두 짐이 결정한 일이다. 그대들은 모반을 꾀한 자를 주살했고 짐은 모반자와 관련이 있는 귀비에게 죽음을 내렸다. 그대들은 아무 염려 말고 원대 복귀하라." 이에 병사들은 모두 만세를 불렀다.

양귀비가 죽은 지 10일 후 마침내 장안이 함락되었다. 그 후 현종이 다시 떠나려 하니, 그 지방의 백성들이 행차를 막으며 그대로 머물러 있기를 청했다. 그러자 현종은 태조에게 명령하여 그들을 위로하여 달래게 했다. 하지만 백성들은 태자의 말을 둘러싸고 가지 못하게 하면서 이렇게 호소했다.

"폐하께서 피난을 가신다면 저희들이라도 태자를 모시고 반란군을 무찔러 장안을 탈환하려 합니다. 만약 폐하와 태자 모두 촉 땅으로 피난하신다면 중원은 모두 반란군의 수중에 들어갑니다. 헤아려 주옵소서."

태자는 황손 숙을 현종에게 보내서 백성들의 뜻을 아뢰었다. 이에 현종은 태자에게 이렇게 말했다.

"이 모든 것이 천명이다. 태자는 백성들의 뜻에 따르라. 서북방의 여러 민족들은 내가 여러 해 동안 잘 다스려 왔으므로 틀림없이 태자의 힘이 되어 줄 것이다."

그리고 조서를 내려 제위를 물려주려고 했다. 태자는 계속 사양하다가 다섯 번이나 요청을 받고 마지못해 받아들이니 그가 바로 숙종이다.

숙종 2년, 안록산의 맏아들 안경서가 안록산을 죽였다. 안록산은 반란을 일으킨 후부터 눈이 나빠져서 이때부터 아무것도 못 보게 되었다. 게다가 종기까지 심하게 생기자 신경질을 부리는 등 몹시 난폭하게 굴었다. 그러면서 그의 애첩의 아들 안경은으로 하여금 자신의 뒤를 잇게 하려고 했다. 그러자 맏아들 안경서는 선수를 쳐서 안록산을 죽이고 말았다.

충신의 최후

그해 10월, 안록산의 부장인 윤자기가 수양성을 함락시켜 그곳을 지키고 있던 장순과 허원이 전사했다.

장순은 그전 해 7월부터 옹구를 지키고 있었다. 그리고 수양성으로 와서 허원과 함께 이곳을 지켜 여러 번 적을 물리쳤다. 그러나 양식이 점점 떨어지게 되자 성을 버리고 피해 있다가 다음 기회를 보자는 것이 좋겠다는 의견도 나왔지만 장순과 허원은, "수양성은 강회 지방의 방어벽이다. 만약 이 성을 버린다면 적군은 물밀듯이 밀려올 것이다. 이는 강회 지방을 모두 잃는 결과가 될 것이다. 그러니 더욱 굳게 지켜 구원병이 오기를 기다리는 편이 옳다."라고 말했다.

양식이 떨어져 차와 종이까지 먹었지만, 그것도 모두 떨어져서 다음에는 말을 잡아먹었다. 말도 모두 잡아먹고 없어서 이번에는 참새를 잡고 쥐까지 잡아먹었다. 하지만 얼마 안 가서 참새와 쥐도 모두 없어졌다. 그래서 장순은 사랑하는 첩을 죽여 군사들에게 먹였다.

4만 명이나 되던 군사가 4백 명으로 줄었지만, 끝까지 배반하는 자는 없었다. 이윽고 적병들이 성벽으로 벌 떼처럼 기어 올라왔다. 그러나 군사들은 지칠 대로 지쳐서 맞서 싸울 힘조차 없었다. 장순은 이제 마지막이라 생각하고 서쪽을 향해 두 번 절하고 나서 말했다.

"신의 힘은 이미 다했습니다. 다시 폐하를 섬길 수 없게 되었습니다. 죽어서 원혼이 되어 적을 저주하며 죽이겠습니다."

수양성은 마침내 함락되어 장순과 허원은 함께 적에게 잡혀 죽고, 끝까지 싸웠던 36명의 용사도 모두 피살당했다. 죽은 장순을 살펴보니 이빨이 모두 없었다. 독전을 하면서 이를 갈았기 때문이다.

그 후 사사명이 군사를 이끌고 안경서를 도와 거듭 승리했다. 그러다가 결국 사사명이 안경서를 죽이고 대연황제라 참칭했다. 그런데 사사명은 둘째 아들 사조청을 사랑하고 맏아들 사조의를 미워하고 있었다. 얼마 뒤 사조의가 관군과 싸워 패했으므로, 사사명은 사조의를 죽이려고 했다. 그러나 사조의는 먼저 손을 써서 사사명을 쏘아 죽이고 스스로 대연황제가 되었다.

한편 상황 현종은 홍경궁을 사랑하여 촉 땅으로부터 돌아와 그 곳에 거처하면서, 언제나 누대에 올라가 그 아래를 지나가는 사람들이 상황을 우러러 뵙고 만세를 부르면 그들에게 술과 음식을 내렸고, 또 장군 곽영예 등을 불러서 연회를 베풀어 주기도 했다. 그래서 상황을 모시던 이보국이 황제에게, "상황께서는 홍경궁에서 자주 외부 사람들과 접촉하고 계십니다. 뿐만 아니라 고력사가 폐하에 불리한 일을 꾸미고 있습니다." 하고 여러 번 아뢰었으나, 효성이 지극한 황제는 이를 허락하지 않았다.

이보국은 황제가 병으로 누워 있는 틈을 타서 5백의 군사를 동원하여 상황을 유폐시켜 버리고 외부와의 접촉을 끊었다.

웃는 사람은 그 마음을 헤아릴 수 없다

얼마 후 현종이 죽었다. 황제의 자리를 물려준 지 7년 만이었고 향년 78세였다. 그해 봄부터 숙종도 병으로 누워 있었는데, 아버지 상황이 죽음을 당하자 슬픔으로 병이 악화되어 마침내 그도 죽고 말았다.

한편 황후 장씨는 이보국과 서로 뜻이 맞아 모든 일을 마음대로 전횡했는데, 얼마 후에 서로 사이가 나빠졌다. 숙종이 병으로 위독해지자 장황후는 태자를 불러 권했다.

"이보국은 오랫동안 친위병을 지배하고 있어서 몰래 반란을 꾀하고 있으니, 그를 죽여야 한다."

태자는 병환 중인 아버지 숙종을 놀라게 할 것을 염려하여 이를 듣지 않았다. 그 이튿날 숙종이 죽었다. 그 기회를 노려 이보국은 장황후를 죽인 다음, 태자를 모셔다가 황제의 자리에 오르게 하니 바로 대종황제다. 대종은 즉위한 뒤 얼마 지나지 않아 간신 이보국을 주살해 버렸다.

그해에 토번족이 쳐들어와서 대종은 협주로 피난을 갔다. 토번족은 장안에 들어와 마구 약탈을 일삼았다. 그러자 부원수인 곽자의가 계략을 써서 겨우 4천 명의 병력을 굉장히 많은 군사로 보이게 하여 20만 명에 이르는 적을 공격해 크게 격파하였다. 결국 토번은 장안을 버리고 멀리 달아났다.

그 후 복고회은이 회흘족과 토번족을 자기편에 끌어넣어 수십 만 명의 대군을 이끌고 침입해 왔다. 조정에서는 이에 크게 놀라 곽자의를 불러다가 경양 지방에 진을 치고 이를 방어하게 했다.

그런데 회은은 중도에서 병으로 죽고, 토번과 회흘이 서로 우두머리가 되려고 다투다가 사이가 나빠졌다. 이때 곽자의는 사자를 보내서 회흘을 달래며, 함께 토번을 치자고 했다. 그런데 전에 회은이 회흘에게 당나라에 있는 곽자의가 죽었다고 거짓으로 말한 적이 있기 때문에 그는 믿지 않았다.

"곽공이 살아 계시다면 만나보고 싶소."

사자가 돌아와 그대로 보고하니, 곽자의는 약간의 부하만을 데리고 회흘의 진영 앞으로 갔다. 그리고 부하를 시켜 외치게 했다.

"곽 장군의 행차시다."

그 말을 듣고 회흘은 크게 놀랐다. 회흘의 장군 약갈라가 활에 화살을 메고 진두에 나타났다. 곽자의는 얼굴이 잘 보이도록 갑옷과 투구를 벗고 앞으로 나아갔다. 그러자 회흘의 여러 추장들은 서로 얼굴을 쳐다보면서, "틀림없는 곽 장군이시다" 하면서 모두 말에서 뛰어내려 절을 했다. 곽자의도 말에서 내려 약갈라의 손을 잡고 정답게 말했다.

그들은 술을 나누고 함께 토번을 칠 것을 맹세한 다음 곽자의는 돌아왔다. 토번은 이 소식을 듣고 밤중에 달아났는데, 당나라의 군대가 회흘과 함께 추격하여 이를 대파했다.

그 후 환관 어조은은 친위병을 통솔하여 조정 안팎을 장악했다. 그리고 국자감까지도 수중에 넣었다. 그러던 어느 날 그는 솥발이 부러져서 솥을 엎지른다는 『역경』의 대목을 강의하면서 삼공을 풍자하고 그들이 임무를 다하지 못한다고 비난했다.

그러자 재상 왕진은 크게 노했는데, 이에 반해 재상 원재는 태연한 채로 어조은을 상대도 하지 않았다. 그것을 보고 어조은은 말했다.

"성내는 것은 보통 사람이지만, 웃는 사람은 그 마음을 짐작할 수 없다."

어조은은 조정 일에 자기가 참여하지 않은 일이 있으면 곧 성을 냈던 사람이다.

"천하의 일 중에 내가 관여하지 않아도 좋은 일이 어디 있단 말이냐?"

대종은 이 말을 듣고 마음속으로 몹시 못마땅하게 여겼다. 이러한 때에 원재가 어조은의 방자함과 불충한 마음이 있음을 황제에게 아뢰었다. 그리하여 마침내 어조은은 주살되었다.

6년 후 원재가 모반을 계획하고 있다는 밀고가 있어서 원재를 조사해 추궁했더니, 그는 사실대로 자백하고 자살을 명 받았다. 재산을 몰수하니 보물이 8백 섬이나 되었고, 그 밖의 재산도 그와 비슷하게 많았다.

원재의 후임으로 양관과 상곤 두 사람이 재상의 일을 맡아 보았다. 양관은 청렴하고 검소한 사람이었다. 양관에게 임명장이 내려지자, 자기 집에서 연회를 열고 있던 곽자의는 연회 석상에서 연주되던 음악의 5분의 4를 줄여 버렸다. 또 평소 외출 행렬은 어마어마했는데, 당장에 말 열 마리로 줄여 버렸다. 그러나 양관은 재상이 된 지 겨우 석 달 만에 병으로 죽었다. 대종은 이를 몹시 슬퍼하며 말했다.

"이것이 하늘의 뜻인가? 하늘은 내가 태평을 누리는 것을 바라지 않으신단 것인가! 도대체 내게서 양관을 이처럼 빨리 빼앗아 가실 수 있단 말이냐?"

대종 다음에 황제가 된 사람은 덕종이었다. 이때 재상 상곤이 천자를 속인 죄로 조주 자사에 좌천되고, 최우보가 동평장사가 된 지 채 2백 일도 안 되어 그가 추천해서 벼슬하게 한 자가 무려 8백 명이나 되었다.

덕종이 물었다.

"그대가 이번에 추천한 인물들은 대부분 그대의 친척이거나 친구들이라고 세상에서 비난하고 있는데, 어떻게 된 일이오?"

"폐하를 위해 인물을 추천하는 데 있어서는 신중해야 합니다. 그런데 친척이나 친구가 아닌 사람의 재능이나 성품을 어떻게 충분히 알아서 안심하고 추천할 수 있겠습니까?" 하고 최우보는 대답했다.

그 후 이정기가 글을 올리면서 돈 30만 꿰미를 바쳤다. 최우보가 덕종에게 아뢰었다.

"사신을 보내서 장병들을 위로하고, 이정기가 바친 돈을 그들에게 하사하시는 것이 좋겠습니다."

그래서 덕종은 사신을 보내어 장병을 위로하고, 그 30만 꿰미의 돈을 그들에게 나누어 주었다. 이정기는 무안했지만 마음으로 그 뜻을 따랐다. 그러자 천하 사람들은 기뻐했다.

"이렇게 되면 천하는 틀림없이 태평해질 것이다."

나라의 기둥, 곽자의

덕종이 강태공에 견주면서 상보라고 부르던 곽자의 장군은 30년이라는 오랜 기간 동안 그 두 어깨에 국가를 짊어지고 있었다. 참으로 그의 공적은 천하를 덮을 만큼 위대했다. 천자는 조금도 그를 의심하지 않았고, 지위가 최고에 이르렀으나 아무도 그를 질투하지 않았다. 일찍이 곽자의가 절도사인 전승사에게 사지를 보낸 적이 있었다. 그때 전승사는 서쪽을 향해 절하고 나서 말했다.

"내 무릎은 오랫동안 남에게 굽혀 본 일이 없었는데, 이제 이 무릎을 꿇어 공을 뵙니다."

당시는 해마다 연말에 성적 고사를 받는 절차가 있었는데, 곽자의는 24번에 걸쳐 우수한 성적을 받았다. 자손은 아들이 여덟이고 사위가 일곱이었는데, 모두 제각기 세상에 이름을 드날렸다. 그는 손자가 수십 명이나 되어 명절에 인사를 오면 구별할 수 없어서 그저 고개만 끄덕일 뿐이었다. 그리고 그의 집에 기거하던 가인들은 3천 명이나 되었다. 그는 여든세 살의 나이로 세상을 떠났다.

그 후 이희열이라는 자가 반란을 일으켜 양성현에 침범해왔으므로, 황제는 군사를 동원하여 이를 막으라는 명령을 내렸다. 이에 경주 절도사인 요영언이 군사를 이끌고 수도를 지나가게 되었다. 이때 조정에서는 군사들에게 채소를 넣어 뭉친 현미밥 한 덩이씩을 주었다. 이러한 냉대에 분개한 병사들은 반란을 일으켜 장안성으로 난입했다.

이에 덕종은 수도를 빠져나가 달아나고, 난입한 군사들은 대위 벼슬에 있던 주자라는 자를 그들의 두목으로 추대했다. 그러자 사농경의 벼슬을 지내던 단수실이 주자를 죽이려 했으나 도저히 힘이 미치지 못했다. 주자는 군중을 모아놓고 스스로 황제가 될 것을 의논했다. 단수실은 분개하여 그의 얼굴에 침을 뱉으며 크게 꾸짖고는 주자의 얼굴을 후려갈겼다. 피가 주르르 흘러 땅을 물들였다. 주자는 노하여 단수실을 죽였다.

일찍이 상도무라는 점쟁이가 말했다.

"몇 해 후에 천자께서 대궐을 떠나시지 않을 수 없는 재난이 있습니다. 그러나 봉천에 천자의 상서로운 기운이 뻗쳐 있으니, 봉천성의 성벽을 높여 훗날에 대비하시는 것이 좋겠습니다."

주자의 반란 때 봉천성으로 달아났던 덕종은 점쟁이의 말에 따라 봉천성을 쌓았다. 주자는 황제를 추격하여 봉천성을 포위했다. 이때 이성이 군사를 이끌고 와서 응원하고, 혼함도 주자를 공격했다. 그리하여 봉천성의 포위는 풀렸다. 이희광도 덕종의 위급함을 구하려고 달려와 주자의 군사를 격파하고 봉천성에 이르렀다.

충신 안진경

그해에 덕종은 천하에 대사령을 내렸다. 이때 육지라는 신하가 덕종에게 아뢰었다.

"폐하께서 당신의 죄를 천하에 사과하시면 재난이 없어질 것입니다."

그래서 덕종은 봉천성에서 자기의 덕이 없음을 스스로 책하여 위로는 조상에게 사과하고, 아래로는 백성에게 사과하는 조서를 내렸다. 이 조서를 보고 아무리 교만한 장수라도, 그리고 간악한 군사라도 감격하여 눈물을 흘리지 않는 사람이 없었다.

앞서 반란을 일으켜 스스로 왕이라 일컫고 있던 반란자들이 이 조서를 보고는 황공하여, 모두 왕의 칭호를 버리고 글을 올려 죄를 사과했다.

그 후 이성이 주자의 군사를 격파하고 장안을 탈환했다. 주자는 달아나다가 부하에게 죽고, 부하들은 모두 항복했다. 이성은 승리를 아뢰는 글을 지어 덕종에게 올렸다.

"신은 이미 수도의 적을 토벌하고 궁중을 깨끗이 해놓았습니다. 역대의 능에 참배했는데, 제사지내는 기구들도 도둑 맞지 않았고 대묘도 무사합니다."

덕종은 이 글을 보고, 눈물을 흘리면서 말했다.

"하늘은 이성을 이 세상에 내려 보내시어 당나라의 사직을 안정시키셨다. 이는 결코 나 한 사람만을 위해 하신 것이 아니다."

한편 이희열이 반란을 일으켰을 때, 안진경을 미워하고 있던 재상 노기가 안진경을 이희열에게 사신으로 보내면 틀림없이 피살당할 것이라 생각하고, 황제에게 넌지시 이렇게 말했다.

"안진경을 보내서 이희열을 설복시키면 군사를 쓰지 않고도 항복받을 수 있을 것입니다.'

결국 안진경이 이희열에게 보내졌다. 그러자 세상 사람들은 몹시 애석해 했다.

"충성스럽고 곧곧한 원로를 위험한 곳에 보내서 잃는 것은 나라의 크나큰 손해다."

안진경이 이희열의 소굴로 들어가자, 이희열은 칼을 빼어든 그의 수양아들 1천여 명으로 하여금 안진경을 겹겹이 둘러싸고 협박하도록 하였으나 안진경은 얼굴빛 하나 변하지 않았다. 아무런 효과도 못 본 이희열이 이번에는 안진경을 재상으로 삼겠다는 등의 회유 작전으로 바꿔 달래 보았지만 안진경은 이를 단호히 거절하면서 이희열의 반역 행위를 신랄하게 비난하였다.

그러자 화가 머리끝까지 치민 이희열은 깊은 구덩이를 파게 하고 안진경을 끌어내 생매장하겠다고 위협하였다. 하지만 안진경은 굽히지 않고 대꾸하였다.

"사람의 생사는 천명에 달려 있는 법, 내 어찌 죽음을 두려워하겠는가! 어서 죽일 테면 죽여라."

이런 가운데 안진경은 2년 동안이나 억류당했다. 그러는 동안 전세는 점점 당나라 조정에게 유리하게 돌아갔다. 초조해진 이희열은 훨훨 타오르는 불길 앞에서 안진경을 끌어내어 협박했지만 안진경은 끝까지 굴복하지 않았다. 안진경은 조정에 보내는 유서와 자신의 묘지, 제문 등을 써 놓았다. 그는 침실 서쪽 벽 밑을 가리키면서 "이곳에 내가 묻힐 것이다"라고 말하였다. 마침내 그는 죽임을 당하였다. 그때 그의 나이 76세였다.

안진경은 서예의 대가였다. 특히 그의 글씨는 호방하고 중후하면서도 탄력이 넘치는 힘줄처럼 느껴져 '안체(安體)'라 불렸다. 이전에는 수백 년에 이르도록 글씨 하면 무조건 왕희지의 '왕체(王體)'였는데, 안진경이 출현하면서 비로소 왕체에서 벗어나 안체를 배우려는 사람이 줄을 잇게 되었다.

무너져 가는 나라

간신의 세상은 어떻게 만들어지는가?

문종 시대의 어느 날, 환관의 우두머리인 구사량이 환관들을 모아놓고 말했다.

"천자에게 틈을 줘서는 안 된다. 어디까지나 술, 가무, 놀이 등으로 재미있게 해줘야 하며, 그리하여 그 밖의 일은 전혀 생각할 틈이 없도록 해야 한다. 특히 천자가 절대로 책을 읽거나 학자들과 친하게 지내도록 해서는 안 된다. 만약 그렇게 되면 천자가 지혜로워지고 전대(前代)의 흥망을 깊이 생각하게 된다. 사물의 도리를 연구하고 시비곡직을 알면 우리 환관들은 배척될 수밖에 없다. 천자가 어리석어야 한다는 것, 바로 이것만이 우리 환관들이 기를 펴고 살 수 있는 유일한 길이다. 명심하라."

충신은 많건만

덕종이 죽고 그 뒤를 순종황제가 이었다.

그가 태자로 있을 때, 글을 좋아하는 왕비와 바둑을 잘 두는 왕숙문 두 사람이 늘 동궁에 드나들며 태자의 시중을 들었다.

"아무개를 재상으로 삼는 것이 좋습니다. 또 아무개를 징군으로 임명하는 것이 좋습니다."

그들은 훗날 그렇게 하기를 희망했다.

하지만 순종은 겨우 여덟 달 만에 태자에게 양위하고 태상황이 되었다. 그 태자가 바로 헌종이다.

헌종 3년, 사타족의 추장 주사진충이 아들과 함께 당나라에 항복했다. 원래 사타족은 용맹하기로 여러 호족(胡族) 중에서 으뜸이었다. 그래서 토번이 다른 나라와 싸울 때에는 언제나 사타족을 선봉으로 삼았다.

토번은 사타족이 회흘과 내통하고 있지나 않은가 의심하였는데, 사타족은 이를 두려워하여 당나라에 항복해 온 것이었다. 당나라는 군사를 일으킬 때마다 주사진충 부자를 불러서 싸우게 했다 그리고 그들은 번번이 승리하였다.

헌종 때 재상이 된 사람은 무원형, 이길보, 배게, 이번, 이강 등인데, 모두가 어진 재상이었다. 특히 배게는 이길보를 위해 당대의 인재 30명을 추천하였는데, 길보는 몇 달 안에 그들을 모두 등용했다. 그들은 모두 훌륭한 사람이었으므로 세상 사람들은 입을 모아 좋은 인물을 얻었다고 했다.

배게는 성격이 곧고 행동이 엄정했다. 그래서 사람들은 배게에게 사사로운 일을 청탁할 생각을 하지 못했다. 또 이번은 조서에 옳지 못한 점이 있으면, 곧 비판하며 조서 끝에 덧붙여 썼다. 한 번은 담당 관리가 비판하는 글을 따로 흰 종이에 써서 조서 끝에 붙여 달라고 했다. 그러나 이번은 듣지 않았다.

"그렇게 하면 그것은 내가 희망하는 글이 되오. 그것을 어떻게 판결이라고 할 수 있겠소."

그 뒤 배게는 이번을 재상에 추천하였다. 이번은 재상이 되고 나서 생각나는 일을 무엇이든 모두 황제에게 아뢰었다.

이강은 성격이 강직하고 정의에 강한 사람이었다. 이길보는 그와는 반대로 곧잘 천자의 뜻을 그대로 순종했다. 그래서 그들이 헌종 앞에서 시비를 다투게 되면, 헌종은 대부분 이강이 옳다고 했다.

최군과 백거이 등도 모두 강직한 사람이었다. 당시 밝은 정치가 행해진 것은 실로 이들이 있었기 때문이었다.

나라는 어지러워지고

어느 날 어사중승 배탁이 원제가 반란을 일으킨 회서 지방에 가서 조정의 명령을 전하면서 아뢰었다. 그 뒤 헌종은 배탁을 동평장사로 임명한 뒤 말했다.

"내가 배탁 혼자의 힘으로도 능히 적을 토벌할 수 있음을 보이리라."

그리고 다시 배탁으로 하여금 창의의 절도사를 겸하게 하고, 군사를 통솔하여 적을 토벌하게 했다.

배탁은 눈이 많이 내리는 밤을 틈타 70리를 강행군해서 채주성으로 들어갔다. 그리고는 연못에서 놀고 있는 거위와 오리를 때려 시끄럽게 울려서 사람과 말소리를 숨겨 적으로 하여금 깨닫지 못하게 한 다음, 새벽녘 닭이 울 무렵에 원제의 집을 습격했다. 원제는 누대에 올라가 싸웠으나, 얼마 버티지 못하고 포로가 되었다. 그래서 원제를 수레에 태워 가지고 수도로 보내어 목을 베었다.

그러나 반란이 진압되자 헌종은 교만하고 사치스러워졌다. 헌종은 회계 업무를 보고 또 소금 전매를 맡아 보던 황보박을 채용했으며, 뇌물을 자주 바치는 정이를 특별히 총애했다. 황보박과 정이, 두 사람이 한꺼번에 동평장사가 되었으므로, 모든 사람이 크게 놀랐다. 정치도 이때부터 어지러워지기 시작했다.

헌종 14년에 황제는 법문사의 탑에 안치되어 있던 석가세존의 손가락뼈를 수도 장안으로 맞아들여서 대궐 안에 모셔 놓고 사흘 동안 제를 지내게 하였다. 그러면서 각지의 절에 차례로 이를 보내 제사를 지내게 했다. 그러자 왕족부터 백성들이 서로 앞을 다투어 제를 지내고 재물을 바쳤다.

이것을 보고 형부시랑 한유가 강력히 비난하는 내용의 글을 올려, 세존의 뼈를 물과 불 속에 처넣어 백성들의 어리석음을 없애 버리기를 청했다. 헌종은 크게 노하여 한유를 좌천시켜 버렸다.

이듬해 정월, 헌종이 갑자기 죽었다. 헌종은 불로장수를 위해 금단이라는 약을 매일같이 먹고는 성질이 거칠어졌다. 그 때문에 좌우의 환관들이 아무 죄도 없이 죽는 일이 자주 있어서 모두 마음을 놓지 못했는데, 환관 진흥지가 마침내 헌종을 죽인 것이었다. 그러나 환관들이 이 사건을 감싸고돌아 약을 잘못 먹어 일어난 병으로 죽었다고 얼버무렸다.

그 후 제위를 이어받은 경종 황제는 이름을 담이라고 했는데, 제위에 오르고서도 여색에 빠져 정치를 돌보지 않아 총신들이 정치를 마음대로 주물렀다. 경종은 성질도 편협하고 성미가 급했다. 황제는 특히 격구와 수박을 매우 좋아했다. 격구란 말을 타고 달리며 공을 치는 놀이였고, 수박이란 씨름 경기였다. 경종은 어찌나 이 경기를 좋아했는지 밤 늦게까지 이 놀이를 즐길 때가 많았다. 이 때문에 목이나 팔이 부러지는 자가 속출하였다. 온 나라에서 역사 (力士)들이 황제 곁으로 모여들었다. 황제는 조금이라도 자기 마음에 들지 않으면 그 자리에서 벌을 주고 사람을 죽였다.

대궐 안에서 시중드는 환관들도 자칫하면 채찍으로 두들겨 맞기 일쑤여서, 모두 경종을 원망하고 있었다. 어느 날 밤, 경종이 사냥에서 돌아와 주연을 차려 한창 흥겹게 놀 때, 환관 유극명이 드디어 황제를 시살하고 말았다.

석류나무에 감로(甘露)가 내리다

경종이 죽고 그 뒤를 문종황제가 이었다. 문종 2년에 문종은 친히 관리의 채용시험 응모자를 만나 보았다. 당시 환관들이 더할 수 없이 횡포를 부렸다. 천자를 세우거나 폐위시키는 일까지도 완전히 그들의 수중에 달려 있어서, 그 권력은 천자보다 훨씬 높았다. 그러나 감히 그들을 비난하는 사람이 없었다.

그런데 시험에 응시한 유분이라는 선비는 문종의 물음에 대답하면서 환관에 대해 맹렬히 비난했다. 시험관들은 모두 감탄했지만, 환관이 두려워서 그를 채용하지 않았다.

그 시험에 급제했던 사람은 배휴, 이합, 두목, 최신유 등 스물두 명이었는데, 세상에서는 시험이 공평하지 못하여 유분을 억지로 낙제시켰다고 비난하는 소리가 높았다.

　그러자 이합이 이를 민망하게 생각하고, "유분과 같이 뛰어난 인재는 낙방하고 대신 나 같은 사람이 급제했다. 그러니 어찌 내가 벼슬을 산단 말이냐?" 하고 상소문을 올려 자기에게 내린 벼슬을 유분에게 돌려주라고 청했다. 그러나 아무런 조치도 없었다.

　문종 5년, 문종은 동평장사 송신석과 의논하여 국정을 전횡하고 있는 환관들을 주살하려고 하였다. 하지만 이 일은 도중에 누설되어 성공하지 못하고, 도리어 송신석은 좌천되어 그곳에서 죽었다.

　문종 9년에 문종은 다시 이훈, 정주 등과 함께 환관을 주살하려고 했다. 정주는 본래 환관 왕수징의 주선으로 출세한 사람이었으며, 이훈은 정주의 주선으로 왕수징이 문종에게 추천한 사람이었다.

　이훈은 큰 뜻을 품은 점잖은 사람이었다. 또 글이 수려하고 말도 잘했으며 권모술수에도 능했다. 문종은 그를 매우 좋아했다. 이훈과 정주는 문종이 환관의 횡포에 고민하고 있음을 눈치 채고, 가끔 환관을 죽여야 한다는 뜻을 내비쳐 문종의 마음을 움직였다. 그렇지 않아도 그들과 의논하여 환관을 죽이려 했던 문종은 자기의 속마음을 이훈과 정주에게 털어놓았다. 두 사람은 마침내 환관들을 주살하기로 했다.

　이훈은 원래 정주의 주선으로 출세한 사람임에도 불구하고 그 세력과 지위가 이미 정주와 어깨를 겨룰 정도가 되어 있었는데, 그는 자기에게 많은 은혜를 베푼 정주를 몹시 꺼리고 싫어하였다. 그리하여 이훈은 안팎에서 힘을 합하여 환관을 주살해야 한다는 구실 아래, 정주를 봉상부의 절도사로 좌천시켰다.

　그는 다시 환관 구사량을 발탁해서 왕수징의 세력을 꺾고 스스로 동평장사가 되어 문종에게 왕수징을 제거할 것을 청했다. 문종은 왕수징의 집에 사신을 보내어 그를 독살하게 했다. 그러면서 이훈은 정주와 함께 환관 토벌의 작전을 짰다. 즉 정주가 수백 명의 군사를 궁중에 들여보내서 왕수징의 장례를 경비하게 하고, 한편 이훈은 문종에게 요청하여 환관을 모두 장례식에 참석하게 한 다음 그들을 몽땅 죽이려 했다. 나중에 이훈이 곰곰 생각했다.

'아니, 그렇게 하면 공이 모두 정주에게 돌아가는 것이 아닌가? 그럴 바에는 모든 일을 내가 혼자 해버리자. 혼자 해도 충분한 일 아닌가!'

이렇게 생각한 이훈은 사람을 보내어 황제에게 아뢰었다.

"금오청의 후원에 있는 석류나무에 감로가 내렸습니다."

당시 감로가 내리면 천하가 태평하다는 증거라 믿고 있었다.

그러자 재상들은 문무백관을 거느리고 대궐로 돌아가서, "이것은 성덕(聖德)에 의한 경사입니다." 하고 축하의 말을 올렸다. 이훈이 문종에게 후원으로 가 보기를 권했더니, 문종은 재상들에게 먼저 가 보라고 했다. 이훈도 재상의 한 사람으로 함께 가보고 와서는 정말 감로가 내렸다고 거짓말을 했다.

문종은 환관 구사량을 돌아보면서, 모든 환관을 거느리고 가 보고 오라고 했다. 그래서 구사량 등이 후원으로 가는데, 마침 바람이 거세게 불어와 미리 쳐 놓았던 장막이 걷어 올려져 그 뒤에 무장한 군사가 숨어 있는 것이 드러났다. 그래서 구사량 등은 크게 놀라 달아나면서 고함을 쳤다. 이훈은 급히 금오청의 군사를 전각 위로 불러들여 환관을 습격하게 했으나, 겨우 십여 명을 살상했을 뿐이었다. 이훈은 계획이 실패로 돌아갔음을 알고 달아났다.

구사량은 곧바로 친위병에 명령을 내려 금오청의 병졸들을 죽이고, 재상 왕애, 매속, 서원여 등을 잡아 반역죄로 뒤집어 씌워서 허리를 끊어 죽이는 중형에 처했다. 이 일이 있은 뒤부터는 정치의 실권이 완전히 환관의 손에 들어가 천하의 모든 일들이 환관들의 손에서 결정되고, 재상은 다만 문서를 처리하는 허수아비에 불과하게 되었다.

한편 달아난 이훈은 다른 사람에게 목이 베인 채 피살되고, 정주는 환관에게 피살당했다. 배탁은 현종 때 재상 자리를 사직하고 세상일에서 일체 손을 끊고는 정원을 수리하여 녹야당이니 자오교니 하는 이름을 지으며 시인들과 술 마시고 노래를 읊으면서 소일했다. 배탁은 한동안 조정에서 재상이 되어 정치를 도왔고 문종 때는 평장군국중사라는 벼슬을 했으나, 다만 시세가 돌아가는 대로 내어맡길 뿐 이렇다 한 일을 한 것이 없었다. 그러나 4대의 황제를 섬기면서 재상이 되고 혹은 대장이 되어 그 명성이 변방의 오랑캐들에게까지 떨쳤다.

변방의 오랑캐들은 당나라에서 사자가 오면, 언제나 배탁의 안부를 물었다. 이와 같이 배탁의 일거수 일투족은 국가의 안정에 중대한 관계를 미쳤다. 그는 곽자의와 같은 존재로 20여 년 동안 이름을 크게 떨쳤다.

문종은 즉위 초기에 정치에 힘쓰며 천하를 태평하게 하려고 노력하고 사치를 멀리하여 검소하게 지냈으므로 모든 사람들은 천하가 태평해질 것이라고 생각했다. 그러나 후기에는 환관들에게 좌우되어 아무 일도 못했다. 더구나 이 무렵에는 이덕유의 패거리와 우승유의 패거리가 사사건건 맞서면서 도당을 형성해 이른바 우이(牛李)의 당쟁이 치열하게 벌어졌다. 정권이 바뀔 때마다 권력 투쟁에서 패한 패거리가 완전히 숙청되었으므로 일관된 정책도 없고 오직 자신들의 권력 유지에만 혈안이 되어 나라가 급속히 기울었다.

어느 날 문종이 재상 우승유에게 물었다.

"세상은 언제나 태평하게 되겠소?"

그랬더니 우승유가 아뢰었다.

"태평이라고 해서 특별한 형태가 있는 것이 아닙니다."

또 언젠가는 측근들에게 물었다.

"나는 주나라의 난왕과 한나라의 헌제에 비해 어떠한가?"

측근들은 아무 말도 할 수 없었다.

그러자 문종은 말했다.

"아니, 주나라의 난왕과 한나라의 헌제는 세력이 강한 신하들에게 억압당했는데, 지금 나는 참으로 쓸모없는 하인들에게 눌려 있소. 그러니까 나는 저 난왕이나 헌제만도 못하다고 생각하오."

문종은 즉위한 지 15년 만에 죽었다.

드디어 당나라 망하다

현란하도록 위엄을 자랑하던 당나라는 너무도 힘없이 무너지고 말았다. 마치 물에 젖은 종이처럼 순식간에 흐물흐물 형체도 없어져 버린 것이다.

무엇보다도 각 지방에 있는 절도사들의 세력이 황실도 제어할 수 없을 정도로 지나치게 비대화한 데 주요한 이유가 있었다. 그리고 이를 가속화시킨 것은 다름 아닌 안록산의 난과 황소의 난이었다.

뜰 앞에서 만 리 밖을 보다

헌종의 뒤를 이은 선종황제는 이름이 이이였는데, 어릴 때에는 호를 불혜라고 했다.

문종은 불혜가 통 말이 없으므로 온갖 수단과 방법을 다해 말을 하게 하여 웃음거리로 삼았다.

그러나 실제 즉위한 뒤부터는 그 처리가 이치에 전혀 어긋남이 없었다. 비로소 사람들은 불혜가 못난 듯 행세하지만, 실상은 매우 현명한 사람임을 알았다.

어느 날 선종은 도림학사 필함과 같이 앉은 자리에서 변경 지방에 대하여 대화를 나눴다. 이때 필함이 세세하게 그 계책을 아뢰어 선종은 매우 기뻐했다.

"조나라의 염파와 이목 장군이 우리나라에도 있으리라고는 생각지도 못했소."

그리고 곧 필함을 변경의 대장으로 임명했는데, 그는 과연 그 임무를 훌륭히 수행했다.

선종은 총명하고 기억력이 좋았다. 그는 한림학사 위오에게 은밀하게 명령을 내려 각 지방의 경계와 토지, 풍속, 산물 및 갖가지 땅의 이로움과 해로움을 조사하며 편집해서 책을 만들게 했다. 그리고 이것을 『처분어(處分語)』라고 이름지었다. 그 뒤 등주 자사 설홍종이 입궐해서 황제를 알현한 뒤 위오에게 말했다.

"폐하께서 우리 지방에 관한 것을 자세하게 아시고 올바르게 처리하시는 데는 정말 놀랐소."

또 건주 자사가 부임지로 떠날 때, 황제에게 하직 인사를 하기 위해서 입궐했다. 선종이 물었다.

"건주는 수도에서 얼마나 되오?"

"8천 리입니다."

그러자 선종은 이렇게 말했다.

"경은 이제부터 임지로 가서 그곳을 다스리게 될 것인데, 나는 여기 앉아서 그 잘잘못을 알 수 있소. 멀리 떨어져 있다고 하여 방심하지 마오. 내게는 만리 밖의 일이라도 바로 저 뜰 앞에서 일어난 일과 같이 환히 보이오."

그 후 영고도가 글을 올려 이원을 향주 자사로 보내기를 요청했다. 그랬더니 선종은 머리를 가로저었다.

"나는 이원의 시에 '긴긴 날을 바둑으로 소일한다'는 구절이 있다는 말을 들었소. 그런 자세로 어떻게 남을 다스린다 말이오."

"그것은 시인의 고상한 취미로 그런 생각을 하는 것뿐이고, 직무를 보는 데 있어서는 꼭 그런 것은 아닙니다."

영고도가 이렇게 변명했다. 또 어느 날 선종이 다음과 같은 조서를 내렸다.

"태수의 교체는 다른 지방으로 바로 옮겨서는 안 된다. 반드시 수도로 돌아오게 해서 한 번 만나 보아 그 사람의 잘하고 못함을 알아본 다음에 임명하라."

그런데 영고도는 자기가 잘 아는 한 태수를 그 이웃 지방으로 바로 전임시켰다. 선종이 이를 알고 영고도를 책망했다.

"내가 바로 다른 지방으로 전임시키지 말라는 조서를 내렸는데, 경은 벌써 그 조서를 휴지로 만들고 실행하지 않았소. 재상이란 벼슬은 참으로 권력이 대단한 것이구려."

영고도는 어찌할 바를 몰라 엄동설한의 한창 추운 때 땀을 흘려 옷을 흠뻑 적셨다.

선종은 조정에 나와 여러 신하를 대할 때면 조금도 권태로운 빛을 보이지 않았다. 재상이 정무를 아뢸 때 선종에게는 감히 바로 보지 못할 만한 위엄이 있었다. 그러나 아뢸 일을 다 아뢰고 나면 선종은 곧 온화한 얼굴로 돌아가 잠시 세상 이야기를 한 다음, 다시 낯빛을 바로하고 말했다.

"경들은 다만 직무에 충실해 주시오. 나는 항상 경들이 기대에 어긋나는 일을 해서 그 때문에 다시는 만나지 못하게 되지나 않을까 걱정하고 있소."

어느 날 재상 영고도가 주위 사람들에게 이렇게 말했다.

"나는 재상으로서 10년이나 조정에 있으면서 누구보다도 천자의 두터운 총애를 받고 있지만, 연영전에서 정무를 아뢸 때마다 늘 천자의 위엄에 눌려 땀으로 옷이 젖지 않을 때가 없소."

어느 날 선종이 한림학사 위오를 불러들여 주위의 신하들을 물리치고 난 후 물었다.

"요즈음 환관들의 권세가 어떠하오?"

"폐하의 위엄에는 견줄 수가 없습니다."

그러나 선종은 눈을 감고 머리를 가로저으며 말했다.

"아니야, 그렇지 못해. 아직 조심하지 않으면 안 되지."

그 후 황제는 영고도와 모의하고 환관을 모조리 주살하려고 했는데, 영고도는 죄 없는 자에게까지 화가 미칠 것이 두려웠다. 그래서 영고도가 몰래 글을 올렸다.

"다만 환관으로서 죄를 범한 자는 반드시 벌하여 절대로 내버려 두지 않도록 하고, 또 결원이 생겼을 때 그대로 두고 보충하지 않으시면 자연 그 수가 줄어서 마침내는 모두 없어질 것입니다."

환관이 몰래 그 상소문을 본 후 환관과 조정의 사대부의 사이는 점점 더 나빠져서 재상과 환관들은 물과 불의 사이처럼 서로 용납치 않았다. 선종은 끝내 환관들을 몰아내지 못하고 황제의 자리에 오른 지 14년 만에 세상을 떴다.

황소의 난

주전충은 비록 학식은 없었지만 자기의 분명한 생각을 가지고 있었다. 즉 그는 거대한 왕조를 무너뜨리는 힘은 외부에 의해서가 아니라 내부의 분열에 의해서라고 믿었다.

당 고조는 수나라를 섬기면서 내부에서 그것을 무너뜨린 것이었다. 이에 반해 왕세충이니 두건덕과 같은 외부의 힘은 결국 파탄되고 말았다. 왕망 시대의 적미군이나 녹림군 같은 외부의 반란군도 천하를 얻지 못하고, 결국 한나라 왕족의 후손인 유수가 새 왕조를 만드는 데 성공했던 것이다. 체제 내부의 호족이 체제 수뇌부를 갈아치운 형태가 되었던 것이다.

'황소와 당이 싸우게 되면 서로 쇠진해질 것이다. 그렇게 되면 당나라는 반드시 황소 내부를 어지럽히기 위해 여러 수단을 강구할 것이다. 그때 나는 당의 권유에 의해 당에 투항한다. 그리고는 당 왕조의 내부 세력이 된 후 그것을 차지한다.'

주전충은 결국 자기 생각대로 당나라의 내부에 들어가 그 거대한 당나라를 무너뜨렸다.

당나라 조정의 사치는 날로 더해지고 있었다. 게다가 통치 능력을 완전히 잃고 질서가 무너져 난리가 끊일 새가 없었으며 세금의 징수도 점점 더 가혹해졌다.

또한 홍수가 나고 가뭄이 들어 극심한 흉작이 계속되었다. 굶주린 백성들이 사방에서 유랑생활을 하고 굶어 죽어도 빈곤을 호소할 길이 없었다. 도처에서는 유랑민이 떼를 지어 도둑이 되었다. 그런 가운데 복주 사람 왕선지가 군사를 일으키고, 조주 원구현 사람인 황소가 이에 호응했다.

황소는 말타기와 활쏘기를 잘하고, 또 망명해 온 자를 숨겨 주고 키워 주는 일을 좋아했던 의협 남아이기도 하였다. 일찍이 진사에 뽑혔으나 급제하지 못했다. 왕선지와 함께 소금을 몰래 팔고 있었는데, 마침내 무리를 모아서 여러 관청을 공격하자 곤궁한 백성들이 그에게 모여들어, 불과 몇 달 만에 군사가 수만 명에 이르렀다.

왕선지는 여주, 정주, 당주, 등주를 함락시키고 악주로 쳐들어갔다. 그러나 그 후 황매에서 정부군에게 크게 패하여 마침내 죽고 말았다.

한편 황소가 이끄는 군사는 군기가 엄하고 백성들의 고통을 이해하는 군대로서 백성들 사이에서 평판이 좋았다. 그의 군대는 강북 지방을 차례로 함락시키더니, 다시 남쪽으로 건너가 홍주를 비롯한 여러 지방을 점령하였다. 이어 절동 지방으로 나아갔다가 한때 진해의 절도사 고변에게 패했지만, 곧바로 광주를 함락시키고 담주로 나아갔다.

그리고 희종 원년, 마침내 황소는 낙양을 점령할 수 있었다. 낙양 유수인 유윤장은 부하들을 이끌고 황소를 맞이하였다. 황소는 다음 해에 60만 대군을 이끌고 서쪽으로 나아가서 드디어 장안을 공격하였다. 당시 황소의 군대는 하얀색이 상징이었다. 그들의 백색 깃발은 온 천지를 뒤덮고 있었다.

이때 당나라는 황소의 난을 진입하기 위해 '신책군'이라 불리는 '최강의 부대'를 파견하였다. 하지만 신책군은 말만 최강이지 이미 썩을 대로 썩은 군대였다. 주로 고관들과 부자의 자제들이 여러 가지 특전이 많고 권한이 센 신책군에 소속되어 있다가 황소의 난이 일어나 이 군대를 동원해야 될 때가 되자 모두 돈을 주고 사람을 바꿔치기하여 결국 노인이나 병자들이 몽땅 신책군이 되었다. 신책군을 보내는 장안 백성의 눈초리는 냉담하였다.

결국 이 신책군이 한 유일한 일이라곤 황소의 군대를 '무사히' 장안으로 안내한 것뿐이었다. 장안의 백성들은 성에 입성하는 황소의 군대를 전혀 두려움 없이 맞아들였다.

이때 황제는 겨우 5백 명을 이끌고 장안을 빠져나가 서쪽으로 밤낮을 가리지 않고 도망쳐 촉 땅으로 달아났고, 황소는 스스로 황제가 되어 대제 황제(大齊皇帝)라 불렀다.

이에 앞서 사타족의 추장인 이국창의 아들 이극용이 사타족의 병마사가 되어 울주를 지키고 있었다.

사타족의 여러 장수가 의논한 끝에, "지금 천하가 크게 어지러워져서, 조정의 명령이 사방에 미치지 못하게 되었다. 이때야말로 영웅이 이름을 날리고 부귀를 얻을 다시 없는 좋은 기회다. 현재 이국창은 용맹이 천하에 떨치고 있다. 그의 아들 극용의 용맹도 출중하다. 만약 우리가 극용을 도와 일을 일으킨다면, 대주 지방 이북 땅은 힘들이지 않고 차지하게 될 것이다."라고 사람을 울주로 보내서 몰래 이극용을 설득하게 했다.

그러자 이극용도 그 뜻에 따르기로 하고 운주를 공격하여 이를 빼앗았다. 이어서 이극용은 진양으로 육박해 갔으나 당나라 노룡의 군사에게 패했으며, 극용의 아버지 이국창도 격파당했다. 그리하여 국창의 부자는 하는 수 없이 달단 지방으로 달아났다.

그러나 황소의 난이 일어나자 당나라 조정에서는 황소군을 진압할 인물로는 이극용만한 인물이 없다고 생각하여 이극용의 죄를 용서하고, 이극용의 군사를 불러서 황소의 반란군을 치게 했다.

한편 황소의 주력 부대를 이끌던 주전충이 황소를 배반하고 당나라에 귀순하였다. 이 주전충은 바로 황소의 부하 장수인 주온(朱溫)을 말한다. 앞서 그는 황소의 명령을 받아 동주와 화주 두 주를 함락시켰는데, 그는 화주의 땅을 바치고 당나라 조정에 항복했다. 희종은 크게 기뻐하여 그에게 전충(全忠)이라는 이름을 하사하고 선무군의 절도사로 삼았다. 주전충의 이탈은 황소군의 전력에 커다란 구멍을 내게 하였다.

원래 주온은 고아가 되어서 친척집에 맡겨졌는데 자주 매질을 당했다. 그러던 그는 황소의 난이 일어나자 집을 뛰쳐나와 반란에 합류했다.

그 뒤 이극용은 사타족의 군사를 거느리고 본격적으로 황소군 토벌에 나섰다. 극용은 잇달아 황소의 군대를 격파하고 주전충의 군대와 합류하여 두 달간의 치열한 공방을 거듭한 끝에 마침내 장안을 탈환했다.

이때 황소는 대궐을 불질러 태우고 채주로 달아났다. 그들은 달아나면서 길거리에 보물을 뿌렸다. 그러자 당나라의 군대는 보물을 줍느라 추격하는 것조차 잊을 정도였다. 그런데 이때 채주의 절도사 진종권이 황소에 맞서 싸웠으나 이기지 못하고 도리어 그에게 항복했다.

그러나 이극용과 주온은 황소를 계속 추격하여 왕만도라는 나루터에서 황소를 크게 깨뜨렸다. 이때 큰 비가 계속되어 양군은 비와 진흙 속에서 사투를 벌였는데, 결국 이 왕만도의 전투에서 양군의 운명은 결판이 났다. 그 뒤 황소는 태산 동남쪽의 양호산 산중까지 밀려가 마침내 조카에게 자기의 목을 치게 하였다. 이렇게 하여 10년에 걸친 대란은 막을 내렸다. 하지만 이 대란은 당나라의 운세도 완전히 기울게 만들었다.

그 후 이극용이 변주에 오자 주전충은 친절히 대접했다. 그러나 이극용이 술에 취해 주전충을 몹시 모욕했기 때문에 전충은 마음속으로 그를 몹시 괘씸하게 여겼다. 그래서 군사를 내어 이극용이 묵고 있는 상원역을 포위 공격했다. 극용은 술에 취해 정신을 차리지 못했다. 모시고 있던 사람이 그의 얼굴에 냉수를 끼얹어서 정신을 차리게 하며 급함을 알렸다.

이극용은 겨우 정신이 들자 크게 놀라서 활을 집어들고 일어나서 달아났다. 때마침 큰 비가 내려 몹시 어두웠다. 부하들이 운신을 못하는 극용을 간신히 부축하여 밧줄을 타고 성벽을 넘어 내려갔다. 변주 사람들이 다리목에서 그를 지나가지 못하게 방해했으나, 부하들이 힘써 싸워서 겨우 빠져나와 위급을 면할 수 있었다. 이극용은 진양으로 돌아가 갑옷 투구와 병장기를 준비해 가지고, 희종에게 글을 올려 주전충을 치겠다고 청했다. 희종은 조서를 내려 두 사람의 화해를 권했으나, 이극용은 듣지 않았다.

그 후 희종이 성도성을 떠나 장안으로 돌아왔다. 그런데 이때 지난번 황소에게 항복했던 진종권이 반란을 일으켜 황제라 참칭했다. 이에 주전충이 나아가서 그들을 토벌하였다.

　전에 희종이 촉 땅으로 달아났을 때, 환관인 전령자가 희종을 모시어 겨우 달아났는데, 전령자는 그것이 오로지 자기의 공이라고 자만해서 권세를 부렸다.

　이때 하중의 절도사 왕중영도 난을 일으켰다. 전령자는 주매 등을 보내서 이를 공격하게 했다. 그래서 왕중영은 이극용에게 구원을 청했다. 이극용은 그 당시 조정이 주전충을 처벌하지 않는 것을 원망하고 있었으므로 황제에게, "주매 등은 주전충과 서로 연락을 취해서 저를 멸망시키려 하고 있습니다." 하며 군사를 이끌고 하중으로 향했다.

　장안에서는 그 소식을 듣고 크게 소동이 일어났다. 전령자는 이극용 등이 자기를 죽일 것이 두려워서 황제를 위협하며 봉상으로 달아났다. 주매 등이 뒤쫓아갔으나 미치지 못했다.

　희종은 늘 환관들과 놀기만 하고 아무것도 하는 일이 없었다.

　이 당시 천자의 운명은 오로지 환관들의 수중에 달려 있었다. 그래서 세상에서는 환관을 '정책국로(政策國老 · 천자를 세우는 데 공로가 있는 국가의 원로)'라고 불렀고, 또 이러한 모습을 '문생천자(門生天子 · 환관이 천자 보기를 마치 제자 보듯 한다는 뜻)'라고 비꼬았다. 정치는 환관에게 좌우되어 천하가 크게 어지러워졌고, 도둑이 도처에서 일어났다. 천하의 호걸들이 이 기회를 이용하여 각지에서 일어나 서로 땅을 빼앗았다. 하지만 조정은 이미 이것을 억제할 힘이 없었다.

　희종의 뒤를 이은 소종황제는 이름이 이걸이었고 희종의 아우였다. 소제는 총명하고 순진할 뿐 아니라 영리하였으며 학문을 좋아했다. 그는 희종의 명령이 행해지지 않고 조정의 위엄이 날로 떨어짐을 보고, 이를 회복하려는 뜻을 품고 있었다. 그래서 그가 황제의 자리에 오르자, 모든 사람은 태평한 세상이 올 것이라고 크게 기뻐했다. 그러나 안으로는 환관들에게 눌리고, 밖으로는 강한 절도사에 견제되어 끝내 뜻을 이루지 못했다.

이리저리 헤매는 참새

이때 봉상부의 이무정, 회주의 한건, 빈주의 왕행유 등 세 절도사가 군사를 일으켜 장안의 대궐로 쳐들어가서 재상을 죽이고, 천자를 폐하려고 모의하다가 이극용이 공격해 온다는 소식을 듣고 달아났다.

이극용은 빈주를 공격하여 왕행유를 베고, 군사를 기산으로 옮겼다. 그랬더니 조정에서는 이극용의 세력이 더욱 커질까 두려워 군사작전을 중지시켰다.

처음에 이극용은 위수와 북쪽 기슭에 군사를 주둔시키고 있었다. 그래서 이무정과 한건은 그가 두려워 조정에 공손히 복종하는 체하고 있었으나, 이극용이 군사를 거두어 하동으로 돌아가자 그들은 또다시 조정에 대해 불손한 태도를 취했다.

마침내 이무정이 군사를 일으켜 장안으로 쳐들어왔으므로, 소종은 화주로 달아났다. 그러나 이극용이 곧 구원병을 출동시키고, 또 주전충이 낙양에 대궐을 지어 소종을 맞아들이려 한다는 소식을 듣고, 이무정과 한건은 크게 두려워하여 소종을 다시 장안으로 모셨다.

그 후 한건은 환관 유계술과 공모하여 거짓으로 천자의 명령이라 일컫고 군사를 내어 제후 열한 사람을 포위하여 죽였다. 그런데 황제는 장안으로 돌아와서 재상 최윤과 모의하여 환관을 모조리 주살하려고 했다가 실패하고, 도리어 환관 유계술이 소종을 소양원에 가두고 태자 유를 황제로 세웠다.

그 뒤 최윤이 친위대인 신책군의 장수를 설득하여 유계술을 죽였으므로, 황제는 다시 황제의 자리에 오를 수 있었다. 그러자 환관들은 최윤을 원망하고 그를 없애려고 모의하였다.

이때 주전충이 천자를 받들고 제후를 호령하려는 뜻을 품고 있었으므로 최윤은 그를 이용하여 글을 보내서 주전충을 불러들였다.

드디어 주전충은 군사를 이끌고 장안으로 들어왔는데 환관 한전회 등이 황제를 위협하여 봉상부로 옮겨갔다. 그러나 주전충이 봉상부를 포위했으므로, 이무정은 마침내 한전회 등을 죽인 다음 황제를 모시고 장안으로 돌아왔다. 그 후 주전충은 군사를 이끌고 환관을 모조리 뒤져내 죽였다. 또 지방에 나가 있는 환관들도 조서를 내려 그곳에서 주살했다. 이렇게 하여 당나라 말기의 조정을 좌지우지하던 환관들은 모조리 죽고 말았다. 다만 아직 나이 어린 환관 30명만을 남겨 두어 대궐 안의 청소를 맡게 했다.

이때부터 주전충은 천하를 빼앗아 황제가 되려는 야심을 가지기 시작했다. 그것을 알아챈 재상 최윤이 이에 대비하려고 했다. 그러자 주전충은 몰래 자객을 보내 최윤을 죽였다.

마침내 주전충은 소종에게 청하여 수도를 낙양으로 옮기고, 백관들을 강제로 낙양으로 가게 했다. 그리고 백성들도 이사시켰다. 소종은 신하들을 돌아보며 말했다.

"속담에 '흘간산 위는 추워서 참새가 얼어 죽는다. 참새야, 왜 빨리 날아가 따뜻한 살기 좋은 곳을 찾아가지 않느냐?'고 하면서 참새를 비웃는 말이 있소. 나는 지금 저 참새처럼 날아갈 수도 없어 이리저리 헤매다가, 마침내는 어디서 얼어 죽을지 모르오."

소종은 눈물로 수건을 적시면서 낙양에 이르렀다. 이때 이무정 등이 주전충을 쳐서 당나라 황실을 부흥시킨다는 구실을 내걸고 군사를 일으켰다. 그래서 주전충은 서쪽으로 가서 이무정 등을 치려고 했으나, 자기가 나가 있는 동안에 소종에 의해 변이 일어날 것을 두려워하여 사람을 낙양으로 보내서 소종을 죽여 버렸다.

소종은 제위에 오른 이래, 어진 사람과 호걸을 채용해서 기필코 나라를 바로잡고자 했는데 끝내 그것을 실현하지 못하고 말았다.

그 무렵 정계라는 사람이 있었는데, 그는 즐겨 해학을 잘했고 곧잘 시를 지어 세상사를 풍자했다. 그의 시를 읽어 본 황제는 생각이 깊은 사람이라 생각하고, 친히 관리의 명부에 그의 이름을 기록하여 재상으로 임명했다.

정부의 관리가 달려가 그 뜻을 전했더니 그는 믿지 않았다. 그러는 중에 축하 인사를 하러 오는 손님이 잇따라 오는 것을 보고 정계는 중얼거렸다.

"세상을 풍자하는 헐후시(歇後詩)나 짓고 있는 나 따위가 한 나라의 재상이 될 지경이라면, 당나라의 처지도 가히 미루어 알 수 있다."

소종의 뒤를 이은 애제는 이름이 이조였다. 소종의 아들 중에서 제위에 올랐다가 뒤에 폐위되었던 태자 우도 있었지만, 주전충은 일부러 나이가 어린 조를 제위에 올려놓았다. 얼마 지나지 않아 소종의 아들 9명은 모두 살해되어 구곡(九曲)이라는 연못에 던져졌다.

그리고 애제는 즉위하여 4년이 채 안 되어 제위를 주전충에 물려주고, 얼마 지나지 않아 역시 살해되었다. 그때 그의 나이 겨우 17세였다.

이렇게 하여 그토록 위세를 자랑하던 대제국 당나라는 어이없이 붕괴되고 말았다. 고조 이연으로부터 애제에 이르기까지 20대, 290년 만이었다.

하지만 이미 황소의 난 이후 당나라는 실제로 망한 것이나 다름이 없었다. 각지에서 황실보다 세력이 강력했던 절도사들이 할거하면서 황실의 지배력은 겨우 장안에만 국한되어 있었던 것이다.

당왕조의 계보

5대 10국 시대

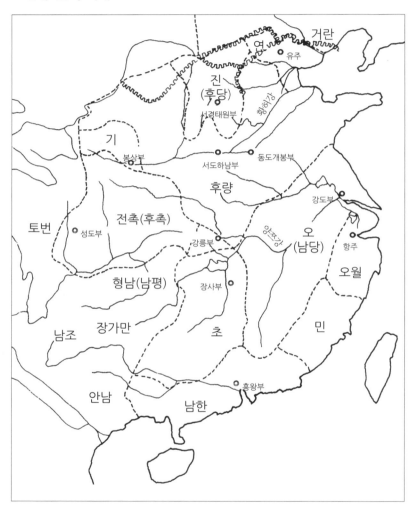

제18장 5대10국시대
(907~960 A.D.)

당나라가 907년에 멸망한 뒤 약 50년 동안은 혼란의 시대였다. 이 시기에 중원에는 후량, 후당, 후진, 후한, 후주의 다섯 왕조가 계속 이어졌는데, 이를 '5대(五代)'라 한다. 하지만 이들 나라는 짧게는 불과 4년에서 길어야 20여 년으로서 모두 단명 정권이었고, 천하를 완전히 아우르지도 못한 채 중원 지방만을 그 영토로 하고 있었다. 당나라는 그 영토가 3백 60주에 이르고 있었는데, 그를 이어받은 후량은 고작 70여 주에 불과할 정도였다. 그리고 다섯 왕조의 주인은 최초의 후량과 최후의 후주만 한족일 뿐, 나머지는 모두 사타 돌궐족이었다.

혼란의 세월이었다. 결국 후주의 뒤를 이어받은 송나라 조광윤이 천하의 주인 자리에 오르게 된다.

한편 중원 외의 지역에서는 오, 남당, 오월, 민, 초, 형남, 전촉, 후촉, 남한, 북한 등 열 나라가 있어서, 이를 '10국(十國)'이라 불렀다. 10국 중에서는 남당의 세력이 가장 강성하였다. 하지만 후주의 군사력에 눌리다가 끝내 송나라에게 멸망당했다.

이 시대를 일컬어 5대 10국 시대라 한다.

양나라

황제가 된 도둑

양나라의 태조황제는 성은 주(朱)요, 처음에 지은 이름은 온이었다. 가난한
농부 출신인 주온은 젊었을 때 남의 집 머슴살이를 하다가 황소의 난에 참가하
였다. 그러다가 황소를 배반하고 당나라에 붙어 당나라로부터 후한 대우를 받
고 전충(全忠)이라는 이름을 하사받았다.

그 뒤 주전충은 서주를 비롯한 인근 지방을 공격하며 합병하고, 하북과 하
동 등 여러 고을에서 숙적인 이극용과 전쟁을 벌였다. 그러면서 당나라 소제
를 협박하여 수도를 낙양으로 옮기게 하였다. 여기에 그치지 않고 당나라의
제위를 빼앗아 스스로 황제의 자리에 올랐으며 나라 이름을 대량이라고 정하
였다.

주전충은 맏형 전욱을 왕에 봉했는데, 어느 날 전욱이 전충을 꾸짖으며 탄
식했다.

"주삼(주전충은 어릴 적부터 건달 생활을 해 '망나니 주삼'이라 불렸다)아! 너는 어
찌 하늘의 허락 없이 천자가 되었느냐? 너는 본래 황소의 부하로 도둑질을 한
놈이 아니더냐? 그런데도 4진(鎭)의 절도사에 임명되었는데, 그것도 부족하단
말이냐? 당나라 3백 년의 사직을 둘러엎고 스스로 황제가 되었지만, 얼마 안
가서 온 집안이 모두 망하고 말 것이다."

한편 주전충이 황제 자리에 오른 이듬해에 그의 숙적이었던 이극용이 죽었
다. 이극용에게는 존효라는 양자가 있었는데 그는 뛰어난 장수로서 싸움터에
서 많은 전공을 세웠다. 그런데 또 한 사람의 양자였던 존신은 존효를 시기하
여 왕에게 모함을 했다. 존효는 오해받을 것이 두려워 진짜 반란을 일으켰다.

아버지 이극용은 그를 토벌하여 잡아서 수도로 돌아갔다.

그러나 그의 재주가 아까워서 혼자 생각하기를, '존효가 형장에 끌려 나가면 반드시 누군가가 그를 살려 주기를 청할 거야. 그때 살려 줘도 늦지 않겠지.' 하며 사형을 선고했다. 그런데 이게 웬일인가! 여러 장수들은 존효의 재주를 시기하여 그를 용서해 주기를 탄원하는 사람이 한 사람도 없었다. 끝내 존효는 그대로 처형당했다.

그 뒤 이극용의 군사는 차츰 약해져서 당나라 말기부터는 자주 주전충의 공격을 받아 여러 주를 빼앗겼다.

죽어도 묻힐 땅이 없다

한번은 주전충의 군사가 이극용이 주둔하고 있던 진양성을 포위했다. 군사력에서 밀린 성 안의 이극용은 달아날 준비를 하였다. 바로 이때 주전충의 진영에서 전염병이 돌아 주전충은 퇴각할 수밖에 없었다. 그래서 이극용은 간신히 위기를 면할 수 있었다.

이극용은 몇 해 동안 주전충과 싸울 때마다 패하여 죽을 때도 편안히 눈을 감지 못했다. 그 뒤를 아들 존욱이 이었는데, 주전충의 양나라 군대가 또 진나라를 공격해 들어와서 노주를 포위했다.

이때 이사소가 성문을 굳게 닫고 지킨 채 해가 바뀌었다. 양나라 군사들은 성 밖에 성을 쌓아서 개미 한 마리 빠져나가지 못하게 포위를 했다.

이존욱은 여러 장수에게 말했다.

"주전충이 두려워한 사람은 오직 돌아가신 아버님뿐이었다. 이제 아버님이 돌아가시고 내가 왕위에 올랐다는 말을 들으면, 업신여겨서 반드시 교만하고 방심한 마음을 가질 것이다. 이때 정예 군사를 뽑아서 불의에 적을 친다면 반드시 격파할 수 있을 것이다. 천하를 얻고 못 얻는 것은 이번 싸움에 달려 있다. 이 기회를 놓쳐서는 안 된다."

이존욱은 군사를 이끌고 진양을 떠나 삼수강 아래에 복병을 매복시켰다. 그러고는 이른 아침에 짙은 안개를 틈타 접근해 가서 북을 치고 함성을 지르면서 공격해 들어갔다. 과연 양나라 군사들은 갑작스러운 공격에 크게 어지러워져서 여지없이 패하며 달아나기에 바빴다.

주전충은 이존욱에게 패한 것이 너무 부끄럽고 분했다.

"내가 천하를 경영해 온 지 이미 30년이나 되지만 이극용의 어린애가 저렇게 강대해질 줄은 미처 몰랐다. 그자의 뱃속을 짐작하건대, 매우 큰 생각을 하고 있음이 분명하다. 내가 죽으면 내 아들들은 도저히 그의 상대가 되지 못할 것이다. 나는 죽어도 묻힐 땅이 없을 것 같다."

(그런데 주전충의 이 말은 뒤에 사실이 되어 버렸다. 주전충이 죽은 후에 양나라는 후당의 이존욱에게 멸망당했는데, 그때 이존욱은 죽은 주전충의 묘를 파헤쳐 버렸던 것이다.)

이후 그의 병세는 점점 더 중해지고, 성격이 과격해져서 걸핏하면 성을 냈다.

주전충은 원래 여색을 지독히 밝히는 인물이었는데, 심지어 아들들의 며느리까지 가까이 했다. 특히 양자인 우문의 아내를 총애하여 우문을 태자로 삼으려고까지 하였다. 이에 친아들 우규가 노하여 아버지 주전충을 죽여 버렸다. 그 후 우규는 스스로 제위에 올랐으나 아버지의 음란한 피를 속이지 못하고 역시 음탕한 생활을 보내다가 얼마 안 가서 아우 우정에게 주살당했다.

우정은 제위를 빼앗아 스스로 균왕이라고 했다.

달라지는 천하의 형세

이때 거란의 야율아보기가 자기를 황제라 일컬었다.

거란족은 전에 선비족이 살던 곳에 거주하고 있었는데, 남북조 위나라 때 독립하여 나라 이름을 거란이라고 했다.

거란의 군주 대하씨에게는 여덟 아들이 있었다. 그들은 팔부태인(八部太人)이라고 불렸다. 그 중 한 사람을 추대하여 군주로 삼고, 3년마다 교대하기로 하였다. 당나라 현종 때에 소고라는 사람이 다른 부족들을 통치하고 있었다. 당나라 조정에서는 그에게 조서를 내려 앞으로는 왕을 교대하지 않고 세습할 것을 허락했다. 그 뒤 여러 부족은 야율알리의 막내아들 야율아보기를 군주로 삼았다. 그런 후 발해 등 여러 나라를 합쳐 비로소 연호를 정했으며 대대로 뒤를 이어나가기로 했다.

한편 진나라 왕 이존욱은 양나라를 쳐서 크게 이기고, 계속 복주와 운주를 공략했다. 양나라 사람들은 황하의 둑을 끊어 진나라의 침입을 막았으나 끝내 진나라를 당할 수 없었다. 이 전투에서 진나라는 결국 양나라를 크게 깨뜨렸다.

이보다 앞서 오촉이라는 신하는 이존욱에게 거듭 글을 보내 황제에 오르기를 권했으나 진왕 존욱은, "아버지의 유언이 힘을 다해 당나라를 부흥시키라는 것이었으므로 나는 천자가 될 수 없다." 하고 듣지 않았다. 그 뒤 위주에서 당나라의 옥새를 발견했다는 이야기가 전해졌다.

그러자 모든 장수들이 옥새 얻은 것을 축하하고 황제가 되기를 권했으므로, 존욱은 마침내 제위에 오르고 나라 이름을 당나라를 잇는다는 뜻으로 당이라고 했다. 그 후 이존욱은 이사원을 보내서 양나라의 운주를 기습 공격해 점령했다. 그러나 양나라 황제인 우정은 왕언장을 초토사로 삼았다. 이때 이존욱이 말했다.

"왕철창(王鐵槍)은 용감하고 결단력이 뛰어난 사람이니 조심해야 하오."

왕언장은 백 근이나 되는 창을 두 개나 쓰는 맹장이었으므로 왕철창이라 칭해졌으며 그를 대적할 자가 없었다. 과연 왕언장은 진나라의 남성을 함락시켰다. 그리고 다시 나아가 여러 요새를 빼앗은 다음, 운주의 양류성을 포위하고 맹렬히 공격했다. 그러나 좀처럼 승리하지 못했다. 결국 왕언장은 이 전투에서 부상당한 채 포로가 되었다. 이존욱은 왕언장을 후하게 대우하려 했으나,

왕언장이 끝내 거부해 목이 잘리고 말았다.

　그 후 이존욱은 이사원을 선봉장으로 해서 닷새 만에 양나라의 수도 대량
으로 들이닥쳤다. 이때 양나라 황제 우정은 자기 형제들이 난을 일으켜 나라
를 빼앗아 버릴 것이 두려워 그들을 모조리 죽이고, 이어 부하에게 자기 목을
베게 하였다.

　이렇게 하여 그 거대한 당나라를 멸망시켰던 양나라도 태조 주전충이 황제
라 일컬은 지 불과 17년 만에 멸망하고 말았다.

당나라

자식을 두려면 저 정도의 자식은 두어야

　당(後唐)의 장종황제는 이름이 존욱으로 투르크계의 사타족 사람이다. 아버
지 이극용은 무용과 지략이 뛰어났는데, 한쪽 눈이 사팔뜨기였으므로 독안룡
(獨眼龍)이라고 불렀다. 그가 이끄는 용맹스러운 군대는 모두 검은 옷을 입고 있
었는데, 사람들은 그 군대를 '까마귀군'이라고 불렀다.

　그는 당나라 희종 때 황소의 난을 평정하는 큰 공을 세워 진왕에 봉해졌다.
그러나 양나라 주전충과는 서로 원수가 되어 늘그막에는 주전충에게 몰려서
얼굴에 근심의 빛이 떠나지 않았다.

　이때 존욱은 아직 어렸지만 그를 위로해 주었다.

　"주씨의 포학한 정치에 대해서는 하늘이 노하고 백성이 원망하고 있습니
다. 그대로 두어도 오래지 않아 그 포학이 극도에 이르러 멸망할 것입니다. 그
렇지만 우리 집안은 대대로 절개를 지켜 충성에 힘써 왔습니다. 아버지께서는

다만 시세에 순응하시어 덕을 쌓으시고 재주를 숨기셔서, 주씨가 망하기를 기다리시는 것이 좋을 것 같습니다. 함부로 낙심하시어 여러 신하들의 신망을 잃는 일이 없도록 하십시오."

극용은 존욱의 말에 크게 위안을 얻었다. 극용은 임종할 때 존욱과 신하들을 불러놓고 말했다.

"내 아들 존욱은 생각이 원대하니 내 뒤를 잇게 하라. 반드시 내 사업을 성취시킬 것이다."

열일곱 살에 진왕의 자리를 이은 존욱은 곧 군사를 일으켜 양나라를 격파하였다. 그리고 다시 진격하여 양나라 군사를 잇달아 무너뜨렸다. 그러자 양나라의 주전충은 탄식했다.

"아, 자식을 낳으려면 이존욱과 같은 자식을 낳아야 한다. 그에 비하면 내 자식은 돼지새끼나 개새끼에 지나지 않구나."

그 뒤 존욱은 동쪽으로는 유주를 합치고, 북으로는 거란을 물리쳤으며, 남으로는 황하를 끼고 양나라와 맞서서 끊임없이 전투를 계속하였다.

이때 당나라 조정의 환관이었던 장승업이 이존욱을 위해 세금을 거두어 군자금을 마련하고, 병마(兵馬)를 모집해 일선으로 보내 주었다. 해마다 전쟁을 계속했지만 군량의 보급이나 병마의 보충에 조금도 불편을 느끼지 않은 것은 모두 장승업의 공로였다.

장승업의 마음은 이씨(李氏)를 도와 당나라의 종실을 부활시키려는 데 있었다. 그런데 이존욱이 장차 제위에 오르려 한다는 말을 듣고 극력 그를 말렸다. 그러나 도저히 그만두게 할 수 없음을 알고 그는 통곡하면서 말했다.

"나는 제후들이 죽음을 무릅쓰고 싸운 이유가 원래 당나라의 종실을 위함인 줄 알고 있었다. 그런데 지금 왕은 황제의 자리를 차지하려고 한다. 이렇게 되리라고는 생각지도 못했다. 이 늙은이는 엉뚱한 착각을 했었구나!"

이때부터 장승업은 근심에 잠겨 우울한 나날을 보내다가 얼마 후 병이 들어 죽었다.

드디어 이존욱이 황제의 자리에 오르니 곧 장종이다. 그는 나라 이름을 고쳐 당(唐)이라 하고 당(前唐)의 제사를 받들었다.

장종은 양나라를 격파한 뒤부터 교만해지고 문란해졌다. 장종은 어릴 때부터 음악을 좋아해 예명(藝名)을 이천하(李天下)라 했다. 그러면서 종종 분과 연지로 화장을 하고 배우와 함께 직접 연극을 하였다.

어느 날 장종은 스스로 자기를 '이천하, 이천하'라고 불렀다. 이때 배우 경신마가 급히 나아가더니 장종의 뺨을 때렸다. 순간 장종은 낯빛이 확 변했다. 그러자 경신마는 "모름지기 천하를 다스리는 천자는 오로지 한 분뿐입니다. 그런데도 폐하께서는 '이천하, 이천하' 하고 두 명을 부르셨습니다. 도대체 누구를 부르시는 것입니까?"라고 그럴듯하게 말했으므로 장종은 기분이 좋아서 기뻐했다.

이와 같이 많은 악사와 배우가 궁중을 드나들면서 대신들을 업신여기고 깔보았으므로, 신하들은 매우 분하게 여기며 그들을 미워했다. 그러나 장종이 그들을 감싸고 있었기 때문에 아무도 용기를 내어 비판하는 사람이 없었다. 도리어 그들에게 아첨하고 뇌물을 주어 임금의 총애를 받으려 했으므로 정치는 문란해져서 백성들이 많은 괴로움을 당하고 참소와 범죄가 크게 횡행했다.

수염 쓰다듬는 데도 세금을 내야 한다

장종은 충신을 멀리했다. 그러면서 병사들에게는 충분한 봉급을 주지 않았다. 또 사냥을 좋아해 자주 사냥을 나가서 농민의 논밭을 짓밟았으며, 각종 세금을 마구 거둬들이는 바람에 백성들의 원성이 하늘을 찌를 듯하였다.

이 무렵 별의별 세금이 다 있었다. 우선 '못 뽑이세'가 있었다. 송주의 지방 장관이던 조재례는 백성들에게 가렴주구의 세금을 뜯어내 피도 눈물도 없는 탐관오리로 악명을 떨쳤다. 이 조재례가 다른 지방으로 전출 가게 되었다. 그러자 이 소식을 들은 백성들은 환성을 지르며, "이제야 그 작자로부터 해방

되었구나. 정말 눈 속에 박혔던 못이 뽑힌 듯 후련하고 후련하다."라며 기뻐하였다.

백성들의 이러한 환호성을 들은 조재례는 조정에 다시 1년만 더 있게 해 달라고 청원하여 마침내 1년 동안 더 있게 되었다. 그러면서 1인당 1천 전의 '못뽑이세'를 거둬들였다. 또한 '쌍놈세'라는 것도 있었다.

여강 지방의 장관으로 있던 장승은 악질적인 탐관오리로 백성들은 그를 '쌍놈'이라고 불렀다. 그 뒤 장승이 조정의 소환을 받고 수도로 올라가자 백성들은, "그 쌍놈의 자식, 이번에는 절대 못 오겠지."라면서 기뻐하였다. 그러나 장승은 다시 돌아와서 자기를 '쌍놈'이라고 부른 것에 분개하여 '쌍놈세'라는 이름의 세금을 엄청나게 거둬들였다. 그런데 얼마 뒤 장승이 또다시 조정으로부터 소환을 받았다.

그러자 백성들은, "이번에야 그놈이 정말 안 오겠지." 하면서 수염을 쓰다듬으며 기뻐하였다. 하지만 장승은 다시 돌아와 '수염 쓰다듬세'를 징수하였다.

반란

이때 장수 양인정이 와교관을 지키고 있었는데, 임무를 마치고 돌아오자마자 장종은 패주에 주둔하라는 명령을 내렸다. 크게 화가 난 그는 마침내 반란을 일으켜 업도 지방을 점령하였다.

장종은 장군 이사원을 보내서 그를 토벌하게 했다. 이사원의 군사가 업도성 아래에 이르자, 부하 장병들이 갑자기 소란을 일으켰다.

"우리는 천자를 따라 10년 동안 숱한 싸움에 이겨 천하를 얻었다. 그런데 지금 병사들이 고향에 돌아가고 싶어 아우성을 쳐도 천자는 이를 허락하지 않고, 전에 친위군들이 소란을 일으켰다고 해서 아무런 관계도 없는 우리들까지 죽이려고 했다. 우리는 처음부터 모반할 마음을 품고 있었던 것이 아니다. 다만 죄도 없이 죽는 것이 두려울 뿐이다. 그래서 우리는 성 안의 군사와 협력해서 우리들 자신을 구할 길을 찾으려 한다.”

그러면서 군사들은 칼을 빼어 들고 이사원을 포위해 성 안으로 들어갔다. 그러나 성에 있던 장수는 이사원만을 성 안에 머물러 있게 하더니 다른 장병들은 받아들이지 않고 오히려 그들을 공격했으므로, 군사들은 사방으로 흩어져 버렸다. 사원은 군사들과 의논하고 오겠노라는 핑계를 대고 간신히 성에서 탈출해 나왔다. 이사원이 곧 흩어진 군사를 불러 모아 반란자들을 공격하려 할 때 한 부하가 말했다.

“장군께서 원수가 되어 많은 부하들을 거느리셨으면서도 불행히 모반을 만나 오해를 받게 되었습니다. 이렇게 된 이상에는 빨리 돌아가셔서 천자를 뵙고 그 까닭을 아뢰셔야 합니다. 그렇게 하신다면 무죄가 밝혀질 것입니다.”

그래서 이사원은 남쪽으로 급히 달려갔다. 그러나 상주까지 갔을 때, 이미 이소영이라는 자가 참소하여 이사원이 모반했다고 아뢰었다. 이사원은 이 소식을 듣고 몇 번이나 천자에게 글을 올려 변명했지만, 이소영이 그것을 중간에 가로채는 바람에 끝내 장종의 손에 들어가지 않았다.

이사원은 마침내 벌을 받게 되는 것이 아닌가 하는 생각에 크게 두려워했다. 이때 그의 부장 석경당이 말했다.

“장군께서는 반란을 일으킨 자들과 함께 도둑의 성 안에 들어갔으면서 어떻게 뒷날 편안하기를 바랍니까? 지금 어떻게 넘어간다 해도 훗날 반드시 화근이 될 것입니다. 대량은 천하에 이름난 큰 도시입니다. 먼저 이 대량을 차지하십시오. 그래야만 안전하실 수 있을 것입니다.”

다른 부하들도 또한 반란을 일으키라고 권했다.

“천자는 잔악무도해서 군사와 백성이 모두 원망하고 있습니다. 지금 장군께서 시세에 따르신다면 생명이 온전하실 것이요, 충절을 지키신다면 반드시 죽음이 있을 뿐입니다.”

결국 이사원은 석경당을 선봉장으로 삼고 이종가를 후군으로 삼아서 대량에 입성했다.

이때 장종은 관동에 있었는데, 이사원이 이미 대량을 점령하고 모든 군사가 흩어지고 있다는 말을 듣고는 얼굴이 창백해지고 풀이 죽어서 탄식했다.

"이젠 끝이다. 나의 사업도 실패로 돌아가고 마는 것인가!"

장종은 곧 군사를 돌이켜 낙양으로 되돌아가려 했으나, 친위군의 곽종겸이 군사를 거느리고 장종을 공격했다. 여기서 장종은 빗나간 화살에 맞아 죽었다.

결국 장종은 제위에 오른 지 3년 만에 죽고 말았다. 이때 악인(樂人)은 천자가 생전에 소중히 여기던 악기로 그의 시체를 덮어 화장했다. 이사원은 이 소식을 듣고 목을 놓아 울었다.

이사원이 낙양에 들어가니 문무백관이 모두 글을 올려 황제의 자리에 오를 것을 권했지만 그는 허락하지 않았다. 그러나 세 번 계속하여 황제가 되기를 청하며 마침내 이를 받아들여 나라를 다스릴 것을 승낙했다. 드디어 이사원이 황제의 자리를 이으니, 바로 명종황제이다.

짧은 영화

명종황제는 원래 호(胡)나라 사람으로 이극용의 양자가 되어 이름을 이사원이라고 했다. 장종이 양나라를 멸망시킬 때에 이사원의 공로가 가장 컸으므로, 그는 중서령의 높은 자리에 앉았다. 그 뒤 장종의 명령으로 업도 지방에서 일어난 반란을 진압하는 중에 반란군에 잡혀 들어갔다가, 그 뒤 낙양에 입성하여 마침내 황제의 자리에 올랐다.

한편 명종의 맏아들인 종영은 교만하고 무도하며 악한 짓을 많이 했다. 종영도 자신의 행실 때문에 세상이 자기를 지지하지 않음을 알고 늘 제위에 오르지 못할 것을 걱정하고 있었다. 그래서 명종이 병들자, 종영은 급히 부하 천여 명을 거느리고 대궐 안으로 쳐들어가려고 했다. 그러나 대궐 정문을 지키는 군사들이 결사적으로 막아 격퇴시켰으므로, 종영의 군사는 무너져 흩어졌다. 종영은 하남부로 돌아갔다가 안종익이라는 자에게 죽었다. 명종은 이 말을 듣고 놀라움과 슬픔으로 병이 더하여 마침내 죽고 말았다.

명종 이사원은 남을 미워하거나 싫어하는 일이 없었고, 남과 다투는 일도 없었는데 등극할 때에는 이미 나이 60이 넘어 세상 이치에 두루 통해 있었다. 그는 저녁마다 대궐 안에서 향을 피우고 하늘에 빌었다.

"저는 신분이 비천한 호인(胡人)인데, 난이 일어나는 바람에 사람들에게 추대되어 천자가 되었습니다. 원컨대 하루 빨리 성인(聖人)을 내시어 백성들을 편하게 만들 군주가 되게 해주시옵소서."

명종은 근엄하여 여자를 멀리했으며 사냥 같은 오락을 즐기지 않았다. 또 환관에게 정치를 맡기지 아니하고, 재물을 사사로이 가지지 않았다. 그러면서 청렴 강직한 관리를 발탁해 쓰고, 뇌물을 받는 관리를 처벌했다. 글을 배우지 않았지만, 그의 말과 행동은 도리에 어긋나지 않았다. 난리가 끊이지 않던 당시에 오직 명종의 치세 때만은 평화가 유지되었다.

이때 각지에서 올라오는 상소문은 매우 어려운 문체와 형식으로 씌어진 것이었기 때문에 글을 모르는 명종은 이해하기 어려웠다. 그래서 글을 잘 아는 사람을 등용했는데 선택된 사람이 풍도였다.

풍도는 후당에서 시작해서 후진, 후한, 후주에서 모두 중용되었고, 또한 거란에도 입조하여 모두 다섯 나라에서 재상으로 기용된 특이한 인물이다. 즉 5조(朝) 8성(姓) 11군(君)에 기용되었던 것이다.

그는 그의 처세의 진면목을 보여 주는 다음과 같은 시를 짓기도 하였다.

> 입은 곧 재앙의 문이요
> 혀는 곧 몸을 자르는 칼이다.
> 입을 닫고 혀를 깊이 감추면
> 가는 곳마다 몸이 편하도다.

명종의 뒤를 이은 민제는 이사원의 둘째 아들이었다. 그는 즉위하여 천하에 좋은 정치를 행하려는 뜻은 가지고 있었지만 어떻게 해야 할지를 몰랐다.

민제는 그 무렵 세력을 떨치고 있던 이종가를 멀리 변경 지방의 하동 절도사로 임명하여 힘을 약화시키고자 했다. 이에 이종가가 반란을 일으켜 군사를 이끌고 낙양으로 쳐들어갔다. 민제는 즉시 토벌군을 파견하였다. 그런데 토벌군은 이종가가 준 뇌물에 넘어가 모조리 투항하고 말았다. 이에 크게 당황한 민제는 어찌할 바를 모르다가 마침내 달아났다. 이종가는 싸움도 하지 않고 황제의 자리에 오를 수 있었다.

이종가는 명종의 양자로 젊을 때부터 명종을 따라 각지를 돌아다니며 싸우다가 공을 세워 인망이 높아졌으므로, 조정의 유력한 신하들은 그를 두려워하였다. 그 뒤 반란을 일으킨 이종가가 낙양에 입성하자 재상 풍도를 비롯한 모든 백관이 늘어서서 그를 맞이했다.

그런데 이종가는 하동 절도사 석경당과 사이가 좋지 않았다. 그가 제위에 오르자 석경당은 하는 수 없이 입조했으나, 몸이 안전하도록 계책을 꾸몄다. 그러던 참에 종가가 석경당을 천평 절도사로 좌천시켰으므로, 석경당은 마침내 반란을 일으켰으며 거란에 구원병을 청했다.

결국 접전 끝에 거란은 종가의 군사를 대파하고, 석경당을 진제(晉帝)로 삼아 낙양으로 향했다. 그러자 이종가는 스스로 불을 지르고 뛰어들어 죽었다. 황태후와 황후도 운명을 같이하였다. 이렇게 하여 후당(後唐)은 불과 14년 만에 멸망했다.

진나라

할아버지와 손자

진나라(後晉)의 고조황제는 성은 석, 이름은 경당이었다. 석경당은 처음에 이종가와 행동을 같이했다. 그들은 무용이 뛰어나고 전술에 능해서 명종을 섬겨 많은 공을 세웠다. 그러나 경당과 종가는 경쟁자로 서로 속마음을 숨겼다.

뒤에 종가가 황제가 되었을 때, 여러 장수들이 경당을 수도에 머물게 하고 감시하라고 권했다.

그 무렵 경당은 오랫동안 병을 앓아서 몹시 쇠약했다. 그래서 종가는 경당이 몸이 약해 아무 일도 하지 못할 걸로 보고 하동으로 내려보냈다.

경당의 아내인 위국공주도 낙양에 와 있었는데, 남편과 함께 돌아가겠다는 인사를 하러 대궐에 들어갔다. 그때 종가는 술에 취한 목소리로 말했다.

"왜 더 놀다 가지 않느냐? 석가 놈과 함께 모반이라도 일으킬 작정이냐?"

이 말을 전해들은 경당은 점점 더 겁을 먹고 살아날 궁리만 하게 되었다. 그 뒤 종가는 경당에게 운주로 전근해 가라고 명했으나, 경당은 이 명령을 좇지 않았으므로 종가도 군사를 보내 경당을 치게 했다.

이때 경당의 측근인 상유한이 거란왕에게 구원병을 청하는 글을 지어 경당에게 보였다. 그것은 거란에 대해 스스로 신하라 일컫고 아버지에게 대하는 예로써 섬기며, 일이 성취되면 노룡 일대와 안문관 이북의 땅을 나누어 주겠다는 것이었다. 이렇게 하여 45세인 석경당이 34세인 거란왕 야율덕광을 아버지로 받드는 식이 된 것이다. 이 글을 본 부하 장군 유지원이 말했다.

"이건 좀 지나치지 않습니까? 금을 넉넉히 보내면 거란은 반드시 군사를 빌려 줄 것입니다. 결코 땅을 나누어 주어서는 안 됩니다. 그랬다가는 뒷날 우리 중국의 큰 화근이 될 것입니다."

그러나 경당은 그의 의견을 듣지 않았다.

"그것은 뒷일일 뿐이오."

그 후 구원을 청하는 글이 거란에 도착하자 거란왕 야율덕광은 매우 만족하였다. "대추가 익고 말이 살찌는 이 가을에 나는 온 나라의 힘을 기울여 구원에 나설 것이오."

그러면서 거란왕은 친히 5만의 기병을 거느리고 나서서 후당의 군사와 싸웠다. 이때 후당은 군대를 둘로 나눠 한쪽은 조연수가, 다른 한쪽은 조연수의 아버지인 조덕균이 대장이 되어 거란군을 협공하였다. 이에 거란군은 크게 위협을 느끼고 철수 준비를 하고 있었다.

이때 조덕균의 사자가 거란왕을 만나러 왔다. 조덕균의 사자는 엄청나게 많은 보물을 거란왕에게 내놓으면서 조덕균이 황제로 즉위할 수 있게 도와 달라고 했다. 거란왕은 이 제의를 수락하기로 하였다.

이 사실을 안 석경당은 크게 당황하여 사자를 급히 거란왕에게 보냈다. 거란왕의 야영지에 찾아간 석경당의 사자는 아침 일찍부터 밤늦게까지 거란왕 앞에 무릎 꿇고 눈물을 흘리면서 석경당을 지원해 달라고 호소하였다. 이에 거란왕은 다시 생각을 바꿨다.

그날 밤 거란왕은 조덕균의 사자를 불러 바로 앞에 있는 돌을 손으로 가리키면서 말했다.

"나는 이미 석경당이 황제에 즉위하도록 도와주기로 약속한 바 있소. 그것은 사나이와 사나이의 약속이오. 저 돌이 썩지 않는 한 이 약속은 어길 수 없는 일이오."

그 뒤 후당군은 속수무책으로 무너졌다. 조덕균은 도망쳤다가 거란에 항복하고 말았다. 그리하여 야율덕광은 경당을 황제의 자리에 오르게 하고, 나라 이름을 진으로 정하게 했다. 경당은 약속한 대로 유주와 형주 등 연운 16주를 거란에 바쳤다.

"불초자식 석경당은 삼가 부군 거란왕에게 효행의 정을 표하는 뜻에서 연운 16주를 바치겠습니다. 그 밖에 매년 비단 만필씩 바칠 것을 약속드립니다."

그러면서 진나라의 고조가 된 석경당은 연운 16주의 지도를 거란왕에게 바침으로써 영토 할양 수속을 마쳤다.

연운 16주는 중원을 병풍처럼 둘러싸고 있는 군사적 요충지였다. 석경당이 이 땅을 할양한 뒤부터 4백 년 동안 중원은 끊임없이 북방 민족의 침입과 위협을 받아야 했다.

그 뒤 석경당은 다시 남쪽으로 내려갔다. 그러자 후당(後唐)의 장수와 군사들은 앞을 다투어 항복하는 글을 올리고 그를 환영했다. 후당의 이종가는 스스로 불을 질러서 죽었다.

석경당은 황제가 된 지 7년 만에 죽고, 그 뒤를 이은 출제는 경당의 형의 아들이다. 경당은 임종할 때, 어린 아들 중선을 재상 풍도에게 인사시키고 풍도에게 중선을 옹립해 주기를 부탁했다. 그런데 석경당이 죽자 절도사였던 경연광이 국가가 어려운 때이므로 나이 든 임금을 세워야 한다고 건의하여, 마침내 중귀를 제위에 오르게 하였다. 그 후 경연광은 출제를 옹립한 공로를 자랑하며 교만하게 행동했다.

처음에 진나라의 고조 석경당은 말을 낮추어 공손히 거란을 섬겼다. 그러다가 출제의 시대가 되자 선제의 죽음을 거란에 알리는 글을 보냈는데, 이 글에는 진나라를 신하라 일컫지 않고 서로 대등한 관계로 쓰여져 있었다. 이 글을 받아 본 거란의 태종은 크게 노했다.

경연광은 다시 거란에서 와 있던 무역관을 잡아 가두었다가 얼마 뒤에 석방하여 귀국시킬 때 큰소리를 쳐서 보냈다.

"빨리 돌아가서 네 임금에게 전해라. 우리 선제는 너희 나라의 도움을 받아 제위에 오르셨으므로 선제는 스스로 신하라 일컫고 글을 올리셨겠지만, 금상(今上)께서는 중국 자신의 힘으로 즉위하신 것이다. 따라서 너희 나라에 대해서는 대등한 교제를 할 것이다. 우리를 손자라고 부르고 싶으면 마음대로 하라. 그리고 할아버지(자기 아버지가 아버지로 불렀으므로)가 화를 낸다면 와서 싸우자고 해라. 이 손자는 십만의 정예로 기다리고 있겠노라."

이때 상유한을 비롯한 다른 신하들은 거듭해서 "몸을 굽히는 것도 모두 국가를 위해서입니다. 여기에 무슨 부끄러움이 있을 수 있겠습니까? 그러니 지금이라도 겸손하게 거란에 사과해야 합니다. 그래야 커다란 화를 면할 수 있습니다."라고 진언하였다.

하지만 경연광은 그 의견을 묵살했다. 이에 크게 분노한 거란은 즉시 대군을 몰아 중원으로 쳐들어가서, 황하를 건너 남쪽으로 내려갔다. 출제는 친히 군사를 지휘하여 마주 나섰다. 이때 진나라는 이수정 등을 보내서 거란군을 양쪽에서 포위하여 공격하니 거란군은 패하여 달아났다. 거란은 그 뒤 다시 공격해 왔다가, 이번에도 형세가 이롭지 못하므로 퇴각했다.

출제는 두 번 싸워 두 번 모두 이겼으므로 자신만만해져 거란군을 두려워할 필요가 없다고 생각했다. 그런데 거란의 태종이 대군을 친히 거느리고 침입해 왔다. 이때 진나라의 군대는 거대한 거란군의 힘에 밀려 싸우지도 못하고 항복해 버렸다. 계속하여 거란 군은 수도로 쳐들어가 출제를 사로잡았다. 이렇게 하여 후진은 고조로부터 출제까지 겨우 12년 만에 멸망하고 말았다.

후진을 멸망시킨 거란의 태종이 수도 대량에 입성했을 때 거란 군사들은 마구잡이로 약탈하고 다녔다. 이를 가리켜 '타초곡(打草穀)'이라 하였다. 즉, 거란 군사들은 점령 지역의 수풀과 곡식을 모두 베어 버려 백성들이 숨을 곳을 없게 만든다는 뜻이었다.

그러면서 진나라 젊은이는 모두 잡아 죽이고, 노인들과 어린이는 모두 도랑과 골짜기에 처넣었으며, 점령한 수백 리의 땅에서 아무것도 남기지 않고 모조리 약탈하였다. 그러면서 민가를 하나도 남김없이 뒤져서 값나가는 물건들은 모조리 가져가고, 각 주에 군사 수천 명을 파견하여 물건을 징발하였다.

이렇게 해서 긁어 모은 산더미 같은 약탈품들을 거란의 태종은 모두 수레에 싣고 가져가려 하였다. 이것을 보고 모든 사람들이 크게 분노하여 마침내 사방에서 도둑이 되어 들고일어났다. 이에 태종도 크게 놀라, "중국의 백성이 이렇게 다스리기 어려울 줄 정말 몰랐다."라고 말하였다.

한나라

한나라(後漢)의 고조황제는 성이 유, 이름이 지원인데, 후진의 고조 석경당의 부하 장수 중에서도 전공이 가장 뛰어난 용장이었다. 석경당이 하동의 절도사로 있을 때 후당의 이종가가 석경당을 멀리 운주의 절도사로 보내려고 했는데, 그때 유지원은 경당에게 권했다.

"공은 장군이 되신 지 오래이고, 사졸들의 인망도 높으십니다. 지금 이 요충지 태원에서 정예 군사를 거느리고 계시니, 만약 여기서 군사를 일으키고 격문을 띄워서 사방의 동지를 모으신다면, 반드시 제업(帝業)을 이루실 수 있을 것입니다. 그러나 그런 만큼 황제의 경계도 심합니다. 한 장의 임명장으로 스스로 범의 입에 뛰어들 필요가 뭐 있겠습니까?"

망설이던 경당도 마침내 뜻을 정하고 후당의 명령을 거부했다.

종가는 장수를 보내서 경당을 치게 했으나 깨뜨리지 못했다. 드디어 경당은 군사를 거느리고 남쪽으로 내려가 당나라를 멸망시키고 낙양에 진나라를 세웠다.

그 뒤 석경당은 유지원을 하동의 절도사로 임명했다. 그러다가 석경당이 임종할 때에 유지원에게 수도로 돌아와서 새 황제의 정치를 보좌하라고 유언했지만 근신들이 이것을 숨기고 지원에게 알리지 않았다. 지원은 이 일로 해서 조정을 원망하게 되어, 거란이 자주 침입해 올 때에도 나아가 싸우지 않았다. 그리하며 마침내 거란은 후진을 쉽게 멸망시킬 수 있었다.

유지원은 이러한 중앙의 정세에는 아랑곳하지 않고 태원에서 황제라 일컫고 있었는데, 거란 군사가 물러가자 태원을 떠나 낙양으로 들어가서 마침내 대량에 입성하여 나라 이름을 한(漢)이라 하였다.

소금에 절인 황제의 고기

이 무렵 거란의 태종이 죽었다. 그는 시찰 중에 병이 들어 살호림(殺狐林)에서 죽었는데, 따르던 신하들이 시체가 상할까 두려워 급한 나머지 그의 배를 가르고 소금을 가득 넣어 수레에 싣고 돌아왔다. 이 소식을 들은 중국 사람들은 그것을 '소금에 절인 제왕의 고기'라며 비웃었다.

태종의 뒤를 이은 사람은 둘째 아들 올욕이었다. 올욕은 '수왕(睡王)'이라는 별명으로 불리고 있었다. 매일같이 술만 먹고 잠만 잔다고 해서 수왕이라는 '불명예스러운 별명'까지 얻었다.

이렇듯 무능한 수왕이 즉위한 이래 거란의 국력은 눈에 띄게 약화되고 있었다.

병사들이 추대한 황제

유지원이 죽고 그 뒤를 이은 은제는 이름을 승우라고 했는데, 열여덟 살에 제위에 올랐다.

은제가 즉위한 이래, 동평장사(재상) 양빈이 정치를 도맡아 보고 추밀사 곽위가 국방에 힘썼다. 또 사홍조는 시위 대장의 지위에 있으면서 군사들을 통솔했으며, 왕장이 대신으로 있었다.

재상 양빈은 공평하고 충실한 정치를 행했으며, 사홍조는 엄하게 군사를 지휘했다. 그래서 길에 물건이 떨어져 있어도 줍는 사람이 없었다. 또한 재정을 맡은 왕장은 버리게 된 물건도 다시 요긴하게 쓰게 하여, 나라의 재정이 곤란을 당하는 일이 없었다.

어느 날 무관인 사홍조가 "오늘의 천하는 긴 창과 큰 칼을 휘 두르지 않으면 제대로 다스려지지 않는다. 무엇 때문에 아무런 공도 없는 문관 따위를 중히 쓴단 말이냐?" 하고 큰소리를 쳤다.

그러자 탁지대신 왕장이 이를 반박했다.

"붓을 쓰는 사람이 없으면 그 복잡한 재정은 누가 어떻게 처리할 수 있느냐?"

이렇듯 문관과 무관이 서로 견제하면서도 병존했기 때문에 한나라의 정치는 한동안 평화를 누릴 수 있었다.

그 뒤 은제의 측근에 있는 총신들이 차차 세력을 얻고, 또 친척들이 정치에 참견하게 되었다. 양빈 등이 항상 이들을 경계해 왔지만, 은제도 차차 장성함에 따라 중신들의 충고를 귀찮게 여겼다.

언젠가 재상 양빈 등이 어전회의를 하고 있을 때였다. 양빈이 아뢰었다.

"폐하께서는 잠자코 저희들의 말을 듣고만 계십시오. 저희들이 있는 이상 결코 걱정을 끼치지 않겠습니다."

은제는 중신들에게 눌리는 것 같아 마음이 편하지 않았다. 은제의 마음을 눈치 챈 총신들은 이러한 틈을 타서 중신들을 비방하면서 은제를 꼬드겼다.

"폐하, 폐하께서는 천하의 주인이시므로 거침이 없으셔야 하는데, 지금 양빈 등이 무엄하게도 폐하의 앞을 가로막고 있습니다." 마침내 은제는 양빈, 사홍조, 왕장 등 세 사람을 죽이고, 밀서를 주어 거란 토벌에 나간 곽위까지 죽이려 했다. 그러자 곽위의 부하 장수들이, "장군님, 이 일은 아무래도 장군님께서 수도에서 멀리 떨어져 있는 것을 기회로 총신들이 꾸며낸 일이니, 수도로 올라가 황제를 직접 뵙고 죄가 없다는 것을 스스로 밝히는 것이 좋겠습니다."라고 권했다.

곽위는 대군을 거느리고 수도로 올라갔다. 곽위가 군대를 이끌고 수도로 오고 있다는 소식을 들은 은제는 겁을 잔뜩 집어먹어 군사를 보내어 중도에서 그를 막으려고 했다. 하지만 채 싸움을 시작하기도 전에 백기를 들고 나서거나 달아나 버리는 바람에 은제의 군사는 순식간에 무너져 버렸다. 그러는 동안에 은제는 병사들에게 시살당했다.

마침내 곽위가 수도에 도착하니 갑자기 장병들이 술렁거리기 시작했다. 장병들은 황기(黃旗)를 찢어 곽위의 몸에 감고 만세를 불렀다. 당시 천자는 누런 옷을 입는 법이었으니, 이는 곽위를 천자로 삼는다는 뜻이었다. 그 만세 소리가 천지를 진동시켰다. 그리하여 장병들은 곽위를 옹위하며 남쪽으로 돌아가서 들어가서 주나라를 세웠다.

이렇게 하여 한나라는 중국 역사상 유난히 단명했던 5대시대에서도 가장 단명한 나라가 되었다. 그 수명은 겨우 4년이었던 것이다.

주나라

첫눈에 미인의 마음을 빼앗고

주나라(後周)의 태조황제는 곽위였다.

후당 장종의 궁녀에 시씨라는 여자가 있었는데, 대궐을 나가 집으로 돌아가서 결혼할 생각을 하고 있었다. 어느 날 집 안에서 길 쪽을 바라보고 있는데 한 젊은이가 말을 타고 위풍도 당당하게 달려가고 있었다.

시씨는 그 사나이에게 첫눈에 마음을 빼앗겼다. 그래서 '저 남자가 누굴까?' 하고 몹시 궁금하여 알아보았더니, 바로 곽작아(곽위는 목에 참새를 입묵(入墨)하고 있었으므로 작아(雀兒)라는 별명을 얻고 있었다)라는 사람이었다.

시씨는 그와 결혼하기를 바랐지만 부모는 머리를 가로저으며 허락하지 않았다.

"너는 황제를 모셨던 몸이다. 적어도 절도사쯤 되는 사람이라야지. 넌 뭣 때문에 그 건달 같은 사나이에게 시집가려고 하는 거냐?"

그러나 시씨는 굳게 결심하고 다른 사람은 쳐다보지도 않았다. 결국 그녀는 곽위의 아내가 되었다.

한나라의 고조 유지원이 하동의 절도사로 있을 때, 곽위는 유지원을 섬기고 있었다.

한(漢)의 은제 때에 이르러 곽위는 침입해 온 거란을 토벌하라는 명령을 받고, 군사를 거느리고 나섰다가 도중에 부하 장병들에 옹위되어 돌아오게 되었다.

이때 한나라 조정에서는 유빈을 맞으러 사람을 보냈는데, 태후의 명령으로 유빈을 폐하고 곽위가 황제의 자리에 오르게 되었다.

유빈은 유지원의 아우인 유승의 아들이었다. 유승은 처음에 은제가 시살당하자 군사를 일으켜 남쪽으로 진군하려 하다가 아들 유빈이 천자가 된다는 소식을 전해 듣고 몹시 기뻐하며, "내 아들이 천자가 된다면 더 바랄 것이 없다." 하고는 그대로 주저앉았다.

그러나 그 뒤 유빈이 쫓겨나 결국 죽었으므로, 유승은 진양에서 스스로 황제가 되었다. 그의 땅은 모두 12주에 지나지 않았다. 어느 날 유승은 신하들을 보며 탄식하였다.

"생각해 보면 우스운 일이오. 도대체 나는 무엇을 위한 천자이며 그대들은 무엇을 위한 절도사요?"

그 뒤 유승은 세력을 넓히려고 아들 승균을 보내 주나라를 치게 하였으나 오히려 대패하였다. 이에 거란에게 구원병을 요청하자 거란왕 올욕은 크게 기뻐하면서 유승에게 "좋다. 그럼 그대를 북한(北漢)의 왕으로 임명하리라." 하며 임명장을 주었다.

산이 달걀을 눌러 터뜨리듯

후주 세종은 혼란했던 5대시대에서 가장 명군으로 꼽히는 황제이다. 만약 세종이 일찍 죽지 않았더라면 반드시 천하통일을 이룩했을 것이다. 사실 송나라 태조는 세종이 이뤄 놓은 토대 위에서 세종의 정책을 그대로 밀고 나간 것이라고도 볼 수 있다. 원래 송 태조 조광윤은 세종의 측근 중의 측근이었다.

세종이 향하는 곳마다 적이 대적하지 못했다. 그의 전략은 '간편한 것부터 공략한다' 는 것이었다. 국내적으로는 당나라 때부터 골칫거리였던 절도사의 권한을 약화시키면서 중앙집권을 강화시켰다 후주의 태조 곽위는 재위 3년 만에 죽었다. 다음에 진왕 영이 제위에 올랐는데 이 사람이 바로 세종황제이다. 세종황제의 성은 시씨(柴氏), 이름은 영으로서 태조황제의 처남 시수례의 아들이다. 원래 태조는 아들이 없었으므로 영을 양자로 삼았다. 그리고 임종할 때 영을 불러 후사를 맡겼다.

이때 한고조 유지원의 아우 유승은 주나라의 태조가 죽었다는 말을 듣고는 매우 기뻐하여 거란에 구원병을 청했다.

거란은 대장 양곤에게 군사 1만 기를 주어 구원하게 했다. 유승은 몸소 진두에 서서 3만의 군사를 거느리고 남쪽으로 내려왔다.

주나라의 세종이 몸소 나서서 이를 맞아 싸우려고 하니 신하들이 모두 위험하다고 말렸다. 특히 태사로 있던 풍도가 단호한 태도로 반대하였다. 당시 풍도의 나이 이미 73세였다. 그러나 세종은 자기 주장을 굽히지 않았다.

"당태종도 친히 전선에 나가 천하를 평정하지 않았던가? 짐은 궁중에만 편히 앉아 있을 수는 없소."

이에 풍도가 반문하였다.

"폐하께서는 과연 당태종과 같다고 생각하십니까?"

그러자 세종은, "유승이 선제께서 돌아가신 것을 기회로 여기고 또 내가 젊은 나이에 천자가 되었음을 깔보아 스스로 진두에 서서 오는 것이오. 그런데 어찌 내가 나서지 않겠소. 지금 우리의 뛰어난 군사로 유승의 군사를 치는 것은 마치 산이 달걀을 눌러 터뜨리는 것과 같소." 하고 듣지 않았다.

풍도도 끝까지 납득하지 않았다.

"과연 폐하의 힘이 산과 같을지, 유승이 달걀과 같을지는 아직 확실하지 않은 듯합니다."

하지만 세종은 자기 주장을 그대로 밀고 나가 선두에 서서 황하를 건너 북한을 공격해 들어갔다.

이때 유승은 고평에 진을 쳤다. 주나라의 선발대가 이를 공격하니 북한의 군사는 조금 뒤로 물러섰다. 세종은 몸소 군사를 독려하면서 적진을 향해 맹렬히 돌격해 나갔다. 그러나 너무 빨리 공격하는 바람에 뒤따르는 부대가 멀리 뒤떨어져 서로 연락이 끊어졌다. 선봉장이 이끄는 군대는 고립된 채 몹시 불안해했지만, 오직 세종만은 기상이 늠름하고 의기가 충천했다.

싸움이 어우러져 한참 혼전하는 중에 주나라의 우익장인 번애능과 하휘 두 사람이 두려움에 떨어 뒤로 빠져 버렸다. 그러자 우익군은 무너져서 보병 천여 명이 잡혀 항복했다. 하지만 세종은 이에 굴하지 않고 몸소 호위병을 이끌고 화살을 무릅쓰고 싸움을 독려했다

이 모습을 본 호위병의 대장 조광윤이 "우리 주상께서 몸을 돌보지 않으시고 분전하시는 저 모습을 보라. 우리가 어찌 죽음을 두려워하랴." 하고 크게 외치면서 대장 장영덕을 돌아보고 말했다.

"적군은 이겼다고 약간 교만해졌소. 그러니 격파하는 것은 바로 지금이오. 그대는 고지를 이용하여 서쪽으로 돌아가 좌익(左翼)이 되어 주오. 나는 우익(右翼)이 되겠소. 국가의 편안하고 위태로움이 이 싸움에 달렸소."

장영덕이 그의 의견을 따랐다.

조광윤과 장영덕은 각각 군사 2천 명을 거느리고 진격했다. 조광윤은 스스로 앞장을 서서 돌격하여 북한의 군사 가운데로 뛰어들어 분전했다. 그러자 군사들도 그를 뒤따라 죽기를 무릅쓰고 미친 듯이 싸웠다.

결국 주나라 군사들의 결사적인 모습에 기가 질린 북한의 군사는 어쩔 줄 모르고 크게 당황하여 대패했다. 그리고 거란의 응원군은 이를 구원하지 않았다. 북한의 유승은 밤을 새워 북으로 달아나 가까스로 진양에 돌아갔다. 이것이 유명한 고평 싸움이다.

고평의 싸움에서 후주가 이기자, 세종의 출정을 그렇게도 말렸던 풍도는 자기 판단력에 자신을 잃고 말았다. 끝내 이해에 병이 들어 죽었다.

세종은 번애능과 하휘 두 장수를 비롯하여 장교 70여 명을 묶고서 "너희들은 싸울 능력이 없었던 것이 아니다. 교묘하게 나를 끌어내 적 유승에게 팔아 넘기려 했던 것이다. 이 불충한 놈들아!" 하고 크게 꾸짖고는 모두 목을 베었다.

이것을 보고 교만한 장수나 게으른 장수는 두려워하며 세종에게 충성을 다하게 되었다. 그리고 장영덕이 조광윤의 지혜와 용기를 극구 칭찬하였으므로 세종은 조광윤을 크게 승진시켜 중용하였다. 그 뒤 세종은 측근들을 돌아보며 말했다.

"군대는 모름지기 정병(精兵)주의라야 한다. 아무리 군사가 많아도 그 질이 나쁘면 아무 소용이 없다. 원래 군대라는 건 돈이 많이 드는 것이어서 한 사람의 군사를 기르는 데 백 사람의 백성에게서 거둔 세금으로도 모자란다. 어떻게 백성의 고혈을 짜서 그 쓸데없는 많은 군사를 길러둔단 말이냐."

그리고 곧 명령을 내려 모든 군사를 시험해 보아 약한 군사를 떼어 버리고 정예만 남겨 놓게 했다.

또 각 지방에 조서를 내려서 천하의 장사를 모집하여 수도에 모아놓고, 조광윤에게 명하여 우수한 사람을 뽑아서 대궐을 지키는 군대를 편성하게 했다. 이 군대를 전전군(殿前軍)이라 불렀다. 절도사들의 지방 군대보다 훨씬 강력한 중앙 군대를 만든 것이었다.

실로 정예 중의 정예 군대였다. 다른 보병과 기병도 각각 그 대장으로 하여금 시험해 보게 했으므로 주나라의 병사는 모두 정병이어서 대적할 적이 없게 되었다.

이어 세종은 북한을 공격하며 10여 주를 빼앗았으며, 후촉을 쳐서 크게 깨뜨렸다. 그리고 남당을 공격하여 많은 지역을 점령했는데, 이때 조광윤에게 남당의 청류관을 습격하게 하였다. 그래서 조광윤은 대장을 사로잡고 저주를 손에 넣었다.

그 뒤 주나라 군대는 계속하여 다섯 주를 빼앗았는데, 남당의 저항도 만만치 않았다.

무적의 상승 장군

이보다 앞서 세종은 조광윤을 육합현에 주둔해 있게 했다. 그런데 남당군은 그곳까지 밀어닥쳤다.

조광윤은 한창 싸움이 벌어졌을 때, 비겁하게 구는 군사가 있으면 군사를 독려하는 체하며 칼을 내둘러서 그 군사의 투구를 쳤다.

싸움이 끝나고 이튿날 모든 군사의 투구를 검사해 보아 칼자국이 나 있으면 목을 베어 버렸다. 이 일이 있은 뒤에 조광윤의 부대에는 죽음을 두려워하는 자가 없이 모두 죽기 살기로 싸우게 되었다

세종은 군사를 머물게 하여 수주성을 포위시키고, 자기는 대량으로 돌아왔다. 그랬더니 당군은 또 세력을 회복해서 진공하여, 장강(長江) 이북의 모든 고을을 도로 빼앗았다. 이에 주나라의 모든 장수가 병력을 합하여 수주를 공격했다. 세종도 스스로 장수가 되어 수주 공격에 참가했다. 그러자 당군은 성을 나와 주나라에 항복했다.

남당의 왕은 세종에게 사신을 보내어, "강북의 땅을 전부 바치겠습니다."라고 했으므로 세종도 이를 승낙하고 대량으로 돌아갔다. 그 뒤 남당의 왕은 주나라에 신하 노릇을 하게 되었다.

그 뒤에도 세종은 친히 거란 정벌에 나서 관남 땅을 모조리 손에 넣었다. 세

종은 다시 공격에 나서고자 했으나 계속된 전쟁에 지쳐 그만 병에 걸려 공격을 중지하고 말았다. 이때 조광윤은 항상 세종을 수행하며 혁혁한 공을 세워 최고의 벼슬인 전전도점검의 자리에 올랐다. 천하 석권을 노리던 세종은 끝내 병에서 일어나지 못하고 재위 6년 만에 세상을 떠났다.

세종은 한 번 명령을 내리면, 반드시 그것이 수행되었는지를 맹렬히 추궁하여 수행하지 않았을 경우 조금도 용서하지 않았다. 그래서 군기를 어기는 자가 없었다. 그는 항상 앞장서서 성을 공격하고 적과 접전이 벌어졌을 때 화살이 사방에서 비오듯 해도 태연자약하였다. 임기응변의 재주가 뛰어났으며, 가끔 다른 사람들이 상상조차 할 수 없는 기묘한 계교를 써서 부하 장수들을 놀라게 했다.

또 정치면에서도 매우 총명하고 통찰력이 뛰어나 아첨하는 말에 귀 기울이지 않고 음모를 낱낱이 적발해서 벌주었다. 여가가 있으면 유학자를 불러 사서(史書)의 강의를 듣고, 각 왕조 흥망의 원인을 비교 연구했다.

그는 탈세나 병역을 피하기 위해 출가하고 있던 승려들을 환속시켰으며, 절이 가지고 있던 토지와 구리 등을 몰수하여 군사 비용 등 나라의 경제에 사용하였다.

그는 어려서부터 음악이라든지 묘한 노리개를 좋아하지 않았으며 언제나 "나는 감정에 얽매여서 상을 주거나 벌을 주지 않는다."고 말했다.

인사면에 있어서도 문관과 무관을 공평하게 등용하여 그 능력을 충분히 발휘하게 했다. 사람들은 세종의 총명을 두려워했으며 동시에 어진 덕을 사모했다. 그런 그가 애석하게도 서른아홉의 젊은 나이에 죽었다. 그가 죽자 수많은 사람들이 모여들어 그의 죽음을 슬퍼했다.

아들 양왕이 뒤를 이었는데, 이를 공제라고 했다. 공제의 이름은 종훈으로서 겨우 일곱 살에 즉위했다.

그해 조광윤은 귀덕의 절도사로 임명되었다. 이듬해 거란이 침입해 왔을 때 조광윤은 이를 방어하라는 명령을 받았다. 그가 개봉을 떠나 숙소인 진교역에 이르렀을 때, 어린 황제에게 나라를 맡길 수 없다고 염려한 장병들이 조광윤을 옹위하여 수도로 돌아가서 천자의 자리에 오르게 했다.

공제는 반년 만에 제위를 조광윤에게 물려주었다. 그리하여 주나라는 태조로부터 3대, 실제는 곽씨와 시씨의 10년으로 마감하고 말았다.

제19장 송나라시대
(960~1127 A.D.)

송나라시대는 문관시대였다

오랫동안 중국은 전쟁에 시달리면서 무관에 의해 좌지우지되었다. 특히 당나라 말기 이후 각지의 절도사들은 중앙 권력을 약화시키고 나아가 천하를 혼란시켰다. 송나라는 이러한 지방 군사력을 억누르고 문관 중심의 중앙 집권을 강화하였다. 송나라시대는 막강한 경제력을 바탕으로 문화가 크게 꽃피던 시대였다.

비록 이민족에게 크게 휘둘리기는 했지만 문화 및 예술, 사상에 있어서 가장 중국적인 체계를 만든 시대였다. 특히 주자학은 이후 중국인의 세계관에 결정적인 영향을 끼친 사상 체계였다.

천자될 인물은 하늘이 내린다

천명이 있다

송나라 태조황제는 성이 조, 이름은 광윤이다.

아버지 조홍은은 낙양에 있는 친위군 장교로서, 군영에 있을 때 조광윤을 낳았다. 그가 태어날 때 군영 안에는 밝은 빛이 비쳤고 이상한 향기가 한 달 동안이나 가득 차 있었다. 그래서 사람들은 그를 '향해아(香孩兒) 영(營)'이라고 불렀다. 그는 특히 네모난 얼굴에 큰 귀를 가지고 있어서 후에 사람들이 '방면대이(方面大耳)'라고 불렀다.

조광윤은 후주 세종 때 6년 동안이나 군사 업무를 맡아 보았는데, 군사들은 모두 그의 인품에 감복했다. 세종이 어느 날 책궤 속에서 나무쪽을 하나 발견했는데, 그 나무쪽에는 '점검(點檢)이 천자가 되리라'고 씌어 있었다. 이때 장영덕이 전전도점검(殿前都點檢, 친위군 총대장)으로 있었으므로, 곧 장영덕을 다른 자리로 전임시키고 대신 조광윤을 점검으로 임명했다.

그 후 세종이 죽고 공제가 즉위했다. 그 이듬해 조정은 조광윤에게 친위군을 거느리고 거란과 맞서 싸우게 했다. 이때 병사들 사이에서 공제는 아직 어리고 국가는 위기에 직면해 있으므로 조광윤을 천자로 옹립하자는 말이 나돌기 시작했다. 하지만 조광윤이 거느린 군사는 이미 수도에서 떠나갔다.

이때 장교 묘훈이 하늘을 쳐다보니 태양 아래쪽에 또 하나의 태양이 있는데, 서로 검은 빛을 내쏘고 있었다. 묘훈은 이것을 천명(天命)이라 생각하고 뜻을 결정하였다.

"하늘에는 두 해가 없고, 나라에는 두 임금이 없다. 그런데 지금 하늘에 해가 둘 있어 아래 있는 해가 위에 있는 해를 대신하려 하고 있다."

그날 저녁에 조광윤이 이끄는 군사들은 진교역에서 묵었다. 밤에 장수들이 모여 의논한 끝에 조광윤을 천자로 옹위하여 북쪽의 거란을 치자고 결정하였다. 그리하여 장수들은 조광윤의 장막 둘레를 호위하고 밤이 새기를 기다렸다. 원래 조광윤은 술을 좋아하는 호인이었다. 그날도 조광윤은 술에 취한 채 깊이 잠들어 있었다.

날이 밝자 장수들은 갑옷 투구를 착용하고 손에 무기를 들고는 조광윤이 자고 있는 방문을 두드리며 외쳤다.

"우리 여러 장수들은 임금으로 의지할 사람이 없습니다. 원컨대 장군을 천자로 모시고자 합니다."

시끄러운 소리에 조광윤은 깜짝 놀라서 벌떡 일어나 옷을 입으며 물었다.

"무슨 일이냐?"

그러자 여러 사람들이 재빨리 조광윤의 뒤로 돌아가 급히 황색 옷을 입힌 후 일제히 엎드려 절을 하며 간했다.

"부디 황제가 되어 주셔서 위기에 빠진 나라를 구해 주십시오."

조광윤은 거듭 거절했다.

"나는 추호도 그런 생각이 없다. 제발 이러지 말라."

그러나 장수들의 고집도 만만치 않았다. 마침내 조광윤은 할 수 없다는 듯이 말고삐를 잡고 장수들에게 맹세하게 했다.

"너희들이 나를 천자로 삼는다면 내 명령을 지키도록 해라. 첫째, 지금 수도에는 황태후와 천자가 계신다. 절대 그분들을 놀라게 하거나 범해서는 안 된다. 둘째, 대신들은 나의 동료들이다. 결코 다치게 해서는 안 된다. 끝으로, 창고에 있는 재물은 나라의 것이다. 결코 손을 대서는 안 된다. 이 명령을 지키는 자는 상을 줄 것이요, 어기는 자는 엄벌에 처할 것이다. 모두 굳게 맹세하라."

그런 후에 조광윤은 군사를 정돈해서 수도로 돌아가 성 안으로 들어갔다 (이를 '진교역의 변'이라 부른다). 하지만 그의 군사들은 조금도 후주 공제의 존엄을 손상시키는 일이 없었다. 얼마 지나지 않아 공제는 즉위를 조광윤에게 물려주었다. 조광윤은 자기가 절도사로 지냈던 귀덕군이 송주(宋州)에 있었기 때문에 나라 이름을 송(宋)이라고 했다.

강간약지(强幹弱枝)

태조 조광윤은 즉위하자, 몰래 인심을 알아보려고 민정시찰을 나가곤 했다. 그러자 가까이 모시는 신하들이 걱정이 되어 간했다.

"함부로 미행을 마십시오."

그러자 태조는 말했다.

"황제가 되는 것은 그 사람에게 천명이 있기 때문이다. 주나라 세종은 장수들 가운데 얼굴이 네모지고 체격이 건장하며 귀가 큰 사람은 보는 대로 잡아 죽였다. 그러나 나는 세종 옆에 종일토록 있었지만 그는 나를 죽이지 않았다. 그래서 나는 황제가 될 수 있었던 것이다."

태조는 시찰을 계속하며 말했다.

"제왕이 될 천명을 타고난 사람이 또 있다고 하여도 자유로이 행동하게 내버려 두어라. 천명은 인간의 힘으로 거역할 수 없는 법이다. 그러니 나는 그것을 금하지 않겠다."

태조의 이러한 대담한 말에 신하들은 아무 말도 할 수 없었다. 언젠가 태조는 추밀적학사 조보를 불러서 물었다.

"앞으로 천하의 병란을 뿌리 뽑아서 국가의 만년대계를 세우려고 하는데, 어떤 정책을 쓰는 것이 좋겠소?"

그러자 조보가 이렇게 대답하였다.

"당나라 말기로부터 5대에 들어온 이래, 제왕이 자주 바뀐 것은 절도사의 권력이 너무 커서 오히려 제왕의 권위는 약해지고 신하의 힘은 강해졌기 때문입니다. 그러나 앞으로 절도사의 권력을 서서히 약화시키는 방침을 세우는 것이 좋습니다. 절도사가 마음대로 할 수 있는 돈이나 곡식을 제한하고, 또 군사를 중앙에 직속시켜 놓으면 천하는 저절로 태평 무사하게 될 것입니다."

조보는 또 이렇게 말했다.

"친위대의 장수 석수신 등은 그 적임자가 못 되는 것 같으니 다른 벼슬을 주는 것이 좋겠습니다."

태조는 깊이 생각한 끝에 석수신 등을 대궐로 불러들여 잔치를 벌였다.

연회가 한창 어우러졌을 때 태조는 좌우의 신하들을 멀리하고 말했다.

"나는 여러분의 힘이 아니었으며 천자의 지위에 오르지 못했을 것이오. 그러나 내 마음은 밤낮 없이 불안해서 베개를 높이고 자지를 못하오. 이런 것을 안다면 아무도 천자의 지위에 오르고 싶은 사람은 없을 것이오."

이 말을 듣고 석수신 등은 횡공하여 머리를 땅에 조아리면서 아뢰었다.

"폐하께서는 어찌하여 그런 말씀을 하시옵니까? 천명은 이미 정해져 있어서 끄떡이 없습니다. 누가 감히 폐하의 자리를 엿보겠습니까?"

"아니요, 여러분의 부하가 부귀를 탐낸다면 그때엔 어떻게 하겠소? 똑같은 경우로 일단 여러분에게 황색 옷을 입혀 놓으면, 여러분이 아무리 제위를 탐내지 않는다 하더라도 그때엔 어찌하지 못할 것이 아니오?"

수신 등은 더욱 고개가 수그러져서 눈물을 흘리며, "저희들은 어리석어서 거기까지는 미처 생각이 미치지 못했습니다. 그러나 폐하께서는 저희들을 불쌍히 여기시어 저희들의 갈 길을 지시해 주시옵소서." 하고 간절히 청했다.

그러자 태조는 말했다.

"인생이란 햇빛이 문틈으로 지나가는 것과 같이 덧없는 한순간에 지나지 아니하오. 이 짧은 인생에서 부귀를 바라는 것은 즐겁게 세월을 보내고 자손들을 곤궁하지 않게 해주기 위해서요. 이것이 즐거운 인생이오. 그러니 여러분도 고생스러운 군인 생활을 그만두고 넓은 봉토의 주인이 되어서, 경치 좋은 곳에 집을 짓고 농사 지어 자손들의 번영을 도모하고, 집 안에 노래 잘하는 아이와 춤 잘 추는 계집을 거느리고 날마다 술이나 마시며 즐겁고 편안하게 살아간다면, 그 역시 좋지 않겠소?"

석수신 등 여러 장수는 모두 엎드려 절하고, "폐하께서 그렇게 까지 신들의 일을 생각해 주시리라고는 생각지 못했습니다. 이것은 바로 속담에 '죽은 사람을 살려서 뼈에 살을 붙인다'고 하는 것입니다. 성은이 하해 같습니다." 하며 그 이튿날 모두 병을 일컫고 사표를 제출했다.

이렇게 하며 5대 이래 절도사의 세력이 자꾸만 강해졌던 것을 태조가 차차 그 세력을 줄여 마침내 절도사의 세력을 크게 약화시켰다. 지방을 더 작게 나누어 오로지 학자들만 채용해서 다스리게 했다. 이렇게 하여 절도사의 횡포가 많이 고쳐졌다.

또 각 주에 절도사의 부관을 파견해 재정 등 모든 분야의 감독을 담당하게 하여 무인인 절도사의 권한을 나누었다. 이러한 개혁에 의해 절도사들의 세력을 약화시켜서 반란을 일으키지 못하도록 했다.

이후 군대를 지휘하면서 절대적인 권력을 휘두르며 수백 년 동안 세상을 어지럽히던 각 지방 절도사의 세력은 급속히 약화되었고, 대신 황제에게 권한이 집중되었다. 세상 사람들은 이를 '강간약지(強幹弱枝)'라 불렀다.

대대로 항복 문서만 쓰는 집

당나라 이래 국가의 중요한 정치에 대해서는 재상이 천자에게 아뢰어 그 재가를 얻어서 처리하고, 그 밖의 명령, 지시, 형벌, 관리의 임면 등에 대해서는 재상들의 합의로 결정하여 그 결과를 문서로 아뢰고 있었다.

그런데 재상 범질 등은 전조(前朝) 때부터 내려온 대신인데다가 왕과 신하 사이의 형식적인 의식을 존중했으므로, 모든 것을 문서로 아뢰고 물러나와 재상회의에서 결정했다. 이때부터 문서로 천자에게 아뢰는 일이 매우 많게 되었다. 그 후 범질 등이 벼슬에서 물러나고, 태조는 조보를 재상에 임명했다.

태조는 왕전빈에게 명하여 후촉을 치게 했다. 힘이 약한 후촉의 재상 이호는 촉왕 맹창에게 권하여 항복하게 하였다. 그리하여 후촉은 멸망했는데, 전촉이 멸망할 때에도 역시 이호가 항복 문서를 썼다.

어느 날 밤 어떤 사람이 이호의 집 문에 '대대로 항서만 쓰는 이씨의 집'이라고 써붙여 그를 비웃었다.

처음에 태조는 재상 조보에게 좋은 연호를 생각해 보라 하여 건덕(乾德)으로 고쳤다. 그 뒤 어떤 궁녀가 가지고 있던 촉(蜀)의 거울에 '건덕 4년에 이것을 만들다'고 한 글이 새겨져 있는 것을 발견했다. 태조는 이상하게 생각하고 학사 두의를 불러서 그 연고를 묻자 두의가 아뢰었다.

"옛날 촉왕이라 참칭한 왕연의 연호에 건덕이 있었습니다." 태조는 두의의 말을 듣고는 탄식해마지 않았다.

"그러니까 재상에는 학문이 있는 사람을 써야 한다."

조보는 일찍부터 조광윤의 작전참모로 모든 면에서 뛰어난 능력을 발휘하며 조광윤의 두터운 신임을 받았다. 다만 그는 학문을 익히지 않아 교양에 정통하지 못했던 것이 흠이었다.

눈 내리는 밤의 대화

태조 2년에 조빈 등에게 명하여 북한(北漢)을 치게 했다.

태조는 친히 나서서 태원을 공격했으나 성이 견고하여 쉽게 함락되지 않았다. 그래서 군사를 백초지(百草池)라는 곳에 머무르게 하면서 장기전을 벌일 준비를 했는데, 마침 더위가 심하고 비가 많이 와서 전염병이 돌았으므로 조서를 내려서 군사를 거두어 돌아왔다.

태조는 즉위하여 자주 공신들의 집을 불시에 방문했다. 언제 방문할지 아무도 예측할 수 없었으므로, 재상 조보는 조정에서 자기 집에 돌아와서도 언제나 의관을 벗지 않고 갑작스러운 방문에 대비하였다.

어느 날 밤, 눈이 많이 왔다. 밤도 이미 깊었다.

조보는 마음속으로, '이렇게 눈이 많이 오니 오늘은 오시지 않겠지.' 하고 생각했다. 그때 똑똑 문을 두드리는 소리가 들렸다. 조보는 '이 깊은 밤에 누굴까?' 하며 급히 문을 열고 나가 보니 태조가 눈 속에 서 있었다. 조보는 황공해하면서 태조를 집 안으로 모셔들이고는 방석을 여러 개 포개서 앉을 자리를 만들고, 숯불을 피워서 고기를 굽고, 아내에게 술을 권하게 했다. 태조는 조보의 아내를 누님이라고 불렀다.

조보는 조용히 물었다.

"이렇게 눈이 많이 오고 밤이 깊어 몹시 추운데 폐하께서는 어떻게 납시었습니까?"

이에 태조도 나직한 목소리로 말했다.

"영 잠이 오지 않는구려. 내 침대 밖은 모두 남의 집 같아서 쓸쓸하기만 하오. 오늘 밤엔 경의 얼굴이 보고 싶었소."

그러자 조보가 넌지시 물었다.

"폐하께서는 천하가 좁다고 하시는 것입니까? 지금이야말로 남정(南征)을 하거나 북벌을 하기에 다시 없이 좋은 시기입니다. 폐하께서 계획하시는 바를 말씀해 주십시오."

그러자 태조가 굳은 표정으로 대답하였다.

"나는 북벌을 해서 태원을 빼앗고 싶소."

조보는 한동안 잠자코 있다가 말했다.

"그건 저로서는 생각해 보지도 않은 일입니다. 태원은 서쪽으로는 서하와 북쪽으로는 거란과 국경을 이웃하고 있습니다. 만약 군사를 일으켜 태원을 빼앗는다면, 그때엔 서하와 거란의 공격을 송나라 혼자서 담당해야 합니다. 태원은 공격하기만 한다면 당장에 떨어질 것입니다만, 잠시 접어 두었다가 다른 여러 나라를 평정한 다음에 치는 것이 좋을 줄 압니다."

그 말을 들은 태조는 웃으면서 말했다.

"실은 나도 그렇게 생각하고 있소. 잠시 경의 생각을 알아보았을 뿐이오."

그래서 태조는 군사를 내어 남쪽으로 형남의 고계충을 치고 난 후 주보권을 쳤으며, 이어 서천의 촉주 맹창을 쳐서 남쪽을 완전히 평정했다.

태조는 일찍이 북한(北漢)에 간첩을 보내 북한의 왕 유균에게 이렇게 말하게 했다.

"북한과 주나라와는 대대로 원수 사이였으므로 북한이 주나라에 대항하고 굴복하지 않는 것은 당연합니다. 그러나 우리 송나라와 북한과의 사이는 나쁠 아무런 이유가 없습니다. 그런데 무엇 때문에 하동 일대의 백성을 곤궁에 허덕이게 합니까?"

그랬더니 유균도 간첩을 써서 태조에게 이렇게 말하게 했다.

"우리 하동은 땅이 좁은 곳이오. 군사도 중앙의 10분의 1도 안 되오. 내가 이 조그만 나라를 구구하게 지키고 있는 것은 다만 우리 한나라 조상의 제사가 끊어짐을 두려워하기 때문이오."

태조는 그 말을 불쌍히 여겨 유균이 죽을 때까지는 북벌하지 않는데, 유균이 죽고 계원이 그 뒤를 잇게 되자 군사를 일으켜 북한을 공격했다.

오랜만에 찾아온 태평성대

명재상 조보

그 뒤 조보가 재상의 자리를 내어놓고 하양의 절도사가 되었다. 조보는 침착하고 호쾌했으며 과단성이 있어서 천하의 태평과 어지러움이 모두 자기 책임이라는 자세로 태조를 보좌하는데 최선을 다해 일을 처리하였다.

언젠가 어떤 사람으로 하여금 무슨 직무를 맡아 보게 하려고 태조에게 아뢰었으나 받아들여지지 않았다. 조보는 이튿날 또 아뢰었다. 태조는 노하여 그 서류를 찢어 버렸다. 하지만 조보는 찢어진 서류를 주워서 풀로 붙여, 그 이튿날 다시 태조에게 바쳤다. 그러자 태조도 다시 한 번 생각하여 마침내 자기의 잘못을 깨닫고 이를 허락했다.

또 언젠가는 어떤 신하가 공을 세워 그의 벼슬을 올려 주어야 하는 경우가 있었다. 그러나 태조는 그 사람을 싫어하였으므로 조보의 추천을 받아들이지 않았다. 조보는 극력 주장하여 물러나지 않았다. 그랬더니 태조가 물었다.

"내가 끝끝내 허락하지 않으면 어떻게 하겠소?"

그래도 조보는 굽히지 않았다.

"상벌은 항상 천하에 공평해야 하는데, 어찌 폐하 한 분의 감정에 의해 그것을 함부로 좌우하겠습니까?"

그런데도 태조는 허락하지 않고 자리에서 일어섰다. 조보는 태조 뒤를 따라갔다. 태조는 내전으로 들어가더니 문을 닫아 걸었다. 그러나 조보는 계속 문 밖에 서서 물러가지 않았다. 마침내 태조는 이를 허락했다.

(태조 조광윤은 신중하고 항상 반성하는 태도를 지닌 인물이었다. 반면 결단력이 약했는데 이를 보완해 준 것이 바로 조보였다. 원래 후주 시절 남당을 공격할 때 조광윤의 아버지 조굉은이 아들과 함께 출정했다가 과로로 쓰러져 죽었다. 이때 조정에서 파견되어 조굉은을 보호한 사람이 바로 조보였고, 그 연고로 조광윤과 조보의 관계가 맺어졌던 것이다. 조광윤은 처음 조보를 보고 '이 사람은 기(奇)이다'라고 생각하여 그를 위주 절도사로 임명하는 등 항상 옆에 있게 하였다. 조보는 조광윤을 황제로 만든 공신 중의 공신으로서 조광윤을 도와 천하통일의 길로 전진하게 만든 중추적 인물이었다.)

조보는 늘 커다란 독을 갖추어 놓고, 황제에게 올리는 글 가운데 자기의 마음에 들지 않는 것은 모두 독 속에 처넣고 태워 버려 아예 황제가 보지 못하도록 하였다. 조보가 남들에게 비난받은 것은 거의가 이 일 때문이었다.

사실 조보는 자기 판단을 과신하고 있었다. 그리하여 천자의 조서를 받고

서는 여러 사람에게 알리지도 않았고, 재상의 자리에 나아가 정사를 아뢰고 물러나 이것을 맡은 사람에게 인계해 주지도 않았다. 또 재상의 도장을 찍는 중요한 일도 하지 않았고, 정당(政堂)에 참석하여 정치를 의논하지도 않았다.

한 번은 재상 조보의 부하들이 조보의 명령에 따라 형벌을 마음대로 조정하자, 판관으로 있던 뇌덕양이 태조를 찾아가 아뢰었다.

"조승상은 권력을 이용하여 남의 집을 강제로 사들이고 또 뇌물을 받아 재산을 모으고 있습니다."

이 말을 들은 태조는 뇌덕양에게 크게 화를 냈다.

"솥이나 냄비에도 귀가 있는데, 너는 조보가 나라의 중심이라는 말도 듣지 못했느냐?"

그러면서 뇌덕양을 즉시 대궐 밖으로 좌천시켜 버렸다. 몇 년이 지난 후 이번에는 뇌덕양의 아들이 조보의 부정을 들춰내어 상소하였다. 그러자 태조도 점점 조보를 경계하게 되었다.

그 뒤부터 태조는 두 사람의 참정에게 조서를 내려 정당에 참석해서 정치를 의논하게 하는 등 모든 것을 조보와 동격으로 하게 했다. 그러는 중에 결국 조보는 파면되고, 설거정과 여여경이 그 뒤를 이어 재상이 되었다.

인의(仁義) 장군 조빈

태조 7년, 태조는 몇 번이나 강남국 왕 이욱에게 사신을 보내서 입조하기를 독촉했으나 이욱은 따르지 않았다. 그러자 태조는 조빈에게 강남 지방을 공격하게 했다. 조빈 등이 군사를 거느리고 떠날 때 태조는 엄중하게 훈계했다.

"강남을 토벌할 때 절대로 그곳 백성들에게 난폭한 짓을 하거나 약탈을 해서는 안 된다. 위엄과 신의를 지켜서 자연히 사람들로 하여금 복종하게 해라. 공을 세운다면서 죄없는 백성을 죽이지 말라."

그리고 깊이 간직해 두었던 칼을 꺼내 조빈에게 주면서 명령했다.

"부장 이하 한낱 병졸에 이르기까지 명령을 어기는 자는 모두 베어 버리시오."

태조는 전에 왕전빈이 촉을 평정했을 때, 숱한 백성을 죽인 일을 뉘우치고 있었던 것이다. 조빈은 인정이 두텁고 자비심이 많아서 특별히 이번에 중임을 맡게 된 것이었다.

이보다 앞서 강남 사람 번약수라는 사람이 관리 채용 시험에 합격했지만 관리로 채용되지 않았다. 뒤에 강남부(江南府)에 글을 올려 국정의 방향과 방침을 논했으나 당국에서는 아무런 응답도 하지 않았다. 이후 번약수는 장강에서 배를 타고 낚시질을 하면서 강의 넓이와 깊이를 측량했다.

약수는 그 측량한 것을 가지고 송나라로 가서, 강남을 공략할 계책을 아뢰었다. 태조는 기뻐서 약수를 대부로 임명하고, 그의 계책을 채용했다. 그리하여 큰 배 수천 척을 만들게 해서 그것으로 부교(浮橋)를 걸어 군사들이 건너갈 수 있게 했는데, 번약수의 측량은 조금도 착오가 없었다.

태조 8년, 드디어 조빈이 강남국의 수도 금릉을 포위하고 맹렬히 공격했다. 그러자 강남국의 왕 이욱은 학사 서현을 보내서 공물을 바치고 군사를 거두어 달라고 청했다. 서현이 태조를 뵙고 말했다.

"우리 주상은 강남의 작은 나라로서 큰 송나라를 섬기기를 마치 아들이 아버지를 섬기듯이 합니다."

이에 태조가 질책하였다.

"그대는 부자의 예를 말했는데, 아버지와 아들이 두 집에 갈라져 있어도 좋소?"

서현은 이에 대답하지 못하고 강남으로 돌아갔다. 그 뒤 서현이 또다시 송나라로 가서 태조에게 항의했다.

"강남에 무슨 죄가 있습니까?"

태조는 노하여 칼자루를 잡고 꾸짖었다.

"되지 못하게 여러 말 말아라. 그야 강남에는 죄가 없을 것이다. 그러나 천하는 한 집안이다. 나는 내 침대 옆에서 다른 사람이 코를 드르릉드르릉 골면서 자고 있는 것을 참고 견딜 수 없다."

서현은 겁이 나서 물러갔다.

금릉성은 조빈의 군사들로 포위된 채 봄이 지나고 여름도 지나 가을이 되었으며 겨울이 오는 것도 멀지 않았다. 강남의 군사는 점점 더 불리해져서 위기에 임박했다. 조빈은 '무력으로 공격하면 저들의 목숨이 많이 상할 것이다. 되도록이면 항복시켜야 한다'라고 생각하여 몇 번이나 사자를 보내어 이욱에게 항복을 재촉했다.

"며칠 후에 반드시 성을 함락시킬 것이다. 미리 그 조치를 해 놓아라."

어느 날 조빈은 갑자기 병이 났다며 막사에서 나오지 않았다. 모든 장수들이 깜짝 놀라 문 안으로 들어갔다.

"내 병은 약으로는 고치지 못하오. 여러분이 성을 함락시킬 때 죄 없는 자는 절대로 죽이지 않겠다고 약속한다면 내 병은 당장에 나을 것이오."

조빈의 말에 모든 장수들이 따르기로 하고, 향불을 피워서 결사 항전을 맹세했다. 그 이튿날 금릉성은 함락되고, 이욱은 항복했다. 이윽고 승전 보고가 수도에 이르렀다. 태조는 그 보고를 받고 눈물을 흘리면서 말했다.

"아마 이번에도 성을 함락시킬 때, 칼이나 화살에 맞아 억울한 죽음을 당한 자가 있었을 것이다. 가엾은 일이다."

얼마 뒤에 강남 토벌군이 회군했다. 그러나 회군하는 배 안에는 책과 옷가지 침구만 있을 뿐이었다. 조빈은 수도에 도착하자 대궐 옆문으로 몰래 들어가서 보고했다.

"신, 칙명을 받들고 강남으로 가서 명령하신 일을 마치고 지금 돌아왔습니다."

조빈은 큰 공을 세우고도 이처럼 자랑하지 않았다.

다음 해, 오월왕 전숙이 송나라에 입조했다. 그가 돌아가려고 하자, 태조는 누런 빛 보자기에 싼 것을 하사했다. 그것은 단단히 봉해져 있었는데, 태조는 돌아가는 도중에 몰래 풀어 보라고 했다.

전숙이 도중에 그 보자기를 풀어 보니, 그것은 송나라 신하들이 이번에 입조한 전숙을 돌려보내지 말라며 태조에게 올린 글이었다. 전숙은 천자의 은혜가 넓고 큰 것에 감격하는 동시에 자기의 처지에 겁이 났다.

한편 태조는 남당에 간첩을 보내 남당의 명장 임인조의 초상화를 그려오게 하였다. 이것을 당시 송에 인질로 잡혀 온 남당의 제왕에게 넌지시 보여주면서 "이자를 알고 있소? 이자가 글과 함께 이 그림을 보내왔소. 머지않아 상경하여 항복한다던가…"라고 말해 주었다.

그러자 제왕은 은밀히 이 사실을 남당에게 알렸고, 남당은 이후 군신 간에 서로 불신이 생겨 얼마 지나지 않아 송에게 멸망당하였다.

4월에 태조는 낙양의 교외에서 하늘에 제사를 지냈다. 그때 낙양에 사는 늙은이들이, "우리는 젊을 때부터 늘 전쟁을 만나 온 집안이 산산조각 흩어지는 슬픔을 당해 왔는데, 다시 태평한 세상이 되어 오늘 이렇게 장한 천자의 모습을 뵈올 줄은 꿈에도 생각지 못했습니다." 하며 눈물을 흘리면서 기뻐했다.

태조는 그대로 낙양에 머물러 있으면서 수도를 낙양으로 옮기려고 했다. 그랬더니 여러 신하들이 입을 모아 간했다. 이에 태조는 말했다.

"실은 장안에 도읍하려고 생각 중이다."

그러자 아우 진왕이 머리를 조아리며 간했다.

"천하의 태평하고 아니함은 천자의 덕이 널리 미치고 미치지 않는 데 달려 있는 것이지, 결코 지세가 험하고 험하지 않은 것에 있지 않다고 생각합니다."

"내가 서쪽 장안에 도읍을 옮기려 하는 것은 자연의 지세를 이용해서 장안의 쓸데없는 군사를 줄이려는 것이 목적이다. 그러나 진왕의 말도 일리가 있다. 잠시 진왕의 의견을 좇아 장안으로 도읍을 옮기는 것을 중지하겠다. 그러나 백 년이 못 가서 천하 백성의 힘이 고갈될 것이다."

그러면서 태조는 탄식하고 곧 대량으로 돌아갔다.

평범 속에 비범이 있다

태조는 어질고 효성이 지극했으며, 성격은 활발하고 너그러웠다. 그는 일찍이 무명 시절에 가난을 이기기 위해 여러 나라를 유랑해야 했다. 도중에 그는 도박에 손을 대 큰 돈을 벌기도 했으나 건달들에게 모두 빼앗기고 말았다. 그때 친척들에게 찾아가 도움을 청했으나 푸대접만 받았다.

유랑한 지 3년째 되던 해 그는 어느 절에서 묵었는데, 그 절의 주지가 그의 관상이 비범한 것을 보고 노자를 주면서 곽위를 찾아가 보라고 권했다. 곽위는 후에 후주의 태조가 되었던 사람이다. 조광윤은 곽위를 찾아가 그 밑에 있으면서 곽위를 후주의 황제로 옹립하는 데 큰 공을 세웠다. 그 공으로 태자인 시영(후의 세종)의 직속 부대에 편입되어 세종의 큰 신뢰를 받았다.

'진교역의 변(變)'에서는 부하 장수들에게 추대되어 억지로 천자가 되었지만, 수도로 돌아와서는 백성을 생각하여 법을 중히 여기고 도덕을 어기지 않았으므로, 민심이 안정되었다.

언젠가 태조가 사냥을 하던 날이었다. 한 신하가 서류뭉치를 들고 찾아와 결재를 해 달라고 청하는 것이었다. 하도 졸라대 태조가 할 수 없이 그 서류를 훑어보니 지극히 평범한 내용이었다. 태조가 어이없어 물었다.

"아니, 이것이 그리도 급한가?"

그러자 신하가 이렇게 대답했다.

"예, 사냥보다 급합니다."

그러자 몹시 화가 난 태조는 옆에 있던 도끼를 들어 그 자루로 신하를 내리쳐 이빨 두 개를 부러뜨렸다. 그 신하는 조용히 이빨 두 개를 주웠다. 이에 태조가 물었다.

"그대는 짐을 고소할 것인가?"

"그렇지는 않습니다. 다만 사관에게 보고하여 기록하게 할 것입니다."

사관에 의해 기록되면 그 기록은 천만 년 역사에 남는 것이었다. 태조는 한참 생각하더니 그 신하를 불러 두둑하게 보상금을 주었다.

어느 날 조정의 일을 끝마치고 편전으로 돌아온 태조가 오랫동안 아무 말도 않고 우울하게 있으므로, 모시고 있던 신하가 왜 그러시느냐고 물었다.

"너희들은 천자는 편하다고 생각할지 모르겠지만 그건 당치도 않은 생각이다. 오늘도 기분좋게 일을 처리하다가 엉뚱한 잘못을 저질렀다. 그래서 영 기분이 좋지 않구나!"

또 어느 날, 태조는 신하들을 자운루에 모아 잔치를 열었다. 이야기가 백성을 다스리는 일에 미치자, 태조는 말했다.

"숙맥(菽麥), 즉 콩과 보리를 분간하지 못할 만큼 무지한 백성이라 할지라도, 그들을 돌보지 않고 함부로 세금을 많이 물리거나 부역을 많이 시키는 제후들이 있으면, 절대로 용서하지 않을 것이다."

태조 첫해에 송나라는 수도의 성과 대궐을 대대적으로 수리했다. 공사가 끝나자, 태조는 정전에 앉아서 사방의 문을 활짝 열어 놓게 했다. 그러자 안과 밖이 환히 내다보여서 아무것도 막히는 것이 없었다. 태조는 신하들을 돌아보며 말했다.

"이건 꼭 내 마음과 같다. 조금이라도 굽은 데가 있으면, 사람들은 그곳을 쳐다보게 마련이다."

그런데 환관 가운데 전에 후당의 장종 이존욱을 섬기던 사람이 있었다. 어느 날 태종이 그를 불러 물었다.

"장종은 영민하고 용맹한 황제로서 천하를 평정했는데, 어찌하여 나라를 유지하지 못했다고 생각하느니."

이에 환관이 아뢰었다.

"그는 놀이와 사냥에 빠졌으며, 결단력이 없어 백성들을 감복시킬 수 없었습니다. 또 상을 줄 때도 대충대충 주기 때문에 신하들이 잘 따르지 않았습니다."

그랬더니 태조는 무릎을 치고 탄식하며 밀했다.

"장종황제는 20년 동안 양나라와 싸워 간신히 천하를 차지하고서도, 군율을 엄격히 하지 않아 아랫사람을 단속하지 못했다. 이것은 아이들의 장난감과 같은 일이다. 나는 지금 군사들에게 애정을 가지고 대하고 있다. 공로가 있는 사람에게는 작위와 상을 아끼지 않고 줄 것이지만 군법을 어기는 자는 칼로써 다스릴 것이 다.''

한편 태조는 백성을 휴양시키는 데 힘쓰고 공물을 바치는 것을 그만두게 하였으며 각지에서 잉여금 바치는 것을 금하게 했다. 또 태조는 몇 번을 빨아서 빛이 바랜 옷을 입고, 거처하는 궁궐에는 푸른 빛 천의 갈대 발을 썼다.

어느 날 태조가 근교로 토끼 사냥을 나갔다. 그런데 갑자기 말이 웅덩이에 빠지는 바람에 말에서 떨어져 엉덩방아를 찧고 말았다. 그는 순간 화가 몹시 나서 말을 한 칼에 베어 버렸다. 그리고는 이내 뉘우쳤다.

"나는 천하의 주인이 되고서도 경솔하게 사냥만을 일삼는구나. 어찌 말을 탓할 수 있겠는가!"

그 후 태조는 사냥을 나가지 않았다.

태조는 원래부터 술을 매우 좋아하였다. 언젠가 궁중 정원에서 성대한 술자리를 벌인 적이 있었다. 그 자리에서 거나하게 취한 태조는 동생 진왕에게 몇 번이나 술을 권했다. 당시 금성 부인이라는 태조의 총희가 있었는데, 물론 그 자리에도 나와 태조 옆에 앉아 있었다.

진왕이 말했다.

"만약 금성 부인께서 저 뜰 아래 피어 있는 꽃을 꺾어 오시면 술을 올리겠나이다."

그러자 금성 부인이 꽃을 꺾으러 뜰 아래로 내려갔다. 이때 진왕은 재빨리 화살을 재어 금성 부인을 쏘아 죽였다. 그리고는 태조 앞에 무릎을 꿇고 엎드려 눈물을 홀리면서 호소하였다.

"폐하, 이 몸을 죽여도 좋습니다. 하지만 음주는 자중하시옵소서."

이후 태조는 일체 술을 입에 대지 않았다. 늘그막에는 오직 책 읽기에 골몰

했는데, 어느 날 그는 탄식하며 말했다.

"옛날 요 임금과 순 임금 시절에는 몹시 악한 자를 벌줄 때도 그저 먼 나라에 유배시키는 정도였다. 그런데 근래에는 사람의 목숨을 가볍게 여겨서인지 형벌만 복잡해졌구나."

태조는 후손을 위해 돌에 유훈(遺訓)을 새겨 궁중 깊숙이 숨겨둔 채 오직 황제만 보도록 하였다(石刻遺訓, 석각유훈). 그 유훈은 후주 황실 시씨를 끝까지 돌봐주어야 하며, 사대부를 근거없이 죽여서는 안 된다는 내용이었다. 물론 그 뒤의 황제들은 이것을 철저히 실천하였다.

(태조의 마음이 그러했기 때문에 이후 시씨가 그 가계를 유지할 수 있었으며, 다른 왕조에는 흔히 있는 건국 공신들의 숙청도 없었다. 또한 송나라 중반 이후 벌어진 신법당과 구법당의 치열한 당파 싸움에서도 패배한 측이 유배되었을 뿐 이로 인해 죽는 일이 없었다. 송나라에서는 조정의 일을 비판해도 죽지 않는다는 것이 일반적으로 알려져 있었기 때문에 많은 논객들이 나왔고 그만큼 언론도 활발해졌다. 이에 따라 서민들의 생활도 어느 정도 억압에서 벗어날 수 있었다.)

태조가 여러 나라를 정벌할 때에는 반드시 먼저 사신을 보내서 입조를 권했고, 그래도 입조하지 않으면 군사를 내보내어 치도록 했다. 또 항복하면 죽이는 일이 없이 상당한 예로써 대우하여 조상에게 제사를 지내고 여생을 편안히 마치게 해주었다.

인재 등용법

'진교역의 변' 때 태조가 변경에 들어갔을 당시, 후주의 신하 한통이 이를 저지하다 죽었다. 태조는 몹시 애석하게 여겨 뒷날 한통에게 높은 벼슬을 추증했다. 그리고 한통을 살해한 왕언승에게는, 함부로 사람을 죽이지 말라는 명령을 어겼으므로 평생토록 절도사에 임명하지 않았다.

또 태조가 공제로부터 자리를 물려받아 즉위했을 때, 너무 갑작스러운 일이라 공제의 양위 조서가 미처 마련되지 않았다. 그러자 학사 도곡이 미리 준비해 두었던 조서를 품속에서 꺼내 바쳤다.

그 뒤 도곡이 오랫동안 한림원에 근무하고 있었으나, 도무지 벼슬이 오르지 않자 도곡은 태조를 몹시 원망하고 있었다. 도곡의 원망을 들은 태조는, "내가 듣기에는 학사가 조서를 쓰는 것은 양식을 보고 그대로 베끼는 데 지나지 않는다고 한다. 그러니 지금 그 자리가 적당하다."라며 끝내 도곡에게 높은 벼슬을 주지 않았다.

태조는 또 관리로서 인망이 있는 사람의 이름을 기록해 두고 차례에 상관없이 적당한 인재를 적당한 자리에 발탁해 썼으며, 오래 자리에 두고 함부로 전임시키지 않았다.

그 밖에 뇌물을 주고받는 데 관한 법을 매우 엄격하게 해서, 뇌물을 받은 관리는 특히 엄벌에 처하는 규정을 두었다. 그러나 관리들의 기강이 이미 잡혀 있어서 중형에 처해진 관리는 없었다. 태조는 5대 시대에 절도사가 가혹한 세금으로 백성을 괴롭혔던 폐단에 진절머리가 나서, 장사하는 사람의 세금을 가볍게 하고, 종래 금해 오던 누룩, 소금, 술을 만드는 것도 관대하게 처분하도록 했다. 규제를 풀어 자유롭게 생업에 종사하도록 했던 것이다(당나라를 '귀족의 시대'라고 한다면, 송나라는 '서민의 시대'라 불릴 만큼 일반 서민들에 대한 배려가 많았다.)

태조는 백성에게서 곡식을 거두어들이는 창고 관리가 규정 밖의 쌀을 속여 받으면 기시(棄市·목을 베어 그 시체를 거리에 내거는 벌)에 처했다. 또 5대 시대에는 군인이 지방장관에 임명되었기 때문에 제 기분 내키는 대로 관할 구역 안의 백성을 처형하는 일이 많았다. 이에 태조는 제멋대로 백성들을 상하게 하고 죄를 뒤집어씌우는 횡포한 지방 장관은 처벌하였다.

관리가 논밭을 조사할 때 숫자를 속이거나 그 밖의 부정을 저지르면, 태형에 처하거나 귀양을 보냈다. 지방에 가뭄이나 충해 따위가 있어서 백성이 굶주리면 양식을 나누어 주고 세금을 면제해 주었는데, 태조는 이러한 구제 사업이 고루 미치지 못하여 나라를 원망하는 백성이 있지나 않을까 몹시 염려했다.

태조는 백성들 가운데 덕행이 있는 사람에겐 상을 주었으며, 부모에게 효도하고 형제 사이가 화목한 사람은 관리로 채용했다.

또 인재를 중히 여겨 친히 과거 시험 문제를 냈고, 그 응모자를 직접 살펴 인재를 구했으며, 진사 시험에 합격한 사람의 이름을 발표하여 정실에 의한 합격을 방지했다. 수나라 때부터 실시되었던 과거제도에 의한 인재 등용이 실제로 힘을 발휘하게 된 것은 송나라 때부터였다. 그렇게 하여 송나라는 '진사 지상주의'였다. 아무리 가문이 좋아도 과거에 급제하여 진사가 되지 않고서는 좋은 벼슬을 할 수 없었다. 이렇게 뽑은 관리에 대한 대우도 어느 왕조보다 각별하였다. 이런 풍조는 송나라의 문치주의를 확립시켰다.

바야흐로 당나라와 남북조의 귀족 정치, 5대 10국의 군인 정치 시대가 가고 문관 정치 시대가 된 것이다.

태조는 때때로 국자감을 방문하여 학생들이 공부하는 모습을 시찰하고, 또 조서를 내려 세상에 묻혀 있는 고전과 진서를 찾도록 하였다.

음악은 화현이 만든 아악을 쓰기로 했다. 또 예의에 대해서는 유온수가 지어 올린 『개보통찰』(의식에 관한 2백 권의 책)이라는 책을 널리 보급시켜 자연스럽게 백성들의 생활에 배어들게 하였다.

그리하여 모든 제도와 의식이 완전히 갖추어졌는데, 그것들은 사리에 맞아서 아무런 무리가 없이 순조롭게 행해졌다.

태조는 즉위한 지 17년 만에 죽고, 아우 진왕이 그 뒤를 이었는데, 이 사람이 태종황제이다.

북송시대

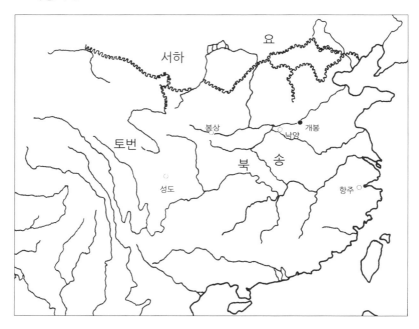

서하

요

토번

봉상

낙양 개봉

북 송

성도

항주

제20장 북송시대
(960~1127 A.D.)

송나라의 천하통일

촛불 그림자와 도끼 소리

태종황제의 첫번째 이름은 광예였는데, 그는 태조의 바로 아랫 동생이었다.

'진교역의 변' 때 태조가 수도에 들어가자 광예는 맨 먼저 앞으로 나아가 간했다.

"제가 장병들을 단속하게 해주십시오."

태조의 허락을 받은 광예는 그 옆에 있는 군사들에게 양민을 위협하거나 재물을 약탈해서는 안 된다고 엄명을 내렸다.

태조가 공제로부터 천자의 자리를 물려받았을 때, 광예는 이름을 광의로 고쳤다. 태조는 광의를 수도장관에 임명하여 동평장사를 겸임하게 하고, 다시 진왕에 봉했다.

태조가 즉위한 이듬해 태조의 어머니인 두태후가 죽었는데, 두태후는 임종할 때 태조에게 물었다.

"폐하는 어떻게 해서 천히를 얻으셨는지 아시오?"

그러자 태조는 공손한 태도로 대답하였다.

"모두가 조상 어른들과 어머님의 덕택이옵니다."

이에 태후는 웃으면서 말했다.

"아니요. 그렇지 않소. 마침 좋은 시절을 만나 시씨(柴氏, 후주의 세종)가 일곱 살 난 어린 황제를 세웠기 때문이오. 폐하께 일이 생긴다면 제위를 광예에게 잇게 하시오. 그리고 광예는 그 동생인 광미에게 전하고, 광미는 맏아들인 덕수에게 전하도록 하오. 국가에 나이 든 임금이 있어야 사직이 든든한 것이오."

태조는 고개를 몇 번이나 끄덕이며 대답하였다.

"삼가 가르치심을 받들겠습니다."

그런 후 두태후는 조보를 불러 "내가 한 말을 잘 들어 두시고 결코 어기지 않도록 하오." 하고 베갯머리에서 그것을 기록하게 하였다.

그 기록은 금으로 만든 궤 속에 넣어 두었다. 태조는 형제간의 우애가 두터웠다. 언젠가는 진왕 광의가 뜸을 뜨면서 그 통증으로 매우 괴로워하는 것을 본 태조는 자기도 함께 뜸을 떠서 직접 그 괴로움을 맛보았을 정도였다. 또 태조는 주위 사람들에게 진왕의 칭찬을 아끼지 않았다.

"진왕은 용이 하늘을 달리는 것처럼 품위가 있고 위엄이 있으며 그 걸음걸이는 매우 장중해서 범과 같다. 게다가 진왕이 태어날 때엔 참으로 신기한 조짐이 있었지. 진왕은 항상 술과 여색을 멀리하고 책을 가까이 했으며, 학문 익히는 것을 가장 큰 즐거움으로 알았다. 뒷날 반드시 태평한 세상을 이룩할 훌륭한 천자가 될 것이다. 나는 진왕이 갖추고 있는 복과 덕을 도저히 따르지 못한다."

한편 태조가 촉 지방을 시찰했을 때, 그곳에 살고 있는 재야의 선비 장제현이 열 가지 조목의 정책을 바쳤다. 태조는 그를 불러들여 의견을 자세히 물어본 후 맛있는 음식을 하사했다. 장제현은 사양하지 않고 먹으면서 태조의 물음에 대답했다. 태조가 열 가지 조목 중에서 네 가지는 훌륭한 생각이라고 칭찬하였는데, 장제현은 다른 것들도 매우 좋은 계책이라고 거듭 주장하였다. 태조는 장제현의 거리낌 없는 태도에 기분이 좋지 않아져서 더 이상 이야기를 하지 않고 그를 돌려보냈다. 하지만 태조는 수도에 돌아 와서 진왕을 만나 말했다.

"내가 촉 지방에 갔을 때 장제현이라는 사람을 만났다. 나는 그를 쓸 생각이 없다만, 네가 천자가 되거든 그를 재상으로 쓰는 것이 좋겠다."

태조는 그때부터 이미 천자의 자리를 진왕에게 물려주려는 생각이 있었던 것이다. 그 뒤 태조가 병이 들어 일어날 수 없게 되자, 태조와 황태후의 약속을 모르고 있던 황후는 환관 왕계은을 보내 둘째 아들 덕방을 불러오도록 했다. 그러나 왕계은은 덕방에게 가지 않고 바로 진왕에게로 갔다. 진왕이 대궐로 달려오자. 태조는 진왕만 남게 하고 주위 사람들을 나가 있도록 하였다. 둘이서 어떤 이야기를 했는지는 아무도 알 길이 없었지만, 바깥에 있던 사람들은 촛불 아래에서 진왕이 일어서는 모습을 볼 수 있었다. 그러자 별안간 태조가 옆에 있던 큰 도끼를 끌어당겨서 책상 위에다 쾅 놓고 큰 소리로, "이렇게 해야 한단 말이다!" 하는 소리가 들렸다. 그리고 이내 태조는 숨을 거두었다.

황후는 태조의 병실에 들어섰다가 그곳에 진왕이 있는 것을 보고 깜짝 놀랐다. 그 순간 황후는 엎드리며 말했다.

"저희 모자의 목숨을 모두 천자의 처분에 맡기겠습니다."

이에 진왕은 부드럽게 대답했다.

"모두 함께 이 부귀를 누리도록 하십시다. 아무런 염려 마십시오."

황제의 자리에 오른 태종은 우선 특사를 보내 각 지방의 관리들을 엄중히 단속하였는데, 잘하고 못함에 따라 등급을 매겨, 책임을 다하지 못하는 자와 태만하여 정치를 부하에게만 맡겨 놓은 자는 모두 파면시켰다. 뇌물을 받은 죄로 귀양간 관리는 설혹 특사를 받아 석방되어도 다시 관리로 등용하지 않았다.

언젠가 형법을 관장하던 진순봉이 황제에게 일을 아뢰는데, 말을 너무 빨리 하고 그 행동도 배우나 창기와 같이 천하므로 태종은 못마땅하게 여기고 물었다.

"너의 아버지는 무엇을 했던 사람인가?"

"제 아버지는 악사였습니다."

태종은 고개를 끄덕이고, "과연 너는 천한 자로구나. 너와 같은 자를 높은 벼슬에 둘 수 없다."라며 그를 좌천시켜서 대궐 안의 숙직원으로 삼았다.

태종은 반미라는 장수에게 북한(北漢)을 치게 한 뒤 몸소 출정하여 수도인 태원을 포위했다. 그러자 북한의 왕이 성을 버리고 항복하여 북한은 멸망했다.

태종은 다시 조서를 내려 거란을 정벌했다. 그리고 태종은 다시 유주를 공격했지만 십여 일이 지나도 성이 함락되지 않자 군사를 돌이켜 철수하였다.

이때 태조의 맏아들인 덕수도 종군하고 있었다. 어느 날 밤 태종의 모습이 보이지 않자 군영 안이 떠들썩해졌고 성미가 급한 몇몇이 덕수를 천자로 세우려고 서둘러댔다. 나중에 나타난 태종이 그 말을 듣고 몹시 불쾌해했다.

수도로 돌아온 태종은 유주 정벌에 성공하지 못한 것을 이유로 북한을 쳐서 항복받은 바에 대해서도 논공행상을 하지 않았다. 이에 초조해진 덕수는 태종에게 논공행상하기를 요청했다. 그랬더니 태종은 몹시 화를 내며 말하였다.

"그런 일일랑 네가 천자가 되면 하거라. 그때까지 기다려도 늦지 않을 것이니."

덕수는 이 말을 듣고 스스로 목을 매어 죽고 말았다.

한편 그 무렵 충방이라는 사람이 세상을 피해 종남산에 들어가 암자를 짓고 제자들을 가르치고 있었다. 이때 많은 젊은 학자가 충방에게 글을 배웠다. 태종은 그 이야기를 듣고 충방을 수도로 불러 벼슬을 주려 했으나, 그는 늙은 어머니를 모셔야 한다면서 끝내 사양하였다. 태종은 그의 효성에 감동하여 돈과 비단을 많이 보내 주었고 그 효성도 칭찬해 주었다.

차라리 이름을 모르는 것이 낫다

태종은 학문을 매우 좋아하였다. 그래서 언제나 이렇게 말하곤 했다.

"짐은 달리 좋아하는 것이 없소. 다만 독서하기를 좋아하는데 책을 통해 고금의 성패를 알아 좋은 점은 따르고 나쁜 점은 경계할 뿐이오."

그러면서 그 유명한 『태평어람』 1천여 권을 1년에 독파하였다. 이에 재상들이 말렸다.

"하루 세 권씩이나 보시면 옥체에 매우 해롭습니다."

그러나 태종은 단호하게 말했다.

"짐은 어릴 적부터 독서를 즐겨해 독서의 요령을 터득하고 있소. 책에 유익한 말이 씌어 있으면 결코 지루하지 않소. 옛말에 학문을 좋아하는 사람은 만권의 책을 읽는다고 했는데, 그 말은 제법인 것 같소."

한편 그때 여몽정이라는 사람이 참정이 되었다. 어느 날 그가 조정에 출근하니 어떤 사람이 비웃었다.

"저 따위가 무슨 참정이야."

여몽정은 그 말을 못 들은 체하면서 지나쳐 가려고 했는데, 옆에 있던 여몽정의 친구가 크게 화를 내며 그 사람에게 따졌다.

"누구 앞이라고 감히 그런 무엄한 말을 함부로 하느냐? 겁도 없이 함부로 지껄이는 너의 이름은 도대체 무엇이냐?"

그러자 여몽정은 이를 말렸다.

"만약 내가 저 사람의 이름을 알게 된다면 평생 동안 잊지 못할 것이오. 차라리 모르는 것이 좋소."

그는 이렇게 말하며 그 일을 전혀 마음에 두지 않았다.

이때 태종은 진단이라는 학자를 불러서 희이 선생이라는 호를 하사했는데, 그는 화산에 숨어 살면서 40여 년 동안 도를 닦던 사람이었다. 태종이 불렀을 때 그의 나이 이미 백 살이나 되어 있었다. 그는 일찍이 흰 당나귀를 타고 변경으로 가던 도중에 조광윤이 천자가 되었다는 말을 듣고는 너무나 기뻐서 웃다가 그만 당나귀에서 떨어졌다.

이 무렵 변경에 있는 개보사 탑이 준공되었다. 이 공사는 전후 8년이 걸렸고, 경비는 억만 금이 들었다. 전석이라는 사람이 태종에게 아뢰었다.

"개보사의 탑이 준공되자 백성들은 금으로 빛나는 그 화려한 모양에 넋을 잃고 찬탄하고 있습니다. 그러나 제가 보기에 이 탑은 백성의 고혈을 짜내서 발라 놓은 것으로밖에는 보이지 않습니다."

이 말을 듣고도 태종은 별로 노하지 않았다. 그 뒤 태종은 조빈과 반미에게 동쪽과 서쪽에서 거란을 공격해 들어가도록 하였다.

그러나 조빈이 거느린 군사는 전투에서 크게 패하여 태종은 군사를 거두어 돌아오게 했다. 이 싸움이 있은 뒤부터 거란은 해마다 침입해 와서 송나라를 크게 애먹였다.

이때 여진족은 해마다 송나라에 공물을 바쳐 오던 길을 거란에게 차단당하여 태종에게 거란을 토벌해 달라고 청했지만, 태종은 다시 거란을 공격하지 않았다. 그래서 여진족은 거란의 지배를 받게 되었다.

태조 3년, 촉 지방이 평정된 뒤에 그곳의 창고에 있는 재물을 모두 송나라로 실어 왔다. 땅이 좁은 데다가 인구는 많은 촉 지방의 관리는 가난한 백성들로부터 일반 세금 외에 따로 엄청난 세금을 거두어들이고 있었다. 이러한 때에 왕소파라는 자가 나타나 권력을 잡고 부자들을 마구 약탈하기 시작했다.

그 뒤 왕소파가 죽고 그의 처남 이순이 뒤를 이어 촉의 수도인 성도를 함락시키고 스스로 촉왕이라고 불렀다. 태종은 왕계은에게 이순을 토벌하게 해서 그를 사로잡았다.

이 무렵 장마가 계속되어 중국의 백성은 곳곳에서 홍수에 시달렸다.

태종은 탄식했다.

"나는 평소부터 형벌이나 재판에 대해서는 무척 마음을 써 왔는데, 어찌하여 이렇게 가혹한 벌을 받아야 한단 말이냐?"

이때 가장 낮은 벼슬 자리에 있던 구준이라는 자가 윗자리의 신하들을 제쳐놓고 나서서 말했다.

"황공합니다만 아뢰겠습니다. 얼마 전에 어떤 지방의 관리가 공금을 유용한 사건이 있습니다. 이것은 법에 비추어 보면 참으로 사소한 잘못에 지나지 않습니다만, 폐하께서는 그 사람을 사형에 처하게 하셨습니다. 한편 왕회라는 자는 참정 왕면의 아우입니다. 그 왕회가 공금 수백만 금을 횡령했습니다. 이것은 법에 비추어 보면 실로 큰 죄입니다만, 폐하께서는 그가 참정의 아우인 까닭에 그 죄를 묻지 않으시고 그냥 넘겨 버리셨습니다. 이러한 사실들이 있는데도 폐하께서는 형벌에 마음을 쓰고 계시다고 말씀하셨습니다. 그러니 가혹한 벌을 받으시는 것은 당연한 일입니다."

태종은 그의 말을 옳게 여기고 그 즉시 왕회의 목을 베고, 왕면은 파면시켰다. 그랬더니 과연 비가 멎었다.

구준은 어려서부터 신동으로 이름이 높았다. 과거를 치를 때도 나이가 너무 어려 일부러 나이를 올려서 치를 정도였다. 태종은 그를 매우 아껴 마치 당 태종이 위징을 얻은 것과 같다고 좋아하였다. 그는 글재주도 뛰어났다. 그러나 그는 성격이 대쪽 같고 자기 고집이 강해 동료들이나 상사뿐 아니라 황제에게까지 지려 하지 않았다. 자연히 그의 주위에는 많은 적이 생기게 되었다.

논어 한 권으로 두 황제를 돕다

당시의 재상 조보는 유능한 관리로 이름이 높았다. 그러나 그는 공부를 많이 못한 흠이 있었다. 언젠가 태조로부터 책을 읽으라는 권고를 받고부터는 결코 손에서 책을 놓지 않았다. 그 후 조보는 조정에서 중요한 회의가 있을 때면, 그 전에 반드시 방 안에 들어 앉아서 책을 읽었다. 그가 죽은 뒤에 집안 사람들이 그의 책궤를 열어 보니 그 속에 논어가 있었다.

조보가 어느 날 태종에게 아뢰었다.

"저는 논어 한 질을 가지고 있는데, 그 절반은 선제를 도와 천하를 평정하는 데 썼고, 절반은 폐하를 도와 천하를 편안하게 해 드리는 데 썼습니다."

한편 여몽정은 다른 사람들보다 늦게 출세한 사람인데, 조보와 어깨를 나란히 하여 재상의 자리에 올랐다. 조보는 힘써 여몽정을 밀어 주었다. 몽정은 수첩에 뛰어난 사람들의 이름을 기록하여 주머니 속에 넣어두고 사람을 등용할 때 자료로 삼았다. 특히 몽정은 장제현이라는 인물을 알아보고 태종을 돕게 했다.

장제현이 진사 시험을 보았을 때 태종은 그를 1급에 넣으려고 했으나 관계 관리가 2급에 넣었으므로, 태종은 고육지책으로 1급과 2급에 기록된 사람 전부를 중용하였다. 그리하여 장제현은 뒤에 크게 쓰이게 되었다.

그런데 여단이 재상이 되었을 때, 사람들은 여 재상이 일을 분명하게 처리하지 않아서 도저히 믿을 수가 없다고 비난했다. 태종은 이 말을 듣고 여단을 변명해 주었다.

"여단은 사소한 일에는 불분명할지 모르지만, 큰 일을 다룰 때에는 명쾌하게 처리한다." 마치 학자와도 같았던 태종은 황제의 자리에 오른 지 22년 만에 죽었다. 그때 그의 나이는 59세였다.

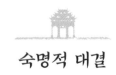

숙명적 대결

비겁한 자는 한 칼에 베라

태종에 이어 태자 덕창이 즉위했다. 이 사람이 송나라 제3대 진종황제다.

진종황제는 처음 이름이 원간이었는데 양왕에 봉해져 있었다.

그 무렵 진사 시험에 합격한 사람 중에 양여라는 인물이 있었다. 그가 어느 날 꿈을 꾸었는데, 커다란 대궐 안으로 들어가니 그곳에 앉아 있던 사람이 양여를 보고, "나는 네 임금이 아니다. 저기 계신 내화천존이야말로 네 임금이다." 하고 그쪽을 가리키며 절하게 했다.

양여는 후에 진사 시험에 장원으로 급제하며 양왕부의 서기가 되었는데, 양왕을 보니 지난 날 꿈에서 절한 바로 그 사람이었다. 또 어느 날 태종이 관상 보는 사람을 양왕에게 보냈더니, 그는 양 왕의 집 앞까지 갔다가 그냥 되돌아 와서 태종을 뵙고 말했다.

"저는 지금 양왕의 집 앞까지 갔다가 돌아왔는데, 그 하인들까지 모두 대장과 재상이 될 만한 관상이었습니다. 그러니 양왕의 관상은 뵙지 않아도 비범한 분임을 가히 짐작할 수 있었습니다." 양왕은 태자의 자리에 올랐다가 태종이 죽자 천자의 자리에까지 올랐다.

진종 2년에 거란족이 침입해 왔다. 진종은 친히 거란을 토벌하기 위해 나섰으나, 대명부까지 갔다가 군사를 돌이켜 철수하였다. 그 후 거란의 임금이 어머니 소태후와 함께 대군을 거느리고 송나라를 공격해 왔다. 송나라 조정에서는 크게 놀라고 당황했다. 이 때 촉 지방 사람이었던 참정 진요척은 황제에게 자기의 고향인 촉 땅으로 피난하기를 권하고, 강남 출신이었던 참정 왕흠약은 역시 자기 고향인 강남의 금릉으로 가기를 권하였다. 진종은 어떻게 하는 것이 좋을지 재상 구준에게 물었다. 그러자 구준이 반문하였다.

"도대체 누가 그런 말씀을 아뢰었습니까?"

이에 진종은 적당히 얼버무리려고 하였다.

"누가 말했느냐는 것보다도 어떻게 하는 것이 좋을지나 결정합시다."

그러자 구준은 분명한 어조로 말했다.

"저는 그런 비겁한 계책을 아뢴 신하를 한 칼에 베어, 그 피를 진군하는 군사들의 북에 바르고 거란을 쳐야 한다고 생각할 뿐입니다."

그러면서 구준은 자기의 굳은 결의를 보였다.

　　마침내 진종은 친히 나서서 거란을 막기로 했다. 진종은 군사를 거느리고 성을 나와 출진하였다. 이때 거란군은 전주로 밀어닥쳐 성을 3면으로 포위하면서 공격했다. 송나라 장수 이계륭 등이 성 밖으로 나가 거란군과 맞서 싸웠다. 이 싸움에서 거란의 장수 달람이 화살에 맞아 죽자 거란군은 물러나 성을 멀찍이 둘러싸고 움직이지 않았다.

　　구준은 진종에게 황하를 건너 하북으로 계속 공격해 나가기를 청했다. 전전도지휘사 고경도 구준의 의견에 찬성하여 진종에게 북진을 권했다. 진종이 결단을 내리지 못한 채 머뭇거리는 것을 보고, 고경은 친위군에게 명령을 내려 진종의 수레를 몰게 하고 다시 진종에게 독촉했다.

　　"폐하께서 황하를 건너 하북으로 가지 않으시면, 하북의 백성들은 실망하며 부모를 잃은 것같이 슬퍼할 것입니다."

　　그러자 가까이 모시고 있던 문관 양적이 고경을 꾸짖었다.

　　"폐하께 무슨 무엄한 짓이냐! 당장 물러가거라."

　　이에 고경이 크게 화를 내면서, "그대들은 이 위급한 지경을 당해서도 예의가 어떠니 무엇이 어떠니 하는데, 정히 그렇다면 시라도 지어 거란의 군사를 물리쳐 보라."라고 호통치고 그대로 진종을 엄호하여 황하를 건넜다.

충신의 운명

　　진종이 성의 망루에 올라가 노란 깃발을 늘어 세우니, 성 안팎의 군사가 일제히 만세를 불러 그 소리가 수십 리 밖까지 들렸다. 그러자 이것을 보고 크게 놀란 거란의 군사들은 기가 꺾였다.

　　이보다 앞서 왕계충이라는 자가 포로로 잡혀 거란의 진영에 있었는데, 그는 거란에게 송나라와 화친하는 것이 이롭다고 권하고 있었다.

　　거란은 크게 군사를 일으켜 송나라를 침공하기는 했지만, 뒤에는 사자에게 왕계충의 글을 주어 송나라 군중으로 보냈다. 송나라의 진종은 조이용으로 하여금 화친을 승낙한다는 뜻을 거란 왕에게 알리게 했다. 조이용은 거란으로 갔다가 거란의 특사 한기와 함께 돌아왔다. 이때 구준은 진종에게 이렇게 권했다.

"이 계책대로 하시면 중국은 백 년의 태평을 얻을 것이고, 그렇게 하지 않으면 수십 년 뒤에는 오랑캐들이 반드시 반란을 일으킬 것입니다."

구준의 계획이란 전력을 다해 이 싸움을 강력하게 밀고 나가 거란의 군사를 몰살시키고, 적의 수레는 단 한 대도 본국으로 돌아가지 못하게 해서 이번 기회에 아예 북쪽의 화근을 끊어 버리자는 것이었다. 조용히 듣고만 있던 진종이 말했다.

"모두 좋으신 말씀이오. 하지만 수십 년 뒤에는 거란을 잘 막아낼 사람이 나올 것이오. 그러나 짐은 지금까지 너무 시달려 온 백성들이 전쟁 때문에 더 이상 괴로워하는 것을 차마 볼 수 없소. 그러니 당분간 거란의 말을 들어주고 화친하는 것이 좋겠소."

그 후 조이용이 다시 거란으로 떠날 때에 진종에게 화친의 조건으로 해마다 거란에게 줄 금의 수량을 얼마로 할 것인가를 물었다. 그러자 지레 겁을 먹은 진종은, "정 안 되면 백만 금까지 주어도 좋소."라고 많은 양을 덜컥 이야기했다.

그러나 재상 구준은 그 뒤에 몰래 조이용을 불러서, "폐하께서는 30만 금을 넘어서는 안 된다고 생각하고 계시오. 그 이상이 넘게 교섭이 되면 살아 돌아올 생각을 마오. 만약 그렇게 돌아왔다가는 살아 남을 수 없을 것이오." 하고 엄중히 일러 보냈다.

조이용은 거란과 교섭한 끝에 비단 20만 필과 은 10만 냥으로 협상을 매듭짓고, 송을 남조(南朝)라 하여 형으로 섬기고, 거란은 북조(北朝)라 하여 아우가 된다는 서약을 한 다음 각기 군사를 거두어 돌아갔다.

송나라와 요나라 간에 맺어진 이때의 조약은 전연군, 즉 전주에서 맺어졌기 때문에 '전연의 맹(盟)'이라 한다.

일찍이 구준이 거란을 토벌하기 위해 수도를 떠나기 앞서, 조정의 관리들을 각각 지방 장관으로 임명했다. 그러면서 구준은 그들을 훈시했다.

"백성은 모두 나라의 군사요, 창고의 재물은 모두 나라의 군자금으로 아시오. 나는 공들이 물정도 모르고 함부로 싸우는 것을 바라지는 않지만, 만약 성 하나라도 적에게 빼앗기는 일이 있으면 반드시 군법을 시행할 것이오."

구준은 또 왕흠약이 진종의 친정을 방해할지 모른다고 생각하고 선수를 쳐서, "경은 지혜도 있고 얼굴이 복상이오."라고 추켜 세우면서, 수도에서 멀리 떨어진 위박 지방의 절도사로 임명했다. 그 후 위박 지방에 부임한 왕흠약은 거란 군사가 성 아래까지 다가와 공격하자 성문을 굳게 닫고는 아무 계책도 쓰지 않고, 다만 깨끗이 목욕하고 경서만 읽고 있었다.

진종은 거란과의 싸움이 끝난 후 전주로 돌아왔는데 , 그 무렵부터 구준을 매우 존경하여 우대했다. 하지만 함께 수도로 돌아온 왕흠약은 깊이 구준을 원망했다. 어느 날 구준이 어전회의를 마치고 물러나자, 진종은 목례를 하였다. 이것을 보고 있던 왕흠약이 진종의 앞으로 나아가 아뢰었다.

"폐하께서 그렇게까지 구준 재상에게 성의를 보이시는 것은 재상이 나라를 위해 공을 세웠다고 생각하시기 때문일 것입니다만, '성하(城下)의 맹약'은 춘추시대의 아주 작은 나라까지도 치욕으로 여겼던 일입니다."

진종은 아무 말도 못했다. 그 후로도 왕흠약은 계속해서 진종을 꼬드겼다.

"폐하께서는 전연의 싸움에서 구준 재상에게 넘어가셨습니다. 그때 폐하께서는 위험하기 짝이 없는 도박의 인질이 되신 것입니다."

그래서 진종은 차차 구준을 멀리하게 되었고, 마침내 구준을 재상 자리에서 물러나게 했다. 이어 왕단이 동평장사로 임명되었는데 왕단은 왕우의 아들이다. 전에 태조가 어떤 사건을 조사하도록 왕우를 보낸 적이 있었다. 태조는 왕우가 떠날 때에 다시 당부했다.

"경이 책임을 완수하고 돌아오면 재상의 벼슬을 줄 것이오."

그러나 왕우는 태조가 만족할 만큼 일을 진척시키지 못했다. 그 때문에 태조의 기분이 매우 상하여 왕우는 끝내 중요한 벼슬에 오르지 못했다. 그러나 왕우는 다른 사람들에게 이렇게 말했다.

"나는 높은 벼슬을 못했지만, 내 아들은 반드시 출세할 것이오."

그는 또 세 그루의 나무를 뜰에 심어 놓고 말했다.

"내 자손 중에 반드시 삼공(三公)에 오르는 사람이 있을 것이오."

과연 그의 말대로 그의 아들 왕단은 재상이 되었다. 왕단은 타고난 성품이 침착하고 덕이 높아서 인망이 있었다. 나라의 어려운 문제도 아주 명쾌하게 해결했으므로 진종은 그를 깊이 신뢰하였다.

어느 날 조덕명이라는 지방 장관으로부터 관내의 백성이 굶주려 괴로움을 당하고 있으니 양식을 보내 달라는 상소문이 왔다. 이 글을 보고 다른 신하들은 불쾌하게 생각하며 조덕명의 염치 없음을 견책해야 한다고 진종에게 아뢰었다. 이때 왕단만이 홀로 진종에게 아뢰었다.

"폐하께서 조서를 내리셔서 '국경 요새에 저장해 둔 군량미는 줄 수 없다. 그러나 수도에는 백만 석의 쌀이 준비되어 있으니 그 쪽에서 사람을 보내 가져가라'고 하십시오."

조덕명은 두 번 절하고 조서를 받은 다음 이렇게 감탄했다.

"조정에 훌륭한 인물이 있구나!"

논어의 두 구절도 실행하기 어렵다

어느 날 진종은 왕흠약에게 물었다.

"어떻게 하면 전주의 치욕을 씻을 수 있을까?"

왕흠약은 진종이 전쟁을 싫어하는 것을 잘 알고 있었으므로 일부러 이렇게 대답했다.

"유주와 계주를 도로 빼앗으러 출병하면 됩니다."

이에 진종이 크게 놀라 정색하고 다시 물었다.

"그런 연후에는 어떻게 한단 말이오?"

그러자 왕흠약은 태연한 표정으로 말했다.

"봉선(선조의 덕업을 이어받아 지킴) 의식을 화려하게 거행해서 사방의 오랑캐들에게 우리의 위엄을 과시하는 것이 좋을 줄 압니다."

그즈음 가끔 하늘에서 글과 책들이 내려왔다. 그러자 진종은 동쪽 태산에서 봉선 의식을 거행하여 하늘과 땅에 제사를 지냈다.

이항이 재상으로 있을 때 왕단은 참정 벼슬을 하고 있었다. 이항은 항상 논어를 즐겨 읽었는데, 그는 이렇게 말하곤 했다.

"재상으로서 천하의 정치를 행해 보면, 논어 가운데 있는 '씀씀이를 절약하여 백성을 사랑하며, 때를 가려 백성을 써야 한다'라는 경우 두 구절도 좀처럼 실행하기가 어렵다는 것을 알게 된다. 그러므로 성인의 가르침은 평생토록 외워 언제나 배워야 한다."

이항은 날마다 전국 각지에서 보고해 오는 홍수와 가뭄, 그리고 도둑 등에 관한 일을 낱낱이 천자에게 아뢰었다.

그러자 왕단이 말했다.

"그런 자질구레한 일까지 낱낱이 천자께 아뢰어 번거로우시게 할 것은 없지 않습니까?"

이에 이항은 이렇게 대답하였다.

"그렇지 않소. 폐하께서는 아직 젊으시오. 지금부터 백성의 고난이 어떤 것임을 잘 알아두셔야만 하오. 그렇지 않으면 장년이 되어 음악이나 여색에 빠지시거나, 혹은 사냥에만 열중하시거나, 혹은 쓸데없이 건축을 하고 함부로 전쟁을 일으키는 데 재미를 붙이시거나, 아니면 커다란 제사를 지내신다든지 하게 되오. 나는 이미 늙었으므로 그런 것을 보기 전에 죽겠지만, 참정에게는 반드시 뒷날의 걱정거리가 될 것이오."

그 후 과연 진종은 봉선이니 제사니 토목 공사니 해서 큰 일들을 한꺼번에 벌여 놓았다.

왕단은 곰곰이 회상하며 탄식하였다.

"이항 어른은 참으로 성인이었구나!"

나라에 큰 일이 있을 때마다 왕단은 대신의 우두머리로서 그 의식을 집행했다. 그러나 늘 우울하고 즐거운 빛이 없었다. 그는 스스로 재상의 지위에서 물러나고 싶어했지만 천자께서 자기에게 베풀어 주신 은총을 생각하여 그렇게 할 수도 없었다. 왕단은 끝내 재상의 자리에 있다가 죽을 때 이렇게 유언했다.

"내가 죽거든 머리를 깎고 검은 옷을 입혀서 장사지내라."

세상 사람은 그를, "왕단은 천자의 신임을 받고는 있었지만, 자기의 도(道)를 온전히 하지는 못했다."라고 평하였다. 또 어떤 사람은 풍도에 비유하며 그의 지조 없음을 비난했다.

장영이라는 사람은 일찍이 이렇게 말했다.

"나와 동갑인 진사 합격자 가운데는 훌륭한 인물이 매우 많다. 우선 근엄하고 중후하며 덕망이 있는 점으로는 이항을 능가하는 사람이 없고, 침착하고 재주가 뛰어나며 덕이 높고 천하를 다스릴 수완이 있는 사람으로는 왕단을 넘어서는 사람이 없다. 또한 천자의 면전에서 두려움 없이 그 잘못을 간하며 이론이 뛰어나고 당당한 관록이 있는 사람으로는 구준을 따르는 사람이 없으며, 국경을 방어하는 데 있어서는 내가 약간의 자신이 있다. 그러므로 내가 이 자리를 물러나지 않는 것이다."

왕단이 재상으로 있을 때 왕흠약도 재상이 되었는데, 뒤에 그는 파면되고 구준이 다시 재상이 되었다.

한편 참정으로 있던 정위는 매우 소심한 사람이었다. 정위가 구준과 함께 식사를 하고 있을 때, 구준의 수염에 고기 국물이 묻었다. 정위는 몸을 일으켜 구준의 앞으로 가서 수염에 묻은 국물을 닦아 주었다. 그러자 구준은 웃으면서 타일렀다.

"참정은 나라의 대신이오. 그러니 재상을 위해 수염의 국물까지 닦아 주는 것은 어울리지 않소."

그러자 정위는 몹시 미안해하면서도 그때부터 구준을 매우 원망하는 마음을 가지게 되었다. 구준은 태자를 보좌하고 있던 정위가 간사하므로 그만두게 해야 한다고 상주한 적도 있었다.

그러나 그 후 구준이 재상에서 파면당했다. 이적과 정위가 재상이 되자, 구준은 먼 지방으로 좌천되었다. 이어 이적이 물러가고, 그 뒤에는 정위의 독무대가 되었다.

구준이 재상의 자리에서 밀려나 먼 지방으로 좌천당한 것은 모두 정위가 꾸며낸 일이었다

판관 포청천

명판관으로 유명한 포청천은 진종 시대의 인물이다. 포청천의 원래 이름은 포증(包拯)으로 여주 지방의 합비 사람이다. 그는 어려서부터 영민하였고 29세에 진사 시험에 급제하며 벼슬길에 올랐다.

그는 개봉부 부사로 재직하면서 꿋꿋하게 자기 직무를 수행하며 한 치의 부정도 허용하지 않았다. 이에 권세가나 왕실의 종친, 그리고 환관들도 모두 숨을 죽이며 지냈다. 그래서 백성들은 이렇게 말했다

"청탁이 들어오지 않는 것은 염라대왕인 포공(包公)이 있기 때문이라네."

실로 포청천은 직무를 수행함에 있어 티끌 하나 없는 맑은 하늘과 같았으므로, 사람들은 그를 가리켜 포청천(包靑天)이라 부르게 되었다.

그가 개봉부 부사로 있던 어느 날, 한 농부가 허겁지겁 그를 찾아왔다.

"부사님, 제가 키우는 소가 누군가에 의해 혓바닥을 잘린 채 죽어 가고 있습니다. 어떻게 방법이 없을까요?"

포청천은 한참 생각한 후에 말했다.

"그 소는 혀를 잘렸으니 살아날 수 없다. 그러니 차라리 소를 죽여서 그 고

기를 팔아 돈을 벌도록 하라."

당시엔 소를 사사로이 죽일 수 없게 되어 있었다. 그러나 부사의 허락을 받았으니 농부는 안심하고 소를 죽여 그 고기를 팔아 돈을 벌었다. 며칠이 지났는데, 이번에는 다른 사람이 찾아왔다.

"저희 동네에서 어떤 사람이 자기 마음대로 혓바닥이 잘린 소를 죽였습니다. 처벌해 주소서."

그러자 포청천은 큰소리로 호통을 쳤다.

"그 소는 혀가 잘려서 살아나기 어렵기 때문에 어쩔 수 없이 죽인 것이다. 그 사실을 알고 있는 것을 보니 네가 소의 혀를 자른 범인임이 분명하렷다. 이제는 소를 죽인 죄까지 그 주인에게 뒤집어 씌우려 하다니 당장 죄를 자백하지 못하겠느냐?"

그 사람은 자기의 죄를 순순히 자백하지 않을 수 없었다.

포청천은 처음부터 소의 혀를 자른 범인이 찾아오리라는 예측을 하고 있었던 것이다.

충신과 간신

세 번의 시험에서 모두 장원한 수재

진종의 뒤를 이은 인종황제의 이름은 정이며, 그의 생모는 이씨이다. 진종은 아들을 늦게 낳았다. 정은 태어나자마자 밤낮 없이 큰 소리로 울며 아무리 달래도 그치지 않았다. 이때 한 도사가 말했다. "내가 아드님의 울음을 그치게 해드리지요."

그래서 곧 그 도사를 대궐 안으로 불러들였다.

아이를 본 도사는, "울지 마라, 울지 마라. 그렇게 울려면 왜 처음에 웃었느냐?" 하니 신기하게도 울음을 뚝 그치는 것이었다. 훗날 어떤 도사의 말에 의하면, 진종이 대를 이을 아들을 점지해 주십사고 하늘에게 빌었더니, 천제는 여러 신선들에게 하계에 내려가 진종의 대를 이을 사람이 없느냐고 물었다. 이때 아무도 대답하는 사람이 없었는데, 오직 적각대선(赤脚大仙, 맨발을 좋아하는 몸이 큰 신선)이 웃으면서 앞으로 나아가 자기가 가겠노라고 하여, 그가 진종의 아들로 태어난 것이라고 한다. 정이 대궐 안에서도 맨발로 다니기를 좋아한 것이 그 증거요, 도사가 왜 처음에는 웃었느냐고 말한 것도 그 증거였다.

정은 열세 살에 제위에 올랐는데, 유태후가 수렴청정하여 어린 황제를 도왔다. 이때 재상은 정위라는 사람이었는데 막강한 권세를 행사하여 구준을 좌천시킬 정도였다. 이에 참정 왕증이 몰래 글을 올렸다.

"정위는 황실에 대해 모반할 마음을 품고 있습니다. 지금 그는 선제 폐하의 능을 제멋대로 파서 옮기려 합니다."

그러자 유태후는 크게 노하여 정위를 변방 지방으로 좌천시켜 버렸다. 일찍이 정위는 학사에게 구준의 죄를 기술하게 한 바 있었는데, 그 글 가운데 구준의 대역무도함을 열거하면서 마땅히 주살해야 한다고 주장했다. 그런데 이번에는 거꾸로 학사 송수가 그 구절을 그대로 정위에게 적용시켜 문책당하게 되자 세상 사람들이 통쾌하게 여겼다.

처음에 정위가 구준을 조정에서 내쫓았을 때, 변경 사람들은 이런 노래를 지어 불렀다.

천하가 편안하기를 원하거든 눈의 정(釘丁)을 뽑으라.
천하가 평화롭기를 바라거든 저 구로(寇老)를 불러야 한다.
(여기에서 釘丁은 정위를, 寇老는 구준을 가리킨다)

그러나 구준은 끝내 수도로 돌아오지 못하고 뇌주 지방에서 고독하게 세상을 떠나야 했다.

한편 왕증이라는 사람은 고향 청주에서의 선발 시험과 수도의 진사 시험에서 모두 장원으로 합격한 수재였다. 그의 합격 소식을 듣고 친구들이 몰려와서 그를 축하했다.

"자네는 세 번의 시험에서 모두 장원을 했으니 이제 평생 먹고 사는 데 걱정이 없겠고, 또 출세도 크게 할 걸세."

그럴 때마다 왕증은 이렇게 말했다.

"나의 뜻은 따뜻한 옷과 배부른 음식 따위에 있지 않다네."

진종의 말년에 왕증은 홀로 꿋꿋하게 조정에 버티고 있었다. 그가 재상의 자리에 있는 동안에 많은 사람이 벼슬을 얻거나 승진하기도 하고 또 갑자기 벼슬에서 물러가기도 했다. 그러나 이러한 일들이 모두 왕증의 뜻에 의해 이루어진다는 것은 아무도 몰랐다.

어느 날 누군가가, "대감께서는 왜 은혜를 베풀고서도 내세우시지 않으십니까?"라고 물으니 왕증은 이렇게 대답하는 것이었다.

"승진시켜 준 은혜를 내세워 자랑하면, 좌천시켰을 때의 원한은 누가 뒤집어써야 하는가?"

유태후는 인종을 자기 아들로 길렀지만, 정작 인종의 생모 이씨에게는 별다른 은전이 없었다. 그런가 하면 생모 이씨도 아무 말 없이 선제의 후궁들 가운데 섞여 있으면서 결코 자기를 내세우지 않았다. 다른 사람들도 태후의 권세가 두려워서 그 사실을 절대로 입 밖에 내지 않았다. 이씨가 병이 들어 목숨이 위중해져서야 유태후는 비로소 이씨를 신비로 삼았다. 하지만 얼마 안 가서 이씨는 죽었다.

그러자 재상 여이간이 태후에게 "신비로서의 예를 가지고 모시도록 하십시오."라고 진언하였다. 그러면서 말을 이어, "나중에 만약 예의에 어긋났다거나 불경이었다면서 죄를 논하게 되거든 여이간이 아무 말도 하지 않았다는 말씀은 마시옵소서.”

낙양의 종잇값을 올리다

신비 이씨가 죽고 1년 뒤에 태후도 세상을 떠났다. 태후의 수렴청정은 11년 동안 계속되었는데 , 태후가 죽자 비로소 인종이 직접 정치를 하게 되었다.

당시 여이간과 장사손이 나란히 재상에 올랐는데, 여이간이 파면된 뒤에는 이적이 재상이 되고 장사손이 수석 재상으로 있었다. 그러나 장사손은 별 능력도 없었으므로 얼마 지나지 않아 파면되고, 여이간이 다시 재상이 되었다. 이에 정부 안에서의 실권은 여이간이 잡고 있었다.

앞서 여이간이 파면당한 것은 인종의 부인인 곽황후의 음모 때문이었다. 여이간이 다시 재상이 되었을 때, 곽황후가 인종이 총애하는 상미인(尙美人)과 다투자 인종은 곽황후를 폐위시켰다. 여기에는 여이간의 힘이 크게 작용했다.

그 후 1년쯤 되어 범중엄은 중앙으로 돌아와 수도의 장관이 되었는데, 그는 나라의 일에 대한 자기의 의견을 과감히 말하고 자주 그릇된 정치를 바로잡도록 진언하였다. 그러자 여이간은 범중엄의 주장이 월권 행위라고 탄핵했다. 결국 범중엄은 다시 중앙에서 쫓겨나 요주 지사로 좌천되고 말았다. 학사 여정과 윤수도 이에 항의했다가 두 사람 모두 좌천당했다.

한편 구양수는 사간원 고약납에게 편지를 보내 그가 나서서 직언하지 않은 사실을 나무랐다.

“이러한 일을 세상에서는 치욕이라고 하는데, 그대는 그것을 모른다.”

고약납은 그 편지를 인종에게 바쳐 구양수를 좌천시켰다. 이때 채양이 ‘사현일불초(四賢一不肖)’라는 시를 지어 세상에 발표하였다. 여기에서 사현(四賢)이란 범중엄, 윤수, 여정, 구양수 등 네 사람을 일컬었고, 일불초(一不肖)란 고약납을 가리킨 것이었다.

이 시는 당시 낙양의 선비들에게 커다란 호응을 불러일으켜 너도 나도 앞을 다투어 이 시를 베껴 썼기 때문에 갑자기 낙양의 종이값이 크게 올랐을 정도였다.

이때 재상 왕증은 인종에게 여이간이 뇌물을 받았다고 탄핵하였다. 결국 여이간은 파면되었고, 왕증도 같이 파면되었다.

푸드득 비둘기가 날아가니

한편 송나라의 서북쪽에는 서하(西夏)라는 또 다른 강적이 도사리고 있었다. 원래 서하는 탕쿠트족으로 일찍이 당나라 때부터 중국과 교류하고 있었고, 송나라시대에도 송나라에 충성할 것을 맹세하고 있었다. 그런데 원호가 왕이 되면서부터 사정은 달라졌다. 그는 스스로 황제라고 자칭하면서 송나라와 대등한 관계임을 선포하였다.

그러자 송나라 인종은 한기와 범중엄을 섬서 경략 안무 초토 부사로 임명하였다. 이때 한기는 군사력으로 대처하자고 한 반면, 범중엄은 회유책으로 나갈 것을 주장하였다.

어쨌든 서하가 황제국임을 선포한 3년 후에 서하군이 송나라를 침입해 들어왔다. 이에 한기는 1만 8천의 군사를 집결시키고, 장군 임복을 대장으로 세운 부대를 적 후방 깊이 잠입시켜 퇴각하는 적을 토벌하도록 하였다. 임복은 맹장으로 이름이 높았던 장군으로 특히 적의 후방으로 깊숙이 침투하며 큰 공을 세운 적이 많았다. 그래서 이번에도 서하군을 크게 격파할 의지에 불타고 있었다.

임복의 군대가 진군하는 도중 서하군과 송군이 교전하여 서하군이 수백 명의 전사자를 내고 도망치고 있다는 소식을 들었다. 그러자 그는 이번에야말로 큰 공을 세울 절호의 기회라고 판단하여 도망치는 서하군을 3일 간에 걸쳐 잠도 자지 않고 식음도 전폐한 채 맹추격하였다.

송나라 군사는 드디어 호수천변에 이르렀다. 임복의 군대가 호수천을 따라 서쪽으로 진군하는데 이게 웬일인가! 사방이 서하의 병사들로 가득 차 있지 않은가! 완전히 포위된 것이었다. 이때부터 양군 간에 치열한 전투가 벌어졌다.

전투가 벌어지고 있는 가운데 임복의 병사들은 밀봉된 큰 상자가 길바닥에 몇 개 놓여져 있는 것을 발견하였다. 가까이 가서 보니 상자 속에서는 부스럭 부스럭 하는 소리가 들려오는 것이었다. 병사들이 그 상자를 임복에게 가져가자 임복은 서슴없이 상자를 열었다.

그 순간 푸드득 하는 소리와 함께 상자 속에서 수십 마리의 비둘기가 하늘로 날아갔다. 더욱 괴이한 일은 비둘기들이 송나라 군대가 있는 상공을 왔다 갔다 하는데 비둘기 다리에 매단 피리가 바람의 힘으로 움직이면서 요란스럽게 피리소리를 내는 것이 아닌가! 그것은 바로 송나라 군대의 소재를 알리는 신호음이었다.

임복이 그것을 깨닫는 순간 이미 서하군들은 구름같이 몰려오고 있었다. 당황한 송나라 군대를 향하여 서하의 기병들이 돌격해 들어와 송나라 진영은 아수라장이 되었다. 이때 서하군의 진영에서 두 길도 넘는 큰 깃발이 올랐다. 무슨 일인가 하며 송나라 병사들이 의아하게 생각하고 있을 무렵 갑자기 큰 깃발이 왼쪽으로 흔들렸다. 그러자 왼쪽 산에서 서하군의 복병이 쏟아져 나와 송나라 병사들을 여지없이 짓밟았다. 잠시 후에 깃발이 오른쪽으로 흔들리자 이번에는 오른쪽 산에 있던 복병이 쏟아져 내려오면서 공격해 왔다.

순식간에 송나라 병사들의 사상자는 골짜기를 가득 메웠다. 대장 임복은 화살 수십 개를 맞아 온몸이 피투성이가 된 채 분전하였다. 부하들이 탈출하라고 권했지만 그는 거절하였다.

"이번의 패전은 나의 책임이다. 살아서 황제를 뵐 면목이 없다. 오직 몸을 바쳐 나라를 위해 싸울 뿐이다."

임복은 이렇게 말하고 적진에 뛰어들어 많은 병사들과 함께 장렬한 최후를 마쳤다.

이 호수천의 전투에서 송나라는 자그마치 1만 3천 명의 전사자가 발생하였다. 수십 명이나 되는 장군 중에서 살아온 사람은 겨우 한 명뿐이었다. 그는 서하군대가 철수한 후 어둠을 틈타 간신히 목숨을 구해 달아났던 것이다.

이 패전 소식에 송나라 조정은 크게 당황하였다. 그래서 무력 진압을 주장했던 한기를 파면시켰다. 대신 범중엄이 서하와의 국경 지방을 관할하였다. 그는 진지를 굳게 쌓고 병사들을 엄격하게 훈련시켜 정예군으로 만들었다. 그러면서 백성들의 지지를 받는 각종 정책을 펼쳐 나갔다. 이렇게 되자 서하도 번번이 패퇴하였다.

언젠가는 대순성이라는 성을 쌓는데, 성을 쌓는다는 사실이 알려지면 적의 공격을 받을 염려가 있었기 때문에 범중엄은 극비리에 진행시켜 불과 10일 만에 완성시켰다. 그 뒤에야 대순성의 수축 사실을 안 서하군은 6만의 대군을 출동시켜 공격해 왔다.

하지만 이미 성을 쌓아 놓았던 송나라의 수비는 빈틈이 없었다. 서하군은 복병을 배치하고 짐짓 후퇴하는 척하여 유인하고자 했으나, 이에 말려들 범중엄이 아니었다. 결국 서하군의 공격은 아무 소득도 없이 끝나야 했다.

서하에 있는 사람들 사이에서는, "연주를 함부로 건드리지 말아라. 범중엄의 가슴 속에는 수만 명의 정예군이 들어 있다. 속이기 쉬운 범옹과는 비교도 안 된다."라는 말이 퍼지고 있었다.

또 서역의 중국 사람들은, "군중에 한 명의 한(漢, 한기)이 있어, 서쪽 도둑이 듣고 담이 서늘해졌다. 그리고 한 명의 범(范, 범중엄)이 있어, 서쪽 도둑이 듣고 담이 떨어졌다."라고 말하며 기뻐했다.

서하가 그 이후에도 자주 송나라를 침입했지만 별로 효과를 거두지 못한 것은 곧 한기와 범중엄 두 장수의 힘이 컸기 때문이다.

한편 서하가 송나라를 침범했을 때 조정은 범옹을 안무사로 임명하여 수비하게 했는데, 범옹은 서하가 연주로 공격해 오려고 한다는 말을 듣고 겁이 나서 성문을 굳게 닫고 도무지 다른 성들을 구원하기 위해 나서지 않았다.

이와는 반대로 유평은 용감하게 적과 싸우다가 전사하였다. 그러나 환관 황덕화는 유평이 적에게 항복했다고 천자에게 거짓으로 참소했다. 실제로는 황덕화가 유평의 군정관으로 있다가 싸움이 불리하자 달아났던 것인데, 이에 대한 문책이 두려워 참소한 것이었다. 어쨌든 황덕화의 말에 따라 조정에서는 군사를 보내 유평의 집을 포위하여 그 일족을 모조리 체포하자는 의논이 일어났다.

그때 조서를 맡고 있던 부필이 "유평 장군은 구원병을 거느리고 연주를 구원하러 나섰는데, 도중에 적군에게 포위당했습니다. 그것을 뻔히 알면서도 간신 범옹이 구원하지 않았기 때문에 유평은 포로가 되어 적을 꾸짖다가 죽었던 것입니다. 그런데 황덕화는 비겁하게도 용감한 유평 장군에게 억울한 누명을 뒤집어 씌워서 달아난 자기의 죄를 면하려고 하는 것입니다." 하고 사실을 밝혀 말했다.

결국 사실은 백일하에 드러났고, 황덕화는 허리 끊는 형벌에 처해지고 범옹은 파면되었다.

오직 군자에게만 진정한 벗이 있다

한편 거란은 서하의 침입으로 송나라가 떠들썩한 틈을 노려 소특말을 송나라에 특사로 보내서 중대한 문제를 제기하였다.

"와교관 이남의 땅은 원래 후진의 석경당이 거란에 떼어 준 땅이다. 그런데 후주의 세종이 이것을 빼앗았으니 이제 그 지방을 돌려 달라."

그 당시에 여이간이 재상으로 있으면서 나라 일을 독점하고 있었는데, 아무도 항의하는 사람이 없었고 오직 부필 한 사람만이 그를 두려워하지 않고 비판했다. 그래서 여이간은 구실만 있으면 부필을 뒤집어씌우려고 기회를 엿보고 있었다. 이때 거란으로부터 골치아픈 문제 제기가 있자, 여이간은 부필을 곤란한 처지에 몰아넣기 위하여 그를 거란에 보내는 사신으로 임명했다.

그런데 여이간은 부필에게 일러 준 '말'과 '국서(國書)'의 내용을 각각 다르게 해서 부필을 죄에 말려들게 하려 했다. 거란으로 가던 부필은 아무래도 수상하다고 생각하면서 국서를 떼어 보았다. 아니나 다를까 거기에는 여이간이 자기에게 해준 말과 전혀 다른 내용이 적혀 있었다.

　부필은 몰래 되돌아와서 곧바로 대궐로 들어가 인종에게 모든 일을 아뢰었다. 그리고 여이간을 크게 비판한 다음 국서를 고쳐 써 가지고 거란으로 다시 갔다. 거란으로 간 부필은 앞으로 해마다 거란에게 은 10만 냥, 비단 10만 필을 더 주기로 하는 협약을 맺고 돌아왔다.

　그 후 여이간이 스스로 사직을 청하자 인종은 이를 허락하였다. 인종은 이 기회에 정치를 개혁하려고 했다. 우선 사간원의 수를 늘릴 생각을 가지고 구양수와 채양을 사간원으로, 한기와 범중엄을 추밀부사로, 그리고 하송을 추밀사로 임명했다. 그런데 사간원 구양수와 채양이 하송을 음험한 겁쟁이라며 맹렬히 비난했으므로 하송은 파면당하고, 대신 두연이 임명되었다. 그러자 석개라는 사람은 크게 기뻐하면서 다음과 같은 시를 지었다.

　　　　중현(衆賢)의 나아감은 띠가 뽑힌 것과 같고
　　　　대간(大姦)의 물러감은 발톱이 빠진 것과 같다
　　　　(많은 어진 사람들이 등용된 것은 마치 띠 뿌리가 한데 이어져 뽑힌 것과 같고 하송과 같은 간
　　　　악한 자가 떨어져 나간 것은 마치 닭의 발톱이 빠진 것과 같다는 뜻)

　이때 범중엄과 한기 두 사람은 수도로 돌아오라는 명령을 받고 섬서 지방에서 돌아오는 도중에 이 시를 보았다. 그러자 범중엄이 무릎을 치면서 한기에게 말했다.

　"이 괴짜 친구 때문에 또 일이 틀어지는구나!"

　하송은 그 때문에 무리를 모아 두연 등을 공격했다. 이에 대해 구양수는 그를 반박하는 글을 지어 인종에게 바쳤다. 그 내용은 다음과 같은 것이었다.

"소인에게는 진정한 벗이 없고, 오직 군자에게만 진정한 벗이 있는 법입니다. 간혹 소인이라도 눈앞의 이익을 같이 할 때에는 일시적으로 결합되는 일이 있지만, 그것은 거짓 벗에 지나지 않는 것입니다. 그들은 눈앞에 이로운 것이 있을 때에는 서로 다투어 가지려 하고, 이익이 없어지면 마음이 떨어져서 심지어 서로 해치기까지 합니다. 이와 반대로 군자의 길은 오직 하나이기 때문에 서로 돕고, 나라에 일이 있으면 마음을 합하여 나라를 위해 노력합니다. 이와 같이 시종일관 절개를 바꾸지 않는 것이 군자의 붕당(朋黨)입니다. 그러므로 임금은 모름지기 소인들의 거짓 붕당을 물리치고 군자의 진정한 붕당을 채용해야 하는 것입니다. 그러면 천하는 잘 다스려질 것입니다."

그 후 구양수는 다시 인종에게 글을 올렸다.

"예로부터 천하를 제패한 분들은 누구나 천하를 잘 다스리려고 다짐하지 않은 적이 없었습니다. 하지만 대부분 혼란이 오고 말았는데, 그것은 의심하기 좋아하고 또 자신의 의견이 제일이라고 생각한 데서 문제가 생겼던 것입니다. 한 번 의심이 생기면 보고 듣는 것이 모두 의심스럽게 됩니다. 충성과 간사함을 구별하지 못하고 옳고 그름을 구분하지 못하게 됩니다. 그리하여 그때부터는 모든 신하가 의심스러워 보입니다. 이렇게 될수록 믿을 것은 오직 자신밖에 없다고 생각하여 임금은 더욱 자기 주장만 내세우게 됩니다. 그럴 때 충신들은 반드시 이치를 따져가면서 시비를 가리려 할 것이고, 임금은 자기의 의견이 꺾이게 되어 노여워하게 될 것입니다. 그리하여 더욱 자기 의견을 내세우게 되고 충신을 멀리하게 됩니다. 결국 간사하고 아부하는 신하가 이 틈을 노려 임금의 비위를 맞추고자 옳은 것도 그르다 하고 그른 것은 옳다고 합니다. 임금은 자기가 하자는 대로 하는 그들을 기특하게 여기고 즐거워하면서 그들의 간사함은 보지 못합니다. 이렇게 되면 충신은 배척을 당합니다. 이것이 천하가 혼란에 빠지는 이유입니다."

구양수는 진종 4년 길주에서 태어났는데, 4세 때 아버지를 잃고 난 후 가세가 기울었다. 그래서 붓이나 종이를 살 돈조차 없었기 때문에 억새 줄기에 글씨를 써서 공부하였다. 뒤에 그가 출세한 후, 그는 자기가 어릴 적 고생했던 기억을 생각하여 유능한 후배들을 후원하는 데 열심이었다. 그가 아낀 후배로는 왕안석과 소식이 있었다. 그러나 운명의 장난인지 왕안석과는 훗날 신법을 둘러싼 논쟁이 있은 후 거리가 멀어졌다.

구양수는 역사서의 저술에도 관심을 가져 『신당서(新唐書)』와 『신오대사(新五代史)』를 썼으며, 후세까지 당송 팔대가로 이름을 남겼다.

구양수는 말년에 육일거사(六一居士)라고 불렸다. 즉 1만 권의 장서, 1천 권의 탁본, 한 대의 가야금, 하나의 바둑판, 한 개의 항아리에 담긴 술에 둘러싸인 한 사람의 거사가 있다는 뜻이었다.

과연 천하를 다스릴 비책은 있는가

일망타진

그 후 범중엄은 추밀부사에서 참정으로 오르고, 부필이 추밀부사가 되었다. 인종은 범중엄 등을 발탁해 그들이 대궐에 들어올 때마다, "그대들의 힘으로 천하를 태평하게 해주오." 하고 책임을 맡겼다.

어느 날 인종은 범중엄 등을 불러들여 붓과 종이를 주고 천하를 다스릴 의견을 쓰게 했다. 범중엄 등은 황송하여 일단 물러나와서 의논한 끝에 열 가지 조항의 의견서를 써서 바쳤다.

첫째, 관리의 임명과 면직을 공평하게 할 것.

둘째, 실력이 없이 정실로 출세하는 것을 막을 것.

셋째, 시험을 보고 인물을 뽑아 쓰는 제도를 한층 더 엄중히 할 것.

넷째, 모든 관청의 우두머리를 엄격히 선발해 쓸 것.

다섯째, 국유지를 공정하게 처리할 것.

여섯째, 농업과 누에치기를 적극 보호할 것.

일곱째, 국방에 힘쓸 것.

여덟째, 백성의 부역을 가볍게 할 것.

아홉째, 황실의 은혜와 위신이 널리 고루 미치게 할 것.

열째, 명령은 모두 신중을 기할 것.

인종은 범중엄 등을 깊이 신뢰하여 이 열 가지 의견을 모두 채택했다. 그러나 1년이 채 안 되어 범중엄은 하동의 안무사로, 부필은 하북의 안무사로 좌천되었다. 하송이 여러 사건을 꾸며서 그들을 함정에 빠뜨리려 하여 도저히 안심하고 조정에 머물러 있을 수 없었기 때문이다.

이어 구양수도 하북으로 좌천되고, 두연이 재상에 임명되었다. 재상 두연은 요행으로 좋은 자리를 얻으려고 하는 자를 철저히 막았다. 그래서 인종이 누구를 어떤 지위에 임명하도록 하라는 명령을 내리면 그것을 묵살했고, 그 조서가 십여 장 정도 모이면 그것을 모아서 인종에게 도로 바쳤다.

이 무렵 두연의 사위 소순흠이 어느 날 휴지를 판 공금으로 하늘에 제사지내고 손님을 접대하였다. 그러자 전부터 두연이 하는 일을 못마땅하게 여기고 있던 왕공진이라는 사람이 두연을 꺾을 호기로 삼아 곧 그 사건을 탄핵하고 그 연회 장소를 덮쳐 참석한 사람들을 모조리 체포하여 몇 사람을 감옥에 가둬 버렸다.

이에 왕공진은 크게 기뻐하면서 말하였다.

"내가 그물 하나로 일당을 모조리 잡았도다."

결국 이 사건으로 두연은 재상이 된 지 70여 일 만에 파면되었다. 두연의 뒤를 이어 문언박과 부필이 재상의 자리에 등용되었다. 이 인사 조치에 모든 신하들은 기뻐하였다. 그러자 인종은 만족한 미소를 짓고서 구양수에게 말했다.

"옛날에는 꿈을 꾸어 훌륭한 재상을 얻고 거북점을 쳐서 어진 신하를 얻었소. 그런데 이번의 일은 그보다 훌륭하지 않소?"

그 전날에 인종은 왕소에게 이렇게 물었다.

"누구를 재상으로 삼는 것이 좋겠소?"

그러자 왕소는 이렇게 대답하였다.

"네, 환관이나 궁녀들과 안면이 없는 사람이 좋을 것 같습니다."

이에 인종은 고개를 끄덕이며 말했다.

"음, 그렇다면 부필밖에 없겠군."

왕안석과 사마광

왕안석은 임강군에서 그 지방의 판관으로 재직 중이던 아버지 왕익의 아들로 태어났다. 그리고 19세에 아버지를 잃었다. 가난하게 지내던 그는 어려서부터 학문에 힘써 문장에 뛰어났으므로 22세의 젊은 나이에 과거 시험에 합격하였으며, 이미 그때부터 이름이 높아서 선비들이 다투어 그와 친하게 지내려 했다.

한편 사마광은 사간원이 된 후 세 장의 글을 임금에게 올렸다.

첫째는, 임금의 덕을 논한 것으로, 임금된 자는 어짊(仁), 밝음(明), 날램(武)의 세 가지 덕을 갖추어야 함을 자세히 논했다.

둘째는, 임금이 신하를 다스리는 방법에 대해 논한 것으로, 신하를 관직에 임명할 때 주의할 일, 공로 있는 사람들은 반드시 상을 주고, 죄 있는 사람은 반드시 벌을 주어야 한다는 원칙을 말했다.

셋째는, 군사를 선발하는 요령을 논한 것으로, 군비는 양보다도 질이 더 중요함을 설파했다.

그 후 사마광도 오계(五戒)라는 글을 써서 바쳤다.

천자의 임무를 지킬 것, 시간을 아낄 것, 원대한 계획을 세울 것, 작은 일을 소홀하게 하지 말 것, 헛 공론을 버리고 실천을 존중할 것.

인종은 공손하고 검소한 덕으로써 백성을 사랑하고 모든 물건을 아꼈는데, 이 마음은 즉위한 날부터 죽을 때까지 변하지 않았다. 특히 인종은 유능한 신하들을 적극 기용하였다. 한기, 범중엄, 구양수, 사마광, 주돈이, 장재, 정호, 그리고 정이 등이 그 대표적인 명신이다. 한무제와 더불어 명군으로 이름이 높은 인종은 이들 명신들의 보좌를 받으면서 선정을 베풀어 '경력(慶歷)의 치'라 불리는 치적을 이루었다.

인종은 황제가 된 지 23년 만에 병을 얻어 세상을 떠났는데, 그 때 그의 나이 54세였다. 그의 죽음이 천하에 발표되자, 깊은 산 깊은 골짜기에 사는 사람들까지도 관청에 모여들어 모두 목을 놓아 울며 슬퍼하였다.

태자가 그 뒤를 이으니 이 사람이 영종황제이다. 영종황제의 처음 이름은 종실이라고 했다. 인종은 아들이 없었으므로 종실을 양자로 들여 태자로 삼았다.

영종은 그 후 황제가 된 것을 고민하다가 끝내 병이 들고 말았으므로 조태후가 영종을 대신해서 정사를 맡아 보았다. 영종은 가끔 도리에 벗어난 행동을 하고, 환관들을 마구 꾸짖었다. 그래서 환관들은 불평을 품고 입을 모아 영종을 모함하여 영종과 태후의 사이를 벌어지게 했다. 한동안 영종과 태후는 서로 마주치기도 싫어했는데, 재상 한기와 참정 구양수 등이 주선하여 화해시켰다.

그 후 영종은 건강이 회복되어 친히 정치를 하고 태후는 수렴청정을 그만두었다. 어느 날 한기가 이름 칸을 비워 놓은 조서를 내 놓고 주위 사람들에게 서명을 요구했다. 구양수는 흔쾌히 서명했으나 조개는 서명하기를 주저했다.

그러자 구양수는 "염려 말고 서명하오. 한 재상께서 다 생각이 있어 하는 일일 것이오." 하고 말하니 조개도 비로소 서명해 주었다.

얼마 지나서 한기는 환관 임수충을 불러 뜰에 세워 놓고, "네 죄는 사형에 해당한다." 하고 꾸짖은 다음, 기주로 귀양 보낸다는 뜻을 말하고 조서를 꺼내어 임수충의 이름을 써 넣었다. 임수충은 태후와 영종의 사이를 갈라 놓으려고 일을 꾸민 장본인이었던 것이다.

영종은 황제의 자리에 오른 지 4년 만에 28세의 젊은 나이로 세상을 떠났다. 그리고 태자가 제위를 이었는데, 이 사람이 바로 신종황제이다.

왕안석의 신법

당시 송나라는 북방의 요나라에 엄청난 세폐를 바치고 있었으며, 왕안석이 진사가 된 2년 뒤에는 서하에게도 세폐를 바쳐야 했다. 이러한 엄청난 세폐와 막대한 군비 지출은 국가 재정을 크게 압박하고 있었다.

더구나 송나라는 이전의 나라보다 훨씬 많은 관료를 임용하였고 또 후한 봉급을 주었기 때문에 그 비용이 어마어마하게 소요되고 있었다. 아무튼 이러한 요인들로 인해 나라의 재정 상태는 점점 어려워졌다.

개혁가 왕안석은 20대에서 30대에 주로 지방 근무를 하면서 목민관을 역임했기 때문에 백성들의 궁핍한 상태를 생생하게 체험할 수 있었다. 원래 국가 재정은 농민들이 내는 세금에 의존하는 것인데 농민들이 계속 몰락했기 때문에 재정은 더욱 위기에 몰리고 있었다.

이러한 상황을 보고 왕안석은 재정의 재건을 위해서는 먼저 농민을 구제해야겠다고 생각했다.

크게 간사한 것은 충성스러워 보인다

당시 구양수는 세상 사람들의 미움을 받아 조정에서는 걸핏하면 그를 공격했다. 마침내 그는 참정 벼슬에서 물러났으며, 재상 한기도 파면당했다.

이어 왕안석이 한림학사가 되어 조정에 들어가 신종의 자문에 응하게 되었다. 19세로 즉위한 젊은 신종은 정치를 개혁하려는 뜨거운 열정을 가지고 있었다. 이때 강령 지방의 부지사로 있다가 한림학사가 된 왕안석은 '만언서(萬言書)'를 신종에게 바쳐 정치 개혁을 호소하였다.

"천자는 첫째로 천하를 다스리는 기본 이념을 가져야 합니다. 그런데 그 어느 것보다도 요순 임금의 방법이 가장 간단하고 알맞은 것이니 그것에 따라야 합니다. 신은 지방에 있었습니다만 이대로 가다가는 나라가 위태로워질 것이라고 생각했습니다. 법을 고치지 않으면 안 됩니다. 요순 임금이 백성을 사랑했던 마음을 본받아 하나하나의 일을 해나가셔야 합니다. 결코 어려운 일이 아니옵니다."

신종은 왕안석의 주장이 정말 마음에 들었다. 신종이 즉위한 이듬해 2월, 왕안석이 참정이 되어 중앙의 정치를 맡게 되자, 그를 존경하고 그의 수완에 기대하는 선비와 관리들은 이제야 천하가 태평해질 것이라고 기뻐하였다.

그 무렵 여회라는 신하가 황제를 알현하기 위해 대궐로 들어가던 중에 마침 경서를 강의하기 위해 대궐로 들어가는 사마광과 마주쳤다. 사마광이 넌지시 여회에게 물었다.

"공은 오늘 대궐에 들어가서 무슨 말씀을 아뢰려 하오?"

그러자 여회는 이렇게 대답하였다.

"내 품 속에 한 통의 탄핵문이 들어 있소. 이걸로 저 풋내기 왕안석을 공박하려 하오."

사마광이 깜짝 놀라며 물었다. "세상에서는 모두 좋은 사람이 참정이 되었다고 기뻐하고 있는데, 공은 왜 그러시오?"

"공까지도 그런 말을 하오? 저 왕안석은 몹시 편벽된 생각을 가지고 있고, 남이 아첨하는 것을 좋아하오. 그가 참정으로 있으면, 뒷날 반드시 큰 피해가 있을 것이오."

사마광은 집에 돌아와서도 곰곰 생각해 보았지만, 아무리 생각해도 여회의 말이 믿기지 않았다.

정부의 고관들 사이에 여회가 왕안석을 탄핵한 일이 알려졌으나, 대개는 "여회의 말은 지나친 말이다. 왕안석은 결코 나쁜 사람이 아니다."라면서 도리어 여회의 말을 의심했다.

여회가 바친 탄핵문의 내용은, "크게 간사한 것은 충성스러워 보이는 법입니다. 그리고 크게 속이는 것은 미더움과 같습니다. 마찬가지로 왕안석은 겉보기에는 검소해 보이지만, 마음속으로는 속임수를 숨기고 있습니다. 교만하고 불손하며, 음험하고 표독스러워 반드시 세상에 해를 끼칠 것입니다." 하고 열 조목에 이르는 사실을 적어 비난한 것이었다.

신종은 왕안석을 매우 신임하고 있던 터라 두 번이나 친필로 쓴 글을 여회에게 내려 반성하라고 명령하였다. 하지만 여희는 끝까지 자기의 주장을 굽히지 않아 마침내 그는 파면당했다.

왕안석은 이렇게 주장했다.

"주나라에서는 천부(泉府)라는 관청을 두어, 상품의 공급을 조절하고 통화의 유통을 원활하게 해서 민생을 안정시켰다. 원래 이러한 일은 민생의 기초인데도 여기에 마음을 쓴 정치가가 없었고, 다만 한나라 무제 때의 상홍양과 당나라 덕종 때에 유안 두 사람만이 그러한 생각을 가졌을 뿐이다. 나라가 잘 살기 위해서는 옛날 천부의 법을 시행해서, 이권이 국가의 손에 돌아가게 하는 수밖에 없다."

이때 왕안석은 모든 일을 여혜경과 의논한 다음에 처리했으므로, 세상 사람들은 왕안석을 공자에 비유하고, 여혜경을 안회에 비유했다.

생로병사의 인물들

왕안석은 이때 청묘법(靑苗法)을 실시하려고 했다. 이 청묘법은 주나라의 제도인 '춘궁기에 백성에게 돈을 빌려 주고, 가을에 생산한 곡식으로 이자를 갚게 하는 법'이었다(사실 청묘법은 국가가 낮은 이자로 농민들에게 곡식과 돈을 꾸어 주어 농민들을 고리 대금의 착취로부터 구하고자 한 것이다. 당시 농민들은 대부분 지주들에게 돈을 빌렸는데, 그 이자가 무려 6, 7할에서 심한 경우에는 10할까지 이르렀다. 하지만 청묘법의 실시 후 그 이자가 2할 이하로 떨어져 백성들은 큰 혜택을 받게 되었다).

왕안석은 소철에게 청묘법에 대한 의견을 물었다. 그러자 소철은 이렇게 대답했다.

"정부가 백성에게 돈을 빌려 주면, 중간에서 그 일을 처리하는 관리가 악한 마음을 일으키지 않는다고 보증할 수 없소. 또 백성은 돈이 손에 들어가면 낭비하기 쉽고, 갚을 때에는 생활이 곤란하지 않은 사람까지도 기한 안에 갚지 못하는 수가 있을 것이오. 그러한 사람들을 법에 따라 하나하나 처벌하다가는 지방 관리들의 사무가 너무 번잡해져 감당해 내지 못할 것이오."

당시 사람들은 조정의 유력한 다섯 사람을 생(生), 노(老), 병(病), 사(死), 고(苦)의 다섯 글자로 비꼬아 말하며 몹시 재미있어 했다. 곧 왕안석은 해가 뜨는 기세로 생(生)이요, 증공량은 나이가 많아 노(老)요, 당개는 논쟁하다가 죽었으므로 사(死)요, 부필은 왕안석과 맞지 않아 병이 들었으므로 병(病)이요, 조변은 왕안석에게 눌려 괴로워하기 때문에 고(苦)라는 것이었다.

개혁과 반발

이때 왕안석은 균수법을 공포하였다. 균수법이란 물자를 몇 번 씩이나 운반하는 수고를 줄이게 하는 법으로 물자를 각지에 골고루 돌아가도록 하는 데 목적이 있었다. 이제까지는 각지에서 특산물을 중앙에 바쳤는데, 균수법에 의해 그 물자가 없는 지방으로 직접 운반하게 해서 그곳에서 팔아 물자의 유통이 잘 되게 하는 것이다.

그런데 대간 유기와 전의 두 사람이 왕안석이 공포한 법에 반대하다가 지방으로 좌천당했다. 또 범순인, 소철도 새 법을 비판하다가 파면당했다.

그해 9월에는 청묘법이 실시되었다.

한편 이때 진승기가 재상이 되었는데, 그는 처음에는 왕안석을 따랐으나, 재상이 된 후부터는 태도가 변하여 반대하는 의견을 내놓기 시작했다.

그 후 왕안석은 모역법(募役法)을 실시하였다. 모역법은 돈을 내면 무상 노역을 면제하는 제도였다. 그때까지 무상 노역에서 제외되었던 관리나 사원의 특권층에게서 돈을 징수하여 그 돈으로 노역 희망자를 고용함으로써 농민들의 무상 노역 부담을 덜어 주고자 했던 것이다.

또 예매법(豫買法)을 실시하여 각 지방 관청에 명령해서 미리 상인과 생산업자에게 돈을 빌려 주어 명주와 비단이 생산되면 협정 가격으로 빌려 준 돈만큼 생산한 물건을 관청에 바치게 했다.

이러한 왕안석의 신법은 대지주와 대상인들의 착취를 줄여, 그 이익을 농민과 영세 상인들에게 돌리고 그 나머지를 국고 수입으로 환원시키는 데 목적이 있었다. 그것은 단순한 재정차원을 넘어서 부를 재분배하는 사회 개혁의 차원에까지 이르고 있었다. 당연히 이에 대한 기존 세력의 반발이 격렬하게 터져 나왔다.

이때 소식은 1만 자에 이르는 긴 글을 올려 신종의 반성을 촉구하고, 또 조정의 자문에 대답하는 형식으로 새 법령을 비판하였다. 그리고 결국 탄핵을 받아 항주로 귀양 보내졌다. 그 무렵 등관이라는 한 지방 관리가 글을 올렸다.

'폐하에서는 은나라의 이윤이나 주나라 태공망과 같은 훌륭한 신하의 도움을 받아 어진 정치를 하시고 계시기 때문에, 모든 백성들이 청묘법과 모역법 등 새 법의 은혜를 입고 기뻐 어쩔 줄 모르고 있습니다.'

그는 또 왕안석에게도 크나큰 덕을 칭송하는 편지와 글을 보내어 감사했다. 그러자 왕안석은 등관을 중서검정의 벼슬에 임명했다.

등관의 고향 사람들이 모두 그를 비웃고 욕했으나 그는 이렇게 답했다.

"웃건 욕하건 그건 당신들 마음이오. 하지만 나는 이런 좋은 벼슬을 했으니 기쁘다오."

　이 무렵 재상 증공량이 파면되었다. 범진 또한 거듭 새 법을 공격하고, 전에 소식과 공문중 등 왕안석을 반대하는 사람들을 추천했다는 이유로 한림학사의 직책에서 파면당했다. 그리고 한강과 왕안석이 재상으로 임명되었다.

　이해 연말에 종래의 용병제 대신 보갑법의 시행으로 국민개병제가 되었다. 보갑법이란 평시에는 농업에 종사하다가 유사시에는 군대에 동원되어 병사가 되는 법이었다.

사마광

　왕안석이 신법의 대표적인 인물이라면 사마광은 구법의 대표적인 인물이다. 사마광은 왕안석보다 두 살 위로 어려서부터 신동으로 알려져 있었다. 특히 그의 어린 시절에 얽힌 '소아격옹도(小兒擊甕圖)'는 유명하다.

　어렸을 때 뜰에서 친구들과 놀고 있을 때, 그 중 한 아이가 커다란 물독에 빠져 허우적거리고 있었다. 이에 다른 아이들은 모두 당황하여 어찌할 줄 몰랐다. 그러나 어린 사마광은 침착하게 물독에 돌을 던져 구멍을 내 물을 빠지게 한 다음 그 아이를 구출해 냈다.

　왕안석의 신법을 반대하는 '구법당'은 신법을 조상 대대로 내려 오는 미풍양속을 깨뜨리고 세상의 인심을 어지럽힐 뿐이라며 맹렬히 비난하였다.

　이때 사마광이 학사의 자리에서 추밀부사라는 높은 벼슬에 임명되었는데, 그는 굳이 사양하고 받지 않았다. 그리고 재삼재사 신법의 폐단을 비판했다.

　어느 날 신종이 왕안석에게 물었다.

　"경은 삼부족(三不足)이라는 것을 아시오?"

　왕안석은 처음 듣는 말이라, "신은 전혀 모르는 말입니다만……."라고 대답하였다.

　그러자 신종은, "천재지변은 두려워할 것이 없고, 남의 비난은 신경 쓸 필요가 없으며, 또한 조상의 법은 지킬 필요가 없다고 하여 이를 삼부족이라고 하면서 세상 사람들은 신법을 비난한다고 하오. 어제도 학사원에서 채용시험의 문제를 가지고 왔는데, 거기에도 삼부족이 들어 있었소."라고 말하는 것이었다. 그 채용시험의 문제는 사마광이 만든 것이었다.

사마광은 몇 번이나 지방의 관리로 가겠다고 청했는데, 마침내 영흥군의 군수가 되어 섬서 지방에 부임하였다. 그리고 얼마 지나지 않아 하남의 허주로 전근해 가라는 명령을 받았으나 그는 글을 올려, "저는 참으로 무능한 인간으로 모든 신하들 중에서 가장 못 났습니다. 앞을 내다보는데 여회에 미치지 못하고, 공평 정직함에는 범순인과 정호에 미치지 못합니다. 또 소식이나 공문중처럼 마음속에 있는 생각을 직언하지도 못하고, 범진과 같은 훌륭한 결단력도 가지지 못했습니다."라고 말하면서 끝내 부임하지 않았다.

사마광은 지금까지 여러 번 판관이 되기를 원했으나 이루어지지 않았고, 게다가 멀리 하남으로 가라고 하므로 이러한 글을 올린 것이다. 결국 사마광은 낙양으로 가게 되었다. 그리고 그곳에서 근무하면서 유명한 『자치통감』 294권을 저술했다.

한편 청주 지사가 된 구양수는 자기 마음대로 청묘법에 의한 대부를 금지해서 채주로 좌천되었는데, 그는 사직원을 내고 부임하지 않았다.

끝없는 당쟁

왕안석의 법을 지키는 부처

신종 7년, 오랜 기근으로 먹을 것을 구하기 위해 정처없이 방황하던 백성들이 마침내 개봉성으로 몰려왔다. 성 밖에도 굶주린 백성들이 들끓었다. 그때 수도의 안상문을 지키고 있던 정협이라는 사람이 이 참혹한 모양을 그린 그림과 글을 임금께 올렸다.

"폐하께서는 남정(南征) 북벌(北伐)로 나라 일에 바쁘시고, 화가들은 모두 싸움에 이긴 화려한 광경만 그려서 바치고 있습니다. 누구 한 사람 처자식을 떠나 괴로운 심정으로 여기저기 먹을 것을 구해 헤매고 있는 모양을 그려 바치는 이가 없습니다. 이 그림은 제가 안상문을 지키면서 날마다 이 눈으로 생생하게 목격한 것을 그대로 그린 것입니다. 하지만 이것은 오늘 백성들이 겪고 있는 괴로움의 백분의 1도 채 나타내지 못한 것입니다. 하물며 백 리 이백 리 밖에 사는 백성들의 괴로움은 어떠하겠습니까?"

신종은 이것을 보고 곧 조서를 내려, "이처럼 심한 가뭄의 원인은 내게 어떤 덕이 없기 때문인가?" 하고 널리 백성의 의견을 물었다.

이때 조정에 나와 의견을 말한 사람들은 왕안석의 새 법 때문이라고 이구동성으로 말했다. 그러자 지금껏 왕안석을 확실하게 지원해 왔던 신종도 마음이 크게 흔들려서 새 법의 중지를 공포했다. 이에 왕안석은 마음이 몹시 상하여 사직원을 냈으나, 조정에서는 왕안석을 강녕부의 지사로 전임시켰다.

왕안석이 부임지로 가게 되자, 한강을 그 후임으로 삼고 여혜경을 참정으로 삼았다. 세상에서는 한강을 전법사문(傳法沙門·왕안석의 법을 전하는 부처)으로, 여혜경을 호법선신(護法善神·왕안석의 법을 지키는 신)으로 부르며 비꼬았다.

여혜경은 모역법에 바치는 돈이 공평하지 못한 이유는 재산을 조사하는 방식이 완전하지 못하기 때문이라며 모역법의 개혁을 건의했다. 그리하여 조정에서는 새로 수실법(手實法)이라는 법을 마련하여, 백성의 재산을 모두 보고하게 해서 이것을 기초로 세금을 매기도록 했다.

여혜경은 권력욕이 매우 강했지만 능력은 뛰어나지 못했다. 그는 참정이 되어 실권을 쥐자 왕안석이 다시 조정에 들어오는 것을 두려워하여, 왕안석이 자기에게 보내온 편지를 신종에게 일러바쳤다. 그 편지에는, "이 일은 천자께는 비밀로 해두라." 하는 말이 있었다. 그 밖에도 왕안석에게 불리할 것이라고 생각되는 온갖 수단을 모두 사용하였다. 그 와중에도 한강과 자주 충돌이 있곤 했다.

한강은 틈을 엿보아 신종에게 왕안석을 복직시켜 주기를 청했고, 왕안석은 파면된 지 1년이 채 안 되어 다시 재상에 임명되었다. 그러나 왕안석의 얼굴에는 그다지 기쁨의 빛은 없었다.

땅 속의 용만이 안다

왕안석은 다시 조정에 들어가 2년 동안 재상으로 있었지만, 일이 뜻대로 풀리지 않았다. 그러자 그는 자주 병을 앓았고 마침내 사직을 청했다. 권력욕만 강하고 무능했던 여혜경과의 불화도 그를 괴롭혔다. 그러는 중에 사랑하는 아들 왕방이 죽었다. 왕방은 진사로 급제하여 경의국 수찬의 벼슬에 오른 수재로서 장래가 촉망되는 아들이었는데, 겨우 33세의 나이로 죽은 것이었다. 왕안석은 2년 전에도 동생 왕안국을 잃은 바 있었다.

그러자 더욱더 쓸쓸해진 왕안석이 기어코 그만두겠다고 하므로 신종은 그의 사직을 허락하지 않을 수 없었다. 그는 밝은 달빛을 받으며 남경으로 되돌아갔다. 그 후로는 재상으로 임명되지 않았다(1076년). 이때 그의 나이 56세였다.

그 뒤 왕안석 대신 오충과 왕계가 재상이 되었다. 오충은 전에 조정에 있을 때 여러 번 신법의 불편함을 토로한 적이 있었다. 그는 이번에 재상이 되자 참정 채확과 이사중승 등윤보 등에게 숱한 공격을 받았지만 끝내 사직하지 않았다.

이때 호주 지사 소식이 황주로 좌천되었다. 그런데 이사중승 이정이 글을 올렸다.

"소식은 좌천된 이래 폐하를 몹시 원망하고 있습니다."

또 서단이라는 자도 글을 올렸다.

"소식은 폐하의 정치를 비난했습니다. 폐하께서 청묘법을 공포하시어 가난한 사람들을 도와주셨을 때, 소식은 다음과 같은 시를 빗대어 욕하고 있습니다.

> 아이들이 좋은 말을 얻어 들었구나.
> 일 년의 반은 성 안에서 지내는 덕에
>
> (청묘법 때문에 농사짓는 사람들이 대부를 받고자 일 년 내내 성 안에서 기다리다 보니 아이들의 말투가 시골티를 벗은 것이 유일한 이득이라 비꼬는 뜻)

또 임금님께서 법률을 분명하게 하기 위해 과거시험에 법률 항목을 새로 만드신 것을, 소식은 '책은 많이 읽었으나, 율(律)을 읽지 않아 임금을 요순으로 만드는 재주가 없구나' 하고 비웃고 있습니다."

결국 소식은 체포되어 감옥에 갔혔다. 신종은 이정과 장조 두 사람으로 하여금 소식의 죄를 조사하게 했다. 그때 재상 왕규가 소식이 지은 '전나무의 시'를 인용하여 소식을 탄핵하였다.

"소식은 전나무의 시에서 '전나무의 뿌리는 땅 속 깊이 뻗어 들어가서 구천까지 이른다. 그리고 구부러지는 일이 없다. 그것은 땅 속의 용만이 안다' 라고 했습니다. 천자는 옛날부터 하늘을 달리는 용에 비유되어 왔는데, 땅 속의 용이라니 당치도 않은 말입니다. 이것은 불경한 말일 뿐 아니라 폐하를 업신여기는 불충한 말입니다."

하지만 신종은, "소식은 말 그대로 전나무를 두고 읊은 것이다. 내가 알 바 아니다."라고 말하면서 전혀 문제삼으려 하지 않았다. 처음부터 신종은 소식을 벌줄 생각이 없었던 것이다.

이 일은 소식을 황주에 귀양 보내는 것으로 결말지어졌다. 소식의 아우 소철도 형을 구하려고 글을 올렸다가 오히려 왕규 등에 의해 좌천당했다. 그 밖에 '소식의 시' 사건 때문에 '소식당'으로 몰려 형벌을 받거나 혹은 먼 곳으로 귀양을 간 사람이 장방평과 사마광을 비롯하여 22명에 이르렀다.

신종은 어쩔 수 없이 소식을 황주로 귀양 보냈으나 그의 재주는 매우 아꼈다. 그래서 여주로 옮기게 했다가 곧바로 조정으로 불러들일 생각이었다. 하지만 채확과 장조의 무리가 방해하여 그 생각은 끝까지 이뤄지지 못했다.

세상 사람들은 재상 왕규를 '삼지재상(三旨宰相)'이라고 말하며 업신여겼다. 왜냐하면 무슨 일이나 먼저 성지(聖旨)를 여쭈어 보았고, 재가가 내리면 성지를 받았으며, 물러나와서는 그것을 기록한 후 성지를 받들었기 때문이다.

신종도 왕규를 좋아하지 않았다. 어느 날 채확이 왕규를 보고 말했다.

"폐하께서는 벌써 오래 전부터 서하의 영주와 무주를 빼앗고 싶어하고 계시오. 그러니 공께서 이 두 고을을 빼앗으면 공의 지위도 반석과 같이 확고부동하게 될 것이오."

왕규는 기뻐서 곧 환관 이헌에게 동쪽과 남쪽으로 나누어 출동하여 서하의 영주를 공격하게 했다. 그러나 성은 함락되지 않고 오히려 얼어 죽는 자가 속출하여 마침내 군사 반 이상이 병들어 죽거나 싸우다 전사했다.

이헌은 신종에게 재차 공격하기를 청했다. 그러면서 서둘러 성을 쌓았으나, 서하의 군사가 먼저 공격해 와서 성은 함락되고 말았다. 이 싸움에서 송나라의 전사자는 자그마치 1만 3천 명이나 되었다. 신종은 이 보고를 받고 목 놓아 슬피 울었다.

충절의 길은 끊어지고

한편 부필은 죽을 때가 되자 신종에게 유언을 올렸다.

"지금 조정은 충간하는 길이 끊어지고, 대신 아첨만이 날로 폐하를 둘러싸고 있습니다. 국가의 이익을 위한다며 간신들이 하는 짓은 도리어 국가에 해를 끼쳐서 백성의 원한을 높이고 있을 뿐입니다. 서쪽 서하와의 분쟁은 매우 중대한 문제입니다. 원컨대 폐하께서는 선처하시옵소서.”

부필은 일찍부터 정승이 되어 천자를 잘 보필할 훌륭한 사람이라는 평판이 높았다. 그의 이름은 주위의 변방 민족들에게까지도 알려져서, 요나라의 사신은 중국에 올 때마다 반드시 부필의 안부를 묻곤 하였다. 부필은 타고난 성격이 충성스럽고 신의가 있었다. 늘그막에 벼슬에서 물러나 12년 동안 집에 들어앉아 있는 중에도 조정을 잊지 않다가 죽었다.

그해에 사마광이 마침내 『자치통감』을 완성했다. 『자치통감』은 전국시대부터 송나라까지의 역사를 편년체로 엮은 사마광 필생의 역저였다. 사마광은 이미 일곱 살 때 어른들이 이야기하는 『춘추 좌전』을 듣고 그 내용을 가족들에게 정확하게 전할 정도로 머리가 비상하였다. 그는 소년 시절부터 『좌전』, 『사기』, 『한서』 등의 역사책에 푹 빠져 있었으며, 관직 생활을 하면서 하루도 역사책을 손에서 놓지 않았다.

사마광은 그 간의 역사책들이 지나치게 방대하고 산만하며 평생 동안 역사책만 읽는다 해도 도저히 다 읽을 수 없음을 안타깝게 생각하여 그 책을 고쳐 보기로 결심하였다. 그래서 그는 간단명료하고도 쉽게 읽을 수 있는 역사책을 만드는 작업에 착수하였다. 나라의 흥망과 백성들의 생활에 커다란 영향을 끼친 사건을 뽑아 연대순으로 정리하여 통사(通史)를 편찬하고자 하였다.

때마침 당시의 황제 영종은 사마광에게 역사책의 편찬을 명령하였다. 그때부터 시작하여 자그만치 20년의 세월에 걸쳐 『자치통감』이 완성되었다. 도중에 영종이 죽었으나, 뒤를 이은 신종도 더욱 그 작업을 격려하여, 황실 내의 장서 2천4백 권을 사마광에게 기증할 정도였다.

(『자치통감』이란 ‘천하를 다스림에 있어 도움이 되는 역사의 귀감’이라는 의미이다. 무려 294권에 이르는 이 방대한 저작은 사마광 외에도 많은 학자들이 함께 힘을 기울여 만든 책이다. 그런데 애석하게도 정작 주인공 사마광은 『자치통감』의 완성을 보지 못하고 세상을 먼저 떠나야 했다.)

신종은 매우 부지런했다. 천하를 태평하게 하려는 뜻을 품고 바쁘게 일을 하느라 식사도 제대로 하지 못했다. 사냥을 다니는 일도 없었고 대궐을 새로 짓거나 수리하는 일에 돈과 시간을 낭비하지 않았다. 그러면서 나라의 위엄을 널리 떨치려는 큰 뜻을 품고 개혁과 부국강병에 온 힘을 기울였다. 또한 새로운 사상을 받아들이고 실천하는 데도 앞장섰다.

신종은 요나라의 세력이 날로 강해져서 중국을 넘보는 데 분개하여 유주, 연주 지방을 빼앗고자 먼저 서하와 토번을 친 다음 북쪽의 요나라를 토벌하려고 하였다.

그러나 전쟁에서 거듭 패하게 되자 전쟁이 마음 먹은 대로 되는 것이 아님을 알고 마침내 요나라 토벌을 단념했다.

이와 같이 신종은 의욕이 앞섰지만 내치와 외공(外功) 중 어느 한 가지도 제대로 실행하지 못한 채 실의 속에 죽고 말았다. 이때 그의 나이는 38세였다.

그 뒤를 이어 태자가 황제가 되었으니, 바로 철종황제이다.

송나라의 문화

풀이 파랗게 자라듯 내가 자란다

신종이 세상을 뜨고 연안군왕 후가 즉위했으나, 나이가 겨우 열 살밖에 안 되었기에 태후가 섭정을 하였다.

신종이 살았을 때 태후는 신종 앞에서 눈물을 흘리며 왕안석 신법의 부당함을 호소한 일이 있었다. 그러다가 태후가 실권을 잡자 호마법을 비롯해 왕안석의 신법을 모조리 없앴다. 모든 관계 대신들에게 알리지도 않은 채 태후는 이를 단독으로 행했다.

그녀는 즉시 사마광을 재상으로 임명하였다. 사마광은 15년 동안이나 낙양에 있었기 때문에 낙양에서는 남녀노소를 가리지 않고 그를 모르는 사람이 없었다.

사마광은 신종이 죽었다는 소식을 듣자 곧 대궐로 달려갔다. 대궐을 지키던 군사가 멀리서 사마광이 오는 것을 바라보고, "와, 저기 우리 사마공께서 오신다!"라고 외치고는 달려가 말고삐를 잡고 말했다.

"사마공께서는 다시 낙양으로 돌아가지 마십시오. 여기에서 천자를 보좌하시어 백성을 구해 주십시오."

사마광이 돌아왔다는 말을 듣고 수천 명의 시민이 모여들어 반가워했다. 사마광은 바로 낙양으로 돌아갔으나, 이내 다시 불려와서 재상이 되었다.

사마광이 재상으로 재직한 8개월 동안 신법의 대부분이 폐지되고 신법파 관리들도 거의 파면되었다. 사마광은 주로 구법당과 대지주, 그리고 대상인들로부터 '만가(萬家)의 생불(生佛)'이라고 칭송 받았다. 그는 그 후 얼마 지나지 않아 중병에 걸려 자리에 누워 있으면서도, "신법을 뿌리 뽑기 전에는 절대로 죽을 수 없다."라고 다짐하곤 하였다.

이 무렵 하남 지방에 살던 유명한 학자 정호가 죽었다.

정호는 자를 백순이라 하고, 그의 아우 정이는 자를 정숙이라고 했다. 형제가 모두 주돈이에게 글을 배웠다. 주돈이는 학문이 깊고 넓어서 도를 들으면 곧 깨달았으며, 강직하고 과단성이 있어 옛날 군자의 풍모가 있었다.

그는 일찍이 관리로 있었는데, 매우 엄격했지만 한편으로는 동정심이 많았다. 무슨 일에나 철저했고 명예와 지조를 중하게 여겼으며, 항상 인격 향상에 노력하였다. 그리고 취미는 고상하고 우아했다. 그는 창 밖에 잡초가 우거져도 뽑아 버리려 하지 않았다. 이를 궁금히 여긴 어떤 사람이 그 이유를 물으니 그는 이렇게 대답하였다

"풀이 파랗게 자라고 있는 것이 마치 내가 자라는 것과 같소."

뒤에 황정견은 주돈이를 이렇게 평했다.

"그의 인품은 매우 고결하고, 그의 마음속은 맑은 물과 같아서 조그만 티끌도 찾을 수 없다. 그를 대하면 마치 화창한 바람과 맑게 갠 달을 보는 것과 같은 느낌이 든다."

　　주돈이가 남긴 저서 『태극도』와 『통서』 등은 많은 선비들이 앞을 다투어 읽는 책이었다. 정호와 정이 형제가 주돈이의 제자가 되었을 때 주돈이가 이렇게 물었다. "공자는 '즐거움이 그 가운데 있다고 말했고, 안회는 '그 즐거움을 고치지 않는다'고 했다. 과연 그 즐거움이란 어떤 것일까?"

　　그러자 정호와 정이 형제가 다음과 같이 답하였다.

　　"학문을 성취하여 도를 깨우치는 것이 인생의 즐거움입니다."

　　정호, 정이 형제는 부지런히 학문을 익혀서 성인의 도를 깨우치고 실천하는 것을 자기의 임무로 삼았다.

　　어느 날 정호는 이렇게 말했다.

　　"관리는 아무리 낮은 자리에 있을지라도 물건을 사랑하고 사람을 사랑하는 데 마음을 아끼지 않는다면, 반드시 세상에 이익을 줄 것이다."

진정한 선비

　　그러나 정호는 신법을 주장하는 당파와 의견이 맞지 않아 조정에서 물러났다. 이전에 신종이 그에게 인재를 추천하라고 하자, 정호는 수십 명을 추천하는 가운데 외숙인 장재(張載)와 아우 정이를 맨 앞에 적었다. 다른 사람의 수군거림은 신경 쓰지 않고 오직 자기 소신대로 좋은 사람을 추천한 것이었다.

　　그가 죽자, 아우 정이는 그 비문을 다음과 같이 썼다.

　　　　주공이 죽은 다음에는 성인의 도리가 행해지지 않고, 공자가 죽은 다음에는 성인의 학문이 전해지지 않는다.

　　　　도리가 행해지지 않으면 백세에 이르도록 좋은 정치가 있을 수 없고 학문이 전해지지 않으면 천 년이 되도록 진정한 선비가 나오지 않는 법이다.

그러나 진정한 선비가 나오지 않으면, 과연 세상 사람들은 어디로 향할 것인가? 필경 사람들이 자기 멋대로 살아 하늘의 도리는 멸망하고 말 것이다.

정호 선생은 공자가 죽은 지 1천4백 년 뒤에 태어나시어, 이단을 배척하고 사설을 물리쳐 성인의 도를 다시 밝히셨도다. 그리하여 맹자 이후의 오직 한 분뿐이다.

한편 장재라는 선비는 처음에는 손오(孫吳)의 병법과 불교, 도교 등을 가리지 않고 닥치는 대로 연구했다. 하지만 그 뒤 정호와 정이의 학설을 듣고는 크게 깨달은 바 있어 지금까지 연구해 오던 것을 모두 잊고 오로지 유학에만 몰두했다. 그는 횡거(橫渠) 지방 출신이었으므로 흔히 장횡거 선생이라고 불렸다.

송나라 시대의 학풍은 구양수가 옛 글을 복원시켰으므로 문장이 크게 새로워지고, 유학자의 윤리 철학은 주돈이와 정호 형제에 의하며 분명해졌다

소옹과 주돈이, 그리고 장재는 모두 선종 때에 죽었는데, 정호가 죽자 정이 한 사람만이 남았다. 학자들은 정이를 유학의 비조로서 존경하며, 이천(伊天) 선생이라고 불렀다.

복수의 세월

두 적수가 같은 해에 죽다

그 무렵 왕안석은 병이 들어 금릉 지방에 가 있었는데, 아우 왕안국이 수도

의 집에서 하인이 가지고 온 편지를 그에게 갖다 보였다.

그러자 왕안석은, "사마광이 정승이 돼?" 하더니 한참 동안 풀이 죽어 말이 없었다.

그 당시 선비들 사이에서는 이런 의견도 있었다.

"3년 동안에는 아버지의 도를 고치지 말라는 말이 있지 않은가! 신법도 선제(先帝)께서 정하신 것이니, 피해가 심한 순서대로 서서히 폐지해도 될 일이 아닌가?"

사마광은 이 말을 듣고 분개했다.

"선제의 법 중에서 좋은 것은 백 세 뒤에라도 바꿔서는 안 되오. 그러나 왕안석이 시행한 법으로서 천하에 해를 끼치는 것은 마치 불에 타 죽으려는 자를 끌어내고, 물에 빠지려는 자를 건져내는 것과 같이 일각일초를 다투어 빨리 철폐해야 하오. 그래도 오히려 늦지 않을까 두려울 정도요. 태황태후께서 어머님의 자격으로 아들이 마련한 법을 고치는 것이지 아들로서 아버님이 하신 것을 고치려 하는 것이 아니오."

왕안석은 조정에서 자기가 마련한 새 법을 뜯어 고치거나 철폐했다는 소식을 들을 때마다 겉으로는 태연해했다. 하지만 모역법을 폐지하고 옛날의 차역법으로 돌아갔다는 말을 듣고는 탄식하며 부르짖었다.

"모역법까지 폐지하다니······."

그는 잠시 동안 말을 잇지 못하다가 겨우 입을 열었다.

"이것만은 없애서는 안 되는데······."

모역법은 왕안석이 신종과 2년 동안이나 치밀하게 준비한 끝에 실시한 것으로 자세한 세칙까지 갖추어 조금도 미비한 점이 없는 법률이었다. 왕안석은 관직을 사직한 뒤로는 금릉의 종산에 은거하면서 유유자적한 생활을 즐겼다. 그때 지은 시에 그의 담담한 심정이 담겨져 있다.

　　　계곡 물은 소리 없이 대나무 밭 사이로 흐르고

대나무 밭 서쪽 끝에 있는 화초는 부드러운 봄날을 어루만진다
처마 밑에 앉아 산을 쳐다보니
새소리도 하나 없이 산은 점점 깊어만 간다

그러나 그의 마음이 늘 평정했던 것만은 아니었다. 왕안석은 금릉에 있으면서 항상 "그 복건 놈이, 복건 놈이." 하며 여혜경을 비난했다.

여혜경은 복건 사람인데, 처음에는 신법파였으나 뒤에는 '왕안석에게 반역의 죄가 있다'고 참소하는 등 왕안석을 배반했기 때문이었다. 그러나 장돈만은 끝내 왕안석을 배반하지 않았다. 신법의 시행을 언제나 찬성한 사람은 증자선이고, 언제나 반대한 사람은 사마광이라고 했다.

왕안석은 금릉에서 은퇴 생활을 즐기다가 드디어 세상을 떠났다. 같은 해에 사마광도 재상이 된 지 여덟 달 만에 죽었다. 태황태후는 목을 놓아 울며 슬퍼했다. 사마광이 죽었다는 소문이 퍼지자, 장안 사람들은 모두 가게문을 닫고 애도의 뜻을 표했다. 화공들은 사마광의 초상화를 그려서 찍어 내어 하룻밤 동안에 많은 돈을 벌었다.

일찍이 사마광은 이렇게 말한 바 있다.

"나는 남보다 나은 점이 아무것도 없소. 다만 일상 행동에 있어서 남에게 이야기하지 못할 일은 한 가지도 하지 않을 뿐이오."

어느 날 유안세라는 사람이 사마광에게 물었다.

"일생을 통해 해야 할 일을 한 마디로 말씀해 주십시오."

그러자 사마광이 대답하였다.

"그건 정성이겠지."

"그럼 정성에 들어가려면 어떻게 해야 합니까?"

"거짓말을 하지 않는 것이 그 첫걸음이오."

이때 소식과 정이는 대궐 안의 학관에서 함께 근무하고 있었다. 소식은 여유를 즐기는 사람으로서 해학을 좋아하고, 정이는 예의를 지켜 몸을 삼갔으므

로, 소식은 항상 정이의 융통성 없음을 조롱하였다.

사마광이 죽었을 때, 그날은 마침 조정에 경사가 있었다. 신하들은 축하식이 끝난 다음에 사마광의 집으로 가서 조문을 하고자 했다. 그러자 정이는 반대했다.

"공자께서 남의 죽음을 슬퍼하여 조문을 한 날은 노래를 부르지 않는다고 했소. 더구나 오늘은 사마광 어르신께서 돌아가신 날이오."

그러자 어떤 사람이 나서서 반박했다.

"그렇지 않소. 공자께서 울고는 노래하지 않는다는 말씀을 하신 적이 없었소." 그러자 소식이 비꼬았다.

"그런 되먹지 못한 까다로운 격식은 지금쯤 살아 있었더라면 틀림없이 길거리에서 비명횡사를 할 한나라의 숙손통이라는 바보놈이 만들어 낸 것이오."

이에 정이는 크게 노하여 이때부터 두 사람의 사이는 불편해졌다.

정이의 제자 주광정과 가이가 그때 사간원으로 있었는데, 그들은 소식의 언행을 맹렬히 비판하였다. 또 부요유와 왕암수는 주광정을 지지하고, 여도는 소식을 편들었다.

감기에 걸려도 죽는 수가 있다

그 무렵 신종 시대에 고관의 자리에 있었던 신법파의 사람들은 모두 한가한 벼슬에 좌천되어 있어서, 모두 원한이 골수에 맺힌 채 구법파의 동정을 엿보고 있었다. 구법파 사람들은 그런 줄도 모르고 여러 갈래로 분열되어 서로 공격하는 데만 열중했다.

그 당파에는 낙당, 천당, 삭당의 세 파벌이 있었다. 정이를 영수로 하는 낙당(정이의 고향이 낙양이었으므로 낙당이라 불렀다)은 주광정과 가이가 한편이었고, 소식을 영수로 하는 천당(소식의 고향이 사천이었다)은 여도 등이 포함되어 있었으며, 유지를 영수로 하는 삭당(유지의 고향이 삭방이었다)은 왕암수와 유안세 등이 끼어 있었다. 그러나 얼마 안 가서 정이가 파면되고 또한 얼마 안 가서 소식도 파면되었다. 정이는 다시 등용되지 않았는데, 반면 소식은 다시 등용되었다가 또 물러나게 되었으며, 그 뒤에도 또다시 등용되었다가 또다시 파면되었다.

철종 8년, 황태후가 죽었다. 태후는 임종할 때 철종의 앞에 이대방과 범순인 등을 불러 말했다.

"이 늙은이가 죽은 뒤에는 반드시 젊은 천자를 업신여겨 말을 듣지 않는 자가 많이 생길 것인데, 반드시 그들을 제압해 주시오. 그리고 공들도 일찌감치 벼슬에서 물러나 새로운 사람들이 천자를 돕게 해주기 바라오."

태후는 9년 동안 철종을 대신해서 정치를 맡아 보아 천하를 태평스럽게 잘 다스렸으므로, 백성들은 그를 '여자 요순'이라고 부르면서 칭송했다.

태후는 자기 친정인 고씨 가족을 특별히 대우하는 일도 없었고, 태자를 높여 주기 위해 두 황자와 황녀까지도 멀리했다. 그러면서 공평하게 천하를 다스렸으므로, 당시의 조정에는 어진 신하가 가득하였다.

태후는 군사(軍事)를 싫어한 신종의 뒤를 이어 백성과 함께 평화로운 세월을 보냈다. 이 시대에 서융의 추장 귀장이 국경을 수비하던 군사에게 붙들려 수도로 호송되어 왔는데, 태후는 그를 석방해 주었을 뿐 아니라 그의 부하들을 송나라로 불러다가 귀화시켰다.

한편 서하는 그 임금 병상이 죽은 다음 어린 왕이 즉위하여 정치가 문란해지자, 송나라 국경을 공격해 와서 속국으로서의 예의를 지키지 않는 일이 잦았다. 하지만 태후는 그것은 권력을 잡은 몇몇 못된 자들의 짓이요, 왕이나 백성에게 아무런 죄가 없다며 다만 방비를 더욱 엄중히 하라고만 할 뿐이었다.

태후가 죽은 뒤 비로소 철종이 친히 정치를 하게 되었다. 이때 신법파인 장돈이 좌복야로 되었다. 장돈이 수도로 올라와 좌복야의 자리에 앉자, 다시 왕안석의 신법을 채용해서 마침내 전부를 부활시켰다. 또 그는 지난 시기에 신법을 폐지한 사람들의 죄를 처단하기에 눈코 뜰 새 없이 바빴다. 그러면서 사마광과 한유 등 이미 죽은 사람들에게까지 죄명을 뒤집어씌워서 벼슬을 떨어뜨리고 시호를 거두어들였다.

장돈과 채변은 죽은 황후의 지위까지 거두어들이려고 했으나, 철종의 어머니 황태후 상씨가 울면서 말렸으므로 수포로 돌아갔다. 그 후에도 장돈과 채변이 철종에게 그 주장을 거두지 않자, 철종은 마침내 크게 화를 내면서, "경들은 내가 종묘에 들어가는 것을 바라지 않는 것이오?" 하고 그들이 올린 글을 땅에 내동댕이쳤다.

그 뒤 현비 유씨가 황후가 되었다. 그러자 간관으로 있던 추호가 유씨의 황후 책립을 취소하고 따로 훌륭한 집안에서 골라 세우기를 청했다. 철종은 조서를 내려 추호를 조정의 명부에서 빼버려 벼슬을 못하게 하고, 신주로 귀양 보냈다. 추호는 신주로 가는 도중에 친구 전획에게 울면서 작별을 고했다. 전획은 엄숙한 표정으로 그를 위로해 주었다.

"자네가 간하지 않고 온순하게 조정에 머물러 있었다 하더라도, 감기에 걸려 닷새만 땀이 나지 않으면 죽을 것이 아닌가? 사람을 죽이는 것은 신주만이 아니네. 아무 걱정 말고 가게. 앞으로 자네가 할 일은 끝나지 않았네."

철종은 즉위한 지 15년 만에 35세를 일기로 세상을 떠났다. 그리고 그 뒤를 휘종이 이었다.

가인박명

두 볼은 엉긴 우유와 같고 머리는 옻칠을 한 것처럼 새카맣구나.
눈빛이 발에 들어오니 주옥처럼 빛나도다.
본래 흰 비단으로 선녀의 옷을 지으니
입술연지는 천연의 바탕을 더럽힌다 하여 바르지 않았네.
오나라 사투리의 애교 있는 소리는 어린아이를 닮았는데,
무한한 사이의 근심 모두 알 수 없구나.

예로부터 아름다운 여인의 운명 박함이 많으니
문을 닫고 봄이 다하니 버들가지 꽃 떨어진다.

　소식은 사천성의 미산이라는 곳에서 태어났다. 아버지는 소순이고, 아우가 소철인데 소식까지 합쳐 삼부자를 '삼소(三蘇)'라 하여 대 문장가로 유명하였다.

　소식은 문(文), 시(詩), 사(詞), 부(賦)에 모두 뛰어났다. 그는 시만 해도 4천여 수를 남겼고, 사도 340여 편을 남겼다. 그는 이렇게 주장했다.

　"문(文)을 짓는 것은 가는 구름과 흐르는 물과 같이 항상 갈 곳을 가야 하고 멈출 곳에서 멈춰야 한다."

　이 당시에 이런 말까지 유행하였다.

　"소씨의 문장을 익힌 사람은 양고기를 먹고, 소씨의 문장에 생소한 사람은 나물국을 먹는다."

　이는 소식의 문장이 당시 과거시험의 필독서가 되었기 때문에 소식의 문장을 익히지 못하면 출세를 못하므로 좋은 음식도 먹지 못한다는 의미였다.

　소식은 22세에 구양수에게 인정받아 과거에 급제하였다. 이때 아우 소철도 같이 급제했는데, 황제는 이 소식을 듣고 크게 기뻐했다.

　"내가 나라를 위해 두 재상을 얻었도다!"

　황제는 소식의 뛰어난 재주를 크게 신임하여 이제 갓 과거에 급제한 소식을 파격적으로 발탁하려 하였다. 하지만 재상인 한기가 이에 반대하였다.

　"소식은 그릇이 큰 인물입니다. 장차 반드시 두각을 나타내어 천하에 크나큰 역할을 해낼 것입니다. 그러나 지금 조정에서 해야 할 일은 그의 장래를 생각해서 필요한 경험을 쌓게 만드는 것입니다. 그런 후에 중용을 하게 되면 천하의 선비들이 소식의 경험을 바탕으로 한 식견에 감복하여 '이러한 인물이야말로 조정에 필요한 인재로구나'라고 생각하게 됩니다. 그리하여 그는 그의 소신대로 정치를 활짝 펼 수 있게 될 것입니다. 그럼 누구도 이의를 제기하지 못할 것입니다. 그렇지 않고 지금 당장 그의 재능을 아껴 부주의하게 발탁한다면 그 인사에 불만을 품은 자가 나타나고 그래서 여러 가지 폐단이 생기게 될 것입니다."

뒤에 이 말을 전해들은 소식은, "한기 재상은 인재를 쓸 줄 아는 분이다."라고 탄복하였다.

소식은 황주로 귀양 가서 머물렀던 5년 동안 황무지를 일구어 농사를 지었는데, 그는 이곳을 동파(東坡)라고 이름 붙였다. 그리고 자신의 호도 동파거사라 하였다. 소동파라는 이름은 여기에서 나온 것이다.

소식의 문장은 모두 빼어나지만, 그 중에서도 '전적벽부'와 '후적벽부'가 가장 유명하다. 그러나 소식은 어디에도 매이지 않는 기질과 자유분방한 행동 때문에 불우한 삶을 보내야 했다.

그는 왕안석의 신법에 반대하여 좌천당해야 했다. 자유분방한 성격의 그에게는 법률에 의한 속박 그 자체가 맞지 않았던 것이다.

하지만 소식과 왕안석의 사이는 정적이지만 서로를 존경했다. 왕안석은 15세 연하인 소식의 글재주를 아꼈다. 소식은 황주에서의 유배가 풀려 여주로 갈 때 금릉의 종산에 은거하고 있던 왕안석을 방문하였다. 이때 왕안석은 '북산(北山)'이라는 시를 소식에게 주었다.

> 북산 푸른 빛을 떨구고
> 옆의 연못은 넘치다
> 곧게 뻗은 개천 둥근 못의 물결 출렁일 때
> 편안하게 방초(芳草)를 방문해도
> 돌아감은 늦으리

소식도 답시를 썼다.

나귀에 올라 일망무제 황폐한 언덕에 들어가다.

선생이 아직 병들지 않을 때 만나보고자 하였다.

내게 3묘(畝)의 집을 한 번 얻으라고 권한다.

그러나 공을 따르기엔 이미 10년이 늦었음을 한탄한다.

이렇게 신법의 창시자와 신법에 반대하는 구법파 인사가 상대방에 대한 미움을 던져 버리고 화기애애하게 서로 시를 주고받았다.

뒤에 사마광이 등장하여 신법을 모조리 폐지할 때, 소식은 특히 모역법의 폐지를 강력히 반대하면서 사마광과 격렬하게 논쟁하였다.

소식의 40대 이후는 투옥과 유배, 그리고 좌천으로 점철되었다. 그는 신법파에게도 미움을 받고 구법파에도 미움을 받아 투옥되기도 했으며, 이리저리 좌천을 당해 떠돌아야만 했다.

소식에 대한 신법파의 보복은 매우 심한 것이었다. 신법파는 계속하여 소식에게 좌천과 유배라는 멍에를 씌우다가 끝내 62세나 되는 그를 미개지 중의 미개지인 해남도까지 유배시켰다. 그곳에서 4년간 참담한 생활을 하고 있을 때 휘종이 즉위했고, 모든 정치범에 대한 사면 조치도 내려졌다.

그러나 소식은 끝내 수도로 돌아가지 못했다. 유배지로부터 귀향하는 도중 강소성 부근에서 병으로 쓰러지고 말았던 것이다. 그 때 그의 나이 66세였다.

장수를 쏘려거든 먼저 그 말을 쏘라

한낱 인간으로서 거대한 태양에 항거하니

철종이 죽자 황태후 상씨가 재상들을 소집하며 후사를 의논했다. 황태후는 단왕 길을 세우고자 했으나, 정승 장돈이 반대했다. "단왕은 경솔하시기 때문에……."

이때 그 자리에 증포도 함께 있었는데, 증포는 키가 컸다. 그가 문득 옥좌를 둘러보다가 이미 발 뒤에 와 있는 단왕을 발견하였다. 그는 황급히 장돈을 나무랐다.

"장돈 공, 황태후의 뜻을 받들도록 하시오."

그러자 단왕이 발 뒤에서 나왔다. 장돈은 송구하여 몸둘 바를 몰랐다.

그리하여 단왕이 황제의 자리에 올라 태후에게 얼마 동안 정치를 돌봐 주기를 청했다. 그리고 범순인 등 20여 명을 모두 복직시키고, 진관과 추호를 대간으로 임명했다. 사마광 등 33명의 벼슬도 복구시켰다.

장돈은 파면되어 끝내는 귀양 갔다. 그 뒤를 증포가 이었다. 채경과 채변이 또다시 좌천당했는데 채변은 왕안석의 사위였다.

채경이 일찍이 한림승지로 있을 때, 진관은 그가 태양을 똑바로 쏘아보면서도 눈 하나 깜짝이지 않는 것을 보고, "저 사람은 반드시 출세할 것이다. 그러나 미물에 불과한 인간으로서 거대한 태양에 항거하는 그는 훗날 뜻을 얻으면 반드시 천하의 우환거리가 될 것이다."라고 한 일이 있었다.

진관은 어떤 사람에게 말했다.

"장수를 쏘고자 하거든 먼저 그 말을 쏠 것이며, 도둑을 잡고자 하거든 먼저 그 우두머리를 잡아야 한다."

그는 계속해서 글을 올려 여러 사람을 탄핵했다. 그리하여 채경도 파면당했고, 다시 채변과 함께 거듭 좌천당했던 것이다.

휘종은 황제라기보다는 예술가였다. 특히 그림에 있어서는 당대 일인자였다. 그는 가늘고 뾰족하면서도 강한 필력을 지닌 독특한 서체를 만들어 냈다. 당시의 선비들은 휘종의 그림을 가지고 있지 않으면 수치로 여길 정도였다. 그는 시문에도 뛰어났다. 하지만 황제로서의 능력은 모자랐다.

휘종은 왕안석의 신법을 계승해서 도식적인 신법 정치를 하려고 했다. 그러나 그의 관심은 오직 국고를 풍부히 하려는 데만 있었다.

소인들은 당파 안에서 다시 파벌을 만들고, 이런 파벌들이 성쇠를 거듭하면서 번갈아 조정에 들어섰다. 하지만 그들의 정책이란 단지 왕안석의 사상을 이어받는 데 지나지 않았다.

그 뒤 증포가 파면되고 대신 채경이 그 뒤를 이었으며, 채변이 문하시랑이 되었다. 휘종은 채경의 아들을 매우 총애했을 뿐만 아니라 채경의 일가친척들을 우대하여 이제 조정의 신하는 온통 채씨 일가의 무대였다.

채경은 휘종에게 사치를 권하여 곳곳에 토목 공사를 벌이게 하고 만세산이라는 동산을 쌓도록 하였다. 만세산은 20년이 지나 나무가 크게 자라 울창해지고 사슴이 떼를 지어 돌아다녔다. 만세산 안에는 찻집과 술집을 차려, 술집에는 푸른 기를 꽂아 놓았다. 해마다 동지가 지나면 등불을 밝혀 놓고 사람들이 자유롭게 먹고 마시고 놀게 하였다. 이것을 '정월의 보름달을 관상한다' 라고 하였다.

휘종의 소망은 수도 개봉에 강남의 경치 좋은 풍광을 조성하는 것이었다. 그는 특히 태호라는 호수의 물 속에서 나는 태호석이라는 돌에 완전히 정신을 빼앗겼다. 호수에서 기암괴석을 끌어올리는일은 엄청난 인력을 필요로 했다. 수많은 백성들이 강제로 징발되었다.

조정에서는 주면이라는 자를 시켜 진귀한 꽃과 기묘한 돌을 수집하도록 하였다. 주면은 기이한 꽃과 나무, 이상한 풀, 그리고 진기한 새와 짐승을 미친 듯이 구하여 아무리 먼 지방에 있는 것이라도 반드시 그것을 징발하였다. 그리하여 민간에 있는 한 포기의 꽃과 한 그루의 나무라도 좋은 것이 있으면 모조리 빼앗았다.

어느 날 휘종이 옥으로 만든 술잔을 신하들에게 보이며 말했다.

"이걸 잔치에 내놓으면 사람들이 너무 화려하다고 하겠지?"

이때 채경이 나서서 말했다.

"무슨 일이든 이치에 맞으면 남의 말에 근심할 필요가 없습니다. 폐하께서는 온 천하의 주인이신데, 그까짓 화려한 옥 술잔 하나를 쓰시는 정도가 무슨 문제가 되겠습니까."

내시 동관과 양사성도 채씨 일당에 붙어 천자에게 아첨하면서 온갖 권세를 휘두르고 있었다.

이 무렵 혜성이 자주 나타나고 지진이 일어났으며, 황하의 둑이 무너져 홍수가 나는 등 천재지변이 잦았다. 뿐만 아니라 섣달에 천둥이 치고, 삼월에 눈이 내리기도 하였다. 하지만 채경은 이 모든 일이 상서로운 일이라고 보고했을 뿐이다.

북송(北宋)왕조의 계보

금나라

북방의 새 강자, 금나라

한편 여진에서는 아골타가 추장이 되었다. 여진이란 원래 주아진(朱亞眞)이라고 하는 부족인데, 숙신족의 후손으로서 발해국의 별종이다.

일설에는 본성이 노씨인데 진한의 후예로서 삼국지에서 읍루, 남북조의 위나라에서는 물길(勿吉), 당나라에서는 흑수말갈이라고 한 것이 곧 여진족이라고도 한다.

여진에는 모두 일흔두 개의 부족이 있었는데, 오랫동안 전체를 통솔할 수 있는 자가 없었다. 그러다가 그 중 한 부족의 추장인 엄판의 손자 양가 태사가 마침내 여진의 영수가 되었다.

일설에는 양할 추장의 조상은 신라 사람 완안씨(完顔氏)로 여진의 한 추장이 자기 딸을 그에게 시집 보내어, 그 두 사람 사이에 난 맏아들이 호래이고, 그로부터 3대를 내려가 양할이 나왔다고도 한다.

후에 금나라를 세운 골타는 곧 이 양할의 아들로 침착하고 굳세어서 여진을 크게 일으킬 뜻을 품고 있었다.

어느 날 요나라 천조제는 혼돈강변에서 낚시를 즐기고 있었다.

이때 요나라 각지에서 기라성 같은 수장들이 인사를 드리러 찾아왔다. 때마침 여진족의 축제일이었기 때문에 천조제는 잔치를 베풀고 수장들에게 차례로 일어나 춤을 추어 보이도록 명령하였다.

수장들은 순서대로 한 사림씩 일어나 춤을 추었다. 그런데 나이 40쯤 된 어느 건장한 체구의 수장은 자기 차례가 되자, "나는 춤을 못 춥니다." 하면서 자기 자리에서 꿈쩍도 하지 않았다.

천조제가 거듭 명령했지만 아무런 소용이 없었다. 천조제는 크게 노하여 그를 죽이려 하였다. 하지만 그를 죽이면 공연히 여진족의 큰 반발을 불러일으킬까 우려되어 미음을 고쳐먹었다.

이 수장이 바로 뒤에 금나라를 건설하고 요나라를 무너뜨린 아골타, 즉 금나라 태조였다.

당시 요나라의 천조제는 여진족에게 해동청(海東靑), 즉 송골매라는 매와 인삼, 모피, 말, 진주 등의 귀한 보물들을 해마다 연공으로 바치도록 강요하고 있었다. 그러면서 그 연공의 양도 해가 갈수록 늘어만 갔고, 심지어 요나라 관리들은 여진족의 땅에만 들어서면 잠자리에 부녀자를 바치게 하는가 하면 제멋대로 재물을 약탈해 갔다. 여진족의 용감성은 예전부터 유명한 터였다. 그래서 '여진족 만 명에게는 싸움을 걸지 말라'는 속담이 있을 정도였다.

이를 요나라는 잘 알고 있었다. 그들은 여진족이 힘을 발휘할 수 없도록 더욱 억눌렀다. 이렇게 계속되는 요나라의 전횡에 여진족의 영걸, 아골타는 각 부족을 은밀히 규합하여 무기를 모으고 진지를 구축하여 요나라를 몰아낼 것을 준비하였다. 드디어 1114년 9월, 아골타는 여진족의 각 부족을 모아놓은 자리에서 이렇게 선포하였다.

"요나라와의 싸움에서 공을 세운 자에게는 포상을 내리겠다. 노예는 평민으로, 평민은 관리로 등용하고, 관리는 승진시키겠다. 다만 맹세를 어기는 자는 용서 없이 참하겠다. 가족도 그 죄를 면할 수 없다."

아골타의 말이 끝나자 각 부족들의 수장들은 한 사람씩 차례로 맹세의 말을 하였다. 그리고 그 자리에서 곧바로 출진하여 요나라의 동북 요충지인 송화강 동쪽 영강주를 공격해 일거에 점령해 버렸다. 이때 여진의 병력은 불과 2천5백 명에 지나지 않았다.

요나라는 대장을 파견하여 아골타를 치게 했으나 도리어 패하고 도망갔다. 이에 요나라는 다시 10만의 군사를 동원하여 공격했으나 채 1만 명도 안 되는 아골타의 군대에게 또다시 크게 패했다.

여진은 요나라의 동쪽 숙여진족을 모조리 포로로 잡음으로써 철기(鐵騎)가

더욱 많아졌다. 그 뒤 요나라의 천조제는 친히 70만 대군을 거느리고 여진을 쳤으나 겨우 2만을 거느린 아골타에게 혼돈강 전투에서 크게 패했다. 이때 백리에 걸친 전쟁터는 요나라의 전사자들로 산을 이루었다.

여진은 기세를 몰아 발해 요양의 54주를 빼앗고, 다시 요서까지 공격해 들어가서 다섯 주를 항복시켰다. 그리하여 아골타는 마침내 자신을 황제라 일컫고, 나라 이름을 금(金)이라고 했다(요나라는 철을 존중하고 있었다. 그러나 철은 굳지만 끝내 변한다. 오직 금만이 불변이다. 금은 반드시 철을 이길 것이라는 뜻). 여진족이 사는 곳엔 사금이 많이 났다. 이듬해 금나라는 요나라의 수도 상경을 함락시켰다.

그때서야 요나라는 금나라와의 화해를 제안하였다. 천조제는 금나라 태조를 황제로 책봉한다는 국서를 보냈다. 이는 오히려 태조를 크게 노하게 만들었다. 책봉은 속국에 대해서 하는 행위이기 때문이다. 태조는 요나라 사신을 쫓아 버렸다. 태조는 여진 문자도 만들었다.

한편 이 무렵 송나라에 고려 사신이 와서, "우리나라에는 의원이 적으니 송나라 의원을 좀 파견해 주시오." 하고 요청했다. 휘종은 두 사람의 의원을 보냈다. 그 의원이 돌아와 보고하기를, "고려의 진정한 뜻은 실은 의원이 필요했던 것이 아니라, 우리나라가 여진과 동맹하여 거란을 멸망시키려는 것을 알고, '거란은 그냥 내버려 두는 것이 좋소. 중국을 위해 충분히 개봉을 수비해 줄 것이오. 여진은 이리와 같이 야만적인 나라이므로 그들과 교제하는 것은 위험한 일이오. 급히 여진에 대한 방비를 굳게 단속하는 것이 현명한 계책이오'라며 충고를 해주었습니다." 하므로 휘종은 몹시 불쾌해했다.

당시 휘종은 술집 기생인 이사사(李師師)라는 여인의 미색에 빠져 자주 그 술집에 들렀다. 어느 날 휘종이 그 술집에 몰래 들렀는데 재상 증포가 이것을 직언했다가 침주로 좌천당했다. 휘종이 그녀를 찾는 횟수가 늘더니 드디어 그녀를 궁중으로 데려가 이명비(李明妃)로 삼았다.

여우와 늑대

군사력이 약했던 송나라시대에는 북방 이민족들의 활동이 무척이나 거세었다. 그리하여 송나라는 북방의 새로운 강자들에게 온갖 수모와 괴롭힘을 당해야 했다.

북방의 새로운 강자들의 명멸 또한 볼 만한 것이었다. 거란족의 요나라가 중국 천하를 한동안 흔들면서 송나라를 위협하더니, 이윽고 여진족의 금나라가 중원의 주인 자리에 섬광처럼 화려하게 등장하였다. 그리고 마침내 가장 북방에서 최강의 몽골이 나타나 일거에 전 국면을 뒤집어 버렸다.

요나라, 멸망하다

그 뒤 동관은 휘종의 허락을 얻어 자신이 직접 사신이 되어 요나라의 정세를 알아보러 나섰다. 이때 연나라 사람으로 요나라의 고관으로 있다가 쫓겨난 마식이라는 자가 요나라를 토벌할 계책을 일러 주었다.

동관은 기뻐하여 그를 데리고 수도로 돌아왔다. 그리고 동관은 마식의 계책에 따라 금나라와 협력해 요나라를 치기로 하였다. 그 뒤 재상 채경은 동관의 건의를 받아들여 마정이라는 자를 급히 태조 아골타에게 사신으로 보냈다.

금나라에 사신으로 간 마정은 송나라와 금나라가 제휴해서 요나라를 치자고 제안했다. 그리하여 아골타는 마침내 사신을 중국으로 보냈고 금나라의 사신이 개봉에 도착하였다. 휘종은 채경과 동관에게, 송나라와 금나라가 요나라를 협공해서 연경을 탈환하도록 금나라의 사신을 설득하도록 했다.

그 뒤 송나라는 다시 마식을 사신으로 보내어 아골타를 만나고, 금나라는 요나라의 중경을 취하고 송나라는 연경을 취하며, 송나라에서 금나라에 보내는 세폐는 종래 요나라에게 주던 것과 같은 액수로 한다는 조건으로 맹약을 맺게 했다.

이때 마식은 연경이란 서경도 포함된다고 주장하여, 금나라도 이를 승낙하며 조인했다. 그리고 금나라의 군사는 내몽골의 평지 송림으로부터 고북구로 진격해 나가고, 송나라의 군사는 백구하로부터 진격하여 요나라를 협공할 것을 약속하였다.

수호지

이 무렵 회남 경서와 하북 강남의 각지에서 잇달아 도둑 떼가 들고 일어났다. 특히 당시 양산의 송강이라는 도둑의 괴수(『수호지(水滸誌)』의 주인공으로서 이후 조정에 협력하여 '방랍의 난'의 진압에 참여한다. 어쨌든 송나라의 대표적인 문학 작품은 바로 이 『수호지』인데, 송나라의 서민적인 풍취가 짙게 배어 나오고 있다)는 휘하에 36명의 부하를 두고 수만 명의 졸개들을 이끌고 있었다.

양산 기슭은 늪지대로서 고기잡이를 하는 주민들이 많았다. 고기잡이배 한 척에 얼마씩의 세금이 부가되었다. 자연히 나라의 감시를 피해 몰래 고기잡이를 하는 사람들이 생겼다. 탐관오리가 들끓고 백성들에 대한 수탈이 갈수록 심해지자 이들은 무장을 하고 관리들에게 저항하기에 이르렀다. 수호지의 반란은 이를 배경으로 하고 있다.

후몽이라는 관리는 이렇게 상소하였다.

> 송강이 36명으로 양산 지방을 횡행하니 수만의 관군이 감히 저항하지 못하고 있다. 그 재능은 인간 이상이다. 송강을 사면해서 방랍을 치게 하여 스스로 속죄시킴이 좋다.

드디어 조정에서는 장숙야를 파견하고 송강을 설득하여 항복시켰다.

그런데 이번에는 목주 청계현에서 방랍이라는 인물이 반란을 일으켜 마침내 절군 지방을 점령했다.

당시 조정에서 가장 권세 높던 채경과 동관은 막강한 권력을 마음대로 휘둘러 백성들의 원성을 사고 있었다. 특히 그들은 갖가지 수석과 기석(奇石)을 모으고 각 지방의 기화요초와 괴석을 모아 궁전과 화원을 장식하는 것을 자기들의 커다란 기쁨으로 삼고 있었다.

이를 위하여 많은 관리들을 각지에 파견하기까지 했다. 파견된 관리들은 조금이라도 눈에 드는 것이 있으면 '궁중용품' 이라는 표시로 누런 빛깔의 종이를 붙여 무조건 빼앗아갔다. 그것들을 운반할 때 담장이 방해가 되면 담장을 허물고, 집이 방해가 되면 집까지 허물어 버렸다. 주면이라는 자가 이 모든 일을 맡고 있었다.

목주 청계현 일대도 예외가 아니었다. 그래서 인근 주민들의 불만은 극에 달했다. 마침내 사람들은 머슴 출신인 방랍을 수령으로 추대하여 반란의 깃발을 들었다. 방랍은 백성들 앞에서 이렇게 호소하였다.

"우리는 1년 내내 피땀을 흘려 겨우 약간의 곡식과 가죽을 얻을 뿐인데 관리들은 제멋대로 빼앗아가기만 한다. 뿐만 아니라 마음에 들지 않으면 사정없이 매질하고 죽이기를 밥먹듯이 한다. 이제 우리가 일어나면 열흘이 되기 전에 수만 명의 사람들이 몰려들 것이다. 10년만 고생하면 천하는 분명 우리들의 손에 들어올 것이다. 지금 우리들이 일어나지 않으면 우리는 저들에게 모두 죽을 수밖에 없다."

백성들은 모두 환호하면서 너도나도 이에 호응하였다. 반란의 깃발을 든 지 열흘도 안 되어 10여만 명이 모여들었다. 이들은 기세등등하게 북진하면서 항주를 함락시켰다. 사태가 이에 이르자 절강성과 안휘성, 그리고 강서성 등의 여러 지역 백성들도 방랍에 호응하며 반란에 속속 가담하였다. 방랍군의 구호는 "주면을 주살하라!"라는 것이었다.

이 구호는 사람들을 모으는 데 큰 효과가 있었다. 이제 반란군의 수는 무려 백만이 넘어섰다. 방랍은 스스로 나라를 세우고 자신을 '성공(聖公)'이라 일컬었다.

크게 위협을 느낀 송나라 조정은 원래 요나라를 칠 목적으로 북상하던 군대를 방랍의 난을 진압하는 데로 돌려야 했다. 그래서 동관이 나서서 15만 대군을 이끌고 무려 1년이나 걸쳐 가까스로 이를 평정하며 가라앉혔다. 반란군은 용감히 싸웠으나 정규전의 경험이 없는 오합지졸이었기 때문에 패전을 거듭하였다.

다음 해 4월, 드디어 방랍이 체포되었고, 8월에 개봉에서 처형되었다.

황폐한 거리뿐

송나라는 간신히 방랍의 난을 진압한 후에야 비로소 북쪽의 요나라를 공격하였다.

이때 금나라도 군사를 총동원하여 요하를 건너 요나라의 중경을 함락시켰다. 그리고 송나라의 숙원이던 연운 16주의 대부분을 금 나라가 공략하여 점령하였다. 이 때문에 송나라는 금나라에 대해 뭐라 말할 명분이 크게 꺾이게 되었다. 바로 이 점이 역사의 흐름을 크게 돌려놓았다. 금나라의 군사는 다시 나아가 송정각에 이르렀으나, 송나라와의 약속을 지켜 그 관문을 통과하지 않고 멀리 서쪽으로 돌아서 갔다.

한편 요나라의 임금 천조제는 금나라의 선봉대가 밀어닥친다는 말을 듣고 크게 놀라 황급히 운중으로 달아나 협산으로 들어갔다.

이때 연나라 왕 야율순이 연경을 지키고 있었는데 요나라의 도통 소간은 야율순을 세워서 요나라의 임금으로 삼았다. 이를 천석제라 한다.

송나라 동관과 채유가 거느린 군사는 백구하라는 곳에서 소간의 군사와 부딪쳤다. 하지만 소간이 죽기를 무릅쓰고 방어했으므로, 송나라의 군사는 패하여 퇴각했다. 그 뒤 요왕 야율순이 죽자, 송나라는 다시 북벌의 군사를 일으켰다.

　요나라의 탁군부장으로 있다가 송나라에 항복한 곽약사가 상승군을 이끌고, 동관은 군사 10만을 거느리고 진군하여 노구하에 진을 쳤는데 요나라의 소간이 이를 가로막아 더 나아갈 수 없게 되었다. 이때 곽약사가 사잇길로 가서 연경을 급습했다. 그러나 소간이 곧 군사를 돌이켜서 연경을 구원하며 결사적으로 싸웠으므로 곽약사는 몇 번을 패하며 겨우 달아나 돌아왔다. 이 때문에 송나라 군대는 무너져 버렸다.

　동관과 채유는 아무런 공 없이 돌아갔다가는 틀림없이 추궁당할 것이라 생각하며 와락 겁이 났다. 그래서 금나라의 아골타에게 몰래 사람을 보내서 연경 공략의 구원병을 요청했다. 아골타는 이를 승낙하고 군사를 세 길로 나누어 진군하였다. 그리하여 연경의 군사는 마침내 금나라에 항복했다.

　그 뒤 금나라 사신이 송나라에 와서, "연경은 우리 금나라의 힘으로 함락시켰으니, 땅은 귀국에 양보하더라도 땅의 조세는 우리가 받을 것이오."라고 하였다.

　송나라 조정에서는 일이 난처하여 마식을 금나라에 보내, 해마다의 세폐는 종전에 요나라에게 보냈던 액수대로 하고, 그 밖에 연경에서 받을 조세 대신에 돈을 더 주겠으니, 운중의 땅도 양보해 달라고 했다. 그러나 금나라는 겨우 연경과 탁주 등 여섯 주를 넘겨 주었을 뿐이었다.

　동관과 채유가 금나라와 타협을 한 다음 연경의 성내로 들어가 보니 그곳의 재물은 물론 부녀자와 관리, 그리고 주민에 이르기까지 몽땅 금나라 군대가 약탈하고 끌어가서 남아 있는 것은 오직 황폐한 빈 거리뿐이었다.

여우가 사라지자 늑대가 나타나

　이 무렵 하늘에 달과 같이 커다란 요사한 별이 떠올라 서서히 남쪽으로 옮겨가더니 나중에는 땅에 떨어졌다. 그 별은 마치 달과 같이 모든 것을 환히 비췄다.

조정에서는 신보관(도교의 신선을 모시는 집)을 수리했다. 그 신은 온 수도 사람들이 두려워하여 공경하고 있었으므로, 집을 수리하게 되자 장안의 모든 남녀가 흙을 지어다 바쳤다(이것을 헌토(獻土)라 한다). 그랬더니 신의 사자 복색을 한 자가 시중에 나타나서 헌토를 독촉하며 돌아다녔다.

또 여러 지방에서 땅이 갈라지고 대궐과 물이 흔들렸으며 이상한 소리가 났다. 난주에서는 풀과 나무가 땅 속에 묻히고, 산 아래의 보리싹이 저절로 산 꼭대기로 옮겨졌다.

한편 그 무렵 금나라는 성곽도 없고 대궐도 없이 유목을 해온 거란의 습관을 그대로 유지한 채 살고 있었다. 오색 비단을 꿰매서 천막을 두르고 그 안에서 노래하고 춤추고, 닭싸움을 하고, 공을 치고 하는 것은 중국과 다름이 없었으나, 각종 음악을 연주한 다음에는 화려하게 차린 무녀 몇 사람이 양쪽 손에 거울을 들고 우레와 별의 신을 부르는 풍습이 있었다.

국토는 한없이 넓어서 들판과 언덕의 끝이 보이지 않았다. 사람들은 모두 야영을 했었는데, 이때부터 큰 집을 지어 중국의 풍습을 따르기 시작했다.

한편 이즈음 송나라의 여러 지방에서는 잇달아 해괴한 일이 일 어났다. 수도에서는 과일장수 사내가 배가 불러 아이를 낳았고, 풍악루라는 술집의 마흔 살 된 주인의 마누라 주씨(朱氏)는 갑자기 턱수염이 나서 6~7치나 자라더니, 다시 콧수염까지 나서 완전한 남자가 되었다.

하북과 산동 지방에서는 도둑이 계속 들끓었다. 계속되는 흉년으로 백성들은 느릅나무 껍질을 벗겨 먹다가 마침내는 서로 잡아먹기에 이르러 굶주린 자가 사방에서 일어나 도둑이 되었다.

금나라 황제 아골타는 황제에 오른 지 6년 만에 죽었다. 그리고 그 뒤를 이어 아우 오걸매가 제위에 올랐다.

그런데 이 무렵 송나라가 가까스로 금나라로부터 연주 땅을 반환해 받았지만, 만리장성 이남의 땅은 이민족과 한족이 섞여 살아서 평화를 유지하기 어려웠다. 이때 요나라의 장군 장각이 평주를 지키고 있었는데, 금나라는 사신을 보내서 이곳에서도 항복을 받으려고 했다. 그러자 장각이 말했다.

"거란은 처음에 팔로(八路)에 걸쳐 있었지만, 지금은 다만 이 평주에만 남아 있을 뿐입니다. 그런데 어찌 감히 귀국에게 다른 마음을 품고 있겠습니까?"

그러나 얼마 안 가서 장각은 송나라에 항복해 버렸다. 송나라는 곧 장각의 항복을 허락하고 평주를 받아들였다. 이때 마식은 장각의 항복을 받아들여 평주를 차지하게 되면 틀림없이 금나라의 노여움을 살 것이라고 하면서 이에 반대했으나, 그의 의견은 받아들여지지 않았다.

뒤에 금나라는 평주가 송나라에 넘어간 사실을 알고 불시에 평주를 공격해서 이를 함락시켰다.

이때 금나라는 송나라 조정에서 장각에게 하사한 조서를 발견하고 죄가 송나라에 있다 하며 장각을 내놓으라고 했다. 송나라는 하는 수 없이 왕안중에게 명해서 장각을 목졸라 죽이고 그 머리를 상자에 넣어서 금나라로 보냈다.

사실 이 당시 금나라는 동맹 약속(해상의 맹세)을 충실히 지키고 있었는데 반해 송나라는 제대로 지키지 않았다. 금나라 태조는 해상의 맹세에 따라 연경까지 송나라에 반환했지만 송나라는 금나라에 약속한 세공을 바치지 않았다.

더구나 이때 송나라는 몰래 음산(陰山)에 피신하고 있던 요나라의 천조제에게 사신을 보내서 송나라에 귀순하게 하고, 동관을 하동 지방의 선무사로 임명하여 천조제를 받아들일 준비를 하고 있었다.

그런데 천조제는 음산으로 들어가려다가 들어가지 못하고, 군사를 거느리고 남으로 나왔다가 금나라의 군사와 맞부딪쳐서 마침내 패하여 포로가 되었다. 그리하여 요나라는 야율아보기로부터 천조제까지 9대 210년 만에 완전히 멸망했다.

한편 천조제가 붙잡힐 때 송나라에서 보낸 밀서도 발각되었다. 이에 금나라는 크게 격분하였다. 금나라 태종은 즉시 대군을 일으켜 송나라로 진격해 들어갔다. 연경을 지키고 있던 발해인 곽약사의 상승군은 저항다운 저항은 한 번도 하지 못한 채 항복하여 금나라의 선봉대가 되어 개봉을 공격하였다(곽약사는 원래 요나라의 장군이었다가 송나라에 항복했었다. 그러다가 다시 금나라에 항복한 것이다).

동관은 이 소식을 듣고 황급히 태원에서 달아나 수도로 돌아가 버렸다. 그러자 금나라의 군사들은 재빨리 태원을 포위했다. 태원을 지키고 있던 장수 장효순은 탄식했다. "태사 동관은 평소에는 다소 위엄이 있어 보이지만, 비상시에는 그 실상이 그대로 드러나 비겁하기 짝이 없다. 대신의 몸으로 국난을 당해 죽지 못한다면 무슨 면목으로 사람들을 대한단 말이냐?" 그러면서 부하 기경으로 하여금 관문을 지키게 했다.

이때 삭녕부지사 겸 관찰 손익이 구원병을 이끌고 도착했다. 손익의 군사는 겨우 2천에도 미치지 않았지만 성 아래에서 금나라 군대와 용감하게 싸웠다. 장효순은 성 위에서 손익을 내려다보고 격려했다.

"적이 가까이 이르렀으니, 지금 문을 열 수는 없소. 충성을 다해 나라에 보답해 주오."

"알았습니다. 다만 군사가 적은 것이 걱정이오."

손익은 힘을 다해 싸웠다. 이 때문에 한때 금나라 군대는 크게 어지러워졌으나, 다시 군사를 보충한 후 공격하여 손익은 더 감당해 내지 못하고 전사했다. 그러나 그의 부하들은 단 한 명도 항복하지 않았다.

이 무렵 조정에서는 재상 왕보가 1년 전에 파면되고, 백시중과 이방언이 나란히 복야가 되었는데, 두 사람 모두 마음이 천박한 소인이었다. 그래서 금나라 군대가 대규모로 개봉을 공격해 오자, 백시중은 다만 어떻게 자기 한 목숨 보전할까 하는 것만 생각하고 수도를 지킬 아무런 조치도 취하지 못하였다

금나라 군대는 파죽지세로 밀고 내려와 순식간에 개봉을 포위하기에 이르렀다. 휘종은 크게 당황하여 어쩔 줄 모르다가 마침내 '스스로 책망하는 조서'를 내리고 천자의 자리에서 물러나 장남 조환을 내세우니, 바로 그가 흠종이었다.

정강(靖康)의 비극

수도까지 육박한 금나라

금나라에 완전 포위된 개봉성 내부에서는 주전파와 강화파가 갑론을박을 거듭할 뿐 결론을 내지 못했다.

대학생 진동 등은 대궐 아래 엎드려 글을 올려서 채경, 동관, 왕보, 양사성, 이언, 주면의 육적을 주살하고, 폐하께서 친히 천하에 사죄하기를 청했다.

육적 중에서 이언은 백성의 땅을 마음대로 다시 측량하여, 남는 땅은 공전(公田)으로 만들어 공전전(公田錢)이라는 새로운 세금을 부과하고는 전쟁에 지친 백성의 고혈을 짜냈다. 어려워진 백성들은 가난에 허덕이게 되자 조정을 몹시 원망했다.

또 주면은 천하의 기암괴석과 기묘한 화초 등을 백성들로부터 빼앗아가는 등 온갖 횡포를 부려 동남 지방 백성들의 커다란 원한을 샀다. 결국 천자는 왕보, 주면, 이언을 귀양 보냈다가 주살했다.

어느 날 여우 한 마리가 대궐에 들어와 천자의 침대에 올라가 앉았으므로, 조서를 내려 호묘(狐廟)를 헐어 버리게 했다. 이어 구법파의 성명을 간신의 명부에서 삭제해 버리고, 범중엄과 사마광 등에게 벼슬을 추증했다.

그러는 동안 금나라의 공격은 더욱 거세어져 개봉성은 함락 일보직전의 위기까지 몰리게 되었다. 송나라 조정에서는 이업을 특사로 보내서 금나라에 화의를 제안했다.

이 무렵 송나라 조정에서는 이방언 등이 모두 화친을 주장하고, 오직 이강만이 대항해 싸울 것을 끝까지 주장하고 있었다. 그러나 흠종은 이방언 등의 주장을 받아들여 정망지를 특사로 보내서 강화를 청하게 했다.

금나라는 화의의 조건으로 주전파인 이강의 파면과 함께 배상으로 금 5백만 냥, 은 5천만 냥, 소와 말 1만 마리, 비단 백만 필을 보낼 것, 중산과 하간 그리고 태원의 삼진을 할양할 것, 그리고 재상과 황자를 인질로 보낼 것 등을 요구했다. 결국 흠종은 금나라의 요구를 받아들였고, 우선 재상 장방창과 아우 강왕을 인질로 금나라에 보냈다.

그러자 금나라는 배상금의 전액을 지불받지 않은 상태에서 개봉의 포위를 풀어 북쪽으로 후퇴시켰다. 워낙 배상 요구액이 지나치다는 것을 금나라도 잘 알고 있었기 때문이었다.

그 뒤 금나라에 인질로 간 강왕이 금의 태자와 함께 활을 쏘았는데, 강왕이 세 대를 쏘아 세 대 모두 명중시켰다. 이것을 본 금나라에서는 이처럼 활을 잘 쏘는 사람은 무장(武將)의 아들일 것이요, 대궐 안에서 자란 황자가 아니라고 생각하여 그를 돌려보내고 다섯째 아들 숙왕을 데려갔다.

이때 송나라에서는 충사도 등이 거느린 전국의 의병이 개봉에 도착하였다. 충사도가 아뢰었다.

"개봉은 둘레가 80, 성벽의 높이가 수십 길로서 성 안의 양식은 몇 해를 지탱할 만합니다. 성내 여러 곳에 요새를 만들어서 굳게 지켜 적이 피로해지기를 기다려서 이를 공격하면 반드시 이길 것입니다."

이강도 말했다.

"금나라 군대가 여기까지 깊이 들어와 외롭게 된 것은 마치 호랑이가 우리 안에 들어간 것과 같습니다. 지금 우리 안에서 이 호랑이와 싸우는 것은 상책이 아닙니다. 저들을 내버려 두어 지쳐서 돌아갈 때를 노려 추격한다면 반드시 이길 것입니다."

흠종은 좋은 계책이라고 생각했으나, 이방언 등이 화친을 주장하여 도무지 결말이 나지 않았다.

얼마 뒤 통제관 요평중이 밤을 틈타 금나라 군대를 습격했으나 도리어 크게 패했을 뿐이었다. 흠종은 이 말을 듣고 당황하여 주전파의 대표인 이강을 파면하여 금나라에 사과했다. 그랬더니 대학생 진동 등과 수만 명의 백성이 대궐 문 밖에 엎드려, 이강을 다시 기용해 달라고 탄원했다. 조정에서는 흠종의 허락을 얻어 이강을 복직시켜서 수어사(守禦使)로 임명하니, 그제야 군중은 흩어져 돌아갔다.

개봉의 최후

금나라가 물러가자 송나라 조정에서는 주전파들이 득세하였고, 당연히 강화파들은 숙청되었다.

그래서 동관은 광동으로 귀양 가던 중 처형되었으며, 채경 역시 이미 80세의 노구로서 유배형을 받아 가는 도중 죽었다. 채유도 남해로 귀양갔다가 그곳에서 참형을 당했다. 이방언과 장방창도 파면되었다.

새로 재상이 된 서처인은 금나라에게 할양을 약속한 3진의 수비군들에게 포기하지 말고 끝까지 금나라에 저항할 것을 명령하였다.

송나라 정세가 이렇게 돌아가자 금나라는 이번에야말로 송나라를 멸망시키겠노라고 작정했다. 그리고는 즉시 대군을 일으켜 3진을 함락시켜 버리고 계속해 구름같이 남쪽으로 내달아 삽시간에 개봉을 포위하였다. 그제야 송나라는 황하 이북의 땅을 양도하겠다고 제의했지만 이미 송나라를 멸망시키겠다고 작정한 금나라가 그것을 들어줄 리는 만무했다.

이때 곽경이라는 자가 나타나 자기가 '신병(神兵·신의 가호)을 받는 군대'를 동원하여 금나라를 물리치겠노라고 큰소리쳤다. 아무런 대비책도 없고 저항할 의욕도 없었던 흠종은 그의 말을 그대로 따랐다.

흠종은 곽경의 말대로 성을 지키고 있던 병사들을 모두 철수시킨 후 성문을 활짝 열어놓도록 명령하였다. 그러자 금나라는 활짝 열린 성문으로 아무런 저항도 받지 않고 피 한 방울 흘리지 않은 채 개봉에 입성하였다. 신병을 동원하여 적을 물리치겠다던 곽경은 이미 어디론가 사라진 후였다. 마침내 개봉은 함락되고 흠종은 항복하였다.

그 뒤에도 금나라는 일곱 달이나 궁궐을 포위한 채 군대를 주둔시켰다. 그러면서 상황, 곧 휘종을 궁궐 밖으로 나오도록 요구하였다. 이 소식을 접한 휘종은 너무 근심을 한 나머지 병이 나고 말았다.

그러자 흠종은 "상황께서는 놀라움과 걱정으로 병환이 나셨으니 내가 가겠다."라며 스스로 금나라 군대의 본부로 가서 항복을 요구받고 이틀 밤을 묵은 다음 돌아왔다.

이듬해 봄, 금나라가 다시 항복을 요구하자 더 이상 견딜 수 없게 된 흠종이 성 밖으로 나갔다. 그리고 흠종은 다시 돌아오지 못했다. 금나라는 이어 상황도 나오라고 강요했다.

이때 장숙야가 상황에게 말했다.

"폐하께서 성을 나가시고는 아직 들어오지 않으셨습니다. 상황께서는 나가시면 안 됩니다. 신이 정병을 독려해서 어가를 호위하여 금나라 군대의 포위를 뚫고 나가겠습니다. 금나라의 군사가 추격해 온다 할지라도, 죽음으로써 싸우면 막아낼 수 있을 것입니다. 만약 하늘이 송나라를 돌보지 않으신다면, 오직 죽음이 있을 뿐입니다. 어떻게 살아서 오랑캐의 손에 잡혀 모욕을 당하겠습니까?"

하지만 상황은 도무지 가능성이 없다고 생각하여 받아들이지 않았다. 그 뒤 상황은 독약을 먹고 죽으려 하다가 범경이라는 자에게 약을 빼앗겼다. 범경은 상황을 억지로 성 밖으로 나가게 했다.

얼마 뒤 황후와 태자도 금나라에 호출되었다. 이렇게 하여 황족 전원이 포로가 되었다. 황제와 황족을 포함하여 기술자와 문인, 화가 등 수천 명이 금나라에 연행되었다.

당시 금나라의 군사들은 도성 안의 부녀자와 금, 은, 비단, 보물, 골동품, 수레와 말, 옷, 책 등을 모조리 휩쓸어가 버렸으므로, 지위가 높은 사람이나 낮은 사람, 부자나 가난한 사람 가리지 않고 모두 알몸이 되어 버렸다.

그 뒤 금나라 진영에서는 금나라 태종의 조서가 선포되었다. 그것은 송나라 황제의 성씨인 조씨(趙氏) 이외의 사람 중에서 천자를 선출해 세우도록 한다는 것이었다. 그리고 전 재상 장방창을 내세워서 초제(楚帝)라 칭한 다음 송나라의 휘종과 흠종 두 황제를 데리고 북으로 돌아가 버렸다.

금나라는 개봉을 일곱 달 동안이나 포위하고 있다가 돌아갔는데, 처음에 금나라가 공격해 왔을 때 장숙야 혼자서 힘을 다해 싸웠을 뿐 다른 중신들은 모두 항복을 주장했다. 흠종이 갇혀 있을 때, 금나라는 천자의 옷을 벗기려고 했다. 모시고 있던 신하들은 두려움에 떨어 누구 한 사람 감히 말리지 못했는데, 시랑 이약수만이 흠종을 꽉 끌어안고 가로막았다. 금나라의 신하가 칼을 빼어 이약수의 턱을 째고 그 혀를 끊어서 효수했다.

금나라의 신하들은 이렇게 말했다.

"요나라가 망할 때는 임금에게 충성을 다해 죽은 자가 십여 명이었는데, 지금 송나라에는 임금에게 충성을 바쳐 순사한 자가 고작 시랑인 이약수 한 사람뿐이다."

그러나 실제로는 분사한 사람이 매우 많았다. 금나라 군사들이 성을 포위하고 있을 때, 오혁은 동지를 모아 위험에서 두 황제를 도로 모셔오려고 하다가 피살되었다. 또 하율, 손부, 장숙야, 진희, 사마박 등이 천자의 친척 중에서 임금을 선출해야 한다고 주장하자, 금나라는 그들을 강제로 끌어내어 상황을 따라 북쪽으로 가게 했다. 장숙야는 오랑캐의 밥을 먹지 않겠다고 단식하면서 물만 마시다가, 국경의 강을 건널 때 스스로 목을 졸라 죽었다.

앞서 수도가 함락될 지경에 이르자 사방에서 의병이 모여들었다. 그러자 화의를 주장하는 중신들이 화의에 방해가 된다고 하여 조서를 내려 한 사람도 성 안에 들어오지 못하게 하는 바람에 금나라가 수도를 약탈해 돌아갈 때까지 단 한 번도 싸우지 못했다. 이렇게 하여 흠종이 즉위한 지 2년도 채 안 되어 나라가 망했다.

한편 금나라로 끌려간 휘종과 흠종은 한주라는 추운 지방의 얼마 안 되는 땅에서 농사짓고 살다가 휘종은 갇힌 지 9년 만에 쓸쓸히 죽었고, 흠종은 30년 동안이나 억류되어 있다가 죽었다.

송나라의 고조로부터 흠종까지를 북송시대라 하고, 개봉 함락으로부터 두 황제가 잡혀가 북송의 종말을 고한 사변을 '정강(靖康)의 화(禍)', 또는 '정강의 변'이라고 하며, 그 이후를 남송시대라 한다.

금나라로 끌려간 휘종은 벽지에 유배된 채 실명했는데, 참담한 심정을 시로 그렸다.

> 변하기 쉬운 허무한 세상 무정하구나,
> 바람도 비도 내리지 않고 수심은 끝이 없다
> 사람 없는 뜰의 적막감이여 이별의 슬픔 겹쳐져
> 한 쌍의 제비에게 말을 전하지만 사람의 말로 전할 수 있을까
> 저쪽 하늘은 아득히 멀어 만수(萬水)요 천산(千山)이다
> 옛 궁궐 어떤지도 모르고 생각하고 생각해도
> 그저 꿈으로만 때가 되어 돌아왔지만
> 의지할 곳 없고 꿈조차 때로는 원망스럽구나

금왕조의 계보

남송시대

제21장 남송시대
(1127~1279 A.D.)

　금나라의 강력한 군사력에 밀려 남쪽으로 도망간 남송은 바람 앞의 등불 모양 언제나 위태로웠다. 그러나 남송은 쉽게 무너지지 않았다. 바로 악비 장군 등 애국적인 장군들의 힘이었다.

　또한 남송은 비록 북쪽을 잃어버렸지만, 풍요한 남쪽 지방에 웅거하면서 오히려 북송시대 때보다 강력한 경제력을 자랑했다. 실은 북송시대에도 남쪽이 북쪽을 먹여 살리는 처지였다. 그러니 북쪽이 없는 것이 적어도 경제적으로는 유리했던 측면이 있었다.

　남송은 이후 금나라에 엄청난 세폐를 바쳐야 했지만, 그 정도는 충분히 유지할 수 있는 경제력을 가지고 있었고, 그 세폐는 오히려 금나라를 경제적으로 송나라에 의존하게 하는 효과도 있었다. 또 양국의 경제 교역에서 세폐보다 훨씬 많은 경제적 이득을 얻었다.

　무적처럼 보였던 금나라도 치명적인 약점이 있었다.

　사실 금나라는 너무 급성장을 하였다. 태조 아골타가 나라를 세운 지 불과 11년 만에 요나라를 멸망시키고 개봉까지 함락시킨 것이다. 하지만 그들에게는 무엇보다도 자기들 여진족의 인구가 너무 적었다. 자기들만으로는 도저히 전 중국을 통치할 수 없었다. 성은 비워 두고 주민들만 끌고 가는 경우가 많았던 것도 이 때문이었다. 적의 광활한 땅을 점령해 놓고도 어떻게 해야 할지 모르고 당황했다. 그래서 개봉을 점령하여 북송을 멸망시키고도 일단 철수하여 남송을 건설할 틈을 준 것이었다.

빨리 황제의 자리에 올라 부모를 구하라

불꽃처럼 타올라라

고종황제는 이름이 조구이며, 휘종의 아홉째 아들이다.

금나라의 장군 알리불이 공격해 왔을 때 그는 칙명을 받고 금나라에 사신으로 가게 되었다. 이때 경남중이 수행원으로 그를 따라갔다. 강왕이 상주로 돌아와 경남중과 함께 방을 붙여서 의병을 모았다. 이때 흠종으로부터 조서가 왔다.

"강왕을 대원수로 임명하고, 왕백언과 종택을 부관으로 임명한다. 군사를 거느리고 수도로 들어가 대궐을 수호하라."

강왕은 북문을 나와서 황하를 건너 대명부(大明府)에 이르렀을 때, 개봉이 함락되었다는 소식을 들어야 했다.

종택은 곧 군사를 몰아 바로 개봉으로 향하자고 했다. 그러나 왕백언은 군사를 동평으로 옮겨 잠시 안전한 곳에 피해 있다가 다시 거사를 계획했고, 경남중도 왕백언의 의견에 찬성했으므로 강왕은 군사를 동쪽으로 옮겨갔다.

여기에서 흠종이 휘종과 함께 금나라에 잡혀 북으로 끌려가고, 재상 장방창이 금나라에게 옹립되어 국호를 초(楚)로 정하고 황제가 되었음을 알았다.

장방창이 즉위하던 날, 바람이 크게 불어 모래와 흙이 날려 천하가 칠흑처럼 어두웠다. 조정의 백관이 모두 마음 아파했고 장방창도 몹시 우울해했다.

장방창이 초나라 황제에 즉위한 지 32일 만에 금나라는 군대를 철수시켰는데, 장방창은 이때를 기다렸다는 듯이 퇴위해 버렸다.

그리고 그는 철종의 황후였던 맹태후를 맞아들여 정사를 넘겼다.

맹태후는 강왕을 맞아들여 제위에 오르게 하기로 작정하고, 조서를 내려 조정의 문무백관과 천하의 백성에게 다음과 같이 포고했다.

"옛날 한나라는 10대 애제의 대에 이르러 왕망의 화를 만나 거의 멸망하게 되었으나, 다행히 광무제의 중흥으로 다시 일어났다. 또 춘추시대에 진나라의 헌공은 아홉 황자가 있었는데, 이중 한 사람만이 살아남아서 춘추오패의 한 명으로 되어 번영했다."

장방창은 사람을 보내서 강왕에게 글을 올리고, 맹태후의 조서도 함께 바쳤다. 그 뒤 강왕을 만난 자리에서 그는 엎드려 통곡하며 죄를 청했다.

"신에게 죽음을 내리옵소서."

그러나 강왕은 "그것은 금나라의 강요로 일어난 일이니 그대의 죄는 아니다. 오히려 저들이 물러간 뒤 곧바로 퇴위한 것은 정말 칭찬할 만한 일이다."라면서 그를 용서하였다.

그때 마침 하북에서 급사가 달려왔다. 적의 눈을 피해 몰래 휘종의 글을 강왕에게 가져온 것이었다.

"지금 곧 네가 천자의 자리에 올라 군사를 이끌고 와서 부모를 구원하라."

강왕은 휘종의 글을 받아 보고 통곡해마지 않았다. 그가 곧 황하를 건너 응천부에서 즉위하니 바로 남송(南宋)을 세운 고종이었다. 그리고 연호를 불꽃처럼 타올라 나라를 재건하자는 뜻으로 '건염(建炎)'이라 했다.

고종은 종택을 지사로 임명하여 개봉을 지키게 했다. 이강이 재상이 되고부터 국경 방비의 태세가 갖추어져 갔다.

사실 고종은 주전론자들에 대해 약간의 불만을 가지고 있었다. 개봉이 포위당했을 때도 대학생인 진동을 중심으로 한 주전론이 일어나 삼진 할양의 약속을 위반했기 때문에 금나라의 침략을 불러들여 결국 개봉이 함락되고 나라까지 잃어야 했던 것을 고종은 기억하고 있었다.

고종은 자기가 금나라에 인질로 가 있을 때 주전론자들이 금나라와의 협정을 깨고 기습 공격을 가했던 것을 알고 있었다. 그때 인질 상태였던 그는 죽임을 당할 뻔하였다. 인질이 된 사람의 목숨은 안중에도 없이 자신들의 주전론만을 관철하려는 것이 고종으로서는 매우 못마땅했다. 그런데 주전파 이강이 재상의 자리에 앉는 등 주전파들이 득세하면서 장방창의 처형을 강력히 주장하였다. 결국 장방창은 하늘을 우러러보고 스스로 독약을 마시고 자살하였다.

그러자 금나라는 자기들이 세운 장방창의 처형을 구실 삼아 다시 송나라 공격에 나섰다. 이때 황잠선과 왕백언은 고종에게 강남 지방으로 피난할 것을 권했다. 이강 등이 피난을 반대했지만 고종은 그 의견을 물리치고 강남 피난을 결심하였다. 그 뒤 이강은 좌천되었고, 주전파 진동과 구양철은 주살되었다. 그해 겨울 고종은 응천부에서 양주로 옮겨갔다.

금나라는 대군을 동원하여 세 길로 나눠 공격했는데, 이듬해 봄 개봉에 이르렀지만 개봉을 지키고 있던 종택에게 패하여 물러갔다. 종택은 지방군을 조직하고 전국에서 의병을 모집하여 군사가 백여만 명에 이르렀고, 양식도 반년을 지탱할 만큼 모았다. 그러면서 잇달아 고종에게 글을 올려 개봉으로 환궁하기를 청했다.

그러나 황잠선은 종택의 공로를 시기하며 고종의 옆을 잠시도 떠나지 않으면서 이를 막았다. 종택은 이 말을 듣고 격분한 나머지 등창이 나서 죽었다. 종택은 죽을 때까지 오직 나라의 앞날을 근심하고, 자기 집안일은 일체 입 밖에 내지 않았다. 그는 숨을 거둘 때 "황하를 건너라. 황하를 건너라. 황하를 건너라." 하고 세 번 부르짖었다.

개봉 사람들은 종택의 죽음을 슬퍼하며 모두 통곡하였다.

조씨의 귀신이 될지언정

건염 3년 봄, 금나라의 군사는 고종이 옮겨 앉은 양주를 공격하려고 했다. 고종은 이 소식을 듣고 곧 궁중에서 뛰쳐나왔다.

이때 황장선과 왕백언 두 재상이 함께 식사를 하고 있었는데, 중서성의 관리가 달려와 알렸다.

"천자께서 이미 출발하셨습니다."

두 사람은 급히 무장을 하고 남쪽을 향해 달렸다. 달려가다가 양주를 보니, 불꽃이 치솟고 검은 연기가 하늘을 뒤덮고 있었다. 이때 여이호와 장준 등이 과주에 이르러 고종의 일행을 뒤따랐다. 그리고 조그만 배를 구해 장강을 건너 도망치고 또 도망쳤다. 강남으로 도망친 고종은 진강에서 소주를 거쳐 정해(定海)라는 바다에서 배 편으로 온주까지 도망쳤다.

금나라의 장수 올출은 점한과 함께 강절 지방을 공격해 왔다. 금나라 군사는 두 길로 나누어 남으로 내려와서, 한쪽 군사는 기주와 황주를 거쳐 양자강을 건넜다. 올출이 거느린 금나라의 군사는 저주와 화주를 거쳐 양자강을 건너 건강을 함락시켰다.

이때 두충을 비롯한 대부분의 송나라 신하들이 모두 올출에게 항복했는데, 통판 양방예만은 항복하지 않았다. 그는 스스로 자기 몸을 찔러 그 피로 옷깃에 썼다.

"조씨의 귀신이 될지언정 다른 나라의 신하는 되지 않겠다."

그러자 사람들이 억지로 양방예를 끌어다가 적장 올출을 만나게 했다. 올출은 며칠을 두고 양방예를 달랬으나, 그럴 때마다 그는 올출을 꾸짖었다. 마지막에는 갖은 말로 올출을 크게 욕했으므로 마침내 처형당했다.

올출은 군사를 휘몰아 항주를 함락시켰다. 고종이 항주에서 달아난 지 겨우 7일 만이었다. 올출은 다시 나아가 월주를 함락시키고, 이듬해 건염 4년에는 명주를 함락시켰다.

금나라의 군사는 바닷길로 창국현으로 쳐들어가서 마침내 고종이 타고 있는 배를 추격하려고 했다. 그러나 이때 제독 장공우가 큰 배를 몰고 와서 금나라 군대를 물리쳤다.

금나라 군대는 이때 생전 처음으로 바다를 구경하였다. 그들은 수전의 경험도 없었을 뿐 아니라 수군도 가지고 있지 않았다. 할 수 없이 금나라의 총사령관 종필은 장강을 건너 군대를 철수시켰다.

금나라 군대는 한때 퇴각했다가 방향을 돌려 수주 등 여러 곳을 함락시키고, 진강에 이르렀다. 이때 송나라의 장군 한세충이 군함을 이끌고 나가 수십 번을 싸워서 수많은 금나라 병사들을 사로잡았다. 한세충은 다시 군사를 금산의 용왕묘에 매복시켜 두었다가 갑자기 금나라의 군사를 쳐서 적장 올출을 거의 사로잡을 뻔했다가 놓쳤다.

그 뒤 양군은 얼마 동안 황천탕에서 대치하였다. 올출은 형세가 불리함을 알고 점령한 땅들을 모두 도로 돌려주겠으니 길을 열어 달라고 공손한 태도로 청했으나, 한세충은 단호히 거부하였다. 올출은 건강을 거쳐 북쪽으로 돌아가려고 했으나 그것도 불가능했다. 그러자 어떤 사람이 올출에게 빠져 나갈 방책을 알려주었다.

"야성의 서남쪽에 갈대밭이 있는데, 그곳에 도랑을 파면 배로 돌아갈 수 있소."

올출은 그의 말대로 도랑을 파서 하룻밤 사이에 어렵지 않게 빠져나갔다. 이튿날 새벽, 올출은 배를 타고 건강으로 향했다. 한세충은 올출을 추격했으나, 그날은 종일 바람이 없어 배를 움직일 수 없었다.

금나라 군대는 불화살을 계속 쏘아 추격하는 한세충의 배가 가까이 오지 못하게 했다. 그러는 동안에 올출은 양자강으로 나가 재빨리 북쪽으로 달아났다.

후퇴하는 금나라 군대에 대한 송나라의 반격도 거셌다. 특히 악비 장군은 도망치는 금나라 군대를 정안 지방에서 크게 격파하였다. 또한 여이호와 장준이 이끄는 송나라 군사들은 금나라 군대에게 커다란 타격을 입혔다. 이때 한세충은 선봉이 되고, 장준은 우익군이 되었으며, 유광세는 유격군으로서 후군이 되었다.

비극의 영웅, 악비

마침내 송나라는 이 싸움에서 건강을 탈환할 수 있었다. 이때부터 승리만 거두던 금나라가 오히려 후퇴하는 경우가 많아졌다.

당시 남송의 운명을 부여잡고 싸웠던 사람들은 원래 군대에 적을 가지고 있던 사람이 아니고, 나라에 충성하자는 뜻에서 자발적으로 모인 사람들이 더 많았다. 악비는 농민 출신이며, 한세충은 창고의 운반인이었다. 장준은 도둑 떼 출신이었다. 또한 유광세는 무인의 가문에서 태어나기는 했지만 그의 조상은 새외(塞外 · 만리장성 바깥) 민족이었다. 이들은 일종의 '군벌'이 되었다.

이 새로운 군벌 중에서 가장 젊고 교양이 갖춰졌던 사람이 바로 악비였다. 악비 장군은 하남성 탕음현의 한 가난한 농가에서 태어났는데, 침착하고 말이 적었으며 학문을 좋아했고 힘이 매우 셌다. 그는 특히 『좌씨춘추』와 『손오병법』을 좋아하였고, 양손 모두로 화살을 쏠 수 있었다.

그는 휘종 4년에 스스로 일개 병졸로 군대에 입대하여 일기당천으로 도둑들을 토벌하였으며, 나아가 금나라 군대와의 싸움에서 공을 세우기까지 일개 하급병졸로부터 30세의 젊은 나이에 이미 송나라의 빼놓을 수 없는 장군이 되었다. 그의 가슴에는 오직 '중원 복귀, 송조 부흥'이라는 목표만 있을 뿐이었다. 이에 고종은 친히 '정충악비(精忠岳飛)'라는 네 글자를 쓴 깃발을 악비에게 주었다.

금나라는 두려운 것은 악비 한 사람뿐이라고 하면서 그를 경계했다. 얼마 뒤 금나라가 송나라를 기습하였다. 뜻밖의 공격을 받은 송나라는 제대로 힘도 쓰지 못하고 무너졌다. 그러자 백성들은 전전긍긍 어찌할 바를 몰랐다.

이에 장준은 군사를 홍주에 주둔시키는 한편, 유자우를 보내서 이리저리 흩어진 병사들을 찾아 모으게 했다. 그리하여 장군들이 각기 부하를 이끌고 오자 비로소 인심이 좀 가라앉았다.

꼭두각시 나라

이때 금나라는 송나라 영토였던 하남 지방을 완전히 석권하고 있었다. 그런데 하남 땅에서 하북으로 철수하게 되면, 그곳이 송나라 수중으로 들어가게 될까 불안해하였다. 그래서 금나라는 하남 지방에 허수아비 정권을 세우려고 했다.

금나라가 허수아비로 선택한 사람은 제남부 지사로 있던 유예라는 자였다. 전에 그는 제남부가 금나라 공격을 받고 어지러워지자 남쪽 지방 장관으로 옮겨 줄 것을 조정에 청했지만 고종이 이를 허락하지 않자, 송나라에 원한을 품고 금나라에 항복했다. 금나라가 바로 이 유예를 이용하기로 한 것이다.

유예는 스스로 제위를 얻겠다는 욕심에 송나라에 충성하고 있던 여러 장관들에게 금나라에 항복하기를 권했으며, 송나라 종실 사람들이 숨어 있는 곳을 찾아내기도 하였다. 그리고 종실 사람들을 은닉한 사람을 죽이기도 하였다

마침내 금나라는 유예를 대제황제(大濟皇帝)로 책봉하고 수도를 변에 두었다.

이때 송나라에 반기를 들었던 이성이 송나라에 패하자 제나라에 항복해 버렸다. 그뿐 아니라 남송에서 냉대 받고 있다고 생각하는 지휘관들도 앞을 다투어 제나라에 항복하였다. 어떤 때는 십만 군사까지 인솔하고 항복하는 경우도 있었다. 이렇게 해서 많은 남송의 장군들이 제나라에 항복했는데, 이들은

남송의 군사적 사정에 정통해 있어서 송나라의 아픔은 더욱 컸다.

금나라는 제나라와 함께 송나라를 끊임없이 침략하고 괴롭혔다. 남송 정벌을 위해 두 번이나 연합 작전이 계획되었다. 그러나 금나라의 사정으로 모두 무산되고 말았다.

그 뒤 금나라 황제 태종이 죽고, 그 뒤를 희종이 이었다. 희종이 즉위하면서 실력자였던 종한이 권세를 잃었고 2년 만에 죽고 말았다. 그런데 유예를 사실상 조종해 왔던 것은 종한이었으므로 희종의 즉위와 더불어 유예의 운명도 결정되었다. 그렇게 해서 제나라 폐지라는 주장이 자연스럽게 나왔고, 결국 유예는 실각되었다.

제나라의 수명은 겨우 8년에 지나지 않았다. 유예는 제나라가 폐지되기 전에 자기의 아들을 태자로 세우고 싶다고 금나라 조정에 청했지만 그 요청은 묵살되었다. 얼마 지나지 않아 유예는 촉왕으로 봉해졌고, 그는 내몽골의 벽지로 이송되었다. 마침내 그는 그 곳에서 치욕적인 삶을 쓸쓸하게 마쳐야 했다.

한편 이때 금나라에 점령된 중원 지방 곳곳에서 금나라에 대한 항전 깃발이 올랐다.

특히 하북과 하남을 잇는 태행산 일대에서는 '팔자군(八字軍)'이라 불리는 십여만의 군사가 금나라 타도의 깃발을 높이 들고 항전하였다. 팔자군의 대장은 왕언이었는데, 그들은 모두 얼굴에 적심보국(赤心報國) 서살금적(誓殺金敵·오직 뜨거운 한마음으로 나라에 충성하여 반드시 금나라를 물리친다)이라는 여덟 글자를 문신하였기 때문에 팔자군 토벌을 명령받은 금나라 장수들은 벌벌 떨었다.

"팔자군의 진지는 강철로 된 성채입니다. 부디 이 명령만은 거두어 주옵소서."

이러한 팔자군의 활약으로 기세등등했던 금나라 군사들의 사기는 크게 떨어졌다.

뿐만 아니라 중조산 일대에서도 '홍건군'이 금나라 타도의 기치를 들고 산서 지방 전역에 걸쳐 항쟁을 전개하였다. 그들은 모두 머리에 붉은 수건을 두르고 있었는데, 금나라 사령부를 기습하여 부사령관을 체포하는 등 맹렬한 활동을 벌였다.

이렇게 중원에서 금나라 타도의 깃발을 들고 항전에 나선 사람들은 자그마치 1백만 명을 넘었다. 그럼으로써 송나라 백성들의 끈질긴 저력을 보여주었다.

천하의 태평을 원한다면

중국 역사상 간신 중의 간신으로 악명이 드높았던 진회도 처음부터 간신은 아니었다. 금나라가 개봉을 함락시킨 후 장방창을 허수아비 황제로 세울 때 송나라의 모든 신하들이 금나라의 위세에 눌려 찬성하였다. 하지만 이때 진회는 끝까지 반대하여 결국 흠종, 휘종과 함께 금나라로 끌려갔었다.

고종은 바닷가를 따라 월주까지 가서 그곳에 행재소를 마련했다. 그때 재상 여이호는 파면되고 새로이 범종윤이 임영되어 그의 세상이 열렸다. 이 무렵 진회가 금나라에서 돌아와 월주의 행재소로 향했다.

진회는 금나라에 있을 때에는 달랄에게 봉사했고, 달랄이 송나라를 공격할 때에는 그의 참모가 되었다. 그는 일찍이 달랄을 위한 격문을 지어 산동의 여러 고을을 금나라에 항복시키기도 했다. 그는 가족과 함께 배를 타고 송나라 연수군에 닿았다.

"나는 금나라 감시인을 죽이고 배를 빼앗아서 도망쳐 왔소."

그러나 송나라 조정 사람들은 진회의 행동을 수상하게 여겼다. 이에 진회는 주장했다.

"만약 천하의 태평을 원한다면, 남은 남대로 북은 북대로 있어야 한다."

진회는 고종에게 달랄에게 친서를 보내 평화조약을 맺자고 청했다. 그의 이와 같은 행동은 달랄의 뜻에 따른 것이었다. 그 뒤 고종은 장준에게 강회 지방의 도둑인 이성을 토벌하게 했다. 이성은 떠돌아다니는 도둑으로서 강회 지방에 웅거하면서 수만의 군사를 거느리고 송나라의 동남쪽을 휩쓸고 기회를 엿보고 있었다. 그러다가 강서 지방을 침략하여 여러 지역을 함락시켰다. 장준은 이성의 군사를 쳐서 세 고을을 되찾았다. 그러자 이성은 몸을 피하여 달아났다.

그 뒤 금나라 군사가 두 길로 나누어 한쪽은 촉을 향해 진격했는데, 오개가 그 아우 오인과 힘을 합하여 금나라 군대를 크게 격파했다. 다른 한쪽도 대패했다. 이때 진회가 호언장담을 했다.

"내게 두 가지 계책이 있는데, 이것을 실행하면 온 천하 사람들이 놀랄 것이오."

고종은 그의 말에 혹하여 마침내 진회를 우복야로 임명하고, 여이호를 좌복야로 삼았다.

한편 금나라의 올출은 각지의 군사를 모아서 배로 다리를 만들어 위수를 건너 화상원을 공격했다. 오개와 오인 두 형제는 사흘 동안 30여 번을 싸워서 올출의 군사를 크게 깨뜨렸다. 올출은 이 싸움에서 화살을 맞고 가까스로 목숨을 건져 하동에서 연산으로 도망쳤다.

고종 6년, 고종이 월주에서 임안부로 돌아왔다. 이때 여이호가 어사 황귀년을 시켜서 고종에게 다음과 같이 아뢰게 했다.

"진회는 덮어놓고 오직 화의만 주장하여 송나라를 부흥시킬 원대한 계획을 방해하고 있습니다."

이 탄핵에 의해 진회는 파면되고, 주승비가 우복야가 되었다.

이듬해 봄, 금나라 장군 살리갈이 섬서 지방을 침입했다. 오개가 급히 군사를 이끌고 나가 요풍령에서 이를 막으려고 했으나, 금나라 군대는 샛길로 돌아서 송나라 군대의 배후를 기습하였다. 그러자 오개는 황급히 군사를 돌이켜 선인관으로 돌아왔는데, 금나라 군사들은 계속 진격하여 흥원을 함락시켰다.

이때 동원의 지사 유자우가 삼천현을 지키고 있었는데 살리갈은 군량이 떨어져서 군사를 거두어 돌아섰다.

오개는 금나라의 군사가 깊이 침입해 올 것으로 확신하여 방비를 엄중히 하여 대비하고 있었는데, 과연 올출이 살리갈의 군사와 합세하여 선인관으로 공격해 왔다.

오개와 오인 형제는 7일 동안이나 금나라 군사들과 격전을 벌였다. 마침내 금나라 군사들은 더 싸울 수 없어서 밤중에 달아나 버렸다. 오개는 복병을 두어 금나라 군사들이 물러가는 길을 막고 이를 패주시켰다. 이 싸움으로 해서 금나라는 촉으로 들어가려던 뜻을 이루지 못했다.

이때 장준 장군은 또다시 땅을 잃고 계군, 선군, 진봉 등 몇몇 고을만을 지탱하고 있었다. 그래서 장준은 마침내 소환되었다. 그는 유자우와 함께 파면되어 장준은 복주로, 유자우는 백주로 귀양을 갔다.

장준은 관중과 함께 섬서 지방으로 나가서 중원 땅을 탈환할 생각이었는데 오히려 관중과 섬서 지방의 땅을 모조리 잃고 돌아왔다. 다만 오개와 오인 두 장수가 힘껏 싸워서 겨우 촉 지방만은 지켰다.

이때 반란을 일으키고 패주했던 이성이 다시 일어나 등주와 양주를 비롯하여 여섯 주를 함락시켰다. 그러나 악비 장군이 수주와 영주의 두 주를 탈환하자 이성은 양주 등을 포기하고 달아났다.

공중으로 날아오너라

그 뒤 금나라는 다시 군대를 몰아 남하하였다.

이보다 앞서 장준은 "금나라는 이미 서쪽의 근심이 없어졌으므로, 반드시 남쪽으로 쳐들어올 것이다."라고 예언한 적이 있었는데 이 예측은 정확히 들어맞았다.

고종은 조서를 내려 장준을 추밀원 장관으로 다시 기용하고 스스로 군사를 이끌고 평강으로 진출하였다.

이때 장준은 악비를 파견하여 양자강을 건너 회서로 진군해서 회동에 있는 금나라 군사들을 견제해야겠다고 고종에게 아뢰었다.

고종은 그의 의견에 따랐다. 고종은 또 장준에게 양자강 일대에 있는 군사를 시찰하도록 했다. 송나라 군사는 장준이 나타나자 용기백배하여 사기가 날로 높아졌다.

이때 한세충은 양주에 주둔해 있었는데, 이보다 앞서 대의진에서 금나라를 크게 격파하고 금나라 장수 달야를 사로잡았다. 그리고 혜원과 성민 두 장수는 승주에서 금나라 군대와 싸워 열세 번 승리했다. 구여와 손휘는 수춘부에서 금나라를 격파하고 왕덕은 저주에서 승리했다.

악비는 부하인 우고를 보내서 여주에 있는 금나라 군사를 공격하게 했다. 달랄과 올출은 한세충의 군사에 견제당해 도저히 양자강을 건널 수 없음을 깨닫고 군사를 철수시켰다.

그 뒤 고종은 평강에서 임안으로 돌아왔다. 이때 장준은 모든 군사의 최고 사령관을 겸했다. 이어 고종은 장준에게 양자강 연안의 각 부대를 시찰하게 했다.

장준은 우선 한세충을 불러 그 부대를 전부 초주로 이동시키게 했다. 장준은 다시 태평주로 가서 유광세의 군사를 위로했다. 군사들은 모두 기뻐하며 다음 싸움에서는 결사적으로 싸우겠다는 다짐을 했다.

이 무렵 무릉 사람 종상이라는 자가 정주에서 난을 일으켜 황제라 참칭하고 나라 이름을 '초'라 하였다. 그는 여러 주를 자기 세력 아래 두어 한동안 기세 좋게 군림하였다. 그러나 얼마 지나지 않아 종상은 싸움에 패하며 사로잡혔다.

얼마 후 이번에는 종상의 부하였던 양요가 다시 반란을 일으켰다. 종상이 사로잡힌 뒤에 그는 동정호를 근거지로 삼고 제멋대로 행동했다. 그는 관군이 물에서 공격하면 호수 가운데로 달아나고, 물에서 공격하면 뭍으로 올라가서 관군을 조롱했다.

그러면서 양요는, "나를 죽이려거든 공중으로 날아오너라!" 하면서 오만하게 굴었다.

장준은 동정호가 도읍인 건강의 상류이므로, 양요를 제거하지 않았다가는 뒷날 송나라에 치명적인 화근이 될 것이라고 생각하고 양요를 토벌하기 위해 호남으로 향했다.

마침 그때 악비의 군사가 그곳에 이르렀으므로 장준은 그와 협력해서 양요의 물 속 본부를 급습했다. 양요는 진퇴유곡에 빠져 마침내 호수에 몸을 던져 자살했다. 사람들은 전에 양요가 '죽이고 싶거든 날아오라'고 해 정말 악비가 날아와 양요를 죽인 것이라며 기뻐했다.

이 무렵부터 뒷날 커다란 회오리를 일으킬 몽골이 금나라에 저항하기 시작하였다. 몽골은 여진의 북쪽에 있는데, 당나라 때에는 몽올부 또는 몽골사라고 칭해졌던 부족이다.

이름 없는 병졸에서 장군으로

고종 10년, 다시 금나라가 침입해 왔다. 송나라 백성들은 모두 전전긍긍했다. 장준이 유광세에게 글을 보내서 격려했다.

"끝까지 나아가 싸우라. 절대로 물러나 방어만 해서는 안 된다."

그런데 재상 조정 등은 고종에게 아뢰어 조서를 장준에게 내려서, 군사를 남쪽으로 후퇴시켜 양자강을 경계로 하여 그 이남 땅을 확보하려고 했다. 장준은 극력 이에 반대했다. 그의 주장은 지금 금나라와 싸우면 이길 수 있지만, 만약 남으로 퇴각했다가는 나라를 부흥시킬 중대한 기회를 놓치고 말 것이라는 것이었다.

하지만 유광세는 이미 여주를 버리고 퇴각했다. 이 소식을 들은 장준은 급히 채석으로 가 부하를 파견하면서 전군에 훈령을 내렸다.

"이번 싸움에서 한 사람이라도 장강을 건너 퇴각하는 자가 있으면 참형에 처하여 본보기로 삼을 것이다!"

그리고 유광세를 독촉해서 다시 여주로 돌아가게 하였다. 유광세는 하는 수 없이 군사를 여주에 주둔시키고 부하 장수 왕덕과 역경을 파견하여 세 곳에서 금나라 군사를 격파했다. 이 여세를 몰아 송나라는 대승을 거두었다. 금나라도 이 싸움에 패한 뒤부터 송나라를 두려워하기 시작하였다. 고종은 이 승리의 공이 장준에게 있다고 칭찬하고 퇴각만을 주장했던 조정을 파면하였다.

한편 이 무렵 금나라에 끌려갔던 휘종이 죽었다. 그의 죽음은 그로부터 2년이 지나서야 송나라에 알려졌다. 향년 54세였다. 원래 휘종과 흠종 두 황제는 금나라 중경으로 끌려갔는데 이리저리 끌려다니다가 마지막으로 금나라 수도 회령에서 동북쪽으로 천 리 떨어진 오국성에 유배되었다. 그리고 휘종은 그곳에서 숨을 거두었다.

이때 악비는 호북과 경서의 선무사가 되었다. 회동의 선무사 한세충과 강동의 선무사 장준이 오래 전부터 금군과 싸워 공을 세워 왔는데, 악비가 한낱 이름 없는 병졸에서 발탁되어 높은 지위에 오른 것은 그들 두 사람에게 있어서는 몹시 못마땅한 일이었다.

악비는 그들을 특히 공손하게 대했지만 그들은 인사도 제대로 받지 않았다. 악비가 동정호의 도둑 양요를 토벌하고부터는 장준은 더욱 악비를 미워하여 두 사람 사이는 날로 멀어져 갔다.

그 뒤 고종이 다시 건강으로 옮겼을 때, 악비는 고종을 뵙고 송나라를 부흥시킬 계책을 올렸다.

이 무렵 진회는 추밀부사로 임명되어 오로지 화친만을 주장하고 있었다. 그런데 진회는 악비의 전공을 시기하며 악비가 올린 글에 대해 이의를 제기해서 끝내 고종이 그 계책을 채용하지 못하게 했다.

이때 악비는 어머니가 죽어 벼슬을 내놓고 고향으로 돌아갔는데, 고종은 복중(服中)의 악비에게 사신을 보내서 복직을 명했다.

유광세는 앞서 여주에서 군사를 퇴각시켜 자칫 큰 일을 저지를 뻔했는데, 뒤에 이 일을 들춰내어 비난하는 사람이 있어서 그는 마침내 장군의 지위에서 물러났다.

한편 재상 장준은 유광세의 부하 왕덕을 승진시켜서 유광세의 군사를 거느리게 하고, 역경을 부장으로 삼았다. 그러나 왕덕과 역경은 본래 동료 사이였으므로 서로 권력을 다투어 양보하지 않았다.

마침내 역경은 불만을 참을 길이 없어 왕덕을 고소했다. 그래서 장준은 왕덕을 불러들여 장군으로 삼고, 여지를 참모로 삼아 유광세의 군사를 거느리게 했다. 여지는 성격이 오만하고 무례한데다가 부하들의 실정을 알지 못하며 역경이 모반할 뜻을 품고 있다는 말을 그대로 믿고는 그를 파면시켜 달라고 몰래 장준에게 청했다. 그러자 이 일을 안 역경은 크게 노하여 반란을 일으켜, 여지를 잡아 죽인 다음 그 부하 수만 명을 이끌고 금나라에 항복해 버렸다.

이 사건이 문제가 되어 장준은 파면되었다. 악비는 이 사건이 일어나기 전부터 장준의 인사 조치에 반대했지만, 장준이 귀를 기울이지 않았기 때문에 이러한 실패를 가져온 것이었다. 장준이 파면된 다음에 조정이 다시 재상이 되었다.

조정 안에 간신이 있으면 장군이 공을 세울 수 없다

누가 개 돼지에게 절을 하랴

고종 12년, 조정이 파면되고 진회가 다시 재상이 되었다.

건염 이래 송나라는 해마다 금나라에 사신을 보내 "송나라는 곧 황제의 호를 폐지하고 금나라를 받들어 신하의 예로써 섬기겠습니다."고 했지만 금나라는 그럴 때마다 그 제의를 거절하고 송나라 사신을 돌려보내지 않았다. 그리고 해마다 송나라를 침략했지만 끝내 성공하지 못했다. 그러자 금나라는 양자강 이남은 침략할 수 없음을 깨닫고 진회를 간첩으로 해서 송나라에 돌려보냈다.

금나라는 전투에서 계속 고전하자, 강화 사절로 장통고를 송나라에 보냈다. 이때 송나라 역사 편수관 호전이 글을 올렸다.

만약 폐하께서 무릎을 꿇으시어 금나라에 신하의 예를 행하신다면, 건국 2백 년의 종묘와 사직은 모조리 오랑캐에게 욕을 당하고 백성은 오랑캐의 풍속을 따라야 할 것입니다.

조정의 재상을 비롯하여 문무백관이 모두 오랑캐의 신하가 되어버립니다. 저 삼척동자까지도 개 돼지를 보고 절을 하라고 하면 반드시 성을 낼 것입니다. 하물며 당당한 천자의 나라가 모두 개 돼지에게 절을 하게 된다면, 그것은 어린 아이만큼도 수치를 모르는 것입니다.

앞서 명령을 받들고 금나라 사신으로 간 왕윤은 금나라 사신과 함께 돌아와서 강남 지방을 달랜다는 구실로 무례하게도 폐하를 비롯하여 모든 송나라 백성을 신하로 삼으려고 하였습니다. 그리고 손근이라는 자는 진회의 매국적 정책에 동조하고 있는데, 신은 도의상 결코 진회 등과 함께 하늘을 이고 살 수 없습니다.

원컨대 왕윤과 진회 그리고 손근 세 사람의 목을 베어 장대 끝에 꿰어서 거리에 내걸게 하십시오. 그런 다음 금나라 사신을 잡아서 그 무례함을 꾸짖고 당당히 금나라의 죄를 묻는 군사를 일으키신다면 모든 군사들의 사기는 저절로 배가될 것입니다.

폐하께서 신의 의견을 들어주시지 않는다면 신은 동해에 몸을 던져 죽을 것입니다. 어찌 오랑캐의 속국이 되어 버린 조정에서 구차하게 목숨을 이어가겠습니까?

그러나 고종은 크게 노하여 오히려 호전을 파면시켜 먼 섬으로 귀양 보냈다.

고종 14년, 금나라 군사가 네 길로 나뉘어 송나라에 침입해 왔다. 이때 송나라 대장 유기가 순창부에서 올출의 군사를 크게 격파했다. 그러자 진회는 급히 고종에게 아뢰어 유기를 소환했다.

태산은 움직여도 악비군은 움직이기 어렵다

이때 악비는 언성에서 금나라 주력군을 격파하고 올출을 맹렬하게 추격하였다. 악비가 계속 금나라 군대를 추격하여 금나라 사령부가 있는 개봉에서 50리 밖에 있는 주선진에 이르렀다. 당시 금나라 군사들 사이에는 이런 말들이 퍼지고 있었다.

"태산을 움직이기는 쉬워도 악비의 군사를 움직이기는 어렵다!"

악비군의 연전연승은 송나라 백성들에게 커다란 희망의 불꽃이었다. 사실 당시 금나라 군대뿐만 아니라 송나라 군대의 대부분이 난전의 와중에서 백성들을 약탈하는 경우가 비일비재하였다. 그리하여 백성들의 지지를 잃었다. 이와 반대로 악비군은 악비의 엄한 통솔을 중심으로 일사불란한 기강을 갖추고 '추호도 범죄가 없는' 군대였다. 그렇게 되자 백성들의 지지와 기대를 한 몸에 받게 되었다.

악비군이 가는 곳마다 백성들은 쌍수를 들어 환영하며 먹을 것과 입을 것을 가져왔다. 또한 송나라 의병 부대들은 모두 '악(岳)'이라는 글자를 새겨 넣어 금나라 토벌의 굳은 의지를 약속하였다.

한편 한세충이 회양의 가구에서 금나라 군대를 격파했다. 올출은 변경까지 퇴각해서 하남과 하북의 주둔군과 본국에서 인솔해 온 군사를 사열하여 다시 일어설 계책을 도모했다.

이듬해 올출은 여주를 함락시키고 화주로 침입해 왔는데, 유기와 양기중이 탁고에서 이를 격파했다. 그러자 진회는 급히 고종에게 아뢰어 유기와 양기중 등의 군사를 본거지로 회군시키게 했다. 게다가 그들은 선무사를 파면시키고, 거느리고 있던 군사는 천자의 친위군에 편입시켰으며, 군사를 일으킬 필요가 있을 때에는 임시로 조서를 내려 출병시키게 했다.

이때 악비는 황하 유역에서 두 차례에 걸쳐 금나라 군대를 크게 격파하여 금나라에 커다란 타격을 주었다. 이렇게 되자 금나라 장군 가운데도 비밀리에 악비와 내통하는 자까지 생겼다. 금나라 장군 한상도 5만의 기병을 거느리고 악비에게 항복하려는 의사를 비쳤다. 악비는 계속하며 진격했다. 그리고 총공격 명령을 하루빨리 내려 달라는 상주문을 조정에 올렸다. 악비는 부하들에게 이렇게 선포하였다.

"황룡부를 함락시킨 후 마음껏 축배를 들자!"

황룡부는 금나라 수도 회령부에서 동북쪽으로 500리 떨어진 곳으로 수도 방위의 절대적인 요충지였다.

형세가 불리하다고 느낀 금나라 총사령관 올출은 개봉을 버리고 북쪽으로 철수할 생각을 굳히고 있었다.

이때 한 참모가 말렸다.

"제 생각으로는 지금 철수하지 않으셔도 좋을 듯합니다. 자고로 조정 안에 권력을 휘두르는 권신이 있을 때 밖에서 장군이 공을 세웠다는 말을 들어본 적이 없습니다. 제 생각으로는 지금이야말로 악비 자신이 가장 위험한 순간이라고 봅니다."

아닌 게 아니라 송나라 조정의 간신 진회에게는 악비의 잇따른 승전이 크나큰 골칫거리였다. 금나라와 강화 교섭을 하기 위해서는 금나라와 맞서서는 안 되고, 더구나 그들을 격파해서도 안 되었다. 그는 금나라와의 교섭에 방해가 되고 있는 일선의 장군들을 소환해야겠다고 결심하였다. 진회는 전선에 나가 있는 모든 장군들에게 소환 명령을 내렸다. 특히 악비에게는 하루에 무려 12회에 걸쳐 조속히 철수하라는 명령이 내려졌다. 악비는 통탄해마지 않았다.

"우리의 모든 노력도 하루아침에 물거품이 되고 마는구나!"

결백한 나의 마음은 태양처럼 빛나리라

수도로 소환된 악비는 그럴듯하게 추밀원 부사로 임명되었지만, 군대 지휘권이 박탈되었다. 사태는 거기에 그치지 않았다. 얼마 지나지 않아 악비는 차가운 감옥에 갇히게 되었다. 금나라와 하루 빨리 강화를 맺고 싶었던 황제에게는 주전파의 대표인 악비가 눈엣가시였던 것이다. 더욱이 이때 금나라의 올출은 사신을 보내, "악비를 죽이지 않으면 강화에 응할 수 없다."고 압력을 가해 왔다. 진회 자신도 전부터 악비로부터 자주 매국노로 규탄과 모욕을 받은 바 있었기 때문에 이번 기회에 아예 악비를 제거하려는 뜻을 굳히고 있었다. 진회는 재상 만사설과 짜고 악비에게 모반죄를 뒤집어씌워 투옥시키고, 악비의 아들 악운과 악비의 부장이었던 장헌도 함께 투옥시켜 버렸다.

그 뒤 진회는 엄청난 고문을 가하는 등 모든 수단을 동원하며 악비에게 모반하려 했다는 자백을 받아내려 했으나 악비는 침묵만 지킬 뿐이었다. 그는 조용히 윗옷을 벗어 등을 보였다. 거기에는 '진충보국'(盡忠報國 · 모든 정성과 충성을 다해 국가에 보답하리라)이라는 네 글자가 선명하게 문신되어 있었다.

악비의 모반죄를 믿는 사람은 아무도 없었다. 노장 한세충도 진회를 방문하여 악비의 모반죄에 대한 증거를 제시하라고 요구하였다. 진회는 단 하나의 증거도 제시하지 못한 채 다만, "그에게 … 아마 무언가 … 모반죄가 있을 것입니다."라며 말끝을 흐릴 뿐이었다.

그러나 결국 황제와 진회는 모반을 일으키려 했다는 죄목으로 악운과 장헌을 처형하여 효수하고, 악비를 옥중에서 비밀리에 죽여 버렸다.

송나라의 충신 악비 장군은 이렇듯 억울하게 세상을 떠나야 했다. 그때 악비의 나이 39세였다.

악비는 죽기 직전에, "결백한 나의 마음은 하늘의 태양처럼 빛날 것이다."라는 말을 남겼다.

악비가 죽은 후 송나라와 금나라 사이에는 강화조약이 맺어졌다. 강화의 조건은 송나라로서는 치욕적인 것이었다.

첫째, 송나라는 금나라에 대해서 신하의 예를 다할 것.

둘째, 금나라 황제가 송나라 황제를 책봉할 것.

셋째, 송나라는 은 25만 냥과 비단 25만 필을 해마다 금나라에 바칠 것.

이해에 휘종의 유해와 고종의 생모 위씨가 돌아왔다. 고종은 자주 금나라에 사신을 보내 두 황제의 귀환을 요구하였다. 그러나 사신은 금나라 황제를 만나지도 못한 채 그때마다 중간에서 금나라 군사들에게 억류되었다. 생각 끝에 고종은 고려에게 통로를 제공해 달라고 요청했다. 하지만 고려는 이를 거절하였다. 이 무렵 고려도 금나라에 복종하고 있었기 때문이었다.

흠종은 끝내 돌아오지 못했다. 흠종은 고종의 생모 위씨가 송환될 때, 다음번에 자신이 꼭 송환될 수 있도록 힘써 달라고 울면서 호소했다. 흠종은 그 뒤 19년이나 한결같이 자신이 송환될 날만을 손꼽아 기다리며 살았지만 끝내 기별을 받을 수 없었다.

흠종은 자신의 처지를 시로 읊어 벽에 붙였다.

　　　　밤새도록 서풍은 찢겨진 창문을 흔들고
　　　　쓸쓸한 외딴 집엔 등불 하나만이 희미하다
　　　　집 주위의 산을 돌면 삼천 리
　　　　눈을 들면 남쪽 하늘에 나는 기러기도 없구나

결국 흠종은 이국타향 금나라의 차가운 땅 오국성에서 망향의 한을 품고 환갑이 지난 1년 후 쓸쓸히 죽어갔다.

고종 29년, 진회가 죽었다. 진회는 19년 동안 정권을 잡았는데 죽을 때까지도 큰 옥사를 일으켜서 반대파의 장준과 이광 그리고 호인 등 53명을 죽이려고 했다. 다행히 진회는 붓을 들 기력이 없어 그들은 죽음을 면했다.

오산 제일봉

그 뒤 금나라 황제 양이 변경의 대궐을 대대적으로 증축했다. 일찍이 금나
라는 사신을 송나라 수도 임안에 보냈을 때 일행 가운데 몰래 화공(畵工)을 끼
워 보내서 임안의 풍경과 성곽, 궁전 등을 그려 오게 했다. 황제 양은 그 그림
위쪽에다 시를 써 넣었다.

> 100만 군대를 서호로 옮기리라.
> 말이 선다. 오산(吳山)의 제일봉에.
> (오산은 임안에서 제일 큰 산으로 결국 남송을 멸망시키겠다는 뜻)

양은 마침내 송나라와의 맹약을 깨뜨리고 군사를 일으켰다. 양의 어머니
단태후가 이를 말리니 양은 어머니를 죽여서 부하들을 위압했다.

그 당시 금나라의 군사는 백만이었는데 순식간에 회서의 여러 고을을 함락
시켰다. 유기가 부하인 장수 왕권을 보내서 금나라 군대에 맞서도록 했으나,
왕권은 중동에 머물러 더 나아가지 않다가 나중에는 퇴각하여 바로 채석으로
달아나 버렸다.

이 소식이 수도에 이르자, 조정 안팎이 발칵 뒤집혀서 배를 타고 바다로 나
가 금나라 군대의 공격을 피하자는 말도 나왔다. 진강백은 이에 반대하여 섭
의문에게 군사를 이끌게 하고 우윤문을 참모로 삼았다. 그리고 계속하여 금나
라 군사들은 양주를 함락시키고 과주로 진격했다. 고종은 유기에게 조서를 내
려, 후퇴해서 장강 연안의 방비에 전념하라고 명했다. 이어 금나라 군대가 채
석의 왕권을 격파하고 장강을 건너려 하자 조정에서는 왕권 대신에 장군 이현
충을 보내서 막도록 했다.

그러나 이현충이 미처 도착하기 전에 금나라 군대는 벌써 장강을 건너오기 시작했다. 참모 우윤문이 급히 해군을 지휘하고 적을 맞아 죽을 힘을 다해 싸웠다. 이 때문에 금나라는 마침내 장강을 건너지 못하였다.

이때 금나라 황제 양은 나라 안에 반란이 일어났다는 기별을 받았다. 또한 바닷길로 진격해 온 금나라 해군이 송나라 장수 이보에게 배를 소각당하고, 게다가 향주와 약주 방면의 송나라 군대가 상류로부터 장강을 내려오고 있다는 보고가 들어왔다. 그러나 양은 우선 송나라를 정벌하고 그 여세를 몰아 국내 반란을 진압하려 했다. 그는 급히 양주로 퇴각해서 곧 부하 장수 여럿을 모아놓고 엄명을 내렸다.

"오늘부터 사흘 안에 기어코 장강을 건너라. 기일을 어긴 자는 한 놈도 남김없이 모조리 처형해 버릴 것이니 그리 알아라!"

그러나 부하 장군들은 난폭한 양의 명령에 분개하여 마침내 양을 죽여 버렸다. 앞서 양이 부하를 거느리고 남침해 올 때 발해에 있던 군사가 반란을 일으켰는데, 이들은 갈왕 옹을 옹립했다. 갈왕은 양이 죽었다는 소식을 듣고 수도 연경으로 가서 즉위했다.

그 뒤 고종은 임안으로 돌아왔다. 이때 금나라 황제 옹이 송에 강화하자는 사신을 보내왔으므로, 송나라도 사신을 보내서 강화를 의논하게 했다.

이해 6월에 고종은 내밀히 제위를 태자에게 물려주고 덕수궁에 은거했다. 태자가 즉위하니 바로 효종황제이다.

주자학의 시대

중원 회복의 불타는 꿈

효종황제의 원래 이름은 백종이었다. 어머니 장씨가 어느 날 꿈을 꾸었는데, 최부군(후한시대 덕행이 높았던 유학자)이 한 마리의 양을 안고 나타나서, "이 양을 표지로 삼아라."라고 하는 것이었다.

장씨는 고종 5년 정미년(丁未年. 未는 羊)에 백종을 낳았는데, 백종은 어릴 때 이름을 양(羊)이라고 했다.

고종은 태자를 잃고 신하들에게 태조의 자손 중에서 태자를 선택하도록 했는데, 이때 뽑힌 사람이 바로 백종이다. 고종은 백종을 대궐 안으로 데려다가 글을 가르치고 원이라는 이름을 하사했다. 그런데 그 이름이 우연히도 최부군의 이름 원과 같았다. 그 후 원은 진안군왕에 봉해졌는데, 진회는 원이 총명한 것이 두려웠지만 죽이지 못했다.

효종은 사호를 우승상으로 삼고, 장준을 추밀사로 임명했다. 효종은 항상 중원 회복의 불타는 꿈을 안고 있었으므로 장준으로 하여금 장강과 회수 일대의 군사를 이끌고 마침내 금나라를 공격하도록 했다. 그런데 사호는 우승상이면서도 이 계획에 참여하지 못했으므로 속으로 불평을 품고 사직하여 조정에서 물러났다.

먼저 이현충이 영벽으로 가서 금나라 군사를 격파했다. 소굉연은 사주에서 출격, 홍현을 포위하여 항복받고 다시 나아가 숙주에 이르러 여기서 또 금나라 군대를 격파했다. 이때 금나라 부원수 흘설렬이 군사를 이끌고 공격해 왔다. 이현충이 이를 맞아 여러 날을 싸웠으나 승부가 나지 않았다. 이러한 상태에서 송나라 첩자가 급히 돌아와 보고했다.

"지금 금나라는 많은 군사를 출동시켜서 송나라와 결전을 하려고 합니다."

때마침 송나라는 소굉연과 이현충이 서로 반목하고 있었고, 또 이현충은 부하를 함부로 대했으므로 군사들은 이현충을 원망하고 있었다. 그래서 병사들이 제멋대로 흩어져 돌아가 버렸다. 한편 금나라도 싸움을 중지하고 돌아갔다.

효종은 중원을 탈환해서 국력을 회복하려고 무척 애를 썼으나, 이 싸움에 실패하고는 하는 수 없이 다시 금나라와 화친을 의논했다. 그 뒤 진강백이 파면되고, 탕사퇴와 장순이 좌우의 복야가 되었다. 장준은 여전히 도독을 겸임하여 군사를 장악하고 있었다. 그러나 장준은 몇 달 뒤 탕사퇴의 음모에 말려 파면되었고, 곧 죽었다.

장준의 충성은 백발이 성성하도록 변함이 없어, 죽을 때까지 금나라와의 화의에 반대하여 북쪽 오랑캐에게 결코 굴복하지 않았다. 그는 임종할 때 두 아들에게 유언했다.

"나는 중원을 회복해서 나라의 치욕을 씻으려고 애를 썼지만 뜻을 이루지 못했다. 무슨 면목으로 조상을 뵙는단 말이냐? 내가 죽더라도 절대로 조상의 산소 옆에 묻지 말라."

이때 재상 탕사퇴가 몰래 금나라 사람을 불러다가 항복 문제를 의논한 행적이 드러났다. 감찰하는 관리가 이 사실을 황제에게 아뢰어 결국 탕사퇴를 파면시켜서 멀리 영주(永州)로 귀양 보냈는데 그는 도중에 죽었다.

탕사퇴(湯思退)의 이름을 풀이하면 '후퇴를 생각함'이지만, 별명은 '진지(進之)'였다. 그는 진회의 뒤를 이어 화평파의 우두머리였다.

그 뒤 다시 금나라와의 화의가 이뤄졌다. 지금까지는 금나라에 대한 모든 문서에 '대송(大宋)'의 '대(大)' 자를 쓰지 않고 '황제'의 '황' 자를 없앴으며, 군신의 예로써 '재배(再拜)'의 문구를 썼다. 또 금나라 사신이 오면 천자가 친히 일어서서 금나라 황제의 안부를 묻고, 아랫자리에 내려앉아 금나라 황제의 글을 받으며, 사신을 접대하는 관리는 모두 그 사신에게 절하게 되어 있었다.

그런데 이번의 조약 성립으로 해서 처음으로 송황제(宋皇帝)라 일컫게 되었고, 송나라와 금나라의 관계는 금나라가 숙부, 송나라가 조카의 관계로 되었다. 그리고 종래에 바쳐오던 세공을 세폐라 부르게 하였고, 그 액수도 80만 냥을 줄였다. 두 나라의 국경도 고종 시절의 선으로 돌아갔다. 그 밖의 것에 대해서는 그때마다 고치기로 약속이 되었다. 그러나 끝내 모든 것을 고치지는 못하여 효종은 두고두고 이를 후회했다.

주희와 육상산의 논쟁

대 유학자 주희(朱熹)는 효종 15년에 등용되었다. 당시 조정의 사대부들은 정이 등이 주장하는 학문을 도학(道學)이라고 이름지었다. 도학이 유행해서 세상의 환영을 받게 되면 도학자로서 출세하려는 사람이 생겼고, 또 반대로 시대가 변하여 도학이 용납되지 않게 되면, 도학의 이름으로 세상에서 배척당하는 사람이 있었다.

연평군 사람인 이동은 양시의 제자인 종언에게서 공부를 했고, 주희는 이동의 제자였다. 일찍이 호전(죽음으로써 고종에게 북벌을 상소했던 선비)이 주희를 추천한 일이 있었으나 주희는 조정에 나가지 않았다. 그 뒤에도 주희는 끝내 벼슬하지 않았으므로, 고종은 특명으로 학사의 직책에 임명했다. 그러나 주희는 듣지 않았다.

언젠가 절동 지방에 기근이 들었을 때, 조정에서는 주희로 하여금 이를 구제하게 했다. 주희는 일찍이 궁중에 들어가 자기의 의견을 아뢴 일이 있었는데, 그 뒤에도 효종의 자문에 응하며 병부랑에 임명되었다. 그러나 시랑 임율과 서로 의견이 맞지 않아, 벼슬을 내놓고 다시 봉상의 직책으로 조정을 떠났다. 몇 달 뒤에 다시 조정의 부름을 받았지만, 주희는 이를 굳이 사양하고 다만 한 장의 글을 올렸을 뿐이었다.

이 글에서 그는 천하를 다스리는 정치의 근본과 오늘의 급무(急務)가 무엇인가를 말했다. 제왕의 학문이란 '격물치지(格物致知)'에 달려 있으며, 나라를 다스리는 대본(大本)은 폐하가 친히 덕을 쌓는 데 있다고 하였다. 계속하여 그는 오늘의 급무로서 여섯 가지를 적시하였다.

첫째, 태자의 교육을 그르치지 않을 것,

둘째, 대신의 임명을 신중히 할 것,

셋째, 기강을 바로 세울 것,

넷째, 풍속을 바로잡을 것,

다섯째, 백성의 힘을 기를 것,

여섯째, 군비를 갖출 것.

한편 주희와 뜻을 같이하는 사람으로 장식이라는 이가 있었다. 그는 장준의 아들로서 호왕에게 글을 배웠다.

장식은 이렇게 말했다.

"자기를 위해 하는 행위는 이(利)요, 자기를 생각하지 않고 하는 행위는 의(義)다."

당시 학자들은 모두 주희를 스승의 조종으로 존경하여 회암 선생이라고 일컬었다. 사람들이 주희를 존경하기를 마치 태산과 같이, 또 북두칠성을 우러러보듯 했다.

송나라 사신이 금나라에 갈 때마다 금나라 사람은 반드시 "주희 선생님은 안녕하십니까?" 하고 안부를 물었다.

한편 주희와 같은 시대에 임천에 호가 상산(象山)인 육구연(陸九淵)이라는 학자가 있었다. 그는 주희와 '태극도설'에 대해 논쟁했다.

"학문에는 '깨달음에 들어간다(悟入)'는 것이 있다. 자기의 마음에 깨달은 바가 있어 스스로 알아내지 못하면, 아무리 책을 읽어도 소용이 없다."

이렇게 상산은 주희가 경서의 훈고와 주해에만 몰두하고 있는 것을 비난했다.

효종황제는 오래 전부터 자리를 태자에게 물려줄 생각을 해 왔는데, 상황 고종이 여든두 살에 세상을 떠났으므로 곧 조서를 내려 태자에게 양위했다.

금나라의 세종도 이해에 죽었다. 세종은 현명하고 인정이 많은 사람으로서 북쪽의 작은 요순이라고 칭찬받았다. 그래서 세종이 황제의 자리에 있던 30년 동안은 송나라 효종의 시대와 같은 시대로서, 송나라와 금나라에 모두 어진 임금이 나타나 양국의 백성들이 모두 평화로운 생활을 즐길 수 있었고, 또 두 나라는 침략할 틈을 주지 않았다. 효종이 송나라를 부흥시키려는 큰 뜻을 품고서도 끝내 이렇다 할 업적이 없었던 것은 그 때문이었다. 세종은 송나라의 효종보다 2년 먼저 즉위했으나, 두 사람의 치세는 거의 비슷한 시기에 막을 내렸다.

충신은 어디로 가고

천하 제일의 학자, 주희

광종황제는 이름이 순인데, 동궁으로 있다가 마흔네 살에 효종의 뒤를 이어 황제 자리에 올랐다.

광종의 비 이씨는 대장 이도의 딸로서 성격이 거칠고 질투심이 많은 여자였다. 그녀는 자기가 낳은 아들을 빨리 태자의 자리에 오르게 하려고 어느 날 대궐에서 연회가 열릴 때 이 일을 효종에게 청했으나 허락받지 못했다. 이때 이씨의 태도가 몹시 무례했으므로 효종이 크게 꾸짖었다. 그러자 이씨는 원한을 품고 광종에게 터무니없는 말을 했다.

"상황은 폐하를 폐위시키려고 하십니다."

광종은 이 말을 듣고 몹시 놀라 병이 들었다. 광종은 이씨를 두려워하여 가까이 하지 않고 후궁 황귀비를 총애했는데, 광종이 대궐 안에 틀어박혀 있는 동안에 이씨는 황귀비를 죽여 버렸다. 그 뒤 광종은 더욱 이씨를 두려워하여 병이 점점 더 깊어졌다.

광종은 덕수궁에 있는 아버지 상황을 찾아뵙지 않다가 2년이 지나서야 한 번 찾아뵈었다. 그러니 상황의 기분이 좋을 까닭이 없었다. 그 뒤 상황도 병이 들어 누웠지만, 광종은 병 문안조차 가지 않았다. 상황은 덕수궁으로 옮겨 온 지 15년 만에 68세로 죽었다.

그러던 어느 날 광종이 갑자기 땅에 쓰러져 정신을 잃었다. 신하들은 어찌할 바를 몰랐다. 그러자 상황의 어머니 태황태후가 가왕을 세워서 황제의 자리에 오르게 하니 바로 영종황제이다.

효종이 죽고 광종의 병이 중해지자, 추밀원사 조여우는 영종을 가왕으로 만들어 추대할 계획을 세웠다. 그는 고종의 황후가 이 문제에 대해 근심하고 있다는 사실을 알고 어떻게든 자기 의견을 그녀에게 알리려 했지만, 그것을 전달해 줄 사람을 찾지 못하고 있었다.

때마침 한탁주라는 사람이 있었는데, 그는 전 재상인 한기의 증손으로서 태후의 생질이었다. 조여우는 내시의 주선으로 한탁주를 입궐시켜 자신의 의견을 태후에게 아뢰게 할 수 있었다. 태후는 가왕을 황제의 자리에 오르게 하고 병든 광종을 대신하여 효종의 장례를 치르게 하였다. 광종은 6년 동안 수강궁에 누워 있다가 죽었다. 향년 54세였다.

영종이 조정 밖에 있을 때, 황상이라는 학자가 서경을 강의하며 영종의 지혜를 넓히고 덕을 쌓게 해 주었다.

어느 날 광종은 황상에게 말했다.

"태자의 학문이 크게 진보한 것은 모두 그대의 공로요."

그러자 황상이 말했다.

"만약 폐하의 덕을 더욱 높이고 학문을 닦아서 옛날 성왕의 도를 밝게 하실 생각이시면, 반드시 천하 제일의 학자를 청해서 스승으로 삼으십시오."

이에 광종이 놀라 물었다.

"아니, 그런 인물이 우리나라에 있단 말이오? 그게 대체 누구요?"

"주희야말로 천하 제일의 학자라 할 것입니다."

그 뒤 황상이 사직하고, 팽귀년이 뒤를 이어 태자를 가르쳤다. 팽귀년은 태자에게 강의할 때면 언제나 주희의 학설을 말했으므로 태자는 주희에게 매우 깊은 관심을 갖게 되었다.

주희는 광종 시대에 장주의 태수로 있다가 다시 호남 안무사가 되었는데, 영종이 즉위하자 제일 먼저 부름을 받고 벼슬을 받았다.

주희는 수도로 오기 전부터 영종의 측근들이 조정의 일에 간여하여 나라의 정치를 좌우하는 경향이 차차 짙어가고 있다는 말을 듣고 이를 깊이 근심하고 있었다.

간신의 천하

이때 재상 유정이 파면되고, 조여우가 우승상이 되었다. 한탁주는 영종이 즉위하는 데 자기의 공로가 있었음을 믿고 특별한 배려가 있기를 바랐다. 하지만 재상 조여우는 이를 무시하고 한탁주에게 방어사라는 낮은 벼슬만 주었을 뿐이었다. 이때부터 한탁주는 조여우를 저주하게 되었다.

조여우는 정치를 함께 있어 선량한 인물을 등용하고 요행을 바라는 소인을 억눌렀다. 그 때문에 소인들은 조여우를 못마땅하게 여겨 모두 그를 배척했다.

주희는 수도로 올라와 조정에 들어가서 황제에게 글을 올렸다.

한탁주는 상을 후하게 주어 공로를 인정해 주되 정치에는 절대 간여하지 못하도록 해야 합니다.

이 글로 인해 그는 한탁주의 노여움을 사서 조정에 들어온 지 겨우 46일 만에 파면되어 한직으로 좌천되었다. 이러한 조치에 대해 유중홍은 분개했다.

"이번에 주희 선생이 조정을 떠나게 된 일에 대해 백성들은 모두 슬퍼하고 있다. 천하 제일의 학자가 조정을 떠나야만 한다면, 누가 조정을 떠나기를 바라지 않겠느냐! 만약 의로운 선비가 모조리 조정을 떠나 버린다면 어떻게 나라를 다스린단 말이냐?"

또 조여우는 소매 속에 넣어 가지고 있던 주희의 파면장을 꺼내 영종에게 바치고 다시 생각해 주길 간청했으나 영종은 끝내 들어주지 않았다. 한탁주는 주희와 함께 조여우까지 추방하려 했으나 마땅한 죄명이 없어 어찌지 못하고 있었다.

그러자 어떤 사람이, "제게 좋은 생각이 있습니다. 조여우가 황실과 같은 조씨(趙氏)이므로 나라를 위태롭게 하고 제위를 빼앗을 음모를 꾸미고 있다고 하면 될 것입니다. 그렇게 하면 조여우의 일가 친척을 일망타진할 수 있을 것입니다." 하고 가르쳐 주었다.

"그것 참 좋은 생각이로군."

이 말을 들은 한탁주는 그대로 했다.

결국 조여우는 재상이 된 지 몇 달 안 되어 파면당하고 좌천되어 먼 지방으로 귀양 갔다. 이듬해 조여우는 결국 독약을 먹고 자살했다.

그 후 한탁주는 학자들의 이름을 장부에 모두 기록하여 '위학(僞學)'이라는 굴레를 뒤집어씌우고, 주희를 그 수괴로 만들었다. 이에 기록된 사람은 수십 명에 이르렀다.

그 무렵 주희가 71세를 일기로 죽었는데, 당시 위학의 무리에 대한 금령(禁令)은 대단히 엄중했지만 주희의 장례에 참석한 사람은 수천 명이나 되었다. 여조태가 위학이라는 오명을 씻기 위해 글을 올렸다.

원컨대 한탁주를 처형시키고 진자강을 파면하여 추방시킬 것이며,

주필대를 다시 등용하십시오. 그렇지 않으면 앞으로 어떠한 사태가 벌어질지 예측할 수 없습니다.

이 글이 알려지자 모든 사람들이 크게 놀랐다. 이 때문에 여조태는 장형(杖刑) 백대에 처해진 다음 흠주에 유배되었다.

주필대도 이 사건에 연좌되어 위학의 주창자라는 죄목으로 지위를 박탈당하였다.

주희가 죽은 이듬해, 위학에 대한 금령도 완화되어 과거 사건에 연좌되었던 사람 중에 복직되어 자유롭게 된 사람이 차차 많아졌다. 그러나 풍속은 이미 여지없이 파괴되었다.

그 무렵 한탁주는 태사의 자리 외에 평원군왕이라는 최고의 지위에 올라 그의 권력은 천하를 압도했고 그 위세는 모든 백성을 억압했다. 의복과 거마는 천자가 쓰는 것을 본떴고, 집과 정원은 황실보다 더 사치스러웠다.

권세에 아첨하는 무리는 그를 '은왕(恩王)'이니 성상이니 하고 불렀다. 한탁주도 굳이 이를 사양하지 않고 득의만만했다.

천지 무정

남송 제일의 시인 육유는 북송 휘종 7년에 회하의 배 안에서 태어났다. 아버지 육재가 조정의 명령을 받아 남방의 물자를 개봉으로 운반하는 도중에 출생한 것이었다. 그러나 육유가 태어난 다음 해에 개봉이 함락되어 갓난애인 육유는 가족과 함께 피난길에 나서게 되었다.

육유의 아버지는 주전파(主戰派)였다. 육유의 집에는 언제나 아버지의 친구들이 모여 우국충정을 논하고 좌절감을 토로하였다. 육유는 그러한 정신적 영향을 받으며 자랐다.

스무 살에 그는 당완이라는 미녀와 결혼하였다. 그들은 매우 금실이 좋았는데, 육유의 어머니는 자기 친척인 이 아가씨가 마음에 들지 않아 결국 아들 부부를 갈라서게 만들었다.

그 후 육유는 왕씨와 재혼했으나 당완을 그리워하는 마음은 평생 동안 계속되었다. 당완도 얼마 지나지 않아 조사정이라는 남자와 결혼하였다.

육유는 28세 되던 해에 진사 시험을 쳐서 수석으로 합격하였다. 당시 과거 시험은 두 차례에 걸쳐 치러졌는데, 황제 참석 하에 치러지는 전시의 성적이 정식으로 인정되었다.

그런데 1차 시험에서 진회의 손자 진훈이 육유와 수석을 다투다가 차석에 머물렀다. 이 때문에 진회는 육유를 미워하여 다음 해에 치러진 전시에서 손을 써 손자를 수석으로 만들었다. 그러면서 육유는 아예 낙방시키고 말았다.

실의에 빠진 육유는 어느 날 고향인 소흥 근처에 있는 심씨의 정원에 놀러 갔다. 그런데 뜻밖에도 그곳에서 10년 전에 헤어진 전처 당완을 만나게 되었다. 그녀는 재혼한 남편 조사정과 함께 나왔다.

당완은 남편에게 부탁하여 육유에게 술과 안주를 갖다주었다. 육유가 진회의 손자와 수석을 다투다가 진회에게 미움을 받아 억울하게 낙방했다는 소문은 고향에 널리 퍼져 크게 동정을 받고 있었다. 당완은 전 남편의 좌절과 실의를 위로하려 하였던 것이다.

육유는 감격하여 시를 지었다.

　　　봄은 예전과 다름없는데
　　　사람은 여위고 헛되다
　　　아! 잘못이로다!
　　　분홍빛 눈물은 얇은 옷 사이로 비치고
　　　복숭아꽃은 진다
　　　사람 그림자 없는 연못의 누각
　　　변함없는 맹세는 있건만

글은 생각대로 되지 않는구나!

아! 슬프도다!

당완은 여위었다고 표현한 것처럼 그 후 얼마 지나지 않아 세상을 하직하고 말았다. 육유는 85세까지 살았으나 죽는 날까지 당완을 잊지 못했다.

물론 육유가 당완의 꿈만 꾼 것은 아니었다. 송나라가 북방의 금나라를 격파하며 잃었던 땅을 모두 회복한다는 꿈을 꾸고 있었던 것이다.

진회가 죽은 후 육유는 진회의 방해로 진사가 되지 못했던 것을 동정 받아 진사와 같은 자격을 부여받았다. 하지만 당시 화평파가 득세하고 있었기 때문에 그는 2년 만에 해임되어야 했다. 그 뒤 그는 절강 지방의 산 속에서 4년 간 몇 달 동안 죽을 쒀 먹을 정도로 가난에 찌든 생활을 했다.

육유는 4년 만에 간신히 국사 편찬관 자리를 얻었다. 하지만 그 해에 '풍월을 비웃어 읊었다'는 이유로 탄핵되어 사직해야 했다. 사실은 회평파의 세가 더욱 강해져 주전파인 육유가 면직된 것이었다.

그후 육유는 낭인 생활을 하며 말할 수 없이 고생을 하였다. 그러다가 한탁주의 추천으로 벼슬을 얻었다. 조여우를 궁지로 몰아 죽게 만들고 주자의 학문을 억압하는 등 악정을 거듭한 한탁주는 이 무렵 많은 비난을 받았다. 이렇듯 평판이 좋지 않았던 한탁주는 애국 시인으로 유명한 육유를 기용함으로써 자기의 인기를 만회하고자 했다. 한편 육유도 당시 아끼던 술잔까지 팔면서 목숨을 부지할 정도로 궁핍한 생활을 하고 있었다.

이때 육유는 국사 편찬 작업을 맡았는데, 효종과 광종의 실록을 쓰고 단 1년 만에 귀향했다. 그동안 한탁주는 무리하게 금나라 공격을 하다가 패하고 결국 피살되었다. 그 머리는 함께 넣어져서 금나라에 보내졌다.

육유는 생전에 자그마치 1만 수의 시를 지었다. 그리고 85세를 일기로 세상을 떠났다.

그는 유언을 시로 남겼다.

죽으면 만사가 허무한 것을

오직 구주(九州)가 하나로 되는 것을 보지 못함이 슬프구나

북방에 있는 중원을 평정하는 날에

잊지 말라. 반드시 내게 고할 것을.

그가 60세 되던 해 지은 '가을을 슬퍼함'이라는 시는 이렇게 끝맺고 있다.

장부 어느 정도인가, 금회(襟懷)의 일

천지 무정하여 모르는 것 같구나

불세출의 영걸 칭기즈칸

그림자 외에는 함께 가는 이 없다

한편 그 무렵, 북쪽 변경 지방에 몽골부라는 부족이 일어났다. 금나라 세종 때에는 벌써 그 세력이 강성해져서 추장을 황제라 일컬었다.

이 무렵부터 몽골 군사가 금나라를 자주 침략했으므로 금나라 내부에서는 가만히 있을 수 없다는 소리가 높았다. 한탁주는 금나라에 이와 같은 문제가 있다는 말을 듣고, 중원 회복을 도모할 때라고 생각했다.

이때 오희라는 사람이 있었다. 오씨 일가가 대대로 서쪽 국경 지방의 수비를 맡아 보고 있어 그 위엄이 서촉 지방까지 떨쳤으므로, 그것을 두려워한 조정은 오씨의 자손을 수도에 머무르게 하고 있었다.

오희는 오래 전부터 모반할 뜻을 품고 있었으므로, 자주 서촉으로 돌아가

겠다고 했으나 허락되지 않았다. 그런데 한탁주는 이를 허락하여, 오희를 서촉으로 돌려보내면서 몇 해 동안 내버려 두었다. 한탁주는 오희로 하여금 서촉에서 군사를 일으켜 금나라를 치게 할 생각을 했던 것이다.

그 뒤 송나라는 천하에 금나라를 토벌한다는 조서를 내려 군사를 일으키게 했다. 그런데 한탁주의 기대와는 정반대로 오희는 북쪽 네 주를 금나라에 바치고 촉왕에 봉해졌다. 그 뒤 오래 되지 않아 그는 자신을 황제라 일컬었는데, 한 달도 안 되어 부하들에게 죽임을 당했다.

이해 12월, 원나라 태조가 알난하강의 상류에서 즉위했다. 태조의 이름은 테무진으로서 몽골족 사람이다. 그의 조상은 대대로 몽골족의 추장이었는데, 태조 칭기즈칸의 아버지 야속해 때에 처음으로 여러 부락을 합쳐서 더욱 강대해졌다. 야속해는 달단족을 정복하며 그 추장 테무진을 사로잡았다.

야속해와 칭기즈칸의 가계가 『원조비사』에는 이렇게 기록되어 있다.

> 하늘에서 명(命)이 있어 파란 이리가 출생하였다.
> 그리고 파란 이리의 아내는 창백한 암사슴이었다.

이것이 유명한 파란 이리의 전설이다.

그 무렵 야속해의 아내 월륜(月倫)이 사내아이를 낳았다. 그 아이는 손에 굳은 핏덩이를 거머쥐고 있었는데, 그것은 마치 붉은 돌과 같았다. 야속해는 이상한 일이라고 생각하고 전쟁에서 사로잡은 테무진의 이름을 따서 그 아들의 이름으로 삼았다. 그것은 달단족을 정복한 무공을 기념한 것이었다.

그러나 칭기즈칸은 어렸을 때 아버지를 잃었다. 달단족에게 붙잡혀 끝내 살해된 것이다. 아버지를 잃은 칭기즈칸의 일가는 비참한 생활을 겪지 않으면 안 되었다.

그래서 '그림자 외에는 함께 가는 이 없고, 말꼬리밖에 채찍도 없는' 비참한 생활이 계속되었다. 다른 부족의 습격으로 아내까지 약탈당해야만 했다.

하지만 칭기즈칸은 용맹한 젊은이로 성장하였다. 원래 몽골족은 용맹함을 숭상하는 민족이었고, 그리하여 용맹스러운 사나이에게 자기 몸을 던져 의지하려는 풍습이 있었다. 몽골의 각 부족은 칭기즈칸에게 모여들기 시작하였고 그 힘이 더욱 강성해졌다. 그리하며 달단족을 정복하는 데 성공하였고 동몽골 지방을 완전히 석권하였다. 나아가 서몽골 최대의 부족인 내만을 토벌하여 몽골 전체를 통치하기에 이르렀다.

마침내 몽골 부족을 통일한 칭기즈칸은 몽골의 부족 대회를 소집하며 대집회를 열었는데, 하얀 천자의 깃발을 세워 놓은 자리에서 했다.

황제의 자리에 오른 칭기즈칸은 몽골 민족을 철저하게 군사 조직으로 편제하였다. 우선적으로 10호, 100호, 1,000호, 10,000호라는 조직을 만들어 전투 단위로 삼았다.

그 이듬해 금나라를 토벌하러 나선 송나라 군사들은 가는 곳마다 패하여 퇴각했다. 오히려 금나라가 대군을 휘몰아 여러 고을을 함락시켰으므로, 송나라는 공포에 크게 떨었다. 조정에서는 사신을 거듭 금나라에 보내 사죄하려 했으나 한탁주는 군사를 멈추려 하지 않았으므로, 조정 안팎의 모든 사람이 이를 괘씸하게 여겨 마침내 흉적 한탁주를 죽여야 한다는 주장이 일어났다.

황후 양씨는 학문도 있었고 역사책을 많이 읽어서, 천하 흥망의 이치를 알고 있었다. 이때 예부서랑 사미원이 비밀히 한탁주를 없앨 계책을 세우고 있었다. 그리하여 마침내 한탁주를 죽이라는 밀지가 궁중에서 내렸다.

어느 날 한탁주가 궁중에 들어오는 기회를 틈타 사미원은 친위군 대장 하진에게 그를 죽이게 했다. 하진은 군사 3백 명을 거느리고 도중에서 한탁주를 잡아 철퇴로 쳐 죽였다.

원나라 태조 4년, 태조는 금나라에 복종하고 있는 서하로 공격해 들어가서 크게 격파했다. 서하의 왕 이안진은 자기의 딸을 내놓고 항복했다. 그런데 서하에 대한 공격은 사실상 금나라에 대한 공격 준비였다.

이듬해 금나라는 원나라를 칠 계획을 세우고 국경의 방비를 강화했다. 하지만 칭기즈칸은 먼저 기습을 감행하여 금나라의 군사를 패주시키고 마침내 금나라를 침략하여 동쪽으로 나아갔다.

황제란 하늘에서 내려온 귀인인 줄 알았더니

원래 몽골 부족은 금나라에 세폐를 바치면서 그 지배하에 있었는데. 금나라는 몽골족에 대해 극심한 탄압을 해왔다. 몽골족이 통일되어 강력해지면 금나라에 도전할 것을 우려한 금나라는 몽골족을 이간질시켜 각 부족끼리 싸움을 하도록 부추겼다. 칭기즈칸의 아버지도 이러한 싸움을 하는 중에 같은 몽골족에게 잡혀 금나라에 끌려가 창으로 찔러 죽이는 책형을 받아야 했다.

그뿐 아니라 금나라는 3년마다 몽골에 출병하며 각 지방을 휩쓸며 장정들을 죽여 없앴다. 또한 몽골족에 대한 경제적인 약탈도 극심하였다. 이렇게 하여 몽골족이라면 누구나 금나라에 대해 복수를 다짐하지 않는 사람이 없었다. 칭기즈칸의 시대에도 금나라 황제 경은 위소왕 윤제에게 세폐를 받게 했다. 이때 칭기즈칸은 금나라 윤제를 만났지만 절을 하지 않았다. 윤제는 노하여 금나라로 돌아가서 곧 군사를 청하여 몽골을 공격하려고 했다.

마침 금나라 황제 경이 죽고 윤제가 그 뒤를 이었는데, 몽골을 나무라는 조서를 칭기즈칸에게 보냈다. 사신은 몽골에 도착하여 칭기즈칸에게 무릎을 꿇고 황제의 글을 받으라고 하였다.

이때 칭기즈칸이 금나라의 사신에게 물었다.

"도대체 새 황제는 누구요?"

"위소왕 윤제 전하입니다."

위소왕은 겁이 많고 우둔한 제왕으로 알려져 있는 인물이었다. 그렇지 않아도 금나라에 복수의 날만을 기다리고 있던 칭기즈칸이었다. 그는 갑자기 남면(南面 · 남쪽을 향하는 것은 원래 천자가 신하를 내려 보는 것을 의미하는 말로서 신하 노릇을 하지 않겠다는 뜻이다. 반대로 북면은 신하로서 천자를 모시는 의미로 사용된다)하며 침을 탁 뱉고는 말했다.

"나는 지금까지 중원의 황제는 하늘에서 내려오는 귀인인 줄로만 알았더니, 그런 되지 못한 자까지도 황제가 되는구나. 그런 자를 어떻게 절하면서 뵙는단 말인가?"

그리고는 말을 채찍질하여 밖으로 나가 버렸다. 금나라 사신이 귀국해서 그 사실을 보고하자, 황제 윤제는 더욱 노하며 칭기즈칸이 다시 공물을 바쳐 올 때를 기다렸다가 그를 죽일 결심을 했다. 칭기즈칸은 그런 것들을 미리 짐작하고 있었으므로 금나라와 국교를 끊어 버렸다.

다음 해 봄, 칭기즈칸은 남쪽으로 나아가 금나라를 공격했다. 몽골의 대군은 금나라 군사를 크게 격파하고 군마를 기르는 본부를 습격하여 그 말을 몰고 돌아갔다.

그 뒤에도 몽골은 해마다 금나라의 여러 고을을 공격했다. 금나라 황제 윤제는 재위 5년 동안에 한 해도 몽골의 침략을 받지 않은 해가 없었으나, 이를 막을 만한 힘이 없었고 병사들의 신망도 잃어 마침내 우부원수 호사호에게 살해당했다. 그 뒤를 이은 이가 선종이다.

그때 칭기즈칸은 군사를 세 길로 나누어 남하해서 금나라 땅을 무려 55군이나 빼앗았다. 다음 해 칭기즈칸은 산동에서 돌아와 북경의 북쪽에 주둔했다.

그러자 금나라는 기국 공주와 동남동녀 각 5백 명, 말 3천 마리와 금백을 바치고 화의를 청했다. 칭기즈칸은 이 요청을 들어주고 철수하였다.

금나라 선종은 화의를 허락받기는 했지만 불안하여 5월에 개봉으로 수도를 옮겼다. 그러면서 태자 수충에게 연경을 지키도록 했다. 그러자 칭기즈칸은 급히 수도를 남쪽으로 옮긴 것은 자기를 의심하는 것이라며 크게 노하여 대군을 일으켜 연경을 포위했다. 이에 태자 수충은 변으로 달아났다.

그 뒤 1년 만에 연경은 함락되었다. 계속하여 몽골 군사는 하동에서부터 황하를 건너 남으로 내려가서 개봉에서 20리 되는 곳까지 점령하였다.

금나라는 이 때문에 영토가 더욱 좁아졌다. 게다가 산동을 지키던 장수가 몽골에 항복해 동쪽은 황하를 경계로 하고 서쪽은 관문 하나로 몽골과 맞닿아 있어, 몹시 불안한 상태에 빠졌다.

마침내 금나라는 영토를 확장하려고, 맹약을 깨고 송나라에 침략해 들어갔다. 송나라 조정에서는 의병들을 모집했다. 그리하여 송나라는 의용군들에게 금나라를 치게 했다. 이 무렵 이전이 부하들을 이끌고 와서 의용군 모집에 응했다. 이전은 본래 궁수로서 전에도 화공(火攻)으로써 금나라 군사를 괴롭혀 영토를 회복시킨 용감한 사람이었다.

이때 칭기즈칸은 목하려에게 군사를 거느리고 나아가 남정하게 했다. 그는 금나라 서경에서 하동으로 들어가 태원, 평양 및 기주, 대주, 택주, 노주 등에서 승리했다.

명참모 야율초재

이 무렵, 칭기즈칸은 서역의 호라즘이라는 나라에서 몽골 사신을 죽인 일을 응징하기 위해 직접 군사를 이끌고 서정(西征)했다. 당시 몽골은 호라즘과 교역이 성했다. 그런데 몽골이 보낸 5백 마리의 낙타와 몽골에 거주하는 회교도 450명을 호라즘에서 죽인 사건이 일어났다. 이에 칭기즈칸은 보복을 결심하고 3년간 준비하였다.

드디어 6월 출정하려는데, 갑자기 차디찬 바람이 불더니 눈이 석 자나 쌓였다. 칭기즈칸은 불길함을 느끼고 자신의 일등참모인 야율초재(耶律楚材)에게 점을 치도록 하였다. 야율초재는 이렇게 말했다.

"여름에 눈이 내리는 것은 반드시 크게 승리를 거둘 징조입니다."

드디어 출정에 나선 칭기즈칸은 호라즘의 왕자를 추격해 아프가니스탄에서 인더스강을 건너 카스피해를 넘었고 남러시아의 각지를 유린하였다.

그 뒤 몽골 태자 타뢰가 서역의 여러 성을 공격하여 승리하고, 서정 중의 칭기즈칸과 합세했다.

이해 가을 금나라 황제는 다시 사신을 보내서 화의를 청했다. 이때 칭기즈칸은 회흘에 있었는데 금나라 사신을 보고, "앞서 내가 너희 왕에게 하북 땅은 우리에게 떼어 주고, 너희 왕을 하남왕에 봉하여 서로 전쟁을 그만두자고 했는데 내 말을 듣지 않았다. 이미 우리 장군 목하려가 각지를 모두 평정한 상태인데. 이제 와서 무슨 화의를 청한단 말이냐?" 하며 끝내 화의를 허락하지 않았다.

칭기즈칸이 황제에 즉위한 지 19년 되던 해 칭기즈칸은 동인도에 침입하여 철문관(현재의 우즈벡 공화국)에 진을 쳤다.

이때 괴상한 한 마리 짐승이 나타났다. 몸뚱이는 사슴 같고 꼬리는 말과 같은데 녹색이었고 뿔이 하나였다. 그리고 사람과 같은 말을 했다. 그 짐승이 칭기즈칸의 측근을 보고 말했다.

"너희 주인은 빨리 본국으로 돌아가야 한다."

이상하게 생각한 칭기즈칸이 야율초재에게 그 까닭을 물었다. "이 짐승은 각단(角端)이라고 하는데, 여러 나라 말을 합니다. 그 성질은 살리기를 좋아하고 죽이는 것을 싫어합니다. 그러므로 이 짐승이 나타난 지금 하늘의 뜻을 좇아 몇몇 나라 백성들을 용서하심이 좋을 것입니다."

칭기즈칸은 그 말을 듣고 그날로 군사를 철수시켰다.

야율초재는 원래 요나라 왕족으로 금나라에서 대대로 벼슬을 하다가 몽골이 금나라 연성을 공격할 때 그곳에 남아 있었다. 성이 함락된 후 칭기즈칸의 후한 대우에 감복해 그의 참모가 되었고, 이후 칭기즈칸을 도와 천하의 영웅으로 만든 주인공이었다. 그는 아버지가 60세 때 중국인 어머니에게서 태어났다. 아버지는 세 살 때 돌아가셨고 어머니로부터 중국식 교육을 받고 자랐다. 그는 박학다식하며 천문, 지리, 역법, 정치에 밝았고, 유교와 불교 그리고 의학과 점술에도 능통하였다.

칭기즈칸은 금의 연성을 함락시켰을 때 야율초재라는 금나라 귀족이 사로

잡혔다는 것을 알고 그를 직접 만났다.

"짐이 그대의 조국 요나라의 원수를 갚아 주었는데, 그대의 감회는 어떠한가?"

그러자 야율초재는 이렇게 대답하였다.

"신의 조부도 아비도 그리고 신도 모두 금나라에 출사하였습니다. 한 번 신하로 따른 이상 두 마음을 품을 수는 없는 것입니다. 전혀 금나라에 복수할 생각은 없습니다."

이에 칭기즈칸은 야율초재가 크게 마음에 들어 그의 측근으로 삼았다. 이때 칭기즈칸의 나이는 63세, 야율초재의 나이는 29세였다. 야율초재는 키가 8척이었고 아름다운 수염을 기르고 있었으며 목소리가 낭랑하였다. 이것들은 몽골인들이 위대한 남자의 조건으로 꼽고 있는 조건들이었다.

칭기즈칸은 이렇게 말했다.

"야율초재는 하늘이 우리에게 내리신 사람이다. 앞으로 모든 정사는 야율초재의 의견대로 집행하라."

세계 제국의 건설

이제까지 중국을 무력으로 점령했던 민족은 군사적으로는 중국을 점령했을지라도 문화적으로는 오히려 중국에 점령당했다. 즉, 결국에는 중국 문화에 동화되어 버렸다. 남북조시대의 선비족, 거란족이나 여진족, 뒤의 청나라의 만주족 등이 대표적인 예이다.

하지만 몽골족은 달랐다. 그들은 중국을 점령하기 전에 서역 지방을 모조리 점령하여 서역 지방의 문물들을 일찍 접했기 때문에 중국의 수준 높은 문화에 충격을 덜 받았다. 오히려 중국인을 천시하는 정책까지 폈다.

백골이 들판을 덮다

칭기즈칸은 서하를 공격하여 감숙 등 여러 주를 빼앗고, 사타 지방을 거쳐 마침내 황하까지 점령하였다. 이 기세를 몰아 다음 해에는 서하를 멸망시키고 임금을 사로잡았다.

이때 칭기즈칸은 서하의 모든 성을 함락시켰으며 남녀노소를 가리지 않고 모조리 죽여 버렸다. 이 당시 살아 남은 사람은 백에 한 둘뿐이었는데, 이들은 굴을 파고 들어가 숨어 있어서 죽음을 피할 수 있었다.

역사가들은 이때의 처참한 광경을 '백골이 들을 덮었다'라고 기록하고 있다.

같은 해 7월, 원나라의 태조 칭기즈칸은 천하제패의 실현을 눈앞에 두고 감숙의 육반산 진영에서 숨을 거두었다. 황제가 된 지 22년째 되던 해였으며, 향년 66세로 케르렌강 상류 기련곡에 묻혔다. 그는 죽을 때 신하들을 모아놓고 유언했다.

"지금 금나라 정예군은 동관 지방에 집결되어 있다. 남쪽은 산으로 둘러싸여 있고 북쪽은 황하로 가로막혀 있어서, 지금 당장 공격해 깨뜨리기는 어렵다. 그러니 송나라를 통해 가는 것이 상책이다. 송나라와 금나라는 대대로 원수 사이이므로 송나라에 부탁하면 반드시 들어줄 것이다. 곧 군사를 당주와 등주로 진격시켜서 단번에 변경(개봉)을 공격하라. 변경이 위태롭게 되면 금나라는 틀림없이 동관의 군사를 동원하여 변경을 구원할 것이다. 그러나 대군 수만 명이 천리 길을 행군해서 변경에 도착해도 사람과 말이 지칠 대로 지쳐 제대로 싸우지 못할 것이다. 그렇게 되면 금나라를 격파할 수 있다."

태조는 심지가 곧고 깊이가 있는 사람이었을 뿐만 아니라 침착하고 지략이 있었으며 큰 포부를 가지고 있었다.

원래 태조는 유언을 통해 셋째아들 오고타이가 황제 자리에 앉기를 바랐다. 오고타이는 관대하고 인자하며 도량이 넓었다. 이때 오고타이는 곽박 지방에 가 있었기 때문에 황자 타뢰가 임시로 국정을 돌볼 수밖에 없었다. 2년 뒤 여름에야 오고타이는 싸움터에서 돌아와 태조의 장례를 치르고 여러 왕과 백관이 모인 자리에서 태조의 유언을 받들어 황제로 되었다.

이때 야율초재의 제안에 따라 새롭게 조정의 의식을 정하여 황족과 문무백관들이 정해진 자리로 나아가서 황제를 뵙도록 했다.

이해 처음으로 곡식 창고를 설치하고, 또 역전 제도를 실시해 명령을 각지에 전하는 데 편리하게 했다.

황제가 된 오고타이는 먼저 군사를 파견해서 경조 지방을 빼앗고, 7월에는 금나라를 공격했다. 그의 아우 타뢰와 조카 동가도 각각 군사를 거느리고 이에 합세하였다.

오고타이는 즉위한 지 3년 만에 금나라 봉상을 함락시키고, 낙양과 하중 지방의 여러 성을 공격하여 항복시켰다. 5월에는 칭기즈칸의 유언에 따라 송나라에 사신을 보내서 길을 빌리자고 청했다.

그해 12월에 몽골은 산서성을 빼앗았다. 타뢰는 6만의 군사로 양책 지방에서 금나라 군사와 크게 싸워서 이를 전멸시켰다. 금나라의 요충지 중의 요충지였던 동관과 남관을 지키던 군사들도 끝내 지탱하지 못하고 무너져 달아나 버렸으므로 몽골 군사는 일제히 개봉을 향해 진격했다.

금나라의 멸망

다음 해 오고타이는 황하를 건너가 정주에 진을 쳤다. 몽골 군사는 균주를 공격하여 금나라 군대를 깨뜨리고 곽주 등 14주를 빼앗았다.

그 뒤 오고타이는 속불태 장군에게 개봉을 포위하게 했다. 그러자 금나라 애종이 아우를 인질로 보내서 휴전을 청하였다. 오고타이는 이를 허락하고 속

불태에게 하남을 지키게 한 다음 자기는 몽골로 돌아갔다.

8월에 금나라 군사들이 몽골 사신을 죽이고 개봉을 구원하기 위해 출동하자 몽골 군사들은 총공격에 나섰다. 번영을 자랑하던 개봉은 이제 아비규환 그 자체였다. 매일같이 시체들이 즐비하게 쌓였고, '창자에 불이 붙는 것과 같은' 굶주림에 지친 사람들의 신음소리가 그치지 않았다. 이 비참한 모습을 금나라 애국 시인 원호문은 이렇게 읊었다.

> 가을바람 불어 백발을 날리지 마라
> 창해횡류(滄海橫流)하여
> 이 몸을 삼키려 하는데.
> (* 창해횡류: 큰 바다의 노도가 천지를 용솟음쳐 뒤덮음)

개봉이 함락되었을 때, 성 밖으로 실려 나간 시체는 90만 구나 되었다.

이때 몽골은 사신을 송나라로 보내서 이렇게 제의했다.

"송나라도 이 기회에 군사를 북진시켜 몽골과 함께 금나라를 협공해서 잃었던 땅을 회복합시다."

조정에서는 이제까지 송나라를 괴롭혀 왔던 금나라에 복수할 좋은 기회라고 하여 군사를 일으키기를 주장했다. 다만 조범 만은 이것을 달갑게 생각하지 않았다.

"예전에 금나라와 맺었던 '해상(海上)의 동맹'은 처음엔 매우 잘 지켜졌지만 후에 금나라가 먼저 맹약을 깨뜨려, 그 때문에 우리나라는 큰 화를 입었습니다. 잘 생각해서 신중히 해야 합니다."

그러나 황제는 그의 말을 듣지 않고 몽골 사신에게 그 제의를 승낙한다는 뜻을 전하였다. 그러면서 다시 추신지라는 사자를 보내 금나라를 협공할 작전을 협의하게 하였다.

그러자 몽골은 "이 계획이 성공하면 하남 땅을 송나라에게 돌려 주겠다."라고 약속했다. 그래서 송나라는 남쪽에서, 몽골은 북쪽에서 금나라 채주를 협공하기로 하였다. 송나라는 4만의 군사로 우선 채주의 동남쪽을 포위하였다. 그리고 몽골 군사는 그 서북쪽을 포위했다.

몽골 태종 6년 정월, 금나라 애종은 종실의 아들 승린에게 제위를 물려주었다. 송나라 군대는 채주성으로 공격해 들어가고, 몽골 군사도 계속해서 맹렬한 공격을 가했다. 결국 견디지 못한 금나라 애종은 목매어 죽고 말았다.

송나라 군사는 그의 목을 상자에 넣어 송나라로 보냈으며, 또한 승린을 잡아 죽였다 그리하여 금나라는 아골타가 황제라 일컬은 지 9대 120년 만에 멸망하고 말았다(1234년).

한 사람의 투항자도 없었다

그로부터 3년이 지난 후에도 금나라 공주성에서는 금나라의 1개 부대가 항전을 계속하고 있었다. 바로 금나라의 곽하마 장군이 이끄는 부대였다.

그러자 몽골은 대군을 동원하여 공주성 공격에 나섰다. 곽하마 부대는 성 안에 있는 모든 금, 은, 동, 철을 모아 포탄을 만들어 몽골 군대에 포격을 가하며 끈질기게 저항하였다.

그러나 시간이 흐를수록 중과부적이었다. 마지막이라고 생각한 곽하마는 성 안에 있는 소를 잡아 병사들에게 위로 잔치를 베풀고, 또 몽골에는 실오라기 하나 넘겨줄 수 없다며 모든 건물과 창고에 불을 질렀다. 그리고 최후를 대비하며 섶을 수북이 쌓아 자결할 수 있도록 준비하였다. 드디어 몽골 군대가 성 안으로 진입하자 곳곳에서 치열한 육박전이 벌어졌다. 금나라 군사들은 화살이 모두 떨어지고 힘도 모두 빠지자 차례차례 불이 타오르는 섶 위에 몸을 던져 자결하였다.

끝까지 항전하던 곽하마는 쌓아올린 섶 위에 장승처럼 버티고 서서 덧문짝을 방패로 세운 채 2, 3백 개의 화살을 쏘았는데, 그 화살 하나하나가 빗나가는 법이 없이 적병들을 꿰뚫었다. 마침내 곽하마도 힘이 다하여 훨훨 타오르는 불길 속에 몸을 던져 죽었다.

공주성에서는 단 한 명의 투항자도 없었다. 후세 사람들은 곽하마를 추모하여 그곳에 사당을 세웠다.

한 자나 되는 신발 주인

한편 이 무렵 회수 지방에 있던 송나라 장수 조범과 조규는 금나라가 멸망하는 틈을 타서 중원을 회복할 계책을 세웠다. 대부분의 신하들은 아직 시기가 이르다고 반대했으나, 승상 정청지만은 그의 의견에 찬성했다.

황제는 조범에게 군사를 북진시키라고 명령을 내렸다. 그때 조범의 참모 구악이 말했다.

"지금 기세가 막강한 몽골은 우리나라와 새로 조약을 맺고 이제 막 돌아갔지만 자기네가 싸워 이겨서 빼앗은 땅을 남에게 줄 리가 없습니다. 만약 우리 군사가 진격해 간다면 저들은 반드시 공격해 올 것입니다. 그렇게 되면 우리 군사는 나가지도 물러서지도 못해 근거지를 잃을 뿐 아니라 몽골과 매우 사이가 나빠질 것입니다. 설혹 우리 군사가 천 리를 달려가 싸워서 아무것도 없는 텅 빈 성을 얻었다고 하더라도, 먼 곳에서 양식을 운반해야 하므로 뒷날 반드시 후회하게 될 것입니다."

그러나 조범은 귀를 기울이지 않았다. 조범 형제는 오직 중원을 빼앗는 일에만 열중해 있어서 뜻을 굽히지 않고 산동 지방의 의용군을 모집했다. 그러자 산동의 많은 장정들이 이에 호응하여 모여들었다.

이때 몽골에 사신으로 간 추신지는 아직 귀국하지 않고 있었는데, 송나라 군사는 이미 진군을 시작했다. 이 때문에 추신지 등은 하마터면 몽골에 억류되어 갇힐 뻔했다가 가까스로 몽골 사신과 함께 귀국할 수 있었다.

송나라에 도착한 몽골 사신은 왜 맹약을 깨뜨렸느냐고 송나라 사신에게 따졌다.

송나라 군사들은 이미 빈 성이 되어 버린 개봉에 입성해 있었다. 그 뒤 다시 낙양으로 나아갔다. 이때 낙양을 지키고 있던 몽골 군사는 얼마 되지 않아 송나라 군사를 피하여 퇴각했으므로 송나라 군사들은 아무런 저항도 받지 않고 낙양에 입성했다. 그러나 성은 텅텅 비어 있었기 때문에 며칠이 못 되어 양식이 떨어졌다.

이때 몽골 군사들이 새까맣게 몰려온다는 소식이 들려왔다. 이 소식을 들은 송나라 군대는 싸워 보지도 않은 채 순식간에 허둥지둥 달아나고 말았다.

그 이듬해 칭기즈칸 장남의 아들인 태자 귀유와 오고타이의 조카인 몽가 등이 바투를 대장으로 하여 서정(西征)하였다.

그 뒤 몽골 군사가 송나라 영토를 공격하여 황주까지 쳐들어갔으나, 송나라 장군 맹공이 이를 격퇴시켰다. 맹공은 호북 양양 출신이며 그의 4대조는 악비 장군의 부하로 활약하는 등 대대로 무인 집안이었다. 그는 재물과 여색을 멀리하고 식사도 극히 검소하게 하였다. 그는 둔전을 두면서 강력한 군대를 키웠으며, 황주에 이어 자기 고향인 양양에서도 몽골군을 격파하였다. 맹공은 장군으로서 뿐만 아니라 강릉부 지사를 역임하면서 대규모 수리공사를 성공적으로 해냈다. 실로 모든 면에서 그와 비교될 수 있는 인물은 없었다. 그가 재상이 되지 못했던 유일한 이유는 진사 급제자가 아니었기 때문이다. 송나라의 문관 우월주의, 즉 진사 제일주의 때문이었다.

한편 전해에 송나라 장수 두고는 안풍 지방에 침입해 온 몽골 군사를 격퇴시켰는데, 이해에 다시 몽골 80만 대군을 여주에서 격파하였다. 두고는 이러한 전공에 의해 형부상서 서리로 승진했다.

여문덕은 양회 지방의 일선에서 군대를 총지휘하고 있다가 회서 초무사로 진급했다. 그는 안풍 사람으로 체격이 매우 건장하고 대단히 용감했다. 벼슬을 하기 전에는 땔나무를 해다가 팔았다. 이 때 장군 조규가 길가에 버려진 길이가 1자에 가까운 신을 보고는 그 신발 주인을 수소문하였다. 그 신발 주인이 바로 여문덕이었다. 조규는 즉시 그를 자기 부하로 삼았다. 뒤에 여문덕은 국경에서 많은 공을 세워 마침내 높은 벼슬에 올랐다.

한편 몽골 군사들이 북협관으로 공격해 들어오자 겁에 질린 송나라 장수 왕통제는 항복하고 말았다.

한 가지 이로움을 얻는 것보다
한 가지 해로움을 없애는 것이 낫다

오고타이의 죽음

그 다음 해 봄, 몽골 태자 귀유는 아직 몽골에 항복하지 않은 서역의 여러 부족을 쳐서 멸망시켰다. 이해 몽골은 전국에 조서를 내려 도둑을 잡지 못했을 때에는 정부 재정으로 백성들이 잃은 물건을 물어주도록 명령했다.

몽골은 건국 초에 도둑이 많았는데 그로 본 손해를 그 지방 백성들로 하여금 물어 주도록 명령했다. 이 때문에 많은 백성들이 다른 나라로 도망쳤다. 그래서 이러한 제도를 폐지한 것이다.

한편 그 당시에는 관청과 백성들 모두 서역의 색목인(아랍인)으로부터 돈을 빌려 쓰고 있었다. 그래서 빚을 진 사람은 해마다 원금의 갑절이나 되는 이자를 물었다. 그 이자 붙는 것이 마치 양이 새끼를 낳는 것처럼 불어난다 하여 양고리(羊羔利)라고 불렀다. 이 때문에 집을 날리고 처자까지 잡혀도 빚을 청산하지 못하는 일이 비일비재하였다. 그러자 야율초재는 빚을 관청에서 대신 갚아 주도록 조정에 청하여 그대로 실행하게 만들었다. 그러면서 다음과 같은 명령을 내렸다.

"돈을 빌려 쓰고 그동안 지불한 이자가 원금과 같은 액수가 되었을 때에는 더 이상 갚지 말라. 그 이상 지불할 필요가 없다."

한편 태종 오고타이가 사냥을 나갔다가 와철고의 호란 지방에서 죽었다. 이때 그의 나이는 56세로 기련곡에서 장사지냈다.

오고타이는 도량이 넓고 크며 인정이 많은 사람이었다. 또한 일을 할 때는 신중하여 실패가 없었다. 그 때문에 나라는 번창하고 백성은 부유해져서 여행을 하는 사람은 음식을 마련해 가지고 다니지 않아도 문제가 없을 정도였다. 그래서 사람들은 이 시대를 '치평(治平)의 세상'이라고 찬양했다.

한 가지 이로움을 얻는 것보다 한 가지 해로움을 없애는 것이 낫다

야율초재는 서류가 산처럼 쌓여 있어도 그 처리에 그릇됨이 없었다. 조정에 있을 때에는 엄숙한 태도를 잃지 않았고 권력에 굴복하는 일이 없었으며 항상 자신의 몸을 희생하여 나라에 바치고자 하는 마음을 가지고 있었다. 그리고 국가의 중대사나 백성들의 생활에 대해 말할 때에는 성실한 자세로 임했다.

어느 날 야율초재가 대궐에 들어가니 태종이 그를 보고 말했다.

"공은 또 백성들을 위해 큰 소리로 울려고 들어왔소?"

그러자 야율초재가 이렇게 대답했다.

"한 가지 이로움을 얻는 것보다 한 가지 해로움을 없애는 것이 낫고, 한 가지 일을 보태는 것보다 한 가지 일을 덜어내는 것이 낫습니다."

그는 평소에도 함부로 떠들거나 소리내 웃지 않았고, 사람을 대할 때에는 언제나 온화하고 겸손했으므로 그 높은 덕에 감격하지 않는 사람이 없었다.

그는 몽골의 조세 제도를 정비하였다. 국가가 모든 징세권을 갖도록 하여 지방 관리들의 수탈을 막았으며, 한인(漢人)들에게 관대한 정책을 썼다.

그러자 몽골 출신의 관리들은 "한인들이란 국가에 아무런 이익도 없는 존재들이다. 그러니 그놈들을 죽여 버려야 한다. 차라리 그곳을 목초지로 만드는 것이 낫겠다. 그러면 좋은 목초가 날 것이다."라고 반발하였다.

그러나 야율초재는 이렇게 말했다.

"이제 남쪽의 금나라를 쳐야 하는데 막대한 군자금이 필요하다. 중국 땅에는 지세, 상세(商稅), 소금, 술, 철의 이익이 있으며, 은 50만 냥과 곡물 40만 석의 세금이 얻어진다. 한인들을 죽여 버리면 그것들을 어디에서 구할 수 있단 말인가? 한인이 전혀 무익하다는 것은 말이 안 된다."

야율초재는 중국인의 등용에 앞장서 그가 등용한 중국 지식인은 4천 30명에 이르렀다.

한편 태종이 죽은 뒤 황후 내마진씨가 조정에 나와 정치를 하고 5년 동안 새 황제를 세우지 않았다. 일찍이 황후가 야율초재를 보고 태종이 세상을 뜨면 태자로 누구를 세우는 것이 좋겠느냐고 물은 일이 있었다.

그러자 야율초재는 이렇게 대답했다.

"그것은 저희들 바깥 신하들이 알 바 아닙니다. 태자에 관한 일은 선제의 유언대로 정하시는 것이 당연할 것입니다."

그러나 황후는 옥새를 찍은 백지를 총신 오도라합만에게 주어 마음대로 자기의 생각을 적어 넣고는 그대로 실시하게 했다.

야율초재가 이를 보고 황후에게 아뢰었다.

"천하는 선제의 천하이며 조정에는 정해진 법이 있습니다. 지금 황후께서는 이것을 어지럽히려 하시는데, 신은 그 말씀을 좇을 수 없습니다."

한편 황추라는 자는 영사(令史)에게 이렇게 명령했다.

"오도라합만이 아뢰어 비준을 얻은 것은 모두 조칙으로 기록하오. 만약 붓을 들지 않는 자가 있으면 그 손을 잘라 버릴 것이오."

그러자 야율초재는 단호히 말했다.

"일찍이 국가의 큰 일은 선제께서 모두 신에게 맡기셨습니다. 일개 영사가 알 바 아닙니다. 말씀하신 일이 이치에 맞으면 앞장서서 실행하겠습니다만 이치에 맞지 않는 일은 신의 목숨을 내놓고 막겠습니다. 어찌 손이 끊기는 것 정도를 두려워하겠습니까?"

황후는 그의 말을 좇을 수밖에 없었다.

한편 야율초재가 죽은 3년 후 정종이 즉위했다. 정종의 이름은 귀유이고 오고타이의 맏아들이며 어머니는 내마진씨였다. 원래 오고타이는 황손 실렬문을 후사로 하겠다고 발표했었다. 그런데 오고타이가 죽자 황후가 조정에 나와 5년 동안 정치를 한 다음 자기의 맏아들을 내세운 것이다.

그러나 정종은 황음(荒淫)과 폭주로 나날을 보내다가 겨우 3년 만에 죽고 말았다.

몽골은 황후 내마진씨가 정권을 잡은 뒤 정치를 제대로 못했기 때문에 인심이 흉흉해지기 시작했다. 정종이 죽은 다음 중신회의를 열어 격론 끝에 타뢰의 큰아들 몽가를 태자로 삼아서 2년 뒤에 즉위시키니 바로 헌종이었다.

이보다 앞서 여러 신하들은 곡출의 아들 실렬문을 받들어 황제로 삼으려 했지만 결정이 나지 않았다. 대장 올량합태는 태조의 여러 손자들 중 몽가가 가장 겸손하고 점잖으니 그를 황제로 세우는 것이 좋겠다고 생각하여 대회의를 통해 헌종을 제위에 오르게 하였다. 그러나 실렬문은 이 결정에 복종하지 않았다.

헌종은 여러 왕족 중에서 자기가 즉위할 때 반대 의견을 가지고 있는 사람이 있음을 알고, 그들을 모두 잡아 가둬 그 주모자를 사형에 처했다.

그 무렵 요추라는 학자가 은거하면서 성인의 길을 밝히는 것을 자기의 직책으로 삼았는데, 쿠빌라이가 그 소식을 듣고 그를 불렀다. 요추는 부름에 응하여 쿠빌라이를 만나보고는 그가 총명하며 매우 재주가 뛰어난 사람임을 한눈에 알아보았다. 자기를 내세우지 않으면서 남의 말에 열심히 귀를 기울이는 것을 보고, 장래 이 사람은 반드시 큰 일을 할 사람임을 알아보았다. 그래서 요추는 자기의 생각하는 바를 글로 써서 바쳤다.

그 글은 첫머리에 요임금과 순임금, 우임금, 탕임금, 주나라 문왕의 가르침과 세상을 다스리는 순서를 다루었다. 그러면서 한 나라를 통치하고 천하를 태평하게 하는 방법을 논하고, 다시 이것을 여덟 항목으로 분류해서 자세히 논파했다. 다음에는 잘못된 정치의 폐해를 30항목에 걸쳐 설명하였다.

이 글은 앞뒤가 정연하고 치밀하게 기술되어 있었다. 이에 쿠빌라이는 요추의 뛰어난 재능을 인정하고 일을 할 때에는 반드시 그의 의견을 물었다.

호타귀

그 후 몽골 정종의 황후 해미실과 실렬문의 어머니가 몽가를 저주하면서 기도드린 일이 탄로나 두 여인은 사형당하고 관련자는 모두 귀양 보내졌다.

6월에 몽가는 중원 땅을 황족들에게 주면서 제후에 봉했다. 이 때 몽가는 아우 쿠빌라이에게 물었다.

"너는 하북의 변경과 관중 중에서 어느 곳을 원하느냐? 네가 원하는 쪽을 가져라."

쿠빌라이는 요추에게 이 문제를 상의하였다. 그러자 요추는 이렇게 대답하였다.

"변경은 황하의 물결이 자주 변하므로 땅이 메마르고 조금만 땅을 파도 물이 나며, 게다가 소금기 있는 땅이 많습니다. 그러므로 관중 지방이 훨씬 좋습니다. 관중의 토지는 옛날부터 하늘이 내린 창고라고 일컬어졌으며, 또한 육지의 큰 바다라고 불리어 왔습니다. 실로 모든 물자가 풍족하게 생산되는 땅입니다."

그 뒤 몽가에게 간 쿠빌라이는 관중 지방을 가지고 싶다고 하였다. 몽가는 쿠빌라이를 매우 사랑하고 있었다. 쿠빌라이가 중원을 가지고 싶다고 하자, 몽가는 관중은 인구가 적으므로 조세가 적게 걷힐 것이라면서 하남 땅을 덧붙여 주었다.

이때 촉 지방의 수비 대장이던 송나라 장군 여회가 형벌을 관장하는 책임을 맡고 있던 진대방과 짜고서 왕유충이라는 사람이 몰래 몽골과 내통하고 있다고 참소해 없는 죄를 꾸며냈다. 그리하여 왕유충은 거리에서 참수형을 당하게 되었는데, 그는 이때 얼굴빛 하나 변하지 않고 진대방을 노려보며 말했다.

"내가 죽으면 이 억울함을 하늘에 호소할 것이다!"

그 피는 거꾸로 흘러 하늘로 치솟았다. 그 뒤 얼마 안 되어 진대방이 조정에 나왔는데, 갑자기 의식이 희미해지면서 왕유충이 자기를 유인하는 것 같더니 그대로 죽어 버렸다.

원래 송나라 조정은 여개에게 촉 지방을 다스리게 했는데, 그는 촉 지방의 여러 성을 튼튼히 방어하였다. 그리하여 여개가 20여 년간 촉 지방에 있는 동안, 백성들은 그의 덕택으로 평화로운 생활을 할 수 있었다. 그러나 여개가 죽고 여회가 부임하자 상황은 완전히 달라졌다. 그는 탐욕스러운 사람이었는데 날마다 부정만 행하여 정치는 어지러워지고 싸움에서는 패하여 중요한 곳은 모두 빼앗기고 말았다.

한편 이 무렵 호영이라는 관리는 잡귀신을 모셔놓은 집을 보기만 하면 파괴했으므로 '호타귀(胡打鬼)'라는 별명이 붙여졌다.

그가 광동의 경략사로 있을 때의 일이다. 그 지방에 절이 하나 있었는데, 그 절 불상 속에는 큰 뱀이 살고 있었다. 뱀은 가끔 나와서 차려 놓은 제사 음식을 먹었다. 중은 이것을 미끼로 백성들로부터 엄청난 기부금을 거두어들여 수천 냥을 모았다. 이 말을 들은 호영이 그 불상을 깨뜨리고 뱀을 죽여 버려 그 괴이한 신앙은 없어졌다.

언젠가 한 아랍인이 몽가에게 수정으로 만든 쟁반과 보석으로 장식한 양산을 바쳤는데, 그것은 은 3만여 냥에 상당하는 값비싼 것이었다.

그러나 몽가는 "오늘날 백성들은 피폐할 대로 피폐해 있어 지금 당장 필요한 것은 돈이다. 나 한 사람이 이런 사치스러운 물건을 갖는 것이 무슨 소용이 있단 말이냐."라며 끝내 받지 않았다.

10월에 몽골 장수 올량합태가 안남 지방을 정벌해서 도시를 모조리 파괴하고 수많은 백성을 죽였다.

이때 송나라는 오잠을 좌승상으로, 가사도를 우승상으로, 그리고 조규를 추밀책응사에 각각 임명했다.

송나라 장군 여문덕은 때마침 불어오는 강한 바람을 이용하여 몽골 군사와 싸워 승리했다. 오잠은 향사벽에 담주를 지키게 했는데, 이때 우연히 남쪽에서 공격해 온 몽골의 이가원수가 송나라 척후군대를 만나 전사했다. 이 때문에 몽골의 군사가 퇴각하여 담주의 포위가 풀렸다.

무너지는 송나라

머뭇거릴 시간이 없다

그 뒤 몽골은 합주를 포위하고 사자를 보내서 성을 지키고 있는 왕견에게 항복하기를 권했다. 하지만 왕견은 사자를 죽이고 성을 더욱 굳게 지키면서 분전했다.

7월에 헌종, 몽가가 합주성 아래에 있는 조어산에서 죽었다. 헌종은 9년 동안 황제 자리에 있었는데, 향년 52세였다. 헌종은 용감하였으며 침착하고 말이 적었다. 잔치를 벌이거나 술 마시기를 좋아하지 않았고, 사치와 여색에 빠지는 일도 없었다. 황후에게도 규정되어 있는 의복 이외의 것은 결코 허락하지 않았다.

오고타이 말년에는 신하들이 권력을 함부로 남용하여 제도가 매우 혼란했으나, 헌종 시대에 이르러서는 모든 조서와 명령은 헌종이 친히 초고를 써서 세 번 네 번 고쳐 쓴 다음에야 비로소 공포했다.

헌종은 신하들을 매우 엄격하게 다스렸다.

그는 어느 날 "그대들은 내게 칭찬을 받으면 곧바로 우쭐해서 교만해지오. 그러나 그렇게 되면 온갖 재난이 잇달아 일어날 것이오. 그대들은 이 점을 조심하오." 하고 신하들을 타일렀다.

헌종이 임종할 무렵 아우 쿠빌라이는 호남의 악주를 공격하고 있었는데, 송나라 장수 장승이 굳게 지켜 항복하지 않다가 마침내 전사했다.

한편 그 무렵 송나라의 가사도는 악주에서 군사를 지휘하고 있었다. 쿠빌라이는 악주를 더욱 맹렬히 공격하여 성 안의 사상자가 1만 3천 명에 이르렀다. 그러자 가사도는 겁을 잔뜩 집어먹고 송경이라는 사람을 몰래 몽골 진영에 보냈다. 송경은 이제부터 송나라는 신하로서 몽골을 섬기고 해마다 공물을 바칠 것이니 군사를 거두어달라고 청했다. 그러나 쿠빌라이는 이 항복 조건을 들어주지 않았다. 이때 사신이 악주로 와서 헌종이 죽었다는 소식을 전했다.

가사도는 다시 송경을 몽골 진영에 보냈다. 쿠빌라이도 헌종의 죽음을 알았고, 또한 몽골 수도 카라코룸을 지키고 있는 막내동생 아리부카가 황제의 자리를 노리고 있다는 소식을 들었다.

쿠빌라이의 부하인 학경이 말했다.

"만약 아리부카 전하가 선제의 유언이라고 일컬으면서 천자의 자리에 오른다면 대왕께서는 돌아가실 땅이 없게 됩니다. 원컨대 대왕께서는 사직을 염두에 두시고 행동을 취하시기 바랍니다. 지금 즉시 송나라와 휴전하신 다음 곧바로 연경으로 돌아가셔서 옥새를 거두십시오. 그런 연후에 사람을 보내서 후라그, 아리부카 등 여러 왕을 부르셔서 함께 카라코룸에서 선제의 장례를 치르십시오. 그 뒤에 관리를 각 지방에 파견해서 민심을 수습하고, 천하의 형세가 대왕께 있음을 보이신다면 황제의 자리는 저절로 대왕께 돌아오고 사직은 편안하게 될 것입니다."

쿠빌라이는 그의 의견이 옳다 하며 가사도의 휴전 요청을 받아들였다. 그리하여 공물의 액수를 약속받은 다음 마침내 군사를 거두어 돌아갔다.

한편 헌종이 죽자 여러 장수들이 쿠빌라이의 아우 아리부카를 제위에 오르게 하려고 했다. 헌종의 황후는 이것을 알고 악주에 있는 쿠빌라이에게 사람을 보내서 급히 수도로 돌아오라고 했다.

이해 3월, 쿠빌라이는 개평부로 돌아왔다. 여러 왕들과 대신들이 입을 모아 황제 자리에 오르기를 청하니 그는 세 번 사양한 다음에 즉위했다.

그 뒤 몽골 장수 올량합태가 악주에서 철수하여 북쪽으로 돌아갔다. 가사도는 장수 하귀에서 올량합태의 후위 군대를 갑자기 습격하여 격파했다.

가사도는 쿠빌라이에게 휴전을 청하여 신하라 일컫고 공물을 바칠 것을 약속한 사실을 숨기고서 사로잡은 몽골 병사들 몇 명을 이종에게 바치고 글을 올렸다.

"신이 악전고투 끝에 악주의 포위를 가까스로 물리쳤습니다. 장강의 거친 물결도 완전히 가라앉아 한때 위태롭던 우리 사직은 다시 편안하게 되었습니다. 실로 경사 중의 큰 경사라 아니할 수 없습니다."

이종은 가사도가 나라를 다시 일으킨 공이 있다고 하여 조서를 내려 칭찬하고 많은 상을 하사했다.

한편 이때 몽골의 아리부카가 카라코룸에서 반란을 일으켜 황제라 일컬었다. 그러자 쿠빌라이는 친히 군사를 이끌고 아리부카를 쳤다. 그래서 아리부카를 크게 깨뜨리고 장수 아랜달과 쿤스카이를 처형하였다.

그 뒤 쿠빌라이는 학경을 송나라에 보내서 지난날 가사도가 약속한 조건을 실행하라고 독촉했다. 이 무렵 가사도는 이미 조정에 돌아와서 부하인 요영중으로 하여금 『복화편』이라는 책을 지어 악주에서의 자기의 공로를 찬양하게 하고 있었다. 조정에서는 가사도가 몽골에 휴전을 청한 일을 전혀 몰랐으므로 모두 감탄했다.

백성을 창끝에서 구해야

쿠빌라이가 황제의 자리에 오르자 신하인 염희헌이 아뢰었다.

"송나라에 사신을 보내서 휴전을 하고 우호를 맺은 다음 모든 군사에게 명령을 내려 철수하게 해서 송나라에 은혜를 베풀고 위엄을 보이십시오."

쿠빌라이는 그 의견에 찬성했으나 그 일을 맡길 사신을 누구로 할까 망설였다. 이때 왕문통이라는 자는 전부터 학경을 시기하고 있었으므로 일부러 황제에게 학경을 추천했다.

어떤 사람이 이 말을 듣고 물었다

"공은 왜 병을 일컫고 거절하지 않았습니까?"

그러자 학경은 이렇게 대답하는 것이었다.

"남북이 서로 싸워 약한 자는 잡히고 젊고 건강한 사람은 들판에서 숨져 가는데도 전쟁은 그냥 계속되고 재난은 엉킨 실처럼 풀리지 않은 지 오래입니다. 쿠빌라이 황제는 북쪽이나 남쪽이나 똑같이 사랑하시어 두 나라가 친해지기를 바라고 계시오. 이 몸이 비록 힘은 미약하지만 감히 적의 땅에 발을 들여놓아 전쟁을 중단시키고 난리를 가라앉혀서 백만 백성의 생명을 창끝에서 구해 내지 못한다면, 내 한 몸은 세상에 아무런 이익도 주지 못하는 존재가 아니겠소?"

그러고는 곧장 송나라로 향했다.

그가 떠나자 왕문통은 부하 이단을 시켜 군사를 거느리고 송나라를 침입하였다. 송나라 손으로 학경을 죽이려는 계책이었다.

한편 가사도는 학경이 오면 지금까지의 모든 죄악이 탄로날 것이 두려워 몽골의 이단이 침입해 온 것을 구실로 삼아 학경을 잡아 군대의 막사에 가두었다. 송나라 관리들은 가시울타리를 쳐서 감옥이나 유치장보다 더 엄중하게 일행을 감시했으므로 따르는 사람 중에는 견디기가 어려워 불평을 늘어놓는 사람도 있었다. 하지만 학경은 그들을 타이르고 격려했다.

"사명을 받들고 이곳에 이른 이상, 우리가 죽고 사는 것과 나아가고 물러섬이 모두 여러분의 손에 달려 있다. 절개를 지켜 굴복하지 않는 것은 오직 우리의 각오 여하에 달려 있다. 우리는 결코 비겁한 짓을 해서 비열하기 짝이 없는 사대부들에게 모욕당하는 일이 있어서는 안 된다. 여러분에겐 참으로 미안하오. 그러나 죽을 고생을 잘 참고 견뎌 때가 이르기를 기다려야 하오. 이제 송나라의 운명도 얼마 남지 않았소. 조금만 더 참으시오."

학경의 말에 모두 감격하여 서로 위로하고 격려했다. 원래 송나라 이종은 몽골 사신이 온다는 말을 듣고 신하들에게 이렇게 말했다.

"몽골 사신이 오거든 잘 의논하여 천하를 태평하게 만들도록 하오."

그러나 가사도가 나서서 아뢰었다.

"평화조약은 몽골에서 제의해 온 것인데 아마도 속임수인 것 같습니다. 모든 것에 경솔하게 동의해서는 안 됩니다. 그러나 만약 저 편이 공손한 예의를 갖추고 온다면 배알을 허락하시는 것이 좋을 줄 압니다."

가사도는 다른 장수들을 꺼려 그들을 탄압하려고 했다. 그는 군사를 전장에서 철수시키면 그동안 쓴 비용을 조사하는 법을 마련하여 돈이 모자랄 경우 여지없이 처벌하였다.

이 때문에 향사벽과 조규 등 여러 장수가 군사비를 횡령하고 숨긴 죄로 파면된 뒤에 배상금까지 물었다. 그 중에서도 향사벽은 배상금이 가장 많았고 장주로 귀양을 가 끝내 죽고 말았다. 가사도는 다시 향사벽의 아내들을 가두어 재산을 몰수했으나 그래도 부족했다.

몽골 세조 2년, 노주를 지키고 있던 송나라 장수 유정이 모반하여 몽골에 항복했다. 예전에 돌아가는 다리를 끊어 북으로 철수하는 몽골 군사 170명을 전사시킴으로써 가사도에게 공을 세우게 한 공로자는 조세웅과 유정이었다. 그런데 시기심이 많은 가사도가 이미 향사벽과 조세웅을 참소로 죽음에 이르게 하자, 유정은 자기에게도 반드시 화가 미칠 것이라 두려워하고 있었다. 더구나 가사도는 이미 유정이 지난 전쟁에서 썼던 돈과 식량을 조사하여 죄를 씌우려 하였다.

때마침 몽골 군대가 국경을 침입해 오자, 유정은 마침내 송나라를 버리고 몽골에 투항하고 말았다. 이때부터 몽골은 송나라 조정의 허실을 손바닥 들여다보듯 자세히 알 수 있게 되었다.

그 무렵 쿠빌라이는 모든 군사에 명령을 내려 이제까지 노예로 부려 왔던 중원의 포로 유학자를 놓아 주라는 명령을 내렸다. 7월에 몽골은 처음으로 한림국사원을 세워 각지의 학식 있는 유학자를 뽑고 교수로 삼아서 학문을 장려했다.

어느 날 요추는 세조 쿠빌라이에게 아뢰었다.

"폐하께서 건국 사업에 있어서는 태조 이래의 법을 지켜 오시지만, 나라를 다스리는 방법에 있어서는 창시자이십니다. 그러므로 이제 폐하께서는 첫째로, 친척들과 화목하게 지내시며 나라의 기초를 굳히시고, 둘째로, 황태자를 세우셔서 황통(皇統)에 동요가 없게 하셔야 하고, 셋째로, 유능한 신하를 골라서 일을 맡아 보게 하셔야 합니다. 넷째로, 경서 연구소를 열어 폐하께서 항상 스스로 수양하실 것이며, 다섯째로, 국경의 수비를 굳게 해서 적의 침입을 막으셔야 하고, 여섯째로, 식량을 저축하여 흉년에 대비하셔야 합니다. 일곱째로는 학교를 세워서 인재를 양성하셔야 하고, 여덟째로, 농업과 양잠을 장려하여 백성의 생활을 윤택하게 하셔야 합니다. 이상 여덟 가지를 몸소 철저히 시행하시기 바랍니다."

쿠빌라이는 그의 의견을 듣고 매우 흡족해하였다. 그리고 그대로 시행하였다.

흑회단이라 불린 사나이

노주는 송나라와 몽골의 접경 지역으로 줄곧 서로 빼앗고 빼앗기고 해온 요충지였다. 그 중에서도 가장 견고한 곳은 양양이었다.

만약 몽골이 양양을 점령하면 그 다음에는 양자강을 남하해서 곧바로 악주와 형주를 빼앗고 건강을 함락시켜 임안을 공격할 수 있었다. 하지만 송나라의 명장 여문덕이 딱 버티고 있는 바람에 몽골의 군대는 한 발자국도 양양에 들여놓지 못했다.

여문덕 장군은 얼굴빛이 검었으므로 흑회단(黑灰團)이라는 별명으로 칭해졌다. 이때 몽골에 항복한 장군 유정이 쿠빌라이에게 말했다.

"송나라 군사는 오직 흑회단만을 믿고 있는데, 흑회단은 이익으로 유인할 수 있는 인물입니다."

그래서 몽골은 흑회단에게 사자를 보내서 옥을 박아 장식한 허리띠를 바치면서 이렇게 제안했다.

"양양성 밖에 물자를 바꿀 수 있는 교역장을 설치하고자 합니다. 부디 허락해 주십시오."

여문덕은 이를 허락했다.

사신은 다시 "남쪽 사람들은 믿을 수 없으니, 교역장 주위에 토담을 쌓아서 물건을 보호해야겠습니다. 허락해 주시기 바랍니다." 하고 청했으나 여문덕은 이 청을 들어주지 않았다.

그 뒤 몽골의 사자가 다시 여문덕을 찾아와 토담 쌓는 것을 허락해 달라고 청했다. 여문덕은 조정의 허가를 얻은 다음에야 이를 허락했다. 몽골은 곧 양양성 북쪽에 교역장을 설치했다. 그리고 녹문산에는 토담을 쌓아서 겉보기에는 물건을 보관해 두는 곳처럼 꾸몄지만, 사실은 그 안에 다시 견고한 성을 쌓고 있었다.

이것을 눈치 챈 여문덕의 아우 여문환이 형에게 두 번이나 글을 보내서 알렸으나, 여문덕의 부하가 이것을 중간에서 가로채고는 보고하지도 않아 형은 이것을 전혀 알지 못하고 있었다. 그러는 동안에 몽골 군사는 다시 백학성에 다가 두 번째 성을 쌓았다. 여문환은 급히 형에게 알렸다. 이번 글은 가까스로 여문덕의 손에 들어갔다. 여문덕은 크게 놀랐다.

"아! 내가 나라를 크게 그르쳤구나!"

그는 몽골 군사를 치겠다고 청했으나, 불행하게도 병이 들어 죽어 버렸다.

7월에 혜성이 하늘에 나타났다. 길이가 십여 장이나 되는 꼬리가 달려 있어 온 하늘을 환하게 비췄다. 그것은 새벽녘에 동쪽 하늘에 나타나서 해가 높이 뜬 다음에야 사라졌다. 그리고 한 달 이상을 계속하다가 아주 없어졌다.

한편 전에 반란을 일으켰던 아리부카는 계속 패하며 결국 그 참모 불로화와 탈홀사 등과 함께 쿠빌라이에게 항복했다.

그러자 쿠빌라이는 "모든 왕들은 태조의 자손이다."라는 조서를 내려 석방하여 죄를 묻지 않았다. 다만 그 참모 불로화만은 주살을 면하지 못하였다.

하늘의 덕

귀뚜라미의 씨름

그해 송나라의 이종황제가 죽고 그 뒤를 도종황제가 이었다. 그의 처음 이름은 맹계로서 이종의 조카였다. 이종은 아들이 여럿 있었으나 모두 제대로 자라지 않아 맹계를 대궐로 데려다가 기르고 황자로 삼았다.

이 무렵 조정에서는 가사도가 정치를 독단하고 있었다. 이때 선비 중의 선비인 섭이와 소규 등이 도종에게 글을 올렸다.

"가사도가 권력을 함부로 전횡하여 민생을 해치고 국가를 그르치고 있습니다."

그러자 가사도는 크게 노하여 그들에게 없는 죄를 뒤집어씌워 먼 지방으로 귀양 보냈다.

이 무렵 송나라의 여문환이 양양의 수비를 맡았다. 몽골 군사는 이곳에 교역장을 개설하고는 성을 쌓았고, 양자강 한가운데에 다리와 방어벽을 만들었다. 그러면서 자주 양양성과 번성의 성 밖에 침입해서 약탈해 갔다.

한편 가사도는 경치 좋기로 이름난 서호 갈령에 집을 지어 놓고 호화롭게 살고 있었다. 닷새 걸러 한 번씩밖에 조정에 나오지 않아 부하 관리들은 문서를 들고 직접 가사도의 집에 가서 결재를 받아야만 했고, 다른 대신들은 형식적으로 문서에다 서명을 했다. 그러면서 그가 하는 일이라곤 돈을 받고 벼슬을 팔아 자기 뱃속을 채우거나 미녀들에게 둘러싸여 호화 별장에서 지내면서 귀뚜라미의 씨름을 보고 기뻐하는 일뿐이었다.

가사도는 젊었을 때부터 부랑자였는데 그의 누나가 황제의 총애를 받아 갑자기 출세하게 되었다. 그는 출세하자 완전히 주색에 빠졌고 포악한 정치를 일삼았으며 남을 자주 모함하여 죽게 만들어 결국 나라까지 망하게 한 간신 중의 간신이었다.

어쨌든 이 무렵에는 어떠한 일이든 가사도에게 신고하여 결재를 얻지 않으면 아무것도 실행할 수 없었다. 의롭고 결백한 사람들은 모두 파면되어 조정에서 자취를 감추어 버리고, 관리들은 다투어 뇌물을 써서 좋은 자리를 얻으려고 했다. 벼슬을 얻고자 하는 자들로부터 들어오는 뇌물은 이루 헤아릴 수 없이 많았다. 가사도는 송나라 군사가 패해도 이것을 천자에게 아뢰지 않았고, 백성이 원망하고 있어도 감히 입을 여는 사람이 없었다.

그 뒤 양양성이 포위되었다. 여문환이 위급함을 보고하자 조정에서는 고달과 범문호 등을 보내어 구원하게 했으나, 몽골 대군에게 길이 막히고 또 두 장수도 명령을 따르려고 하지 않았다. 이때 선비들이 천자에게 글을 올려 각 지방의 군사를 합하여 양양을 스스로 구하겠다고 청했지만 조정에서는 아무런 조치가 없었다.

승상 강만리가 구원병을 보내서 양양을 구할 것을 청했으나 다른 신하들과 의견이 맞지 않아 사직하고 말았다.

어느 날 도종이 가사도에게 물었다.

"양양이 몽골의 군사에게 포위된 지 3년이나 되었는데, 지금 어떻게 되었소?"

그러자 가사도는 오히려 이렇게 반문하였다.

"몽골의 군사는 벌써 물러가 버렸는데, 도대체 누가 그런 말씀을 폐하께 아뢰었습니까?"

도종은 고개를 갸웃하며 대꾸했다.

"후궁이 그런 말들을 합디다그려."

가사도는 그 후궁을 불러내서 힐책을 한 다음 억울한 죄를 뒤집어씌워 자살하게 만들었다. 이때부터 군사에 관한 일은 아무도 입 밖에 내지 않았다.

이제 가사도의 권세는 천자를 능가할 만큼 컸다. 가사도에게 아첨하는 자 중에는 그를 옛날 주나라 때 성왕을 보좌하여 정치를 잘한 주공에 비유하는 자까지 있었고, 황족과 외척들도 모두 가사도에게 억압당하여 아무런 힘을 쓸 수 없었다. 또 당시 명망이 있는 사람들은 비록 가사도에게 마지못해 인정받아 조정에 나아가 황실 측근이 되기는 했지만, 참으로 가사도에게 심복하고 있는 이는 한 사람도 없었다.

이때에도 조정 밖의 감사와 군수 중에는 결백하고 절개 높은 사람이 많았다. 하지만 조정의 높은 자리에 오른 사람은 모두 가사도와의 부정한 연줄을 잡고 출세한 자들이었다. 가사도는 공로를 세워도 상 주는 데는 인색하고 재물 때문에 벌주는 데는 매우 가혹했기 때문에 장수들의 마음은 하루가 다르게 그로부터 멀어져 갔다.

한편 전에 몽골에 항복했던 유정은 송나라를 공략할 계획을 아뢰었다.

"천천히 취하고자 한다면 촉으로부터 진격해 내려가는 것이 좋으며, 빨리 취하고자 한다면 양수와 회수로부터 바로 진격해 나아가는 것이 좋을 줄 압니다."

이 무렵 송나라의 여러 장수가 잇달아 몽골에 항복했는데 그들은 모두 송나라 국내의 사정을 잘 아는 사람들이었다. 그런데 가사도는 사직의 위태로움을 마치 미운 여자의 얼굴에 분칠하듯이 천하가 온통 태평무사한 것처럼 꾸며대기만 하면서 조금도 적의 사정을 마음에 두는 빛이 없었다.

이때 몽골 평장정사 염희헌이 사직했다. 일찍이 쿠빌라이가 그에게 라마교의 계율을 받으라고 권한 일이 있었는데, 이때 염희헌은 이렇게 대답했다.

"저는 이미 공자의 계율을 받았습니다."

그러자 쿠빌라이가 반문하였다.

"공자에게도 계율이 있소?"

"신하가 되어서는 임금에게 충성을 다할 것이요, 자식이 되어서는 부모에게 효도를 다하라는 것이 곧 공자의 계율입니다."

또 언젠가는 술법을 하는 사람이 쿠빌라이를 위해 불로장생하는 선약을 만들겠다고 했다. 그러자 쿠빌라이는 이를 허락하고 중서령에게 술사가 필요하다는 그 선약의 재료를 마련해 주라고 명령했다. 이때 염희헌이 말렸다.

"옛날부터 술사에게 농락당한 임금은 많이 있었습니다. 요임금과 순임금이 매우 오래 사신 것은 무슨 영험 있는 약의 힘을 빌렸기 때문이 아니었습니다."

쿠빌라이는 그의 말을 옳게 여겨서 약 만드는 일을 즉시 중지시켰다.

한편 쿠빌라이는 허형을 중서좌승으로 임명했다. 이때 아합마라는 자가 조정에서 권력을 마구 휘둘러 황제를 황제로 여기지 않고, 나라를 그르치며 백성을 해치는 무도한 행동을 많이 했다. 이에 그치지 않고 그는 아들 홀신에게 군사 지휘를 맡기려 했다. 그러자 허형이 극력 반대했다.

"국가의 권력 있는 직책은 병정(兵政), 민정(民政), 재정(財政) 세 가지뿐입니다. 지금 아버지가 상서성을 맡아 민정과 재정을 장악하고 있는데, 다시 그 아들이 병권을 잡으면 부자가 정권을 완전히 잡게 되어 그 권력이 너무 강하게 됩니다."

이에 쿠빌라이는 물었다.

"경은 아합마가 모반을 일으키지나 않을까 걱정하고 있는 것이오?"

그러자 허형은 이렇게 대답하였다.

"삼권을 잡는 것은 모반할 수 있는 길입니다. 옛날부터 간교하고 사악한 자 중에서 이 길을 택하지 않은 자가 없었습니다."

원나라

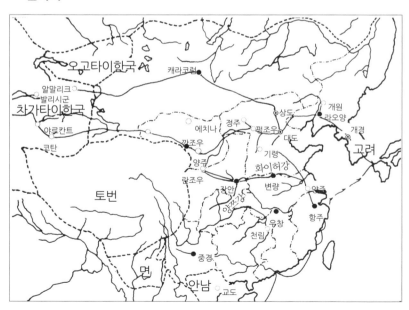

원元나라

이때 쿠빌라이는 다음과 같은 조서를 내렸다.

예로부터 하늘의 명을 받아 천하를 모두 차지하여 천자의 자리에 있는 자는 반드시 훌륭한 국호를 세워서 왕업을 계승하는 것이다. 이것은 우리나라만이 행하는 일이 아니다.

당(唐)이란 탕(蕩), 곧 넓고 크다는 뜻이니, 요임금은 이것을 국호로 삼았다. 이어 우임금이 일어나고 다시 탕임금이 나라를 다스리기에 이르렀는데, 우임금이 정한 국호인 하(夏)는 크다는 뜻이요 탕임금이 정한 국호 은(殷)은 가운데라는 뜻이다.

후세로 내려오자 국호도 달라져서 옛날처럼 글자의 뜻으로 국호를 정하는 일이 없게 되었다.

진(秦)이라 일컫고 한(漢)이라 일컫는 것은 처음에 일어난 땅 이름에서 따온 것이었다. 수(隋)라 일컫고 당(唐)이라 일컫은 것도 역시 처음에 봉해진 영토의 지명을 그대로 쓴 것이었다. 이러한 것들은 모두 백성의 귀에 익은 습관에 따라 그때그때 정해진 편의상의 국호로서 이것들은 하, 은 등 이전의 국호에 비해 뒤떨어진다고 아니할 수 없다.

우리 태조 황제께서는 눈보라 몰아치는 삭방에서 일어나시어 하늘과 같은 무용으로써 황제의 자리에 오르셨다. 그리하여 그 영토의 크기는 고금에 일찍이 유례가 없었다.

어느 노인이 조정에 들어와서 말하기를 '이미 이와 같은 큰 사업을 완성하신 이상 하루 빨리 국호를 정하시기 바랍니다.'고 했다. 이것은 옛날 제도에도 있는 일로서 당연히 그렇게 해야 할 것이다. 내 마음엔 조금도 꺼리는 바가 없다.

나는 이제 국호를 세워서 대원(大元)이라고 하겠다. 이것은 역경(易經)

의 건원(建元), 곧 하늘의 덕이라는 뜻에서 따온 것이다.

무릇 천하는 크게 다스려져서 만물이 모두 하늘의 은혜를 받아 그 모양을 이루고, 하늘이 근본이 되어 천지의 모든 만물을 만들어 낸다. 그 광대무변한 공적을 누가 감히 본떠서 자기의 이름으로 할 것인가?

이제 온 천하의 임금이 된 나는 천하를 다스려 편안하게 함에 있어서 무엇으로써 이를 행할 것인가? 무엇보다도 인(仁)을 지녀야 할 필요성을 절실히 느낀다.

일의 성취는 자연스러움에 따르고 감히 인위적인 것을 더하는 일이 없을 것이니, 정치의 길을 하늘의 이치와 사람의 마음에 일치되도록 열어갈 것이다.

실로 원(元)이라는 국호는 참으로 그 뜻을 헤아려서 이름 지은 것이다. 다만 진실로 그 이름이 영원하기를 원할 뿐이다.

하늘 아래 우리 영토의 신하들과 함께 이 큰 이름을 융성하게 함을 기뻐한다. 모든 신민(臣民)은 내 깊은 뜻을 알라.

땅에 흰 털이 돋아나

이듬해에 송나라는 섭몽정을 다시 재상으로 삼았는데, 그는 가사도와 의견이 맞지 않아 얼마 후 그만두었다. 이해에 마침내 양양이 함락되었다.

이보다 앞서 이종 원년에 지방 장관이 장병들을 노하게 한 사건 때문에 왕민이라는 자가 난을 일으켜 한때 양양성이 함락된 일이 있었는데, 그 뒤 사천의 선무사 이증백이 가까스로 양양을 탈환했다.

그 후 6년 동안 여문환이 성을 굳게 지켰으나 가사도는 전혀 구원할 계책을 세우지 않았다. 양식은 아직 떨어지지는 않았지만 옷과 땔나무와 말먹이를 마련할 길이 없어서 집을 헐어 땔나무로 하고 지폐를 이어서 옷을 해 입었다. 그러나 끝내 조정의 구원군은 오지 않았다. 방법이 없어진 여문환은 마침내 성을 내주고 항복하고 말았다.

그 뒤 가사도는 허위로 천자에게 몇 차례 글을 올려 자기가 직접 가서 군사를 총지휘하겠다고 하였다. 그러나 조정의 중신들에게 넌지시 귀띔을 해서 자기를 보내지 않도록 하여 끝내 일선에 나가지 않았다.

한편 과거시험의 장원 출신으로서 당시 직학사원에서 일하고 있던 문천상이 가사도를 탄핵하다가 벼슬을 사직하고 물러갔다. 전에 가사도가 병을 구실삼아 사직원을 낸 일이 있었다. 이때 문천상은, "지금 가사도 재상은 진심으로 사직하려는 것이 아니라 억지로 황제 폐하를 난처하게 하기 위해 사직서를 낸 것입니다."라고 주장하였다.

이 때문에 가사도는 문천상을 매우 미워하여 사사건건 간섭하면서 어떻게든 쫓아내려고 하였다. 그러자 문천상은 스스로 사직하고 말았다. 이때 그의 나이 서른일곱이었다.

그해에 평지에 흰 털과 같은 것이 돋아났다. 그것은 마치 상어 지느러미 같았는데, 수도 임안에서 가장 많이 났다. 그 뒤 원나라가 번성을 침략했는데, 그곳을 지키고 있던 송나라 장수들이 항전하다가 모두 전사했다.

이때 원나라의 허형이 사직을 원하여 허락되었다. 허형은 부지런하고 검소했으며 언제나 수양에 힘쓰고, 매사를 공평하고 자애롭게 처리했다. 또한 지나치게 엄격하지도 않았고 모든 일 처리를 조리 있게 해 나갔다. 또한 집 안에서도 조정에서와 같이 예의를 정중하게 하여 부부관계가 마치 동생과 누님 사이 같았다.

허형의 이웃에 덕공이라는 스님이 살고 있었다. 그의 나이는 백 살이 넘었는데 어느 날 제자들에게 이렇게 말했다.

"내가 고행을 백 년 동안이나 했으나 득도하지 못했다. 헛되이 부모의 혈통을 끊어 불효자가 되었을 뿐이다. 저 세상에 가서 조상 어른들을 뵈올 면목이 없다. 그래서 너희들에게 부탁하는 것이니 너희들은 지금부터 모두 환속해서 부디 혈통을 끊어뜨리지 말도록 해라."

그 후 그는 주위 사람들에게 중이 되지 말라고 권했다. 덕공도 허형에게 감화된 것이었다.

이 무렵 가사도는 어머니가 죽어 벼슬을 내놓고 고향에 내려가 있었는데, 도종이 조서를 내려 다시 출사하라고 했으므로 다시 조정에 나왔다.

이해 7월에 도종이 죽었다. 황제의 자리에 오른 지 10년째였고 향년 서른 다섯 살이었다.

가사도는 황자 현을 제위에 오르게 했는데, 이때 그의 나이는 겨우 네 살이었다. 이때 태황태후 사씨가 조정에 나와 정치를 했다.

그 무렵 원나라 태보 유병충이 세상을 떠났다. 그는 천하를 태평하게 만드는 것이 자기의 임무라고 믿으며 살았던 사람이었다. 유병충은 자기가 품고 있는 생각은 반드시 황제에게 아뢰었는데, 그가 아뢴 것은 반드시 받아들여졌다. 그리고 그가 조정에 천거한 사람은 모두 유능한 인물이었다.

쿠빌라이가 개령부와 연경에 성을 쌓은 것도 모두 유병충이 그 곳을 요긴하게 보고 황제에게 권했기 때문이었다. 그는 이렇다 할 큰 병도 없이 단정하게 앉아서 숨을 거두었다. 쿠빌라이는 이 소식을 듣고는 매우 슬퍼하면서 여러 신하들을 돌아보고 말했다.

"유재상은 30여 년 동안 나를 섬겨 왔는데, 조심성 있고 신중해서 무슨 일이나 치밀하게 처리했소. 또 그가 음양에 정통했던 것은 나 외에는 아무도 몰랐을 것이오."

한편 쿠빌라이는 사천택과 백안에게 송나라를 공격하도록 했다. 두 사람이 쿠빌라이에게 하직 인사를 하러 왔을 때, 쿠빌라이는 그들을 타일렀다.

"옛날부터 강남 땅을 잘 공략한 사람은 북송의 조빈 장군 한 사람뿐이었소. 장군들도 백성을 죽이지 않고 강남을 점령한다면 제2의 조빈이 될 것이오."

그런데 갑자기 사천택이 병에 걸리고 말았다. 그는 고향으로 돌아가 얼마 지나지 않아 죽었다. 그가 죽기 전에 쿠빌라이는 급히 의원을 보내서 치료하도록 했다. 사천택은 그 의원을 통해 쿠빌라이에게 글을 남겼다.

"신의 수명도 이제 끝났습니다. 목숨은 아깝지 않습니다. 다만 원컨대 우리 군사가 강을 건너고 나서도 절대로 백성을 죽이거나 물건이나 여자를 약탈하거나 하지 못하게 하십시오. 이것이 신의 마지막 소원입니다."

그는 이 글을 쓰고 곧 숨을 거두었다.

사천택은 충의롭고 성실한 인물로서 무엇보다도 절개를 소중히 지켰다. 그래서 밖으로 나아가서는 장군으로, 들어와서는 재상으로 50년 가까이 지냈다. 그러면서 태종, 정종, 헌종, 세조의 네 대를 섬겨 국가의 대들보가 되었다. 참으로 원나라의 사직과 운명을 같이한 신하였다.

사천택은 부귀와 권세를 멀리하여 마치 몸이 더럽혀짐을 걱정하는 것 같았다. 그래서 그는 처음부터 끝까지 한 번도 실패한 일이 없어 마침내 원나라 개국의 공신이 된 것이다.

충신 문천상

패주, 또 패주

한편 이때 원나라 승상 백안이 군사를 양양과 번성에 집결시켰다. 이해 9월, 항복한 장수 유정이 기병을 지휘하여 회주로 진격하고, 여문환은 수군을 거느리고 양양을 쳤다. 유정과 여문환의 군사는 앞을 다투어 원나라 군사를 이끌고 육지와 수로로 일제히 진격하여 신성을 공격했다.

이에 대항하여 송나라의 변거의 장군이 부하 3천 명을 거느리고 힘을 다해 싸웠으나 전사하고 말았다. 또 하귀도 분전하다가 원나라 군사에게 불의의 공격을 받아 크게 패한 채, 장강의 서남쪽 기슭에 불을 지르고 여주로 철수했다.

곧이어 악주가 함락되었고, 또 임안부의 천목산도 무너졌다. 그러자 송나라 조정은 천하에 조서를 내려 의용군을 모집했다.

한편 원나라의 백안은 아리해아를 남겨 악주를 지키게 하고, 자기는 대군을 거느리고 장강을 건너 동쪽으로 내려갔다. 이때 장강 연안을 지키고 있던 여러 장수들은 거의 여문환의 부하였으므로 원나라 군사의 위세를 바라보고는 싸우지도 않고 모조리 항복했다.

가사도는 임안에 도독부를 두어 군사를 지휘하고 있었는데 머뭇거리면서 출발을 늦추며 일선으로 가려고 하지 않았다. 그러나 송나라 군사들이 계속하여 원나라에 항복했다는 말을 듣고는 더 이상 출전을 미룰 명분이 없어지자 마지못해 군사를 거느리고 출발했다. 이때도 일부러 길을 돌고 돌아 여러 날 만에 겨우 안경부에 도착했다. 그런데 그곳에 도착하기 사흘 전에 안경부를 지키고 있던 장수 범문호가 이미 원나라 군사에 항복해 버렸다.

그러자 가사도가 인솔한 군사들도 싸울 뜻을 잃고, 가사도는 생각 끝에 모든 사람의 계급을 올려 주겠다고 포고를 내렸다. 장병들은 크게 분노하였다.

"나라가 오늘 망할지 내일 망할지 모르는 이 마당에 계급이 오르고 상을 받아서 무엇에 쓴단 말이오. 지난번에 말했던 승진 약속이나 잘 지키시오."

이에 가사도는 대답할 말이 없어 군사를 후퇴시켰으나, 13만 대군이 순식간에 궤멸하고 가사도도 달아나 버렸다.

이때 선비 문천상이 의용군을 모집했다. 그는 길주 여룡 사람으로 과거를 보아 장원을 해서 진사가 되었다. 이때 지주성도 함락되었는데, 지주성의 통판 조앙발은 성과 운명을 같이할 결심을 했다. 하지만 아내에게는 어서 몸을 피해 성에서 나가라고 했다. 그러자 아내 옹씨는 이렇게 말했다.

"그렇게 되면 당신은 충신이 되실 수 있지만, 저는 충신의 아내가 되지 못합니다."

조앙발은 아내의 결심이 한없이 기뻤다. 두 사람은 함께 옷을 갈아입은 다음 목을 매어 죽었다.

이튿날 원나라 장수 백안이 입성하며 그들의 시체를 보고 가엾게 생각하여 의복과 관을 갖추어 정중하게 장사지내 주었다. 이어서 건강이 함락되고 말았다. 이렇게 수도 임안이 위태롭게 되었는데 신하들은 밤을 틈타 뿔뿔이 흩어져 달아나 버렸다.

이때 진의중이 가사도의 불충하고 불효한 죄를 탄핵했다. 진의중은 원래 가사도의 주선으로 출세했는데, 이번에 거듭거듭 가사도를 탄핵하여 자기가 가사도의 무리가 아님을 내세웠다. 가사도는 마침내 먼 곳으로 귀양을 갔다.

이때 정호신이라는 자가 가사도 때문에 귀양을 갔던 아버지의 원수를 갚으려고 자청해서 호송사가 되어 장주까지 호송하였다. 그리고는 마침내 그곳의 변소 안에서 가사도를 죽여 버렸다.

눈물의 항전

한편 또 한 명의 충신, 장세걸이 조정의 부름을 받고 임안으로 달려와 황성을 수비했다. 이 무렵 원나라 군사가 국경까지 침공해 왔는데도, 진의중은 오직 가사도의 무리를 공격하는 데에만 열중하고 원나라 군사를 방비할 계책을 세우지 않았다.

6월 1일, 갑자기 일식이 생기더니 천지가 온통 캄캄해져서 닭이 밤이 된 줄 알고 홰에 올랐고 가까이 있는 사람과 물건조차 알아볼 수 없었다. 사시에 시작된 일식은 오시가 되어서야 겨우 밝아졌다. 사람들은 이것이 송나라가 망할 징조라며 슬퍼하였다.

이때 문천상은 고을의 민병과 장정 2만여 명의 대장이 되어 황성을 지키고 있었는데, 우승상으로 있던 유동염과 사이가 좋지 않아 중앙에서 나가 임안의 북쪽을 방비하고 있었다.

원나라 군사들은 이미 임안에서 백 리 밖까지 공격해 들어왔다. 그리하여 일선의 척후병들이 계속하여 위급함을 알려왔다. 이때 장세걸의 군사는 5만, 각지의 의용군은 40만이었다.

문천상이 장세걸과 의논했다.

"우리 모두가 목숨을 걸고 싸워서 만에 하나 승리한다면, 우리에게도 희망이 있을 것이오."

장세걸은 고개를 끄덕였다. 그들은 천자의 친위병을 출동시켜 달라고 청했으나, 진의중은 친위병을 경솔하게 움직일 수 없다고 거부하였다.

송나라는 사신을 원나라에 보내서 화의를 청했으나, 원나라의 백안 장군은 이를 거절했다. 이때 원나라 군사는 호남에서 들어와 담주를 포위했으므로 담주를 지키던 이불 장군이 결사적으로 이에 맞서 여러 번 승리했다. 그러나 포위된 지 아홉 달 만에 성이 함락되자, 이불 장군은 온 집안 식구와 함께 누각 위에 올라가 최후의 잔치를 벌인 다음 자결했다.

원나라 군사는 이제 고정산까지 진출하여 주둔했다. 고정산은 대궐에서 불과 30리밖에 떨어져 있지 않은 곳이었다. 그러자 진의중은 밤에 성을 나와 온주로 달아나 버렸다. 조정은 문천상을 우승상에 임명하려 했으나 그는 거듭 사양하고 받지 않았다.

그 대신 문천상은 강화 사절이 되어 원나라 진영으로 파견되었다. 원나라 진영은 삼엄하고 위세가 드높았으나, 그는 조금도 원 나라에 굴복하지 않았다. 백안은 문천상을 억류하였다.

얼마 지나지 않아 원나라 군사들이 임안에 입성하였다. 그러자 재상 가여경 등은 황제를 앞세워 투항하였다.

백안은 송나라 재상 가여경 등 대신들을 잡아서 연경으로 데려갔다. 문천상도 배에 태워 북쪽으로 호송했는데, 진강까지 갔을 때 탈출에 성공하여 온주로 가서 익왕과 광왕을 찾았다. 황제 일행이 북쪽 원나라로 끌려갈 때, 황족과 대학생 등 수천 명이 그 일행을 따랐다.

한편 익왕과 광왕은 해안을 따라 온주에 이르렀다. 이때 소류의와 육수부가 달려오고, 진의중과 장세걸도 뱃길로 해서 복주로 달려왔다. 여기서 조서를 선포하여 두 왕을 도원수와 부원수로 삼아서 각지의 의용군을 소집했다.

5월 초하룻날, 사람들이 의논하며 익왕을 황제로 삼을 것을 결정하고 복주에서 즉위식을 올렸다. 이 사람이 바로 단종황제이다.

9월에 문천상이 남검주에 본부를 두고 군사를 모아 수천 명을 얻었다. 문천상은 이들을 거느리고 소무군을 탈환했다. 문천상은 부하들을 보내서 공주를 공격, 영도를 점령하게 했다. 또 오준으로 하여금 우도를 빼앗게 했다.

11월에 원나라의 아라한과 동문병은 건녕부 소무군에 침입하여 마침내 복주를 차지했으므로, 진의중과 장세걸 등은 단종 등을 모시고 바다로 나가 광주로 피했다. 여기서 다시 사여협으로 들어갔다.

다음 해 아라한이 정주의 문천상을 공격하였다. 문천상은 장주로 달아났다. 그는 어떻게든지 단종이 있는 곳으로 가서 천자를 호위하려 했지만 길이 막혀 갈 수 없자 뜻을 이루지 못한 채 광동 지방에서 원나라 군사와 죽을 힘을 다해 싸웠다.

오준은 마침내 힘이 다해 원나라 군사에게 항복하고 말았다. 그 뒤 그는 장주로 가서 문천상을 설득하여 항복을 권했다. 그러나 문천상은 그를 격렬히 비난하면서 죽여 버렸다.

3월에 문천상은 매주를 탈환하고, 4월에는 흥국현을 탈환했으며, 5월에는 장세걸이 조주를 탈환했다. 그리고 문천상은 마침내 회창현을 탈환했다. 그러자 조시상과 장일중 등이 군사를 거느리고 와서 이곳에 집결했다.

이때 원나라 중서정사 염희헌은 강릉을 다스리고 있었는데, 백성들이 그의 덕에 감화되어 모두 그를 사모하고 있었다. 염희헌이 병들어 본국으로 돌아가게 되자 모두들 눈물을 흘리며 전송했다. 뒤에 염희헌이 죽자 이 지방 사람들은 그를 위한 사당을 세워서 초상을 그려 모시고 제사를 지냈다.

염희헌이 죽었다는 소식을 들은 쿠빌라이는 크게 탄식했다.

"염희헌처럼 나라의 큰 일을 잘 처리할 사람은 다시는 없을 것이다."

백안 또한 그를 칭찬했다.

"염공, 재상 중의 재상, 남자 중의 남자다."

마침내 송나라 멸망하다

폭풍 속에 배는 부서지고

한편 6월에 문천상이 우도에서 원나라 군사를 격파하고, 흥국현으로 들어가 주둔했다. 7월에는 길공의 여러 고을을 탈환하고 공주성을 포위했다.

그러자 원나라 장수 이항이 군사를 보내서 공주를 구원하고, 자기는 장수가 되어 흥국현의 문천상을 급히 공격했다. 문천상은 이항이 그렇게 빨리 공격해 올 줄 모르고 있다가 갑자기 기습을 당하자 군사를 거두어 달아났다. 하지만 원나라 군사가 맹렬히 추격하여 방석령에서 맞부딪쳤다.

그러자 송나라 장수 공신이 온몸에 화살을 맞고 죽었다. 공신은 문천상이 피할 시간을 주기 위해 스스로 큰 바위 위에 올라가 화살이 비오 듯하는데도 꿈쩍하지 않았다. 이상하게 생각한 이항이 뒤로 돌아가 살펴보니 그는 온몸에 화살을 맞고 죽어 있었다.

그러는 동안에 문천상은 공갱이라는 곳까지 달아났으나 이항이 다시 추격하였다. 장일중이 죽을 힘을 다해 맹렬히 싸워 원나라 군사는 그 위세에 약간 후퇴했다. 이에 이항은 정예군을 지휘하여 옆으로 공격하게 했다. 장일중은 몸에 십여 군데나 부상당하고도 다시 적 십여 명을 베고는 장렬하게 전사했다.

이때 문천상의 아내 구양씨, 아들 불생과 환생, 딸 둘이 모두 사로잡혔다. 조시상이 어깨에 메는 작은 가마에 앉아 있는데, 원나라 군사가 물었다.

"누구냐?"

그러자 조시상이 태연하게 대답하였다.

"나의 성은 문(文)이다!"

이에 원나라 군사들이 문천상으로 여겨 사로잡았다. 이틈에 문천상은 적의 포위를 벗어날 수 있었다.

문천상은 맏아들 도생과 함께 말을 달려 위험한 곳을 간신히 빠져나왔다. 이때 사방으로 흩어졌던 송나라 군사들은 여기저기에서 모여들어 남령에 주둔했다. 그러나 생사를 함께해 온 막료들과 여러 장수들은 모두 사로잡히고 없었다.

한편 포로가 된 조시상은 적장과 항복한 송나라 장수들을 맹렬히 꾸짖으며 조금도 굽히지 않았으나, 유수는 처형당하게 되자 중언부언 변명을 늘어놓았다. 그러자 조시상은 그를 꾸짖었다.

"오직 죽음이 있을 뿐이다. 오늘에 이르러 무슨 여러 말을 하느냐?"

포로가 되어 끌려온 장수들은 여기서 모두 처형당하고 문천상의 처자와 하인들은 연경으로 호송되었는데, 두 아들은 도중에 죽었다.

11월에 원나라 장수 유심이 해군을 거느리고 단종의 배가 있는 조주만을 공격했다. 장세걸은 힘껏 싸웠지만 패하여 단종을 모시고 달아났다.

12월에 단종의 배는 다시 정오로 옮겨갔다. 그러나 태풍을 만나 배는 부서지고, 어린 황제는 병이 났다.

다음 해 4월, 단종이 강주에서 죽자 위왕이 황제의 자리에 올랐다. 그가 바로 제병이다.

이보다 앞서 단종이 죽었을 때, 대부분의 신하들은 이제 송나라는 끝장이 났다고 생각하고 제각기 흩어지려고 했다. 그러나 육수부가 만류했다.

"도종황제의 아드님 한 분이 지금 이곳에 계시오. 그분을 어떻게 한단 말이오. 지금 우리 송나라 조정에는 백관(百官)이 다 갖추어져 있고 군사가 수만 명이오. 하늘이 아직 송나라가 끊어지는 것을 바라지 않으신다면 나라를 바로잡지 못할 까닭이 없소."

그리하여 육수부는 여러 사람들과 함께 제병을 세울 수 있었다. 그때 제병은 겨우 여덟 살이었다.

조정은 육수부를 좌승상으로 삼아서 추밀사를 겸하게 했다. 그 당시는 바닷가를 방랑하고 있는 형편이었으므로 모든 일을 간략하게 했는데, 조정의 의식을 올릴 때면 오직 육수부 한 사람만이 의관을 갖춰 그 모습은 태평한 때와 조금도 다름이 없었다.

그러나 그는 도망치는 행렬 가운데 끼이면 옛날 생각을 하고 하염없이 눈물을 흘려 관복 소매가 흠뻑 젖는 일도 있었다. 이때 좌우에 있던 사람들도 그와 함께 통곡하지 않는 사람이 없었다.

육수부는 승상에 임명되자 장세걸과 함께 정치를 하여 밖으로는 군사 작전계획부터 안으로는 공사와 부역에 관한 일까지 모두 돌보았다.

그렇게 일이 많고 경황 없이 유랑하는 가운데서도 그는 날마다 주자의 가르침을 어린 황제에게 강의하는 일을 거르지 않았다.

6월에 황제의 배는 애산도라는 섬으로 옮겨 갔다. 이때 큰 별이 남쪽으로 흐르더니 멀리 바다 속에 떨어지고, 천여 개의 작은 별이 뒤따라 떨어졌다. 그 소리가 마치 천둥소리와 같았는데, 여러 시간 계속되다가 멎었다.

별은 바닷속에 떨어지니

한편 문천상은 제병이 즉위했다는 말을 듣고, 글을 올려 패전한 자기 죄에 대해 처분을 받겠다며 입조를 청했으나 조정에서는 입조를 허락하지 않고 도리어 벼슬을 더하여 신국공에 봉했다. 이 무렵 문천상의 군중에 큰 역질이 돌아 사졸들이 많이 죽고, 그의 맏아들 도생도 죽어 이제 문천상의 가족은 모두 죽었다.

당시 문천상은 조양 지방에 주둔하고 있었다. 그러나 문천상은 다시 공격에 나선 원나라 군사에게 대항할 힘이 없어 부하들을 거느리고 해풍으로 철수하였다. 원나라 장수 장홍범이 그를 추격했다. 문천상의 군사가 오파령에서 밥을 먹고 있는데, 갑자기 장홍범의 군사가 나타났다.

송나라 군사는 진영을 정돈할 겨를도 없이 뿔뿔이 흩어져 땅에 엎드리고 풀 속에 숨었다. 마침내 문천상은 사로잡혀 독초를 먹었으나 죽지 못했다.

이때 문천상의 부하인 유자준은 자기가 문천상이라고 속여 문천상이 위험에서 벗어나기를 바랐으나 잠시 후에 진짜 문천상이 잡혀 왔다. 두 사람은 서로 자기가 문천상이라고 우겼다. 마침내 유자준의 거짓이 드러나 끓는 물에 삶아졌다.

원나라 군사는 문천상을 장군 장홍범 앞으로 끌어갔다. 좌우의 군사들이 장홍범에게 절을 하라고 호령했으나 문천상은 굽히지 않았다. 그러나 장홍범은 문천상의 결박을 풀게 하고 예로써 대했다.

문천상은 죽여주기를 고집스럽게 청했지만 장홍범은 듣지 않았다.

이때 옆에 있던 사람이 장홍범에게 말했다

"문천상은 적국의 재상이니 마음속으로 어떤 생각을 하고 있는 지 짐작할 수 없습니다. 그를 가까이 하는 것은 위험합니다."

하지만 장홍범은 말했다.

"저 자는 오직 충성과 의밖에 모른다."

그러면서 포로가 된 문천상의 일가친척을 모두 놓아 주고, 문천상은 배에 태워 항상 자기 옆에 있게 했다.

원나라 조정은 앞서 죽은 단종을 애산에서 장사지냈다.

다음 해 원나라 장홍범의 군사가 애산에서 육박해 갔으나, 장세걸이 힘을 다해 싸웠으므로 장홍범도 어찌하지 못했다. 이때 장세걸의 조카가 항복하여 원나라 군중 속에 있었는데, 장홍범은 세 번에 걸쳐 그를 송나라 군중에 보내서 장세걸을 설득하게 했다.

그러나 장세걸은 듣지 않았다.

"내가 지금 원에 항복하면 목숨이 보존되고 신분이 존귀하게 될 것을 잘 알고 있다. 그러나 신하의 도리로서 두 마음을 가질 수는 없다."

장홍범은 이번에는 문천상을 시켜 장세걸에게 편지를 써보내 그를 귀순시키려고 했다. 하지만 문천상은 듣지 않았다.

"나는 부모처럼 사모하는 천자도 호위하지 못했는데 이제 어떻게 내가 남을 꾀어 우리 천자를 배반하게 한다는 말이오."

그러나 장홍범은 기어코 편지를 쓰라고 했다. 문천상은 마침내 붓을 들어 전에 배를 타고 북쪽으로 갈 때 지나간 적이 있는 '영정양'을 바라보면서 '영정양을 지나며'라는 시를 써 주었다. 그 시의 끝 구절은 다음과 같았다.

> 예로부터 우리 인생에 누구인들 죽음이 없을 것인가
> 오직 단심(丹心)을 남겨 역사를 비추리라.

이 시를 본 장홍범은 쓴 웃음을 짓고는 그 일에 대해 더 말하지 않았다. 장홍범이 다시 사람을 보내서 애산의 백성들에게 항복을 권했다.

"여러분의 승상 진의중은 이미 행방불명이 되었고 문승상은 포로의 몸이 되었다. 이제 여러분은 무엇을 어떻게 하려는가?"

그러나 애산의 백성들은 한 사람도 조국을 배반하는 자가 없었다. 이에 장홍범은 애산의 출입구를 봉쇄해 버렸다. 군사들은 땔 나무도 하러 가지 못하고 먹을 물도 길러 가지 못해 마른 곡식을 먹을 수밖에 없었다. 이렇게 열흘이 지나니 더 견딜 수가 없어 바닷가로 내려가서 바닷물을 떠 마셨다. 물이 짜서 마시면 토하고 설사를 하는 등 큰 고통을 당했다.

장세걸은 밤낮으로 사투를 거듭했다. 이때 원나라 이항이 광주에서 군사를 거느리고 애산으로 달려와 장홍범의 군사와 합세해 송나라 군사를 총공격했다.

2월 초하루, 장세걸의 부하 장수 진보가 모반하여 원나라에 항복했다. 원나라 군사가 장세걸의 배에 육박해 들어갔다. 초이레에 장홍범은 군사를 네 부대로 나누어 스스로 그 한 부대를 거느리고 여러 장수들에게 명령을 내렸다.

"지금 송나라는 서쪽 애산에서 나올 준비를 하고 있다. 만조가 되면 틀림없이 동쪽으로 달아날 것이다. 그때 급히 공격하여 놓치지 않도록 하라. 우리 군중에서 풍악이 들리거든 싸움을 시작하라. 만약 이 명령을 어기는 자가 있으면 목을 벨 것이다."

그리하여 애산 북쪽에 있는 이항 등에게 간조를 틈타 공격하게 했으나 이항은 장세걸에게 격퇴당했다.

한낮쯤 밀물이 들어오기 시작했다. 이때 원나라 군중에서 풍악 소리가 들려왔다. 송나라 군사는 그것이 총공격 신호인 줄도 모르고 원나라 군사가 싸움에 지쳤구나 생각하고 싸울 준비를 전혀 하지 않고 있었다.

장홍범이 정면으로 공격해 들어오고, 남쪽에 있던 부대가 또한 일시에 진격하였다. 송나라 군사는 양쪽으로 적의 공격을 받았다. 뜻밖의 맹공격에 군사들이 모두 지칠 대로 지쳐 더 이상 싸울 기력조차 남아 있지 않게 되었다.

이때 갑자기 송나라 배 한 척에 세운 깃발이 쓰러졌다. 뒤따라 다른 배들의 깃발도 일시에 쓰러졌다.

장세걸은 이것을 보고 "아, 이젠 마지막이로구나!" 하고 정예 병사를 뽑아 본부로 들어갔다.

송나라 군사가 크게 무너져 원나라 군사는 송나라 본부까지 육박해 들어갔다. 때마침 해가 저물었는데 비바람이 심하고 안개까지 자욱하게 끼는 바람에 지척을 분간할 수 없게 되었다.

장세걸은 기회는 이때라고 생각하고 소류의와 함께 배를 붙잡아 맸던 줄을 끊고 16척의 배를 거느리고 봉쇄를 돌파하여 항구에서 빠져나왔다.

육수부는 제병의 배를 탈출시키려고 했으나, 황제의 배는 크고 게다가 많은 배들이 그 둘레에 매여 있어서 탈출시키지 못했다.

육수부는 마지막 결심을 하고 먼저 자기의 아내와 아들들을 재촉하여 바다에 몸을 던지게 한 다음 자기는 어린 황제를 업고 바다에 뛰어들었다. 그리하여 황제는 죽었다. 후궁과 모든 신하들이 뒤를 따랐다.

7일이 지난 뒤 바다 위에 떠오른 시체가 무려 10여만 구에 이르렀다. 원나라 군사는 이 가운데서 황제의 유해와 옥새를 찾아냈다.

얼마 후 장세걸은 다시 애산으로 돌아가 남은 군사를 모았다. 이때 그는 양태후를 만나 태후를 받들고 조씨의 자손을 찾아내서 제위에 오르게 하려고 했다. 이때 태후는 어린 황제가 죽었음을 알고 가슴을 때리고 몸부림을 치면서 애절히 통곡하였다.

"내가 벌써 죽을 목숨을 이제까지 이어 간난신고를 견디어 온 것은 조씨의 한 덩이 혈육이 있기 때문이었소. 이제는 아무런 미련도 없소."

그리고 바다에 몸을 던져 죽었다. 장세걸은 그 바닷가에서 장사지냈다.

애산(厓山)의 비가(悲歌)

장세걸은 다시 안남으로 가서 재기하기 위하여 배를 타고 평장산 아래까지 갔으나 여기서 태풍을 만났다. 뱃사공들은 배를 바닷가에 대어 피하자고 했으나 장세걸은 그럴 것 없다며 향을 피우더니 하늘을 우러러보며 빌었다.

"신이 조씨를 위해 힘쓸 일은 모두 끝이 나고 말았습니다. 한 임금이 돌아가셔서 새로 한 임금을 세웠으나 이제 또 세상을 뜨고 말았습니다. 제가 아직 죽지 않고 있음은 적병이 물러가면 따로 조씨를 세워서 조종의 뒤를 잇게 하고자 함입니다. 그러나 지금 바다가 이처럼 거친 것은 바로 하늘의 뜻입니까?

하늘이 만약 우리 조씨가 대를 잇는 것을 바라지 않으신다면, 이 배를 전복시키옵소서!"

드디어 배가 전복되어 장세걸은 빠져 죽고, 이에 송나라는 완전히 멸망했다.

이때 문천상은 조국의 마지막 모습을 적의 배 위에서 바라보아야 했다. 그는 비통한 심정을 담아 시를 지었다.

> 남해 위로 왕래하면
> 사람이 죽어 흩어짐이 마치 인삼과 같구나
> 비린내 나는 파도는 마음을 치며 부서지고
> 회오리바람은 하얀 턱수염을 스치운다
> 일산(一山), 또 일수(一水), 나라 없고 또 집도 없다
> 사나이 천 년의 뜻 ,
> 나의 생은 아직 끝나지 않았다

이렇게 하여 드디어 송나라는 완전히 멸망했다. 장홍범 등은 크게 잔치를 베풀어 승전을 축하했다. 이때 장홍범이 문천상을 달랬다.

"송나라는 이제 멸망했소. 그러니 그대의 충성도 끝이 난 셈이오. 금후엔 마음을 고쳐 송나라를 섬기던 정성으로 원나라를 섬긴다면 그대는 재상의 지위를 잃지 않을 것이오."

문천상은 눈물을 흘리면서 말했다.

"조국이 멸망하는데도 구하지 못한 것은 신하로서 백 번 죽어 마땅한 큰 죄요. 하물며 죽음을 면하기 위해 두 마음을 가지고 적국을 섬기다니 당치도 않은 말이오."

장홍범은 문천상의 충성에 재삼 감탄하였다.

그 뒤 장홍범은 그를 연경으로 호송했다. 문천상은 고향 길주를 지나갈 때,

원통함을 이기지 못하여 음식을 먹지 않았으나 8일이 되어도 죽지 않았다. 10월에 연경에 도착했다. 그러나 끝까지 굽히지 않아 옥에 갇혔다. 여기서도 문천상의 절개는 더욱더 굳어질 뿐이었다.

문천상은 감옥에서 2년이나 갇혀 있으면서 온갖 회유와 협박을 물리쳤다.

이렇게 문천상을 2년 동안이나 투옥한 것은 쿠빌라이가 원나라에 귀순시키고자 하는 뜻을 굽히지 않았기 때문이었다.

그때 여러 사람이 문천상의 귀순을 설득했는데, 그 중에서도 가장 열심히 설득했던 사람은 왕적옹이었다. 그는 송나라 병부상서로 본래 복건성을 지키다가 원나라에 항복했는데 원나라에서도 병부상서를 역임한 바 있었다. 그는 만약 문천상이 귀순의 의사가 정히 없으면 석방시켜 도인(道人)으로 살게 해주는 것이 어떠냐며 석방 운동을 펼치기도 하였다.

문천상이 감금된 지 3년 후에 쿠빌라이는 그의 석방 문제를 협의하기 위해 재상들을 불러 모았다. 마침 그 무렵 하북 지방에서 송나라 천자라고 자칭하는 자가 수천 명을 이끌고 문천상을 탈출시키려고 계획한 사건이 일어났다. 일이 이렇게 되자 쿠빌라이도 어쩔 수 없이 문천상을 죽이기로 결정하였다.

쿠빌라이는 문천상을 불러 마지막으로 설득했으나, 정기의 애국 시인이며 충신이었던 문천상은 끝내 거부하였다. 결국 문천상의 사형이 집행되었다.

죽기 직전 그는 조국 송나라가 있던 남쪽을 향해 조용히 절을 하였다. 이때 그의 나이 47세였다.

예전에 소옹이라는 선비가 어떤 사람과 이야기를 하면서 나라의 운명에 미치자 후진(後晉)의 출제(出帝)가 거란에게 잡혔던 일에 빗대어 말하였다.

"우리 송나라에 정강의 역사가 있소. 덕우(德祐·소제가 금나라에 잡혀간 일) 때에 이르면 그 경험이 더욱 분명해질 것이오."

예언자 진단도 역시 일변(一卞), 이항(二杭), 삼민(三閩), 사광(四廣)의 설을 얘기한 적이 있는데, 과연 송나라는 민광(閩廣, 閩은 복건성, 廣은 광동성)에서 그 명이 다하고 말았다. (송나라는 북송 시기 변경을 수도로 하다가 이후 항주로 옮겨 남송을 세웠고, 마지막엔 복건성으로 피난했다가 광둥성에서 멸망하였다.)

　이로써 송나라는 태조 건륭 원년부터 흠종 정강까지 167년, 다시 고종으로 부터 제병까지 153년, 총 320년으로 망하였다.

남송(南宋)왕조의 계보

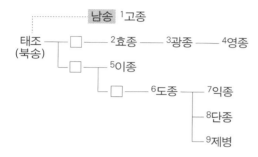

중국 역사 연표		
BC (기원전) 1400 1300 1200	은(殷)	확인 가능한 최고의 왕조 (갑골문자, 은허에 의하여 증명되었다). 제사권을 장악한 은왕을 중심으로 하는 신권정치 (甲骨에 의한 占)
1100 1000 900 800	주(周)	봉건제도, 정전법(井田法)실시. 공납, 군역의 의무 에 바탕을 둔 천자(天子), 경(卿), 대부(大夫), 사(士)의 질서. 지배가 양쯔강까지 확대. 신뢰할 수 있는 최고의 문헌상의 연대 (BC 841년, 共和元年)
700 600 500	춘추시대 (春秋時代)	이민족에 의한 서주의 멸망과 주왕조 동천. 주왕조의 권위 쇠퇴. 패자(覇者)가 출현. 가부장적 군주권력 성립.
400 300	전국시대 (戰國時代)	타국(他國) 병합에 의한 영토 국가로 변모. 상앙(商鞅)의 개혁.
200	진(秦)	중국 최초의 통일국가 성립. 만리장성 건설. 군현(郡縣)의 설치.
100	한(漢)	무제(武帝) 중앙집권제를 재정비, 대외진출(조선, 남중국, 베트남). 흉노 정벌. 중앙아시아 진출 — 동서교섭.

중국 역사 연표

AD (기원)	신(新)	왕망(王莽)의 정권
100	후한(後漢)	종이 발명. 황건적(黃巾賊)의 난
200 300	위 촉 오	문벌 귀족제도 확립.
	진(晉)	노장사상의 유행. 흉노족 침입.
400	5호 16국 ‖ 동진 (東晉)	강남지방 중심으로 귀족사회가 성립. 귀족적 문화(六朝文化).
500	북조 북위 ‖ 남조 ‖ 송제양진	균전제. 이민족의 중국화.
600	수(隋)	수양제 대운하 개통. 고구려 침략.
700 800	당(唐)	돌궐, 고구려, 중앙아시아를 정복하고 대제국을 형성. 안사(安史)의 난. 권력의 증대. 황소(黃巢)의 난.
900	오대(五代)	거란이 중국에 진출(최초의 정복 왕조).
1000 1100	요 (遼) ‖ 송 (宋)	문인 우위의 관료제 정비, 과거제도 정비에 의한 강력한 군주 독재제의 확립. 왕안석(王安石)의 개혁.
1200	금 (金) ‖ 남송 (南宋)	여진족(女眞族)의 발흥. 제2의 정복왕조 건설. 급속한 상업의 발달. 주자학의 성립.
1300	원(元)	몽골족(族)이 유럽 아시아에 걸쳐 대제국을 형성. 중국 전토를 지배하는 정복왕조 원(元)이 성립.

중국 역사 연표

1300		
1400	명(明)	한족의 중원 회복. 7차에 걸친 정화(鄭和) 함대의 대항해 민간 경제의 발전 삼국지, 서유기 등 대중소설 유행
1600		
1800	청(淸)	만주족의 중원 정복 강희, 옹정, 건륭의 전성시대 신장, 몽골, 타이완 등 최대 영토 개척 사고전서 편찬 아편전쟁, 서세동점, 청일전쟁 패배 열강에 의해 청나라는 반식민지 상태
1900		
	중화민국 (타이완:1911~)	쑨원의 신해혁명으로 청 제국 멸망 일본의 중국 대륙 침략 장제스(蔣介石), 타이완에 중화민국 수립 타이완 독립과 통일을 둘러싼 경쟁과 분열
	중화인민 공화국 (1949~)	중국 사회주의 국가 성립 대약진운동과 문화대혁명 거쳐 개혁개방 대국굴기

현대지성 클래식 3

십팔사략

1판 1쇄 발행 2015년 9월 14일
1판 6쇄 발행 2023년 3월 1일

발행인 박명곤 **CEO** 박지성 **CFO** 김영은
기획편집 채대광, 김준원, 박일귀, 이승미, 이은빈, 이지은, 성도원
디자인 구경표, 임지선
마케팅 임우열, 김은지, 이호, 최고은
펴낸곳 (주)현대지성
출판등록 제406-2014-000124호
전화 070-7791-2136 **팩스** 0303-3444-2136
주소 서울시 강서구 마곡중앙6로 40, 장흥빌딩 10층
홈페이지 www.hdjisung.com **이메일** main@hdjisung.com
제작처 영신사

© 소준섭 2015

"Inspiring Contents"
현대지성은 여러분의 의견 하나하나를 소중히 받고 있습니다.
원고 투고, 오탈자 제보, 제휴 제안은 main@hdjisung.com으로 보내 주세요.

"인류의 지혜에서 내일의 길을 찾다"
현대지성 클래식

현대지성 클래식 살펴보기